Zu speziellen älteren Jahrgängen siehe die Jahrgangstabelle hinten.

ITALIEN	**96**	**95**	**94**	**93**	**92**	**91**	**90**	**89**	**88**
Barolo, Barbaresco	9◑	8◑	6◑	7◑	4●	[illegible]	[illegible]	[illegible]	[illegible]
Chianti Classico	8◑	[illegible]	[illegible]	[illegible]	[illegible]	[illegible]	[illegible]	[illegible]	[illegible]
Brunello, Vino Nobile	8	[illegible]	[illegible]	[illegible]	[illegible]	[illegible]	[illegible]	[illegible]	[illegible]
Veneto (Amarone)	7◑	[illegible]	[illegible]	[illegible]	[illegible]	[illegible]	[illegible]	[illegible]	[illegible]
SPANIEN									
Ribera del Duero	8◑	[illegible]	[illegible]	[illegible]	6◍	8◑	9◍	6●	6●
Rioja (R)	8◑	8◑	9◑	5◑	6◍	7◍	7◍	8◍	4●
PORTUGAL									
Alentejo	6◑	7◑	7◑	5●	6◍	7◍	9◍	8●	6●
Dão	7◑	8◑	7◑	4●	7◍	7◍	6◍	6●	6●
Port (Vintage)	8◑	8◑	10◑	2○	9◑	8◑	6◑	6○	5○
USA									
California Cabernet	6◑	8◑	9◑	7◑	8◍	9◍	8●	5●	7●
California Chardonnay	6◑	7◑	8◍	7●	7●	9●	8●	7●	7◐
Oregon Pinot Noir	6◑	5◑	10◍	6◍	9●	8●	9●	8◐	8◐
Washington State Cabernet	9◑	7◑	9◑	7◍	9◍	8◍	7●	9●	7◐
AUSTRALIEN									
Coonawarra Cabernet	8◑	5◍	8◑	7◍	7◍	9◍	10◍	5◐	9●
Hunter Chardonnay	8●	7●	7◐	7●	8●	10●	5●	8●	5◐
Barossa Shiraz	9◑	8◑	9◐	7◍	6◍	8●	8●	6●	7●
Marg. River Cabernet	8◑	8◑	8◐	9◍	6●	9●	8●	8●	6●
NEUSEELAND									
Marlborough Sauvignon	9●	4●	10●	7●	7●	10●	6◐	9◐	8◐
Hawkes Bay Cabernet	8◑	6◑	8◍	5●	5●	9●	7●	9●	5◐
SÜDAFRIKA									
Cape Cabernet	5◑	9◑	8◍	8◍	8●	9●	7●	8●	6◐

Die Ziffern 1–10 sind eine Gesamtwertung für jeden Jahrgang. ◑ Nicht trinkreif ◍ Trinkreif ● Auf dem Höhepunkt ◐ Höhepunkt überschritten ○ Nicht allgemein deklariert

CLARKE'S

KLEINER

WEIN-
FÜHRER
1998

6000 WEINE AUS ALLER WELT

Mein Dank gilt folgenden Personen, die als fachkundige Berater zur Ausgabe 1998 beigetragen haben: Jim Budd, Bob Campbell MW, R. S. Hicks MW, Huon Hooke, James Lawther MW, Angela Lloyd, Richard Mayson, Jasper Morris MW, Richard Neill, Stuart Pigott, Norm Roby, Victor de la Serna, Philipp Williamson.

Übersetzt aus dem Englischen
von Günther Kirchberger

Umschlaggestaltung: Agentur ZERO, München.
Deutsche Texterfassung und -gestaltung mit
QuarkXPress 3.3 auf Apple Macintosh

Conceived, edited and designed by
Websters International Publishers

ISBN 3-426-27004-8

INHALT

Einführung	4
Wie man das A–Z benutzt	5
Auslese des Jahres	6
Moderne Weinstile	8
Essen und Wein	10
Lagerung und Servieren	12
Die Welt des Weins	
Frankreich	14
Italien	18
Deutschland	20
Spanien	22
Portugal	23
USA	24
Australien	26
Neuseeland	27
Lateinamerika	28
Südafrika	29
Andere Weinbauländer	30
A–Z DER WEINE, ERZEUGER, REBSORTEN & ANBAUGEBIETE	35–315
Sonderartikel	
Alsace	40
Bordeaux Rotweine	64
Bordeaux Weißweine	66
Burgund Rotweine	74
Burgund Weißweine	76
Cabernet Sauvignon	80
Champagne	96
Chardonnay	100
Jerez y Manzanilla/Sherry	168
Merlot	198
Muscat (Muskat)	212
Nebbiolo	218
Pinot Noir	234
Port	238
Riesling	252
Sauvignon Blanc	272
Supertoskaner	284
Syrah	288
Verzeichnis der Haupterzeuger	316
Redaktion und Herstellung	336

Jahrgangstabellen (aktuelle und alte Jahrgänge) auf den Umschlaginnenseiten

EINFÜHRUNG

Ich liebe die moderne Welt des Weins. So vieles, von dem wir früher überzeugt waren, gilt nicht mehr. Und an seine Stelle treten neue und andere Überzeugungen. Rebsorten und Erzeuger kommen in Mode und werden wieder unmodern. Jahrgänge werden als großartig gefeiert und dann verlacht oder aufgegeben und kurz vor dem Vergessen »wiederentdeckt«. Doch inmitten des ganzen Durcheinanders überstrahlt eine Wahrheit alle anderen: Der Wein wird immer besser. Und genau darum geht es in diesem Buch: die Welt des Weins, wie sie *jetzt* stattfindet.

Jedes Jahr wagen sich mehr Erzeuger, die voller blendender Ideen stecken, zum ersten Mal an bestimmte Trauben. Jedes Jahr fassen mehr gestandene Winzer den Mut, ihren eigenen Wein auf Flaschen abzufüllen, und treten für Individualität ein, nachdem sie jahrzehntelang mit ansahen, wie ihr kostbarer Traubenmost in anonymen Verschnittanks verschwand. Jedes Jahr werden in jedem Winkel des Erdballs neue Weinberge angelegt, verbunden mit dem aufregenden Erlebnis der ersten Lese in einem Land, in dem vorher noch nie Trauben angebaut wurden. Und jedes Jahr werden mehr alte Rebstöcke vor der Planierraupe gerettet, weil wir bereit sind, Experimente zu machen und für charaktervollen Wein, dessen Wurzeln schmachtend bis zur Antike zurückreichen, mehr zu zahlen.

Wir Weintrinker sollten unserem Glücksstern dafür danken, daß wir in so aufregenden Zeiten leben. Billiger Wein war nie besser oder reichlicher vorhanden. Gleichzeitig zeigen die klassischen Weinbauregionen, insbesondere Frankreich, Italien und Spanien, eine neue Entschlossenheit, die eine Flut feiner Weine produziert, häufig auf Weingütern und in Weinbauorten, die über Generationen hinweg Selbstgefälligkeit walten ließen. Und dann gibt es einen unruhigen Schwarm von Möchtegerns (Chile, Argentinien, Südafrika, Washington), die die Klassiker nachahmen, soweit sie es können, jedoch inzwischen ihren ganz eigenen Stil entwickeln – und dies oft zu einem Bruchteil des Preises.

Dieser Weinführer soll helfen, die rasende, aufregende Weinwelt auf jeder Ebene zu erklären. Ich habe eine alphabetische Anordnung gewählt, um die Benutzung möglichst einfach zu machen. Sie müssen nur den Namen des Weins, des Erzeugers, der Rebsorte oder des Anbaugebiets kennen: Dann schauen Sie einfach nach, und Sie finden alles Wissenswerte über den betreffenden Geschmack, die Vinifizierungsstile, die Geschichte, wo es von Bedeutung ist, und den Rang. Und wenn ein Erzeuger keinen eigenen Eintrag besitzt, verweist Sie das Register am Buchende direkt auf die betreffenden Artikel im A–Z-Abschnitt.

Die großen Klassiker, neue und alte, werden ausführlich behandelt – und kritisiert, wenn es nötig ist. Doch ebenso die einfachen Weine. Regionen und Rebsorten werden erklärt und in längeren Sonderartikeln dargestellt. Außerdem erhalten Sie aktuelle Informationen über die Ergebnisse der Lese: was preisgünstig ist und was nicht, was trinkreif ist und was noch Zeit braucht.

Ich versuche jeden *interessanten* Aspekt des Weins zu behandeln und jedem Eintrag ausreichend Platz einzuräumen, um Ihnen eine adäquate Vorstellung davon zu geben, was den Wein, den Erzeuger etc. ausmacht. Wenn Sie einige Weine enthusiastisch und andere – oft wohlbekannte – weniger schmeichelhaft beschrieben sehen, so geschieht dies, weil ich ein eigenwilliger Bursche bin. Und deshalb erhalten Sie, obwohl die Fakten auf dem verfügbaren Raum dieses Büchleins zusammengequetscht werden müssen, auch Meinungen. Nun, Sie würden wohl von mir auch nichts anderes erwarten – oder?

WIE MAN DAS A–Z BENUTZT

Der Abschnitt A–Z beginnt auf Seite 37 und umfaßt mehr als 1400 Stichwörter über Weine, Erzeuger, Rebsorten und Anbaugebiete aus aller Welt. Es gibt auch Artikel über häufig vorkommende Fachausdrücke zur Weinerzeugung, insbesondere über solche, die man oft auf dem Etikett liest.

Ausführliche Jahrgangstabellen, die darüber informieren, welche Spitzenweine der Welt 1998 trinkreif sind, findet man auf den Umschlagseiten 2 und 3. Die vordere Tabelle zeigt dabei die Jahrgänge, die bis 1998 zurückreichen, während die hintere Tabelle eine Auswahl älterer Jahrgänge der allerbesten Weine umfaßt.

Gläsersymbole zeigen die Farbe des Weins an.

Rotwein Roséwein Weißwein

Die Reihenfolge der Gläser spiegelt wider, von welchem Wein die größere Menge erzeugt wird. Zum Beispiel:

Weißwein vor Roséwein
Rotwein vor Weißwein
Rotwein vor Roséwein, zuletzt Weißwein

Traubensymbole zeigen Artikel über Rebsorten an.

Rote Rebsorte Weiße Rebsorte

Sternsymbole zeigen Weine und Erzeuger an, die vom Verfasser hoch bewertet werden

★ Ein besonders guter Wein bzw. Erzeuger in seiner Kategorie

★★ Ein hervorragender Wein bzw. Erzeuger in seiner Kategorie – insbesondere einer, bei dem es sich lohnt, daß man nach ihm Ausschau hält.

★★★ Ein außergewöhnlicher Wein bzw. Erzeuger von Weltklasse

Beste Jahrgänge Empfohlene Jahrgänge werden für die Einträge bestimmter Erzeuger und Appellationen aufgelistet. Die halbfettgedruckten, z. B. **1996, 95**, zeigen an, daß die Weine jetzt trinkreif sind, auch wenn sie sich nicht unbedingt auf ihrem Höhepunkt befinden; die in Klammern erscheinenden, z. B. (1996) (95), sind vorläufige Einschätzungen von Weinen, die noch nicht trinkreif sind.

Querverweise Damit Sie sich leichter im A–Z-Abschnitt zurechtfinden, sind Weinnamen und Erzeuger, die eigene Stichwörter an anderer Stelle haben, in KAPITÄLCHEN angegeben.

Sonderartikel Der A–Z-Teil enthält doppelseitige Sonderartikel über die wichtigsten Weine und Rebsorten der Welt. Sie umfassen auch empfehlenswerte Jahrgänge und Erzeuger sowie eine Liste der mit ihnen verbundenen Stichwörter, die an anderer Stelle im alphabetischen Teil zu finden sind.

Register Das Register auf Seite 316 hilft Ihnen, mehr als 3000 empfehlenswerte Erzeuger zu finden, auch solche, die keinen eigenen Eintrag im A–Z-Teil aufweisen.

Zu den erstaunlichsten Tatsachen der modernen Welt des Weins gehört folgendes: Wenn ich mich hinsetze, um darüber zu schreiben, welche Weine ich in den kommenden zwölf Monaten trinken werde, kann ich eigentlich garantieren, daß ich es nicht schaffe. Ich kann mir fast sicher sein, daß einige Favoriten ein Jahr später fehlen, weil es jedes Jahr so viele aufregende neue Weine gibt – und viele davon sind noch nicht einmal auf dem Markt.

In rasch expandierenden Anbaugebieten, wie Neuseeland, Australien, Südafrika, Argentinien und Chile, ist jede Weinprobe, zu der ich gehe, jede Reise, die ich mache, eine Offenbarung. Ebenso in den alten Anbaugebieten, Südfrankreich, Nordspanien, Süditalien und Portugal, wo die Botschaft endlich angekommen ist: Qualität zählt, Individualität zahlt sich aus.

Nach Jahren unbeschwerter Freude mit Chardonnay und Sauvignon Blanc, Cabernet Sauvignon und Merlot gibt es eine zunehmende Zahl von Verbrauchern, die etwas anderes wollen. Und das Erfreuliche an unserer Weinwelt ist: Wer immer dasselbe will, kann es haben. Aber für diejenigen unter uns, die etwas wagemutiger sind, tauchen vergessene Rebsorten wieder auf, erwachen dem Tode geweihte Anbaugebiete zu neuem Leben und verwirren unmodische Weine die Kritiker mit ihren wilden, ungewöhnlichen Geschmacksnoten. Zumindest jetzt *kann* jeder von uns das haben, was er will. Was also werde ich trinken?

● **Frankreichs** Weine waren in den 90er Jahren eher enttäuschend als aufregend. Dennoch spüre ich einen Wandel. Es gibt jetzt Anzeichen dafür, daß zumindest einige der französischen Erzeuger gewillt sind, uns zurückzugewinnen.

● **Bordeaux** hat wahrscheinlich in jüngster Zeit mehr heikle Jahrgänge erlebt als jede andere Anbauregion. Dies ist weniger ein Problem bei den Spitzenweinen, wo die kompromißlose Auswahl der besten Fässer und kräftige Investitionen sicherstellten, daß sogar unter ungünstigen Bedingungen guter Wein hergestellt werden konnte. Hier werden die 95er und 96er gut bis sehr gut sein, wenn sie sich entwickeln; die 93er und 94er sind zwar mager, aber gar nicht so übel, die 92er und 91er hingegen werde ich vermeiden und anfangen, die erstaunlichen 90er, die sehr guten 89er und die zurückhaltenden, aber feinen 88er zu probieren. Doch wahrscheinlich würde ich jetzt kaum damit beginnen, wenn ich sie nicht schon gekauft hätte, denn die Preise für Crus Classés in der Spitzenkategorie sind aus dem Ruder gelaufen. Und am unteren Ende der Rotweine gibt es einfach bessere Weine aus anderen Anbaugebieten zu ähnlichen oder niedrigeren Preisen. Aber trinken *werde* ich Bordeaux-Roséweine – zunehmend einige der besten in Frankreich – und Bordeaux-Weißweine – einer der unterbewertetsten französischen Weinstile.

● Die **Loire** hatte 1995 und 1996 zwei ausgezeichnete Jahrgänge. Die weißen 96er aus Sancerre und die roten 96er aus Chinon und Bourgueil sind so gut, wie ich mich nur erinnern kann.

● In **Burgund** waren die Bedingungen in den 90er Jahren selten perfekt, aber gute Weine sind hier jedes Jahr entstanden. Bei guten Erzeugern an der Côte d'Or und in Chablis sind die 90er außergewöhnlich, während die Rotweine eine längere Alterung vertragen könnten. Die roten 91er sind trocken, aber überraschend gut; die weißen 92er sind jetzt exquisit und werden es noch für ein paar Jahre sein. Die roten 93er sind nur von den besten Erzeugern gut und eher verschlossen, während die weißen 94er schon köstlich schmecken und altern können. 1995 sollte sowohl bei den Rot- wie auch den Weißweinen exzellent ausfallen. Weiter im Süden scheint sich die Renaissance des **Mâconnais** erschöpft zu haben, auch wenn das **Beaujolais** gute 95er und 96er hervorgebracht hat.

● **Südfrankreich** bereitet mir noch immer das meiste Vergnügen. Das **Rhônetal** hatte schwierige Jahrgänge, aber es hat dennoch eine Menge passabler Rotweine und einige sehr gefällige Weißweine produziert. 1995 scheint in der nördlichen Anbauzone Klassiker hervorgebracht zu haben; der 94er ist ebenfalls gut. 1993 und 1992 waren zwar nicht großartig, aber es gab immer noch eine Fülle anständiger Weine, vor allem in den südlichen Anbaugebieten. Und der tiefe Süden von Frankreich, der jetzt fast zuviel Vin de Pays aus Chardonnay und Cabernet erzeugt, bringt jedes Jahr auch aufregendere traditionelle Rotweine hervor.

● In **Deutschland** erreicht der 96er Jahrgang nicht das gleiche Niveau wie in den vorangegangenen Jahren, doch dank der Gleichgültigkeit der Verbraucher kann man in den Regalen wunderbare Weine bis zurück zum 88er finden.

● **Italien** hat seit dem fabelhaften Jahrgang 1990 eine schwierige Zeit erlebt, aber die besten Erzeuger haben auch in heiklen Jahren gute Weine produziert. Am aufregendsten finde ich noch immer die Wiedergeburt des hochwertigen Weins im Süden; aus diesem Grund werde ich süditalienische Weine trinken.

● **Spanien** und **Portugal** haben wieder eine Glückssträhne. Eine schlimme Dürre hat beide Länder in jüngster Zeit gebremst, aber seit dem 94er tauchen viele aufregende Rotweine auf.

● **Kalifornien** mangelt es gegenwärtig an Wein. Folgerichtig sind dieWeine der unteren Preiskategorien ziemlich langweilig und überteuert, doch der Zauber ist am oberen Preisende zu finden. Insbesondere ist es jetzt an der Zeit, daß Sie sich von Cabernet, Chardonnay und Merlot abwenden; es gibt nämlich wundervolle Zinfandel-, Syrah-, Pinot-Noir- und Viognierweine, die geradezu um Ihre Aufmerksamkeit buhlen. Wenig Wein gibt es auch im Bundesstaat **Washington** sowie in **Oregon,** was schade ist, weil insbesondere Washington einige gute Weine hervorbringt – falls Sie sie finden können.

● **Chiles** Rotweine scheinen jedes Jahr besser zu werden, obwohl einige der Weißweine Preiserhöhungen in keiner Weise rechtfertigen. **Argentinien** macht noch nicht viel aus seinen Weißweinen, aber auf der Rotweinbühne hatte es einen fulminanten Einstand. Die Situation kann nur noch besser werden.

● Die schwierigen Jahrgänge 1996 und 1997 in **Südafrika** und der Widerwille vieler Erzeuger, Veränderungen mit vollem Herzen in Angriff zu nehmen, sind die Ursache dafür, daß ich nicht so begeistert sein kann, wie ich möchte. Jedes Jahr tauchen mehr gute Erzeuger auf, aber dies ist nur ein Rinnsal, kein Strom.

● **Neuseeland** hatte kürzlich eine harte Zeit, ist aber jetzt wieder im Aufwind. Da der Marlborough Sauvignon 1995 schlecht ausfiel, wurde der gesamte Jahrgang verdammt, obwohl der Chardonnay in Wirklichkeit exzellent war – und ist. Der 96er scheint durchgängig erstklassig zu sein; der 97er könnte sogar noch besser sein. Ich werde diese pikanten, geschmacksintensiven Weine trinken.

● Und was ist mit **Australien?** Letztes Jahre gab es eine kleine Krise. Der 95er Jahrgang war nicht sehr gut; außerdem ging die Produktion stark zurück. Aber jetzt stehen hauptsächlich 96er in unseren Regalen. Und sobald ich sie in die Finger bekomme, werden sie dorthin wandern, wohin sie gehören: schnurstracks meine Kehle hinunter.

MODERNE WEINSTILE

Bei einer Beschreibung der grundsätzlichen Weinstile hätte sich die Aufzählung vor nicht allzulanger Zeit auf die Klassiker konzentriert: Bordeaux, Burgund, Sancerre, Mosel-Riesling, Champagner. Diese Geschmacksrichtungen waren die Modelle, anhand deren man die Nachahmer beurteilen mußte. Und es gab nicht viele Nachahmer. Dies ist nicht mehr so der Fall. Die großen alten Klassiker sind mit der Zeit teuer und unzuverlässig geworden und haben auf diese Weise die Tür zu anderen Weinbaugebieten aufgestoßen, die uns Weine bieten, die den alten Originalen möglicherweise das eine oder andere zu verdanken haben. *Dies* sind die Geschmacksrichtungen, die ehrgeizige Weinmacher jetzt anstreben.

WEISSWEINE

Reife, geradlinige, würzige Chardonnays: Das Entscheidende ist hier die Fruchtigkeit: rund und reif, an Aprikosen und Pfirsiche erinnernd, durch neue Eichenholzfässer (wahrscheinlich amerikanische Eiche) süßer und würziger gemacht, um einen köstlichen, leicht zugänglichen, süffigen Fruchtcocktail zu erzeugen. Australien erfand diesen Stil und führt noch immer mühelos das Feld dabei an.

Grüne, pikante Sauvignons: Neuseeland beherrscht diesen Stil meisterlich – ein pikanter, herb-frischer Geschmack, der an Nesseln und Spargel und dahinter an unreife Äpfel und Pfirsiche erinnert. Chile hat das Potential, ähnliche Weine zu erzeugen. Hoffnungsvolle Ansätze gibt es auch in Südfrankreich. Bordeaux und das Loiretal sind die ursprünglichen Quellen für trockene Sauvignonweine, aber nur die zuverlässigsten modernen Erzeuger schaffen es, den »grünen« Beigeschmack mit Fruchtigkeit zu verbinden.

Knochentrockene, neutrale Weißweine: Dies klingt nicht sehr appetitanregend, aber es ist das Ziel, das die meisten Weißweine anstreben. Viele italienische Weißweine erfüllen diesen Anspruch. Wo bei südfranzösischen Weinen keine spezielle Rebsorte verwendet wird, fallen sie so ähnlich aus, was auch für viele Weine aus dem Bordelais, Südwestfrankreich, Muscadet und Anjou gilt. Moderne junge spanische Weißweine und portugiesische Vinhos Verdes sind gute Beispiele dafür, ebenso Schweizer Fendants und trockene Weißweine aus Süddeutschland. Die meisten osteuropäischen Weißweine könnten jetzt mehr Neutralität vertragen.

Weiße Burgunder: Damit meine ich Weine in einem trockenen, reifen Stil, deren Geschmack an Nüsse und Hafergrütze erinnert und die eine zarte Eichenholznote besitzen. Am besten verkörpern diesen Stil Weinbauorte wie Meursault. Es ist ein Stil, der schwierig nachzuahmen ist; wenigen gelingt es, selbst in Burgund. Kalifornien unternimmt die größten Anstrengungen. Washington, Oregon und New York sind gelegentlich erfolgreich.

Duftige, nicht trockene Weißweine: Gewürztraminer, Muscat und Pinot Gris aus dem Elsaß liefern Weine in diesem Stil. In Süddeutschland können dies auch Gewürztraminer, Scheurebe, Kerner, Grauburgunder und bisweilen Riesling leisten. Der Riesling in Österreich ist oft aromatisch und zartfruchtig. In Neuseeland können Riesling und Müller-Thurgau hervorragende Ergebnisse erzielen.

Vollmundige, üppige, goldfarbene Weine: Gute süße Weine sind schwierig herzustellen. Sauternes ist der berühmteste Süßwein der Welt, aber die Loire und manchmal Elsaß mischen ebenfalls mit. Deutschland brachte 1990 wunderbare Beispiele dafür hervor. Seit damals haben auch Australien und Neuseeland einige Prachtexemplare erzeugt.

ROTWEINE

Würzige, warmherzige Rotweine: Im Augenblick befindet sich Australien ganz vorn, nämlich durch die überschwengliche Wiedererweckung seiner Shirazweine: reif, fast süß und sehr leicht zu genießen. In Frankreich wird das Rhônetal immer besser; auch die Syrahweine aus dem äußersten Süden Frankreichs sind vielversprechend. In Italien erzeugt das Piemont köstliche, fleischige Barberas und würzige Dolcettos mit exotischen Geschmacksnoten. Ribera del Duero in Spanien und Südportugal liefern ebenfalls solche Weine.

Saftige, fruchtige Rotweine: Dies war früher die Domäne des Beaujolais, aber in jüngster Zeit gibt es nicht mehr viele aufregende Beaujolaisweine. Vins de Pays aus Gamaytrauben sind eine bessere Wahl, ebenso frisch-herbe Rotweine von der Loire. Die modernen spanischen Rotweine aus Navarra, Valdepeñas und La Mancha schaffen das Kunststück, während es in Italien jungem Chianti und Teroldego gelingt.

Cabernets mit Johannisbeergeschmack: Australien ist führend darin, aber Neuseeland erzeugt den Geschmack von schwarzen Johannisbeeren in einem viel frischeren, herberen Stil. Kalifornien trifft nur manchmal den süßen Kern, beim Merlot oft eher als beim Cabernet. Die chilenischen Cabernets schaffen es weniger häufig als früher. Osteuropa, vor allem Ungarn, macht sich recht gut darin, ebenso Südfrankreich. Und was ist mit Bordeaux? Nur ein paar Spitzenweine erreichen das Ziel. Bei diesem Preis ist ein toskanischer Cabernet oft die bessere Wahl.

Kräftige, tanninreiche, langlebige Rotweine: Bordeaux spielt dabei die führende Rolle. Die besten Weine sind nach etwa zehn Jahren wirklich gut, aber man sollte von den kleineren Châteaux nicht erwarten, daß sie in der gleichen Weise altern. Dasselbe gilt für die Toskana und das Piemont: Nur die Spitzenweine schaffen es, insbesondere Chianti Classico, Barolo und Barbaresco. In Portugal findet man viele tanninreiche Weine und einige zunehmend gute, langlebige Rotweine im Douro.

Weiche, einschmeichelnde Weine mit Erdbeergeschmack: Gute Burgunder führen diese Gruppe sicherlich an. In Spanien kann auch Rioja manchmal dabeisein, aber öfter schaffen es Navarra und Valdepeñas. Pinot Noir schmeckt in Kalifornien oft köstlich, ebenso in Neuseeland. Deutschland schafft es vereinzelt mit dem Spätburgunder. In Italien schmeichelt sich häufig der Lago di Caldaro ein, während es im Bordelais vor allem Saint-Émilion und Pomerol gelingt.

SCHAUMWEINE UND GESPRITETE WEINE

Schaumweine: Dabei kann es sich um einen weißen, rosé oder roten, einen trokkenen oder süßen Schaumwein handeln. Und manchmal denke ich, es spielt keine Rolle, wie er schmeckt, solange er kalt genug ist und genug davon vorhanden ist. Champagner kann der beste Schaumwein sein, aber häufig ist er es nicht. Es gibt heute zahlreiche neue Weinmacher, die preisgünstige, ähnlich schmeckende Schaumweine erzeugen. Australien liegt an der Spitze bei billigen Schaumweinen, die hervorragend schmecken, gefolgt von Kalifornien und Neuseeland.

Gespritete Weine: Dieses eine Mal ertappe ich mich dabei, daß ich sagen muß, die alten Methoden sind die besten. Es gibt immer noch nichts, was die Spitzenportweine und -sherrys mit ihrem tiefen, reichhaltigen, dickflüssigen Geschmack übertreffen könnte, auch wenn sich in Australien und Südafrika andeutungsweise interessante neue Ausblicke auftun.

ESSEN UND WEIN

Man gebe mir eine Regel, und ich breche oder relativiere sie zumindest.Wenn ich deshalb die Fülle von Büchern sehe, die Regeln festlegen, welchen Wein man zu welchem Essen trinkt, werde ich sehr ungehalten und muß in mir das brennende Verlangen unterdrücken, einen Grand Cru zu meinem Chili con carne zu trinken.

Die Genüsse des Essens und Trinkens finden auf so vielen Ebenen statt, daß strenge, feste Regeln sinnlos sind. Was ist mit der Stimmung? Wenn mir nach Champagner ist, muß es Champagner sein, egal, was ich esse. Was mit dem Ort? Wenn ich von den Klippen von Amalfi auf das schimmernde Wasser der Bucht hinausblicke, können Sie mir irgend etwas servieren – und es wird perfekt passen.

Dennoch gibt es einige Dinge, die sich nicht gut mit Wein vertragen. Artischocken, Spargel, Spinat, Räucherhering und Makrele, Chili, Saucen und Essig, Schokolade dämpfen alle den Geschmack von Weinen. Die allgemeine Regel lautet hierbei, tanninreiche Rotweine zu vermeiden und fruchtige, junge Rotweine im Stil der Neuen Welt oderWeißweine mit viel Frucht und frischer Säure zu wählen. Bei Schokolade sind fast nur likörige Muscats möglich. Tomaten, süß und säuerlich zugleich, stellen eine Herausforderung dar, die die meisten Rotweine verderben kann. Salzige Käse passen wider Erwarten gut zu süßen Weißweinen (Roquefort und Sauternes ist die klassische Verbindung). Merken Sie sich dies, und fassen Sie die folgenden Zusammenstellungen nur als Empfehlungen von mir auf.

FISCH

Gegrillter oder gebackener Fisch mit hellem Fleisch *(ohne Sauce):* weißer Burgunder, feiner Chardonnay, Pessac-Léognan, Viognier, australischer und neuseeländischer Riesling.

Gegrillter oder gebackener Fisch mit kräftigerem Geschmack (wie Lachs, *ohne Sauce*): Aromatische elsässische Weine, fruchtiger Chardonnay oder Sémillon aus der Neuen Welt, Chinon/Bourgueil (ohne Faßreifung), Pinot Noir aus der Neuen Welt.

Fisch in der Fritüre herausgebacken oder im Backteig: Einfache, frische Weißweine, z. B. Soave, Mâcon Blanc, Pinot Gris, weißer Bordeaux.

Schalen- und Krustentiere: Weiche, trockene Weißweine, z. B. Pinot Blanc oder nicht faßgereifter Chardonnay; *Muscheln und Austern:* Aligoté, Vinho Verde, Seyval Blanc.

Geräucherter Fisch: Eisgekühlter Schaumwein, Manzanilla oder Fino Sherry, Alsace Pinot Gris, Grauburgunder aus Baden, Riesling oder Gewürztraminer aus der Neuen Welt.

FLEISCHGERICHTE (gebraten oder gegrillt ohne Sauce)

Rind/Steak: tanninreiche Rotweine, z. B. Spitzenbordeaux, Cabernet oder Merlot (Neue Welt), südafrikanischer Pinotage, Chianti Classico Riserva.

Lamm: roter Spitzenburgunder, weicher Spitzenbordeaux, z. B. Saint-Émilion, Rioja Reserva, feiner Pinot Noir oder Merlot aus der Neuen Welt.

Schwein: volle, weiche, trockene Weißweine, z. B. Alsace Pinot Gris, weiche, holzbetonte Chardonnays, Rioja, Alentejo; *Schinken und Speck:* junge, fruchtige Rotweine, am besten nicht im Faß gereift, z. B. Beaujolais, Teroldego, Tempranillo oder Malbec (ohne Faßreifung), Lambrusco Secco; *Wurstwaren:* geradlinige, unkomplizierte, junge Rotweine, Beaujolais, italienischer Merlot, Zinfandel, Pinotage.

Kalb: (Rotweine) alter Rioja, reifer Côte de Beaune oder Pessac-Léognan/Margaux; (Weißweine) elsässischer/deutscher/österreichischer Pinot Gris bzw. Grauburgunder, Vouvray, Châteauneuf-du-Pape; *mit Sahnesauce:* volle, reife Weißweine, z. B. Alsace Pinot Blanc oder Pinot Gris, Vouvray, weißer Châteauneuf-du-Pape, faßgereifter Chardonnay aus der Neuen Welt; *mit reichhaltiger Rotweinsauce* (z. B. *Osso Buco*): junge italienische

Rotweine, Zinfandel, Gamay oder Grenache aus der Neuen Welt.
Wild: Barolo, Saint-Estèphe, Pomerol, Côte de Nuits, Hermitage, großer Zinfandel, Alsace Pinot Gris, deutscher Grauburgunder; *mit Rotweinsauce:* Rotweine aus dem Piemont, Pomerol, Saint-Émilion, Syrah/Shiraz aus der Neuen Welt, Pinotage, portugiesischer Garrafeira.
Huhn und Truthahn: feiner roter oder weißer Burgunder, roter Rioja Reserva, Chardonnay oder Sémillon aus der Neuen Welt.
Ente: gehaltvolle Rotweine, z. B. Pomerol, Saint-Émilion, Côte de Nuits, Rhône-Rotweine, Syrah/Shiraz oder Merlot aus der Neuen Welt; ebenso volle, weiche Weißweine; *à l'orange:* nicht trockene, schwere Weißweine oder Barsac.
Federwild: Spitzenrotweine (Rhône, Burgund, Toskana, Piemont), Ribera del Duero, Cabernet aus der Neuen Welt; ebenso Weißweine, z. B. Pinot Gris oder Sémillon (Neue Welt).
Fleischaufläufe, Schmor- und Hackfleischgerichte: Stimmen Sie die Hauptbestandteile aufeinander ab, z. B. Rotweine zu *Bœuf à la bourguignonne,* robuste Rotweine zu *Coq au vin,* trockene Weißweine zu einem Frikassee. Die Schwere des Weins sollte zur Reichhaltigkeit der Sauce passen, z. B. nicht zu schwer für *Navarin* vom Lamm. Zum kräftigen Tomatengeschmack siehe unter Teigwaren.

EIER
Leichte, frische Rotweine aus Gamay oder Grenache, volle, trockene Weißweine ohne Faßreifung, Rosé oder Schaumwein aus der Neuen Welt.

TEIGWAREN
Mit Tomatensauce: Soave, Verdicchio, Sauvignon Blanc aus der Neuen Welt; *mit Fleischsauce:* einfache Rotweine aus Nord- oder Mittelitalien, Syrah/Shiraz aus Frankreich oder der Neuen Welt, Zinfandel; *mit Sahne- oder Käsesauce:* weiche, volle, trockene, nicht im Faß gereifte Weißweine aus Norditalien, leichte österreichische Rotweine, Gamay aus der Neuen Welt; *mit Meeresfrüchten oder Fischsauce:* einfache, trockene, pikante Weißweine, z. B. Verdicchio, Vermentino, österreichischer Grüner Veltliner, Muscadet; *mit Pesto:* Sauvignon Blanc aus der Neuen Welt, Dolcetto, Minervois.

SALATE
Scharfkantige Weißweine, z. B. Sauvignon aus der Neuen Welt, trockener Riesling, Vinho Verde.

EXOTISCHE KÜCHE
Chinesisch: Riesling oder Gewürztraminer, nicht faßgereifter Chardonnay aus der Neuen Welt; milde deutsche und österreichische Rotweine
Indisch und Tex-Mex: Würzige Weißweine, z. B. Gewürztraminer, Sauvignon aus der Neuen Welt, Viognier; weiche Rotweine, z. B. Rioja, Valpolicella, Cinsaut, Grenache, Syrah/Shiraz aus der Neuen Welt.
Thailändisch: Riesling, Gewürztraminer, Sauvignon aus der Neuen Welt.

KÄSE
Hartkäse (mild und reif): Kräftige Rotweine aus Süditalien, Südfrankreich oder Nordspanien, Merlot oder Zinfandel aus der Neuen Welt; Alsace Pinot Gris, trockener Oloroso Sherry, Tawny-Port.
Weichkäse (mild und reif): LBV-Portwein, reiche, fruchtige Rotweine, z. B. Rhôneweine, Shiraz, Zinfandel, Alsace Pinot Gris, Gewürztraminer.
Schimmelkäse: Süßweine aus edelfaulen Trauben, z. B. Sauternes, Vintage-Portwein, Malmsey Madeira, alter Oloroso Sherry.
Ziegenkäse: Sancerre, Sauvignon Blanc aus der Neuen Welt, in kühlem Klima erzeugte Rotweine, z. B. Chinon, Saumur-Champigny, Teroldego.

NACHSPEISEN
Schokolade: Muscat-Likörwein, Asti Spumante.
Obst: Süße Weißweine aus edelfaulen Trauben, z. B. Sauternes.

LAGERUNG UND SERVIEREN

Wein ist zumeist recht robust und verträgt eine ziemlich rauhe Behandlung. Junge Rotweine kann man, nachdem sie ein oder zwei Tage lang im Kofferraum durchgeschüttelt worden sind, direkt in die Küche tragen und servieren, ohne daß sie großen Schaden nehmen. Wenn man junge Weißweine gut gekühlt (ein paar Stunden im Kühlschrank reichen) auf den Tisch bringt, gleicht das jegliche schlechte Behandlung aus. Dennoch sind bestimmte Bedingungen für die Lagerung Ihrer Weine besser – insbesondere, wenn sie sich ihrem Höhepunkt nähern. Es gibt auch bestimmte Arten des Servierens, die Geschmacksnoten und Düfte hervorheben.

LAGERUNG

Die meisten Weine werden verkauft, damit sie bald getrunken werden. In den paar darauf folgenden Monaten, bevor man sie öffnet, kann man sie fast nicht kaputtmachen. Sie sollten sie jedoch nicht in die Nähe der Zentralheizung oder des Kochherds oder auf ein von der Sonne beschienenes Fensterbrett stellen.

Licht und extreme Temperaturen muß man ebenfalls meiden, wenn man Weine länger lagern möchte. Einige Weine, z. B. Chardonnays, reagieren besonders empfindlich, wenn sie monatelang Licht ausgesetzt werden, vor allem bei Flaschen mit farblosem Glas. Je wärmer ein Wein ist, desto schneller reift er; wirklich hohe Temperaturen können einen Wein ganz schnell verderben. Im Winter sollte man sich auch vor Garagen und Außengebäuden hüten. Schon ein kurzer Kälteeinbruch könnte Ihren Wein gefrieren lassen, den Korken heraustreiben und die Flasche sprengen. Ein unterirdischer Keller ist ideal, vor allem dann, wenn er eine konstante Temperatur zwischen 10 und 12 °C besitzt. Außerdem müssen die Flaschen liegen, so daß die Korken aufgequollen bleiben und die Luft abhalten.

TEMPERATUR

Als die Regel aufgestellt wurde, Rotwein müsse bei Zimmertemperatur serviert werden, lebte man bestimmt nicht in einer gut isolierten, modernen Wohnung mit Zentralheizung. Es ist keine Todsünde, einen großen, robusten Rotwein bei der Temperatur eines gut geheizten Zimmers zu servieren, aber ich selbst ziehe die meisten Rotweine eine Spur kühler vor. Überhitzter Wein schmeckt fad und kann einige seiner flüchtigeren Aromen verlieren. Leichte, erfrischende Rotweine wie etwa Beaujolais sollte man ein wenig kühlen. Im Idealfall würde ich Burgunder bei Speisekammertemperatur, Bordeaux etwas wärmer und australischen Cabernet bei der Temperatur eines luftigen Zimmers servieren.

Wenn man Weißweine kühlt, schmecken sie frischer und säurebetonter. Weißweine mit geringer Säure profitieren besonders vom Kühlen; für Schaumweine ist Kühlen unabdingbar, wenn man nicht will, daß der Korken herausschießt und der Tisch überschwemmt wird. Starkes Abkühlen dämpft auch den Geschmack – gut für einfache Weine, aber eine Schande bei einem sehr guten Wein.

Ein guter Ratgeber für Weißweine ist, daß man die billigsten und leichtesten Weine einige Zeit in den Kühlschrank stellt, aber größere und bessere Weine – australische Chardonnays oder weiße Spitzenburgunder – bei einer Temperatur etwa zwischen Kühlschrank und zentralgeheizter Wohnung serviert. Wenn Sie unsicher sind, sollten Sie sich lieber zur kühlen Seite hin irren.

ÖFFNEN DER FLASCHE

Es gibt keinen Korkenzieher, der den »Screwpull« schlagen könnte; besonders leicht handzuhaben ist der »Spinhandle Screwpull«. Ärgern Sie sich nicht, wenn Korkstückchen in den Wein fallen – fischen Sie sie einfach aus Ihrem Glas. Festsitzende Korken, die sich nicht bewegen wollen, kann man lockern, indem man heißes Wasser über den Flaschenhals laufen läßt, damit sich das Glas ausdehnt. Falls der Korken locker sitzt und hineinrutscht, drücken Sie ihn ganz hinein.

Das Öffnen von Schaumweinen ist eine ernstzunehmende Sache. Halten Sie den Korken immer von Personen weg! Wenn Sie einmal mit dem Öffnen begonnen haben, nehmen Sie nie die Hand vom Korken, bis er ganz draußen ist. Lösen Sie den Draht, halten Sie das Drahtkörbchen und den Korken fest, und drehen Sie die Flasche. Sollte der Wein schäumen, so halten Sie die Flasche in einem Winkel von 45 Grad, und stellen Sie ein Glas bereit.

BELÜFTUNG UND DEKANTIEREN

Wissenschaftler haben bewiesen, daß es nichts bringt, wenn man junge bis mittelaltrige Weine eine Stunde vor dem Servieren öffnet. Die Oberfläche des Weins, die im Flaschenhals mit der Luft in Kontakt kommt, ist zu winzig, um eine bedeutsame Wirkung zu erzielen. Etwas anderes ist es mit dem Dekantieren, weil der Wein recht stark mit der Luft durchgemischt wird, wenn man ihn aus der Flasche in eine Karaffe gießt. Die einzigen Weine, die wirklich dekantiert werden müssen, sind solche mit einem Depot, das den Wein trüben würde, falls man ihn direkt einschenken würde (z. B. reife rote Bordeaux, Burgunder und Vintage-Port). Idealerweise müssen Sie, wenn Sie es voraussehen, die Flasche ein oder zwei Tage aufrecht stehen lassen, damit sich das Depot am Boden absetzt. Ziehen Sie den Korken äußerst vorsichtig heraus. Wenn Sie die Flasche neigen, lassen Sie von unten ein helles Licht durchscheinen, damit Sie beim Eingießen das Depot erkennen können. Gießen Sie den Wein zügig in die Karaffe ein, und hören Sie mit dem Eingießen auf, wenn Sie sehen, daß sich das Depot dem Flaschenhals nähert.

Im Gegensatz zur üblichen Praxis vieler Weinprofis würde ich einen reifen Wein erst kurz vor dem Servieren dekantieren. Ältere Weine lassen oft sehr rasch nach, wenn sie mit der Luft in Kontakt kommen, so daß eine Stunde in der Karaffe die geringe Fruchtigkeit abtöten könnte, die übriggeblieben ist.

AUFBEWAHREN VON RESTEN

Übriggebliebene Weißweine halten sich besser als Rotweine, weil die Luft die Tannine und Farbstoffe im Rotwein leichter zersetzt. Alle Weine, gleichgültig, ob Rot- oder Weißweine, halten sich im Kühlschrank besser als in einer warmen Küche. Und die meisten Weine werden, falls man sie in den Kühlschrank stellt, völlig annehmbar und unverdorben sein, wenn man sie nach zwei oder drei Tagen wieder entkorkt. Aber wer noch bessere Resultate erzielen möchte, sollte Apparaturen verwenden, die eigens zum Aufbewahren von angebrochenen Weinflaschen verkauft werden. Dabei sind diejenigen Geräte, die den Wein mit einem Inertgas bedecken, das schwerer als Luft ist, besser als solche, die im Luftraum in der Flasche ein Vakuum erzeugen.

FRANKREICH

Ich habe inzwischen die meisten Weinländer der Welt besucht, aber Frankreich ist das Land, in das ich immer wieder zurückkehre, ohne daß meine Begeisterung nachläßt. Allein schon die Breite der Geschmacksnuancen seiner Weine, die Zahl der Weinstile und ebenso die Qualitätsunterschiede – von den allerbesten bis zu den fast allerschlechtesten – fesseln mich auch weiterhin. Jedes Jahr, wenn der Zeitpunkt der Lese näher rückt, ertappe ich mich dabei, daß ich darauf brenne, ins Auto zu springen und zu den Weinbergen der Champagne, Burgunds, des Bordelais und der Loire zu fahren.

KLIMA UND BODEN

Frankreich liegt zwischen dem 40. und 50. nördlichen Breitengrad; sein Klima reicht deshalb von einem kühlen Klima, das fast zu kalt ist, um Trauben reifen zu lassen, im äußersten Norden, nahe dem Ärmelkanal, bis zu einem drückend heißen Klima, das fast zu warm ist, um zu vermeiden, daß die Trauben überreif werden, im äußersten Süden an der Küste des Mittelmeers. Ganz im Norden wird in der Champagne der verfeinertste und köstlichste Schaumwein erzeugt. Tief im Süden dominieren reichhaltige, delikate Dessertweine aus Muscattrauben und gespritete Weine. Dazwischen findet man fast jeden Weintyp, den man sich nur wünschen kann.

Die Faktoren, die den Geschmack eines Weins beeinflussen, sind die Rebsorte, der Boden und das Klima sowie die Vinifizierungsmethoden. Die meisten großen Rebsorten wie etwa die roten Sorten Cabernet Sauvignon, Merlot, Pinot Noir und Syrah und die weißen Sorten Chardonnay, Sauvignon Blanc, Sémillon und Viognier finden in Frankreich Bedingungen vor, unter denen sie langsam, aber zuverlässig reifen können, und eine langsame Reifung verleiht einem Wein stets einen besseren Geschmack. Da Trauben in Frankreich seit mehr als 2000 Jahren angebaut werden, haben sich hier ganz natürlich die Rebsorten entwickelt, die für die verschiedenen Böden und Mesoklimas am geeignetsten sind. Und da bereits die Römer die Weinerzeugung nach Frankreich gebracht haben, haben die Winzer Generation für Generation ihre Methoden verfeinert, um mit den verschiedenen Traubentypen die bestmöglichen Ergebnisse zu erzielen. Die großen Weine aus Anbaugebieten wie Bordeaux und Burgund sind das Resultat von jahrhundertelanger Erfahrung und ebenso langem Ausprobieren, was die Erzeuger aus anderen Ländern heute nutzen, und das Vorbild für ihre Versuche, guten Wein zu produzieren.

ANBAUGEBIETE

Weiße Trauben reifen leichter als rote, weshalb sie in den nördlichen Regionen dominieren. Dennoch schafft es die kühle Champagne kaum, ihre weißen oder roten Trauben auf den Kreideböden zur Reife zu bringen. Aber der daraus entstehende säuerliche Wein ist die ideale Ausgangsbasis für Schaumwein; die Säuerlichkeit des jungen Stillweins kann sich bei guter Vinifizierung und ein paar Jahren Reifung in einen goldenen, nach Honig schmeckenden Schaumwein von unvergleichlicher Finesse verwandeln.

Elsaß an der deutschen Grenze, auf der anderen Seite des Rheins, ist viel wärmer und trockener als die Champagne, erzeugt aber dennoch hauptsächlich Weißweine. Der deutsche Einfluß ist offenkundig in den duftigen, aber trockenen

Weinen, die aus Rebsorten wie Riesling, Pinot Gris und Gewürztraminer erzeugt werden.

Südöstlich von Paris markiert Chablis die nördlichste Spitze des burgundischen Anbaugebiets; die Chardonnayrebe bringt hier sehr trockene Weine hervor, die normalerweise eine gewisse herbe Säure besitzen, aber heute eine vollere, geschmeidigere Struktur aufweisen, um jegliche Rauheit zu dämpfen.

Zwei Autostunden weiter südlich liegt das Herz von Burgund, die Côte d'Or, die sich zwischen Dijon und Chagny erstreckt. Weltberühmte Weinbaudörfer wie Gevrey-Chambertin und Vosne-Romanée (wo Pinot Noir dominiert) oder Meursault und Puligny-Montrachet (wo Chardonnay regiert) erzeugen hier die großen Burgunder, die der Region im Laufe der Jahrhunderte ihr hohes Ansehen verschafft haben. Kleinere Burgunder, aber trotzdem gute Weine werden weiter südlich an der Côte Chalonnaise erzeugt, während sich zwischen Mâcon und Lyon die Weinbauorte des Mâconnais (Weißwein) und die Beaujolais-Dörfer befinden, die berühmt sind für ihren hellen, süffigen Rotwein aus der Gamaytraube.

Südlich von Lyon im Rhônetal beginnen Rotweine zu überwiegen. Die Syrahrebe liefert große Weine in Hermitage und an der Côte-Rôtie im Norden, während im Süden die Grenacherebe und eine Vielzahl von Zusatzsorten volle, überzeugende Rotweine hervorbringen, von denen der Châteauneuf-du-Pape am

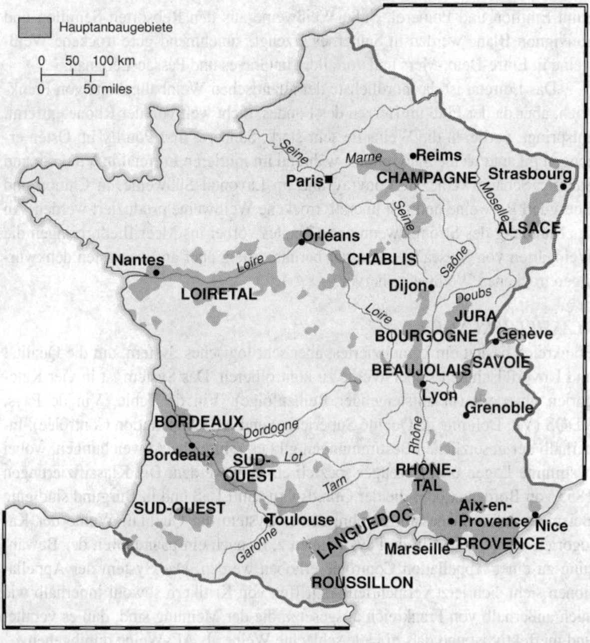

berühmtesten ist. Die weiße Viognierrebe erzeugt liebliche Weine in Condrieu und Château-Grillet im Norden.

Ganz Südfrankreich verändert sich mit erstaunlicher Geschwindigkeit zum Positiven hin. Die Provence und die sonnenverbrannten Weingärten des Midi lernen, wie man unter wenig versprechenden Anbaubedingungen aufregende Weine erzeugt. Viele der wohlschmeckendsten und preisgünstigsten Weine Frankreichs kommen heute als Vin de Pays aus dem Süden auf den Markt. Im Roussillon sind die Rotweine feurig, aber gut, doch besser sind die süßen Muscats.

Der Südwesten wird von Bordeaux beherrscht, hat aber viele weitere Prunkstücke, die vom kühlenden Einfluß des Atlantiks profitieren. Trockene Weißweine aus der Gascogne und Bergerac können aufregend schmecken. Jurançon im Baskenland erzeugt bemerkenswerte Süßweine, während Madiran, Cahors und Bergerac gute bis hervorragende Rotweine produzieren.

Aber Bordeaux spielt hier die Hauptrolle. Cabernet Sauvignon und Merlot sind die wichtigsten Rebsorten, wobei Cabernet die Produktion tiefer Rotweine von der Halbinsel Médoc mit ihren berühmten Weinbauorten wie Margaux, Saint-Julien, Pauillac und Saint-Estèphe beherrscht. Rund um Bordeaux befinden sich Pessac-Léognan und Graves, wo Cabernet und Merlot zu duftigen, feinen Rotweinen kombiniert werden. Auf dem rechten Ufer des Gironde-Ästuars ist die Merlotrebe am wichtigsten in den korpulenten, reichhaltigen Rotweinen aus Saint-Émilion und Pomerol. Süße Weißweine aus den Rebsorten Sémillon und Sauvignon Blanc werden in Sauternes erzeugt, zunehmend gute trockene Weißweine in Entre-Deux-Mers und vor allem in Graves und Pessac-Léognan.

Das Loiretal ist das nördlichste der atlantischen Weinbaugebiete von Frankreich, aber da der Fluß im Herzen des Landes, nicht weit von der Rhône entfernt, entspringt, variieren die Weinstile sehr stark. Sancerre und Pouilly im Osten erzeugen pikante weiße Sauvignons, während im mittleren Loiretal in Vouvray und Saumur Schaumweine, in Vouvray und im Layontal Süßweine, in Chinon und Bourgueil Rotweine und fast überall trockene Weißweine produziert werden. An der Mündung des Stroms, wenn er an Nantes vorbei ins Meer fließt, bringen die Weingärten von Muscadet einen der berühmtesten, aber am wenigsten denkwürdigen trockenen Weißweine hervor.

KLASSIFIZIERUNGEN

Frankreich besitzt ein kompliziertes, aber sehr logisches System, um die Qualität und Unverfälschtheit seiner Weine zu kontrollieren. Das System ist in vier Kategorien unterteilt (in aufsteigender Reihenfolge): Vin de Table, Vin de Pays, VDQS (Vin Délimité de Qualité Supérieure) und AC (Appellation Contrôlée). Innerhalb der gesetzlichen Bestimmungen gibt es zahlreiche Abweichungen, wobei bestimmte Lagen oder Erzeuger speziell erwähnt werden. Die Klassifizierungen 1855 von Bordeaux oder die der Grands Crus im Elsaß und in Burgund sind gute Beispiele dafür. Insgesamt belohnt dieses System die Qualität. Weine der Kategorien VDQS und Vin de Pays können z. B. nach ein paar Jahren der Bewährung zu einer Appellation Contrôlée erhoben werden. Das System der Appellationen sieht sich jetzt vermehrten Angriffen von Kritikern sowohl innerhalb wie auch außerhalb von Frankreich ausgesetzt, die der Meinung sind, daß es veraltet und ineffektiv ist und daß zu viele schlechte Weine als AC-Weine durchgehen.

JAHRGANG 1996

Das wechselhafte Wetter hatte zur Folge, daß 1996 das Jahr des Winzers sein wird: Die Erzeuger, die ihre Weinberge am besten pflegten, machten die besten Weine. In Bordeaux sind die 96er möglicherweise besser als die 95er; außerdem wird es einige gute Weine aus Burgund, der Champagne und dem Loiretal geben.

Wettermäßig wurde Frankreich auf den Kopf gestellt. Im Norden war es trocken, im Süden sehr feucht. Aber die Blüte verlief schnell und sehr erfolgreich im Juni, so daß die Ernte mengenmäßig überdurchschnittlich ausfallen wird. Ein Großteil des Augusts war im Süden für die Jahreszeit zu kühl und zu feucht.

In Bordeaux ist das Médoc wahrscheinlich das erfolgreichste Anbaugebiet, auch wenn Saint-Émilion und Pomerol Ende September heftige Regenfälle erlebten. Der Sauternes wird gut ausfallen, weil es im Oktober viel Edelfäule gab.

Die Loire hatte das zweite Jahr hintereinander eine gute Ernte. Die Bedingungen im September und Oktober waren äußerst gut; es sind auch einige außergewöhnliche Rotweine erzeugt worden, die sich gut halten dürften. Trockene und süße Weißweine werden gut ausfallen, aber vielleicht werden die Spitzensüßweine nicht so außerordentlich konzentriert sein wie 1995.

Die Champagne hatte eine Ernte von hoher Qualität und passabler Menge – die zweitgrößte seit 1992. Es wird Jahrgangschampagner geben, die gerade rechtzeitig für diejenigen bereitstehen werden, die daran festhalten, daß das neue Jahrtausend am 1. Januar 2001 beginnt.

In Burgund sicherte ein trockener, sonniger September eine gesunde Ernte von gutem Qualitätspotential. Die Weißweine (mit Ausnahme des vom Hagel heimgesuchten Chablis) werden viel Fruchtgeschmack und einen guten natürlichen Alkoholgehalt besitzen. Es dürfte viele ausgezeichnete Rotweine geben, insbesondere aus Pommard, Corton und Gevrey-Chambertin, auch wenn andere später vermutlich leer schmecken können.

Der August verlief mit Unwettern an der Rhône; es gab nur wenig Sonnenschein. Glücklicherweise begann Anfang September der Mistral zu wehen, der die Fäulnis stoppte und die Reifung der Trauben unterstützte. Wegen einer sehr erfolgreichen Blüte war im Juli eine Ausdünnung der Trauben notwendig, damit die Konzentration sichergestellt blieb. Im nördlichen Rhônetal hatten die Trauben einen guten Zuckergehalt, aber eine hohe Säure, während im südlichen Rhônetal mehr Regen ein Fragezeichen hinsichtlich der Qualität aufwirft.

Dank moderner Vinifizierungsmethoden wurden auch in der Provence, im Languedoc-Roussillon und in Südwestfrankreich passable Weine erzeugt, auch wenn sie nicht so gut wie 1994 und 1995 sein werden. Die Weißweine jedoch können wegen der höheren Säure spritziger als üblich ausfallen.

Die Ernte im Elsaß ist durchschnittlich hoch, ausgenommen beim Gewürztraminer. Ein langer, trockener Herbst erlaubte es den Winzern, ihre Trauben völlig reif zu pflücken. Die drei Pinots waren angeblich 1996 besonders erfolgreich. Auch Vendanges Tardives und Sélections de Grains Nobles wurden erzeugt.

Siehe auch ALSACE, BORDEAUX ROTWEINE, BORDEAUX WEISSWEINE, BURGUND ROTWEINE, BURGUND WEISSWEINE, CHAMPAGNE, CORSE (KORSIKA), JURA, LANGUEDOC-ROUSSILLON, LOIRETAL, MIDI, PROVENCE, RHONETAL, ROUSSILLON, SAVOIE, SUD-OUEST (SÜDWESTFRANKREICH) SOWIE EINZELNE WEINE UND ERZEUGER.

ITALIEN

Der Weinbau wurde in Italien vor über 3000 Jahren von den Griechen (in Sizilien und Süditalien) und den Etruskern (in Nordost- und Mittelitalien) eingeführt. Trotz ihrer großen Tradition sind die italienischen Weine, wie wir sie kennen, relativ jung. Neue Auffassungen haben in den letzten 25 Jahren zu großen Veränderungen beim italienischen Wein geführt. Die Qualität ist gestiegen, während die Menge reduziert wurde. Die gesamte Weinbranche ist modernisiert worden.

REBSORTEN UND ANBAUGEBIETE

Wein wird in ganz Italien angebaut, von der österreichischen Grenze im Norden bis zur Insel Pantelleria, die im äußersten Süden liegt, näher bei Nordafrika als bei Sizilien. Der Nordwesten, insbesondere Piemont, ist die Heimat von vielen der besten italienischen Rotweintrauben wie etwa Nebbiolo, Dolcetto und Barbera, während der Nordosten (Friaul-Julisch-Venetien und Südtirol) bekannter ist durch den Erfolg seiner Weißweine, erzeugt aus einheimischen Rebsorten wie Garganega, Tocai and Ribolla ebenso wie aus importierten Rebsorten wie Pinot Grigio, Char-

donnay und Sauvignon. Das mittlere Potal ist das Anbaugebiet des Lambrusco. Weiter im Süden ist die Toskana am berühmtesten für ihre roten Chianti- und Brunelloweine aus der einheimischen Sangiovesetraube. Südlich von Rom, wo ein mediterranes Klima herrscht, machen die traditionellen schweren Weiß- und Rotweine allmählich hier und da einigen bewundernswerten Weinen Platz.

KLASSIFIZIERUNGEN

Vino da Tavola (Tafelwein) bedeutet, daß der Wein entweder außerhalb der geltenden Weingesetze oder in einem Gebiet erzeugt wird, in dem keine gesetzlich abgegrenzte Anbauzone existiert. Sowohl billige Konsumweine wie auch einfallsreiche Neuschöpfungen wie Tignanello und andere »supertoskanische« Weine fallen in diese anonyme Kategorie, aber die Italiener passen sich allmählich den Bestimmungen im übrigen Europa an. Die phantasievollen Superweine werden als IGT oder als DOC eingestuft, während aus den restlichen Weinen einfache *bianco, rosso* und *rosato* werden, ohne Angabe des Jahrgangs oder des Herkunftsgebiets.

IGT (Indicazioni Geografiche Tipiche) trat mit dem Jahrgang 1995 in Kraft und soll als Entsprechung zum französischen Vin de Pays Weine aus bestimmten Regionen oder Anbaugebieten kennzeichnen.

DOC (Denominazione di Origine Controllata) ist die grundlegende Klassifizierung für Weine aus festgelegten Anbauzonen; sie werden nach traditionellen Regeln hergestellt, die historisch von Wert waren, aber allzu häufig veraltet sind. In jüngster Zeit sind die Gesetze flexibler geworden und ermutigen die Erzeuger zu niedrigeren Erträgen und zur Modernisierung ihrer Methoden, während hochwertige Weine neue Bezeichnungen erhalten, die es ermöglichen, Gemeinden, Weingüter und Einzellagen zu erkennen. Der Trend, neue DOCs für eine ganze Region zu bilden (z. B. Piemont), erlaubt die Klassifizierung vieler hochwertiger Tafelweine.

DOCG (Denominazione di Origine Controllata e Garantita) war ursprünglich geplant als eine Art Superliga für DOC-Weine mit einer Garantie für die Unverfälschtheit, die hochklassige Weine versprach, aber nicht immer lieferte. Dennoch und trotz einiger zweifelhafter Hochstufungen in diese Elitekategorie müssen die Weine unter strengeren Vorschriften hergestellt werden, die Verbesserungen begünstigt haben. Die beste Qualitätsgarantie bleibt jedoch der Erzeugername.

JAHRGANG 1996

Wie 1995 ein weiteres kühles Jahr, auch wenn sich die Erntemenge diesmal verbessert hat. Regen im Frühherbst – ein Merkmal, das in den 90er Jahren zur Norm geworden ist – wird zu etwas ungleichmäßigen Resultaten führen, so daß die besondere Lage, der Zeitpunkt der Lese und die Strenge der Traubenselektion entscheidende Qualitätsfaktoren sind. In der Toskana, wo der Regen hauptsächlich auf den September beschränkt war, gibt es in den Rotweinen ein Potential, das sicherlich feine supertoskanische Weine und Riservas ergibt. Im Piemont sind einige ausgezeichnete Barolos und Barbarescos aus Einzellagen zu erwarten.

Siehe auch ABRUZZI, ALTO-ADIGE (SÜDTIROL), BASILICATA, CALABRIA, CAMPANIA, EMILIA-ROMAGNA, ETNA, FRIULI-VENEZIA GIULIA, LAZIO, LIGURIA, LOMBARDIA, MARCHE, PIEMONT, ROMAGNA, SARDEGNA, SICILIA, TOSCANA, TRENTINO, UMBRIA, VALLE D'AOSTA, VENETO, VINO DA TAVOLA SOWIE EINZELNE WEINE UND ERZEUGER.

DEUTSCHLAND

Der deutsche Wein ist seit einigen Jahren in einem Wandel begriffen. Der Exportmarkt wird noch immer von lieblichen Weinen des Liebfrauenmilch-Typs beherrscht, während der Binnenmarkt, der sich erst in jüngerer Zeit für die trockeneren, reiferen Weinstile aus wärmeren Ländern geöffnet hat, nunmehr ähnliche Weine von den deutschen Winzern verlangt.

REBSORTEN

Die besten Weine stammen von den Rebsorten Riesling, Scheurebe, Ruländer (auch Grauburgunder genannt), Weißburgunder, Gewürztraminer und Silvaner, während die häufig angepflanzte Rebsorte Müller-Thurgau einen Großteil des einfacheren Weins erzeugt. Gute Rotweine können in Süddeutschland aus Spätburgunder, Lemberger und Dornfelder hergestellt werden.

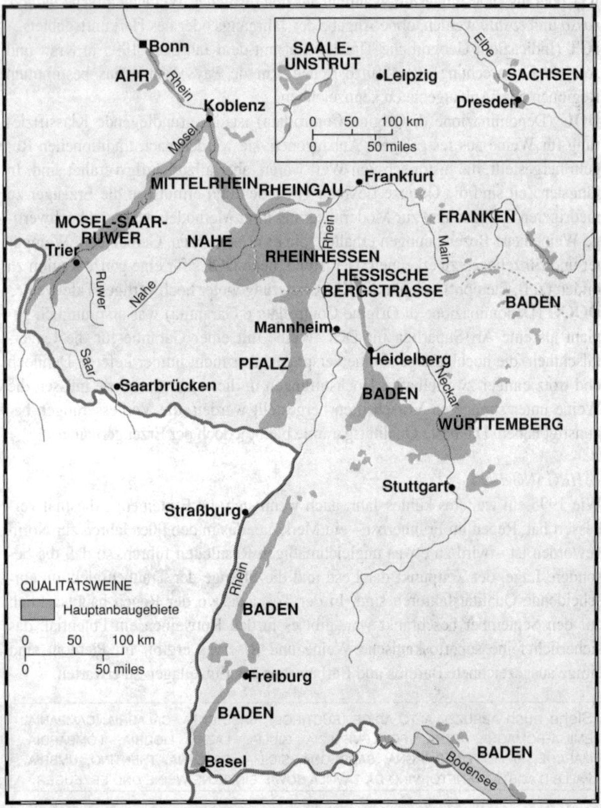

ANBAUGEBIETE

Viele der köstlichsten Rieslingweine stammen aus Weinbauorten wie Bernkastel, Brauneberg, Graach und Ürzig an der Mosel und Eltville, Johannisberg und Rüdesheim im Rheingau. Die Nahe erzeugt ebenfalls herrliche Rieslinge in den Gemeinden Schloßböckelheim und Traisen; die besten Lagen dieses Anbaubereichs besitzt Niederhausen. In Franken liefert die Silvanerrebe hervorragende Weine, die oft in einem erdigen Stil hergestellt sind. Rheinhessen ist leider für seinen zuckersüßen Niersteiner Gutes Domtal besser bekannt als für die ausgezeichneten rassigen Rieslingweine, die an seinen steilen Rheintalhängen in Nackenheim, Nierstein und Oppenheim erzeugt werden. Die Pfalz ist klimatisch dem Elsaß ähnlich und verfügt über ein vergleichbares Potential, was abgerundete, trockene Weißweine (und einige Rotweine) angeht. Baden produziert Weine, die international Anklang finden können, weil der Markt zunehmend vollere, trockenere Weine verlangt. In Württemberg sind die meisten Rotweine fad, aber es gibt ein paar Erzeuger, die begreifen, daß bei der Herstellung von Rotweinen Fülle und Geschmack notwendig sind. Die anderen, kleineren Weinbaugebiete produzieren wenig Wein, von dem auch nur geringe Mengen exportiert werden.

KLASSIFIZIERUNGEN

Das deutsche Klassifizierungssystem beruht auf dem Reifegrad bzw. dem Zuckergehalt der Trauben (Mostgewicht) und somit auf dem potentiellen Alkoholgehalt.

Tafelwein ist die einfachste Stufe, die für jeden geringwertigen Verschnittwein verwendet wird.

Landwein ist eine etwas höherwertige Version, die mit 17 großen Anbaugebieten verbunden ist. Er muß trocken oder halbtrocken sein.

QbA (Qualitätswein bestimmten Anbaugebietes) muß je nach Gebiet und Rebsorte ein Mindestmostgewicht aufweisen, aber die Trauben brauchen nicht sehr reif zu sein; außerdem darf dem Most Zucker zugesetzt werden, um den Alkoholgehalt zu erhöhen.

QmP (Qualitätswein mit Prädikat) ist die oberste Stufe, die in sechs Gruppen unterteilt ist (in steigender Reihenfolge): Kabinett, Spätlese, Auslese, Beerenauslese, Eiswein und Trockenbeerenauslese.

JAHRGANG 1996

Wie 1995 hatte die Ernte zwei höchst unterschiedliche Gesichter. Die südlichen Anbaugebiete Baden und Pfalz hatten Glück mit Weinen, die viel Körper und eine ausgezeichnete Ausgewogenheit besitzen. Weiter nördlich und östlich fiel die sehr kleine Ernte dünn und säuerlich aus. Ausnahmen sind Rüdesheim und Hochheim im Rheingau und die Spitzengüter im Gebiet Mosel-Saar-Ruwer, aber an feinen 96ern wird Mangel herrschen. Der Preis der Spitzenrieslinge scheint steigen zu müssen, damit die Politik niedriger Erträge finanziert werden kann. Die einfachsten 96er Weine werden vielleicht die schwächsten des Jahrzehnts sein.

Siehe auch AHR, BADEN, FRANKEN, HESSISCHE BERGSTRASSE, MITTELRHEIN, MOSEL-SAAR-RUWER, NAHE, PFALZ, RHEINGAU, RHEINHESSEN, SAALE-UNSTRUT, SACHSEN, WÜRTTEMBERG SOWIE EINZELNE WEINORTE UND ERZEUGER.

SPANIEN

Vom grünen, feuchten Norden bis zum trocken-heißen Süden besitzt Spanien mehr bestocktes Rebland als jedes andere Land in der Welt, doch aufgrund des rauhen Klimas und der oft veralteten Anbaumethoden sind die Durchschnittserträge in Spanien sehr niedrig.

ANBAUGEBIETE

Galicien im grünen, hügeligen Nordwesten erzeugt die besten, aromatischsten Weißweine Spaniens. Das Kernland der großen spanischen Rotweine, Rioja, Ribera del Duero und Navarra, liegt zwischen der zentralen Hochfläche und der Nordküste. Katalonien ist hauptsächlich ein Anbaugebiet für Weißweine (ein Großteil davon ist Cava, d. h. Schaumwein), aber es gibt auch ein paar gute Rotweine. Die zentrale Hochfläche von La Mancha produziert in erster Linie billige Weißweine, aber auch einige reizvolle Rotweine. Valencia im Südosten kann es im Hinblick auf frische, zwar nicht denkwürdige, aber preiswerte Rot- und Weißweine mit der Mancha aufnehmen. Die Spezialität von Andalusien sind gespritete Weine: Sherry, Montilla und Málaga.

KLASSIFIZIERUNGEN

Vino de la Tierra, das spanische Gegenstück zum französischen Vin de Pays, ist die unterste Stufe, wird aber auch für eine wachsende Zahl von »Superspaniern« verwendet, die nicht als DO eingestuft sind.

DO (Denominación de Origen) entspricht der französischen AC und kontrolliert die Rebsorten und das Herkunftsgebiet.

DOC (Denominación de Origen Calificada) ist eine neue Superklasse. 1991 wurde Rioja als erstes Anbaugebiet zu einer DOC erhoben.

JAHRGANG 1996
Ein feuchter Frühling rettete die von der Dürre gepeinigten Weinbaugebiete. Der trockene, aber eher kühle Sommer führte zu einer ungewöhnlich langen, langsamen Traubenreifung. Nur Rioja hatte bei der Lese einige Probleme mit Regen; doch die Gesamtqualität und -menge ist in allen Regionen gut bis ausgezeichnet.

PORTUGAL

Endlich scheint doch noch etwas zu geschehen in diesem vielfältigen, reizvollen Land, dessen Klima von der milden, feuchten Provinz Minho im Nordwesten bis zur subtropischen Insel Madeira reicht.

ANBAUGEBIETE
Das fruchtbare Vinho-Verde-Gebiet im atlantischen Nordwesten liefert ganz andere Weine als die ausgedörrten Täler des benachbarten Douro, wo ein trockeneres, mehr kontinentales Klima herrscht. In Bairrada und Dão sind die Böden wichtiger für den Charakter der Weine. Estremadura und Ribatejo erzeugen große Mengen Wein in Anbaugebieten, die entweder nahe genug an der Küste liegen, daß sie vom maritimen Klima beeinflußt werden, oder deren Klima vom Tajo gemildert wird. Südlich von Lissabon entstehen im Anbaugebiet Terras do Sado ein paar aufregende Tafelweine. Die andere dynamische Weinbauregion ist Alentejo, wo einige Spitzenrotweine erzeugt werden. Madeira ist einzigartig, eine vulkanische Insel, die sich 400 km vom Festland entfernt im Atlantischen Ozean befindet.

KLASSIFIZIERUNGEN
DOC (Denominação de Origem Controlada): Die Anbaugebiete, die früher als Região Demarcada (»abgegrenztes Gebiet«) eingestuft waren, werden heute als DOC bezeichnet. Es gibt insgesamt 18 davon.
IPR (Indicação de Proveniência Regulamentada) ist die Zwischenstufe für 29 Weinbaugebiete, die hoffen, den DOC-Status zu erlangen. Ihre Weine werden als *Vinhos de Qualidade Produzidos em Região Determinada* (VQPRD) bezeichnet.
VR (Vinho Regional) ist das Gegenstück zum französischen Vin de Pays mit Bestimmungen und zugelassenen Rebsorten, die mehr Freiheit als bei DOC und IPR einräumen. Es gibt acht Anbaugebiete und ein paar Untergebiete.

JAHRGANG 1996
Heftige Regenfälle im Winter 1995/96 führten zu einer riesigen Erntemenge. Der ungewöhnlich kühle Sommer bereitete der Traubenreifung Schwierigkeiten, so daß manche die Lese bis in den November verlängerten. Die Winzer, die ihre Erträge beschränkten, erzeugten einige exzellente Weine, aber viele stehen vor der Frage, was sie mit den großen Mengen eines ziemlich leichten Weins tun sollen. Im Douro produzierten die spät pflückenden Erzeuger einige gute Portweine.

Siehe auch ANDALUCIA, ARAGON, CANARIAS (ISLAS), CASTILLA-LA MANCHA, CASTILLA Y LÉON, CATALUÑA, GALICIA, JEREZ Y MANZANILLA, RIOJA, NAVARRA, VALENCIA; (PORTUGAL) ALENTEJO, ALGARVE, DOURO, ESTREMADURA, PORT RIBATEJO, TERRAS DO SADO, TRAS-OS-MONTES SOWIE EINZELNE WEINE UND ERZEUGER.

Die USA besitzen vielfältigere Anbaubedingungen für Trauben als jedes andere Land in der Welt, was nicht weiter überraschend ist, wenn man bedenkt, daß die 50 Bundesstaaten ein Gebiet umfassen, das größer als Westeuropa ist. Zwar baut Alaska im äußersten Norden keinen Wein an, aber Washington im Nordwesten tut es ebenso wie Texas im Süden und New York im Nordosten, und sogar Hawaii in den Weiten des Pazifischen Ozeans schafft es, Trauben zu züchten und Wein zu erzeugen. Insgesamt stellen über 40 Bundesstaaten Wein in irgendeiner Form her; er reicht von entsetzlichem Gebräu, das man lieber zu Branntwein destillieren oder für Marinaden von Rinderbraten hätte verwenden sollen, bis zu einigen der größten und geschmacklich originellsten Weine der heutigen Welt.

Kalifornien ist bei weitem der wichtigste Bundesstaat. Mit seiner Entschlossenheit, es den besten roten Bordeauxweinen und weißen Burgundern gleichzutun, bewies Kalifornien, daß es möglich ist, die klassischen europäischen Vorbilder zu übernehmen und sie – Tausende von Meilen von ihrer Heimat entfernt – erfolgreich neu zu interpretieren. Aber Kalifornien ist viel mehr als nur das. Das Central Valley erzeugt die Mehrzahl der einfachen Trinkweine, die noch immer den amerikanischen Markt beherrschen. Napa County und Sonoma County nördlich der San Francisco Bay bringen großartige Cabernets und Chardonnays hervor, aber Rebsorten wie Zinfandel und Merlot machen sich ebenfalls einen Namen; das Anbaugebiet Carneros ist sehr erfolgreich bei Pinot Noir, Chardonnay und Schaumweinen. Im Norden erzeugen Mendocino County und Lake County gute Trauben, während südlich von San Francisco, in den Weinen aus den kühlen, nebligen Tälern, die zwischen Santa Cruz und Santa Barbara zum Meer hin verlaufen, aufregende, für ein kühles Klima typische Geschmacksnoten zum Vorschein kommen, insbesondere bei den Traubensorten Pinot Noir und Chardonnay.

Es gibt natürlich auch Leute, die behaupten, ein Großteil Kaliforniens sei zu heiß, um die besten Trinkweine zu erzeugen – und viele dieser Kritiker leben in Oregon und Washington, Bundesstaaten, die beide eifrig bedacht sind, Kalifornien die Krone der Qualität abzuringen. Oregon, das ein deutlich kühleres, aber launisches Klima hat, erzeugt weiterhin mit unregelmäßigem Erfolg Weine aus den Rebsorten Pinot Noir, Chardonnay, Pinot Gris und Riesling. Washington, das an der Küste recht kühl und neblig ist, wird östlich der Cascade Mountains fast wüstenartig; dort entstehen in bewässerten Weinbergen herrliche Rot- und Weißweine, die eine sehr konzentrierte Fruchtigkeit besitzen. In New York glaubt man, daß Long Island alles hat, was ein klassisches Anbaugebiet ausmacht: Diese langgestreckte Insel mit mildem, warmem Klima östlich von New York eignet sich für Merlot, Riesling und Chardonnay. Die Anbaugebiete Hudson Valley und Finger Lakes können gute Weine produzieren, aber die Winter sind für viele klassische Rebsorten zu kalt. Deshalb stammt ein Großteil der Weine aus dem Bundesstaat New York von Hybriden oder den einheimischen Labruscasorten, die Geschmacksnoten verleihen können, die nur wenige mit feinen Weinen assoziieren.

Von den übrigen Bundesstaaten hat Texas die am weitesten verbreiteten Anpflanzungen von klassischen Vinifera-Rebsorten, aber es gibt auch hervorragende Erzeuger in Maryland, Virginia und Pennsylvania an der Ostküste und in Idaho und New Mexico im Westen.

KLASSIFIZIERUNGEN

Die Idee der Herkunftsbezeichnung ist in den USA neu; erst in den 70er Jahren entstand ein rudimentäres System. AVA (American Viticultural Area = amerikanisches Weinbaugebiet) legt lediglich eine Anbaufläche fest und verfügt, daß mindestens 85 % des Weins von Trauben aus dem AVA stammen müssen.

JAHRGANG 1996

Nach zwei unbedeutenden Jahrgängen hatten die Erzeuger anfangs große Erwartungen hinsichtlich einer Rückkehr zur Normalität. Aber die Wachstumsperiode verlief 1996 alles andere als normal. Washington erlebte einen mörderischen Frost im Februar; Oregon machte eine ausgedehnte Regenperiode bis Ende Mai durch, was zu einer kleinen Erntemenge führte. In Kalifornien verschlechterte sich das Wetter kurz nach den Mairegen; der heißeste August in mehr als einem Jahrzehnt briet die Trauben und brachte die meisten Erzeuger zur Verzweiflung. New York überstand seine Sommerregenperiode recht gut, aber die Erntemenge war enttäuschend, auch wenn die Qualität den Vorrang hat. Die Weine von der kalifornischen Nordküste, die meisten aus New York und ein Teil der Weine aus Oregon sind von durchschnittlicher Qualität. Die kalifornische Central Coast traf es viel besser als Washington, wo niedrige Erträge konzentrierte Weine lieferten. Der kalifornische Cabernet muß kämpfen, um sich über den Durchschnitt zu erheben; beim Chardonnay ist die Qualität durchschnittlich bis sehr gut.

Siehe auch CALIFORNIA, NEW YORK (BUNDESSTAAT), OREGON, WASHINGTON (BUNDESSTAAT) SOWIE EINZELNE ANBAUGEBIETE UND KELLEREIEN.

AUSTRALIEN

Der australische Wein genießt heute ein Ansehen, das in keinem Verhältnis zu der erzeugten Menge steht (die Gesamtproduktion beträgt kaum ein Zwölftel der italienischen). Während die schweren, alkoholreichen Weine schon lange der Vergangenheit angehören, ist die Fülle des fruchtigen Aromas und Geschmacks in hohem Maße das Erkennungszeichen der heutigen Weine. Die Produktion gespriteter Weine ist zurückgegangen, wohingegen Schaumweine in Mode sind; qualitativ hochwertige Weiß- und Rotweine machen den Hauptteil der Weinerzeugung aus.

REBSORTEN UND ANBAUGEBIETE

Der größte Teil der australischen Weinbaugebiete liegt im Südosten, in den Bundesländern Südaustralien, Victoria und Neusüdwales. In Westaustralien liegen die anderen bedeutenden Anbauzonen, darunter Margaret River und Swan Valley. Riesling, Sémillon und Shiraz sind seit langem wichtige Rebsorten, doch jetzt sind Chardonnay und Cabernet Sauvignon am stärksten in Mode. Die Verwendung kleiner Eichenholzfässer für den Ausbau ist für die modernen Rotweine ebenso wie für die Chardonnays von Bedeutung. Pinot Noir erzielt gelegentlich Erfolge.

KLASSIFIZIERUNGEN

Eine Herkunftskontrolle ist außer in den winzigen Anbaugebieten Mudgee und Tasmanien unbekannt; dort ist sie mehr eine Garantie der Unverfälschtheit als ein Qualitätshinweis. In einem Land, das vorwiegend Trauben verschiedener Anbaugebiete verschneidet, könnte ein der französischen AC ähnliches System proble-

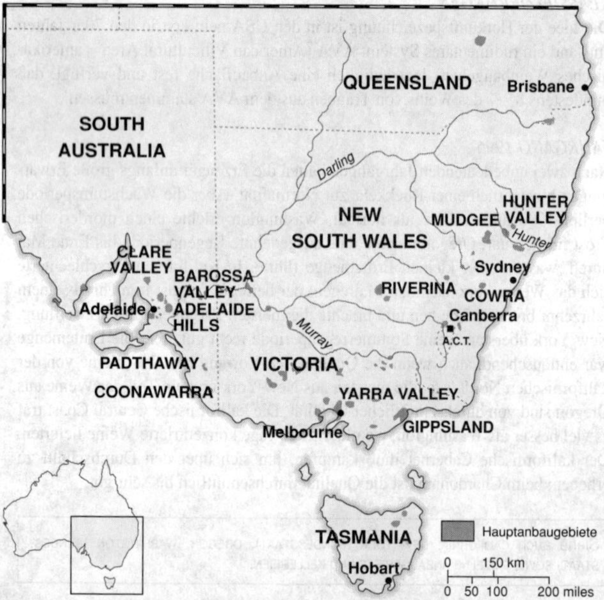

matisch sein, auch wenn das Label Integrity Program (LIP) alle Angaben auf dem Etikett garantiert. Im Rahmen des LIP und auch aufgrund des Weinhandelsvertrags mit der EU müssen Gebietsnamen gesetzlich verankert werden. Doch zunächst einmal besteht das heikle Problem, Grenzen zu ziehen.

JAHRGANG 1997
Die Qualität scheint passabel bis sehr gut, aber selten aufregend zu sein, während die Erträge (insbesondere bei den Rotweinen) gegenüber 1996 fast überall gesunken sind. In Südaustralien und Victoria beeinträchtigte eine Rekordhitzewelle im Februar die Reife und die Erträge; doch dank eines kühleren Herbstes wurden die Trauben in gutem Zustand gepflückt. Manche erreichten einen hohen Zuckergehalt mit geschmacklicher Reife. McLaren und Barossa erzeugten gute Weißweine, aber die Rotweine sind uneinheitlich, wobei Grenache und Shiraz von alten Rebstöcken in trockenen Anbaugebieten unter der Hitze litten. In Coonawarra und auf Tasmanien sieht es annehmbar aus. Bei Hunter ist die Qualität unterdurchschnittlich; ein sehr feuchter Lesebeginn schadete den Weißweinen mehr als den roten.

NEUSEELAND

Neuseelands Weine sind durch intensiven Fruchtgeschmack, pikante Säure und intensive Aromastoffe gekennzeichnet – ein Ergebnis der kühlen Wachstumsbedingungen und der High-Tech-Vinifizierung. Die verschiedenen Stile sind auf Unterschiede im Anbaugebiet, beim Jahrgang und in der Vinifizierung zurückzuführen.

ANBAUGEBIETE
Fast 1600 km trennen das nördlichste Anbaugebiet Neuseelands von Central Otago, der südlichsten Anbauzone des Landes (und der Welt). Wärmere Klimas im Norden, insbesondere Weiheke, Matakana und Hawkes Bay, erzeugen die besten neuseeländischen Rotweine aus Cabernet Sauvignon, Merlot und Cabernet Franc (oder einem Verschnitt der drei Sorten). Pinot Noir gedeiht gut in Martinborough und auf der Südinsel. Chardonnay gelingt in allen Gebieten, wobei im Norden reifere, fleischigere Weine und im Süden feinere, würzigere Weine entstehen. Groß ist der Unterschied zwischen dem pikanten, grasigen Sauvignon Blanc in Marlborough und dem konventionelleren, reiferen Steinobstgeschmack auf der Nordinsel.

JAHRGANG 1997
Die Menge sank, aber die Qualität reicht von gut bis ausgezeichnet, vor allem auf der Südinsel. Dank geringer Erträge erzielte man gute, reife Geschmacksnoten. MARLBOROUGH hatte meist exzellente Ergebnisse bei frühreifenden weißen Rebsorten bis zu spätgelesenen roten Trauben. In GISBORNE und HAWKES BAY beeinträchtigte warmes, feuchtes Wetter frühreifende Sorten wie Müller-Thurgau und Sauvignon, während es den roten Sorten besser erging: viele tieffarbene, reife Weine.

Siehe auch (AUSTRALIEN) NEW SOUTH WALES, SOUTH AUSTRALIA, TASMANIA, VICTORIA, WESTERN AUSTRALIA; (NEUSEELAND) AUCKLAND, CANTERBURY, CENTRAL OTAGO, HAWKES BAY, KUMEU/HUAPAI, MARLBOROUGH, MARTINBOROUGH, NELSON, WAIHEKE SOWIE EINZELNE KELLEREIEN.

Mehrere Länder im lateinamerikanischen Teil des riesigen Doppelkontinents besitzen Weinreben, aber an nur ein paar Orten begünstigt das Klima die Produktion von hochwertigen Weinen. Im Norden gibt es Wüste oder tropischen Regenwald; im Süden liegt die Antarktis.

ARGENTINIEN
Das Vertrauen des Auslands in dieses riesige, relativ unberührte Land ist so groß, daß sogar Chilenen in die Weinberge von MENDOZA investieren. Argentinien ist der viertgrößte Weinerzeuger der Welt, wobei Mendoza den größten Teil (etwa 90 % der Qualitätsweine) liefert. Doch die Qualität muß noch das Spitzenniveau erklimmen, auch wenn es ermutigende billige Verschnittweine gibt, die regelmäßig in den Regalen der Geschäfte auftauchen. Den Weinbau in den heißen, trockenen Weinbergen machen erst die schneebedeckten Anden möglich; sie liefern nämlich gewaltige Mengen von Schmelzwasser, das für die künstliche Bewässerung verwendet wird. Torrontés, Malbec, Tempranillo, Sangiovese und Syrah sind die Rebsorten, die man im Auge behalten sollte; außerdem kommt aus dem Tupungato-Tal ein vielversprechender Chardonnay. Schlechte Verbindungen behindern weiterhin ein Wachstum des Exports.

BRASILIEN
Die Weinerzeugung ist auf die Südspitze des riesigen Landes beschränkt. Die Erzeuger haben es schwer, die Fäulnis zu bekämpfen, die von einem überwiegend feuchten subtropischen Klima herrührt. Die Tatsache, daß robuste Labruscasorten und Hybriden wegen ihrer größeren Widerstandsfähigkeit gegenüber Fäulnis noch immer siebenmal häufiger als klassische Viniferasorten angebaut werden, spiegelt diese klimatischen Schwierigkeiten wider. PALOMAS und Vinicola Aurora sind die einzigen ernsthaften Erzeuger, die ihre Weine auch exportieren. Siehe auch Rio Grande do Sul.

CHILE
Das Land nutzt jetzt in vollem Maße die verjüngten Weinberge und ein neues Selbstvertrauen in das einheimische Vinifizierungstalent. Neue Projekte schießen überall aus dem Boden, unterstützt von einem berechenbaren Klima – ein Vorteil, der Frankreich und Kalifornien schnell dazu brachte, in Chile zu investieren. Die Suche nach einem zweiten CASABLANCA geht weiter, während bei den Rotweinen die Region Rapel die größte Begeisterung hervorruft, insbesondere mit Merlot. Und endlich liefert eine größere Risikofreudigkeit erstaunliche Resultate in den Spitzenkategorien. Dennoch steht Chile noch immer zuerst und vorwiegend für preisgünstige Weine, wobei es immer mehr neue Erzeuger gibt, an die man sich halten kann. Beim Kauf sollte man den jüngsten Jahrgang wählen, der verfügbar ist. Siehe auch Central Valley (Zona del Valle Central).

MEXIKO
Nur ein kleiner Teil der mexikanischen Trauben wird zu Wein verarbeitet; die meisten kommen als Tafeltrauben auf den Markt oder werden für Rosinen und

Branntwein verwendet. Im Grunde ist Mexiko nämlich ein Branntweinland, aber im äußersten Nordwesten, in Niederkalifornien, erzeugt L. A. CETTO ein paar ausgezeichnete Rotweine. Die hoch gelegenen Anbaugebiete haben in Mexiko das größte Potential, um hochwertige Weine zu erzeugen. Dazu gehören das Parras-Tal und Zacatecas. Neue Investitionen von Firmen wie González Byass, Seagram und Suntory sind vielleicht ein Ansporn für weitere Verbesserungen. Unter den in Mexiko angebauten Rebsorten findet man Sorten, die Hitze gut vertragen, wie Barbera und Muscat.

URUGUAY

Da sich das uruguayische Hauptanbaugebiet für Wein ungefähr auf dem gleichen Breitengrad wie Barossa in Australien befindet, besitzt Uruguay hinsichtlich des Klimas ein besseres Potential als Brasilien, um gute Weine zu erzeugen. Peter Brights Arbeit in Juanico und John Worontschaks Weine aus Castillo Viejo zeigen, daß saubere Weine in einem internationalen Stil hergestellt werden können. Die besten Ergebnisse liefert dabei die feste, schwarzbeerige Tannattraube, wenn sie durch etwas Merlot gemildert wird.

SÜDAFRIKA

Die Weinbaugebiete der Südafrikanischen Union umfassen beinahe 100 000 ha, die ungefähr 400 km nördlich und östlich von Kapstadt liegen; sie sind im Rahmen des südafrikanischen WO-Systems (WINE OF ORIGIN) in Bezirke unterteilt, von denen jeder eine vielfältige Mischung von Böden, klimatischen Bedingungen und Lagen beinhaltet. Die bedeutenden Traubensorten werden am gesamten Kap angebaut, wobei einige Gebiete geschichtlich mit bestimmten Rebsorten oder Weinstilen verbunden sind. STELLENBOSCH erzeugt einige der besten Rotweine. CONSTANTIA, dessen Hänge zum Meer hin liegen, wird als ideal für Sauvignon Blanc angesehen, doch in jüngerer Zeit haben Anbaugebiete mit kühlerem Klima damit begonnen, einige der besten Weine von dieser Rebsorte hervorzubringen. Sémillon scheint hier in diesem kühleren Klima eine interessante Wandlung durchzumachen, auch wenn seine geistige Heimat FRANSCHHOEK ist. Ein weiteres Anbaugebiet mit kühlerem Klima ist die Walker Bay in OVERBERG, wo man sich auf Pinot Noir konzentriert. Der Bezirk PAARL, der sich stark ausbreitet, erzeugt ausgezeichnete Rotweine und einige sehr gute Weißweine, die hauptsächlich von den Hängen der Berge stammen. Im Binnenland ist Worcester berühmt für gespritete Weine aus den Rebsorten Hanepoots und Colombard, auch wenn dies hauptsächlich ein Anbaugebiet für Massenweine ist. ROBERTSON produziert einen guten Chardonnay und gespritete Muscadelweine. Weiter östlich, in der heißen, unfruchtbaren Klein-Karoo, versucht sich Calitzdorp an Weinen im Portwein-Stil.

Die Weinindustrie ist von Genossenschaften beherrscht worden, die etwa 85 % der jährlichen Weinproduktion bestreiten. Jetzt gibt es rund 170 Weingüter und Privaterzeuger, von denen etwa 100 in den letzten zehn Jahren aufgekommen sind, und diese konzentrieren sich auf erstklassige Rebsorten und hochwertige Weine.

ANDERE WEINBAULÄNDER

ALGERIEN

Die westliche Küstenprovinz Oran liefert drei Viertel der algerischen Weine, Algier den Rest. Französische Traditionen bestehen nicht nur im Appellationssystem fort (sieben Appellations d'Origine Garanties), sondern auch in den geschmeidigen, aber muskulösen Weinen der Coteaux du Tlemcen, die nahe der Grenze zu Marokko erzeugt werden, während die dunklen, fleischigen Rotweine der Coteaux du Mascara im zentralen Oran an Rhôneweine im alten Stil erinnern. Die am häufigsten angebaute rote Traubensorte ist Cinsaut, gefolgt von den ebenfalls an ein heißes Klima gewöhnten Rebsorten Grenache, Carignan und Morrastel.

BULGARIEN

Osteuropas größte Erfolgsstory stützt sich in erster Linie auf geschmeidige, aromatische Rotweine. Süffige Versionen der klassischen Rebsorten (Cabernet Sauvignon, Merlot, Pinot Noir, Chardonnay, Riesling, Sauvignon Blanc), die 75 % der Bestockung ausmachen, sind der Haupttrumpf. Einheimische rote Sorten wie die robuste Mavrudrebe, die fleischige, wohlschmeckende Gamzarebe und die farbintensive, aber weniger häufig angebaute Melnikrebe können gute Weine liefern. Die Rebsorte Dimiat kann milde, cremige Weißweine hervorbringen, die an Sommerfrüchte erinnern, während Misket (trotz des Namens und des traubigen Geschmacks kein Verwandter der Muscattraube) bei guter Behandlung lebhafte Fruchtigkeit mit einem intensiven Moschusaroma verbindet. Weißweine und leichtere Rotweine stammen hauptsächlich aus dem Norden und Osten (die frischesten Weißweine sind die von der Schwarzmeerküste), während reichere, vollere Rotweine aus den Bergen im Süden und Südwesten kommen. Nachdem die verbliebenen Staatskellereien im Laufe des Jahres 1997 privatisiert worden sind, herrscht jetzt uneingeschränkter Wettbewerb. Zu den besten Kellereien gehören ASSENOVGRAD, KHAN KRUM, RUSSE, SLIVEN und SUHINDOL.

CHINA

Trotz größerer Investitionen des Westens und Japans (insbesondere Rémy-Martin) ist Chinas Potential zur Weinerzeugung noch immer weitgehend ungenutzt. Der Weinbau eignet sich am besten für die nördlichen Landesteile mit nichttropischem Klima. In den chinesischen Weinbergen wachsen aber überwiegend Tafeltrauben wie Cock's Heart (Hahnenherz) und Dragon's Eye (Drachenauge). Bislang sind Tsingtao-Riesling und -Chardonnay die einzigen vielversprechenden Weine.

ENGLAND

Mit weniger als 1000 ha Rebland bleibt England rein statistisch eine unbedeutende Weinbaunation. Dennoch sind die besten englischen Weine einzigartig: Keinem anderen Fleck auf dieser Erde gelingt es, Weißweinen ein solch intensives Aroma von Frühlingsblumen und eine solche schlanke, graziöse, anmutige Fruchtigkeit einzuhauchen. Insbesondere bei Jahrgängen wie 1995, als ein langer, heißer Sommer zu Rekordwerten beim Zuckergehalt führte.

Das Klima ist für Reben keineswegs ungeeignet; ein Großteil von Südostengland ist viel trockener und milder, als der Breitengrad vermuten läßt. Die bekanntesten weinerzeugenden Grafschaften sind Kent (Biddenden, English Vineyard, LAMBERHURST, STAPLE ST JAMES, Tenterden) und Sussex (BREAKY BOTTOM, CARR TAYLOR, Hidden Spring, Nutbourne Manor, St George's); weitere Spitzenerzeuger befinden sich in Berkshire (THAMES VALLEY), Dorset (The Partridge), Gloucestershire (THREE CHOIRS), Oxfordshire (Chiltern Valley), Somerset (Pilton Manor, WOOTTON) und Surrey (DENBIES). Das Problem ist das Wetter, bei dem sich nur vorhersagen läßt, daß es unberechenbar ist: Ein Monat oder mehr Regen, Wind und kühles Wetter sind zu jeder Zeit während der langen Vegetationsperiode wahrscheinlich. Die erfolgreichsten Rebsorten – die Hybride Seyval Blanc und in Deutschland entwickelte Kreuzungen wie Schönburger, Huxelrebe, Bacchus, Kerner und Ortega – sind diejenigen, die Krankheiten abwehren können, während sie auf die letzten Strahlen der Oktobersonne warten.

GRIECHENLAND

Am bekanntesten ist Griechenland für seinen RETSINA, ansonsten aber enttäuschen die Weine immer noch. Ein paar moderne Firmen wie Boutari, Achaia Clauss und Kourtakis versuchen aber immerhin Weine herzustellen, die zumindest frisch und sauber sind; Weingüter wie CHATEAU CARRAS, Gerovassiliou, CHATEAU LAZARIDI und Skouras halten sich wacker. Oasen der Qualität sind Naoussa und Nemea bei Rotweinen und Patras und Samos bei süßen Muscatweinen.

ISRAEL

Den Anstoß für die Weinerzeugung gab Baron Edmond de Rothschild Ende des 19. Jahrhunderts. Ein Großteil ist heute süßer Rotwein für den einheimischen Verbrauch innerhalb der jüdischen Familien, aber ausgezeichnete trockene Qualitätsweine werden in der GOLAN HEIGHTS WINERY (Marken Gamla, Golan und Yarden) hergestellt. CARMEL (mit Sitz bei Haifa und Tel Aviv) und Ben Ami in Ashqelon (Cabernet-Carignan) erzeugen ebenfalls gute Rotweine, die auf Cabernet Sauvignon basieren. Es gibt keinen Grund, warum »koschere« Weine nicht auch gut schmecken sollten; da aber stets ein Absatzmarkt vorhanden war, konnte man mit altmodischen Methoden weitermachen, die andere längst aufgegeben hätten.

JAPAN

Einige Qualitätsweine werden in Japan aus Trauben erzeugt, die im Land selbst angebaut werden, wie die Weine von Chateau Lumière beweisen. Doch viel vorgeblich japanischer Wein wird aus Trauben, Traubensaft und manchmal Wein hergestellt, die importiert und bisweilen, aber nicht immer mit einheimischen Produkten verschnitten werden.

JUGOSLAWIEN

Was nach der Unabhängigkeit Kroatiens und Sloweniens von Jugoslawien übrigbleibt, ist der vorwiegend Rotwein erzeugende Teil der ehemaligen Bundesrepublik. Die Rebsorte Vranac liefert in Montenegro volle, extraktreiche Rotweine.

KANADA

Das Freihandelsabkommen zwischen Kanada und den USA, das einen freien Zugang für billigen kalifornischen Wein erlaubt, zwang die kanadischen Winzer, qualitätsbewußtere Methoden zu verwenden und Möglichkeiten zu entwickeln, gute Hybriden und Vinifera-Reben zu einem annehmbaren Reifegrad zu bringen und dann zu lernen, wie man sie richtig vinifiziert. Die strenge VQA (Vintners Quality Alliance = Weinhändler-Qualitätsallianz) hält jetzt dieses Niveau aufrecht. In den letzten beiden Jahren gab es einen enormen Fortschritt in den zwei wichtigsten Anbaugebieten OKANAGAN VALLEY in Britisch-Kolumbien und NIAGARA PENINSULA in Ontario. Pinot Gris und Chardonnay sind die führenden Rebsorten bei den nicht süßen Weinen (wobei jedoch ICEWINE, das Pendant zum deutschen EISWEIN, immer noch die Haupttrumpfkarte bei den kanadischen Weißweinen bleibt); bei den Rotweinen deutet Pinot Noir an, welches Potential die Rebsorte besitzt.

KROATIEN

Im Landesinneren erzeugt Kroatien hauptsächlich weiße Massenweine; die qualitativ besten Reblagen befinden sich an der dalmatinischen Küste, wo kräftige, vollmundige Rotweine erzeugt werden (Postup, Peljesac und Faros).

LIBANON

CHATEAU MUSAR ist Libanons Unterpfand für Mut und Qualität. In diesem vom Bürgerkrieg zerrissenen Land ist der hervorragende Rotwein von Musar ein deutlicher Hoffnungsschimmer, der den militärischen Konflikt überstrahlt. Achten sollte man auf Chateau Kefraya und die Genossenschaft Ksara. Am besten für den Weinbau im Libanon eignen sich rote Traubensorten wie Cabernet Sauvignon und Carignan, während man unter den Weißweinreben Musca, Ugni Blanc, Sauvignon Blanc und Chardonnay findet.

MAROKKO

Die besten Rotweine Nordafrikas stammen aus Marokko, doch mehr als die Hälfte aller Reben bringen Tafeltrauben hervor. Das Land ist traditionell bekannt für gehaltvolle, reichhaltige Rotweine von süßer Fruchtigkeit, die in Frankreich einen aufnahmewilligen Markt (zum Verschneiden mit französischen Weinen) fanden. Marokko erzeugt immer noch feste, geschmeidige Rotweine – Tarik, Toulal Guerrouane und Chante Bled – sowie erfrischende, aber alkoholreiche Roséweine. Es gibt ein Appellationssystem nach französischem Vorbild (mit zwölf Appellations d'Origine Garanties).

MOLDAWIEN

Die am weitesten vorausschauende Republik unter den weinerzeugenden Ländern der ehemaligen Sowjetunion. Moldawiens bordeauxähnliche, reife Rochu- und Negru-Rotweine aus der Kellerei Purkar sind erstklassig. Cabernets aus der Kellerei Krikova können ebenfalls gut ausfallen. Hugh RYMAN erzielt in Hincesti gute Ergebnisse mit Verschnittweinen aus den Rebsorten Chardonnay und Sauvignon bzw. Merlot und Cabernet.

ÖSTERREICH

Ein Großteil des österreichischen Weinbaus entfällt auf die beiden Ufer der Donau. Mit der WACHAU, dem besten Anbaugebiet in Österreich für trockene Weißweine, beginnt die Weinproduktion; erzeugt werden hier große Rieslinge und hervorragende pfeffrig-trockene Grüne Veltliner. Danach folgen an der Donau KAMPTAL (im Norden) und KREMSTAL (im Süden), ebenfalls gute Anbaugebiete für trockene Weißweine, aber mit einigen hervorragenden Rotweinen, die von experimentierfreudigen Erzeugern hergestellt werden. Die besten österreichischen Rotweine kommen jedoch aus dem BURGENLAND und CARNUNTUM. Weiter südlich, an der slowenischen Grenze, breitet sich in der STEIERMARK die Verwendung von Eichenholzfässern für den Ausbau von Chardonnay und Sauvignon weiter aus. Das Burgenland produziert rund um den Neusiedler See einige großartige Dessertweine sowohl im Sauternes-Stil wie auch im Stil deutscher Beerenauslesen. Siehe auch Donauland, Thermenregion, Wien.

RUMÄNIEN

Ein altes Weinland mit ungeheurem Potential. Es besitzt großartige, traditionsreiche Weinberge am Schwarzen Meer und an der Grenze zu Moldawien, die wunderbare Süßweine liefern können (Murfatlar und Cotnari). Die Region Dealul Mare bringt gute Weine aus den Rebsorten Pinot Noir, Merlot und Cabernet Sauvignon hervor; man hat sich angewöhnt, Pinot Noir und Merlot zu verschneiden. Eindrucksvolle Ergebnise wurden auch mit edelfaulen Chardonnay- und Pinot-Gris-Trauben in der Region MURFATLAR erzielt.

SCHWEIZ

Fendant (Chasselas) ist die Hauptrebsorte für die trockenen, neutralen Weißweine, die im VALAIS (Wallis) erzeugt werden. Wie die fruchtigen Dôle-Rotweine sollte man sie am besten jung trinken. Die deutschsprachigen Kantone produzieren hauptsächlich leichte Rot- und Roséweine aus Blauburgunder (Pinot Noir) und süffige Weißweine aus Rivaner (Müller-Thurgau). Der italienischsprachige TICINO (Tessin) konzentriert sich auf Merlotweine, die im Idealfall saftig sind, aber oft mager und grasig ausfallen. Weine mit höherem Anspruch verwenden Cabernet Sauvignon und Chardonnay sowie traditionelle Rebsorten wie Arvine und Amigne. Siehe auch Vaud (Waadt).

SIMBABWE

Drei Firmen (Afdis, Monis und Philips) erzeugen Weine aus Rebsorten, die in Südafrika gebräuchlich sind (u. a. Colombard, Chenin Blanc, Pinotage und Cabernet Sauvignon). Die bekanntesten Weine des Landes sind die Weine der Marke Philips' Marondera.

SLOWAKEI

Dieser östliche Teil der ehemaligen Tschechoslowakei ist seit 1993 unabhängig. Seine Weinberge liegen in einem kühlen Klima und erzeugen hauptsächlich

Weißweine aus Pinot Blanc, Riesling, Gewürztraminer, Irsay Oliver und anderen Traubensorten sowie einige Rotweine. Westliche Investitionen, insbesondere in die Nitra-Kellerei, verbessern rasch die Qualität.

SLOWENIEN
Hier liegen viele der besten Weinberge des ehemaligen Jugoslawien, entweder an der Grenze zu Italien oder zu Österreich. Der Ljutomer »Laski Rizling« kommt aus Nordostslowenien.

TSCHECHIEN
Nach der Teilung der ehemaligen Tschechoslowakei in Tschechien und Slowakei besitzt die Tschechische Republik nur mehr ein Drittel des ursprünglichen Weinbaugebiets, das sich auf Böhmen und Mähren verteilt. Da die Weinberge hauptsächlich in einem kühlen Klima liegen und mit weißen Rebsorten wie Pinot Blanc, Muscat, Grüner Veltliner, Gewürztraminer und dem eigenartig traubigen Irsay Oliver sowie vereinzelt mit roten Traubensorten bepflanzt sind, war das Hauptproblem bisher eine gewisse Richtungslosigkeit. Westliche Investitionen werden jedoch dabei helfen, gute trockene, aromatische Weißweine zu erzeugen.

TÜRKEI
Die Türkei ist der fünftgrößte Traubenpoduzent der Welt, aber 97 % der Trauben enden als Rosinen, und die restlichen Trauben bringen recht armselige Rot- und Weißweine hervor.

UKRAINE
Die Weinberge liegen zumeist an der Südküste der Halbinsel Krim. Die lange Tradition der Sektherstellung in Odessa läßt sich bis 1896 zurückverfolgen, als ein Mitglied der Familie ROEDERER die »Russisch-Französische Kompanie« gründete, um Schaumwein aus einheimischen Trauben herzustellen. Siehe auch Krim.

UNGARN
Leider gedieh die große Weinbautradition des Landes nicht unter den Kommunisten, aber einfallsreiche Erzeuger, u. a. der Engländer Hugh RYMAN, ausländische Investitionen beim TOKAJI und ein neuerliches Interesse an den einheimischen Rebsorten stellen sicher, daß Ungarn in den 90er Jahren eine wichtige Rolle spielen wird.

ZYPERN
Die Insel genoß kein hohes Ansehen beim Wein seit den Kreuzzügen, als der COMMANDARIA als reichhaltiger, üppiger Nektar galt, der es wert war, dafür sein Leben aufs Spiel zu setzen. Das heutige Zypern hat mit mittelmäßigen, sherryähnlichen Weinen und massenhaften Transporten in die alte Sowjetunion überlebt. Da Zypern jedoch pro Kopf der Bevölkerung die meisten Trauben in der Welt erzeugt, muß es seine Weinproduktion unbedingt modernisieren, um neue Märkte zu erschließen.

A-Z

DER WEINE, ERZEUGER, REBSORTEN & ANBAUGEBIETE

Auf den folgenden Seiten finden Sie
über 1400 Artikel zu den Spitzenweinen
der Welt, den führenden Erzeugern,
den wichtigsten Anbaugebieten, Rebsorten,
Fachausdrücken und Klassifizierungen.

Auf Seite 5 wird ausführlich erklärt,
wie man das A–Z benutzt.
Auf Seite 316 beginnt das Register,
das die empfohlenen Haupterzeuger
verzeichnet und Ihnen helfen soll,
die besten Weine der Welt zu finden.

ABBOCCATO Italienische Bezeichnung für einen leicht süßen Wein, insbesondere für halbtrockene ORVIETO-Weine verwendet.

ABFÜLLUNG In der Regel werden die besten Weine vom Winzer selbst und nicht von einem Händler abgefüllt; auf dem Etikett steht dann zumeist »Erzeugerabfüllung« oder auch »Gutsabfüllung«.

ABRUZZI (ABRUZZEN) *Italien* Diese Anbauregion östlich von Rom erstreckt sich von der Adriaküste bis zu den Apenninen im Landesinneren. Die wichtigsten Weine sind der weiße Trebbiano d'Abruzzo DOC, der zumeist trocken und geschmacksneutral ausfällt, und der rote MONTEPULCIANO D'ABRUZZO DOC, der manchmal ein Rosé, aber im allgemeinen ein kräftiger, pfeffriger Rotwein mit echtem Charakter ist. Überproduktion stellt ein Problem dar, aber es gibt eine Reihe guter Erzeuger.

AC/AOC (APPELLATION D'ORIGINE CONTRÔLÉE) Die oberste Qualitätsstufe der französischen Weine, die durch Bestimmungen über die Erträge der Reblagen, die Rebsorten, die geographische Abgrenzung und den Alkoholgehalt definiert ist. Eine AC garantiert den Ursprung und – bis zu einem gewissen Grad – den Stil eines Weins, aber nicht seine Qualität (auch wenn sie es tun sollte!).

ACACIA *Carneros AVA, Kalifornien, USA* Die Kellerei Acacia ist seit fast zwei Jahrzehnten ein führender Erzeuger von Chardonnay und Pinot Noir in der Region CARNEROS. Chardonnay aus dem Marina Vineyard★★ begeistert beständig; die reguläre Carneros-Abfüllung ist auch nicht gerade übel. Zu den Pinot-Noir-Weinen gehören die erstaunliche Reserve★★★ sowie ein Madonna Vineyards★ und ein Carneros★. Mit Ausnahme der tieffarbenen, samtigen Reserve-Abfüllung tendieren sie zu einer hellen Kirschfruchtigkeit. Acacia erzeugt auch einen ausgezeichneten Zinfandel von alten Rebstöcken und einen herbtrockenen Schaumwein (Brut), der sich von einem Versuchsprogramm zu einer kommerziellen Unternehmung entwickelt. Beste Jahrgänge: (Rotweine) **1994 93 92 91 90 87 86;** (Weißweine) **1994 93 92 91.**

ACHKARREN *Baden, Deutschland* Wichtiger Weinbauort am Kaiserstuhl. Das warme Klima und der vulkanische Boden liefern körperreiche, trockene Weißweine (Weiß- und Grauburgunder). Beste Erzeuger: Winzergenossenschaft Achkarren.

TIM ADAMS *Clare Valley, Südaustralien* Wichtiger Hersteller von Qualitätswein aus angekauften Trauben. Klassische trockene Rieslinge★★, zart holzbetonter Sémillon★★, reichhaltiger, körperreicher Shiraz★★ und Cabernet★. Der 94er Sémillon★★ aus edelfaulen Trauben ist superb, der nach Pfefferminze schmeckende Aberfeldy Shiraz★★★ ein bemerkenswerter, manchmal vollmundiger Tropfen von 90 Jahre alten Rebstöcken, die in der Nähe von WENDOUREE wachsen.

ADANTI *Umbrien, Italien* Adanti, mit Sitz im mittelitalienischen Bevagna, erzeugt ein erstaunliches Spektrum charaktervoller Weine. Die Weißweine, in erster Linie aus Grechetto hergestellt, sind fest, reif und nussig, aber die Rotweine – Montefalco Sagrantino★★ und Rosso d'Arquata★ – sind die wahren Stars: pulsierend vor dunklen, unerwarteten Geschmacksnoten. Beste Jahrgänge: (Sangrantino) 1995 94 93 **91 90 88 86 85.**

ADEGA Portugiesische Bezeichnung für »Kellerei«.

ADELAIDE HILLS *Südaustralien* Ein kleines, neues, aber aufregendes Anbaugebiet, 30 Autominuten von Adelaide entfernt. Die große Höhe sorgt für ein kühles, feuchtes Klima, das ideal für feine Tafelweine und für hervorragende Grundweine zur Schaumweinherstellung ist. Beste Erzeuger: Ashton Hills, Chain of Ponds, HENSCHKE★★, Lenswood Vineyards★★, PETALUMA★★★, SHAW & SMITH★★, STAFFORD RIDGE★.

GRAF ADELMANN *Kleinbottwar, Württemberg, Deutschland* Ein kleines Weingut, das es schafft, im Eichenholzfaß gereifte Rotweine mit richtiger Farbe und wirklichem Geschmack zu erzeugen, aber seine Trollinger sollte man lieber vermeiden. Adelmann erzeugt auch Rieslinge bis hinauf zur Auslese und zum Eiswein. Beste Jahrgänge: 1996 **95 93 90 89.**

ADELSHEIM VINEYARD *Willamette Valley AVA, Oregon, USA* Dieser Weinbaubetrieb machte zuerst mit Etiketten auf sich aufmerksam, auf denen verschiedene einheimische Schönheiten, darunter auch die Frau des Besitzers, abgebildet waren. Adelsheim hat sich einen guten Ruf erworben für feinen Pinot Noir – vor allem eine reichhaltige Reserve★★★ – sowie einen lieblichen, hellen, superfrischen Pinot Gris★★ von guter geschmacklicher Tiefe. Beste Jahrgänge: **1994 92 91 90 89 88 87;** (Reserve) **1994 92 90 89 87.**

AGE *Rioja DOC, Rioja, Spanien* Eine riesige Investition in den Bau der größten Vinifizierungsanlage von RIOJA wird möglicherweise das gesamte Angebot verbessern. Der rote Crianza Siglo Saco★ ist der bekannteste Wein – vielleicht, weil er in einem Bocksbeutel auf den Markt kommt, was jedoch glücklicherweise nicht den Geschmack beeinträchtigt.

AGLIANICO DEL VULTURE DOC *Basilicata, Italien* Rotwein aus der Aglianicotraube, die auf den steilen Hängen des Monte Vulture angebaut wird. Obwohl diese DOC zu den südlichsten von Italien gehört, werden die Trauben hier später als in der Anbauzone BAROLO, 750 km weiter nordwestlich, gelesen, weil die Rebsorte Aglianico sehr spät reift. Die besten Weine sind strukturiert, komplex und langlebig. Beste Erzeuger: D'Angelo★★, Carbone, Armando Martino★, Paternoster★★. Beste Jahrgänge: 1995 **93 90 88.**

AHR *Deutschland* Das Ahrtal, südlich von Bonn gelegen, ist vorwiegend ein Rotweingebiet. Die wichtigsten Rebsorten sind Spätburgunder und (Blauer) Portugieser. Viele Ahrrotweine werden in einem süßen Stil vinifiziert, damit sie den Geschmack des traditionellen Absatzmarkts in Bonn treffen; süße Rotweine finden jedoch nicht sehr viele Anhänger außerhalb von Deutschland. Nur Meyer-Näkel hat es geschafft, so etwas wie internationales Ansehen zu erwerben, und dies ist ihm dadurch gelungen, daß er den trockenen Weinen treu geblieben ist.

AIGLE *Waadt, Schweiz* Dorf in der Unterregion CHABLAIS des Schweizer Kantons Vaud (Waadt). Erzeugt werden hier Weißweine aus der Rebsorte Dorin (wie die Einheimischen die Chasselastraube nennen) und Rotweine aus

Pinot Noir. Die Weißweine mit ihrem »Feuersteingeschmack« sind am bekanntesten; sie sind leicht und besitzen eine erfrischende, prickelnde Kohlensäure. Beste Erzeuger: Badoux, Landolt, Urs Saladin, Testuz.

AIRÉN Die in Spanien – und sogar auf der ganzen Welt – am häufigsten angepflanzte Weißweinrebe kann angenehm fruchtige, frische, moderne Weißweine oder dicke, altmodische Weine von gelber Farbe hervorbringen, je nach den Vinifizierungsfähigkeiten der Weinmacher. Die Spanier zogen zumeist die altmodischen Weine vor, doch nun haben sie sich dem Geschmack der nördlicheren Breiten angepaßt und wählen lieber die moderne Version. Die Rebsorte wächst überall in Mittel- und Südspanien, vor allem in LA MANCHA, VALDEPENAS und ANDALUSCIA (wo sie Lairén genannt wird).

AJACCIO AC *Korsika, Frankreich* Eine der besseren korsischen Appellationen im Westen der Insel, rund um die Stadt Ajaccio. Die Rotweine müssen oft zwei bis drei Jahre in der Flasche reifen, bis sie ihren Höhepunkt erreichen. Beste Erzeuger: Clos d'Alzeto★, Clos Capitoro, Comte Péraldi★, Martini.

ALBANA DI ROMAGNA DOCG *Romagna, Italien* Die Einstufung des Anbaugebiets in den Hügeln südlich von Bologna und Ravenna als erste Weißwein-DOCG Italiens war eine »politische« Entscheidung, die unter den Weinliebhabern Empörung hervorrief, weil die meisten Albanaweine überhaupt keinen nachhaltigen Geschmack besitzen. Es gibt auch eine trockene Geschmacksrichtung und einen Schaumwein, aber die süße Version ist am besten, bemerkenswert beim Albana Passita Scacco Matto★★ von Zerbina. Beste Erzeuger: Celli, Conti★, Ferrucci★, Paradiso, Riva, Tre Monti, Zerbina★★.

ALBARIÑO Möglicherweise die charaktervollste Weißweintraube Spaniens. Sie wächst im regenreichen Nordwesten Spaniens in Galicien und – unter dem Namen Alvarinho – jenseits der Grenze in Portugal, im VINHO VERDE-Anbaugebiet. Bei guter Vinifizierung besitzen Albariñoweine einen faszinierenden Geschmack, der an Aprikosen, Pfirsiche, Grapefruits und Muskatellertrauben erinnert, eine erfrischend hohe Säure und einen recht hohen Alkoholgehalt; außerdem sind sie sehr teuer.

ALCAMO DOC *Sizilien, Italien* Einer der besten trockenen Weißweine Siziliens, erzeugt aus der lokalen Rebsorte Catarratto, die in Westsizilien, zwischen Marsala und Palermo, angebaut wird. Er ist trocken, nussig und abgerundet. Jung zu trinken. Beste Erzeuger: Rapitalà★, Rincione.

ALEATICO Eine alte italienische Rebsorte, die in PUGLIA (Apulien), LAZIO (Latium), UMBRIA (Umbrien) und der TOSCANA (Toskana), wo sich eine kleine Renaissance vollzieht, süße Dessertweine von recht beachtlichem Alkoholgehalt erzeugt. Beste Erzeuger: AVIGNONESI (Toskana), Candido (köstlicher Aleatico di Puglia★).

ALELLA DO *Katalonien, Spanien* Die Urbanisierung von Barcelona greift rasch auf dieses winzige hügelige Gebiet über. Die Alellaweine, hauptsächlich Weißweine, waren traditionell halbtrocken, sind aber heute zunehmend knochentrocken. Die aus Chardonnay hergestellten Weine können gut ausfallen, aber die langweilige Rebsorte Xarel-lo (die hier Pansa Blanca genannt wird) liefert immer noch die meisten Weine. Es gibt jetzt auch einige gute Merlots, sowohl Rot- wie auch Roséweine. Die Weine sollten jung getrunken werden. Beste Erzeuger: Parxet, Roura.

ALENTEJO *Portugal* Die beiden Provinzen Alto und Baixo Alentejo, die den größten Teil von Südportugal, südlich und östlich von Lissabon, ausmachen, sind die portugiesischen Rotweinregionen, die sich am schnellsten entwickeln. Es gibt drei IPR-Anbaugebiete und fünf DOCs. Das Potential des Alentejo ist noch längst nicht ausgeschöpft, aber ich glaube, daß viele der besten Rotweine Portugals von hier kommen werden. Beste Erzeuger: Gen. BORBA, ESPORÃO★★, CAVES ALIANCA★, José Maria da FONSECA SUCCESSORES (Portalegre★ und REGUENGOS★★), Herdade de Cartuxa★★, Herdade de Mouchão★★, Quinta do Carmo★★, Gen. Redondo, Gen. Reguengos de Monsaraz, Roqueval★, SOGRAPE★, J. P. VINHOS★. Siehe auch Borba, Reguengos.

ALEXANDER VALLEY AVA *Kalifornien, USA* Wichtiges Weinbaugebiet am Russian River, das von Mendocino County bis zum mittleren Sonoma County reicht. Dort herrscht ein recht warmes Klima mit nur gelegentlichem Sommernebel. Die Rebsorte Cabernet Sauvignon gedeiht hier sehr gut und bringt eine angenehme, saftige Fruchtigkeit hervor, die durch keine übermäßige Gerbsäure beeinträchtigt wird. Die Chardonnaytraube kann ebenfalls gut ausfallen, liefert aber keinen so reifen, runden Geschmack. Zinfandel und Merlot können herausragend sein, wenn die Reben in Hügellagen wachsen. Beste Erzeuger: Alexander Valley Vineyards★, Chateau Souverain, CLOS DU BOIS★, GEYSER PEAK★, JORDAN★, Murphy-Goode★★, Seghesio★★, SILVER OAK★★, SIMI★.

ALGARVE *Portugal* Es ist außergewöhnlich, daß die überwiegend roten, wenig aromatischen Weine aus diesem Urlaubsgebiet nicht nur eine, sondern gleich vier DOCs besitzen sollen: Lagoa, Lagos, Portimão und Tavira. Es ist jedoch wahrscheinlich, daß diese DOCs zu IPRs herabgestuft werden. Ich persönlich würde mich dort an das Bier halten.

ALIGOTÉ Französische Rebsorte, die fast ausschließlich in Burgund angebaut wird und dort durch einen säuerlichen Geschmack gekennzeichnet ist, der an Zitronen erinnert. Sie kann sehr hübsche Weine hervorbringen, vor allem dann, wenn die Trauben von alten Rebstöcken stammen, aber im allgemeinen liefert sie eher langweilige und magere Weine. Traditionell mischt man Aligotéwein in Burgund mit dem hier hergestellten Johannisbeerlikör Crème de Cassis zum Aperitif Kirt. In Jahrgängen mit großer Reife kann der Aligoté jedoch Ähnlichkeit mit einem Chardonnay haben, insbesondere bei einem Ausbau in neuen kleinen Eichenholzfässern. Der beste Aligoté kommt traditionell aus dem Dorf Bouzeron an der COTE CHALONNAISE. Gelegentlich findet man die Rebsorte auch in Moldawien, Bulgarien und Kalifornien; außedem wird sie in weiten Teilen der Schweiz angepflanzt. Beste Erzeuger (Burgund): Jean-Claude Bachelet, COCHE-DURY★, Cogny, Confuron, Dupard, JAYER-GILLES★, Jobard, RION, de Villaine.

ALSACE AC

Alsace (Elsaß), Frankreich

Das Elsaß, das an der französischen Ostgrenze zu Deutschland liegt, erzeugt einige der eigenständigsten Weißweine überhaupt, aromareich und voller Reife und unverkennbar im Geschmack. Für den Besucher erscheint es als die »germanischste« Weinbauregion von Frankreich. Das Essen hier schmeckt deutsch, die Häuser sehen deutsch aus, und es gibt viel Bier. Da das Ansehen der deutschen Weine international gesunken ist, hat sich dies fast mit Sicherheit auch negativ auf die Popularität der elsässischen Weine ausgewirkt. In ihren schlanken, grünen Flaschen könnte man sie leicht mit Weinen aus dem Mosel-Saar-Ruwer-Anbaugebiet verwechseln. Die Ironie dabei ist, daß das Elsaß voller Stolz französisch ist. Außerdem schmecken die Weine des Elsaß keineswegs wie deutsche Weine. Sie sind im allgemeinen trockener, gehaltvoller, weniger säuerlich und alkoholreicher.

Das Elsaß liegt fast so weit nördlich wie die Champagne, aber sein Klima ist erheblich wärmer. Der entscheidende Grund dafür sind die Vogesen, die als natürliche Barriere fungieren; sie schützen die Weinberge gegen Regen und Westwinde und machen das Elsaß zu einer der trockensten Gegenden von Frankreich. Im Frühherbst, der für den Weinbau entscheidenden Jahreszeit, wenn die Trauben zu voller Reife gelangen, ist es im Elsaß oft sogar wärmer als in Burgund.

GRANDS CRUS

Seit 1975 dürfen sich die besten Reblagen im Elsaß als Grands Crus bezeichnen. Es gibt gegenwärtig 50 davon, aber ihre Zahl wächst noch weiter. Diese Lagen sind jeweils auf eine von vier Rebsorten beschränkt: Riesling, Muscat, Gewürztraminer oder Pinot Gris (manchmal auch Tokay-Pinot Gris genannt), die im allgemeinen als die besten Rebsorten des Elsaß gelten, obwohl auch Sylvaner und Pinot Blanc gute Weine hervorbringen können. Diese vier Sorten sind auch als einzige für Weine der Kategorien »Vendange Tardive« und »Sélection de Grains Nobles« zugelassen; diese aus spät gelesenen Trauben erzeugten, manchmal süßen Weine stellen eine Spezialität der Region dar. Pinot Noir, die einzige rote Rebsorte, ist normalerweise auf die weniger günstigen Lagen begrenzt. Deshalb bringt diese Rebe oft Weine hervor, die einem Rosé ähnlicher sind als einem roten Burgunder, auch wenn der Alsace Pinot Noir in warmen Jahren hervorragend ausfallen kann.

Das Elsaß war eine der ersten Regionen, die ihre Weine auf dem Etikett durch die Rebsorte bezeichnete – eine Praxis, die heute auch in Australien und Kalifornien üblich ist, aber in Frankreich immer noch auf Mißbilligung stößt. Außer dem Edelzwicker, einem Verschnittwein, und dem Crémant d'Alsace werden alle elsässischen Weine jeweils aus einer einzigen Rebsorte, d. h. reinsortig, hergestellt.

Siehe auch ALSACE VENDANGE TARDIVE, CRÉMANT D'ALSACE, SÉLECTION DE GRAINS NOBLES SOWIE EINZELNE ERZEUGER.

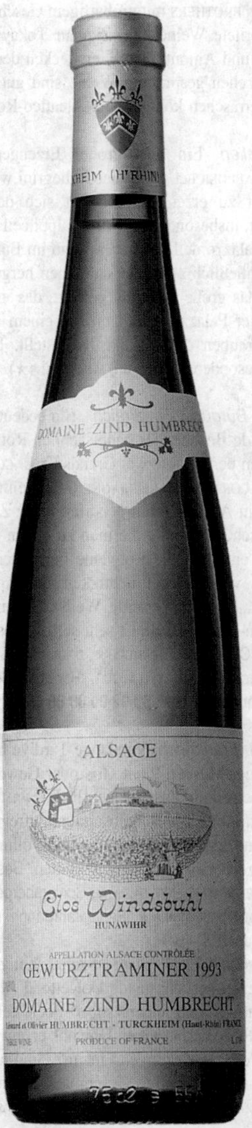

BESTE JAHRGÄNGE

1996 95 94 **93 92 90 89 88 85 83 76**

BESTE ERZEUGER

Gewürztraminer Léon Beyer, Bruno Hertz, Kreydenweiss, KUENTZ-BAS, Jos MEYER, Meyer-Fonne, Ostertag, Schlumberger, TRIMBACH, GEN. Turckheim, Weinbach, Willm, ZIND-HUMBRECHT.

Muscat J Becker, Ernest Burn, Dirler, Dopff & Irion, Kreydenweiss, KUENTZ-BAS, Rolly Gassman, Bruno Sorg, TRIMBACH, ZIND-HUMBRECHT.

Pinot Blanc Caves J. B. Adam, Joseph Cattin, Charles Koehly, Jos MEYER, Gen. Turckheim , ZIND-HUMBRECHT.

Pinot Gris Léon Beyer, Ernest Burn, Dopff & Irion, HUGEL, KUENTZ-BAS, Ostertag, Rolly Gassmann, Schleret, Schlumberger, TRIMBACH, ZIND-HUMBRECHT.

Pinot Noir Albert Hertz, Gen. Turckheim.

Riesling Becker, Beyer, Deiss, Albert Hertz, HUGEL, Kreydenweiss, Jos MEYER, Ostertag, Edgar Schaller, Schlumberger, Jean Sipp, TRIMBACH, Weinbach, ZIND-HUMBRECHT.

Sylvaner Kientzler, Ostertag, Rolly Gassmann, Martin Schaetzel, Schoffit, ZIND-HUMBRECHT

ALL SAINTS *Rutherglen, Victoria, Australien* Eine alte Kellerei von 1864, die 1992 von dem neuen Besitzer BROWN BROTHERS mit großartigem Geschmack wiederbelebt wurde. Prächtige gespritete Weine, Old Liqueur Tokay★★★, Muscat★★, Tawny★★, Madeira★★ und Amontillado★, entdecken den vergangenen Ruhm wieder. Die klassischen gespriteten Weine sind gut, aber jünger, während die Tafelweine überraschen können. Der Aleatico-Rosé ist ungewöhnlich.

ALLEGRINI *Valpolicella, Venetien, Italien* Ein mittelgroßer Erzeuger mit hohem Anspruch im Anbaugebiet VALPOLICELLA Classico. Allegrini weigert sich, Weine für den Massenmarkt zu erzeugen, und hat sich deshalb zunehmend auf Qualität konzentriert, insbesondere auf die Valpolicellas aus den Einzellagen La Grola★★ und Palazzo della Torre★★. Sein im Barrique ausgebauter La Poja★★, der ausschließlich aus Corvinatrauben hergestellt wird, hat die Aufmerksamkeit auf das große Potential gelenkt, das in Valpolicella existiert. Seit 1990 wird der Palazzo della Torre in einem neuen »Ripasso«-Stil aus getrockneten Trauben dieser Lage hergestellt. Feiner AMARONE★★★ und RECIOTO★ (insbesondere Giovanni Allegrini★★). Beste Jahrgänge: 1995 **93 91 90 88.**

ALOXE-CORTON AC *Côte de Beaune, Burgund, Frankreich* Ein bedeutender Weinbauort am Nordende der Côte de Beaune, der hauptsächlich Rotweine aus Pinot Noir erzeugt. Sein Ansehen beruht auf zwei Grands Crus: CORTON (Rot- und bisweilen Weißwein) und CORTON-CHARLEMAGNE (nur Weißwein). Die Weine aus den anderen Lagen in Aloxe-Corton gehörten lange Zeit zu den wohlschmeckendsten burgundischen Weinen, die man zu einem fairen Preis erwerben konnte, aber heute entfalten die Rotweine nur selten ihre eigentümliche köstliche Mischung von reifer Fruchtigkeit und appetitanregendem trockenem Geschmack. Fast der gesamte Weißwein wird als Grand Cru verkauft; einfacher Aloxe-Corton Blanc ist sehr selten. Beste Erzeuger: Bize, Chandon de Briailles★, Chapuis★, Delarche★, DROUHIN, Dubreuil-Fontaine★, C. Gros★, Guyon★, Jacob★, JADOT, LATOUR, Rapet★, Senard, TOLLOT-BEAUT★★, Voarick★. Beste Jahrgänge: 1995 93 **92 90 89 88 85.**

ALSACE AC Siehe S. 40/41.

ALSACE VENDANGE TARDIVE *Elsaß, Frankreich* Vendange Tardive bedeutet »Spätlese«. Die Trauben (Riesling, Muscat, Pinot Gris oder Gewürztraminer) werden spät und in fast überreifem Zustand gepflückt, was ihnen einen höheren Zuckergehalt und somit einen viel intensiveren, aufregenden Geschmack verleiht. Die Weine sind zumeist reichhaltig und vollmundig und brauchen oft fünf Jahre, um ihre Persönlichkeit zu entfalten. Beste Erzeuger: Beyer★, Dopff & Irion★, HUGEL★★, KUENTZ-BAS★★, Schlumberger★★, TRIMBACH★★, Gen. Turckheim★, ZIND-HUMBRECHT★★★. Beste Jahrgänge: (1996) 95 94 **93 92 90 89 88 85 83 76.** Siehe auch S. 40/41.

ALTARE *Barolo DOCG, Piemont, Italien* Elio Altare erzeugt einige der erstaunlichsten Weine von Alba – zwei hervorragende Dolcetto d'Alba★★ (La Pria und Bricco Cascina Nuova) und einen sogar noch feineren BAROLO★★ und Barolo Cru Vigneto Arborina★★★. Obwohl er ein überzeugter Modernist ist, sind seine Weine in der Jugend intensiv und tanninreich, besitzen aber deutlich erkennbare fruchtige Geschmacksnoten, was weitgehend den winzigen Erträgen zu verdanken ist. Er stellt auch zwei im

Eichenholzfaß ausgebaute Weine her, einen Nebbiolo (Vigna Arborina★) und einen Barbera (Vigna Larigi★★). Beste Jahrgänge: (Barolo) (1996) 95 94 93 **90 89.**

ALTESINO *Brunello di Montalcino DOCG, Toskana, Italien* Altesino gehörte zu den ersten Erzeugern in Montalcino, die BRUNELLO in einem moderneren Stil herstellten. Sein Angebot umfaßt einen guten Brunello★★ und einen noch besseren Lagenwein von dem großartigen Hügel Montosoli★★ sowie zwei »Supertoskaner«, einen im Barrique ausgebauten Sangiovese (Palazzo Altesi★★) und einen Sangiovese-Cabernet-Verschnitt (Alte Altesi★★★). Beste Jahrgänge: (Brunello) (1996) (95) 94 93 **90 88.**

ALTO ADIGE DOC *Trentin-Südtirol, Italien* Südtirol ist eine vorwiegend deutschsprachige Region, die im Italienischen Alto Adige heißt. Die für die gesamte Region gültige DOC umfaßt 24 verschiedene Weintypen, darunter Sortenweine, die in verschiedenen Untergebieten – vom Tal der Etsch über hügelige Lagen bis zu steilen Berghängen – angebaut werden. Ein Großteil der Produktion stammt von gutgeführten Genossenschaften, die verläßliche und bisweilen vortreffliche Weine erzeugen. Die Rotweine sind durchweg reinsortig und reichen von leichten, duftigen Weinen, wenn sie aus der Schiavatraube hergestellt werden, und fruchtigen Weinen aus Cabernet- oder Merlottrauben bis zu dunklen, samtigen Weinen der Rebsorte Lagrein. Die Weißweine, u. a. aus Chardonnay, Pinot Grigio und Riesling hergestellt, sind zumeist frisch und aromatisch. Beste Erzeuger: Abbazia di Novacella★, Gen. Colterenzio★, Giorgio Grai★★, Franz Haas★, Hofstätter★, Alois LAGEDER★★, Gen. San Michele Appiano★, Schwanburg★, Tiefenbrunner★. Siehe auch Santa Maddalena, Terlano, Trentino.

ALVARINHO Siehe Albariño.

AMABILE Italienische Bezeichnung für »lieblich«. In der Regel süßer als abboccato, aber nicht so pappig süß wie manchmal bei dolce oder PASSITO.

AMARONE DELLA VALPOLICELLA *Valpolicella DOC, Venetien, Italien* Amarone ist ein wunderbar eigenwilliger, bitter-süßer VALPOLICELLA-Stil. Hergestellt wird er aus Trauben, die nach der Lese monatelang auf Strohmatten zusammengeschrumpft sind. Der Wein, der bis zu 16 % Alkoholgehalt erreichen kann, paßt zu Wildgerichten oder Käse, auch wenn ihn manche für die »Meditation« am Ende einer Mahlzeit bevorzugen. Vom süßen RECIOTO DELLA VALPOLICELLA, der aus den gleichen Trauben erzeugt wird, unterscheidet er sich dadurch, daß er trocken durchgegoren wird. Wie bei allen Valpolicellaweinen ist der Classico im allgemeinen der beste, obwohl man für Dal Forno eine Ausnahme machen kann. Der Amarone kann 10 bis 20 Jahre lang eindrucksvoll altern. Beste Erzeuger: ALLEGRINI★★★, Bertani★★★, BOLLA★, Dal Forno★★★, Guerrieri-Rizzardi★, MASI★, Mazzi★, QUINTARELLI★★★, Le Ragose★, Speri★, Tedeschi★. Beste Jahrgänge: 1995 93 **91 90 88 86 85 83.**

AMIGNE Schweizer Rebsorte, die praktisch auf die Region Vétroz im Wallis (VALAIS) beschränkt ist. Ihr Wein hat einen erdigen, intensiv nussigen Geschmack und sollte ein paar Jahre reifen. Beste Erzeuger: Caves Imesch, Granges Frères (Escalier de la Dame), Jean-René Germanier.

AMITY VINEYARDS *Willamette Valley AVA, Oregon, USA* Myron Redford gehörte zu den Pionieren in Oregon; seine Kellerei hat er 1976 aufgemacht. Der Gewürztraminer★★ ist herausragend, der Riesling★★ fast ebenso gut. Das Prunkstück ist natürlich der Pinot Noir, wobei die Winemakers Reserve★★ großartige Kraft und Stil beweist.

AMONTILLADO Siehe Jerez y Manzanilla DO.

AMTLICHE PRÜFUNG Siehe Prüfungsnummer.

ANBAUGEBIET In Deutschland gibt es seit der Wiedervereinigung 13 Anbaugebiete für Qualitäts- und Prädikatsweine: Ahr, Baden, Franken, Hessische Bergstraße, Mittelrhein, Mosel-Saar-Ruwer, Nahe, Pfalz, Rheingau, Rheinhessen, Saale-Unstrut, Sachsen und Württemberg.

ANDALUCÍA (ANDALUSIEN) *Spanien* Gespritete Weine oder Weine, die von Natur aus so alkoholreich sind, daß sie nicht aufgespritet werden müssen, sind die Spezialität dieser südlichen, von der Sonne verbrannten spanischen Region. Außer Sherry (JEREZ Y MANZANILLA DO) gibt es die geringerwertigen sherryähnlichen Weine Condado de Huelva DO und MONTILLA-MORILES DO sowie die reichhaltigen, manchmal melasseartig süßen Weine der MALAGA DO. All diese Anbaugebiete erzeugen heute auch einige zugegeben moderne, aber extrem milde Weißweine.

ANDREW WILL WINERY *Washington, USA* Der Weinmacher Chris Camarda, der die feinsten Trauben auswählt und in seinen Weinen Eleganz anstrebt, erzeugt nach Meinung vieler Kritiker die feinsten Merlotweine des Bundesstaats Washington – die Reserve-Abfüllung★★ ist unschlagbar. Seine Cabernets liegen nicht weit dahinter; ein trockener Chenin, Cuvée Lulu, hat ebenfalls begeisterte Kritiken geerntet. Beste Jahrgänge: (Rotweine) **1995 94 92.**

CH. L'ANGÉLUS★★★ *St-Émilion Grand Cru AC, 1er Grand Cru Classé, Bordeaux, Frankreich* Einer der größten und bekanntesten Grand Crus von SAINT-ÉMILION mit einem tatkräftigen Besitzer und fähigen Weinmacher. Zunehmend gute Weine während der gesamten 80er Jahre, was die Höherstufung zum Premier Grand Cru Classé im Jahre 1996 anerkannte. Beste Jahrgänge: (1996) (95) 94 93 90 89 88 **86 85.**

CH. D'ANGLUDET★★ *Margaux AC, Cru Bourgeois, Haut-Médoc, Bordeaux, Frankreich* Dieses Château in englischem Besitz erzeugt einen meiner Lieblingsweine. Er besitzt immer Cru-Classé-Niveau, bietet eines der besten Preis-Leistungs-Verhältnisse in Bordeaux und altert wunderbar für mindestens ein Jahrzehnt. Beste Jahrgänge: (1996) (95) 94 93 **90 89 88 86 85 83 82.**

ANGOVES *Riverland, Südaustralien* Eine Firma in Familienbesitz, die große Mengen passabler Sortenweine hauptsächlich aus der Lage Nanya, einer der größten Reblagen Australiens, erzeugt. Dank sehr geringer Kosten können die Preise niedrig gehalten werden. Chardonnay und Colombard sind unbeschwerte Billigweine, die man jung trinken muß.

PAUL ANHEUSER *Bad Kreuznach, Nahe, Deutschland* Für deutsche Verhältnisse ein großes Weingut mit einem für das Anbaugebiet hohen Rieslinganteil (70 %). Anheuser schwört bei seinen Weißweinen auf Maischegärung, was den jungen Weißweinen einen leicht arzneiartigen Charakter verleiht. Er erzeugt auch einige altmodische Riesling-Qualitätsweine in der Reblage Niederhäuser Pfingstweide. Beste Jahrgänge: **1993 92 90 89 88.**

ANJOU BLANC AC *Loiretal, Frankreich* Eine häufig mißbrauchte, schlecht festgelegte Appellation, die von knochentrockenen bis zu süßen Weinen und von ausgezeichneter bis zu scheußlicher Qualität reicht. Die besten Weine sind trocken und stammen von unabhängigen Erzeugern. Obwohl bis zu 20 % Chardonnay oder Sauvignon Blanc hinzugefügt werden dürfen, ziehen es viele führende Erzeuger vor, ausschließlich Chenin zu verwenden. Beste Erzeuger: Angeli★, Bidet, Cady, Cailleau, Daviau★, Haute Perche, V. Lebreton, Ogereau★, J. Renou, RICHOU★. Beste Jahrgänge: **1996 95 93.**

ANJOU MOUSSEUX AC *Loiretal, Frankreich* Eine seltene AC für Anjou-Schaumweine, die vorwiegend aus Chenin Blanc hergestellt werden. Die meisten Erzeuger verkaufen statt dessen ihre Weine als (prestigeträchtigeren) CRÉMANT DE LOIRE.

ANJOU ROUGE AC *Loiretal, Frankreich* Am bekanntesten ist Anjou für seinen ROSÉ D'ANJOU, aber die Rotweine (aus Cabernet Sauvignon, Cabernet Franc oder Pineau d'Aunis) werden immer erfolgreicher. Anjou Rouge ist normalerweise ein fruchtiger, süffiger Wein mit weniger Gerbsäure als ANJOU-VILLAGES. Aus der Gamaytraube erzeugte Weine werden als Anjou Gamay verkauft. Beste Erzeuger: Angeli, Cailleau, Cochard, Daviau★, Musset-Roullier, RICHOU★, Touche Noire. Beste Jahrgänge: **1996 95 93.**

ANJOU-VILLAGES AC *Loiretal, Frankreich* Da die AC Anjou eine so allgemeine Herkunftsbezeichnung ist, die Rot-, Weiß-, Rosé- und Schaumweine von wechselhafter Qualität umfaßt, verlangten die besseren Erzeuger von Anjou-Rotweinen eine eigene AC. Seit 1985 haben 46 Dörfer Anspruch auf die AC Anjou-Villages, die nur für Rotweine gilt, die aus den Rebsorten Cabernet Franc und Cabernet Sauvignon erzeugt werden. In diesem Anbaugebiet kommen einige äußerst reizvolle trocken-fruchtige Rotweine zum Vorschein, die eine bessere Alterungsfähigkeit als ANJOU ROUGE besitzen. Beste Erzeuger: Bidet, Closel, Daviau★, Haute Perche, J.-Y. H. Lebreton★★, Ogereau★, Pierre-Bise, RICHOU (Vieilles Vignes★★), Touche Noire. Beste Jahrgänge: 1996 **95 93 90 89.**

ANSELMI *Soave DOC, Venetien, Italien* Zusammen mit PIEROPAN hat Roberto Anselmi bewiesen, daß SOAVE bei sorgfältiger Vinifizierung Persönlichkeit besitzen kann. Mit Hilfe supermoderner Methoden hat er den Fruchtgeschmack seines Soave Classico und seines Capitel Foscarino★★ intensiviert; für seinen Lagenwein Capitel Croce★★ und seinen üppigen, sauternesähnlichen Recioto dei Capitelli★★ hat er den Ausbau in kleinen Holzfässern eingeführt.

ANTINORI *Toskana, Italien* Ein weltberühmtes florentinisches Familienunternehmen, das seit mindestens 1385 mit Wein befaßt ist; aber zu einem Synonym für Qualität und Innovation wurde der Name Antinori erst durch den heutigen Firmenchef, Piero Antinori. Die Qualität seiner CHIANTI-CLASSICO-Weine wie Badia a Passignano, Pèppoli, Villa Antinori und Tenute Marchese Riserva ist in der Regel ★★,

aber es war seine Idee, mit den »supertoskanischen Weinen« Spitzenweine außerhalb der DOC-Bestimmungen zu entwickeln, die in den 70er Jahren eine Qualitätsrevolution in der Toskana einleitete. TIGNANELLO★★ (Sangiovese-Cabernet) und SOLAIA★★★ (Cabernet), für die erstmals in der Toskana ein Ausbau im Barrique eingeführt wurde, können großartige Weine sein. Die toskanischen Interessen Antinoris weiten sich jetzt auf den VINO NOBILE aus: La Braccesca und Tenuta Belvedere aus BOLGHERI. Außerhalb der Toskana besitzt Antinori noch PRUNOTTO im Piemont sowie ATLAS PEAK in Kalifornien. Beste Jahrgänge: (1996) 95 **94 93 90 88.** Siehe auch Castello della Sala, Supertoskanische Weine.

APPELLATION D'ORIGINE CONTRÔLÉE Siehe AC.

ARAGÓN (ARAGONIEN) *Spanien* Der größte Teil Aragoniens, das sich von den Pyrenäen in südlicher Richtung bis zur zentralen Hochebene erstreckt, war traditionell eine Region für billige Rotweine. Es gab jedoch Fortschritte in der kühleren, hügeligen DO SOMONTANO im Norden, die ein paar Spitzenweine (vor allem Weißweine) aus international gebräuchlichen Rebsorten erzeugt. Weiter südlich verbessert sich die Vinifizierung in den DOs Campo de Borja und CARINENA.

ARBOIS AC *Jura, Frankreich* Die größte spezifische Appellation im Anbaugebiet Jura. Die Weißweine werden aus Chardonnay oder aus der einheimischen Rebsorte Savagnin erzeugt, die den Weinen einen sherryähnlichen Geschmack verleihen kann (am ausgeprägtesten im VIN JAUNE). Es gibt auch einen seltenen, süßen VIN DE PAILLE. Ein guter Schaumwein, der jetzt CRÉMANT DE JURA heißt, wird hauptsächlich aus Chardonnaytrauben hergestellt. Einige der besten Rotweine und Schaumweine kommen aus Pupillin. Beste Erzeuger: Gen. Arbois, d'Arlay★, Gen. Aubin, Aviet, Bourdy★, Désiré, Maire★, Puffeney★, Gen. Pupillin★, Rolet★★, Tissot.

ARGIANO *Brunello di Montalcino DOCG, Toskana, Italien* Hier setzt sich eine kleine Renaissance fort: Neuerliche Investitionen und die Handschrift von Giacomo Tachis sind erkennbar in dem radikal veränderten BRUNELLO★★, der Reichtum mit Zugänglichkeit verbindet. Beste Jahrgänge: (1996) (95) 94 93 **90.**

LEONCIO ARIZU *Mendoza, Argentinien* Eine alte Kellerei mit großem Potential bei Rotweinen: ein solider Syrah★, ein kraftvoller Malbec★ und ein Pinot Noir, der je nach Jahrgang von elegant bis langweilig reicht. Die Gewohnheit, die Weine zu lang zurückzuhalten, bis sie auf den Markt kommen, hat zur Folge, daß der 94er Chardonnay erst jetzt in den Regalen der Geschäfte auftaucht.

ARNEIS Eine italienische Weißweintraube, die auf dem sandigen Boden der Roerohügel im Piemont angebaut wird. Arneis liefert trockene Weißweine, die im Anbaugebiet ROERO als DOC eingestuft sind; im Idealfall sollten die Weine einen reizvoll nussigen Geschmack und Kräuterduft haben. Sie können ziemlich teuer sein. Beste Erzeuger: Almondo★, Castello di Neive★ (Barbaresco), CERETTO, Correggia★, Deltetto★, Bruno GIACOSA★, Malvirà★, Negro★, PRUNOTTO★, Vietti★.

CH. L'ARROSÉE★★ *St-Émilion Grand Cru AC, Grand Cru Classé, Bordeaux, Frankreich* Dieses kleine Weingut unmittelbar südwestlich des alten Städtchens Saint-Émilion erzeugt wirklich erregende Weine: reichhaltig, vollmundig und wunderbar üppig mit einem vergleichsweise hohen Anteil Cabernet Sauvignon (40 %). Man kann sie nach fünf Jahren trinken, aber auch zehn Jahre oder noch länger einlagern. Beste Jahrgänge: (1996) (95) 94 **90 89 88 86 85 83 82.**

ARROWOOD VINEYARDS WINERY *Sonoma Valley AVA, Kalifornien, USA* Dick Arrowood war der Weinmacher der Kellerei CHATEAU ST JEAN während ihrer glorreichen Erfolge mit Chardonnay. 1988 machte er sich selbständig und eröffnete ein paar Meilen entfernt seine eigene Kellerei. Die Weine sind einfach sensationell: ein wunderbar ausgewogener Cabernet★★★, ein prächtiger Merlot★★, ein entzückender, samtiger Chardonnay★★ und als neueste Errungenschaft ein frischer, lebhafter Viognier★. Die Weißweine sollte man jung trinken, die Rotweine etwas älter. Beste Jahrgänge: (Rotweine) **1994 93 92 91 90 88;** (Weißweine) **1995 94 93 91.**

ISMAEL ARROYO *Ribera del Duero, Kastilien-León, Spanien* Diese Bodega in Familienbesitz hat in nur 15 Jahren die Spitzenposition unter den Erzeugern von RIBERO DEL DUERO erreicht, mit langlebigen, dichten, tanninreichen Weinen, angeführt von Val Sotillo Reserva★★★, Gran Reserva★★ und Crianza★★.

ARRUDA IPR *Estremadura, Portugal* Ein Genossenschaftsgebiet unmittelbar nördlich von Lissabon, aber glücklicherweise ist diese Winzergenossenschaft in Arruda dos Vinhos eine der besten im ESTREMADURA und erzeugt einen anständigen, billigen Rotwein.

ARVINE Schweizer Rebsorte aus dem Wallis (VALAIS), die zwischen Vétroz und Martigny angebaut wird. Die besten Trauben kommen von Fully und dem Mont d'Or in Sion. Ein typischer Arvine hat ein Pfirisch- und Aprikosenbukett und entwickelt im Alter einen würzigen, honigartigen Charakter. Von den Weinen aus einheimischen Rebsorten kann Arvine am besten altern. Beste Erzeuger: Caves Imesch★, Chanton, Chappaz★, Dom. du Mont d'Or★, Maye & Fils, Raymond, Roduit, Savioz (Ch. Ravire).

ASCHERI *Piemont, Italien* Winzer im Piemont seit mindestens fünf Jahrhunderten. Der Weinstil von Ascheri ist modern und angenehm trinkbar, ob es sich um BAROLO★, Dolcetto★ (insbesondere Vigna Nirane) oder NEBBIOLO D'ALBA★ aus der Reblage San Giacomo handelt. Ein barriquegereifter 90er Verschnitt aus Barbera und Nebbiolo namens Bric Mileui★ ist überraschend gut, mit zarter Frucht und dunklem Schokoladengeschmack. Beste Jahrgänge: (Barolo) (1996) (95) 94 **93 90 89 88.**

ASSENOVGRAD *Südgebiet, Bulgarien* Der üppige, robuste Cabernet Sauvignon und der erdige, nach Mineralien schmeckende Mavrud dieser vorwiegend auf Rotweine spezialisierten Kellerei sind beide gut. Der beste Mavrud von Assenovgrad altert gut, aber er gewinnt dabei nicht an Komplexität.

ASSMANNSHAUSEN *Rheingau, Deutschland* Malerischer Weinbauort am Rhein, der berühmt ist für seine oft blassen, süßen Rotweine. Ein Trend hin zu trockenen Rotweinen mit tieferer Farbe hat in den letzten Jahren die

Qualität stark verbessert, aber ihre Beliebtheit macht sie teuer. Beste Erzeuger: August Kesseler★, Staatsweingut Aßmannshausen.

ASTI DOCG *Piemont, Italien* Asti Spumante, der weltweit am meisten verkaufte süße Schaumwein, wurde lange Zeit als leicht und billig verlacht, auch wenn die Hochstufung zu einer DOCG eine Qualitätssteigerung signalisierte. Er wird in der Anbauzone um Asti südöstlich von Turin erzeugt und kann unter der neuen Bezeichnung (die auch den selteneren MOSCATO D'ASTI umfaßt) einfach Asti genannt werden, um eine Verwechslung mit anderen Schaumweinen zu vermeiden. Seine leichte Süße und sein erfrischender Schaum machen ihn zum idealen Wein für Obst und am Ende einer Mahlzeit. Beste Erzeuger: (Spumante) Bera★, Cascina Fonda★, Cascina Pian d'Or★, Cinzano★, FONTANAFREDDA, Gancia★, Martini & Rossi★.

ATA RANGI *Martinborough, Nordinsel, Neuseeland* Eine kleine, hochwertige Kellerei, die von zwei Familien geführt wird. Sie macht konzentrierte Weine mit Stil und Individualität, u. a. einen wuchtigen, reichhaltigen Chardonnay★★, einen verführerisch weichen, nach Kirschen und Pflaumen schmeckenden Pinot Noir★★★ und einen Verschnitt aus Cabernet-Sauvignon, Merlot und Syrah namens Célèbre★★. Beste Jahrgänge: 1996 **94 91 90 89.**

ATLAS PEAK *Atlas Peak AVA, Napa, Kalifornien, USA* Die hügeligen Reblagen, die jetzt im Besitz von ANTINORI aus Italien sind, zeigen nach ein paar Jahren der Orientierungslosigkeit eine neue Zielgerichtetheit. Ein reinsortiger Sangiovese ist vielversprechend, insbesondere der 90er, ebenso ein köstlicher Sangiovese-Cabernet-Verschnitt namens Consenso. Beide können etwa fünf bis zehn Jahre altern. Chardonnay und Cabernet sind neu hinzugekommen.

AU BON CLIMAT *Santa Barbara County, Kalifornien, USA* Eine vorbildliche Kellerei im kühlen Anbaugebiet SANTA MARIA, geführt von dem überaus talentierten Jim Clendenen, der einen Großteil seiner Zeit damit verbringt, sich in den besten Weinkellern Burgunds und Piemonts umzusehen. Das Ergebnis sind ein üppiger Chardonnay★★ und ein intensiver Pinot Noir★★ sowie Weine im Bordeauxstil, die unter der Marke Vita Nova auf den Markt kommen. Achten sollte man auf Parabla, einen Nebbiolo★, der vier Jahre im Holzfaß reift, auf zwei neue Barberas und einen Pinot Noir. Dieselbe Kellerei nutzt auch QUPÉ, ein Spezialist für Rebsorten aus dem Rhônetal. Beste Jahrgänge: (Rotweine) **1994 91 90 89 87 86;** (Weißweine) **1995 92 90 89 87.**

AUCKLAND *Nordinsel, Neuseeland* Die Weinberge in der Region Auckland konzentrieren sich um die kleinen Bezirke Henderson, KUMEU/HUAPAI und Waimauku. Viele der besseren Weine werden in den neu entstandenen Anbaugebieten WAIHEKE ISLAND und Mataka erzeugt. Beste Jahrgänge: COLLARDS★, Fenton★★, Goldwater★★, Heron's Flight★, KUMEU RIVER★, Peninsula★, Providence, STONYRIDGE, Te Motu★★.

L'AUDE, VIN DE PAYS DE *Languedoc, Frankreich* Eines der größten Anbaugebiete für Vin de Pays in der Region, das in erster Linie Rotweine erzeugt. Die Qualität schwankt dementsprechend: Die besten Rotweine sind weich und fruchtig und haben ein wenig südliche Würze. Beste Erzeuger: Boyer, CLOS CENTEILLES, de Gourgazaud, de Lalande, Nicolas.

AUSBRUCH Österreichische Kategorie für Prädikatsweine, die für süße Weine mit einem Mindestmostgewicht von 27° KMW (139° Oechsle) verwendet wird, aber Spitzenerzeuger verkaufen oft Weine mit einem Mostgewicht von 32–35° KMW als Ausbruch. Die Weine werden zu einem höheren Alkohol- und einem geringeren Zuckergehalt als Beerenauslesen und Trockenbeerenauslesen vergoren. Das Ergebnis kommt einem SAUTERNES näher als den deutschen Dessertweinen und besitzt einen weniger fruchtigen Geschmack, aber eine reichere Struktur. Beste Erzeuger: FEILER-ARTINGER★★★, Opitz★★, Schandl★★, Ernst Triebaumer★★, Paul Triebaumer★★, Wenzel★★. Siehe auch KMW und Oechsle.

AUSLESE Kategorie für deutsche und österreichische Prädikatsweine, die aus speziell gepflückten und aussortierten Trauben hergestellt werden. Eine Rieslingauslese von der Mosel muß nur ein Mindestmostgewicht von 83° Oechsle haben, während die meisten Auslesen aus Baden süßer sind und bei 105° Oechsle beginnen. Das Mindestmostgewicht für österreichische Auslesen beträgt 21° KMW bzw. 105° Oechsle.

CH. AUSONE★★ *St-Émilion Grand Cru AC, 1er Grand Cru Classé, Bordeaux, Frankreich* Dieses elegante Weingut, das die vermutlich besten Hänge in SAINT-ÉMILION besitzt, erlebte in den 80er Jahren eine aufsehenerregende Rückkehr zur Qualität, aber ich bin noch nicht davon überzeugt, daß sich diese neuen Ausone-Weine in der Flasche entwickeln und besser werden. Beste Jahrgänge: (1996) (95) 94 93 90 89 88 **86 85 83 81 79 78.**

AUXEY-DURESSES AC *Côte de Beaune, Burgund, Frankreich* Auxey-Duresses ist ein abgelegener Weinbauort in den Hügeln oberhalb des weltberühmten MEURSAULT. Die Rotweine sollten leicht und frisch sein, aber es kann ihnen oft an Reife mangeln. Im Idealfall, mit drei bis fünf Jahren, sind die Weißweine trocken, weich und nussig und deuten die Cremigkeit eines guten Meursault an, ohne daß sie die gleichen Wahnsinnspreise kosten. Beste Erzeuger: (Rotweine) Diconne★, Duc de Magenta★, Jessiaume, Maison LEROY; (Weißweine) Ampeau★, Creusefond, Diconne★, Duc de Magenta★, Fichet★, Maison LEROY, Prunier, Roulot. Beste Jahrgänge: (Rotweine) 1995 **93 90 89 88 85;** (Weißweine) 1995 **94 92 90 89.**

AVA (AMERICAN VITICULTURAL AREA) In den 70er Jahren begründetes System von Herkunftsbezeichnungen für amerikanische Weine.

AVIGNONESI *Vino Nobile di Montepulciano DOCG, Toskana, Italien* Die Brüder Falvo von Avignonesi waren führend bei der Renaissance von Montepulciano als einer der besten Anbauzonen der Toskana. Der VINO NOBILE DI MONTEPULCIANO★★ ist zwar oft der beste der trockenen Weine, doch mehr Aufmerksamkeit haben die reinsortigen Weine erregt, darunter ein Chardonnay (Il Marzocco★), ein Sauvignon (Il Vignola★) und ein Merlot★★. Berühmt ist auch der Vino da Tavola Grifi★★ (Sangiovese-Cabernet) und der süße rote Aleatico. Der VIN SANTO★★★ ist der gesuchteste Wein in der Toskana; eine seltene rote Spielart des Sangiovese, Occhio di Pernice★★★, ist unvergleichlich. Beste Jahrgänge: (1995) 94 **93 90 88 85.**

AYL *Saar, Deutschland* Einer der besten Weinbauorte an der Saar. Die bekannteste Lage ist die Ayler Kupp, die an ihren steilen Hängen hervorragende, nach Schiefer riechende Weine erzeugt. Beste Erzeuger: Bischöfliches Konvikt, Peter Lauer, Heinz Wagner.

AZIENDA AGRICOLA Italienische Bezeichnung für »Weingut« bzw. »landwirtschaftlicher Betrieb«; sie zeigt auch an, daß ein Wein nur aus eigenen Trauben erzeugt worden ist.

BABICH *Henderson, Nordinsel, Neuseeland* Ein auf hochwertige Weine spezialisierter Familienbetrieb. Irongate Chardonnay★★ ist ein intensiver, stahliger Wein, der lang im Keller lagern muß, während die kräftigen roten Sortenweine, die unter der neuen Marke Mara Estate verkauft werden, darunter Merlot★★, Syrah★★ und Cabernet Sauvignon★, sogar ein noch größeres Entwicklungspotential zeigen. Die neu auf den Markt gekommene Marke Patriarch bieten jetzt die Spitzenweine der Firma, einen Chardonnay★★ und einen Cabernet-Merlot★★, die beide aus HAWKES BAY stammen. Beste Jahrgänge: 1996 **94 91 90 89.**

BACHARACH *Mittelrhein, Deutschland* Gegenwärtig der Spitzenweinbauort im kleinen Anbaugebiet Mittelrhein. Sein Schieferboden liefert Weine mit moselähnlichem Charakter, die aber den Körper von Rheingauweinen besitzen. Beste Erzeuger: Fritz Bastian, Randolph Kauer★, Toni Jost★★, Jochen Ratzenberger★.

BACKSBERG ESTATE *Paarl WO, Südafrika* Der verstorbene Sydney Back, der allseits geachtete Wortführer der südafrikanischen Erzeuger und die treibende Kraft hinter der Idee individueller Weingüter, setzte den Chardonnay★ am Kap durch. Backsberg bleibt stets gefällig, ohne zu prunken. Weine, die für jeden Geschmack passen, vertragen sich gut mit Erzeugnissen für spezielle Geschmäcker, wie etwa ein im Destillierkolben hergestellter Branntwein★★. Merlot, ein Verschnitt im Bordeauxstil namens Klein Babylonstoren und Pinotage vertreten Rotweine mit mehr Charakter. Beste Jahrgänge: (Chardonnay) **1995 94 93 92.**

BAD DÜRKHEIM *Pfalz, Deutschland* Dieser Kurort mag nicht so berühmt sein wie seine Nachbarn, aber er besitzt ein paar gute Lagen und ist Sitz der recht guten Genossenschaft Vier Jahreszeiten Kloster Limburg. Beste Erzeuger: Kurt DARTING★, Fitz-Ritter, Karl Schaefer★.

BAD KREUZNACH *Nahe, Deutschland* Ein Kurort mit 22 Einzellagen, aber die besten Weine kommen aus den steilsten Lagen wie Brückes, Kahlenberg und Krötenpfuhl. Nicht mit dem NAHE-Bereich Kreuznach zu verwechseln. Beste Erzeuger: Paul ANHEUSER, Reichsgraf von Plettenberg.

BADEN *Deutschland* Ein sehr großes Weinbaugebiet, das sich von Baden-Baden bis zum Bodensee erstreckt. In jüngster Zeit hat Baden die führende Rolle übernommen bei trockenen Weißweinen und Rotweinen, die den volleren, weicheren Geschmack zeigen, zu denen Deutschland in dem wärmeren Klima seiner südlichen Region fähig ist. Viele der besten deutschen Weine, die keine Rieslinge sind, werden in Zukunft aus Baden kommen, ebenso viele der besten im Holzfaß vergorenen und ausgebauten Weine. Gute Genossenschaftskellereien gibt es in Breisach (größte Winzergenossenschaft Europas), Steinbach, DURBACH, Bickensohl und Königsschaffhausen.

BADIA A COLTIBUONO *Chianti Classico DOCG, Toskana, Italien* Diese weithin sichtbare Abtei erzeugte einige der ersten Chiantis und in jüngerer Zeit einige der langlebigsten Weine der Toskana. Der CHIANTI CLASSICO

Riserva★ zeigt einen feinen traditionellen Stil, obwohl der kraftvolle Sangioveto★★, ein reinsortiger Vino da Tavola aus Sangiovesetrauben, die größere Klasse besitzt. Ebenfalls bemerkenswert sind ein Chardonnay Sella del Boscone und ein VIN SANTO★. Beste Jahrgänge: 1995 94 93 90 88 86 85.

BAGA Eine wichtige rote Traubensorte in BAIRRADA, einer der wenigen Regionen in Portugal, wo man sich hauptsächlich auf eine einzige Rebsorte stützt. In viel kleineren Mengen wird sie auch in DÃO und im RIBATEJO angebaut.

BAILEY'S *Nordostvictoria, Australien* Eine alte, sehr traditionelle Kellerei in Glenrowan, wo Australiens berühmtester Buschräuber, Ned Kelly, seinen letzten Unterschlupf hatte. Sie erzeugt herzhafte, gut strukturierte Rotweine aus Shiraz ★★ und Cabernet ★ und einige von Australiens köstlichsten gespriteten Muscats und Tokays (Winemakers Selection ★★★): himmlische, unwiderstehliche Leckerbissen.

BAIRRADA DOC *Beira Litoral, Portugal* Bairrada liefert seit langer Zeit viele von Portugals besten roten Tafelweinen, obwohl das Anbaugebiet erst 1979 abgegrenzt wurde. Diese können eine reiche, intensive Himbeer- und Brombeerfrucht besitzen, aber die Tannine brauchen oft ein paar Jahre, bis sie milder werden. Die Weißweine machen dank moderner Vinifizierungsmethoden rasche Fortschritte. Beste Erzeuger: Casa de Saima★★, CAVES ALIANCA★, CAVES SÃO JOÃO★, Luis PATO★★, SOGRAPE★.

CH. BALESTARD-LA-TONNELLE★ *St-Émilion Grand Cru AC, Grand Cru Classé, Bordeaux, Frankreich* Ein populäres Weingut in SAINT-ÉMILION, das einen verläßlichen Wein voll intensiver Fruchtigkeit erzeugt. Auch der Preis ist recht annehmbar. Beste Jahrgänge: 1994 **90 89 88 86 85.**

BANDOL AC *Provence, Frankreich* Bandol, ein hübscher Fischereihafen mit Weinbergen hoch über dem Mittelmeer, erzeugt einige der aufregendsten Rot- und Roséweine in der Provence. Die Rebsorte Mourvèdre verleiht dem Bandol seinen Charakter: ein sanfter, milder Rosinen- und Honiggeschmack mit leicht tanninigem Kräuterduft. Die Rotweine altern zehn Jahre gut, können aber schon nach drei bis vier Jahren schmecken. Die Roséweine, die köstlich und würzig, aber oft zu teuer sind, sollten jung getrunken werden. In kleiner Menge gibt es einen Weißwein, der zumeist eher neutral ausfällt und zu horrenden Preisen verkauft wird. Möglichst jung trinken. Beste Erzeuger: (Rotweine) Bastide Blanche, Cagueloup, l'Hermitage, Ray Jane★, Mas de la Rouvière★, Pibarnon★★, Ste-Anne★, TEMPIER★★, Vannières★. Beste Jahrgänge: (1996) 95 **93 90 89 88 86 85.**

BANFI *Brunello di Montalcino DOCG, Toskana, Italien* Diese Firma in amerikanischem Besitz, auch unter den Namen Castello Banfi, Villa Banfi und Banfi Vintners bekannt, ist zu einem Motor in der italienischen Weinbranche geworden; die anfangs langweiligen Weine werden jetzt schrittweise besser. In den späten 70er Jahren sicherten sich die Brüder Mariani,

Weinimporteure aus New York, die Dienste von Ezio Rivella, einem von Italiens besten Weinmachern, um ein Gut im südlichen Teil der Anbauzone BRUNELLO DI MONTALCINO aufzubauen. Sie schufen eine mit modernster Technologie ausgestattete Kellerei, wo sich Spitzenweine wie Brunello★, Chardonnay (Fontanelle★) und Cabernet (Tavanelle★) als erfolgreich erwiesen. Ihr Brunello Riserva Poggio all'Oro★★ kann sehr gut sein. Der Supertoskaner Summus★ (Sangiovese-Cabernet-Syrah) und ROSSO DI MONTALCINO Certine★ können ebenfalls beeindrucken. Sie besitzen auch Keller im Piemont für GAVI und Schaumweine.

BANNOCKBURN *Geelong, Victoria, Australien* Die Erfahrung von regelmäßigen Aufenthalten auf dem burgundischen Weingut DUJAC spiegelt sich in Gary Farrs kräftigem, nach Wildbret schmeckendem Pinot Noir★★ und in seinem meursaultähnlichen Chardonnay★★★ wider, die zu Australiens besten Weinen zählen. Ein Shiraz★★, der sich stark verbessert hat, ist von Alain GRAILLOT im Rhônetal beeinflußt. Beste Jahrgänge: **1994 91 90 88 86 85.**

BANYULS AC *Roussillon, Frankreich* Einer der besten Vins Doux Naturels, hauptsächlich aus Grenache Noir hergestellt. Der kräftige Pflaumen- und Rosinengeschmack ist bei einem jungen, süßen Wein sehr angenehm; ältere Weine im Tawny-Stil sind sogar noch reizvoller. Beste Erzeuger: Casa Blanca, Cellier des Templiers★, l'Étoile★, Mas Blanc, la RECTORIE★★, La Tour Vieille★.

BARBADILLO *Jerez y Manzanilla DO, Andalusien, Spanien* Antonio Barbadillo, der größte Sherryhersteller im Küstenort Sanlúcar de Barrameda, produziert ein breites Angebot von guten bis hervorragenden Weinen, insbesondere salzig schmeckende, trockene Manzanillas, vor allem Solear★★★ und Principe★★★, und intensive, nussig schmeckende, aber trockene Amontillados und Olorosos, angeführt von Oloroso del Rio. Er erzeugt auch einen geschmacksneutralen, trockenen Weißwein, Castillo de San Diego.

BARBARESCO DOCG *Piemont, Italien* Dieser angesehene Rotwein, der in der Nähe von Alba in den Langhehügeln südöstlich von Turin entsteht, wird oft gemeinsam mit seinem Nachbarn BAROLO als vornehmstes Beispiel der Nebbiolotraube bezeichnet. Barbaresco kann eine Spur weicher und weniger kräftvoll sein, was auf das etwas wärmere Klima in seinen niedrigeren Lagen nahe dem Fluß Tanaro zurückzuführen ist. Der Wein braucht weniger Zeit, um zu reifen (nur ein Jahr Ausbau im Holzfaß ist Vorschrift gegenüber zwei Jahren beim Barolo), und wird häufig als der zugänglichere von beiden betrachtet, wie ihn der international nachgeahmte Stil von GAJA verkörpert. Doch wie in Barolo zeichnen sich auch Traditionalisten aus, angeführt von Bruno GIACOSA. Die Anbauzone umfaßt 475 ha Weinberge in den Gemeinden Barbaresco, Neive und Treiso. Obwohl das Gebiet relativ kompakt ist, können sich die Weinstile zwischen den Lagen und Erzeugern deutlich unterscheiden. Beste Lagen: Asili, Bricco di Neive, Costa Russi, Crichet Pajè, Gallina, Marcorino, Martinenga, Messoirano, Moccagatta, Montestefano, Ovello, Pora, Rabajà, Rio Sordo, San Lorenzo, Santo Stefano, Serraboella, Sori Paitin, Sorì Tildin. Beste Erzeuger: Gen. Barbaresco★★, Cantina del Glicine★★, Castello di Neive★★, CERETTO★★, Cigliuti★★, Cortese, GAJA★★★, Bruno GIACOSA★★★, I Paglieri★★, Marchesi di Gresy★★, Moccagatta, Paitin★★, Pio Cesare★, Bruno Rocca-Rabajà★★, Vietti★. Beste Jahrgänge: (1996) (95) 93 **90 89 88 86 85 82.**

BARBERA In Nordwestitalien einheimische Rebsorte, die neben Sangiovese die in Italien am häufigsten angebaute Rotweinrebe ist. Bei hohen Erträgen macht sich ihre natürliche Säure bemerkbar, was zu lebhaften Zechweinen führt. Niedrige Erträge auf Spitzengütern im Piemont bringen sehr reiche, komplexe Weine hervor. Wenn kleine Eichenholzfässer verwendet werden, können die Ergebnisse erstaunlich sein. Beste Erzeuger: (Alba) ALTARE★★, CLERICO★★, Aldo CONTERNO★★, Conterno-Fantino★, GAJA★★, Elio Grasso★★, Giuseppe MASCARELLO★, Parusso★★, Prunotto★★, Albino Rocca★, Paolo Scavino★★, Vajra★★, Viberti★★, Vietti★; (Asti) Braida★★, Cascina La Barbatella★★, Cascina Castlèt★, Chiarlo★, Coppo★, Gastaldi★★, Scarpa★, La Spinetta★.

BARCA VELHA★★ *Douro DOC, Douro, Portugal* Der gesuchteste und teuerste Rotwein Portugals, der von FERREIRA nach dem Vorbild der Bordeauxweine, aber aus DOURO-Rebsorten (hauptsächlich Tinta Roriz) hergestellt wird. Er wird nur in den allerbesten Jahren erzeugt: seit 1953 gab es erst zwölf Jahrgänge, wobei der bislang letzte der 85er war.

BARDOLINO DOC *Venetien, Italien* Eine große Anbauzone um den Gardasee, die im besten Fall leichte, duftige Rot- und Roséweine (Chiaretto) liefert, die man sehr jung trinken sollte. Hergestellt werden sie aus der gleichen Traubenmischung wie der benachbarte VALPOLICELLA. Beste Erzeuger: Corte Gardoni★, Gorgo, Guerrieri-Rizzardi★, MASI★, Le Vigne di San Pietro★, Fratelli Zeni★.

BAROLO DOCG *Piemont, Italien* Dieser berühmte Rotwein, der nach einem Dorf südwestlich von Alba benannt ist, stammt von der Nebbiolotraube, die auf einer Rebfläche von 1175 ha in den steilen Langhehügeln angebaut wird. Barolos Rang als »König der Weine und Wein der Könige« erwies sich einige Zeit lang eher als Bürde denn als Vorteil bei den Italienern, die seine strenge Wucht als zuviel für moderne Gaumen ansahen. Die festen, zähen Tannine brauchten nämlich jahrelange Faßreifung, bis sie milder wurden. Aber viele Weinmacher verwendeten, unterstützt durch eine Reihe guter Jahrgänge zwischen 1985 und 1990, neue Methoden, um frischere, saubere Weine herzustellen, die mehr Farbe, eine reichere Frucht und weichere Tannine besaßen, ohne daß sie den vornehmen Charakter des Barolos opferten. Deutlich unterscheidbare Weinstile findet man in den Dörfern der Anbauzone. Barolo und La Morra erzeugen die duftigsten Weine, Monforte und Serralunga die am besten strukturierten, während Castiglione Falletto einen Kompromiß zwischen beiden Stilen anstrebt. Auf dem Etikett von Baroloweinen ist zumeist die Reblage angegeben, obwohl der Name des Erzeugers oft mehr Gewicht hat. Die besten Lagen: Bricco Boschis, Bricco delle Viole, Brunate, Bussia Soprana, Cannubi, Cerequio, Fiasco, Ginestra, La Serra, Marcenasco, Monfalleto, Monprivato, Pianpolvere Soprano, Rocche di Castiglione, Rocche di La Morra, Santo Stefano di Perno, Villero, Vigna Rionda. Beste Erzeuger: ALTARE★★, Anselma★, ASCHERI★, Azelia★★, Batasiolo★, Cavallotto, CERETTO★★, Chiarlo★, CLERICO★★, Aldo CONTERNO★★★, Giacomo CONTERNO★★, Conterno-Fantino, Riccardo Fenocchio★★, GAJA★★★, Bruno GIACOSA★★, Elio Grasso★★, Marcarini★, Bartolo MASCARELLO★★★, Giuseppe MASCARELLO★★★, Parusso★, Pio Cesare★★, PRUNOTTO★★, Ratti★★, Rocche dei Manzoni★★, Sandrone★★★, Paolo Scavino★★, Sebaste★, Vajra★, Vietti★★, Roberto VOERZIO★★. Beste Jahrgänge: (1996) (95) 93 **90 89 88 86 85 82.**

BARÓN DE LEY★ *Rioja DOC, Navarra, Spanien* Barón de Ley Reserva und El Mesón Crianza sind rote RIOJAS, die ausschließlich aus Trauben hergestellt werden, die auf dem Gut angebaut werden, darunter zu »Versuchszwecken« auch etwas Cabernet Sauvignon. Beste Jahrgänge: 1994 **91 87.**

BAROSSA VALLEY *Südaustralien* Hier befindet sich der Hauptsitz von so riesigen Erzeugern wie PENFOLDS, SEPPELT, ORLANDO und YALUMBA. Die für ihre Weine im Portstil sowie ihre Shiraz- und Rieslingweine bekannte Region verfügt über weniger als 10 % der australischen Weinberge, erzeugt aber 60 % des Weins, überwiegend aus Trauben, die anderswo in Südaustralien angebaut werden. Neue Zuversicht erhielt das Barossa Valley durch Erzeuger wie Bethany, Grant BURGE★, Charles Melton, ROCKFORD★ und SAINT HALLETT★★.

BARRIQUE Das *barrique bordelaise* ist das traditionelle Eichenholzfaß von Bordeaux, das 225 Liter faßt. Vergärung und Ausbau in kleinen Holzfässern tragen dazu bei, daß ein Wein zusätzliche Struktur, Würze und Reichhaltigkeit gewinnt. Die Bezeichnung »Barrique« wird auch in Italien und Deutschland benutzt.

JIM BARRY *Clare Valley, Südaustralien* Anfangs war diese Kellerei in hohem Maße auf Weißweine spezialisiert, wobei die berühmte Reblage Florita erstklassige, duftige Rieslinge★ lieferte. Jetzt erregt sie noch mehr Aufsehen mit Rotweinen wie dem stark verbesserten Cabernet Sauvignon★ und dem alkoholreichen, den Gaumen (und auch die Geldbörse) sprengenden Armagh Shiraz★★★.

BARSAC AC *Bordeaux, Frankreich* Barsac, die größte der fünf Gemeinden in der Appellation SAUTERNES, besitzt auch eine eigene AC, die von den meisten Spitzenweingütern in Anspruch genommen wird. In der Regel sind die Weine etwas weniger üppig als andere Sauternesweine, aber bei guten Weingütern können sie fabelhaft ausfallen. Beste Erzeuger: (Crus Classés) BROUSTET★, CLIMENS★★★, COUTET★★, DOISY-DAENE★★, Doisy-Dubroca★, DOISY-VÉDRINES★★, NAIRAC★★; (übrige) Liot★, Ménota, Piada. Beste Jahrgänge: (1996) (95) **90 89 88 86 83 81 80 76 75.**

BASSERMANN-JORDAN *Deidesheim, Pfalz, Deutschland* Ein Weingut, das gute Rieslinge★ erzeugt, größtenteils in trockenem Stil. Die Reblagen befinden sich überwiegend in den ausgezeichneten Weinbauorten Deidesheim und FORST. Die Weine haben eine reichhaltige, volle Struktur, ohne übermäßig fett und weich auszufallen. Die Jahrgänge Anfang der 90er Jahre waren ein wenig schlaff; doch der neue Weinmacher Ulrich Mell hat das Gut wieder auf den richtigen Weg gebracht. Beste Jahrgänge: 1996 **90 89 88 86.**

CH. BASTOR-LAMONTAGNE★★ *Sauternes AC, Cru Bourgeois, Bordeaux, Frankreich* Jahr für Jahr erzeugt dieses Weingut einen köstlichen, nach Honig schmeckenden Wein zu einem Preis, der es uns ermöglicht, einen hochklassigen SAUTERNES zu genießen, ohne daß wir eine zweite Hypothek aufnehmen müßten. Beste Jahrgänge: (1996) 95 **94 90 89 88 86 85 83 82.**

CH. BATAILLEY★ *Pauillac AC, 5ème Cru Classé, Haut-Médoc, Bordeaux, Frankreich* Dieses Weingut ist ein Synonym für ein gutes Preis-Leistungs-Verhältnis und für Verläßlichkeit unter den Crus Classés von PAUILLAC. Sein Wein besitzt eine volle, deutlich an schwarze Johannisbeeren erinnernde Fruchtigkeit, einen nicht zu hohen Tanningehalt und ein köstliches, cremiges Vanillearoma. Er schmeckt zwar schon mit fünf Jahren angenehm, altert aber gut bis zu 15 Jahren. Beste Jahrgänge: (1996) (95) 94 **90 89 88 86 85 83 82.**

BÂTARD-MONTRACHET AC *Grand Cru, Côte de Beaune, Burgund, Frankreich* Dieser Grand Cru erzeugt einige der größten Weißweine der Welt. Sie sind voll, reichhaltig und ausgewogen und besitzen einen kräftigen, intensiven Geschmack, der fruchtig und mineralisch ist, und eine frische Säure. Es gibt zwei zusammenhängende Lagen, die als Grands Crus eingestuft sind: Bienvenues-Bâtard-Montrachet und den winzigen Criots-Bâtard-Montrachet. Alle können zehn Jahre lang altern. Beste Erzeuger: J.-N. GAGNARD★★, GAGNARD-DELAGRANGE★★, Louis JADOT★★, Dom. LEFLAIVE★★★, Olivier LEFLAIVE★★, Pierre Morey★★, RAMONET★★★, Sauzet★★★. Beste Jahrgänge: 1995 **92 90 89 88 86 85.**

DOMAINE DE LA BAUME *Vin de Pays d'Oc, Languedoc, Frankreich* Der französische Außenposten von BRL HARDY, der hauptsächlich Sortenweine erzeugt. Der Betrieb wurde 1989 aufgebaut, wobei die Vinifizierungsanlage des Weinguts vollständig erneuert wurde und Edelstahltanks und eine Kühlanlage an die Stelle von Betonbehältern treten. Die Weine werden unter verschiedenen Namen verkauft: Domaine de la Baume (Merlot und ein Chardonnay-Vigonier-Verschnitt) kommen vom Gut selbst. Philippe de Baudin und Chai Baumière sind ein Verschnitt auf dem Gut angebauter Trauben mit angekauften Trauben; das Angebot umfaßt u. a. Merlot★, Cabernet Sauvignon und Syrah sowie Chardonnay★ und Sauvignon Blanc.

LES BAUX-DE-PROVENCE AC *Provence, Frankreich* Diese AC hat bewiesen, daß biologischer Weinbau aufsehenerregende Ergebnisse erzielen kann. Trauben von guter Qualität und eine einfallsreiche Vinifizierung bringen einige der besten Rot- und Roséweine in Südfrankreich hervor. Weißwein wird bislang nur in sehr geringer Menge hergestellt. Seit 1994 ist TRÉVALLON als Vin de Pays des Bouches-du-Rhône eingestuft. Beste Erzeuger: Mas de la Dame★, Mas de Gourgonnier★, Terres Blanches★, TRÉVALLON★★★.

BÉARN AC *Südwestfrankreich* Während das übrige Südwestfrankreich eifrig dabei war, in den letzten Jahren einige Weine mit ungewöhnlichen und originellen Geschmacksnoten zu erzeugen, hat es Béarn nicht geschafft, davon zu profitieren. Die Weine (90 % Rot- und Roséweine) fallen trotz passabler Rebsorten nicht eigentümlich genug aus. Beste Erzeuger: Gen. Bellocq, Lapeyre.

BEAU-SÉJOUR-BÉCOT★★ *St-Émilion Grand Cru AC, 1er Grand Cru Classé, Bordeaux, Frankreich* Dieses Gut, das 1986 seine Einstufung als Premier Grand Cru Classé verlor und 1996 wieder hochgestuft wurde, ist jetzt wieder in Spitzenform. Die Brüder Gérard und Dominique Bécot erzeugen feste, reife Wine mit reicher Struktur, die mindestens acht bis zehn Jahre brauchen, um sich zu entwickeln. Beste Jahrgänge: (1996) (95) 94 **90 89 88 86 85 83.**

CH. DE BEAUCASTEL *Châteauneuf-du-Pape AC, Rhônetal, Frankreich* François Perrin stellt einige der reichhaltigsten und tanninreichsten Rotweine★★★ in CHATEAUNEUF-DU-PAPE her, wobei der Anteil an Mourvèdre und Syrah ungewöhnlich hoch ist. Die Weine brauchen bisweilen mindestens zehn Jahre, um ihren Höhepunkt zu erreichen. Der nahezu völlig aus Roussannetrauben erzeugte weiße Beaucastel★★★ ist ebenfalls erlesen. Beste Jahrgänge: (Rotweine) (1996) 95 94 93 **90 89 88 86 85 83 82 81;** (Weißweine) 1996 95 **94 93 92 90 89 88.** Siehe auch la Vieille Ferme.

BEAUJOLAIS AC *Beaujolais, Burgund, Frankreich* Dieser berühmte Rotwein stammt aus einem großen Anbaugebiet mit sanften Hügeln und Tälern in Südburgund. Der größte Teil des Beaujolais kommt heute als BEAUJOLAIS NOUVEAU oder Beaujolais Primeur auf den Markt, aber Beaujolais ist die Grundappellation. Im Norden, in Richtung Mâcon, haben die meisten Rotweine entweder Anspruch auf die AC BEAUJOLAIS-VILLAGES oder auf die Einstufung als Beaujolais Cru (zehn Dörfer, die bessere, aber teurere Weine erzeugen: BROUILLY, CHÉNAS, CHIROUBLES, CÔTE DE BROUILLY, FLEURIE, JULIÉNAS, MORGON, MOULIN-À-VENT, RÉGNIÉ, SAINT-AMOUR). Im Süden, in Richtung Lyon, ist der größte Teil des Weins einfacher Beaujolais, ein leichter Rotwein, der einige Monate nach der Lese getrunken wird und angenehm und frisch schmecken sollte, aber oft wäßrig und dünn ist. Beaujolais Supérieur bezeichnet lediglich einen Wein, der mindestens 1% mehr Alkoholgehalt als einfacher Beaujolais hat. Eine winzige Menge von Beaujolais Blanc wird aus Chardonnay erzeugt. Der ÉVENTAIL DE VIGNERONS PRODUCTEURS ist die beste Winzergenossenschaft im Beaujolais. Beste Erzeuger: (Rotweine) Bernardin, Michel Carron, Charmet, Ch. de la Plume, DUBŒUF, Fessy, des Fortières, P. Germain, Jambon, Labruyère, Texier; (Weißweine) Charmet, Dalissieux, DUBŒUF. Beste Jahrgänge: **1996 95.**

BEAUJOLAIS NOUVEAU *Beaujolais AC, Burgund, Frankreich* Dies ist der lebhafte, fruchtige Beaujolais, der am dritten Donnerstag im November nach der Lese erstmals auf den Markt kommt. Was als einfache Feier des neuen Jahrgangs begann und sich später zu einer mit übertriebenem Aufwand begangenen Zeremonie entwickelte, ist jetzt zunehmend überholt. Die Qualität ist in der Regel gut, weil ein Großteil des besten BEAUJOLAIS AC für den Nouveau verwendet wird. Der Wein wird normalerweise bis Weihnachten und Neujahr besser; die besten Nouveaus eignen sich sogar perfekt für ein Picknick im Sommer. Beste Erzeuger: Boutinot, CELLIER DES SAMSONS, La Chevalière, DROUHIN, DUBŒUF, Ferraud, JAFFELIN, Loron, Sapin, Sarrau.

BEAUJOLAIS-VILLAGES AC *Beaujolais, Burgund, Frankreich* Beaujolais-Villages kann aus 39 Dörfern im Norden des Beaujolais-Anbaugebiets kommen. Bei sorgfältiger Vinifizierung kann der Wein das köstliche, süffige Vergnügen der Gamaytraube in ihrer besten Form verkörpern. Beste Weinbauorte: Beaujeu, Lancié, Lantignié, Leynes, Quincié, St-Étienne-des-Ouillières, St-Jean-d'Ardières. Beste Erzeuger: Aucœur★, Bel Air, Colombier, Descombes★, DUBOEUF, B. Faure, Jaffre, Large, Loron, Dom. Perrier★, Pivot★, Tissier, Verger. Beste Jahrgänge: **1996 95.**

BEAULIEU VINEYARD *Napa Valley AVA, Kalifornien, USA* Der verstorbene André Tchelistcheff spielte eine wichtige Rolle bei der Kreierung des Napa Cabernet Sauvignon, als er Ende der 30er und in den 40er und 50er Jahren Weinmacher von Beaulieu war. Nachdem er Beaulieu verlassen hatte, versäumte die Kellerei ein wenig die aktuelle Entwicklung. Er war zwar weiterhin als önologischer Berater tätig, aber die Kellerei lebte zu lang von ihrem alten Ruhm. Bei den jüngsten Abfüllungen des Private Reserve Cabernet Sauvignon★★ gibt es jedoch wieder Anklänge an den alten Stil. Ein neuer Meritage-Rotwein namens Tapestry ist ebenfalls vielversprechend. Neuere Chardonnay-Abfüllungen★ aus Carneros haben sich als angenehme Überraschung erwiesen. Beste Jahrgänge: (Private Reserve) 1992 91 90 **85 70 68.**

BEAUMES-DE-VENISE *Rhônetal, Frankreich* Berühmt für seinen süßen Wein MUSCAT DE BEAUMES-DE-VENISE, den bekanntesten Vin Doux Naturel Frankreichs. Der hier erzeugte Rotwein ist ebenfalls sehr gut, einer der fleischigeren COTES DU RHÔNE-VILLAGES, der in warmen Jahren eine reife, an Pflaumen erinnernde Fruchtigkeit entfaltet. Beste Erzeuger: (Rotweine) Cartier, Pascal, örtliche Genossenschaft.

BEAUNE AC *Côte de Beaune, Burgund, Frankreich* Beaune gibt seinen Namen dem südlichen Abschnitt der Côte d'Or, der Côte de Beaune. Fast alle Weine sind Rotweine und besitzen eine köstliche, weiche Reife, deren Fruchtigkeit an rote Früchte erinnert. Es gibt hier zwar keine Grands Crus, aber einige hervorragende Premiers Crus (Boucherottes, Bressandes, Clos des Mouches, Fèves, Grèves, Marconnets, Teurons, Vignes Franches). In kleiner Menge wird auch Weißwein erzeugt: DROUHIN stellt einen exzellenten Clos des Mouches★★ her, der cremig und nussig schmeckt. Beste Erzeuger: (Winzer) Besancenot-Mathouillet★★, Jacques GERMAIN★★, Lafarge★★, André MUSSY★, TOLLOT-BEAUT★★; (Händler) Camille-Giroud★, Champy★, DROUHIN★★, JADOT★★, JAFFELIN★, LABOURÉ-ROI★, LEROY, Moillard, Morot★★. Beste Jahrgänge: (Rotweine) 1995 93 **90 89 88 85**; (Weißweine) 1995 **93 92 90 89**.

BEAUX FRÈRES *Willamette Valley AVA, Oregon, USA* Ein neues Unternehmen, das dank der Beteiligung des bekannten Weinkritikers Robert Parker bereits viel Aufmerksamkeit erregt hat. Die Trauben stammen aus den Weinbergen seines Schwagers (daher auch der Name), während die Vinifizierungsauffassung vermutlich französisch ist. Angeregt vielleicht von dem burgundischen Superstar Henri JAYER, scheint die Absicht darauf abzuzielen, einen reifen, unfiltrierten Pinot Noir★★ herzustellen, der das Wesen der Rebsorte und der Reblage zum Ausdruck bringt. Sein unmittelbarer Erfolg hat eine kultähnliche Gefolgschaft nach sich gezogen. Beste Jahrgänge: **1994 93 92 91**.

GRAHAM BECK *Robertson WO, Südafrika* Ein überaus professionelles Team, das ein kleines Angebot voller Persönlichkeit erzeugt. Die besondere Leidenschaft des Weinmachers Pieter Ferreira ist Cap-Classique-Schaumwein; sein reichhaltiger, aber dennoch eleganter und delikater NV Brut, der zu gleichen Teilen aus Pinot Noir und Chardonnay hergestellt wird, war beim International WINE Challenge 1996 der einzige Goldmedaillengewinner, der nicht aus der Champagne kam. Der im Holzfaß vergorene Blanc de Blancs★★ ist reichhaltig und cremig. Es gibt auch einen hübschen Lone Hill Chardonnay.

BEERENAUSLESE Kategorie für deutsche und österreichische Prädikatsweine, die für Weine gilt, die aus einzeln gepflückten Trauben hergestellt worden sind. Da die Trauben stets überreif und deshalb zuckerreich sind, liefern sie köstliche Dessertweine. Vielfach sind die Beeren von der Edelfäule befallen. Beerenauslesen werden in Deutschland nur in den besten Jahren erzeugt, aber in Österreich werden sie ziemlich regelmäßig produziert. Deutsche Beerenauslesen beginnen mit einem Mostgewicht von 110° Oechsle an der

Mosel und erreichen 128° Oechsle in Südbaden. Österreichische Beerenauslesen haben ein Mindestmostgewicht von 25° KMW oder 127° Oechsle.

CH. BELAIR★ *St-Émilion Grand Cru AC, 1er Grand Cru Classé, Bordeaux, Frankreich* Belair, das unmittelbar neben AUSONE liegt, hat denselben Besitzer und Weinmacher. Wie sein Nachbar erlebt es seit den 70er Jahren eine Renaissance des Glücks. Der Wein von Belair ist leichter als der von Ausone. Beste Jahrgänge: (1996) (95) 94 93 **90 89 88 86 85 83 82.**

BELLET AC *Provence, Frankreich* Eine winzige AC mit zumeist überteuerten Weinen, hauptsächlich Weißweinen, in den Hügeln hinter Nizza. Ch. de Crémat und Ch. de Bellet sind die wichtigsten Erzeuger und verdienen es auch, daß man nach ihren Weinen Ausschau hält, wenn man sich gerade in der Gegend aufhält. Aber falls dies nicht der Fall ist, würde ich an Ihrer Stelle nicht zu intensiv danach suchen.

BENDIGO DISTRICT *Victoria, Australien* Eine warme, trockene Region, in der früher Gold geschürft wurde und die im 19. Jahrhundert einige annehmbare Weine erzeugte, bevor sie vollständig in Vergessenheit geriet. Zu glanzvollem neuem Leben erweckt wurde sie durch Stuart Anderson, der 1969 Balgownie gründete. Andere Kellereien folgten nach (u. a. Chateau Leamon, Heathcote, Jasper Hill, Passing Clouds, Waater Wheel und YELLOWGLEN). Die besten Weine sind körperreiche Shiraz- und Cabernetweine.

BERBERANA *Rioja DOC, Rioja, Spanien* Ein dynamischer neuer Chef hat eine der größten Firmen von RIOJA umstrukturiert. Berberana hat Lagunilla erworben und Teilhaber von MARQUÉS DE GRIÑON geworden; unter der »Drachenmarke« erzeugt es einen leicht eichenholzfaßgereiften Berberana-Rotwein★ sowie beachtliche Reservas und Gran Reservas. Beste Jahrgänge: 1994 **90 89 88.**

BERCHER *Burkheim, Baden, Deutschland* Die pragmatisch denkenden Brüder Bercher führen das Spitzengut des KAISERSTUHL-Anbaugebiets. Die Spitzenweine sind die kraftvollen, in neuen Eichenholzfässern gereiften Spätburgunder★ und Weißburgunder★★ sowie die trockenen Grauburgunder, die Reichtum mit vollkommener Ausgewogenheit verbinden. Man sollte die Weine jung trinken oder drei bis fünf Jahre oder noch länger einkellern. Beste Jahrgänge: 1996 **94 93 92 90 89.**

BEREICH Im deutschen Weingesetz Bezeichnung für eine Zusammenfassung mehrerer Großlagen innerhalb eines Anbaugebiets, die Weine gleichartiger Geschmacksrichtungen hervorbringen. Bereiche sind zumeist groß, so daß die Verwendung des Begriffs ohne nähere Spezifizierung (z. B. Bereich Bingen) selten ein Hinweis auf Qualität, sondern in den meisten Fällen genau das Gegenteil bedeutet.

BERGERAC AC *Südwestfrankreich* Bergerac ist der Hauptort der Dordogne und die umfassendste AC für dieses unterbewertete Anbaugebiet am Ostrand von Bordeaux. Die Rebsorten sind zumeist die gleichen wie in den BORDEAUX-Appellationen. Der Rotwein erinnert in der Regel an einen leichten, frischen Clairet, etwas nach grünen Pflanzen schmeckend, aber mit einer guten, klaren Johannisbeerfrucht und einem Hauch von Erde. Er sollte im allgemeinen jung getrunken werden, auch wenn die Rotweine einiger Güter mindestens drei bis fünf Jahre altern können. Die Weißweine sind zumeist schlank und trocken und für den raschen Konsum gedacht. Beste Erzeuger: le Barradis, de Conti, Court-les-Mûts★, de Gouyat, la JAUBERTIE★, Lestignac, Miaudoux, Panisseau, du Priorat, la Raye, Tourmentine. Beste Jahrgänge: (Rotweine) 1996 **95 93 90 89 88.**

BERGKELDER *Stellenbosch WO, Südafrika* Ein Großhändler, der ebenso Wein wie auch Trauben von Kontraktwinzern ankauft. Zu den besten eigenen Marken gehören ihr Spitzenwein Stellenryck, der preisgünstige Fleur-du-Cap und gut gemachte Cap-Classique-Schaumweine, darunter der reife, nach Hefe schmeckende Pongracz NV★★. Die Firma übernimmt auch den Ausbau und die Vermarktung für zwölf Weingüter, von denen die besten La Motte, MEERLUST und Le Bonheur sind. Doch aufgrund von Bergkelders Maxime »was gut ist für einen, ist für alle gut« fehlt es den Weinen dieser Güter zumeist an Individualität.

BERINGER VINEYARDS *Napa Valley AVA, Kalifornien, USA* Beringer erzeugt das vollständige Angebot von Rot-, Weiß- und Roséweinen, bietet aber vor allem eine aufsehenerregende Bandbreite von Cabernet Sauvignons der Spitzenklasse. Der Private Reserve Cabernet★★★ ist einer der besten, aber dennoch zugänglichsten Cabernets aus dem NAPA VALLEY; Lemmon Ranch★★ und Chabot Vineyards★★ sind kaum weniger eindrucksvoll, wenn sie unter ihrer eigenen Marke auf den Markt kommen. Knight's Valley Cabernet★ ist in einem leichteren, aber angenehm saftigen Stil gehalten. Reserve Chardonnay★★ ist ein kraftvoller Wein, der gut altern dürfte. HOWELL MOUNTAIN Merlot★★ aus dem Bancorft Vineyard ist ebenfalls gut. Beste Jahrgänge: (Cabernet Sauvignon) 1994 93 **92 91 90 87 86 85 84 80.**

BERNKASTEL *Mosel, Deutschland* Städtchen am Mittellauf der MOSEL und zugleich Name eines großen Bereichs. Spitzenweine kommen jedoch nur aus Lagen im Ort selbst; am berühmtesten ist der überteuerte Bernkasteler DOCTOR. Viele Weine aus den Lagen Graben und Lay sind ebenso gut oder besser, aber viel billiger. Beste Erzeuger: Dr. LOOSEN★★, J. J. PRÜM★★, WEGELER-DEINHARD★★.

BERRI RENMANO *Riverland, Südaustralien* Zwei miteinander verbundene Genossenschaften in Riverland, die bis zu 15 % der gesamten australischen Traubenernte verarbeiten können. 1992 kauften sie die berühmte Weinfirma HARDY. Sie erzeugen überwiegend Massenweine und in Kartonpackungen abgefüllten Wein, aber die Spitzenmarke Renmano Chairman's Selection ist gut beim geschmeidigen Chardonnay★ und beim holzbetonten Cabernet. Erfreut kann ich feststellen, daß die Weinqualität in jüngster Zeit begonnen hat, sich beträchtlich zu verbessern.

BEST'S *Grampians, Australien* Kleine Kellerei, die von Viv Thomson geführt wird. Er erzeugt reizvolle Weine aus Trauben gutseigener Reblagen, die erstmals 1868 bestockt wurden. Der köstliche Shiraz★★ mit der klaren Fruchtigkeit und der Cabernet★ sind gut; der Riesling wird rasch besser. Sein neuer Star ist der nach tropischen Früchten schmeckende, aber wohlausgewogene Chardonnay★. Beste Jahrgänge: (Rotweine) 1994 **92 91 90 88 87 84 80 76.**

CH. BEYCHEVELLE★★ *St-Julien AC, 4ème Cru Classé, Haut-Médoc, Bordeaux, Frankreich* Dieses schöne Château ist nur als 4ème Cru Classé eingestuft, erzeugt aber normalerweise Weine von der Qualität eines 2ème Cru Classé. Der Wein besitzt in der Jugend eine bezaubernde Weichheit, braucht aber mindestens zehn Jahre, um zu dem Zedernholzduft und Johannisbeergeschmack heranzureifen, für die ST-JULIEN berühmt ist. In der Regel ist er trotz gelegentlicher Schwankungen seinen hohen Preis wert. Zweitwein: Réserve de l'Amiral. Beste Jahrgänge: (1996) (95) 94 90 89 86 **85 83 82.**

BIANCO DI CUSTOZA DOC *Venetien, Italien* Trockener Weißwein aus einem Anbaugebiet, das sich mit dem südlichen Teil von BARDOLINO überschneidet. Im Stil ist er ähnlich wie der benachbarte SOAVE, aber die Beimischung von zu 30 % Tocai Friulano kann zusätzliche Fülle und Reichhaltigkeit verleihen. Sollte jung getrunken werden. Beste Erzeuger: Arvedi d'Emilei, Cavalchina, Corte Gardoni, Gorgo★, Le Vigne di San Pietro★.

BIENVENUES-BÂTARD-MONTRACHET AC Siehe Bâtard-Montrachet.

BIERZO DO *Kastilien-León, Spanien* Bierzo liegt zwischen den regenreichen Bergen Galiciens (GALICIA) und den trockenen Ebenen von Kastilien-León und erzeugt vorwiegend alltägliche Rotweine. Aber die besten sind fruchtig und herbfrisch; sie sind eine Offenbarung und ganz anders als die übrigen spanischen Weine. Die Rotweine werden im Idealfall vollständig aus Mencíatrauben hergestellt, doch alle müssen mindestens einen Anteil von 70 % enthalten. Bester Erzeuger: Viñas y Bodegas del Bierzo.

JOSEF BIFFAR *Deidesheim, Pfalz, Deutschland* Vater Gerhard und Tochter Lilli Biffar führen dieses erstklassige Weingut, das gegenwärtig die besten trockenen und süßen Rieslinge aus Spitzenlagen in DEIDESHEIM, Ruppertsberg und WACHENHEIM erzeugt. Bei den letzten Jahrgängen ist die Qualität beständig ★★. Man sollte die Weine jung trinken oder mindestens fünf Jahre einlagern. Beste Jahrgänge: 1996 **95 94 93 92 90.**

BILLECART-SALMON *Champagne AC, Champagne, Frankreich* Ausgezeichnetes CHAMPAGNER-Haus und eines der wenigen, das noch in Familienbesitz ist. Die Weine sind äußerst elegant, frisch und delikat, werden aber schlichtweg unwiderstehlich, wenn sie einige Zeit altern. Der Brut ohne Jahrgang★★, der Brut Rosé o. J.★★, der Blanc de Blancs★★, die Jahrgangscuvée N.-F. Billecart★★★ und die Cuvée Elisabeth Salmon★★ sind hervorragend. Beste Jahrgänge: **1990 89 88 86 85 82.**

BINGEN *Rheinhessen, Deutschland* Eine Kleinstadt und zugleich ein Bereich, dessen Lagen zu den Weinbaugebieten NAHE und RHEINHESSEN gehören. Die beste Lage der Stadt ist der Scharlachberg, der aufregende Weine mit rassiger Säure und einem an Kohlerauch erinnernden Duft erzeugt. Bester Erzeuger: VILLA SACHSEN.

BINISSALEM DO *Mallorca, Balearen, Spanien* Alkoholreiche Rot- und Roséweine sind die Haupterzeugnisse dieses Anbaugebiets, das sich als eine von zwei spanischen DOs nicht auf dem Festland befindet. Einige Winzer erzeugen anständige Weine, aber das Angebot ist selbst auf der Insel klein. Beste Erzeuger: José Ferrer, Bodega Franja Roja, Herederos de Ribas, Jaume Mesquida.

BIONDI-SANTI *Brunello di Montalcino DOCG, Toskana, Italien* Ein Weingut, das in weniger als einem Jahrhundert sowohl eine Legende geschaffen wie auch dem BRUNELLO DI MONTALCINO★ zu internationalem Ansehen verholfen hat. Die moderne Dynamik dieser Anbauzone verdankt jedoch anderen Erzeugern mehr, seitdem die Qualität im Laufe der beiden letzten Jahrzehnte gesunken ist. Doch der sehr teure Riserva★★, der eine gewaltige Menge Extrakt, Tannin und Säure besitzt, verdient, wenn er auf den Markt kommt, mindestens zehn weitere Jahre Reifung, bevor man ein ernsthaftes Urteil über ihn abgeben kann.

BIRKWEILER *Pfalz, Deutschland* Wichtiger Weinbauort in der unterbewerteten Südhälfte der Pfalz. Trockene Rieslinge und körperreiche Weißburgunder (Birkweiler Kastanienbusch). Beste Erzeuger: Dr. Wehrheim★, Rebholz★★.

BISCHOFFINGEN *Kaiserstuhl, Baden, Deutschland* Dieser Weinbauort verdankt seine Bekanntheit dem Starwinzer Karl Heinz Johner. Seine in neuen Eichenholzfässern gereiften Rotweine und seine Weißweine (Weißburgunder, Grauburgunder und Chardonnay) beweisen, daß die Reblagen hier ein beachtliches Potential besitzen. Beste Erzeuger: Abril, Karl H. Johner★★. Beste Jahrgänge: **1996 94 93 90 89.**

BLAGNY AC *Côte de Beaune, Burgund, Frankreich* Der Rotwein aus diesem winzigen Dorf oberhalb der Gemeinden MEURSAULT und PULIGNY-MONTRACHET kann ein günstiger Kauf sein, wenn man einen rustikalen Burgunder mag. Der Weißwein wird als Puligny-Montrachet, Meursault Premier Cru oder Meursault-Blagny verkauft. Bester Erzeuger: Jobard. Beste Jahrgänge: 1995 93 **92 90 89 88.**

BLANC DE BLANCS Französische Bezeichnung für einen Weißwein, der aus einer oder mehreren weißen Traubensorten hergestellt worden ist. Der Begriff wird in ganz Frankreich verwendet, insbesondere für Schaumweine, aber am häufigsten findet man ihn in der CHAMPAGNE, wo er für einen ausschließlich aus Chardonnaytrauben erzeugten Wein steht.

BLANC DE NOIRS Französische Bezeichnung für einen Weißwein, der ausschließlich aus dunklen Trauben hergestellt worden ist, wobei der Saft möglichst rasch von den Schalen getrennt wurde, um zu vermeiden, daß Farbstoffe herausgezogen werden. Am häufigsten verwendet man den Begriff in der CHAMPAGNE, wo er einen aus Pinot Noir und/oder Pinot Meunier hergestellten Wein bezeichnet.

BLANQUETTE DE LIMOUX AC *Languedoc-Roussillon, Frankreich* Die meisten Weißweine im Süden schmecken eigenartigerweise fad und langweilig, doch dieser Schaumwein ist herb und erfrischend. Das Geheimnis liegt in der Mauzactraube, die über 80 % Anteil an dem Wein hat und ihm seinen intensiven, an die Schalen unreifer Äpfel erinnernden Geschmack verleiht. Für die Schaumweinherstellung wird neben dem Champagner-Verfahren auch die *Méthode rurale* verwendet, bei der die erste Gärung in der Flasche abgeschlossen wird. Beste Erzeuger: Collin, Delmas★, Guinot, Laurens★, Martinolles★, Gen. SIEUR D'ARQUES, les Terres Blanches. Beste Jahrgänge: **1995 94 92 91 90.** Siehe auch Crémant de Limoux AC.

WOLF BLASS *Barossa Valley, Südaustralien* Wolf Blass ist einer der bedeutendsten Männer in der australischen Weinbranche, weil er es schaffte, Rot- und Weißweine von hoher Qualität und Beständigkeit zu erzeugen, die dennoch *leicht* zu trinken sind. Seine Rotweine, Verschnitte aus mehreren Anbaugebieten, die zumeist in amerikanischen Eichenholzfässern reifen, haben ein köstliches Minze- und Johannisbeeraroma und einen unbeschwerten Charme. Seine Rieslinge sind weich und süßlich; seine anderen Weißweine zeigen ebenfalls eine weiche, saftige Frucht und einen süßen Holzton. Gold

Label Riesling★★ von CLARE VALLEY und Eden Valley ist beeindruckend intensiv; Black Label★★, die Spitzenmarke für Weine, die mit fünf Jahren auf den Markt kommen, ist teuer, aber gut, Yellow Label billiger, aber sehr erfreulich. Jetzt im Besitz von MILDARA. Beste Jahrgänge: **1994 92 91 90 88 86 82.**

BLAUBURGUNDER Siehe Pinot Noir.

BLAUER LIMBERGER Siehe Blaufränkisch.

BLAUFRÄNKISCH Ein guter, reifer Blaufränkischer hat im Geschmack Ähnlichkeit mit Himbeeren und weißem Pfeffer oder sogar roter Bete. Besonders gut gedeiht er in Österreich, wo er die wichtigste Rotweintraube von BURGENLAND ist. Die ungarischen Weingärten (wo er Kékfrankos heißt) befinden sich zumeist am anderen Ufer des Neusiedler Sees. In Deutschland wird er als Blauer Limberger oder Lemberger fast nur in WÜRTTEMBERG angebaut.

BODEGAS Y BEBIDAS *Spanien* Die größte weinerzeugende Firma in Spanien. Zu ihren Kellereien gehören CAMPO VIEJO, AGE und Marqués del Puerto in RIOJA, Vinícola de Navarra, Casa de la Viña in VALDEPEÑAS, Bodegas Alanís in Reiberio und weitere Weinbaubetriebe in La MANCHA und JUMILLA.

JEAN-CLAUDE BOISSET *Burgund, Frankreich* Von bescheidenen Anfängen hat sich Boisset zu einer Macht im Land entwickelt, denn die Firma tätigt jedes Jahr neue Erwerbungen. Sie ist jetzt ins Beaujolais expandiert, indem sie bei CELLIER DES SAMSONS die Kontrolle übernommen hat. Zu den anderen Firmen in Boissets Besitz gehören JAFFELIN, Bouchard Aîné und Ropiteau. Gemeinsam vermarktet die Boisset-Gruppe eine riesige Menge burgundischer Weine, aber die meisten davon sind nicht viel besser als passabel.

BOLGHERI DOC *Toskana, Italien* Die Anbauzone nahe der Küste südlich von Livorno hat vor kurzem ihre DOC über einfache Weiß- und Roséweine hinaus ausgedehnt und umfaßt jetzt auch Rotweine, die auf den Rebsorten Cabernet, Merlot und Sangiovese in unterschiedlichen Kombinationen beruhen, während für SASSICAIA eine besondere Kategorie geschaffen wurde. Die DOC Rosso Superiore, die für Weine von den angesehenen Weingütern Grattamacco★★, Le Macchiole★★ und Michele Satta★★ gilt, darf auch für ORNELLAIA und Guado al Tasso★★, den neuen Rotwein von ANTINORI, verwendet werden.

BOLLA *Soave DOC und Valpolicella DOC, Venetien, Italien* Der größte Erzeuger von SOAVE★ und VALPOLICELLA★. Die 1857 gegründete Firma half mit, den Markt für diese beiden Dauerfavoriten aufzubauen. Die regulären Weine sind einfallslos, aber Soave Castellero und Valpolicella Jago sind gute Einzellagenweine. Außerdem gibt es einen interessanten Creso Rosso, hergestellt aus Cabernet Sauvignon und der lokalen Corvinarebe, sowie einen guten AMARONE★.

BOLLINGER *Champagne AC, Champagne, Frankreich* Eines der großen CHAMPAGNER-Häuser mit guten Champagnern ohne Jahrgangsangabe (Spécial Cuvée★★) und Jahrgangschampagnern (Grande Année★★), die in einem vollen, reichhaltigen, eher altmodischen Stil hergestellt werden. (Bollinger gehört zu den wenigen Firmen, die ihren Grundwein in Fässern vergären.)

Die Firma produziert auch eine Reihe von selteneren Jahrgangschampagnern, darunter einen namens RD★★★ (RD steht für *Récemment dégorgé*, d. h. vor kurzem degorgiert, was anzeigt, daß der Wein länger als üblich in der Flasche auf seiner Hefe gereift ist und auf diese Weise viel Geschmack aufgenommen hat) und einen Vieilles Vignes Françaises Blanc de Noirs★★ von alten, nicht gepfropften Pinot-Noir-Rebstöcken. Beste Jahrgänge: 1990 **89** 88 **85 82 79.**

CH. LE BON PASTEUR★★ *Pomerol AC, Bordeaux, Frankreich* Dieses kleine Château hat sich unter Michel Rolland, einem der führenden Weinmacher des Bordelais, einen hervorragenden Ruf erworben. Die Weine sind in den letzten Jahren teuer geworden, aber sie sind immer auf köstliche Weise weich und voller üppiger Fruchtigkeit. Beste Jahrgänge: (1996) (95) 94 93 **90 89 88 85 83 82.**

BONNES-MARES AC *Grand Cru, Côte de Nuits, Burgund, Frankreich* Ein flächenmäßig großer Grand Cru, der sich auf dem Boden der Gemeinden CHAMBOLLE-MUSIGNY und MOREY-SAINT-DENIS befindet, und eine der wenigen berühmten Lagen in Burgund, die auch während der Irrungen der letzten Jahrzehnte Beständigkeit bewahrt haben. Der Bonnes-Mares besitzt im allgemeinen eine tiefe, reife Fruchtigkeit, die an Pflaumen erinnert, und einen rauchigen Duft. Er zeigt anfangs Fülle und Biß und reift im Verlauf von 10 bis 20 Jahren. Beste Erzeuger: Clair-Daü★, DROUHIN★★, DUJAC★★, Groffier★, Mugnier★★, Roumier★★, de Vogüé★★. Beste Jahrgänge: 1995 93 90 **89** 88 **85 78.**

BONNEZEAUX AC *Grand Cru, Loiretal, Frankreich* Einer der großen Süßweine von Frankreich. Bonnezeaux ist ein Grand Cru innerhalb der größeren Appellation COTEAUX DU LAYON. Der Wein wird auf dieselbe Weise wie der SAUTERNES hergestellt, aber sein Geschmack ist anders, weil nur Chenin Blanc verwendet wird. Aufgrund umfangreicher Neuanpflanzungen ist die Qualität weniger verläßlich geworden. Bei Jahrgängen wie 1990 und 1989 kann er sehr gut altern. Beste Erzeuger: Angeli★★, de Fesles★★, Petite Croix★, Petit Val★. Beste Jahrgänge: (1996) 95 94 93 **90 89 88 85 83 76 71 64 59 47.**

BONNY DOON *Santa Cruz Mountains AVA, Kalifornien, USA* Ein nonkonformistischer Weinbaubetrieb unter der Leitung von Randall Grahm, der Gefallen am Unerwarteten findet. Eine besondere Vorliebe hat er für Rebsorten aus dem Rhônetal, Italien und Spanien sowie für phantasievolle Markennamen: Le Cigare Volant★★, ein Verschnitt aus Grenache und Syrah, ist Grahms Hommage an CHATEAUNEUF-DU-PAPE. Old Telegram★★ ist ein reinsortiger Mourvèdre, Le Sophiste★ eine Kombination von weißen Traubensorten aus dem Rhônetal. Besonders köstlich ist seine Reihe italienisierter Weine namens Ca' del Solo, vor allem ein knochentrockener Malvasia Bianca★★ und ein weißer Verschnitt, der den Namen Il Pescatore trägt, seine exzentrische Antwort auf Verdicchio. Außerdem produziert er eine Reihe köstlicher, wenn auch verblüffender Branntweine und einen Eiswein aus Trauben, die in einer Kühlanlage gefroren werden.

BOPPARD *Mittelrhein, Deutschland* Die Bopparder Hamm, ein Rebhang, der geschützt innerhalb einer Rheinschleife unmittelbar südlich von Koblenz liegt, dürfte zu den besten Lagen am Rhein zählen. Leider sind die hier erzeugten Rieslinge gegenwärtig nur mittelmäßig. Beste Erzeuger: Heinrich Müller, August Perll★, Walter Perll, Adolf Weingart.

BORDEAUX ROTWEINE

Bordeaux, Frankreich

Dieses große Anbaugebiet in Südwestfrankreich, das sich um die geschichtsträchtige Stadt Bordeaux konzentriert, erzeugt eine größere Menge an roten Qualitätsweinen als jede andere französische Weinbauregion. Wunderbare Weine im Bordeauxstil werden auch in Kalifornien, Australien und Südafrika erzeugt, doch die echten Spitzenbordeauxweine sind immer noch unschlagbar. Etwa 580 Millionen Flaschen Rotwein werden hier pro Jahr produziert. Die besten Weine, die als Crus Classés bezeichnet werden, machen nur einen winzigen Anteil aus, aber etwas von ihrem Glanz färbt auch auf die unbedeutenderen Namen ab und macht so den Bordeaux zu einem der beliebtesten Weintypen.

REBSORTEN

Die Bordeauxweine werden häufig in Weine vom »rechten« und vom »linken« Ufer unterteilt. Auf dem linken Ufer des Gironde-Ästuars werden die Rotweine von der Cabernet-Sauvignon-Rebe beherrscht, zu der in unterschiedlichen Anteilen Cabernet Franc, Merlot und Petit Verdot hinzukommen. Die besten sind streng, duften aber nach schwarzen Johannisbeeren und Zedernholz. Die wichtigsten Anbaugebiete auf dem linken Ufer sind das Haut-Médoc (insbesondere die Orte Margaux, Saint-Julien, Pauillac und Saint-Estèphe) und südlich von Bordeaux die Appellationen Pessac-Léognan und Graves. Auf dem rechten Ufer dominiert die Rebsorte Merlot, die im allgemeinen die daraus erzeugten Weine geschmeidiger und fleischiger macht, als sie auf dem linken Ufer ausfallen. Die wichtigsten Anbaugebiete für Weine, die auf Merlot basieren, sind Saint-Émilion und Pomerol.

KLASSIFIZIERUNGEN

Roter Bordeaux wird im gesamten Anbaugebiet erzeugt, von der Spitze der Girondemündung bis zum Südende des Entre-Deux-Mers. Die einfachsten Weine werden als Bordeaux oder Bordeaux Supérieur bezeichnet. Darüber eingestuft sind spezifischere Appellationen, die Teilgebiete (wie das Haut-Médoc) und einzelne Orte (wie Pomerol, St-Émilion oder Margaux) umfassen. Auf einzelne Weingüter beschränkte Crus Bourgeois sind die nächste Sprosse auf der Qualitätsleiter, gefolgt von den Crus Classés von Médoc, Graves und Saint-Émilion. Viele dieser Châteaux erzeugen auch »Zweitweine«, die billigere Ausgaben ihrer Spitzenweine sind. Sonderbarerweise besitzt Pomerol, die Heimat von Château Pétrus, dem vermutlich berühmtesten Rotwein der Welt, keine offizielle Rangfolge.

Siehe auch BORDEAUX, BORDEAUX CLAIRET, BORDEAUX SUPÉRIEUR, CANON-FRONSAC, COTES DE BOURG, COTES DE CASTILLON, COTES DE FRANCS, FRONSAC, GRAVES, GRAVES SUPÉRIEURES, HAUT-MÉDOC, LALANDE-DE-POMEROL, LISTRAC, LUSSAC-SAINT-ÉMILION, MARGAUX, MÉDOC, MOULIS, MONTAGNE-SAINT-ÉMILION, PAUILLAC, PESSAC-LÉOGNAN, POMEROL, PREMIERES COTES DE BLAYE, PREMIERES COTES DE BORDEAUX, PUISSEGUIN-SAINT-ÉMILION, SAINT-ÉMILION, SAINT-ESTEPHE, SAINT-GEORGES-ST-ÉMILION, ST-JULIEN SOWIE EINZELNE CHATEAUX.

BESTE JAHRGÄNGE

(1996) (95) 94 **90 89 88 86 85 83 82 81 79 78 70**

BESTE ERZEUGER

Graves, Péssac-Léognan Dom. de CHEVALIER, de FIEUZAL, HAUT-BAILLY, HAUT-BRION, la LOUVIERE, la MISSION-HAUT-BRION, PAPE-CLÉMENT.

Haut-Médoc CANTEMERLE, la LAGUNE, SOCIANDO-MALLET.

Margaux d'ANGLUDET, Ferrière, LASCOMBES, Ch. MARGAUX, PALMER, RAUZAN-SÉGLA.

Médoc POTENSAC, la Tour-de-By.

Pauillac GRAND-PUY-LACOSTE, HAUT-BAGES-LIBÉRAL, LAFITE-ROTHSCHILD, LATOUR, LYNCH-BAGES, MOUTON-ROTHSCHILD, PICHON-LONGUEVILLE, PICHON-LONGUEVILLE-LALANDE, PONTET-CANET.

Pomerol BON PASTEUR, la Conseillante, l'Église-Clinet, l'ÉVANGILE, GAZIN, LAFLEUR, PÉTRUS, le PIN, TROTANOY, VIEUX-CH.-CERTAN.

St-Émilion l'ANGÉLUS, AUSONE, BEAU-SÉJOUR-BÉCOT, CANON, CHEVAL-BLANC, FIGEAC, MAGDELAINE, PAVIE.

St-Estèphe COS D'ESTOURNEL, LAFON-ROCHET, MONTROSE, les Ormes-de-Pez.

St-Julien BEYCHEVELLE, DUCRU-BEAUCAILLOU, GRUAUD-LAROSE, LANGOA-BARTON, LÉOVILLE-BARTON, LÉOVILLE-LAS-CASES, LÉOVILLE-POYFERRE.

BORDEAUX WEISSWEINE

Bordeaux, Frankreich

Das Bordelais ist das größte Anbaugebiet Frankreichs für Qualitätsweine, aber mit Ausnahme der Süßweine aus Sauternes und Barsac gründet sich das internationale Ansehen von Bordeaux auf seine Rotweine. Niemand verschwendet viele Gedanken auf die anderen Weißweine der Region, obwohl sie fast ein Fünftel der 113 154 ha Rebland ausmachen. Angesichts der Größe des Gebiets ist die Vielfalt der weißen Bordeauxweine keine große Überraschung. Es gibt trockene, halbtrockene und süße Weine, die von trostlosen Beispielen bis zu einigen der großartigsten Weißweine überhaupt reichen. Das gemäßigt südliche Klima des Bordelais, das durch den Einfluß des Atlantiks und der beiden Flüsse Dordogne und Garonne gemildert wird, ist ideal für die Erzeugung von Weißweinen, insbesondere südlich von Bordeaux, an den Ufern der Garonne.

REBSORTEN

Sauvignon Blanc und Sémillon, die wichtigsten weißen Traubensorten, sind zwei Rebsorten von beachtlichem Charakter und werden normalerweise miteinander verschnitten. Unterstützt werden sie durch kleinere Mengen Muscadelle und Ugni Blanc.

TROCKENE WEINE

Das letzte Jahrzehnt hat enorme Fortschritte erlebt; die Einführung neuer Technologien und Ideen, von denen viele durch die Neue Welt beeinflußt wurden, hat das Bordelais zu einem der aufregendsten Weißweingebiete Frankreichs gemacht. Die Weißweine, nicht nur die von Pessac-Léognan – eine AC, die 1987 für die besten Anbaugebiete des nördlichen Graves geschaffen wurde –, sondern auch die einfachen Bordeaux Blancs und Entre-Deux-Mers, die beiden größten Weißwein-Appellationen von Bordeaux, haben sich stark verbessert und sind nicht wiederzuerkennen.

SÜSSWEINE

Die berühmtesten Weißweine von Bordeaux sind seine Süßweine, vor allem die aus Sauternes und Barsac; sie werden aus edelfaulen Trauben hergestellt. Ihre Qualität verbesserte sich in den 80er Jahren erheblich, als eine Reihe von guten Jahrgängen die Weine berühmt machte und der beträchtliche Preisanstieg es vielen Weingütern ermöglichte, seit langem überfällige Verbesserungen vorzunehmen. Auf der anderen Seite der Garonne erzeugen Cadillac, Loupiac und Sainte-Croix-du-Mont ebenfalls süße Weine, aber diese erreichen selten die Reichhaltigkeit oder Komplexität eines Spitzensauternes; sie sind jedoch erheblich billiger.

Siehe auch BARSAC, BORDEAUX, BORDEAUX SUPÉRIEUR, CÉRONS, COTES DE BLAYE, COTES DE BOURG, COTES DE FRANCS, EDELFÄULE, ENTRE-DEUX-MERS, GRAVES, PESSAC-LÉOGNAN, PREMIERES COTES DE BLAYE, PREMIERES COTES DE BORDEAUX, SAINTE-CROIX-DU-MONT, SAUTERNES SOWIE EINZELNE CHATEAUX.

BESTE JAHRGÄNGE

(trocken) **1996 95 94 90 89 88 87 86 85 83**
(süß) (1996) (95) **90 89 88 86 83 81**

BESTE ERZEUGER

Trockene Weine
(*Pessac-Léognan)* Dom. de CHEVALIER, Couhins-Lurton, de FIEUZAL, HAUT-BRION, LAVILLE-HAUT-BRION, la LOUVIERE, SMITH-HAUT-LAFITTE, la TOUR-MARTILLAC; *(Graves)* de Chantegrive, Clos Floridène; *(Entre-Deux-Mers)* Bonnet, de Fontenille; (*Bordeaux AC)* Alpha, Carsin, DOISY-DAENE (Sec), LYNCH-BAGES, Ch. MARGAUX (Pavillon Blanc), Reynon, de Sours, Thieuley; *(Premières Côtes de Blaye)* Haut-Bertinerie.

Süßweine
(Sauternes and Barsac) BASTOR-LAMONTAGNE, BROUSTET, CLIMENS, COUTET, DOISY-DAENE, DOISY-VEDRINES, de FARGUES, GILETTE, GUIRAUD, LAFAURIE-PEYRAGUEY, NAIRAC, Rabaud-Promis, Raymond-Lafon, RIEUSSEC, SUDUIRAUT, la Tour-Blanche, d'YQUEM; *(Graves)* Clos St-Georges, la Grave; *(Cérons)* Enclos du Ch. de Cérons; *(Loupiac)* de Ricaud; *(Ste-Croix-du-Mont)* Lousteau-Vieil, la Rame.

BORBA IPR *Alto Alentejo, Portugal* Vielversprechende DOC im Alto ALENTEJO, die auf reichhaltige, fruchtige, nach Himbeeren schmeckende Rotweine spezialisiert ist. Beste Erzeuger: Gen. Borba, Quinta do Carmo★★.

BORDEAUX AC *Bordeaux, Frankreich* Eine der größten Appellationen in Frankreich. Sie gilt für die Rot- und Roséweine ebenso wie für die trockenen, halbtrockenen und süßen Weißweine der gesamten Gironde. Der größte Teil der besten Weine hat Anspruch auf spezifischere geographische Herkunftsbezeichnungen (wie etwa MARGAUX oder SAUTERNES), aber eine riesige Menge anspruchsloser, wenn auch durchaus trinkbarer Weine wird als Bordeaux AC verkauft. Der unkomplizierte rote Bordeaux ist einer der verläßlichsten gebietstypischen Weine, mit einer knochentrockenen, herbfrischen Fruchtigkeit und einer reizvollen erdigen Note. Einem guten Bordeaux Rouge bekommt es oft, wenn er etwa ein Jahr lang reift. Bordeaux Blanc dagegen war bis vor kurzem der Inbegriff schlaffer, zu stark geschwefelter Weine ohne Frucht. Es gibt jedoch eine wachsende Zahl von gefälligen, sauberen, erfrischenden Weinen, die häufiger unter dem Namen eines Händlers als eines Châteaus auf den Markt kommen. Man sollte sie möglichst jung trinken. Beste Erzeuger: (Rotweine) Canteloup, Castéra, Coste, Ducla, Goélane, Haut Riot, du Moulin, de Roques, Terrefort, Thieuley, Tour de Mirambeau, Le Trébuchet; (Weißweine) Alpha★★, Cayla, Coste, DOISY-DAENE★★, Dourthe, Grand Mouëys, du Juge, Lamothe, LYNCH-BAGES★★, MARGAUX (Pavillon Blanc), Reynon★, Roquefort, de Sours★, Thieuley★, Tour de Mirambeau. Siehe auch S. 64–67.

BORDEAUX CLAIRET AC *Bordeaux, Frankreich* Ein sehr blasser Rotwein, eigentlich in Wirklichkeit ein Roséwein, den man heute im Bordelais nicht mehr häufig antrifft. Der Name »Claret«, mit dem nunmehr im Englischen *jeder* rote Bordeaux bezeichnet wird, leitet sich von *clairet* ab.

BORDEAUX SUPÉRIEUR AC *Bordeaux, Frankreich* Diese AC umfaßt dasselbe Gebiet wie die Grundappellation BORDEAUX, aber die Weine müssen ein halbes Prozent mehr Alkoholgehalt besitzen; außerdem sind niedrigere Erträge vorgeschrieben, was ihren Geschmack konzentrierter macht. Viele der kleinen Châteaux kommen als Bordeaux Supérieur auf den Markt. Die Weißweine in dieser AC sind halbtrocken.

BOSCARELLI *Vino Nobile di Montepulciano DOCG, Toskana, Italien* Paolo de Ferrari, vielleicht der beste Erzeuger von Montepulciano, und seine Söhne Luca und Niccolò stellen, beraten von dem Staronologen Maurizio Castelli, reichhaltige, stilvolle Rotweine her. Die herausragendsten Weine sind VINO NOBILE Riserva★★ del Nocio und der im Barrique ausgebaute Sangiovese Boscarelli★★★.

BOSCHENDAL ESTATE *Paarl WO, Südafrika* Eine Vergrößerung der Rebfläche und der Keller im Jahre 1996 sorgt jetzt für einige sehr vielversprechende Rotweine. Unverschämt kommerzielle Weine mischen sich mit besseren Weinen, darunter ein weicher, anhaltender Chardonnay★ und Cap-Classique-Schaumweine, Le Grand Pavillon Blanc de Blancs NV★ sowie der reichhaltige Jahrgangsschaumwein Boschendal Brut.

BÖTZINGEN *Baden, Deutschland* Die gute Winzergenossenschaft hat diesen Ort zu einem Synonym für gute trockene Weiß- und Grauburgunder sowie Gewürztraminer gemacht: mittelschwere bis körperreiche Weißweine, die typisch für das badische Anbaugebiet am Kaiserstuhl sind.

BOUCHARD FINLAYSON *Walker Bay, Overberg WO, Südafrika* Paul Bouchards burgundisches Fachwissen und finanzielle Unterstützung sorgen für das erste französisch-südafrikanische Joint-venture-Projekt. Natürlich konzentriert sich der Önologe Peter Finlayson auf Pinot Noir★ (fest und dicht) und Chardonnay★★ (drei Marken, hergestellt aus Trauben wechselnder Herkunft), aber seinem stahligen Sauvignon Blanc★ fehlt es nicht an Qualität.

BOUCHARD PÈRE ET FILS *Beaune, Burgund, Frankreich* Ein bedeutender Händler mit Parzellen in einigen der besten Lagen Burgunds, u. a. CORTON, CORTON-CHARLEMAGNE, Chevalier-Montrachet und Le MONTRACHET. Die Firma machte in den 80er Jahren eine schwierige Phase durch, wurde aber dann von Joseph Henriot, dem Wunderknaben aus der Champagne, erworben, der sofort große Teile der Lagerbestände herabstufte. Da Henriot keine halben Sachen macht, darf man einen dramatischen Aufschwung erwarten. Weine aus eigenen Weinbergen werden unter der Marke Domaines du Château de Beaune verkauft.

BOUCHES-DU-RHÔNE, VIN DE PAYS DES *Provence, Frankreich* Weine aus drei verschiedenen Anbaugebieten, dem Küstengebiet, dem Gebiet rund um Aix-en-Provence und der Camargue. Körperreiche, würzige Rotweine überwiegen, aber die Roséweine können ebenfalls gut ausfallen. Beste Erzeuger: Château Bas, l'Île St-Pierre, Lunard, Mas de Rey, de Valdition.

BOURGOGNE AC *Burgund, Frankreich* Bourgogne ist der französische Name von Burgund. Als umfassende Appellation bezeichnet er jeden burgundischen Wein ohne eigene AC. Dies bedeutet, daß es gewaltige Unterschiede im Stil und in der Qualität gibt. Die besten Weine (Rot- und Weißweine) stammen normalerweise aus den Reblagen eines einzelnen Erzeugers, die sich außerhalb der Haupt-Dorfappellationen der COTE D'OR befinden. In der heutigen Zeit der überhöhten Preise bieten solche Weine möglicherweise die einzige Möglichkeit, daß wir uns noch den Genuß eines feinen Burgunders leisten können. Falls der Wein von einem Winzer stammt, entspricht der Geschmack wahrscheinlich einer Art regionalem Stil. Steht auf dem Etikett jedoch die Adresse eines *négociant* (Händler), so kann der Wein von überall in Burgund kommen. Pinot Noir ist die Hauptrebsorte für Rotweine, wobei im Mâconnais und im BEAUJOLAIS Gamay verwendet wird. Ein Bourgogne Rouge ist normalerweise ein leichter, recht fruchtiger Wein, dessen frischer Geschmack an Erdbeeren und Kirschen erinnert; man sollte ihn jung (mit zwei bis drei Jahren) trinken. Der Roséwein (aus Pinot Noir) kann sehr angenehm ausfallen, aber leider wird nur wenig davon produziert. Gewöhnlich ist der Bourgogne Blanc ein knochentrockener Chardonnay aus Reblagen, die nicht als gut genug für eine höhere Appellation erachtet werden. Der größte Teil der einfachen weißen Burgunder sollte innerhalb der ersten zwei Jahre getrunken werden. Beste Erzeuger: (Rotweine, Winzer) COCHE-DURY★, GERMAIN, Henri JAYER★, Pierre Morey, Parent, RION, Rossignol★; (Rotweine, Händler) DROUHIN, JADOT, LABOURÉ-ROI, VALLET; (Rotweine, Genossenschaften) BUXY★, les Caves des Hautes-Côtes★; (Weißweine, Winzer) Boisson-Morey★, Boyer-Martenot, Château de Meursault, COCHE-DURY★★, Javillier★, Jobard★, René Manuel, de Villaine; (Weißweine, Händler) DROUHIN, FAIVELEY, JADOT★, JAFFELIN, LABOURÉ-ROI, Olivier LEFLAIVE; (Weißweine, Genossenschaften) BUXY, les Caves des Hautes-Côtes. Beste Jahrgänge: (Rotweine) **1995 93 92 90**; (Weißweine) **1995 94 93 92 90.** Siehe auch S. 74–77.

BOURGOGNE ALIGOTÉ AC Siehe Aligoté.

BOURGOGNE-CÔTE CHALONNAISE AC *Côte Chalonnaise, Burgund, Frankreich* Die Weinberge der Côte Chalonnaise haben in jüngster Zeit enorm an Bedeutung gewonnen, hauptsächlich wegen der Preise, die an der Côte d'Or, etwas weiter nördlich, in astronomische Höhen schnellen. Diese junge AC (1990) umfaßt Reblagen im Departement Saône-et-Loire rund um die Dörfer Bouzeron, RULLY, MERCUREY, GIVRY und MONTAGNY. Beste Erzeuger: Besson, Gen. BUXY★, de Villaine. Beste Jahrgänge: **1994 93 92 90.**

BOURGOGNE GRAND ORDINAIRE AC *Burgund, Frankreich* Die unterste Rangstufe der burgundischen Appellationen. Im Ausland findet man den Wein nicht; selbst in Burgund wird er zumeist als Durstlöscher verkauft.

BOURGOGNE-HAUTES-CÔTES DE BEAUNE AC *Burgund, Frankreich* Da das Angebot an erschwinglichen Burgunderweinen in den 70er Jahren zurückging, rückte dieses bis dahin stagnierende Anbaugebiet in den Hügeln hinter der berühmten Côte de Beaune ins Rampenlicht. Die Rotweine sind recht gut; außerdem gibt es einige gefällige, leicht herbe Weißweine aus Chardonnaytrauben. Beste Erzeuger: Bruck, Les Caves des Hautes-Côtes★, Cornu, Durand, Jacob, Joillot, Lafouge, de Mandelot, de Mercey, Morot-Gaudry. Beste Jahrgänge: (Rotweine) **1995 93 90 89 88;** (Weißweine) **1995 94 93 92 90.**

BOURGOGNE-HAUTES-CÔTES DE NUITS AC *Burgund, Frankreich* Reizvolle, leichte Weine von den Hügeln direkt hinter der Côte de Nuits. Die besten Weine sind bislang die Rotweine, die einen reizvollen Kirsch- und Pflaumengeschmack besitzen. Die Weißweine sind meist trocken und schmecken nach Feuerstein. Im allgemeinen sollte man sie jung trinken. Beste Erzeuger: (Rotweine) Les Caves des Hautes-Côtes★, Dufouleur, Michel Gros★, Hudelot★, Thévenot-le-Brun; (Weißweine) Les Caves des Hautes-Côtes★, Chaley, Cornu, Devevey, Dufouleur, Hudelot, JAYER-GILLES★★, Moillard, Thévenot-le-Brun, Verdet★. Beste Jahrgänge: (Rotweine) **1995 93 90 89 88;** (Weißweine) **1995 94 92 90.**

BOURGOGNE-IRANCY AC Siehe Irancy AC.

BOURGOGNE PASSE-TOUT-GRAINS AC *Burgund, Frankreich* Fast immer ein Rotwein, eine Mischung aus Gamay sowie mindestens einem Drittel Pinot Noir. Wenn er jung ist, dominiert erstere Rebsorte, im Alter die letztgenannte. Beste Erzeuger: Gen. BUXY, Chaley, Charles, Cornu, Maison LEROY, RION★, Taupenot, Thomas.

BOURGUEIL AC *Loiretal, Frankreich* Einer der besten Rotweine der LOIRE kommt aus der Gegend nördlich des Flusses, aus einem Anbaugebiet zwischen den Städten Tours und Angers. Die Hauptrebsorte ist Cabernet Franc, die mit etwas Cabernet Sauvignon verschnitten wird. In heißen Jahren kann das Ergebnis hervorragend sein. Wenn man diese Weine fünf bis zehn Jahre reifen läßt, können sie einen wunderbaren Himbeer- und Johannisbeerduft entfalten. Beste Erzeuger (Rotweine): Amirault, Audebert (Gutsweine), Breton★, Caslot-Galbrun★, Chasle, Demont★, DRUET★★, Gambier, Lamé-Delille-Boucard★, Morin, des Raguenières★. Beste Jahrgänge: 1996 **95 93 90 89 88 86 85.** Siehe auch Saint-Nicolas-de-Bourgueil.

BOUVET-LADUBAY *Saumur AC, Loiretal, Frankreich* Im Besitz des Champagner-Hauses TAITTINGER. Bouvet-Ladubay scheut sich nicht, Werbung für seine Weine zu betreiben oder hohe Preise dafür zu verlangen. Die Qualität der regulären Weine (Bouvet Brut, Bouvet Rosé) ist gut. Cuvée Saphir, der am besten verkaufte Wein, ist zu süß, aber Trésor (Blanc ★★ und Rosé ★), der in großen Eichenholzfässern vergoren wird, ist sehr gut. Der seltsam-wundervolle rote Schaumwein Rubis★ lohnt einen Versuch. Bouvet-Ladubay verkauft auch Stillweine aus VOUVRAY und SAUMUR.

BOUVIER Österreichische und slowenische Rebsorte, die wenig Säure besitzt und deshalb hauptsächlich für süße bis supersüße Weine verwendet wird. Bei diesen erreicht sie zwar Reichhaltigkeit, schafft es aber selten, jegliche andere Komplexität zu bieten. Beste Erzeuger: KRACHER★, Opitz★, Unger, Weinkellerei Burgenland.

BOUZY *Coteaux Champenois AC, Champagne, Frankreich* Ein führender Weinbauort in der CHAMPAGNE; er liefert gute Pinot-Noir-Trauben, die hauptsächlich für *weißen* Champagner verwendet werden. Doch in herausragenden Jahren wird ein wenig Rotwein erzeugt. Er ist leicht und säurereich. Beste Erzeuger: Bara, Georges Vesselle, Jean Vesselle. Beste Jahrgänge: (1996) 95 93 **90 89 85.**

BOWEN ESTATE *Coonawarra, Südaustralien* Doug Bowen erzeugt einige der besten Rotweine von Coonawarra aus gutseigenen Trauben: einen pfeffrigen, aber tiefen Shiraz ★★ und einen Cabernet ★★ mit wohlausgewogenem Geschmack, auch wenn der Alkoholgehalt in jüngster Zeit stark in die Höhe gegangen ist. Der Chardonnay ist stattlich, aber weniger vornehm. Beste Jahrgänge: (Rotweine) 1994 **91 90 88 86 84 80 79.**

BRACHETTO Diese piemontesische Rebsorte wird wiederbelebt für trockene Weine und mit wachsender Beliebtheit für süße, leichte Weine mit muskatähnlichem Duft, wie sie Brachetto d'Acqui DOC verkörpert. Beste Erzeuger: (trockene Weine) Corregia★, Scarpa★; (Brachetto d'Acqui) BANFI★, Braida★, Contero★, Gatti, Marenco★.

CH. BRANAIRE-DUCRU★ *St-Julien AC, 4ème Cru Classé, Haut-Médoc, Bordeaux, Frankreich* Eines der weniger glanzvollen Châteaux von SAINT-JULIEN, das von seinem Nachbarn BEYCHEVELLE überschattet wird, aber jetzt anfängt, seine Form zurückzugewinnen. Branaire verwendet einen der höchsten Cabernet-Sauvignon-Anteile im Médoc, doch seine Weine besitzen einen milden, schokoladenartigen Charakter mit viel aromatischer Fruchtigkeit. Man kann sie nach vier bis fünf Jahren trinken, aber sie können ein Jahrzehnt altern. Zweitwein: Ch. Duluc. Beste Jahrgänge: (1996) (95) 94 **90 89 88 86 85 83 82.**

BRAND'S LAIRA *Coonawarra, Südaustralien* Eine unauffällige Firma in Coonawarra, die im Besitz von MCWILLIAMS ist und in großem Umfang in neue Weinberge investiert. Ein nicht sehr subtiler Chardonnay★, der nach Pfirsichen schmeckt, ist der beste Wein. Außerdem gibt es einen nach Tabak duftenden Cabernet und Cabernet-Merlot, einen Riesling mit Limonengeschmack und einen pfeffrigen Original Vineyard Shiraz★.

CH. BRANE-CANTENAC *Margaux AC, 2ème Cru Classé, Haut-Médoc, Bordeaux, Frankreich* Brane-Cantenac, das sich im Besitz der wohlhabenden Familie Lurton befindet, mangelte es nicht an Investitionen in den letzten

Jahren, aber dies zeigt sich nicht in den Weinen: Im allgemeinen fehlt ihnen die Konzentration, die man von einem 2ème Cru Classé erwartet. Die letzten Jahrgänge erscheinen ein wenig vielversprechender. Zweitwein: Ch. Notton. Beste Jahrgänge: (1996) (95) **90 89 88 86.**

BRAUNEBERG *Mosel, Deutschland* Kleiner Weinbauort an der mittleren Mosel. Die berühmtesten Lagen sind Juffer and Juffer-Sonnenuhr; ihre Weine besitzen einen honigartigen Reichtum und eine cremige Milde, die für die Mosel selten sind. Beste Erzeuger: Fritz HAAG★★, RICHTER★★.

BREAKY BOTTOM *Sussex, England* Kleines Weingut in den South Downs bei Lewes. Peter Hall ist ein wunderbar verschrobener Winzer aus Leidenschaft, der einen trockenen, stämmigen Seyval Blanc★ erzeugt, der nach drei bis vier Jahren cremig und honigartig und burgunderähnlich wird. Sein frischer Müller-Thurgau★ duftet intensiv nach Hecken.

BREGANZE DOC *Venetien, Italien* Kleine DOC in den Hügeln östlich von Verona und nördlich von Vicenza. Ein vorwiegend aus Merlot hergestellter Rotwein und ein trockener Weißwein aus Tocai-Friulano-Trauben werden durch eine Reihe von reinsortigen Weinen ergänzt, darunter ein intensiver Cabernet und ein trockener Vespaiolo. Beste Erzeuger: Gen. Bartolomeo da Breganze, MACULAN★★, Novello Villa Magna, Zonta (Vigneto Due Santi).

BODEGAS BRETÓN *Rioja DOC, Rioja, Spanien* Pedro Bretón und der Weinmacher Miguel Angel de Gregorio halten sich mit diesem Weinbaubetrieb abseits von der Schar neuer, kommerziell orientierter Bodegas, die Mitte der 80er Jahre entstanden sind. Der aus einer Einzellage stammende Dominio de Conté★★ bringt am besten ihr Ziel zum Ausdruck, zu den alten RIOJA-Traditionen zurückzukehren: Weine, die aus Weinbergen mit niedrigen Erträgen stammen, und lang in Holzfässern reifen. Beste Jahrgänge: **1991 90 89.**

GEORG BREUER *Rüdesheim, Rheingau, Deutschland* Mittelgroßes Weingut, das von Bernhard Breuer geführt wird. Er erzeugt trockene Rieslinge von hoher Qualität in den Lagen Rüdesheimer Berg Schloßberg★★ und Rauenthaler Nonnenberg★★. Weine wie der Rivaner (Müller-Thurgau, trokken ausgegoren) und der Grauburgunder haben einen leichten Holzton. Beste Jahrgänge: 1996 **95 94 93 90.**

BRIDGEHAMPTON *Long Island AVA, New York (Bundesstaat), USA* Die Kellerei erzeugt einen herausragenden Chardonnay★★ und spätgelesene Rieslingweine★★, doch das Prunkstück dürfte rasch der Merlot★★ werden. Beste Jahrgänge: **1995 93 92.**

BRIGHT BROTHERS *Ribatejo, Portugal* Der Australier Peter Bright (früher bei J. P. VINHOS) hat sich als mobiler Weinmacher selbständig gemacht mit einer eigenen Firma, die weit entfernt in Spanien, Sizilien und Argentinien Weine herstellt. Portugal ist immer noch die Hauptstütze seines Unternehmens mit Weinen aus ESTREMADURA, BAIRRADA, dem DOURO und (hauptsächlich) dem RIBATEJO. Bright verbindet seine Begeisterung für einheimische Rebsorten wie die würzige rote Bagatraube, die duftige Arintotraube und die cremig-würzige Fernão-Pires-Traube mit ausländischen Sorten wie Chardonnay, Sauvignon, Cabernet und Merlot.

BRITZINGEN *Baden, Deutschland* Dieser Weinbauort im südbadischen Markgräflerland besitzt eine ausgezeichnete Winzergenossenschaft, die gute, mittelschwere trockene Weißweine (vor allem Weißburgunder, Grauburgunder und Gewürztraminer) wie auch Beeren- und Trockenbeerenauslesen erzeugt.

BROUILLY AC *Beaujolais, Burgund, Frankreich* Brouilly ist der größte der zehn BEAUJOLAIS Crus, weshalb sein Wein von ungleichmäßiger Qualität ist. Im Idealfall ist der Brouilly weich und fruchtig und wunderbar süffig. Er kann auch den besten BEAUJOLAIS NOUVEAU überhaupt liefern. Beste Erzeuger: la Chaize, DUBŒUF (Combillaty, Garanches), Fessy★, Fouilloux, Hospices de Beaujeu★ (insbesondere Pissevieille Cuvée), Alain Michaud, Pierreux, Rolland, Ruet, Ch. des Tours★. Beste Jahrgänge: **1995 94 93 91.**

CH. BROUSTET★ *Barsac AC, 2ème Cru Classé, Bordeaux, Frankreich* Ein guter, recht reichhaltiger Süßwein von hohem Niveau. Er wird nicht in großen Mengen erzeugt (ein Großteil des Weins wird unter der Marke Ch. de Ségur verkauft). Beste Jahrgänge: (1996) (95) **90 89 88 86 85.**

BROWN BROTHERS *Nordostvictoria, Australien* Konservative, aber sehr erfolgreiche Kellerei in Familienbesitz, die ihr Image eines kleinen Erzeugers überwunden hat. Großer Wert wird auf sortentypische Tafelweine gelegt (Sortenweine aus italienischen Rebsorten sind eine neue Spezialität); der Jahrgangsschaumwein wird rasch zu einem Star. Die besten Trauben kommen aus dem kühlen King Valley und von den hoch gelegenen Whitlands.

BRÜNDLMAYER *Kamptal-Donauland, Niederösterreich, Österreich* Spitzenweingut in Langenlois, Österreichs größter Weinbaugemeinde. Willi Bründlmayer erzeugt eine Vielzahl von Weinen im einheimischen Stil und in internationalen Stilen; am besten sind sein trockener Riesling★★ und Grüner Veltliner★★. Guter Sekt. Beste Jahrgänge: 1995 **94 93 92 91 90 86 83 79.**

BRUNELLO DI MONTALCINO DOCG *Toskana, Italien* Die dynamische Anbauzone Montalcino in der Südtoskana ist berühmt für ihren kraftvollen Rotwein, der aus Sangiovese (hier als Brunello bezeichnet) erzeugt wird. Traditionell brauchten diese Weine zehn Jahre, um milder zu werden, aber moderne Methoden haben zur Folge, daß einige Erzeuger Weine voller Frucht herstellen, die in ihrer Jugend die Tannine überdeckt. Brunello kann zu einem sensationell komplexen Wein reifen. Beste Erzeuger: ALTESINO (Montesoli★★), ARGIANO★★, BANFI★★, Barbi★, BIONDI SANTI★, Caparzo★★, Casanova di Neri★★, Case Basse★★, La Cerbaiola★★, Cerbaiona★★, Ciacci Piccolomini d'Aragona★★, Col d'Orcia★★, Costanti★★★, FRESCOBALDI (Castelgiocondo★★), Fuligni★★, La Gerla★, Maurizio Lambardi★★★, Lisini★★, Mastrojanni★★, Pieve Santa Restituta★★, Poggio Antico★★, Il Poggiolo★★, Il Poggione★, Talenti★★. Beste Jahrgänge: (1996) (95) 94 93 **91 90 88 85 83 82.**

BRUT Französische Bezeichnung für trockene Schaumweine, insbesondere für CHAMPAGNER. Obwohl der Brut Champagner als trockenste Geschmacksrichtung beim Schaumwein gilt, darf in Wirklichkeit nach dem Degorgieren eine Dosage von bis zu 15 g Zucker pro Liter hinzugefügt werden. Brut Zéro (ohne jegliche Dosage) ist der trockenste Champagnerstil überhaupt, kommt aber selten vor. Extra Dry, Sec und Demi-Sec sind alle süßer als Brut.

BUÇACO PALACE HOTEL *Beira Litoral, Portugal* Dieses prunkvolle Hotel aus dem 19. Jahrhundert hat seine eigenen Weine★★, die das Restaurant in einer Fülle von Jahrgängen anbietet. Sie gehören zu den interessantesten Weinen in Portugal: milde, aromatische Weine, die aus Trauben der benachbarten Anbaugebiete DÃO und BAIRRADA erzeugt werden.

BURGUND ROTWEINE

Bourgogne (Burgund), Frankreich

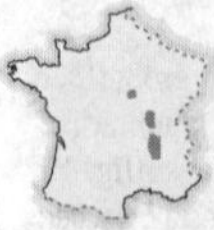

Burgund, das eine reiche Geschichte und gastronomische Tradition besitzt, umfaßt ein riesiges Gebiet in Ostfrankreich, das sich von Auxerre, südlich von Paris, bis Lyon erstreckt. Ähnlich wie die weißen Burgunder fallen die Rotweine extrem unterschiedlich aus, bisweilen sogar in enttäuschender Weise. Die Erklärung dafür liegt teils in der launischen Natur der Rebsorte Pinot Noir, der wichtigsten Rotweinrebe Burgunds, teils in dem historischen Ungleichgewicht von Angebot und Nachfrage zwischen den Winzern, die die Trauben anbauen und einen Großteil der besten Weine herstellen und abfüllen, und den Händlern, die das internationale Ansehen der Weine begründet haben.

REBSORTEN

Pinot Noir ist eine der ältesten Rebsorten der Welt und anfällig für Mutationen, so daß es mehrere Dutzend Spielarten davon in Burgund gibt. Das Spektrum der Geschmacksnoten, die man von ihren Trauben erhält, zeigt dies deutlich. Ein roter Épineuil aus der Nähe von Auxerre ist leicht und kreidig und schmeckt nach Erdbeeren, während ein Pinot Noir aus dem Mâconnais, in Richtung Lyon, rauh und erdig ausfällt; dazwischen, an der Côte d'Or, dem Kernland des roten Burgunders, reichen die Geschmacksnoten von Erdbeeren, Himbeeren, Pflaumen und Kirschen bis zu einer wilden, herrlichen Reife von orientalischen Gewürzen, Schokolade und Trüffeln. Gamay, die Traubensorte des Beaujolais im Süden, erreicht ihre beste Qualität, wenn sie ein fruchtiges Erdbeer- und Pflaumenaroma hervorbringt; sie verlangt weder eine Alterung noch übertriebene Hochachtung.

ANBAUGEBIETE

Die roten Spitzenburgunder kommen von der Côte d'Or, der Heimat von weltberühmten Grands Crus wie Clos de Vougeot, Chambertin, Musigny, Richebourg und La Tâche. Givry und Mercurey an der Côte Chalonnaise sind aufstrebende Appellationen, ebenso die hügeligen Anbaugebiete der Hautes-Côtes, die hinter der Côte d'Or liegen. Leichte, aber gefällige Rotweine sowie guten rosé Crémant kann man in der Nähe von Chablis im Norden finden. Die Rotweine aus dem Mâconnais sind zumeist erdig und fad. Beaujolais erreicht seine beste Qualität, wenn es helle, frische Weine voller Fruchtigkeit produziert, die man im ersten Jahr nach der Lese trinkt.

Siehe auch ALOXE-CORTON, AUXEY-DURESSES, BEAUJOLAIS, BEAUNE, BLAGNY, BONNES-MARES, BOURGOGNE, CHAMBERTIN, CHAMBOLLE-MUSIGNY, CHASSAGNE-MONTRACHET, CHOREY-LES-BEAUNE, CLOS DE LA ROCHE, CLOS-SAINT-DENIS, CLOS DE TART, CLOS DE VOUGEOT, CORTON, COTE DE BEAUNE, COTE DE NUITS, COTE D'OR, CRÉMANT DE BOURGOGNE, ÉCHÉZEAUX, FIXIN, GEVREY-CHAMBERTIN, GIVRY, LADOIX, MACON, MARSANNAY, MERCUREY, MEURSAULT, MONTHÉLIE, MOREY-SAINT-DENIS, MOULIN-À-VENT, MUSIGNY, NUITS-SAINT-GEORGES, PERNAND-VERGELESSES, PULIGNY-MONTRACHET, RICHEBOURG, LA ROMANÉE-CONTI, ROMANÉE-ST-VIVANT, RULLY, SAINT-AUBIN, SAINT-ROMAIN, SAVIGNY-LES-BEAUNE, LA TACHE, VOLNAY, VOSNE-ROMANÉE, VOUGEOT SOWIE EINZELNE ERZEUGER.

BESTE JAHRGÄNGE
1995 93 **90 89 88 85 78**

BESTE ERZEUGER

Côte de Nuits Dom. l'Arlot, Denis Bachelet, Barthod-Noëllat, Burguet, R. Chevillon, CLAIR, Dugat, DUJAC, Engel, Michel Esmonin, Gouges, GRIVOT, A. & F. Gros, Jean Gros, JAYER, JAYER-GILLES, Dom. LEROY, MEO-CAMUZET, Mongeard-Mugneret, Denis Mortet, Mugnier, Perrot-Minot, Ponsot, Daniel RION, Dom. de la ROMANÉE-CONTI, Rossignol-Trapet, Roty, Roumier, ROUSSEAU, de Vogüé.

Côte de Beaune Ampeau, d'Angerville, Jean-Marc Boillot, Chandon de Briailles, J. F. COCHE-DURY, Comte Armand, de Courcel, Jacques GERMAIN, Lafarge, LAFON, de MONTILLE, Pousse d'Or, RAMONET, TOLLOT-BEAUT.

Côte Chalonnaise Joblot, Juillot, Sarrazin, Thénard, de Villaine.

Beaujolais Descombes, des Jacques, Lapierre, Ch. du Moulin-à-Vent, Pelletier, Thivin, la Tour du Bief, des Tours.

Händler Champy, DROUHIN, DUBOEUF, FAIVELEY, JADOT, LABOURÉ-ROI, Maison LEROY, Morot, RODET, VALLET FRERES.

Genossenschaften BUXY, Cave des Hautes-Côtes, Fleurie.

BURGUND WEISSWEINE

Bourgogne (Burgund), Frankreich

Der weiße Burgunder gilt seit Generationen als der beste trockene Weißwein der Welt. Die Spitzenweine besitzen einen bemerkenswerten, üppigen Geschmacksreichtum, der an Honig und Haselnüsse, zerlassene Butter und feine Gewürze erinnert, sind jedoch völlig trocken. Diese Weine stammen alle von der Chardonnaytraube und werden im allgemeinen in den Gemarkungen Aloxe-Corton, Meursault, Puligny-Montrachet und Chassagne-Montrachet erzeugt, wo die Kalksteinböden und die Ausrichtung der Reblagen perfekte Bedingungen für eine langsame Reifung der Trauben bieten.

WEINSTILE

Doch Burgund umfaßt weit mehr Weinstile, auch wenn keiner davon ganz die Spitzenqualität dieser vier Dörfer an der Côte d'Or erreicht.

Chablis im Norden erzeugt traditionell sehr gute stahlige Weine, die aggressiv und herb schmecken, wenn sie jung sind, aber nach ein paar Jahren nussig und abgerundet werden, doch immer noch sehr trocken sind. Der moderne Chablis ist in der Regel ein weicherer, milderer Wein, der auch in seiner Jugend leicht zu trinken ist und heute manchmal in neuen Eichenholzfässern ausgebaut wird, um ihn alterungsfähig zu machen.

Zweifellos können Meursault und die anderen Weißweinorte an der Côte d'Or wunderbare Weine erzeugen, aber die Nachfrage ist so groß, daß gewissenlose Erzeuger in Versuchung kommen, die Erträge auf ein Höchstmaß zu steigern und Einschnitte in der Qualität vorzunehmen. Deshalb muß man bei weißen Burgundern aus diesen berühmten Dörfern vorsichtig sein. Weniger bekannte Weinbauorte wie Pernand-Vergelesses und Saint-Aubin bieten oft gute Weine zu niedrigeren Preisen.

Die Côte Chalonnaise wird sehr bedeutsam für gute Weißweine, nachdem dort nunmehr häufiger Eichenholzfässer für den Ausbau verwendet werden. Rully und Montagny sind die wichtigsten Anbaugebiete, aber Givry und Mercurey können ebenfalls hübsche Weißweine produzieren.

Die geringerwertige Aligotérebe bringt einen annehmbaren säuerlichen Wein hervor, insbesondere in Bouzeron. Weiter südlich befindet sich mit dem Mâconnais ein großes Anbaugebiet, das zu zwei Dritteln mit Chardonnay bepflanzt ist. Der größte Teil des Weins ist langweilig und fad und keineswegs billig, aber es gibt einen recht guten Crémant de Bourgogne und einige gute Reblagen, vor allem in Saint-Véran und in Pouilly-Fuissé, wo man gelegentlich erstaunliche Weine finden kann.

Siehe auch ALOXE-CORTON, AUXEY-DURESSES, BATARD-MONTRACHET, BEAUJOLAIS, BEAUNE, BOURGOGNE, CHABLIS, CHASSAGNE-MONTRACHET, CORTON, CORTON-CHARLEMAGNE, COTE DE BEAUNE, COTE DE NUITS, COTE D'OR, CRÉMANT DE BOURGOGNE, FIXIN, GIVRY, LADOIX, MACON, MARSANNAY, MERCUREY, MEURSAULT, MONTAGNY, MONTHÉLIE, MONTRACHET, MOREY-SAINT-DENIS, MUSIGNY, NUITS-SAINT-GEORGES, PERNAND-VERGELESSES, PETIT CHABLIS, POUILLY-FUISSÉ, POUILLY-LOCHÉ, POUILLY-VINZELLES, PULIGNY-MONTRACHET, RULLY, SAINT-AUBIN, SAINT-ROMAIN, SAINT-VÉRAN, SAVIGNY-LES-BEAUNE, VOUGEOT, YONNE SOWIE EINZELNE ERZEUGER.

BESTE JAHRGÄNGE
1996 **95 92 90 89**

BESTE ERZEUGER

Chablis DAUVISSAT, Defaix, DROIN, Fèvre, Grossot, Louis MICHEL, RAVENEAU, G. Robin, Simmonet-Febvre, Vocoret.

Côte d'Or Ampeau, Blain-Gagnard, Bonneau du Martray, CARILLON, COCHE-DURY, Marc COLIN, Colin-Deléger, Fontaine Gagnard, J.-N. GAGNARD, GAGNARD-DELAGRANGE, Javillier, F. Jobard, LAFON, Laguiche, Dom. LEFLAIVE, Matrot, Michelot, Albert Morey, Jean-Marc Morey, Pierre Morey, Niellon, RAMONET, Roulot, Sauzet, Thénard, TOLLOT-BEAUT.

Côte Chalonnaise Jacqueson, RODET, de Villaine.

Mâconnais Bonhomme, Corsin, Denogent, J.-M. Drouin, Ferret, Forest, Ch. FUISSE, Goyard, Guffens-Heynen, Lassarat, Léger-Plumet, Luquet, Merlin, Thévenet.

Händler DROUHIN, DUBOEUF, FAIVELEY, JADOT, LABOURÉ-ROI, Louis LATOUR, Olivier LEFLAIVE, Maison LEROY, RODET, Verget.

Genossenschaften BUXY, la CHABLISIENNE, Lugny, Prissé, Viré.

BUCELAS DOC *Estremadura, Portugal* Eine winzige, aber historisch bedeutsame DOC. Die Bucelasweine sind Weißweine, die eine sehr hohe Säure besitzen und lange reifen müssen. Am Leben erhalten wurde die DOC durch CAVES VELHAS, aber jetzt gibt es mindestens vier weitere Erzeuger. Der jüngste Neuankömmling, Quinta da Romeira, erzielt aufregende Ergebnisse. Beste Erzeuger: Quinta da Murta, Quinta da Romeira.

BUENA VISTA *Carneros AVA, Kalifornien, USA* Ansprechende Weine von klarem, deutlichem Charakter, die sofort schmecken, insbesondere ein köstlicher Pinot Noir und ein recht schlichter, aber wohlschmeckender Sauvignon Blanc, der nicht im Holzfaß reift. Als Reserve-Abfüllungen sind der Chardonnay★ und der Cabernet Sauvignon alterungsfähig. Beste Jahrgänge: (Cabernet Reserve) **1994 91 90.**

BUGEY Siehe Vin du Bugey VDQS.

VON BUHL *Deidesheim, Pfalz, Deutschland* Großes, hauptsächlich mit Riesling bestocktes Weingut, das gegenwärtig an die japanische Sanyo-Gruppe verpachtet ist. Die Weine sind selten subtil, haben aber normalerweise einen intensiven, deutlichen Rieslingcharakter. Beste Jahrgänge: 1996 **94 90 89.**

BUITENVERWACHTING *Constantia WO, Südafrika* Ein wunderschön restauriertes Weingut, das seit 1985 bei der Qualität in diesem Anbaugebiet den Ton angibt. Sein Ansehen beruhte anfangs auf Weißweinen, einem anmutigen, komplexen Chardonnay★★, einem belebenden, reifen Sauvignon★★ und einem leichten, rassig-trockenen Riesling★. Die Rotweine sind jetzt ähnlich angesehen dank Christine★★, einem aristokratischen Bordeauxverschnitt. Beste Jahrgänge: (Weißweine) **1996 95 94 93 92 91**; (Rotweine) **1992 91 90 89.**

GRANT BURGE *Barossa Valley, Südaustralien* Der früher bei Krondorf arbeitende Weinmacher herrscht jetzt über ein großes Anbaugebiet in Barossa. Die Weinberge dort liefern einen schokoladeartigen Shiraz★★ und Cabernet★, einen opulenten Chardonnay★ und einen holzbetonten Sémillon. Die Spitzenmarke ist der reichhaltige, aber etwas zu holzbetonte Meshach★.

BURGENLAND *Österreich* Bundesland an der Ostgrenze zu Ungarn, das vier Anbaugebiete besitzt: Neusiedler See, darunter Seewinkel mit süßen Prädikatsweinen, Neusiedler See-Hügelland, das für süße Weine berühmt ist, aber auch kräftige Rotweine und fruchtig-trockene Weißweine erzeugt, Mittelburgenland, das robuste rote Blaufränkische erzeugt, und Südburgenland mit guten Rotweinen und trockenen Weißweinen. Beste Erzeuger: FEILER-ARTINGER★★★, KRACHER★★★.

BURG LAYEN *Mittelrhein, Deutschland* Burg Layen am Unterlauf der Nahe ist am bekanntesten dafür, daß es das sehr gute Schloßgut Diel und die Firma Pierroth beherbergt. Der Schloßberg ist die beste Lage, aber die Rieslinge von dort können sich nicht mit den Weinen aus den Spitzenlagen des benachbarten Dorsheim vergleichen. Beste Erzeuger: Schloßgut Diel★, Alfred Schäfer. Beste Jahrgänge: 1995 93 90 88.

BÜRGSTADT *Unterfranken, Deutschland* Ein wenig bekannter Weinbauort in Franken, der für die Region ungewöhnlich aromareiche trockene Rieslinge sowie feine Weißburgunder und rote Spätburgunder erzeugt. Bester Erzeuger: Rudolf Fürst★★. Beste Jahrgänge: **1995 94 93 90 88.**

BURGUND Siehe Bourgogne AC und S. 74–77.

BURKHEIM *Baden, Deutschland* Die körperreichen roten Spätburgunder und die trockenen Weiß- und Grauburgunder aus diesem wichtigen Weinbauort am westlichen Kaiserstuhl haben in den letzten Jahren wachsende Aufmerksamkeit erregt. Bester Erzeuger: BERCHER★★.

BÜRKLIN-WOLF *Wachenheim, Pfalz, Deutschland* Mit fast 100 ha Rebfläche eines der größten Weingüter Deutschlands in Privatbesitz. 1997 feierte es seinen 400. Geburtstag. Unter dem neuen Direktor Christian von Guradze ist es seit dem Jahrgang 1994 wieder in die erste Reihe der Erzeuger dieser Region zurückgekehrt. Die regulären Weine sind jetzt ★ bis ★★, die großartigen Dessertweine★★★. Beste Jahrgänge: 1996 95 **94 93 90 89 86 85.**

BURRWEILER *Pfalz, Deutschland* Dieser Weinbauort bildet eine Ausnahme in der PFALZ, denn er ist der einzige mit Schieferböden wie an der MOSEL, insbesondere in der ausgezeichneten Reblage Schäwer. Er erzeugt elegante trockene Weine und einige feine Dessertweine. Bester Erzeuger: Meßmer★.

BUXY, CAVE DES VIGNERONS DE *Côte Chalonnaise, Burgund, Frankreich* Eine der besten burgundischen Genossenschaften mit Sitz an der Côte Chalonnaise. Sie erzeugt preisgünstige, gut vinifizierte Chardonnays und Pinot Noirs. Der leichte, im Eichenholzfaß gereifte BOURGOGNE Pinot Noir★ und der rote und weiße Clos de Chenôves★ sowie der nach Nüssen schmekkende weiße MONTAGNY★ sind alle gut und – halleluja! – nicht überteuert.

BUZET AC *Südwestfrankreich* Gute Rotweine im Bordeauxstil, aus den gleichen Traubensorten verschnitten, zu einem niedrigeren Preis. Es gibt sehr wenig Roséwein; die Weißweine sind selten aufregend. Beste Erzeuger: Gen. Buzet-sur-Baïse (vor allem Baron d'Ardeuil und Château de Gueyze), Tissot.

CA' DEL BOSCO *Franciacorta DOCG, Lombardei, Italien* Dieses vorbildliche Weingut, das von Maurizio Zanella geführt wird, erzeugt einige von Italiens feinsten (und teuersten) Weinen: herausragende Schaumweine FRANCIACORTA Brut★★, Dosage Zero★★ und Satén★★, guter Terre di Franciacorta Rosso★, bemerkenswert guter Chardonnay★★, Pinèro★★ (Pinot Nero) und ein Verschnitt im Bordeauxstil, Maurizio Zanella★★.

CABARDÈS VDQS *Languedoc, Frankreich* Dieses Anbaugebiet ist ein Nachbar des MINERVOIS, aber neben den gewohnten mediterranen Rebsorten sind auch Cabernet Sauvignon und Merlot zugelassen. Im Idealfall körperreich, vollmundig und reizvoll rustikal. Beste Erzeuger: Salitis, de Ventenac.

CABERNET D'ANJOU AC *Loiretal, Frankreich* Alkoholreicher als ROSÉ D'ANJOU und in der Regel etwas süßer. Sollte jung und gekühlt getrunken werden, aber es ist dennoch möglich, bemerkenswerte alte Jahrgänge zu finden. Beste Erzeuger: Bertrand, Daviau, Ogereau, Verdier.

CABERNET FRANC Die oft zu Unrecht als ein schlechterer Cabernet Sauvignon bezeichnete Rebe kommt in kühleren Anbaugebieten oder Gebieten, wo der Boden feuchter und schwerer ist, zur Geltung. Sie kann eine grasige Frische haben, die mit einer kräftigen, aber angenehmen Johannis- und Himbeerfrucht verbunden ist. In Frankreich wächst sie im Loiretal und im Bordelais, insbesondere in SAINT-ÉMILION und POMEROL (19 % der Rebfläche). Italien verwendet sie seit Generationen erfolgreich im Nordosten. Anpflanzungen an der kalifornischen Nordküste liefern vielversprechende Verschnitt- und Sortenweine. Auch aus Südafrika gibt es ein paar gute Beispiele.

CABERNET SAUVIGNON

Cabernet Sauvignon aus Ländern wie Bulgarien, Chile, Australien und Kalifornien und sogar Teilen Südfrankreichs ist so populär geworden, daß viele möglicherweise nicht wissen, wo alles begann und wie es der Cabernetrebe gelang, zu der berühmten, universal verwendbaren Rotweintraube zu werden, die überall auf der Welt wächst.

WEINSTILE

Bordeaux-Cabernet: Es begann alles in Bordeaux. Mit Ausnahme einer Handvoll sehr schöner Weine in Saint-Émilion und Pomerol, die auf Merlot basieren, werden die größten roten Bordeauxweine alle aus Cabernet Sauvignon erzeugt, wobei unterschiedliche Anteile von Merlot, Cabernet Franc und teilweise noch Petit Verdot und Malbec hinzukommen. Das Verschneiden ist notwendig, weil Cabernet allein einen sehr starken, kraftvollen, aggressiven und aufdringlichen Wein liefert. Die großen Bordeauxweine sind in ihrer Jugend dunkel und tanninreich; sie brauchen 10 bis 20 Jahre, bis ihre Aggressivität nachläßt und die Fruchtigkeit süß und duftig wie frische schwarze Johannisbeeren wird, mit einem Zedernholzduft, der an Zigarrenkisten erinnert und sich wunderbar mit der Frucht vermischt. Dieser Charakter hat die roten Bordeauxweine seit mindestens 200 Jahren berühmt gemacht.

Cabernet weltweit: Als Erzeuger in anderen Teilen der Welt nach Vorbildern suchten, um ihre Weine zu verbessern, wählten die meisten von ihnen automatisch Cabernet Sauvignon. Es war ein Glücksfall, daß sie sich so entschieden, denn diese Rebsorte läßt sich nicht nur unter fast allen Bedingungen – ob kühl oder warm, trocken oder feucht – leicht anbauen, sondern ihre unaufhaltsame Persönlichkeit setzt sich auch immer durch. Die billigeren Weine werden im allgemeinen so vinifiziert, daß ihre an schwarze Johannisbeeren erinnernde Fruchtigkeit und die leicht erdigen Tannine hervortreten. Man kann sie jung trinken, aber sie können auch überraschend gut altern. Die anspruchsvolleren Weine werden in – oft neuen – Eichenholzfässern ausgebaut, um die Tannine zu verstärken, aber auch um ihnen zusätzliche Würze und Reichhaltigkeit zu verleihen; sie können ein Jahrzehnt oder noch länger reifen. Manchmal wird Cabernet mit anderen Rebsorten verschnitten, normalerweise mit Merlot, aber gelegentlich – wie in Australien – mit Shiraz.

Europäische Cabernets: Zahlreiche Weingärten in Südfrankreich erzeugen heute hervorragende, preisgünstige Cabernets. Einige der besten Weine Spaniens stammen von der Cabernetrebe; auch Portugal war recht erfolgreich mit dieser Rebsorte. In Italien wurde die Qualitätsrevolution bei den Rotweinen durch den Erfolg der Cabernetrebe in der Toskana ausgelöst. Österreich fängt an, das Geheimnis der Rebsorte zu entschlüsseln; sogar Süddeutschland versucht sich daran. Osteuropa, insbesondere Bulgarien, beliefert uns bereits mit einigen der erschwinglichsten Rotweine von passabler Qualität.

Cabernets der Neuen Welt: Das Ansehen Kaliforniens wurde durch seine starken, schweren Cabernets begründet, obwohl die Erzeuger bei den neuen Jahrgängen mit leichterer Hand arbeiten. Australien und Neuseeland legen mehr Wert auf leichte Fruchtigkeit. Chile hat den fruchtigen Johannisbeergeschmack zu einem Erkennungszeichen für seine Cabernets gemacht. Argentinien und Südafrika zeigen, daß sie diesem Beispiel folgen wollen.

BESTE ERZEUGER

Frankreich

Bordeaux COS D'ESTOURNEL, Dom. de CHEVALIER, GRUAUD-LAROSE, LAFITE-ROTHSCHILD, LATOUR, LÉOVILLE-LAS-CASES, LYNCH-BAGES, Ch. MARGAUX, MOUTON-ROTHSCHILD, PICHON-LONGUEVILLE, RAUZAN-SÉGLA; *Midi* MAS DE DAUMAS GASSAC, RICHEAUME, TRÉVALLON.

Andere europäische Cabernets

Italien ANTINORI, GAJA, ISOLE E OLENA, MACULAN, ORNELLAIA, REGALEALI, Marchese Incisa della Rochetta (SASSICAIA).
Spanien GUELBENZU (Evo), Jean LEON, MARQUES DE GRINON, TORRES (Mas La Plana).

Cabernets der Neuen Welt

Australien CAPE MENTELLE, CHAPEL HILL, CULLENS, HENSCHKE, LECONFIELD, MOSS WOOD, PENFOLDS (Bin 707), PENLEY ESTATE, PETALUMA, WYNNS, YARRA YERING.

Neuseeland MATUA VALLEY Ararimu, MONTANA (Church Road Reserve), STONYRIDGE Larose, TE MATA Coleraine, Te Motu, VAVASOUR, Vidal (Reserve).

USA (California) ARROWOOD, BERINGER (Reserve), CAYMUS (Special Selection), DIAMOND CREEK, DUNN, HESS COLLECTION, LAUREL GLEN, MONDAVI (Reserve), NEWTON, Joseph PHELPS, RIDGE, SHAFER, SILVER OAK, STAG'S LEAP; (Washington) LEONETTI.

Chile CARMEN, ERRAZURIZ, PORTA.

Südafrika Neil ELLIS, Plaisir de Merle, THELEMA.

CAHORS AC *Südwestfrankreich* Nach BORDEAUX die führende Rotweinregion von Südwestfrankreich. Der dunkle, tanninreiche Wein wird zu mindestens 70 % aus Auxerrois (im Bordelais als Malbec bezeichnet) hergestellt und hat einen unvergeßlichen, reichhaltigen Geschmack, der an Pflaumen und Rosinen erinnert. Mit dem Alter kann er eine tiefe, würzige Tabaknote annehmen. Beste Erzeuger: la Caminade, Cayrou★, de Cèdre, Gen. Côtes d'Olt, la Coutale★, de Gamot★, Gaudou★, Haute-Serre★★, Quattre★, Triguedina★★. Beste Jahrgänge: 1995 **92 90 89 88 86 85.**

CAIN CELLARS *Napa Valley AVA, Kalifornien, USA* Dieses Weingut in den Spring Mountains scheint auf einem soliden Weg zu sein. Cain Five★★ ist ein besonders angenehmer Verschnitt im Bordeauxstil, der sich etwas langsam entwickeln kann, aber die Wartezeit wert ist. Eine billigere Cain Cuvée und ein Sauvignon Musque mit kräftigem Geschmack sind regelmäßig im Angebot. Beste Jahrgänge: (Cain Five) 1994 93 **92 91 90 87 86 85.**

CALABRIA (KALABRIEN) *Italien* Die Spitze des italienischen Stiefels ist eine der ärmsten Regionen. CIRO, Donnici und Savuto, Rotweine aus der einheimischen Gaglioppotraube, und Weißweine aus der Rebsorte Greco haben sich dank größerer Vinifizierungserfahrungen stark verbessert.

CÁLEM *Port DOC, Douro, Portugal* Die größte portugiesische Portweinfirma in Familienbesitz. Am besten sind die Aged Tawnys★ und Colheitas★★, die unendlich viele Nuancen entfalten. Beste Jahrgänge: (Colheitas) **1962 57;** (Vintage-Portweine) **1975 70.**

CALERA *San Benito, Kalifornien, USA* Ein Pionier beim kalifornischen Pinot Noir, mit vier Gutsweinen: Reed Vineyard★★, Selleck Vineyard★★★, Jensen Vineyard★★★ und Mills★. Sie sind komplexe, ausgewogene Weine mit Kraft und Originalität, die altern können. Der Mount Harlan Chardonnay★★ scheint ebenfalls von aufregender Originalität zu sein. Der in kleiner Menge erzeugte Viognier★★★ ist ein üppiger Wein mit sinnlicher Frucht. Beste Jahrgänge: (Rotweine) 1994 **92 91 90 88 87 86 85;** (Weißweine) **1995 94 92 91 89.**

CALIFORNIA (KALIFORNIEN) *USA* Kalifornien ist der führende Weinerzeuger in den USA, aber sein Einfluß auf die Welt des Weins geht weit darüber hinaus. Die meisten der großen Revolutionen in der Vinifizierungstechnologie und im Weinstil, die die Erwartungen und Praktiken in jedem Land der Erde – auch in Frankreich – verändert haben, entstammen den Bestrebungen kalifornischer Weinmacher in den 60er und 70er Jahren. Sie forderten die alte Ordnung mit ihrem streng regulierten, elitären Verhalten heraus und demokratisierten die Welt der Qualitätsweine – zum großen Vorteil jedes Weintrinkers. Dieser revolutionäre Eifer ist heute weniger deutlich zu spüren. Neuerdings gibt es sogar Anzeichen dafür, daß die Kalifornier bedacht sind, ihre eigene Neue-Welt-Ordnung festzuschreiben. Ein paar Zahlen: 141 530 ha Rebland erzeugen jährlich über 450 Millionen Gallonen (17 Millionen hl) Wein, etwa 90 % der gesamten amerikanischen Weinproduktion. Ein Großteil davon kommt aus dem heißen, im Binnenland liegenden Central Valley. Siehe auch Carneros, Central Coast, Central Valley, Mendocino County, Monterey County, Napa County, Napa Valley, Rutherford, San Luis Obispo County, Santa Barbara County, Sonoma County.

CALITERRA *Curicó, Chile* Das neue Joint-venture-Unternehmen mit MONDAVI soll für Caliterra-Weine in den USA werben und sie dort verkaufen. Die Önologin Irene Poiva hat eine eindrucksvolle Reihe von 96ern erzeugt: einen lebhaften Chardonnay★★ mit säuerlicher Zitronennote aus CASABLANCA, einen seidigen Curicó Merlot★ und einen intensiven, grasigen Sauvignon Blanc★. Die Weißweine beeindrucken mehr als die Rotweine.

CH. CALON-SÉGUR★ *St-Estèphe AC, 3ème Cru Classé, Haut-Médoc, Bordeaux, Frankreich* Lange Zeit war dies eines der führende Châteaux von SAINT-ESTEPHE. Doch Mitte der 80er Jahre waren die Weine nicht mehr so gut, wie sie es eigentlich angesichts ihres hohen Preises hätten sein sollen. Die jüngsten Jahrgänge beeindrucken wieder mehr. Die besten Weine kann man zehn Jahre einkellern. Zweitwein: Marquis de Ségur. Beste Jahrgänge: (1996) (95) 94 93 **90 89 86 82.**

CAMBRIA WINERY *Santa Maria Valley AVA, Kalifornien, USA* Mit mehr als 500 ha Rebfläche hat der Besitzer Jess Jackson den größten Weinbaubetrieb in SANTA BARBARA COUNTY aufgebaut. Der größte Teil der Produktion ist Chardonnay (Katherine's Vineyard und Reserve★); den Rest bestreiten Pinot Noir, Syrah und Sangiovese. Ausschau halten sollte man nach dem feinen Julia's Vineyard Pinot Noir★.

CAMPANIA (KAMPANIEN) *Italien* Die Region, in der Neapel und der Vesuv liegen, war für Weinliebhaber eine Wüste, aber mehr aufgrund der Trägheit der Winzer als wegen natürlicher Fehler im Weinbau. Bis vor kurzem. Neben MASTROBERARDINO haben einige Erzeuger endlich begonnen, das hervorragende Potential ihrer Böden, ihres Klimas und ihrer Rebsorten auszuschöpfen. Beachtenswerte DOCs sind FARLERNO DEL MASSICO, Fiano di Avellino, Greco di Tufo, Ischia, LACRYMA CHRISTI DEL VESUVIO und TAURASI. Aber die Offenbarung ist ein Vino da Tavola namens Montrevetrano★★, der auf dem Weingut Montevetrano in der Nähe von Salerno aus den Rebsorten Cabernet, Merlot und Aglianico hergestellt wird.

CAMPILLO *Rioja DOC, País Vasco, Spanien* Der Neubeginn von Campillo (früher eine Nebenmarke von FAUSTINO MARTINEZ) hat einige der aufregendsten neuen roten RIOJAS★★ der letzten paar Jahre hervorgebracht. Die Weine sind reinsortige Tempranillos und besitzen viel reife, samtige Fruchtigkeit. Beste Jahrgänge: **1994 89 87 86 85 82 81.**

CAMPO VIEJO *Rioja DOC, Rioja, Spanien* Der größte Erzeuger von RIOJA. Die Reservas★ und Gran Reservas★ sind zuverlässig gute Weine, ebenso der elegante, ausschließlich aus Tempranillo erzeugte Reserva Viña Alcorta★ und der im Holzfaß vergorene weiße Viña Alcorta★. Albor ist einer der besten jungen Riojas, vollgepackt mit frischer Frucht. Beste Jahrgänge: (Rotweine) **1994 91 89 88 87 85 83 82 80 78.**

CANARIAS, ISLAS (KANAREN) *Spanien* Vier DOs für die Kanarischen Inseln? In der Tat – Tacoronte-Acentejo, Lanzarote, La Palma und Ycoden-Daute-Isora. Probieren sollte man den Malvasia von Lanzarote; ansonsten sollte man sich an die jungen Rotweine halten, die überwiegend aus Listán Negro erzeugt werden. Beste Erzeuger: Bodegas Monje, Viña Norte.

CANBERRA DISTRICT *Neusüdwales, Australien* Kühles Klima und 800 m Höhe, das klingt gut, aber solche Bedingungen bringen hier viele Probleme mit sich. Lark Hill erzeugt aufregende Rieslinge, Doonkuna verfeinerte Chardonnays und Shirazweine und Clonakilla überraschend gute Shirazweine (sowie etwas Vigonier). Beste Erzeuger: Brindabella Hills, Clonakilla, Doonkuna, Helm's, Lark Hill (Weißweine).

CANEPA *Maipo, Chile* Familiäre Streitigkeiten und der Weggang des begabten Önologen Andrés Ilabeca bedeuten, daß man aufpassen muß, wie es mit diesem riesigen Weinbaubetrieb in MAIPO weitergehen wird. Ilabecas Vermächtnis ist ein beeindruckendes Angebot an Rotweinen, darunter ein würziger Zinfandel★, ein Merlot★ und ein Privat Reserve Cabernet Sauvignon★ mit großartiger Alterungsfähigkeit.

CANNONAU Sardische Rebe, die im wesentlichen dieselbe Rebsorte ist wie die spanische Garnacha- und die französische Grenache-Noir-Traube. Auf Sardinien (SARDEGNA) erzeugt sie tiefe, tanninreiche Rotweine, aber die modernen, trockenen roten Tafelweine gewinnen an Beliebtheit. Traditionelle süße und gespritete Weine kann man immer noch finden. Beste Erzeuger: (leichtere, moderne Weine) Argiolas, SELLA & MOSCA★; Genossenschaften Dolianova, Dorgali, Jerzu, Ogliastra und Oliena.

CH. CANON★★ *St-Émilion Grand Cru AC, 1er Grand Cru Classé, Bordeaux, Frankreich* Canon erzeugt einen der reichhaltigsten und konzentriertesten Weine von SAINT-ÉMILION. Das Château wurde 1996 von dem französischen Modeartikel- und Parfümhersteller Chanel erworben, der auch Ch. RAUZAN-SÉGLA besitzt. Somit darf man hier sogar noch größere Dinge erwarten. In guten Jahrgängen ist der Wein anfangs beeindruckend tanninreich und kann mehr als ein Dutzend Jahre altern. Zweitwein: Clos J. Kanon. Beste Jahrgänge: (1996) (95) 93 90 89 88 **86 85 83 82 81 79 78.**

CANON-FRONSAC AC *Bordeaux, Frankreich* Diese Appellation ist das Herz des Anbaugebiets FRONSAC. Die Weine sind recht kräftig, wenn sie jung sind, können aber über zehn Jahre altern. Beste Erzeuger: Barrabaque, Canon★, Canon-de-Brem★, Canon-Moueix, Cassagne-Haut-Canon, la Fleur-Cailleau, Haut-Mazeris, Moulin-Pey-Labrie, Vrai-Canon-Bouché, Vrai-Canon-Boyer. Beste Jahrgänge: (1996) 95 **94 90 89 88 85 83 82 79 78.**

CH. CANTEMERLE★★ *Haut-Médoc AC, 5ème Cru Classé, Bordeaux, Frankreich* Seitdem die große Handelsfirma Cordier für die Vinifizierung verantwortlich ist, hat sich Cantemerle beträchtlich verbessert. Im allgemeinen ist der Wein relativ zart und muß nur fünf bis sieben Jahre reifen. Zweitwein: Villeneuve de Cantemerle. Beste Jahrgänge: **1990 89 83 82.**

CANTERBURY *Südinsel, Neuseeland* Die lange, trocken-kühle Reifungsperiode an der Küste im mittleren Bereich der neuseeländischen Südinsel ist günstig für weiße Trauben, insbesondere die Rebsorten Chardonnay, Pinot Gris, Sauvignon Blanc und Riesling, sowie für Pinot Noir. Der nördliche Bezirk Waipara erzeugt die aufregendsten Weine von Canterbury, insbesondere bei Riesling und Pinot Noir. Beste Erzeuger: GIESEN★, Pegasus Bay, Mark Rattray, ST HELENA★, Sherwood Estate.

CANTINA SOCIALE Italienische Bezeichnung für »Genossenschaft« – eine bedeutsame Kraft im italienischen Weinbau, die etwa 60 % der Gesamtproduktion des Landes kontrolliert.

CAPE MENTELLE *Margaret River, Westaustralien* Die führende Kellerei im Anbaugebiet MARGARET RIVER ist zusammen mit dem neuseeländischen Ableger CLOUDY BAY mehrheitlich im Besitz von VEUVE CLICQUOT. Ihr weitblickender Gründer David Hohnen erzeugt vollmundige Cabernet-★★ und Shirazweine★★, eindrucksvolle Chardonnays★★, pikante Weißweine aus Sémillon und Sauvignon Blanc ★★ und einen wunderbar kernigen Zinfandel★★, der deutlich Hohnens önologische Ausbildung in Kalifornien verrät. Alle Weine profitieren davon, wenn man sie einkellert, Weißweine bis zu fünf Jahre, Rotweine acht bis zehn Jahre. Beste Jahrgänge: (Rotweine) 1993 92 91 **90 88 86 83 82 78.**

CAPEL VALE *South-West Coastal Plain, Westaustralien* Die Kellerei des Radiologen Peter Pratten erzeugt feine Weine aus den Rebsorten Riesling★, Gewürztraminer, Chardonnay★★ und Sémillon-Sauvignon Blanc★. Die Rotweine sind stattlich und eher schwer, aber der 93er Shiraz★ sticht deutlich heraus. Beste Jahrgänge: (Weißweine) **1995 93 92 91.**

CH. CARBONNIEUX *Pessac-Léognan AC, Cru Classé de Graves, Bordeaux, Frankreich* Carbonnieux ist das größte der als Crus Classés eingestuften Weingüter im Anbaugebiet GRAVES und gehört jetzt zur AC PESSAC-LÉOGNAN. Der Weißwein★ ist seit 1988 erheblich besser geworden; er hat von der Einführung von 50 % neuen Eichenholzfässern profitiert. Dem Rotwein★ scheint es manchmal an Stoff zu mangeln, aber er hatte im Laufe der letzten Jahre ebenfalls an Komplexität gewonnen. Zweitwein: la Tour-Léognan. Beste Jahrgänge: (Weißweine) 1996 95 **94 90 89 88 85;** (Rotweine) (1996) (95) **90 89 88 86.**

CARCAVELOS DOC *Estremadura, Portugal* Carcavelos ist eine winzige, zum Tode verurteilte DOC für einen belanglosen braunen gespriteten Wein, der in den Vororten zwischen Lissabon und Cascais aus roten und weißen Trauben hergestellt wird. Der Wein von Quinta dos Pesos, dem einzigen in der DOC übriggebliebenen Weingut, ist lächerlich teuer.

CAREMA DOC *Piemont, Italien* Die Nebbiolotrauben, die auf den steilen, felsigen Hängen dieser kleinen Anbauzone im Nordpiemont (PIEMONTE) wachsen, liefern nur winzige Weinmengen. Diese Weine, die leichter als die meisten anderen Nebbiolos sind, können große Eleganz besitzen und intensiv duften. Die Produktion ist auf zwei Erzeuger beschränkt, die örtliche Genossenschaft und Luigi Ferrando, der gute Weine mit weißem Etikett★ und in den besten Jahrgängen hochwertigere Weine mit schwarzem Etikett★ herstellt, die bis zu 25 Jahre altern können. Beste Jahrgänge: 1995 **93 90 89 88 85.**

CARIGNAN Die in Südfrankreich vorherrschende Rotweintraube, die für viele langweilige, billige, rauh schmeckende Weine verantwortlich ist. Aber wenn der Wein aus Carignantrauben mittels Kohlensäuremaischung hergestellt wird, kann er eine köstliche, würzige Fruchtigkeit aufweisen. Alte Rebstöcke sind imstande, dickflüssige, reichhaltige, eindrucksvolle Rotweine hervorzubringen. Obwohl sie (als Cariñena oder Mazuelo) ursprünglich eine spanische Rebsorte war, ist sie dort nicht sehr weit verbreitet, aber in RIOJA und Katalonien (CATALUÑA) dient sie dazu, den Weinen etwas Farbe zu verleihen. In Kalifornien wird diese Rebsorte häufig für rote Konsumweine verwendet.

CARIGNANO DEL SULCIS DOC *Sardinien, Italien* In der Südwestecke der Insel, in Sulcis, ist Carignano als DOC eingestuft und fängt jetzt an, Weine von recht verblüffender Qualität zu erzeugen. Rocca Rubia★★, ein im Barrique ausgebauter Riserva der Genossenschaft in Santadi, ist mit seiner reichen, fleischigen, schokoladenartigen Frucht einer der besten sardischen Rotweine. In ähnlichem Stil gehalten, aber stärker strukturiert und konzentrierter ist Terre Brune★★. Bester Erzeuger: Gen. Santadi. Beste Jahrgänge: (Riservas) (1996) 95 **94 93 91 90 89 88.**

LOUIS CARILLON & FILS *Puligny-Montrachet, Côte de Beaune, Burgund, Frankreich* Ein hervorragendes, aber oft unterbewertetes Gut in Familienbesitz in PULIGNY-MONTRACHET. Die Betonung liegt hier auf traditionellen, etwas wild schmeckenden Weißweinen von großer Konzentration und nicht so sehr auf neuen Eichenholzfässern. Ausschau halten sollte man nach den drei Premiers Crus, Les Referts★★★, Champ Canet★★★ und Les Perrières★★★, und dem in winziger Menge erzeugten, aber erlesenen Wein aus dem Grand Cru Bienvenues-Bâtard-Montrachet★★★. Die Rotweine – aus CHASSAGNE-MONTRACHET★, SAINT-AUBIN★ und MERCUREY★ – sind ebenfalls äußerst gut. Beste Jahrgänge: (Weißweine) 1995 94 93 **92 90 89 88.**

CARIÑENA DO *Aragonien, Spanien* Die größte DO von Aragonien (ARAGON), die von der gnadenlosen Sonne im östlichen Binnenland Spaniens versengt wird. Cariñena war traditionell ein Anbaugebiet von billigen, dunklen, alkoholreichen Rotweinen aus der Garnachatraube, aber man hat begonnen, statt dessen die Rebsorte Tempranillo zu verwenden. Einige Winzer pflücken die Trauben außerdem früher. Dennoch ist der meiste Cariñena, ob rot, weiß oder rosé, immer noch billig und unerfreulich. Bester Erzeuger: Bodegas San Valero (Monte Ducay, Don Mendo).

CARMEL *Israel* Der größte israelische Weinhersteller bezieht Trauben von 200 verschiedenen Weinbauern und erzeugt daraus einen frischen, nach Zitrusfrüchten schmeckenden Sauvignon Blanc, für den die Trauben von den Golanhöhen kommen, einen erstklassigen Cabernet Sauvignon und einen sehr aromatischen trockenen Muscat. Außerdem werden u. a. die Rebsorten Sémillon, Chardonnay, Shiraz und Petite Sirah verwendet.

CARMEN *Maipo, Chile* Die Schwesterkellerei von SANTA RITA, aber Welten entfernt hinsichtlich Qualität. Die mit modernster Technologie ausgestattete Kellerei Carmen und der für Neuerungen offene junge Weinmacher Alvaro Espinoza sind führend im MAIPO-TAL. Zu den besten Weinen gehören ein komplexer, gut strukturierter Cabernet Sauvignon Reserve★★, ein pikanter, fruchtiger Merlot★★ und der neue Grande Vidure Cabernet★. Die Weißweine sind weniger erfolgreich, aber der Gewürztraminer-Sauvignon-Verschnitt ist eine intelligente und gelungene Neuheit, während sich der nicht im Holzfaß ausgebaute Sauvignon Blanc stark verbessert hat. Aufgrund des biologisches Anbaus in einigen Weinbergen und der Verwendung italienischer Rebsorten sollte man diesen Erzeuger im Auge behalten. Bester Jahrgang: 1996.

CARMENET VINEYARD *Sonoma Valley AVA, Kalifornien, USA* Carmenet stellt Rot- und Weißweine im Bordeauxstil her und ist wahrscheinlich einer der erfolgreichster Vertreter beider Weinstile in Kalifornien. Dunkle, komplexe Rotweine★★ und langlebige, im Holzfaß vergorene Weißweine★★. Beste Jahrgänge: (Rotweine) 1994 **92 91 90 88 87 86.**

CARMIGNANO DOCG *Toskana, Italien* Ein Rotwein, der westlich von Florenz erzeugt wird. Er ist berühmt seit dem 16. Jahrhundert; wiederbelebt wurde er in den 60er Jahren von Ugo Contini, dem dominierenden Erzeuger, der die Weingüter Capezzana und Villa di Trefiano besitzt. Contini behauptete, die Cabernetrebe sei in Carmignano im 18. Jahrhundert angepflanzt worden, und brachte einige Rebstöcke von LAFITE in Bordeaux für seine eigenen Weinberge mit. Die Kombination (85 % Sangiovese und 15 % Cabernet) ergibt einen der feinsten Weine der Toskana, der sehr langlebig sein kann. Carmignano hat zwar eine DOCG für seinen Rotwein, der als Riserva★★ bemerkenswert ist, aber die DOC gilt für einen leichteren roten Barco Reale, einen Rosé namens Vin Ruspo und einen feinen VIN SANTO★. Beste Erzeuger: Ambra, Arrtimino★, Bacheretto, Capezzana★, Le Farnete, Il Poggiolo, Villa di Treffiano★. Beste Jahrgänge: (1996) 95 **94 93 90 88 85.**

CARNEROS AVA *Kalifornien, USA* Das Weinbaugebiet Carneros liegt am Nordrand der San Francisco Bay und umfaßt Teile von NAPA und SONOMA COUNTY. Es ist starken Winden und kalten Temperaturen mit dichten Nebeln von der Bucht her ausgesetzt und zählt zu den besten kalifornischen Anbaugebieten mit kühlem Klima; deshalb eignet es sich in hohem Maße für Chardonnay und Pinot Noir. Beide Traubensorten werden sowohl für Stillweine wie auch als Grundweine für die Schaumweinherstellung verwendet. Beste Erzeuger: ACACIA★, Bouchaine★★, Carneros Creek★★, DOMAINE CARNEROS★★, MUMM NAPA (Winery Lake), RASMUSSEN★★, SAINTSBURY★★.

CARNUNTUM *Niederösterreich, Österreich* Weinbauregion südlich der Donau, östlich von Wien, mit einer starken Rotweintradition. Bester Erzeuger: Pittnauer.

CARR TAYLOR *Sussex, England* David Carr Taylors seit langem bestehender Weinbaubetrieb nördlich von Hastings erzeugt beständig gute Weißweine aus den Rebsorten Reichensteiner, Gutenborner und Schönburger und hat jetzt vor, seinen bahnbrechenden Schaumweinen, die er aus Trauben von den nach Süden liegenden Kreidehängen produziert, noch mehr Aufmerksamkeit zu widmen.

CASA LAPOSTOLLE *Rapel, Chile* Ein neues Joint-venture-Unternehmen zwischen Marnier-Lapostolle und der chilenischen Familie Rabat, wobei Michel Rolland als Önologe fungiert. Die Cuvée Alexandre Merlot★★ und der Chardonnay★ haben beide die Stärke, daß sie mehrere Jahre altern können. Alle Weine unterstreichen die Qualität der Trauben aus Rapel★. Ein neuer Cabernet Rosé zählt zu den besten Roséweinen von Chile. Beste Jahrgänge: **1996 95.**

CASABLANCA *Casablanca, Chile* Ein nahe der Küste verlaufendes Tal, das Chiles stärkster (einige sagen auch: einziger) Beweis für einen regionalen Stil ist. Weißweine dominieren; die besten Ergebnisse werden dabei mit den weniger häufig angepflanzten Rebsorten Sauvignon Blanc und Gewürztraminer erzielt. Bester Erzeuger: CONCHA TORO★★, VIÑA CASABLANCA★★.

CASSIS AC *Provence, Frankreich* Cassis ist ein malerischer Fischerhafen in der Nähe von Marseille. Aufgrund der Lage ist sein Weißwein der überteuertste an der französischen Riviera. Der aus Ugni Blanc und Clairette hergestellte Wein ist keineswegs so besonders, kann aber gut schmecken, wenn er kühl ist. Der Rotwein ist bestenfalls langweilig, doch der Roséwein kann gefällig sein (insbesondere von einem einzelnen Weingut). Beste Erzeuger: de Boudard, Clos Ste-Magdelaine, Ferme Blanche, Fontblanche, Fontcreuse.

CASTEL DEL MONTE DOC *Apulien, Italien* Eine trockene, hügelige Anbauzone, die sich ideal für die Rebsorte Uva di Troia eignet. Diese kann einen langlebigen Rotwein von erstaunlichem Charakter liefern. Der Rosé ist gut; die aus international gebräuchlichen Rebsorten erzeugten Weißweine werden besser. Beste Erzeuger: RIVERA★, Santa Lucia, Torrevento.

CASTELL *Franken, Deutschland* Im früher selbständigen Fürstentum Castell liegt eines der größten fränkischen Güter in Privatbesitz, das von Fürst Castell. Die Spitzenlage ist hier der Casteller Schloßberg, der eindrucksvolle Rieslaner-Dessertweine liefert. Einfache trockene Müller-Thurgaus und Silvaner dominieren. Bester Erzeuger: CASTELL'SCHES DOMÄNENAMT.

CASTELLBLANCH *Cava DO, Katalonien, Spanien* Eine der größten Firmen der Welt, die Schaumweine nach dem Champagner-Verfahren herstellen, im Besitz einer anderen riesigen CAVA-Firma, nämlich FREIXENET. Brut Zero★ und Cristal sind frische, einfache Schaumweine.

CASTELL'IN VILLA *Chianti DOCG, Toskana, Italien* Eines der besten Weingüter im CHIANTI-Gebiet. Es erzeugt einen beachtlichen CHIANTI CLASSICO ★★ und einen Sangiovesewein namens Santacroce★★, die beide Kraft, Eleganz und Alterungsfähigkeit in einer Weise vereinen, wie es nur wenigen toskanischen Weinen gelingt. Bei den letzten Jahrgängen einige Schwankungen in der Qualität. Beste Jahrgänge: (1996) (95) **94** 93 **90 88 85.**

CASTELLO DELLA SALA *Orvieto DOC, Umbrien, Italien* Das Gut, das der Familie ANTINORI gehört, erzeugt einen guten ORVIETO★ und einen im Eichenholzfaß gereiften Cervaro della Sala★★ (80 % Chardonnay, 20 % Grechetto), der mit jedem Jahr besser gelingt. Der Pinot Nero zählt zu den eindrucksvollsten von Italien. Die süßen Weine sind gut, insbesondere Muffato della Sala★★. Beste Jahrgänge: (Weißweine) (1996) **95 94 93 92 90 88 86.**

CASTELLO DI AMA *Chianti Classico DOCG, Italien* Ein vorbildliches Weingut im CHIANTI CLASSICO mit herausragenden Weinen aus Einzellagen als Riservas★★ (Bellavista und La Casuccia). Vigna L'Apparita★★ ist einer der besten italienischen Merlots; der weniger beeindruckende Vigna Il Chiuso★ wird aus Pinot Nero hergestellt. Außerdem wird ein guter VIN SANTO erzeugt. Beste Jahrgänge: (1996) (95) 94 93 **90 88 85.**

CASTELL'SCHES DOMÄNENAMT *Castell, Franken, Deutschland* Müller-Thurgau-Weine mit frischer, sommerlicher Fruchtigkeit kommen vom Casteller Herrenberg, während ein klassischer fränkischer Silvaner vom Casteller Hohnart★ stammt. Am bekanntesten sind die reichhaltigen Auslesen★ aus den Rebsorten Rieslaner und Scheurebe. Beste Jahrgänge: **1993 92 90.**

CASTILLA-LA MANCHA (KASTILIEN-LA MANCHA) *Spanien* Das größte Weinbaugebiet Spaniens und mit mehr als 700 000 ha Rebland das größte Anbaugebiet der Welt. Es ist eine heiße, trockene Region mit armen Böden. Die DOs der zentralen Hochfläche, La MANCHA und VALDEPEÑAS, produzieren hauptsächlich Weißweine aus der Airéntraube und ein paar gute Rotweine aus der Rebsorte Cencibel (Tempranillo). Méntrida DO und Almansa DO stellen überwiegend rustikale, manchmal gefällige Rotweine her. Interessanterweise fallen die ehrgeizigsten Weine, die in dieser Region erzeugt werden, unter keine der verschiedenen DOs, insbesondere die von dem Weingut Dominio de Valdepusa (MARQUÉS DE GRIÑON) in Toledo und die aus Manuel Manzaneques Weinbergen der Sierra de Alcara in der Provinz Albacete. Siehe auch Jumilla DO.

CASTILLA Y LEÓN (KASTILIEN-LEÓN) *Spanien* Dies ist die rauhe Hochfläche Spaniens mit langen, kalten Wintern und heißen Sommern (aber die Nächte sind immer kühl). Ein paar Flüsse, insbesondere der Duero, mildern dieses Klima und sorgen für gute Weinbaubedingungen. Nach vielen Jahrzehnten der Ignoranz bei der Vinifizierung, mit einigen Ausnahmen wie VEGA SICILIA, hat sich die Situation in zwei DOs der Region, RIBERO DEL DUERO und RUEDA, radikal zum Besseren hin verändert; in den drei anderen DOs, BIERZO, Cigales und TORO, verbessert sie sich rasch.

VIGNERONS CATALANS *Roussillon, Frankreich* Diese große Vereinigung von Winzern und Genossenschaften mit Sitz in Perpignan verkauft ein breites Angebot an Weinen. Sie wurde 1964 gegründet und hat ihre Mitglieder dazu ermutigt, in moderne Technologie zu investieren und mit neuen Rebsorten zu experimentieren. Ihre Verschnittweine der Appellationen COTES DU ROUSSILLON★ und COTES DU ROUSSILLON-VILLAGES★ sind sehr beständig. Es gibt jetzt aufregendere Weine im Roussillon, aber keine zuverlässigeren.

CATALUÑA (KATALONIEN) *Spanien* Das Niveau der Weine schwankt beträchtlich unter den acht DOs dieser spanischen Region. PENEDÉS, zwischen Barcelona und Tarragona gelegen, hat die größte Zahl von technisch gut ausgerüsteten Kellereien in Spanien. ALELLA, an der Küste gelegen, erzeugt reizvolle Weißweine, während Costers del Segre im Landesinneren auf dem Gut RAIMAT potentiell hervorragende Rot- und Weißweine produziert. Im Süden befinden sich mit dem bergigen PRIORATO und den Hügeln von Tarragona und Terra Alta Anbaugebiete, in denen die meisten Erzeuger noch immer rückständig sind. Ampurdán-Costa Brava oben an der französischen Grenze verharrt leider auf einem qualitativ niedrigen Stand, weil der günstige, vom Tourismus geprägte Absatzmarkt alles aufnimmt, was produziert wird. Katalonien stellt auch den größten Teil der spanischen CAVA-Schaumweine her. Siehe auch Conca de Barbéra.

CATENA *Mendoza, Argentinien* Der fortschrittlichste und am stärksten exportorientierte Weinerzeuger Argentiniens. Die Kellerei Esmeralda stellt einen in internationalem Stil gehaltenen Spitzenchardonnay★★, einen im Eichenholzfaß gereiften Carbernet Sauvignon★ und einen kraftvollen Malbec aus der Reblage Agrelo her. Die Zweitmarke Alamos Ridge bietet ein exzellentes Preis-Leistungs-Verhält-

nis. Die Übernahme von La Rural durch Catena hat zu einem intensiven neuen Malbec★ und einem weichen, erstklassigen Merlot★ geführt. Beste Jahrgänge: **1996 95.**

DOMAINE CAUHAPÉ *Jurançon AC, Südwestfrankreich* Henri Ramonteu ist sehr einflußreich im Jurançon gewesen und hat bewiesen, daß dieses Anbaugebiet sowohl komplexe Weißweine wie auch traditionellere süße Weine erzeugen kann. Er ist bei beiden Typen der führende Erzeuger, aber seine Spitzenweine sind der süße Noblesse du Petit Manseng★★ und der im Holzfaß vergorene Quintessence★★.

CAVA DO *Spanien* Cava, die katalanische und in der Folge auch spanische Bezeichnung für Schaumwein, der nach dem Champagner-Verfahren entsteht, wird in 159 Städten und Dörfern produziert, die über Nordspanien verstreut sind, aber mehr als 95 % davon befinden sich in Katalonien. Verwendet werden dafür drei einheimische Rebsorten, Parellada, Macabeo und Xarel-lo. Die preisgünstigsten, fruchtigsten Cavas sind in der Regel die jüngsten, die nicht mehr als die Mindestdauer von neun Monaten gereift sind. Ein paar gute katalanische Cavas werden aus Chardonnaytrauben hergestellt. Jetzt werden eine Reihe von Spitzenweinen erzeugt, die aber selten im Ausland zu finden sind; ihre Preise liegen nämlich zu nahe bei denen für Champagner (CHAMPAGNE), um Käufer anderer Länder zu verführen. Beste Erzeuger: Can Feixes, Castell de Villarnau, CASTELLBLANCH, Cavas Hill, CODORNIU (Anna de Codorníu★, Première Cuvée Brut Chardonnay★), FREIXENET, JUVE Y CAMPS★, MARQUES DE MONISTROL★, Mont Marçal, Parxet, RAIMAT, Raventós i Blanc, Rovellats★, Augstí Torelló, Jané Ventura.

CAVE CO-OPÉRATIVE Französische Bezeichnung für »Genossenschaftskellerei«. Die Mitglieder bringen in eine solche Genossenschaftskellerei ihre Trauben, die dann gemeinsam vinifiziert werden. Die Weine werden später auf Flaschen abgefüllt und kommen unter einer gemeinsamen Marke auf den Markt. Mengenmäßig wird die französische Weinbranche zwar durch ihre Genossenschaften bestimmt. Die besten Genossenschaften sind hervorragend, aber vielen fehlen die finanziellen Mittel für Investitionen, und zumeist besitzen sie auch keinen Direktor, der genug Weitblick zeigt, um die Mitglieder von der Notwendigkeit der Bemühungen zu überzeugen. Dennoch hat sich die allgemeine Qualität der Genossenschaftsweine im letzten Jahrzehnt enorm verbessert. Genossenschaften verwenden oft Namen wie Caves des Vignerons, Producteurs Réunies, Union des Propriétaires, Union des Producteurs oder Cellier des Vignerons. Siehe Buxy, Catalans, Celliers des Samsons, la Chablisienne, Mont Tauch, Oisly-et-Thésée, Plaimont, Sieur d'Arques.

CAVES ALIANÇA *Beira Litoral, Portugal* Eine der größten Weinfirmen Portugals mit Sitz in BAIRRADA. Sie gehört eindeutig zu den Modernisten von Bairrada und macht spritzige, frische Weißweine und weiche, leicht zugängliche rote Bairradas★. Außerdem kauft sie Wein auf, um ihn zu gutem roten DÃO★ und DOURO★ zu verschneiden. Sie besitzt auch Weinberge im ALENTEJO. Beste Jahrgänge: (Rotweine) **1995 94 92.**

CAVES SÃO JOÃO *Beira Litoral, Portugal* Eine traditionell wirkende Firma, die aber auf diskrete Weise moderne Methoden verfolgt. Sie war ein Vorreiter auf dem Gebiet der Vergärung von weißem BAIRRADA bei niedrigen

Temperaturen und hat einige hervorragende Cabernet Sauvignons aus eigenen Trauben hergestellt. Am bekanntesten ist sie jedoch für ihre reichhaltigen, komplexen Rotweine, darunter Frei João ★ aus Bairrada und Porta dos Cavalheiros ★★ aus DÃO. Diese Weine brauchen mindestens zehn Jahre, um ihre Qualität zu entfalten. Ausschau halten sollte man nach den Reservas. Beste Jahrgänge: (Rotweine) **1992 91 88 85 83.**

CAVES VELHAS *Estremadura, Portugal* Caves Velhas kauft Weine aus ganz Portugal auf, verschneidet sie und baut sie aus. Seine nicht als DOC eingestuften Marken (Romeira, Caves Velhas Clarete und Caves Velhas Garrafeira) weden vorwiegend aus Weinen hergestellt, die aus RIBATEJO oder Palmelo stammen. Viele Jahre lang war die Firma der einzige kommerzielle Erzeuger der geschichtsträchtigen DOC BUCELAS, auch wenn der Wein selbst nicht sehr denkwürdig war.

CAYMUS VINEYARDS *Napa Valley AVA, Kalifornien, USA* Caymus Cabernet Sauvignon ist ein reifer, intensiver und im allgemeinen tanninreicher Wein, der als reguläre Abfüllung★ gut ist und als Special Selection★★★ sogar herausragend sein kann. Außerdem gibt es einen ausgezeichneten Zinfandel★. Mer & Soleil, eine neue Marke für MONTEREY-Chardonnay, war augenblicklich ein Erfolg. Beste Jahrgänge: (Special Selection) (1995) (94) 92 91 **90 88 87 86 85 84 80.**

DOMAINE CAZES *Rivesaltes, Roussillon, Frankreich* Die Brüder Caze stellen einen hervorragenden MUSCAT DE RIVESALTES★★ und RIVESALTES Vieux★★ sowie den prächtgen Aimé Cazes★★★ her, aber sie erzeugen auch ein breites Angebot von roten und weißen Tafelweinen aus dem Roussillon, in erster Linie als COTES DU ROUSSILLON und Vin de Pays des Côtes Catalanes. Ausschau halten sollte man nach dem weichen, fruchtigen Le Canon du Maréchal★ und dem in kleiner Menge produzierten faßvergorenen Chardonnay★. 1996 führten sie den auf Cabernet basierenden Le Credo ein, einen Vin de Pays, für den die Trauben in AC-Rebflächen angebaut werden. Beste Jahrgänge: (Rotweine) **1995 94 93 92 91 90 89 88.**

CELLIER DES SAMSONS *Beaujolais, Burgund, Frankreich* Eine Gruppe von zehn qualitätsbewußten Genossenschaften, die beständig passable Weine aus den Anbaugebieten Beaujolais und Mâconnais erzeugen. 1996 wurde Cellier des Samsons von Jean-Claude BOISSET gekauft. Die besten Weine werden unter der Marke Cuvée Authentique verkauft. Lohnenswert sind ihr MOULIN-À-VENT, BEAUJOLAIS-VILLAGES, SAINT-VÉRAN, und MACON-VILLAGES.

CELLIER LE BRUN *Marlborough, Südinsel, Neuseeland* Ein Spezialist für Schaumweine nach dem Champagner-Verfahren. Der Jahrgangsschaumwein Blanc de Blancs ist ★★, aber auch die Verschnitte (mit und ohne Jahrgang) sind durchgängig gut.

CENCIBEL Siehe Tempranillo.

CENTRAL COAST AVA *Kalifornien, USA* Ein riesiges als AVA eingestuftes Anbaugebiet, das praktisch jede Reblage zwischen San Francisco und Los Angeles umfaßt und eine Reihe von Untergebieten enthält, wie etwa die AVAs Santa Cruz, Santa Ynez, SANTA MARIA und Monterey. Zu diesen gehören einige ausgezeichnete Anbaugebiete mit kühlerem Klima, die sich für Pinot Noir und Chardonnay eignen. Siehe auch Monterey County, San Louis Obispo County, Santa Barbara County.

CENTRAL OTAGO *Südinsel, Neuseeland* Das einzige Anbaugebiet in Neuseeland, das eher ein kontinentales als ein maritimes Klima besitzt. Die lange, kühle Vegetationsperiode kann bei früh reifenden Rebsorten wie Pinot Noir, Gewürztraminer und Chardonnay für die Geschmacksentwicklung ideal sein, auch wenn sie für später reifende Rebsorten wie Riesling riskant ist. In Neuseelands neuester und am schnellsten wachsender Weinregion gibt es jetzt zehn Kellereien, weitere drei in ein bis zwei Jahren sowie noch viel mehr Pläne für Weinberge. Beste Erzeuger: Black Ridge, Chard Farm, Gibbston Valley, Rippon Vineyards.

CENTRAL VALLEY (ZONA DEL VALLE CENTRAL) *Chile* Das Zentrum der chilenischen Weinbranche, das die Täler von MAIPO, Rapel, Curicó und Maule umfaßt. Fast alle großen Erzeuger haben hier ihren Sitz. Entscheidend für die Unterschiede im Mesoklima ist die jeweilige Entfernung des Anbaugebiets vom Küstengebirge und von den Anden. Beste Erzeuger: CANEPA★, CARMEN★★, CONO SUR★, LA ROSA★, VALDIVIESO★★.

CENTRAL VALLEY AVA *Kalifornien, USA* In diesem riesigen Anbaugebiet wachsen nahezu 90 % der kalifornischen Trauben, die hauptsächlich zur Erzeugung von billigen Weinen dienen. Die Weinqualität hat sich in den letzten paar Jahren verbessert, aber es ist dennoch ein zu heißes Gebiet, in dem die bewässerten Weingärten Unmengen von Trauben produzieren, die oft zur Produktion von Brandy und Traubensaftkonzentrat verwendet werden. Angeblich kann man im Central Valley keine aufregenden Weine erzeugen; doch die Bedingungen unterscheiden sich nicht übermäßig von denen im australischen Riverland oder in vielen Teilen Spaniens und Südfrankreichs. In den 90er Jahren vergrößerten die Winzer im Lodi AVA die Rebfläche rasch auf 22 000 ha und machten Lodi mengenmäßig zum führenden Erzeuger von Chardonnay, Merlot, Zinfandel und Cabernet. Weitere Untergebiete, die Anspruch auf Qualität erheben, sind das Sacramento Valley und das Delta-Gebiet. Beste Erzeuger: MONDAVI Woodbridge, Sutter Home.

CERETTO *Piemont, Italien* Dieses von den Brüdern Bruno und Marcello Ceretto geführte Handelshaus hat sich einen recht guten Namen als einer der großen modernen BAROLO-Erzeuger gemacht. Der Stil dieser Weine ist weich und duftig und durch einen geringen Tanningehalt geprägt, aber oft konnten die Weine den übertriebenen Erwartungen nicht gerecht werden. Mit der Hilfe des Önologen Donato Lanati haben der Barolo (von Bricco Rocce★★), der BARBARESCO (Bricco Asili★★) und der weiße Arneis Blangè das behauptete Qualitätsniveau zurückgewonnen. Auf dem Mustergut La Bernardina erzeugt Ceretto auch Chardonnay★, Viognier★, Cabernet★, Pinot Nero und Syrah★.

CÉRONS AC *Bordeaux, Frankreich* Eine AC für süße Weine im GRAVES-Gebiet des Bordelais. Der eher weiche, mild nach Honig schmeckende Wein ist nicht so süß wie der SAUTERNES, außer in Jahren wie 1990, und deshalb auch nicht so bekannt oder so teuer. Die meisten Erzeuger machen jetzt trockene Weine, die unter der Appellation Graves auf den Markt kommen. Beste Erzeuger: de Cérons★, Grand Enclos du Château de Cérons★★, Mayne-Binet, du Seuil. Beste Jahrgänge: **1996 95 90 89 86 83.**

L. A. CETTO *Niederkalifornien, Mexiko* Die erfolgreichste Kellerei Mexikos verläßt sich darauf, daß Nebel und kühle Brisen vom Pazifik die Hitze des Valle de Guadaloupe mäßigen. Der italienische Weinmacher Carmelo Magoni stellt einen reifen, fleischigen Petite Sirah★, einen im Eichenholzfaß gereiften Cabernet Sauvignon, Zinfandel und Merlot her. Dem Chardonnay mangelt es an Säure und sortentypischem Charakter, doch sonderbarerweise versucht sich die Kellerei auch an Schaumwein.

CHABLAIS *Waadt, Schweiz* Ein Untergebiet im Kanton VAUD, südöstlich des Genfer Sees. Die meisten Weingärten befinden sich auf Schwemmland, aber zwei Orte, Yvorne und AIGLE, besitzen viel steilere Hänge und erzeugen pikante Weißweine und gute Rotweine. Die meisten der durstlöschenden trockenen Weißweine werden aus der Rebsorte Chasselas erzeugt, die hier Dorin genannt wird. Die Rotweine werden aus Pinot Noir hergestellt. Eine Rosé-Spezialität ist der ebenfalls aus Pinot Noir erzeugte Œil de Perdrix (»Hühnerauge«), ein angenehmer Sommerwein. Die Weiß- und die Roséweine sollte man jung trinken. Beste Erzeuger: Badoux, Delarze, Grognuz, Undermühle.

CHABLIS AC *Burgund, Frankreich* Chablis, eine Kleinstadt im Sereintal, auf halbem Wege zwischen Paris und Dijon gelegen, ist der nördlichste Außenposten von Burgund. Die Chardonnayrebe gedeiht hier oft nur unter Schwierigkeiten, weil es verheerende Fröste gibt. Die Preise sind deshalb sehr wechselhaft. Das andere Problem des Chablis besteht darin, daß sein Name in vielen Teilen der Welt zum Synonym für billige, trockene bis halbtrockene Weine aus jeder verfügbaren Rebsorte, nicht nur Weißweine, geworden ist. Echter Chablis ist immer weiß und trocken, aber er besitzt eine leichte, unaufdringliche Frucht, die ihn zu einem köstlichen Trinkgenuß machen kann. Eine wachsende Zahl von Erzeugern experimentiert mit einem Ausbau in Eichenholzfässern, was zu einigen vollen, angenehm reichhaltigen, trockenen Weißweinen führt, die nach Weißbrot schmecken. Im allgemeinen sollte ein einfacher Chablis mit ein bis zwei Jahren getrunken werden, aber die besseren können drei bis fünf Jahre reifen. Beste Erzeuger: Bessin, Brocard★, Gen. la CHABLISIENNE★★, Defaix★★, DROIN★, DROUHIN★★, DURUP, Grossot★★, LABOURÉ-ROI★, Laroche★, Long-Depaquit★, MICHEL★★, Picq, Pinson★, RAVENEAU★★★, Régnard★, Servin, Simonnet-Febvre★, Vocoret★. Beste Jahrgänge: **1996 95 90 89.**

CHABLIS GRAND CRU AC *Burgund, Frankreich* Die sieben Grands Crus (Bougros, Les Preuses, Vaudésir, Grenouilles, Valmur, Les Clos und Les Blanchots), die oberhalb von Chablis nach Südwesten hin liegen, sind das Herzstück der AC. Erzeuger von Grands Crus haben in den 80er Jahren einige außergewöhnliche Weine hergestellt, besonders diejenigen, die Eichenholzfässer verwendet haben, um ihre Weine auszubauen; dadurch fügten sie dem ansonsten strengen Geschmack eine reiche Wärme hinzu. DROIN und Fèvre sind am enthusiastischsten in der Verwendung von neuen Eichenholzfässern. Man sollte einen solchen Wein nie zu jung trinken; fünf bis zehn Jahre sind normal, bevor man sieht, wofür man sein Geld ausgegeben hat. Beste Erzeuger: Gen. la CHABLISIENNE★★, DAUVISSAT★★★, Defaix★★, DROIN★★, Fèvre★★, Laroche★, Long-Depaquit★, MICHEL★★, RAVENEAU★★★, Régnard★, Guy Robin★★, Servin★, Simonnet-Febvre★★, Vocoret★★. Beste Jahrgänge: (1996) 95 93 92 **90 89 88 85 83.**

CHABLIS PREMIER CRU AC *Burgund, Frankreich* Etwas mehr als ein Viertel der Lagen von CHABLIS sind als Premier Cru eingestuft. Einige davon sind großartige Hänge (die besten Lagen sind Montée de Tonnerre, Vaillons, Monts de Milieu und Fourchaumes), aber viele der neueren Premiers Crus befinden sich auf Hängen von fragwürdiger Qualität. Deshalb ist die Qualität der Premiers Crus sehr unterschiedlich, aber die guten sind ein hervorragender Kauf, weil ihr Preis nur etwa 20 % über dem des einfachen Chablis liegt. Die Weine sollten eigentlich gehaltvoller und intensiver als der einfache Chablis schmecken und können bis zu fünf Jahre brauchen, um ihre volle Qualität zu entfalten. Beste Erzeuger: Bessin, Gen. la CHABLISIENNE ★, DAUVISSAT★★, Defaix★★, DROIN★★, Fèvre★, Louis MICHEL★★, RAVENEAU★★, Régnard★, Simonnet-Febvre★, Testut★, Tremblay★, Vocoret★. Beste Jahrgänge: (1996) 95 93 **92 90 89 88.**

LA CHABLISIENNE *Chablis, Burgund, Frankreich* Eine große Genossenschaft, die fast ein Drittel der gesamten CHABLIS-Weine erzeugt. Die Weine sind immer verläßlich und können manchmal Größe erreichen. Die besten sind die im Eichenholzfaß gereiften Grands Crus, vor allem Les Preuses ★★ und Grenouilles (unter dem Namen Ch. Grenouille ★★ verkauft), aber der einfache, nicht im Eichenholzfaß ausgebaute Chablis ★, die Cuvée Vieilles Vignes ★★ und die zahlreichen Premiers Crus★ sind ebenfalls ausgezeichnet, ebenso wie der rote BOURGOGNE Épineuil, der aus Pinot Noir hergestellt wird. Beste Jahrgänge: (Weißweine) **1996 95 94 93 90;** (Rotweine) **1995 93 90.**

CHALONE *Monterey County, Kalifornien, USA* Erzeuger von voll entfalteten, aber sich langsam entwickelnden Chardonnays★★ und sehr konzentrierten Pinot Noirs★★★, die aus Lagen auf dem trockenen Osthang des Küstengebirges im mittleren MONTEREY COUNTY stammen. Die Firma produziert auch einen sehr guten Pinot Blanc ★ und Chenin Blanc★ sowie Reserve-Abfüllungen von Pinot Noir ★★★ und Chardonnay ★★. Es sind sehr eigenwillige Weine. Unter der Marke Gavilan verkauft sie Weine von geringerer Intensität. Beste Jahrgänge: (Chardonnay) **1994 93 92 91 90 89 85;** (Pinot Noir) 1994 **92 91 90 88 86 83.**

CHAMBERS *Rutherglen, Victoria, Australien* Kellerei in Familienbesitz, die reinen Nektar in der Form von likörartigen Muscat- und Tokayweinen erzeugt. Das Geheimnis ist die Fähigkeit von Bill Chambers, daß er sich auf alte Rebstöcke stützt, die von früheren Generationen gepflanzt wurden. Seine Verschnittweine »Special«★★ und »Old«★★★ sind nationale Schätze. Der Cabernet ist preisgünstig und gut, die Weißweine sind uninteressant.

CHAMBERTIN AC *Grand Cru, Côte de Nuits, Burgund, Frankreich* Das Dorf GEVREY-CHAMBERTIN, die größte Weinbaugemeinde der Côte de Nuits, besitzt nicht weniger als acht Grands Crus (Chambertin, Chambertin-Clos-de-Bèze, Chapelle-Chambertin, Charmes-Chambertin, Griotte-Chambertin, Latricières-Chambertin, Mazis-Chambertin und Ruchottes-Chambertin), die einige der größten und intensivsten Rotweine Burgunds erzeugen können. Ihre rohe Frucht, die in den ersten Jahren mit intensiven Düften zu kämpfen scheint, bringt bemerkenswerte Geschmacksnoten hervor, wenn der Wein altert. Chambertin und Chambertin-Clos-de-Bèze sind die berühmtesten Lagen, aber ein immer wiederkehrendes Problem ist die Überproduktion. Dennoch sind die besten Beispiele wundervoll und können jahrzehntelang altern. Beste Erzeuger: Denis Bachelet★★, CLAIR★★, Damoy★, DROUHIN, Dugat★★, FAIVELEY★★★, Mugneret★, Pernot-Fourrier★★, Perrot-Minot★★, Denis Mortet★★, Ponsot★★, Dom. Remy★, Rossignol-Trapet★★, Roty★, Roumier★, Rousseau★★★. Beste Jahrgänge: 1995 93 91 90 **89** 88 **85 78.**

CHAMBERTIN-CLOS-DE-BÈZE AC Siehe Chambertin AC.

CHAMBOLLE-MUSIGNY AC *Côte de Nuits, Burgund, Frankreich* Eine AC, die das Potential hat, den duftigsten, aromatischsten roten Burgunder zu erzeugen, aber viele der Weine leiden unter zu hohen Erträgen und einer zu starken Aufzuckerung. Ermutigenderweise füllen jetzt mehr junge Erzeuger ihre eigenen Weine selbst auf Flaschen ab. Die 95er werden herausragend sein. Beste Erzeuger: Barthod-Noëllat★★, Bertheau, DROUHIN, DUJAC, JADOT, Dom. LEROY, Marchand★★, Mugnier★★, RION, Roumier★★, Serveau★, de Vogüé★. Beste Jahrgänge: 1995 93 **92 90 89 88.**

CHAMPAGNE Siehe S. 96/97.

CHAMPAGNE ROSÉ *Champagne, Frankreich* Ein guter Rosé-CHAMPAGNER besitzt einen köstlichen Kirsch- und Himbeerduft, der sich mit dem Schaum entfaltet. Die Spitzenweine können gut altern, aber die meisten Rosé-Champagner sollten getrunken werden, wenn sie auf den Markt kommen. Beste Erzeuger: BILLECART-SALMON★★, Charbaut, KRUG★, LANSON★, LAURENT-PERRIER★★, MOET & CHANDON★, Pommery, ROEDERER★, TAITTINGER (Comtes de Champagne★★). Beste Jahrgänge: (1996) (95) **91 90 89 88 86 85 83 82.** Siehe auch S. 96/97.

CHAMPAGNER-VERFAHREN Das Champagner-Verfahren wird heute für sämtliche der besten Schaumweine der Welt verwendet. Der entscheidende Vorgang bei der Herstellung ist, daß die zweite Gärung in der Flasche stattfindet; dabei entsteht die Kohlensäure, die – unter Druck gelöst – dem Wein seinen Schaum verleiht. Nach einem erbitterten Feldzug der Produzenten von CHAMPAGNER darf die Bezeichnung *Méthode champenoise* nur mehr auf den Etiketten von Champagnern benutzt werden. Andere Hersteller von Schaumweinen verwenden jetzt Bezeichnungen wie »traditionelle Methode« (*Méthode traditionelle* oder *Metodo classico*), »Crémant«, »Flaschengärung« und Cap Classique. Siehe auch Cuve close.

CHAPEL HILL *Southern Vales, Südaustralien* Pam Dunsford hat reiche Erfahrungen als Weinmacherin mit großen und kleinen Betrieben (sie arbeitete viele Jahre bei WYNNS und SEAVIEW). Chapel Hill ist ein führender kleiner, aber exklusiver Betrieb, wo Pam für ihren Cabernet Sauvignon★★ und Cabernet-Shiraz★ Trauben aus McLaren Vale und COONAWARRA verschneidet. Für den holzbetonten Reserve Shiraz stammen die Trauben ausschließlich aus dem McLaren Vale. Außerdem gibt es einen gepflegten Eden Valley Riesling und Chardonnay (man sollte die Reserve-Abfüllung★★ wählen).

CHAPELLE-CHAMBERTIN AC Siehe Chambertin AC.

M. CHAPOUTIER *Rhônetal, Frankreich* In dieser Firma haben gewaltige Verbesserungen stattgefunden, seitdem Michel Chapoutier 1988 die Vinifizierung übernommen hat, aber die Unbeständigkeit stört immer noch, Chapoutier erzeugt Weine im gesamten Rhônetal, ist aber auf das nördliche Rhônetal spezialisiert. HERMITAGE la Sizeranne★★★ und le Pavillon★★, CROZES-HERMITAGE★ und COTE-ROTIE sind jetzt alle gut. Beste Jahrgänge: (1996) 95 **91 90 89 88.**

CHARDONNAY Siehe S. 100/101.

CHARENTAI, VIN DE PAYS *Frankreich* Weine aus dem Cognacgebiet in Westfrankreich. Aus Ugni Blanc erzeugte Weißweine überwiegen; sie können gut schmecken, wenn sie jung getrunken werden. Zunehmend werden auch Chardonnay und Sauvignon Blanc erzeugt. Die Rotweine (aus Bordeaux-Rebsorten) sind ebenfalls ein guter Kauf, sofern man einen grasigen Beigeschmack mag. Beste Erzeuger: Aubineau, Blanchard, Didonne, Mallinger.

CHAMPAGNE AC

Champagne, Frankreich

Die Champagne erzeugt die berühmtesten Schaumweine der Welt. Sie liegt als nördlichste AC Frankreichs östlich von Paris – eine Region, in der die Trauben darum kämpfen müssen, daß sie zu voller Reife gelangen. Die Champagne ist in fünf verschiedene Anbaubereiche eingeteilt; die besten sind die Montagne de Reims, wo Pinot Noir prächtig gedeiht, und die von der Chardonnayrebe beherrschte Côte des Blancs südlich von Épernay. Wenn Sie eine Flasche Coteaux Champenois, einen Stillwein aus dieser Gegend, kaufen, werden Sie rasch erkennen, warum man hier lieber Schaumwein herstellt: Er schmeckt armselig und sauer, wird aber durch das Champagner-Verfahren in einen der komplexesten Weine überhaupt verwandelt.

Seit etwa 150 Jahren haben uns die Champagnerhersteller mit sanfter Überredungskunst davon überzeugt, daß ihrem Produkt nichts ebenbürtig ist. Dies kann auch tatsächlich der Fall sein, außer wenn der Wein zu jung auf den Markt kommt oder zu stark gesüßt wird, um einen Mangel an Reichhaltigkeit auszugleichen. Hohe Preise und der Wettbewerb mit anderen Schaumweinen haben zu einer Übersättigung des Markts mit Champagner geführt. Da aber das Fachwissen der Champagne allmählich auch in Kalifornien, Australien und Neuseeland hervorragende Schaumweine erbringt, müssen sich die Champagnererzeuger wieder auf Qualität besinnen – oder sie büßen einen Großteil ihrer Absatzmärkte ein.

Der Champagnerhandel wird von großen Firmen, sog. »Häusern«, dominiert, die als *Négociants-manipulants* bezeichnet werden und an den Buchstaben NM auf dem Etikett zu erkennen sind. Die *Récoltants-manipulants* (auf dem Etikett RM) sind Winzer, die ihren eigenen Champagner erzeugen.

CHAMPAGNERSTILE

Champagner ohne Jahrgang: Die meisten Champagner sind Verschnitte mehrerer Jahrgänge. Die Qualität schwankt sehr stark, je nachdem wer ihn erzeugt hat und wie lang er gereift ist. Die meisten Champagner kommen als »Brut« (herbtrocken) auf den Markt. Interessanterweise bezeichnet »Extra dry« eine Geschmacksrichtung, die weniger trocken als ein »Brut« ist.

Jahrgangschampagner: Champagner aus Trauben eines einzigen Jahrgangs. Wird in der Regel nur in den besten Jahrgängen erzeugt.

Blanc de Blancs: Ausschließlich aus Chardonnay erzeugter Champagner.

Blanc de Noirs: Ein weißer Champagner, der ausschließlich aus dunklen Trauben erzeugt wird, entweder aus Pinot Noir, Pinot Meunier oder einer Kombination von beiden Rebsorten.

Rosé-Champagner: Entweder aus dunklen Trauben oder (häufiger) durch Beimischen von etwas rotem Stillwein zu weißem Champagner hergestellt.

Luxuscuvée: Theoretisch der beste und bestimmt immer der teuerste Champagner, in überaus phantasievollen Flaschen verkauft.

Siehe auch BRUT, CHAMPAGNER-VERFAHREN, CHAMPAGNE ROSÉ, GRANDE MARQUE SOWIE EINZELNE ERZEUGER.

BESTE JAHRGÄNGE

(1996) (95) **90 89 88 85 83 82 79**

BESTE ERZEUGER

Firmen BILLECART-SALMON, BOLLINGER, Charbaut, DEUTZ, Gardet, Gosset, Alfred GRATIEN, Charles HEIDSIECK, Henriot, Jacquesson, KRUG, LANSON, LAURENT-PERRIER, Bruno Paillard, Joseph PERRIER, PERRIER-JOUET, POL ROGER, Louis ROEDERER, Pommery, RUINART, Salon, TAITTINGER, VEUVE CLICQUOT.

Winzer Arnould, Bauser, Beerens, Billiot, Cattier, André Clouet, Dufour, Gimmonet, Goutorbe, Gremillet, Launois, Mandois, Vilmart.

Genossenschaften Beaumont les Crayères, Nicolas Feuillatte, Palmer.

Luxuscuvées Belle Époque (PERRIER-JOUET), Clos de Mesnil (KRUG), Comtes de Champagne (TAITTINGER), Cristal (Louis ROEDERER), Cuvée Josephine (Joseph PERRIER), Cuvée Sir Winston Churchill (POL ROGER), Dom Pérignon (MOET & CHANDON), Dom Ruinart (RUINART), Grand Siècle (LAURENT-PERRIER), Grande Dame (VEUVE CLICQUOT), Noble Cuvée (LANSON), Vintage RD (BOLLINGER).

CHARMES-CHAMBERTIN AC Siehe Chambertin AC.

CHARTA Freiwillige Vereinigung von deutschen Weingütern, die 1984 gegründet wurde, um das Image der besten Rieslinge aus dem Rheingau zu fördern. Als leicht erkennbares Erkennungszeichen wird ein romanischer Doppelbogen verwendet. Die Betonung liegt auf trockenen Weinen, die gut zum Essen passen sollen, aber das Problem dabei ist, daß es ihnen oft an genügend Geschmack mangelt.

CHASSAGNE-MONTRACHET AC *Côte de Beaune, Burgund, Frankreich* Bis vor kurzem produzierte Chassagne-Montrachet mehr Rot- als Weißwein, obwohl die Weißweine besser sind. Einige der berühmtesten Weißwein-Reblagen von Burgund (ein Teil von Le MONTRACHET und BATARD-MONTRACHET und der gesamte Criots-Bâtard-Montrachet) befinden sich innerhalb der Gemarkung. Die weißen Premiers Crus von Chassagne sind nicht so bekannt, können aber Weine liefern, die nach Nüssen und Weißbrot schmecken. Der gewöhnliche weiße Chassagne-Montrachet ist zumeist ein Burgunder von erfreulich hoher Qualität. Der rote Chassagne ist immer etwas erdig und kann mit seinem pfeffrigen Pflaumengeschmack ein Wein sein, an dem man Gefallen findet, zumal der Preis nicht zu abschreckend ist. Die Spitzenweine können bis zu zehn Jahre altern. Empfehlenswert sind die folgenden Premiers Crus: Clos de la Boudriotte, Clos Saint-Jean und Clos de la Chapelle. Beste Erzeuger: (Weißweine) Amiot, Blain-Gagnard★★, COLIN★, Duc de Magenta★, Fontaine-Gagnard★★, J.-N. GAGNARD★★, GAGNARD-DELAGRANGE★★, Lamy★, Albert Morey★★, RAMONET★★; (Rotweine) Jean-Claude Bachelet, CARILLON★, Clerget★, Albert Morey★, RAMONET★. Beste Jahrgänge: (Weißweine) 1995 93 **92 90 89 88 86 85;** (Rotweine) 1995 93 **92 90 89 88.**

CH. CHASSE-SPLEEN★★ *Moulis AC, Cru Bourgeois, Haut-Médoc, Bordeaux, Frankreich* Chasse-Spleen ist kein Cru Classé, aber man würde dies nie erkennen, weder an dem wunderbar reifen, konzentrierten Geschmack der Weine noch an dem ungeheuren Ansehen des Guts, das die verstorbene Besitzerin, Bernadette Villars, in den 80er Jahren aufgebaut hat. Das Gut wird jetzt von ihrer Tochter Claire geführt. Zweitwein: l'Ermitage de Chasse-Spleen. Beste Jahrgänge: (1996) (95) 94 93 **90 89 88 86 83 82 81.**

CHASSELAS In den meisten Teilen der Welt wird Chasselas als Tafeltraube angesehen. Nur in BADEN (wo die Rebsorte Gutedel heißt) und in der Schweiz (wo sie Dorin, Perlan oder Fendant genannt wird) glaubt man, daß sie einen anständigen trockenen Wein liefert, der leicht prickelt. Ein paar Schweizer Weine erheben sich qualitätsmäßig über den Anspruch eines Weins für den täglichen Konsum.

CHÂTEAU Französische Bezeichnung für »Schloß«. Die Bezeichnung wird für ein breites Spektrum von Weingütern verwendet. Einige dieser Châteaux wie etwa MARGAUX sind wirklich schloßartig. Im Abschnitt A–Z sind alle französischen Châteaux unter ihrem Eigennamen aufgeführt.

CHATEAU CARRAS *Makedonien, Griechenland* Die Rotweine dieser Kellerei, die weder Kosten noch Mühen spart, sind besser als die Weißweine, auch wenn sich die griechische Sonne immer noch in den recht trockenen, an Kaffee und Backpflaumen erinnernden Geschmacksnoten bemerkbar macht.

Nach einem glänzenden Start wurde die Qualität wechselhaft, aber sie steigt wieder.

CHÂTEAU-CHALON AC *Jura, Frankreich* Der am meisten geschätzte und auch teuerste VIN JAUNE, die große Spezialität des Jura. Man findet ihn sogar in der Region selbst nur schwer, aber er ist es wert, ihn aufzuspüren. Beste Erzeuger: Bourdy★, Courbet★★, Macler, Maire, Perron.

CHÂTEAU-GRILLET AC★★ *Rhônetal, Frankreich* Ein einzelnes Weingut südlich von Vienne, das gleichzeitig eine der kleinsten ACs von Frankreich ist. Dieser seltene und *sehr* teure weiße Rhônewein, der aus Viogniertrauben erzeugt wird, entfaltet einen zauberhaften Duft von Früchten und Herbstblumen, wenn er jung ist, aber er altert sehr gut. Die Jahrgänge in den späten 80er und frühen 90er Jahren waren jedoch enttäuschend, aber glücklicherweise hat sich dies seit dem 93er stark verbessert. Beste Jahrgänge: **1996 95 93.**

CHATEAU LAZARIDI *Makedonien, Griechenland* Ein Familienbetrieb, der Pionierarbeit leistet und den langfristigen Plan verfolgt, Rebsorten, die von den alten Griechen in Süditalien angepflanzt worden waren, wieder einzubürgern. Die gegenwärtige Weinproduktion basiert auf französischen Edelrebsorten, wobei die Weine relativ lang im Holzfaß und in der Flasche altern. Der Lazaridi-Rotwein★ ist sehr dicht und konzentriert, aber dennoch frisch und jugendlich. Sowohl der weiße wie auch der rote Maghiko Vouno★ zeigen ein großes Potential. Beste Jahrgänge: 1995 94 **93 91.**

CHATEAU MONTELEÑA *Napa Valley AVA, Kalifornien, USA* Diese Kellerei im NAPA VALLEY erzeugt einen wohlausgewogenen Chardonnay und einen Cabernet Sauvignon★★, der eindrucksvoll ist, auch wenn er sich langsam entwickelt. Sie bietet auch einen Zinfandel★. Beste Jahrgänge (Cabernet Sauvignon): 1993 92 91 **90 89 86 85 84 82;** (Chardonnay) **1994 93 92 91 90 .**

CHÂTEAU MUSAR *Ghazir, Libanon* Das Gut, das in den 30er Jahren von Gaston Hochar gegründet und jetzt von seinem in Bordeaux ausgebildeten Sohn Serge geführt wird, kann sich rühmen, daß es trotz der chaotischen Verhältnisse des libanesischen Bürgerkriegs bis auf zweimal (1976 und 1984) jedes Jahr seinen Wein erzeugt hat. Aus einer ungewöhnlichen Kombination von Cabernet Sauvignon, Cinsaut und Syrah geht ein Wein von echter Klasse hervor, auch wenn er eine wilde Exotik besitzt: voll, mit einer üppigen, süßen, würzigen Fruchtigkeit und einer trügerisch guten Alterungsfähigkeit. Nach Hochars eigenem Urteil sollte der rote Musar★★ mit 15 Jahren getrunken werden. Aus dem erstaunlichen 94er Jahrgang hat Hochar außerdem einen neuen Rosé und einen weißen Chardonnay-Sémillon-Verschnitt hergestellt. Beste Jahrgänge: (Rotweine) (1994) 90 89 **87 85 83 81 77 72 70 69 64;** (Weißweine) **1995 94.**

CHATEAU REYNELLA *Southern Vales, South Australia, Australien* Bestandteil des stolzen Imperiums von BRL HARDY. Chateau Reynella ist mehr als nur eine Marke, denn einige Trauben stammen immer noch aus den ursprünglichen Weinbergen von Chateau Reynella, auch wenn sie bei Hardy vinifiziert werden. Der Cabernet-Sauvignon★★, der Cabernet-Merlot★★ und der Shiraz★★ sind erstklassige Rotweine, die im offenen Gärbehälter aus speziell gepreßten Trauben bereitet werden. Man kann sie entweder einkellern oder jung trinken. Sie sind stets sehr preisgünstig. Auch den Chardonnay★ sollte man nicht übersehen. Beste Jahrgänge: (Rotweine) 1994 **92 91 90 88 86.**

CHARDONNAY

Ich werde immer wieder gefragt: »Wann hat die Welt endlich genug vom Chardonnay?« Und ich gebe zur Antwort: »Nicht, solange ich lebe!« Die Weinkritiker sehnen sich möglicherweise danach, daß sie über etwas anderes schreiben können. Die Weinexperten möchten vielleicht die Geschmacksnoten anderer Traubensorten erforschen. Aber für die große Mehrheit der Weintrinker hat die Chardonnay-Revolution erst begonnen, und für viele ist guter trockener Weißwein einfach gleichbedeutend mit Chardonnay. So weit, so gut. Die Menge an Chardonnay ist im Laufe des letzten Jahrzehnts stark angewachsen: Chardonnay soll heute die am vierthäufigsten angebaute Rebsorte in der Welt sein.

WEINSTILE

Frankreich: Chardonnay ist für sich genommen eine relativ geschmacksneutrale Rebsorte (und eignet sich deshalb auch so gut als Grundwein für die Herstellung von Spitzenweinen nach dem Champagner-Verfahren), aber sie kann unter fast allen Bedingungen reifen. Die subtile Abstufung ihrer Geschmacksnoten reicht von der herben Unreife grüner Äpfel eines Chardonnay, der in der Champagne oder im Loiretal erzeugt wird, über den aufregenden, knochentrockenen, aber üppigen Geschmack von weißen Burgundern bis zu einem runden, duftigen Aroma im Languedoc-Roussillon.

Andere Anbaugebiete: Italien erzeugt knochentrockene und schlanke wie auch fette, würzige und üppige Chardonnays. Dasselbe gilt für Spanien. Ein paar südafrikanische Beispiele zeigen allmählich, wozu die Rebsorte dort wirklich fähig ist. Kalifornien und Australien haben ihr Ansehen praktisch mit großen dickflüssigen, fast sirupartigen Chardonnays begründet, die nach tropischen Früchten und Gewürzen schmeckten. Beide haben jetzt den Geschmack etwas gedämpft, aber dafür erzeugt nunmehr Neuseeland einige wunderbar exotische Weine. Chile und Argentinien haben festgestellt, daß die Rebsorte leicht anzubauen ist, und lernen rasch, wie man aus ihren Trauben hochwertige Weine herstellt. Hinzu kommen noch Deutschland, Kanada und New York, was beweist, daß Chardonnay fast überall gedeihen kann.

Ausbau im Eichenholzfaß: Der Grund für all diese unterschiedlichen Geschmacksnuancen liegt in der wunderbaren Empfänglichkeit der Chardonnaytraube für die Ideen und Fähigkeiten der Weinmacher. Am bedeutsamsten ist dabei die Verwendung kleiner Eichenholzfässer für die Vergärung und den Ausbau des Weins. Chardonnay ist die Traube der großen weißen Burgunder, und diese werden in (nicht notwendigerweise neuen) Eichenholzfässern vergoren und ausgebaut, was dem Wein eine wunderbar runde, nussige Reichhaltigkeit gibt, ohne daß er seinen wohlschmeckenden, trockenen Charakter einbüßt.

Die Weinmacher der Neuen Welt haben versucht, die großen Burgunder nachzuahmen, indem sie Chardonnay anpflanzten und Tausende von kleinen (meist neuen) Eichenholzfässern verwendeten. Ihr Erfolg und die Begeisterung, mit der die Weintrinker diesen Wein aufnahmen, brachten die Weinerzeuger auch anderswo dazu, im Chardonnay die perfekte Rebsorte zu sehen: leicht anzubauen, leicht zu vinifizieren und leicht an ein schwärmendes Publikum zu verkaufen.

BESTE ERZEUGER

Frankreich

Chablis la CHABLISIENNE, DAUVISSAT, Defaix, DROIN, Louis MICHEL, RAVENEAU; *Côte d'Or* CARILLON, COCHE-DURY, Marc COLIN, DROUHIN, J.-N. GAGNARD, GAGNARD-DELAGRANGE, LAFON, Laguiche, Dom. LEFLAIVE, Pierre Morey, RAMONET, Roulot, Sauzet; *Midi* l'Aigle; *Pouilly-Fuissé* Ch. FUISSÉ, Guffens-Heynen, Merlin, Thévenet.

Andere europäische Chardonnays

Italien Bertelli, CA'DEL BOSCO, GAJA, GRAVNER, JERMANN, LAGEDER, Manzano, REGALEALI, RUFFINO.

Spanien CHIVITE (Colección 125), Puig y Roca, TORRES (Milmanda), Viñas del Vero.

Neue-Welt-Chardonnays

Australien BANNOCKBURN, COLDSTREAM HILLS, CULLENS, HARDY (Eileen), LEEUWIN, MOUNTADAM, PETALUMA, PIERRO, PIPERS BROOK, ROSEMOUNT, TYRRELL'S.

Neuseeland COLLARDS, COOPER'S CREEK, CORBANS (Private Bin), DELEGAT'S (Proprietor's Reserve), HUNTER'S, KUMEU RIVER, MONTANA (Church Road Reserve), MORTON ESTATE (Black Label), NEUDORF, TE MATA (Elston), VAVASOUR.

USA (Kalifornien) ARROWOOD, AU BON CLIMAT, BERINGER (Reserve), CALERA, CHALONE, FLORA SPRINGS, FRANCISCAN (Cuvée Sauvage), KISTLER, MATANZAS CREEK, MONDAVI (Reserve), NEWTON, QUPE.

Südafrika BOUCHARD FINLAYSON, BUITENVERWACHTING, GLEN CARLOU, HAMILTON RUSSELL (Ashbourne), KLEIN CONSTANTIA, MEERLUST, MULDERBOSCH, THELEMA.

CHATEAU SAINT JEAN *Sonoma Valley AVA, Kalifornien, USA* St Jean, das früher einmal fast nur für seinen reichhaltigen Chardonnay bekannt war, hat in den letzten fünf Jahren einen tiefgreifenden Wandel vollzogen und erzeugt nun einen köstlichen Cabernet Sauvignon★ und einen Rotwein namens Cinq Cépage★★ im Meritage-Stil, der ein vorzüglicher Tropfen ist. Ein Reserve Merlot★★, der erstmals 1995 auf den Markt kam, ist ebenfalls probierenswert. Beste Jahrgänge: (Weißweine) **1994 92 91 90**; (Rotweine) 1994 93 **92 91 90.**

CHATEAU SAINTE MICHELLE *Washington (Bundesstaat), USA* Eine Kellerei, die Pionierarbeit geleistet hat und ein riesiges Angebot an Weinen erzeugt, darunter mehrere nach Lagen benannte Chardonnays★★ und Cabernet Sauvignons★ von umwerfender Qualität, vor allem die Weine aus dem Cold Creek Vineyard★. Sie produziert auch gute Rieslinge, trockene ebenso wie süße, und zunehmend interessante Weine aus Sémillon und Sauvignon sowie Fumé★, einen Verschnitt beider Rebsorten. Columbia Crest begann als Billigmarke, die gute, aber preisgünstige Weine erzeugte, und hat sich zu einer selbständigen Kellerei mit einem hervorragenden Weinangebot entwickelt. Besonders interessant sind ein Reserve Chardonnay★, ein pikanter Cabernet Sauvignon und ein Merlot★.

CHATEAU TAHBILK *Goulburn Valley, Victoria, Australien* Dieses wunderbar altmodische Familienunternehmen erzeugt traditionell wuchtige Rotweine, die nach Gummibaumblättern und Minze duften und nur in alten Holzfässern reifen. Die regionale Spezialität, ein weißer Marsanne★★, ist duftig und reizvoll. Den anderen Weißweinen mangelt es zumeist an Finesse, aber der Shiraz★ und der Cabernet★ sind voller Charakter, auch wenn sie jahrelang im Keller altern müssen. Beste Jahrgänge: (Rotweine) 1994 91 90 88 **86 84 81 79 78 76 71 64 62.**

CHÂTEAUNEUF-DU-PAPE AC *Rhônetal, Frankreich* Ein großes Anbaugebiet zwischen Orange und Avignon, dessen Name zu den am meisten mißbrauchten Weinnamen gehörte. Nachdem jetzt ein Großteil des Châteauneuf von einzelnen Weingütern kommt, zählt der Wein verdientermaßen zu den französischen Spitzenrotweinen. Man sollte immer einen Gutswein kaufen; diese sind am päpstlichen Wappen erkennbar, das sich erhaben auf dem Flaschenhals befindet. Nur 5 % des Châteauneuf sind Weißweine. Sie werden hauptsächlich aus Grenache Blanc und Clairette erzeugt und können überraschend gut ausfallen. Die Spitzenrotweine können mindestens acht Jahre altern, während man die Weißweine am besten jung trinkt. Beste Erzeuger: (Rotweine) BEAUCASTEL★★★, Bonneau★★, Bosquet des Papes★, Brunel★, Caboche, Chante-Cigale★, Chante-Perdrix★, Clos du Mont Olivet★, CLOS DES PAPES★★★, Font du Loup★★, FONT DE MICHELLE★★, Fortia★, GRAND TINEL★★★, Marcoux★★, Nalys★, Pégau★, RAYAS★★★, Sabon, VIEUX TÉLÉGRAPHE★★; (Weißweine) BEAUCASTEL★★★, CLOS DES PAPES★★, FONT DE MICHELLE★★, Mont Redon, la Nerthe★, RAYAS★★, VIEUX TÉLÉGRAPHE★. Beste Jahrgänge (Rotweine): 1995 94 93 **91 90 89 88 86 85 83 81 78.**

CHAVE *Rhônetal, Frankreich* Jean-Louis Chave, Sohn des Gründers Gérard, hat in den letzten Jahren verdientermaßen den Status eines Superstars erlangt. Sein roter HERMITAGE★★★ ist einer der großen Weine der Welt, der dickflüssig und komplex die Syrahtraube in ihrer besten Form zum Ausdruck bringt und zehn Jahre in der Flasche reifen muß, damit er sich öffnet. Sein wundervoller weißer Hermitage★★★ übertrifft manchmal sogar noch die

Rotweine, wenn er sich langsam zu einem honigartigen Nußgeschmack hin entwickelt. In kleiner Menge wird auch ein ausgezeichneter roter SAINT-JOSEPH★★ erzeugt. Sehr teuer, aber sein Geld wert. Beste Jahrgänge: (Rotweine) (1996) 95 94 92 91 90 89 88 **86 85 83 82 81 79 78;** (Weißweine) (1996) 95 94 93 **92 91 90 89 88 82.**

CHÉNAS AC *Beaujolais, Burgund, Frankreich* Der kleinste der Beaujolais Crus. Seine Weine, die normalerweise in der Jugend recht fest sind, profitieren in hohem Maße, wenn sie mindestens zwei Jahre reifen, und können oft ein ganzes Jahrzehnt altern. Beste Erzeuger: des Boccards, Braillon★, Champagnon★, de Chénas, Lapierre★★, Perrachon, Daniel Robin★, de Tremont. Beste Jahrgänge: **1996 95 94 91 90 89 85.**

CHENIN BLANC Eine der unterbewertetsten Weißweintrauben der Welt. Man findet sie hauptsächlich im Loiretal, wo sie auch Pineau de la Loire heißt und für die großartigen süßen Weine von QUARTS DE CHAUME und BONNEZEAUX verantwortlich ist. Außerdem liefert sie den VOUVRAY, der süß oder trocken sein kann, und viele andere Weißweine des Anjou und ist die Hauptrebsorte für die Schaumweine der Loire. In Südafrika macht Chenin (dort auch unter dem Namen Steen bekannt) ein Drittel der Rebfläche aus; die Vielseitigkeit der Rebsorte ermutigt zu Erfolgen mit allem, von süffigen, leicht trockenen Weißweinen über Dessertweine aus edelfaulen Trauben bis zu modernen, im Holzfaß vergorenen Weinen. Kalifornien verwendet die Rebsorte mit wenigen Ausnahmen wie etwa Chappellet als nützliche Verschnittsorte, während Neuseeland und Australien die besten reinsortigen Weine daraus hergestellt haben.

CH. CHEVAL BLANC★★★ *St-Émilion Grand Cru AC, 1er Grand Cru Classé, Bordeaux, Frankreich* Das führende Weingut in SAINT-ÉMILION, was es wahrscheinlich auch in absehbarer Zukunft bleiben wird. Es befindet sich an der Grenze zu POMEROL und scheint mit den Pomerolweinen die kernige Reichhaltigkeit gemeinsam zu haben, aber mit einer zusätzlichen Würze und Fruchtigkeit, die auf beeindruckende und erkennbare Weise einzigartig ist. Für den Verschnitt wird ein ungewöhnlich hoher Anteil an Cabernet Franc (60 %) verwendet. Beste Jahrgänge: (1996) (95) 94 93 90 89 88 **86 85 83 82 81.**

CHEVALIER-MONTRACHET AC Siehe Montrachet AC.

DOM. DE CHEVALIER *Pessac-Léognan AC, Cru Classé de Graves, Frankreich* Dieses Weingut, das hauptsächlich Rotweine hervorbringt, kann einige der feinsten Weine von Bordeaux erzeugen. Die Rotweine★★★ sind anfangs immer trocken und tanninreich, aber im Laufe von 10 bis 20 Jahren gewinnen sie einen an Zedernholz, Tabak und schwarze Johannisbeeren erinnernden Geschmack. Der großartige Weißwein★★★ wird in Eichenholzfässern vergoren und ausgebaut; in den besten Jahrgängen kann er 15–20 Jahre altern. Beste Jahrgänge: (Rotweine) (1996) (95) 93 90 89 88 **85 83 82 81 78;** (Weißweine) (1996) 95 **94 90 89 88 86 85 83 82 81 76.**

CHEVERNY AC *Loiretal, Frankreich* Ein wenig bekanntes Anbaugebiet südlich von Blois, das zumeist recht säuerliche Weine hervorbringt. Die örtliche Spezialität ist die weiße Romorantintraube, aus der mit dem AC Cour Cheverny ein herber, knochentrockener Wein erzeugt wird, aber die besten Weißweine stammen von der Chardonnayrebe. Es gibt auch gefällige Sauvignons, Pinot Noirs und Gamays sowie einen erfrischenden Schaumwein (nach dem Champagner-Verfahren). Beste Erzeuger: Cazin, Gen. Cheverny, Courtioux★, Gendrier, Gueritte, Salvard, Sauger, Tessier.

CHIANTI DOCG *Toskana, Italien* Der berühmteste aller italienischen Weine, aber es gibt viele Stile, je nachdem, welche Trauben verwendet werden, wo man die Reben anbaut und von welchem Erzeuger sie stammen. Der Chianti kann ein leichter, frischer, süffiger Rotwein sein, aber mit einem Hauch von bitterem Geschmack, der für ihn typisch ist, wie ein leicht aggressiver Beaujolais. Oder er kann ein intensiver, strukturierter, jedoch geschmeidiger Wein sein, der es mit den besten Bordeauxweinen aufnehmen kann. Die Weinberge sind über die mittlere Toskana verteilt. 1932 legte ein Gesetz sieben Anbauzonen für Chianti fest: Classico, Colli Aretini, Colli Florentini, Colli Senesi, Colline Pisane, Montalbano und Rufina. Diese wurden durch die modernen DOC- und DOCG-Vorschriften bestätigt. Sangiovese ist die Hauptrebsorte, doch traditionell wurde diese mit der roten Canaiolarebe und den weißen Sorten Malvasia und Trebbiano verschnitten. Moderne Weinmacher ignorierten oft die anderen Rebsorten, insbesondere die weißen, und erzeugten Chianti aus der Sangioveserebe allein oder verschnitten diese mit 10 bis 15 % Cabernet, Merlot oder Syrah. Die DOCG für Chianti Classico läßt dies zu; man erwartet, daß auch andere Anbauzonen diesem Beispiel nachfolgen werden. Siehe auch Chianti Classico, Chianti Colli Fiorentini, Chianti Colli Senesi, Chianti Rufina, Supertoskanische Weine.

CHIANTI CLASSICO DOCG *Toskana, Italien* Die ursprüngliche (wenn auch leicht erweiterte) CHIANTI-Anbauzone in den Hügeln zwischen Florenz und Siena. Ein Großteil der besten Chiantis stammt von hier; es gibt über 200 namentlich bekannte Erzeuger. Das Classico-Gebiet war führend bei der Entwicklung, reichhaltigere, stärker strukturierte und ausgewogenere Weine zu erzeugen, aber viele Erzeuger verwenden ihre besten Trauben für »Supertoskaner«. Seit dem 95er Jahrgang darf der Chianti Classico reinsortig aus Sangiovese hergestellt werden; der Riserva (wozu möglicherweise viele Supertoskaner werden) kann jetzt zwei Jahre anstatt drei ausgebaut werden, muß aber ausschließlich rote Trauben verwenden. Die feinsten Riservas können ein Jahrzehnt oder noch länger altern. Die meisten Weingüter bieten auch reguläre Abfüllungen an, die rund und fruchtig sind und zwei bis fünf Jahre nach der Lese getrunken werden sollten. Beste Erzeuger: ANTINORI★★, BADIA A COLTIBUONO★★, Brolio★, Cacchiano★, Cappaccia★★, Carobbio★, Casa Emma★★, Casa Sola★, Castellare★★, CASTELL'IN VILLA★★, CASTELLO DI AMA★★, Cecchi (Villa Cerna★), Cennatoio★, Le Cinciole★, Dievole★, FELSINA BERARDENGA★★★, Le Filigare★, Fonterutoli★★, Fontodi★★★, ISOLE E OLENA★★, Lilliano★★, La Massa★, Melini, Monsanto★★, Monte Bernardi★★, Il Palazzino★★, Paneretta★, Poggerino★, Querceto★, Querciabella★★, RAMPOLLA★★, RIECINE★★★, Rocca di Castagnoli★, Rocca di Montegrossi★, RUFFINO★★, San Felice★, San Giusto a Rentennano★★, San Polo in Rosso,★ Terrabianca★, Valtellina★★, Vecchie Terre di Montefili★★, Verrazzano★, Vicchiomaggio★, Vignamaggio★, Villa Cafaggio★★, VOLPAIA★★. Beste Jahrgänge: (1996) 95 **94 93 91 90 88 86 85.** Siehe auch Supertoskanische Weine.

CHIANTI COLLI FIORENTINI *Chianti DOCG, Toskana, Italien* Die Anbauzone umfaßt die Hügel rund um Florenz, von denen sie auch ihren Namen (»florentinische Hügel«) hat. Die Weine werden traditionell so hergestellt, daß sie jung zu trinken sind, auch wenn einige Weingüter wirklich interessante Riservas★ erzeugen. Beste Erzeuger: Baggiolino, Le Calvane★, Il Corno, Corzano e Paterno★, Dell'Ugo, Lanciola II, Pasolini dall'Onda★, Petriolo, Poppiano, La Querce, Sammontana, San Vito in Fior di Selva, Sonnino, Torre e Decima.

CHIANTI COLLI SENESI *Chianti DOCG, Toskana, Italien* Diese Anbauzone umfaßt ein großes Gebiet südlich von Siena (in dem die Weinbauorte Montalcino, Montepulciano und San Gimignano liegen). Die Weine reichen von Zechweinen für jeden Tag bis zu recht eleganten Riservas★. Beste Erzeuger: Buracchi, Campriano★, Casale-Falchini★, Il Colle, Falchini, Farnetella★, Montemorli, Pacina★, Pietraserena, Poggio Salvi, Il Poggiolo★, Signano.

CHIANTI RUFINA *Chianti DOCG, Toskana, Italien* Dies ist das kleinste der CHIANTI-Untergebiete; es liegt in einer Enklave der Apenninen östlich von Florenz, wo die Weine für ihre außergewöhnliche Stärke, Struktur und Langlebigkeit berühmt waren, lange bevor sie als Chianti eingestuft wurden. Heute können es die Weine, insbesondere der langlebige Riserva★ sowohl von SELVAPIANA wie auch vom alten Weingut FRESCOBALDI der Firma Castello di Nipozzano, mit den besten Weinen des CHIANTI CLASSICO aufnehmen. Beste Erzeuger: Basciano, Bossi★, Il Cavaliere, Colognole, FRESCOBALDI★★, SELVAPIANA★★★, Travignoli, Villa di Vetrice. Beste Jahrgänge: (1996) 95 **94 93 90 88 86 85.**

CHIARETTO Italienische Bezeichnung für einen Roséwein, der leichter und heller als ein Rosato ist. Hauptsächlich in BARDOLINO und Riviera del Garda Bresciano verwendet.

CHIMNEY ROCK *Stags Leap AVA, Kalifornien, USA* Nach einem unsicheren Beginn griff der Weinmacher Doug Fletcher ein und brachte Chimney Rock auf den richtigen Weg mit einem kraftvollen, aber eleganten Cabernet Sauvignon★★ und einem Meritage namens Elevage★★ im Stil einer Reserve-Abfüllung. Die Weine sind großartig, haben eine tiefe Frucht und öffen sich zu einem langen, strukturierten Abgang. Beste Jahrgänge: 1994 **92 91 90 87 86.**

CHINON AC *Loiretal, Frankreich* Der beste Rotwein des LOIRETALS, hauptsächlich aus Cabernet Franc erzeugt. Der Wein ist voller Himbeerfrucht und frischer Sommererde, wenn er jung ist, kann aber 20 Jahre oder länger reifen. Es lohnt sich immer, einen Wein von einem einzelnen Gut zu kaufen. Beste Erzeuger: B. Baudry★★, J. & C. Baudry★, COULY-DUTHEIL★★, JOGUET★★, Noblaie★, Jean-Maurice Raffault★★, Olga Raffault★, Raifault★. Beste Jahrgänge: (Rotweine) 1996 **95 93 90 89 88 85 83 82 78 76.**

CHIROUBLES AC *Beaujolais, Burgund, Frankreich* Der leichteste, duftigste der BEAUJOLAIS-Crus, aber teuer, zumal er oft nur ein unwesentlich besserer BEAUJOLAIS-VILLAGES ist. Beste Erzeuger: Brunet, Charvet, de la Grosse Pierre, DUBŒUF, Javernand, Passot, Thulon. Beste Jahrgänge: **1996 95.**

CHIVITE *Navarra DO, Navarra, Spanien* Lange Zeit führend beim Weinexport von NAVARRA, im Besitz und unter der Leitung der Familie Chivite. Der Wein ist verläßlich bis sehr gut. Die Spitzenweine sind der 125 Aniversario★ und der Colección 125 Chardonnay★★.

CHOREY-LÈS-BEAUNE AC *Côte de Beaune, Burgund, Frankreich* Eines jener winzigen, unbeachteten Dörfer, die gute, wenn nicht sogar große rote Burgunder erzeugen, zu Preisen, die sich die meisten von uns noch leisten können, und auch mit einigen engagierten Produzenten. Die Weine können fünf bis acht Jahre altern. Beste Erzeuger: Arnoux, DROUHIN, GERMAIN★, Goud de Beaupuis, R. & J. Rémy, TOLLOT-BEAUT★. Beste Jahrgänge: 1995 **93 90 89 88 85.**

CHURCHILL *Port DOC, Douro, Portugal* Als Johnny und Caroline Graham 1981 Churchill (Carolines Mädchenname) gründeten, war dies die erste neue Portweinfirma seit 50 Jahren. Die Weine sind gut, insbesondere LBV★★, Crusted★★, Single-Quinta★★ und der gut gereife, trockene weiße Portwein★★. Beste Jahrgänge: 1994 **91.**

CINQUETERRE DOC *Ligurien, Italien* Dieser Weißwein kommt von wunderschönen Hügeln, die sich steil über dem Meer westlich von La Spezia erheben, und wird an die Touristen verkauft, gleichgültig, von welcher Qualität er ist. Im besten Fall ist er trocken und frisch und paßt recht gut zum hier gefangenen Fisch. Der süße Weißwein namens Sciacchetrà, der aus *passito*, d. h. teilgetrockneten Trauben hergestellt wird, kann hervorragend sein. Beste Erzeuger: De Battè, Forlini e Cappellini★, Gasparini, Gen. Riomaggiore★.

CINSAUT Eine Rebsorte, die man hauptsächlich im südlichen Rhônetal, in der Provence und in Südfrankreich findet. Sie liefert einen Wein, der sogar in den besten Jahrgängen von leichter Farbe ist und eine frische, aber recht flüchtige, geschmacksneutrale Fruchtigkeit besitzt. In Südafrika und im libanesischen CHATEAU MUSAR wird sie gern zum Verschneiden verwendet.

CIRÒ DOC *Kalabrien, Italien* Die Tatsache, daß dieser Wein bei den Olympischen Spielen der Antike den Sportlern gereicht wurde, scheint noch immer mehr Grund zu sein, ihn zu kaufen, als die Qualität. Doch Cirò Rosso, ein körperreicher Rotwein aus Gaglioppotrauben, hat sich in letzter Zeit bemerkenswert verbessert. Neue Weine wie Gravello★★ von Librandi (im Holzfaß ausgebauter Verschnitt mit Cabernet) sind sogar noch besser. Die DOC umfaßt auch einen trockenen Weißwein aus Grecotrauben und einen seltenen trockenen Rosé. Beste Erzeuger: Caparra & Siciliani, Librandi★, San Francesco★.

CH. CISSAC★ *Haut-Médoc AC, Cru Bourgeois, Bordeaux, Frankreich* Weine von hoher Qualität, die voller Stolz mit traditionellen Methoden hergestellt werden: alte Rebstöcke, viele Holzfässer und eine rigorose Auslese für den endgültigen Verschnitt. Die Weine haben einen hohen Cabernet-Sauvignon-Anteil, besitzen eine tiefe Farbe und reifen sehr langsam. Beste Jahrgänge: (1996) (95) 94 90 89 **88 86 85 83 82 81 78.**

BRUNO CLAIR *Marsannay, Côte de Nuits, Burgund, Frankreich* Ein äußerst fachkundiger Weinmacher, der seinen Sitz in dem vergleichsweise altmodischen Dorf MARSANNAY hat. Er erzeugt ein breites Angebot hervorragender Weine aus einer Vielzahl von Lagen, die sich dort sowie in FIXIN, GEVREY-CHAMBERTIN, GIVRY, SAVIGNY und VOSNE-ROMANÉE befinden. Die meisten seiner Weine sind Rotweine, aber es gibt auch eine kleine Menge Weißwein★ und einen köstlichen Marsannay-Rosé★. Die Spitzenweine sind sein CHAMBERTIN Clos de Bèze★★ und seine mit Lagennamen bezeichneten Marsannay-Rotweine★. Beste Jahrgänge: 1995 93 **92 90 89 88.**

CLAIRETTE DE DIE TRADITION AC *Rhônetal, Frankreich* Einer der zu Unrecht in Vergessenheit geratenen französischen Schaumweine. Er wird aus mindestens 75 % Muscattrauben hergestellt, ist lieblich im Geschmack und besitzt einen cremigen Schaum und einen frischen Duft von Früchten. Verwendet wird die sogenannte *Méthode Dioise*, die den Duft der Muscattrauben bewahrt. Bei diesem Verfahren wird die zweite Gärung in der Flasche abgestoppt, bevor sich der gesamte Zucker in Kohlensäure und Alkohol umgewandelt hat. Der Wein wird dann gefiltert und unter Druck wieder auf Flaschen abgefüllt. Er sollte jung getrunken werden. Beste Erzeuger: Achard-Vincent★, Andrieux, Gen. Clairette de Die★, Jacques Faure, Magord, Raspail★.

A. CLAPE *Cornas, Rhônetal, Frankreich* Das führende Weingut in CORNAS. Seine Weine★★★ gehören beständig zu den besten im Rhônetal; sie sind dicht und tanninreich und besitzen einen reichen Geschmack, der an Dörrobst erinnert. Clape erzeugt auch gute COTES-DU-RHONE-Weine, sowohl rote★★ wie auch weiße★. Beste Jahrgänge: (1996) (95) 94 91 90 89 **88 86 85 82.**

LA CLAPE *Coteaux du Languedoc AC, Languedoc, Frankreich* Der Hügel La Clape ragt unerwartet aus den flachen Feldern an der Küste südöstlich von Narbonne auf. Die Weinberge hier stellen einen Cru innerhalb der Appellation COTEAUX DU LANGUEDOC dar und erzeugen einige der besten Weine des Departements Aude. Es gibt exzellente Weißweine aus Bourboulenc- und Clairettetrauben sowie gute Rot- und Roséweine, hauptsächlich aus der Rebsorte Carignan hergestellt. Die Weiß- und Rotweine können altern. Beste Erzeuger: Boscary, Hue, Mire l'Étang, Pech-Redon★, de St-Exupéry, Ségura, de Vires.

CLARE VALLEY *Südaustralien* Höher gelegenes Tal nördlich von Adelaide mit einem trügerisch gemäßigten Klima, das feine, aromatische Riesling- und wunderbar strukturierte Sémillonweine sowie reichhaltige, robuste Rotweine aus Shiraz- und Cabernettrauben hervorbringen kann. Neueren Datums sind einige üppige Weine, die aus Grenachetrauben erzeugt werden. Beste Erzeuger: (Weißweine) ADAMS★★, BARRY★, BLASS★★ (Gold Label), Grosset★★, KNAPPSTEIN★, LEASINGHAM★, MITCHELL★★, PETALUMA★★★, Pike; (Rotweine) ADAMS★★, BARRY★, LEASINGHAM★★, MITCHELL★★, WENDOUREE★★.

CLARET Englische Bezeichnung für rote Bordeauxweine, vom französischen Wort *clairet* übernommen. Traditionell wurde damit ein leichterer Stil des roten Bordeaux bezeichnet.

CH. CLARKE *Listrac-Médoc AC, Bordeaux, Frankreich* Dieses Gut, das zum Rothschild-Imperium gehört, investierte Ende der 70er Jahre Millionen, deren Früchte jetzt die Weine tragen. Sie besitzen eine reizvolle Johannisbeerfrucht und eine warme Reichhaltigkeit mit einem Eichenton. Und mit einem Namen wie Clarke, wie könnte man da auch nicht verführerisch sein? Zweitwein: Ch. Malmaison. Beste Jahrgänge: (1996) (95) **90 89 88 86 85 83.**

CLERICO *Barolo DOCG, Piemont, Italien* Domenico Clerico ist einer der besten BAROLO-Erzeuger der jüngeren Generation. Er macht einen eindrucksvollen Barolo★★ und einen der besten Barberas★★, beide wunderbar ausgewogen. Zu seinem Angebot gehört auch Arte★★, ein im Barrique gereifter Barbera-Nebbiolo-Verschnitt. Beste Jahrgänge: (Barolo) (1996) (95) 94 93 90 89 **88.**

CH. CLIMENS★★★ *Barsac AC, 1er Cru Classé, Bordeaux, Frankreich* Das führende Weingut in BARSAC. Es genießt verdientermaßen Ansehen für seine reichen, eleganten Weine, denen eine leichte, zitronenartige Säuerlichkeit

Frische verleiht. Man kann sie gut mit fünf Jahren trinken, aber ein guter Jahrgang gewinnt nach 10 bis 15 Jahren mehr Reichhaltigkeit. Zweitwein: les Cypres (ebenfalls köstlich). Beste Jahrgänge: (1996) **91 90 89 88 86 83 76 75.**

CLOS Französische Bezeichnung für einen von einer Mauer umgebenen Weinberg (CLOS DE VOUGEOT in Burgund). Oft auch Namensbestandteil von Weingütern (CLOS DES PAPES), ob sie nun von einer Mauer umgeben sind oder nicht.

CLOS DU BOIS *Alexander Valley AVA, Kalifornien, USA* Eine Kellerei, die in der Regel den milden, durch Fruchtigkeit geprägten Geschmack der Chardonnays, Merlots und Cabernets von SONOMA zum Ausdruck bringt. Weine aus Spitzenlagen können aufregend schmecken, insbesondere Calcaire Chardonnay★, der reichhaltige, starke Briarcrest Cabernet Sauvignon★ und Marlstone★, ein roter Verschnittwein im Bordeauxstil. Beste Jahrgänge (Rotweine): **1994 91 90 88 87 86.**

CLOS CENTEILLES *Minervois AC, Languedoc, Frankreich* Auf dem Etikett steht zwar immer noch der Name Domergue, aber das Gut ist umbenannt worden. Mit Trauben aus Weinbergen in der Nähe von Caunes-Minervois erzeugen Daniel Domergue und seine Frau Patricia Boyer sowohl einen exzellenten MINERVOIS wie auch einen innovativen Vin de Pays. Der eindrucksvolle Clos de Centeilles★★ ist ihr Spitzenwein; die Cuvée Capitelle★ und Carignanissime★ sind reinsortige Cinsaut- bzw. Carignanweine. Beste Jahrgänge: **1995 94 93.**

CLOS DES PAPES *Châteauneuf-du-Pape AC, Rhônetal, Frankreich* Paul Avril ist einer der herausragenden Erzeuger in CHATEAUNEUF-DU-PAPE. Seine Rotweine★★★ haben einen ungewöhnlich hohen Anteil an Mourvèdre, was ihre Langlebigkeit erklärt, enthalten aber genug Grenache, um schon in ihrer Jugend trinkbar zu sein und für die anfängliche aufregende Fruchtigkeit zu sorgen. Die Weißweine★★ nehmen nach zehn Jahren den nussigen Geschmack reifer Burgunder an. Beste Jahrgänge: 1995 94 **93 90 89 88 86 85 83 82 79.**

CLOS RENÉ★ *Pomerol AC, Bordeaux, Frankreich* Ein wunderbar robuster, saftiger, fleischiger Wein von der weniger bekannten Westseite von POMEROL. Man kann Clos René jung trinken, aber er kann mindestens zehn Jahre altern. Manchmal wird er unter dem Markennamen Moulinet-Lasserre verkauft. Beste Jahrgänge: (1996) (95) 94 **90 89 88 85 83 82 81.**

CLOS DE LA ROCHE AC *Grand Cru, Côte de Nuits, Burgund, Frankreich* Der beste und größte der fünf Grands Crus von MOREY SAINT-DENIS. Der Wein hat einen hübschen, klaren Geschmack von roten Früchten, wenn er jung ist, sollte aber im Alter einen an Schokolade oder Wildbret erinnernden Reichtum entwickeln. Beste Erzeuger: Castagnier-Vadey★★, DUJAC★★, Perrot-Minot★★, Ponsot★★★, ROUSSEAU★★. Beste Jahrgänge: 1995 93 92 90 **89** 88 **85 78.**

CLOS DE SAINT-DENIS *Grand Cru, Côte de Nuits, Burgund, Frankreich* Der nur 6,5 ha große Grand Cru, dessen Namen sich das Dorf Morey-Saint-Denis hinzufügte, erzeugt Weine, die oft zur Leichtigkeit tendieren, aber wunderbar seidig sein sollten, mit der Struktur, die bislang nur ein großer Burgunder bieten kann. Am besten sind sie mit zehn Jahren oder noch älter. Beste Erzeuger: DUJAC★★, Dom. Georges Lignier★★★. Beste Jahrgänge: 1995 93 90 **89** 88 **85 78.**

CLOS DE TART AC★★ *Grand Cru, Côte de Nuits, Burgund, Frankreich* Grand Cru im Dorf MOREY SAINT-DENIS, der ganz im Besitz einer einzigen Firma, des burgundischen Weinhändlers Mommessin, ist. Der Wein, der zunächst leicht und trocken schmeckt, kann mit dem Alter einen köstlichen Geschmacksreichtum entwickeln. Beste Jahrgänge: 1995 93 90 **89 88 85.**

CLOS DU VAL *Napa Valley AVA, Kalifornien, USA* Ein bisweilen übersehener Erzeuger im Napa Valley, der sich auf Cabernet Sauvignon★, Chardonnay★, Merlot, Pinot Noir und Zinfandel★ konzentriert. Die Weine sind wunderbar ausgewogen und können gut altern. Beste Jahrgänge: (Cabernet) 1994 **92 91 90 87 86 85 84.**

CLOS DE VOUGEOT AC *Grand Cru, Côte de Nuits, Burgund, Frankreich* Dieser große Weinberg, der im 14. Jahrhundert von Zisterziensermönchen mit einer Mauer umgeben wurde, ist heute unter 80 Besitzer aufgeteilt. Die große Zahl von Eigentümern hat den Clos de Vougeot zu einem der unzuverlässigsten burgundischen Grands Crus gemacht. Die besten Weine kommen zumeist aus den oberen und mittleren Bereichen des Clos. Wenn der Clos de Vougeot gut ausfällt, ist er ein wunderbar fleischiger Wein, der mit zehn oder mehr Jahren dunkel und exotisch wird. Beste Erzeuger: Arnoux★, Confuron★, DROUHIN, Engel★★, GRIVOT★★, A. & F. Gros★★, J. Gros★★, JAFFELIN★★, Dom. LEROY★★, MÉO-CAMUZET★★★. Beste Jahrgänge: 1995 93 **92** 90 **89 88 85 78.**

CLOUDY BAY *Marlborough, Südinsel, Neuseeland* Cloudy Bay, die erfolgreichste Kellerei von Neuseeland, erlangte sofort Kultstatus, als sie 1985 erstmals ihren würzigen, nach Kräutern duftenden Sauvignon Blanc★★★ auf den Markt brachte. Sie wird jetzt von dem Champagner-Haus VEUVE CLICQUOT kontrolliert. Cloudy Bay erzeugt auch Chardonnay★★, Cabernet-Merlot★, einen spät gelesenen Riesling★★, Pinot Noir★★ sowie Pelorus★★, einen hochwertigen Schaumwein im alten Stil, der nach dem Champagner-Verfahren hergestellt wird. Beste Jahrgänge: **1996 94 91 89.**

J. F. COCHE-DURY *Meursault, Côte de Beaune, Burgund, Frankreich* Jean-François Coche-Dury ist ein bescheidener Superstar, der in aller Stille einige der feinsten Weine an der Côte de Beaune erzeugt. Seine besten Weine sind sein CORTON-CHARLEMAGNE★★★ und sein MEURSAULT Perrières★★★, aber alles, was er herstellt, ist hervorragend, sogar sein BOURGOGNE Blanc★★. Seine Rotweine aus VOLNAY★★ und MONTHÉLIE★★ sind zumeist deutlich billiger als die Weißweine und sollten auch jünger getrunken werden. Beste Jahrgänge: (Weißweine) 1995 94 93 **92 90 89 88 86 85.**

COCKBURN *Port DOC, Douro, Portugal* Am bekanntesten ist Cockburn für seinen Special Reserve Ruby, aber die Firma hat noch viel mehr zu bieten. Ihr Vintage★★ duftet stilvoll nach Zedernholz und besitzt heute wieder eine sehr gute Qualität, während die Aged Tawnys★★ einen cremigen Nußgeschmack haben. Beste Jahrgänge: (Vintage-Portweine) 1994 91 **70 63.**

CODORNÍU *Cava DO, Katalonien, Spanien* Der größte Hersteller von Schaumweinen nach dem Champagner-Verfahren in der Welt. Anna de Codorníu★ und Première Cuvée Brut★, die beide zu 85 % aus Chardonnaytrauben erzeugt werden, sind besonders gut, aber alle Schaumweine dieser Firma sind besser als der durchschnittliche CAVA. Die aufsehenerregenden Gebäude der Kellerei im Jugendstil und die 30 km langen unterirdischen Keller in San Sadurní de Noya sind wirklich einen Besuch wert. Codorníu besitzt auch das Spitzenweingut RAIMAT in Costers del Segre, die Weinfirma Masía Bach in PENEDÉS, die Stillweine herstellt, sowie die qualitätsbewußte kalifornische Weinfirma Codorníu Napa. Alle Weine sollte man jung trinken, damit man ihre Frische genießen kann.

COLARES DOC *Estremadura, Portugal* Die Weinberge dieser archaischen DOC sind reblausfrei und mit ungepfropften Ramiscoreben auf Sanddünen bestockt. Die Weine sind so tanninreich, daß sie den Zahnschmelz angreifen. *Angeblich* werden sie im Alter milder, aber in Wirklichkeit erschlaffen sie einfach..

COLDSTREAM HILLS *Yarra Valley, Victoria, Australien* Auch wenn Southcorp diese ehemalige Aktiengesellschaft 1996 erwarb, hat James Halliday immer noch die Leitung inne. Verwendet werden nur Trauben aus dem YARRA VALLEY, mit Ausnahme der Weine, die exportiert werden. Der Pinot Noir★★ ist einer der besten von Australien: kraftvoll und rauchig, mit einer an Kirschen erinnernden Frucht und einer klugen Verwendung des Eichenholzfasses. Der Chardonnay★★ besitzt Zartheit und Milde, aber auch echte Tiefe. Die Reserve-Abfüllungen★★★ beider Weine können herausragend sein. Immer besser werden Cabernet Sauvignon★ und Cabenet-Merlot★. Beste Jahrgänge: (Rotweine) 1994 **92 91 90 88.**

COLHEITA Alter Tawny aus einem einzigen Jahrgang. Siehe Port.

MARC COLIN *Saint-Aubin, Côte de Beaune, Burgund, Frankreich* Ein hervorragendes, aber oft unterbewertetes Weingut, das auf Rot- und Weißweine aus CHASSAGNE-MONTRACHET★ und SAINT-AUBIN★ spezialisiert ist. Die Saint-Aubin Premiers Crus★★ sind ein guter Kauf, aber Colins erlesenster Wein ist sein in winziger Menge erzeugter Le MONTRACHET★★★. Beste Jahrgänge: 1995 93 **92 90 89 88 86 85.**

COLLARDS *Henderson, Auckland, Neuseeland* Eine kleine Kellerei in Familienbesitz, die einige der feinsten neuseeländischen Weine erzeugt, darunter Rothesay Chardonnay★★ und Sauvignon★, HAWKES BAY Chardonnay★★ und MARLBOROUGH Chardonnay★, Sauvignon★★, Pinot Noir★ und Riesling★. Der trockene Chenin Blanc gehört zu den wenigen Spitzenbeispielen dieser Rebsorte in Neuseeland. Beste Jahrgänge: **1996 94 91 90 89.**

COLLI BOLOGNESI DOC *Emilia, Italien* Anbauzone in den Vorbergen des Apennin, in der Nähe von Bologna. Traditionell handelt es sich um leicht süße, spritzige Weine, aber jetzt hat man Zugeständnisse an den internationalen Geschmack gemacht, insbesondere bei einem feinen Cabernet★★ von Terre Rosse. Außerdem erzeugt man gute Rotweine aus Merlot sowie in wachsender Zahl trockene Weißweine aus Sauvignon, Pignoletto und Pinot Bianco. Beste Erzeuger: Bonzara★, Gaggioli (Vigneto Bagazzana), Terre Rosse★★, Vallona.★

COLLI EUGANEI DOC *Veneto, Italien* Die steilen Hügel südlich von Padua erzeugen eine Reihe von DOC-Weinen (Still- und Schaumweine), die meist in einem leichten Stil gehalten sind. Eine Ausnahme bildet das Weingut Vignalta, dessen Cabernet Riserva★★ und Merlot-Cabernet-Verschnitt Gemola★★ in ihren Kategorien mit den besten italienischen Weinen konkurrieren können. Beste Erzeuger: Ca' Lustra★, Vignalta★★. Beste Jahrgänge: **1995 94 93 91 90.**

COLLI ORIENTALI DEL FRIULI DOC *Friaul-Julisch-Venetien, Italien* DOC in Nordostitalien, die 20 verschiedene Weintypen umfaßt. Am bekanntesten ist sie für ihre süßen Weine aus dem Untergebiet Ramandolo und den überbewerteten Picolit; doch es sind die Rotweine aus den einheimischen Rebsorten Refosco und Schioppettino sowie aus importierten Rebsorten wie Cabernet und die trockenen Weißweine aus den Rebsorten Tocai, Ribolla, Pinot Bianco und Malvasia Istriana, die zeigen, wie aufregend die Weine hier sein können. Die Preise sind allerdings hoch. Beste Erzeuger: Abbazia di Rosazzo★★, Bosco Romagno★, Ca' Ronesca★, Dario Coos★, Dorigo★, Dri★, Livio Felluga★, Ronco di Cialla★★, Ronco del Gnemiz★, Specogna★,Torre Rosazza★, La Viarte★, Vigne dal Leon★, Zamò e Zamò★.

COLLI PIACENTINI DOC *Emilia, Italien* Aus den Hügeln südlich von Piacenza kommen einige der besten Weine der Emilia. Die DOC umfaßt elf verschiedene Weintypen, von denen der rote Gutturnio (ein gefälliger Verschnitt aus Barbera- und Bonardatrauben), der halbtrockene Weißwein und der Schaumwein aus Malvasiatrauben am besten sind. Beste Erzeuger: Campominosi, Fugazza★, Montesissa★, Mossi★, Romagnoli, La Stoppa★, La Tosa★.

COLLINES RHODANIENNES, VIN DE PAYS DES *Rhônetal, Frankreich* Die besten Weine aus dem Gebiet zwischen Vienne und Valence sind die Sortenweine aus Gamay- und Syrahtrauben, aber es gibt auch einige gute, saftige Merlots. Beste Erzeuger: Gen. ST-DÉSIRAT★, Gen. Tain l'Hermitage, Les Vignerons Ardéchois.

COLLIO DOC *Friaul-Julisch-Venetien, Italien* 80 % der DOC Collio Goriziano befinden sich in Slowenien, aber die besten Weine stammen bislang von den 20%, die in Italien verblieben sind. Von diesen Hügeln kommen einige der besten und teuersten trockenen Weißweine Italiens. Die Anbauzone erzeugt 19 Weintypen, darunter 17 Sortenweine, die von den lokalen Rebsorten Tocai und Malvasia Istriana bis zu den international gebräuchlichen Reben Chardonnay, Sauvignon, Pino Bianco und Pinot Grigio, Cabernet, Merlot und Pinot Nero reichen. Von Collios vielen kleinen Weingütern stellen die hochgelobten Güter GRAVNER★★ und JERMANN★★ Weine her, die absichtlich außerhalb der DOC bleiben. Die besten Weiß- und Rotweine sind es wert, daß man sie altern läßt. Beste Erzeuger: Borgo Conventi★, Borgo del Tiglio★★, La Castellada★, Livio Felluga★★, Gradnik, Renato Keber★, Princic★, PUIATTI★, Ronco dei Tassi★, Russiz Superiore★, SCHIOPETTO★★, Venica★, Villa Russiz★.

COLLIOURE AC *Roussillon, Frankreich* Dieses winzige Fischerdorf am Fuße der Pyrenäen, das nur ein paar Kilometer von der spanischen Grenze entfernt liegt, ist auch eine AC und erzeugt feurige Rotweine, die zehn Jahre altern können, aber wunderbar aggressiv sind, wenn man sie jung trinkt. Beste Erzeuger (Rotweine): Dom. de Baillaury★, Casa Blanca, Cellier des Templiers, Mas Blanc, la RECTORIE★★, Dom. la Tour Vieille★. Beste Jahrgänge: **1995 94 93 90 89 88 86 85.**

COLOMBARD In Frankreich wird die Rebsorte Colombard traditionell für die Herstellung von Armagnac und Cognac verwendet, aber jetzt taucht sie auch als Traube für Tafelweine auf, vor allem für den Vin de Pays des COTES DE GASCOGNE. Im Idealfall besitzt der Wein eine angenehme, frische Säure und eine frische, aromatische Fruchtigkeit. Am häufigsten wird die Traube in Kalifornien angepflanzt, wo sie zumeist weniger vornehme Weine liefert. Australien bietet ein paar anständige Beispiele; Südafrika kann sehr reizvolle, einfache Weißweine erzeugen, auch wenn die Rebsorte dort hauptsächlich für Branntweine oder zum Verschneiden verwendet wird.

COLUMBIA CREST *Washington, USA* Columbia Crest wurde als Zweitmarke für CHATEAU SAINTE MICHELLE ins Leben gerufen, hat sich aber zu einem vollwertigen Erzeuger von preisgünstigen Weinen entwickelt, die sehr gute Qualität besitzen. Der Chardonnay★ und der Estate Merlot★ sind seine besonderen Stärken. Wenn man ihre intensive Fruchtigkeit genießen will, sollte man beide im Alter von zwei bis drei Jahren trinken.

COMMANDARIA *Zypern* Die Kreuzritter waren ganz verrückt nach diesem dunkelbraunen, melasseartig süßen Wein. Erzeugt wird er aus roten Mavro- und weißen Xynisteritrauben, die vor der Vinifizierung zwei Wochen lang in der Sonne trocknen. Der Ausbau wird nach dem Solera-System vorgenommen. Immer noch recht passabel, aber nur potentiell einer der großen reichhaltigen Weine der Welt.

COMTÉ TOLOSAN, VIN DE PAYS DU *Südwestfrankreich* Ein Anbaugebiet für Vin de Pays, das den größten Teil der Region südlich und östlich von Bordeaux umfaßt. Die Rotweine, für die einheimische Rebsorten wie Duras, Tannat und Fer Servadou verwendet und mit Cabernet Sauvignon, Cabernet Franc und Merlot verschnitten werden, sind zwar die beste Wahl, aber man sollte auch einmal die Roséweine probieren. Beste Erzeuger: Gen. Labastide-de-Levis, de Ribonnet★.

COMTÉS RHODANIENS, VIN DE PAYS DES *Rhônetal und Savoyen, Frankreich* Die meisten Weine sind Rotweine, die aus den Rebsorten Syrah, Gamay, Cinsaut und Grenache erzeugt werden, aber die Weißweine, insbesondere die aus Viognier, Sauvignon und Chardonnay hergestellten, sind ebenfalls gut. Beste Erzeuger: Gen. Rouoms, Gen. SAINT-DÉSIRAT★, Gen. Tain-l'Hermitage, Les Vignerons Ardéchois.

CONCA DE BARBERÁ DO *Katalonien, Spanien* Ein ausgezeichnetes spanisches Gebiet für Qualitätsweine, aber man sieht den Namen dieses Gebiets nur selten auf einem Etikett, weil der größte Teil des Weins an die CAVA-Erzeuger in Penedés verkauft wird. Das kühle Klima hier ist ideal für hochwertige Traubensorten und feine Tafelweine, nicht nur für Schaumweine. TORRES und CODORNIU erzeugen hier hervorragende Weine aus den Rebsorten Chardonnay, Cabernet Sauvignon, Pinot Noir, Merlot und Tempranillo. Beste Erzeuger: Concavins-RYMAN★, Sanstrave, Torres (Milmanda★★).

CONCHA Y TORO *Maipo, Chile* Die größte Kellerei Chiles verfügt über Trauben aus mehr als 1500 ha Rebfläche, hat aber den Weinmacher Pablo Morandé verloren, der im Rapel-Tal ein eigenes Projekt ins Leben gerufen hat. Zu den Spitzenweißweinen gehören Amelia Chardonnay★★, CASABLANCA Sauvignon Blanc★★ und Trio Chardonnay. Don Melchor Cabernet Sauvignon★ führt die Rotweine an, zusammen mit erregenden Merlots, die unter den Marken Casillero del Diablo und Trio auf den Markt kommen.

CONDRIEU AC *Rhônetal, Frankreich* Wegen der Nachfrage nach diesem wunderbar duftigen Wein, der ausschließlich aus Viogniertrauben hergestellt wird, ist der Condrieu sehr teuer. Leider ist die Qualität erschreckend wechselhaft. Condrieu sollte man jung trinken. Er ist dann ein sinnlicher Genuß, den jeder mindestens einmal in seinem Leben probieren sollte, aber man sollte sich dabei vergewissern, daß man einen guten Erzeuger auswählt. Beste Erzeuger: Cuilleron★★★, DELAS★, ezormeaux★, Dumazet★, GUIGAL★★, Perret★, Pinchon★★★, du Rozay★, Vernay★★★. Beste Jahrgänge: **1996 95 94 91.**

CONO SUR *Rapel, Chile* Die dynamische Schwesterkellerei von CONCHA Y TORO, deren Chimbarongo Pinot Noir die Rebsorte und das Anbaugebiet in Chile bekannt machte. Der neue CASABLANCA Pinot Noir★★ ist strenger als die süßen, fleischigen Versionen aus Rapel. Die Zweitmarken Tocornal und Isla Negra bieten süffige Verschnitte. Beste Jahrgänge: **1996 95.**

CONSTANTIA WO *Südafrika* Das historische Herz des südafrikanischen Weins, das jetzt das Banner der Qualität hochhält. Das Land, das ursprünglich 1685 Simon van der Stel gewährt worden war, wurde nach seinem Tod dreigeteilt. Zwei Güter, Groot Constantia und KLEIN CONSTANTIA, existieren noch, während BUITENVERWACHTING partiell aus dem dritten Teil entstanden ist. Etwas weiter entfernt liegen an denselben Hängen die historischen Güter Steenberg und Uitsig. Die beiden Constantia-Güter führen die Tradition fort mit Weinen, die auf den im 18. Jahrhundert berühmten süßen Constantias beruhen, wohingegen die weißen Rebsorten, insbesondere Sauvignon Blanc, dieses Anbaugebiet mit kühlem Klima in das moderne Rampenlicht rücken. Beste Erzeuger: BUITENVERWACHTING★★, KLEIN CONSTANTIA★★, Steenberg★.

ALDO CONTERNO *Piemont, Italien* Seitdem sich Aldo Conterno 1969 von seinem Bruder trennte, hat er sich den Ruf eines der besten Erzeuger im BAROLO-Anbaugebiet erworben. Er erzeugt gute Freisas★, Grignolinos und Dolcettos, einen exzellenten Barbera d'Alba Conca Tre Pile★★, einen im Barrique ausgebauten Nebbiolo Il Favot★★ und zwei Chardonnays, einen jungen, nicht faßgereiften Printanié★ und Bussia d'Or★★, der in neuen Holzfässern vergoren und ausgebaut wird. Sein Stolz sind aber die Barolos aus den besten Lagen auf dem Hügel von Bussai. In den Spitzenjahren produziert er die Barolos Vigna Colonello★★★, Vigna Cicala★★★ und den ausgezeichneten Granbussia★★★ sowie einen Baroloverschnitt namens Bussia Soprana★★. Alle seine Barolos sind schon in ihrer Jugend leicht zugänglich, brauchen jedoch mehrere Jahre, um ihre wahre Majestät zu zeigen, aber sie behalten dabei eine bemerkenswerte Frische und Frucht. Aldos älterer Bruder Giovanni hat schon immer eine traditionellere Methode der Weinbereitung auf dem Gut Giacomo Conterno gewählt. Sein Spitzenwein ist der Barolo Monfortino★★. Beste Jahrgänge: (Barolo) (1996) (95) 94 93 91 90 89 **88 85 82.**

CONTINO *Rioja DOC, Rioja, Spanien* Weingut in einem der schönsten RIOJA-Gebiete, zur Hälfte im Besitz der CVNE. Der Wein wird von CVNE hergestellt und immer als Reserva ★★ verkauft. Beste Jahrgänge: **1991 86 85 82.**

COONAWARRA *Südaustralien* Auf einem Kalksteingürtel mit einer dünnen Schicht Terra rossa vermag dieser flache kleine Landstrich großartige Cabernets mit dem Aroma von Johannisbeerblättern und würzige Shirazweine zu erzeugen, die viele Jahre altern können. Chardonnay und Riesling können gut ausfallen. Aus Exportgründen wurden Hunderte von Hektar neue Rebflächen angepflanzt, was einige enttäuschend leichte Rotweine erwarten läßt. Ich frage mich, ob Coonawarra nicht seinen großartigen Ruf aufs Spiel setzt. Beste Erzeuger: BOWEN★★, HOLLICK★, KATNOOK★★, LECONFIELD (Rotweine)★★, LINDEMANS★, MILDARA★, ORLANDO★, PARKER★, PENFOLDS★★, PENLEY★★, PETALUMA★★★, ROSEMOUNT★★, ROUGE HOMME★, WYNNS★★.

COOPERS CREEK *Auckland, Neuseeland* Eine kleinere Kellerei, die sich auf Weine aus den Anbaugebieten HAWKES BAY und MARLBOROUGH spezialisiert hat. Sie ist ein erfolgreicher Erzeuger von Chardonnay★, insbesondere Swamp Road Chardonnay★★ und ein üppiger Marlborough Sauvignon Blanc★★. Die trockenen Rieslinge★ und die Riesling-Spätlesen★★ sind ebenfalls sehr gut. Bald wird noch ein WAIHEKE-Rotwein mit dem Erwerb eines Weinbergs auf dieser Insel hinzukommen. Beste Jahrgänge: **1996 94 91.**

COPERTINO DOC *Apulien, Italien* Elegante Weine hauptsächlich aus Negroamarotrauben sowie einem kleinen Anteil von Malvasia Nera. Copertino erzeugt elegante Weine. Beste Erzeuger: Gen. Copertino★, Leone de Castris, Monaci.

CORBANS *Auckland, Gisborne und Marlborough, Neuseeland* Die zweitgrößte Weinfirma Neuseelands hinter MONTANA. Zu ihren Marken gehören Cooks, Stoneleigh und Robard & Butler. Stoneleigh Sauvignon Blanc★ und Rhine Riesling★★, beide aus Trauben von MARLBOROUGH hergestellt, fangen die besten Qualitäten der beiden Rebsorten ein und demonstrieren gut ihre regionalen Stile. Private Bin Chardonnay★★, Noble Rhine Riesling★★★ und Merlot★★ sind feine, in kleiner Menge erzeugte Weine. Unter der Marke Cottage Bock werden jetzt die Spitzenweine der Firma aus den besten Rebsorten und allen wichtigen Gebieten erzeugt. Beste Jahrgänge: **1996 94 91 90.**

CORBIÈRES AC *Languedoc, Frankreich* Diese Appellation erzeugt jetzt einige der besten Rotweine im Languedoc. Die Rotweine haben viel Frucht und duften intensiv nach den wilden Kräutern, die hier auf den Hügeln wachsen. Sie schmecken ausgezeichnet in ihrer Jugend; die Weine der besten Güter können jahrelang altern. Der weiße Corbières ist annehmbar und sollte möglichst jung getrunken werden. Beste Erzeuger (Rotweine): Baillat, Caraguilhes★, Castex, Étang des Colombes★, Fontsainte★, Grand Moulin★, LASTOURS★★, Gen. MONT TAUCH★, Ollieux, du Parc, St Auriol★, VOULTE-GASPARETS★★. Beste Jahrgänge: **1995 94 93 91 90 89.**

CORNAS AC *Rhônetal, Frankreich* Aufstrebende Appellation, die sich zum zukünftigen Star des nördlichen Rhônetals entwickelt. Ihre Weine sind besonders attraktiv, weil die Preise für die Weine der benachbarten Appellationen HERMITAGE und COTE-ROTIE in den letzten Jahren astronomische Höhen erreicht haben. Jung ist der Cornas ein dickflüssiger Rotwein von undurchdringlicher Farbe, die in den reifsten Jahren fast schwarz ist. Die meisten Weine müssen zehn Jahre reifen. Beste Erzeuger: de Barjac★, CLAPE★★★, Colombo★, DELAS, JABOULET, Juge★, LIONNET★★, R. Michel★, VERSET★★. Beste Jahrgänge: (1996) 95 94 **91 90 89 88 85 83 80 78.**

CORSE (KORSIKA) *Frankreich* Diese Mittelmeerinsel hat in der Vergangenheit einige recht langweilige und gesichtslose Weine erzeugt. Im letzten Jahrzehnt fand eine willkommene Entwicklung hin zur Qualität statt, wobei die Genossenschaften und die örtlichen Winzer in eine bessere Ausrüstung investierten und als Ergänzung zu den einheimischen Sorten Nielluccio, Vermentino und Sciacarello edle Rebsorten – wie etwa Syrah, Merlot, Cabernet Sauvignon und Mourvèdre für Rotweine sowie Chardonnay und Sauvignon Blanc für Weißwein – anbauten. Die Weiß- und Roséweine sind gefällig und sollten jung getrunken werden; die Rotweine schmecken aufregender und können drei bis vier Jahre altern. Siehe auch Ajaccio, Île de Beauté, Muscat de Cap Corse, Patrimonio, Vin de Corse.

CORTESE Weiße Traubensorte, die vorwiegend im Südostpiemont (PIEMONTE) in Italien angebaut wird. Sie wird auch in den DOCs Colli Tortonesi und Alto Monferrato sowie für den GAVI verwendet. Der aus ihr erzeugte Wein kann auch einfach als Cortese del Piemonte auf den Markt kommen. Die Rebsorte kann gute, recht säuerliche, trockene Weißweine hervorbringen.

CORTON AC *Grand Cru, Côte de Beaune, Burgund, Frankreich* Die AC Corton umfaßt sowohl Rot- wie auch Weißweine. Sie ist der einzige rote Grand Cru an der Côte de Beaune. Die Weine sollten im Idealfall die Korpulenz und den kräftigen Geschmack der Spitzenweine von der Côte de Nuits mit der eher verführerischen aromatischen Fruchtigkeit der Côte de Beaune verbinden. Ein roter Corton müßte eigentlich zehn Jahre reifen, aber allzu viele moderne Weine schaffen dies nie. Weißer Corton wird in sehr geringer Menge erzeugt. Beste Erzeuger: Bonneau du Martray★★, Chandon de Briailles★★, Chevalier★, Dubreuil-Fontaine★★, MÉO-CAMUZET★★★, Rapet★★, Senard★, TOLLOT-BEAUT★★, Voarick★. Beste Jahrgänge: (Rotweine) 1995 93 90 **89** 88 **85 83 78.**

CORTON-CHARLEMAGNE AC *Grand Cru, Côte de Beaune, Burgund, Frankreich* Corton-Charlemagne, ganz oben auf dem berühmten Corton-Hügel, ist der größte weiße Grand Cru von Burgund. Er kann einen der eindrucksvollsten weißen Burgunder hervorbringen: mit einem reichhaltigen, an Butter und Nüsse erinnernden Geschmack und einem feinen, mineralischen Aroma. Die besten Weine zeigen ihre wirkliche Qualität erst mit zehn oder noch mehr Jahren. Beste Erzeuger: Bonneau du Martray★★, COCHE-DURY★★★, Dubreuil-Fontaine★, JADOT★★, LATOUR★★, Marey★, Rapet★, TOLLOT-BEAUT★★. Beste Jahrgänge: 1995 94 **92** 90 **89 88 86 85.**

CORVO *Sizilien, Italien* Der Markenname für die sizilianischen Weine, die von der Firma Duca di Salaparuta erzeugt werden. Der einfache rote und weiße Corvo fällt recht schlicht aus, aber es gibt jetzt bessere Weißweine namens Colomba Platino und Bianco di Valguarnera★ sowie zwei feine Rotweine, Dagala del Corvo★ und Duca Enrico★★.

CH. COS D'ESTOURNEL★★★ *St-Estèphe AC, 2ème Cru Classé, Haut-Médoc, Bordeaux, Frankreich* Jetzt die Spitzenadresse in SAINT-ESTEPHE und eines der führenden Güter im gesamten Bordelais. Trotz eines hohen Merlotanteils (etwas weniger als 40 %) wird der Wein auf klassische Weise als Lagerwein hergestellt und braucht normalerweise zehn Jahre, um sich zu entfalten. Die letzten Jahrgänge waren dunkel, tief und sehr alterungsfähig. Zweitwein: les Pagodes de Cos (ab 1994). Beste Jahrgänge: (1996) (95) 94 93 92 90 89 88 86 **85 83 82 81 79 78 76.**

COSECHA Spanische Bezeichnung für »Lese« bzw. »Jahrgang«.

COSTERS DEL SEGRE DO *Katalonien, Spanien* Diese DO wurde ursprünglich geschaffen, um mit dem riesigen Weingut RAIMAT bei Lérida in Westkatalonien (CATALUÑA) zu Rande zu kommen. Eine große Zahl von Rebsorten wird angebaut, wobei das Hauptgewicht auf französischen Rebsorten liegt. Die Qualität ist in der Regel gut; die Preise sind moderat. Beste Erzeuger: Castell de Remei, RAIMAT★.

COSTIÈRES DE NÎMES AC *Languedoc, Frankreich* Eine große, besser werdende AC zwischen Nîmes und Arles im Departement Gard. Die Rotweine sind oft weich und von reizvoller Süffigkeit; die Rosés sind am besten, wenn sie wirklich jung sind. Der Weißwein, der nur in geringer Menge erzeugt wird, kann leicht sein und nach Äpfeln schmecken. Beste Erzeuger: l'Amarine, Beaubois, de Belle-Coste, Blanc★, Campuget★, Durand, Roubaud, de la Tuilerie★.

CÔTE Französische Bezeichnung für Hang. Viele der besten, aber nicht alle Weinberge in Frankreich sind Hanglagen. Die Namen spezieller Hänge sind für Appellationen (COTE-ROTIE, COTE DE BROUILLY) oder sogar für ganze Anbaugebiete (COTE D'OR) übernommen worden.

CÔTE DE BEAUNE *Côte d'Or, Burgund, Frankreich* Der südliche Teil der COTE D'OR. Die Côte de Beaune beginnt am Corton-Hügel nördlich der Stadt Beaune und reicht im Süden bis Les Maranges, wobei die Weißweine allmählich die Rotweine ablösen. Eine eigene AC Côte de Beaune auf dem Hügel oberhalb der Stadt bringt relativ billige Rot- und Weißweine hervor. Beste Erzeuger: Allexant, Chantal Lescure, Joliette, LABOURÉ-ROI.

CÔTE DE BEAUNE-VILLAGES AC *Côte de Beaune, Burgund, Frankreich* Die allgemeine AC umfaßt 16 Dörfer für Rotweine aus Pinot-Noir-Trauben. Die meisten Erzeuger verwenden heute ihren eigenen Ortsnamen, aber wenn der Wein ein Verschnitt von Trauben mehrerer Dörfer ist, wird er als Côte de Beaune-Villages verkauft. Die meisten Händler stellen einen relativ anspruchslosen Wein her.

CÔTE DE BROUILLY AC *Beaujolais, Burgund, Frankreich* Ein steiler Hügel mitten in der AC BROUILLY, der besonders reife Trauben hervorbringt. Dieser »Super-Brouilly« schmeckt gut, wenn er jung ist, kann aber mehrere Jahre altern. Beste Erzeuger: Cellier des Samsons, Conroy★, DUBŒUF, Henry Fessy, Geoffray★, Ravier★, Thivin★★, Verger. Beste Jahrgänge: 1996 **95 94 93 91.**

CÔTE CHALONNAISE Siehe Bourgogne-Côte Chalonnaise.

CÔTE DE NUITS *Côte d'Or, Burgund, Frankreich* Dies ist der nördliche Teil der berühmten Côte d'Or; es handelt sich dabei um keine Appellation. Die Côte de Nuits ist ein Anbaugebiet fast ausschließlich für Rotweine. Die Weinberge beginnen in den südlichen Vororten von Dijon und setzen sich in einem schmalen Band, das oft nur ein paar hundert Meter breit ist, bis unterhalb des Städtchens Nuits-Saint-Georges fort. Die Dörfer hier tragen einige der berühmtesten Weinnamen in der Welt: u. a. GEVREY-CHAMBERTIN, VOUGEOT und VOSNE-ROMANÉE.

CÔTE DE NUITS-VILLAGES AC *Côte de Nuits, Burgund, Frankreich* Eine AC, die speziell für die Dörfer Corgoloin, Comblanchien und Prémeaux im Süden der Côte de Nuits sowie Brochon und FIXIN im nördlichen Abschnitt gilt. Obwohl man den Namen recht selten auf einem Etikett findet, sind die Weine oft gut; sie besitzen keine sehr tiefe Farbe, aber eine hübsche, an Kirschen erinnernde Fruchtigkeit. Es gibt auch eine winzige Menge Weißwein. Beste Erzeuger: (Rotweine) René Durand, Julien★, RION, Rossignol, Tollot-Voarick.

CÔTE D'OR *Burgund, Frankreich* Die Côte d'Or ist Europas nördlichstes Anbaugebiet für große Rotweine und bringt zugleich einige der besten trockenen Weißweine der Welt hervor. Der Name, der »goldener Hang« bedeutet, bezieht sich auf einen 48 km langen Streifen zwischen Dijon und Chagny, unterteilt in die COTE DE NUITS im Norden und die COTE DE BEAUNE im Süden.

CÔTE ROANNAISE AC *Loiretal, Frankreich* Am Oberlauf der Loire gelegen. Die nächste größere Stadt ist Lyon, die Hauptstadt des BEAUJOLAIS; es ist deshalb ganz logisch, daß die Hauptrebsorte hier Gamay ist. Die meisten der erzeugten Weine sind Rotweine und sollten in der Regel jung getrunken werden. Beste Erzeuger: Chaucesse, Lapandéry, Lutz, Montroussier, Plasse★, Serol, Vial★.

CÔTE-RÔTIE AC *Rhônetal, Frankreich* Die Côte-Rôtie, der »geröstete Hang«, erzeugt einen der größten Rotweine der Welt. Die Syrahtraube wird auf diesen Steilhängen zu einer Superreife gebacken. Die kleine Menge Viogniertrauben, die manchmal beigemischt wird, verleiht dem Côte-Rôtie einen exotischen Duft, den man bei einem Rotwein nicht erwarten würde. Jung schmeckt er angenehm, aber man sollte ihn lieber zehn Jahre altern lassen. Beste Erzeuger: Gilles Barge★, Pierre Barge★★, Burgaud★★, Champet★★, Clusel-Roch★★, DELAS★★, GUIGAL★★★, JAMET★★, JASMIN★★, Rostaing★★, Vernay★. Beste Jahrgänge: (1996) 95 94 91 **90 89 88 85 83 78.**

COTEAUX CHAMPENOIS AC *Champagne, Frankreich* Die AC für Stillweine aus der Champagne. Die Weine sind recht säuerlich, mit ein paar Ausnahmen, insbesondere wenn die Weine aus den Dörfern BOUZY und Ay stammen. Die besten können fünf Jahre und länger altern. Beste Erzeuger: Bara, BOLLINGER, Ch. de Saran★ (MOET & CHANDON), LAURENT-PERRIER, Joseph Perrier, G. Vesselle. Beste Jahrgänge: (1996) 95 **90 89 88 85 82.**

COTEAUX D'AIX-EN-PROVENCE AC *Provence, Frankreich* Diese AC, die hauptsächlich Rot- und Roséweine umfaßt, erkannte als erste im Süden, daß Cabernet Sauvignon die einheimischen Rebsorten Grenache, Cinsaut, Mourvèdre, Syrah und Carignan enorm verstärken kann. Die Rotweine sind alterungsfähig, aber man sollte sie am besten jung trinken. Erzeugt werden auch recht gute, frische Roséweine, während die Weißweine, die zumeist immer noch auf traditionelle Weise hergestellt werden, gefällig, aber nicht sonderlich aufregend sind. Beste Erzeuger: (Rotweine) Château Bas, de Beaupré, Fonscolombe, Ste-Berthe, Salen, Ch. du Seuil, La Vallongue, Vignelaure; (Weißweine) de Beaupré, de Calissanne, de Carnaissette, Fonscolombe, Ch. du Seuil.

COTEAUX DE L'ARDÈCHE, VIN DE PAYS DES *Rhônetal, Frankreich* Weine aus dem Süden der Ardèche. Ausschau halten sollte man nach den immer besser werdenden roten Sortenweinen, die aus Cabernet Sauvignon, Syrah, Merlot oder Gamay hergestellt werden, und nach den trockenen, frischen Weißweinen, die aus den Rebsorten Chardonnay, Viognier oder Sauvignon Blanc erzeugt werden. Beste Erzeuger: du Colombier, Louis LATOUR, Pradel, Gen. ST-DÉSIRAT★, Les Vignerons Ardéchois.

COTEAUX DE L'AUBANCE AC *Loiretal, Frankreich* Eine ziemlich kleine AC, deren Anbaugebiet parallel zu den COTEAUX DU LAYON verläuft. Sie erlebt jetzt eine Renaissance bei ihren süßen oder lieblichen Weißweinen, die aus der Rebsorte Chenin Blanc hergestellt werden. Die meisten Erzeuger produzieren auch Rot-, Rosé- oder trockene Weißweine der AC ANJOU, die sich leichter verkaufen läßt. Die süßen Weine können zehn bis 25 Jahre altern. Beste Erzeuger: Bablut★, Haute Perche★, Montgilet, RICHOU★★. Beste Jahrgänge: (1996) 95 **94 93 90 89 88 86 85 83.**

COTEAUX DU LANGUEDOC AC *Languedoc, Frankreich* Eine große, zunehmend erfolgreiche AC zwischen Montpellier und Narbonne im Languedoc, die über 40 Millionen Flaschen fleischiger Rotweine und wohlschmeckender Roséweine erzeugt. Elf der besten Dörfer (Crus) dürfen jetzt ihren Namen der Appellation hinzufügen, u. a. Cabrières, La CLAPE, Montpeyroux, PIC SAINT-LOUP, Saint-Drézery und Saint-Georges-d'Orques. Beste Erzeuger: Abbaye de Valmagne, d'Auphilhac★, Bruguière, Calage★, Gen. Carignano★, la Coste★, Hortus★, MAS JULLIEN★★. Beste Jahrgänge: **1995 94 93 91.**

COTEAUX DU LAYON AC *Loiretal, Frankreich* Süßer Wein aus dem Layontal südlich von Angers. Der Wein wird aus Chenin-Blanc-Trauben hergestellt, die von der Edelfäule befallen sein sollten. In großen Jahrgängen wie etwa 1990 und 1989 und bei einem fähigen Winzer kann dieser Wein einer der großen Süßweine der Welt sein. Sieben Dörfer dürfen die AC Coteaux du Layon-Villages verwenden (eines der besten davon ist Chaume) und ihren eigenen Namen auf dem Etikett angeben. Vor allem diese Weine sind für ihre Qualität eindeutig zu billig. Zwei kleine Untergebiete, BONNEZEAUX und QUARTS DE CHAUME, besitzen eigene Appellationen. Die Weine können fünf, zehn, fünfzehn Jahre oder sogar noch länger altern. Beste Erzeuger: Baudouin★★, Baumard★, Bidet★★, de Breuil★★, Cady★★, Delesvaux★★, Ogereau★★, Pierre-Bise★★, Pithon★★, Joseph Renou★★, Robineau★, Sauveroy★, Soucherie★, Soulez★★, Touche Noire★★. Beste Jahrgänge: (1996) 95 **94 93 90 89 88 85 83 82 76 75.**

COTEAUX DU LYONNAIS AC *Burgund, Frankreich* Gute, leichte Rotweine im Beaujolaisstil und ein paar Weiß- und Roséweine aus den verstreut liegenden Weinbergen zwischen Villefranche und Lyon. Jung zu trinken. Beste Erzeuger: Cave des Vignerons de Saint Bel, Descotes, Fayolle.

COTEAUX DU TRICASTIN AC *Rhônetal, Frankreich* Leichte, frische Rot- und Roséweine mit reizvoller, saftiger Frucht aus dem Süden des Departements Drôme. Weißwein wird nur in geringer Menge erzeugt, verdient es aber, daß man nach ihm Ausschau hält, weil er recht gut ist und nach Nüssen schmeckt. Sollte im Jahr nach der Lese getrunken werden. Beste Erzeuger: de Grangeneuve, Lônes, Tour d'Elyssas, Vieux Micocoulier.

COTEAUX VAROIS AC *Provence, Frankreich* Ein beachtenswertes Anbaugebiet mit neuen Anpflanzungen klassischer Traubensorten. Beste Erzeuger: Bremond, Clos de la Truffière, Deffends, Garbelle, Ch. St-Estève, St-Jean-le-Vieux.

CÔTES DE BERGERAC AC *Südwestfrankreich* Die AC umfaßt Rotweine von guter Qualität, die von den gleichen Traubensorten wie die Weine der AC BERGERAC erzeugt werden, aber einen höheren Mindestalkoholgehalt besitzen. Die AC Côtes de Bergerac Moelleux ist der Name für süße Weine. Beste Erzeuger: Belingard-Chayne, Combrillac, Le Mayne, Tour des Gendres.

CÔTES DE BLAYE AC *Bordeaux, Frankreich* Die AC für Weißweine vom rechten Ufer des Gironde-Ästuars. Fast die gesamten besten Weißweine des Anbaugebiets sind jetzt trocken. Jung zu trinken. Bester Erzeuger: Cave de Marcillac.

CÔTES DE BOURG AC *Bordeaux, Frankreich* In erster Linie ein Rotweingebiet innerhalb der AC COTES DE BLAYE, wo die besten Erzeuger und die örtliche Genossenschaft in Tauriac große Anstrengungen unternehmen. Die Rotweine sind voll, haben eine angenehme Johannisbeerfrucht und können sechs bis zehn Jahre altern, auch wenn die meisten mit drei bis fünf Jahren getrunken werden. Sehr wenig Weißwein wird erzeugt, der zumeist knochentrocken und fad ist. Beste Erzeuger: de Barbe, Bousquet, Brulesécaille, Falfas★,

Guerry, Haut-Guiraud, Macay, Nodoz, Roc-de-Cambes★, Rousset, Gen. Tauriac, Tayac. Beste Jahrgänge: 1996 **95 94 90 89 88.**

CÔTES DE CASTILLON AC *Bordeaux, Frankreich* Während der Preis für einen anständigen roten Bordeaux immer weiter nach oben klettert, sind die Weine der Côtes de Castillon eine hervorragende Alternative zu einem maßvollen Preis geblieben: ein wenig erdig, aber voll und rund. Je nach Jahrgang schmeckt der Wein mit drei bis zehn Jahren angenehm. Beste Erzeuger: d'Aiguilhe, de Belcier★, Cap-de-Faugères, Côte-Montpezat★, Lapeyrouie, de Parenchère, de Pitray, Poupille, Robin, Vieux Château Champs de Mars. Beste Jahrgänge: 1996 95 **94 90 89 88 86 85.**

CÔTES DE DURAS AC *Südwestfrankreich* Eine AC zwischen ENTRE-DEUX-MERS und BERGERAC im Departement Lot-et-Garonne, mit zwei sehr rührigen Genossenschaften, die extrem gute, frische, grasige Rot- und Weißweine aus den traditionellen Rebsorten von Bordeaux, aber zu deutlich niedrigeren Preisen anbieten. Man sollte sie jung trinken. Beste Erzeuger: Amblard, Conti, Cours★, Gen. Duras, Ferrant, Gen. Landerrouat, Lapiarre★, Laulan.

CÔTES DE FRANCS AC *Bordeaux, Frankreich* Vorwiegend Rotweine aus einem winzigen, aber aufstrebenden Anbaugebiet östlich von SAINT-ÉMILION. Hilfreich für die Qualität sind die Investitionen seitens einiger führender Erzeuger in POMEROL und Saint-Émilion. Der Wein ist bereits beeindruckend, aber für die Zukunft darf man von hier noch mehr große Weine erwarten. Beste Erzeuger: les Charmes Godard, la Claverie★, de Francs★, la Prade, Puygueraud★★. Beste Jahrgänge: 1996 95 **94 90 89 88 86 85 83.**

CÔTES DU FRONTONNAIS AC *Südwestfrankreich* Diese Weine, die nördlich von Toulouse erzeugt werden, gehören zu den originellsten Rotweinen von Südwestfrankreich. Die Hauptrebsorte ist hier Négrette. Der Wein kann superb ausfallen und eine seidige Struktur besitzen. Er kann gut altern, aber ich selbst trinke ihn am liebsten jung. Außerdem gibt es eine kleine Menge Roséwein, der recht gut ist. Beste Erzeuger: de Baudare, Bellevue-la-Forêt, la Colombière, Ferrant★, Flotis★, Laurou, Montauriol★, la Palme★, le Roc.

CÔTES DE GASCOGNE, VIN DE PAYS DES *Südwestfrankreich* Hauptsächlich Weißweine aus dem Departement Gers. Die Trauben in diesem Gebiet werden überwiegend für Armagnac verwendet, aber die pikant-frischen, fruchtigen Tafelweine sind sehr gut – zumal man vor zehn Jahren noch glaubte, sie würden sich nur zum Destillieren eignen. Beste Erzeuger: Aurin, GRASSA★, Union des Producteurs PLAIMONT★, Hugh RYMAN★, Dom. de Joy, Dom. St Lannes.

CÔTES DU JURA AC *Jura, Frankreich* Die regionale AC für Jura umfaßt eine Vielzahl von Weinen, darunter lokale Spezialitäten wie VIN JAUNE und VIN DE PAILLE. Die Savagnintraube liefert Weißweine mit kräftigem Geschmack, während die Rebsorte Chardonnay für einige gute trockene Weißweine und Schaumweine nach dem Champagner-Verfahren verwendet wird. Die Rot- und Roséweine können recht gut sein, wenn sie aus Pinot Noir erzeugt werden, aber bei Verwendung der einheimischen Poulsard- und Trousseautrauben können sie ein wenig eigenartig schmecken. Jung zu trinken. Beste Erzeuger: d'Arlay★, Bourdy, Grand, Gréa, Joly★, Gen. Pupillin, Rolet, Tissot.

CÔTES DU LUBÉRON AC *Rhônetal, Frankreich* Die Weinproduktion wird von den Genossenschaften östlich von Avignon beherrscht. Die leichten, süffigen Weine trinkt man im ersten Jahr nach der Lese, wenn sie erfrischend und angenehm schmecken. Beste Erzeuger: Ch. la Canorgue, Ch. de l'Isolette★, Val Joanis★, Ch. de Mille, la Sable, Gen. la Tour-d'Aigues, Vendran.

CÔTES DU MARMANDAIS AC *Südwestfrankreich* Die Marmandais-Erzeuger im Departement Lot-et-Garonne haben sich immer bemüht, bordeauxähnliche Weine herzustellen. Ihre Rotweine sind recht erfolgreich. Die Rebsorte Syrah ist ebenfalls zugelassen. Beste Erzeuger: Boissonneau, Cave de Beaupuy, Gen. Cocumont.

CÔTES DE MONTRAVEL AC *Südwestfrankreich* Kleines Anbaugebiet innerhalb der AC BERGERAC, in dem süße und liebliche Weißweine aus den Rebsorten Sémillon, Sauvignon Blanc und Muscadelle erzeugt werden. Die Weine sollten jung getrunken werden. Beste Erzeuger: Gourgueil, de Perreau, Pique-Sègue.

CÔTES DE PROVENCE AC *Provence, Frankreich* Eine große Appellation hauptsächlich für Rot- und Roséweine, die in den letzten Jahren deutliche Anzeichen von Verbesserungen zeigt. Die Rot- und Roséweine sind jetzt im allgemeinen viel fruchtiger als früher, sollten aber dennoch jung getrunken werden. Die Weißweine hingegen sind belanglos. Beste Erzeuger: Barbeyrolles, de Berne, Commanderie de Peyrassol, l'Estandon, Féraud★, Gavoty★, Hauts de St-Jean, les Maîtres Vignerons de Saint-Tropez, Mentone, Minuty, Pampelonne, RICHEAUME★, Rimauresq, St-Baillon★, Saint-Maur.

CÔTES DU RHÔNE AC *Rhônetal, Frankreich* Die allgemeine Appellation für das gesamte Rhônetal. Über 90 % sind Rot- und Roséweine, die hauptsächlich aus Grenachetrauben erzeugt werden; die zusätzlich verwendeten Rebsorten Cinsaut, Syrah, Carignan und Mourvèdre verleihen den Weinen einen warmen, würzigen, südlichen Charakter. Die moderne Vinifizierung hat den Stil revolutioniert, so daß die heutigen Weine im allgemeinen saftig und würzig schmecken und süffig sind. Am besten sollte man sie innerhalb der ersten zwei Jahre trinken. Die meisten Weine werden von Genossenschaften erzeugt und unter den Markennamen von Händlern verkauft. Sie sollten möglichst jung getrunken werden. Beste Erzeuger: (Rotweine) Aussellons, BEAUCASTEL, Cantharide, CLAPE★★, de Fonsalette★★, les Gouberts, du GRAND MOULAS★, GUIGAL★★, JABOULET, Mont-Redon, Mousset, Pascal, Richaud★, de Ruth, St-Estève d'Urchaux, STE-ANNE★; (Weißweine) Gen. Chusclan, CLAPE★, Gen. Laudun, Pelaquié★, Rabasse-Charavin, STE-ANNE★. Beste Jahrgänge: (Rotweine) **1995 94 93 91 90.**

CÔTES DU RHÔNE-VILLAGES AC *Rhônetal, Frankreich* AC für Weine mit einem höheren Mindestalkoholgehalt als die einfachen COTES DU RHONE. Sie umfaßt 16 Dörfer im südlichen Rhônetal, die traditionell Weine von besserer Qualität erzeugt haben (vor allem Cairanne, Séguret, Valréas, Sablet, Visan, Chusclan, Laudun). Die besten Weine sind fast ausnahmslos Rotweine: Sie haben einen wunderbar würzigen, tanninreichen Geschmack und können bis zu zehn Jahre altern. Beste Erzeuger: Alary★, Ameillaud★, Gen. BEAUMES-DE-VENISE, Boisson, Brusset★, Gen. Cairanne, Cartier, Chamfort, Combe★, du GRAND MOULAS★, Roger Meffre, l'Oratoire St-Martin, Pélaquié★, Rabasse-Charavin★★, Richaud★★, St-Antoine, STE-ANNE★★, Trignon★, Gen. Vacqueyras, Verquière. Beste Jahrgänge: 1995 **94 93 90 89 88.**

CÔTES DU ROUSSILLON AC *Roussillon, Frankreich* Große AC südlich von Perpignan, die hauptsächlich für Rotweine gilt. Die Rot- und Roséweine gehören zu den preisgünstigsten Weinen Südfrankreichs. Die in geringer Menge erzeugten Weißweine sind zumeist nicht sonderlich denkwürdig. Die Produktion wird von Genossenschaften beherrscht, von denen einige über aufgeschlossene Önologen verfügen, aber die Weingüter fangen an, sich bemerkbar zu machen. Beste Erzeuger (Rotweine): Vignerons CATALANS★, Casenove★, CAZES★, Charmettes★, Forca Real★, GAUBY★, de Jau★, Joliette, Mas Crémat★, Mas Rous, Piquemal, Rey, Gen. Rivesaltes★, Rombeau, Salvat, Sarda-Malet★. Beste Jahrgänge: **1995 94 93.**

CÔTES DU ROUSSILLON-VILLAGES AC *Roussillon, Frankreich* Eine AC, die Rotweine aus den besten Lagen der nördlichen CÔTES DU ROUSSILLON umfaßt. Der Wein, der aus Dörfern wie Caramany und Latour-de-France kommt, ist wunderbar saftig, wenn er jung ist, kann aber altern. Beste Erzeuger: Gen. Agly, Cap de Fouste, Vignerons CATALANS★, CAZES★, des Chênes★, GAUBY★★, de Jau★, Joliette, Mas Crémat★, Ch. Montner, Gen. Maury, Gen. Rivesaltes★, Sabazin★, St-Martin, Vingrau. Beste Jahrgänge: 1995 **94 93.**

CÔTES DE SAINT-MONT VDQS *Südwestfrankreich* Ein gutes VDQS-Anbaugebiet für feste, aber fruchtige Rot-, passable Rosé- und trockene Weißweine. Bester Erzeuger: Union des Producteurs PLAIMONT★ (vor allem Château de Sabazan).

CÔTES DU TARN, VIN DE PAYS DES *Südwestfrankreich* Weine aus dem Departement Tarn rund um Albi, den Geburtsort von Toulouse-Lautrec. Die Weißweine sind zumeist herb, aber fruchtig. Die jungen Rotweine sind ebenfalls angenehm. Beste Erzeuger: Chaumet-Lagrange, Gayrel, Gen. Labastide-de-Levis.

CÔTES DE THAU, VIN DE PAYS DES *Languedoc, Frankreich* Rot-, Weiß- und Roséweine von den Ufern des Thausees, westlich der Hafenstadt Sète am Mittelmeer. Die Weißweine sind oft überraschend gut für Weine aus dem Midi. Beste Erzeuger: de Gaujal, Genson, UCA Vignerons Garrigues, Gen. Pinet, Gen. Pomérols.

CÔTES DE THONGUE, VIN DE PAYS DES *Languedoc, Frankreich* Hauptsächlich Rotweine aus dem Gebiet nordöstlich von Béziers. Die meisten der aus Carignantrauben erzeugten Weine schmecken langweilig, aber in jüngster Zeit sind von dynamischen Weingütern klassische Rebsorten angepflanzt worden, die exzellente Weine hervorbringen können. Beste Erzeuger: de l'Arjolle★, de Bellevu★, Condamine l'Évêque★, Croix Belle★.

CÔTES DU VENTOUX AC *Rhônetal, Frankreich* Eine zunehmend erfolgreiche AC mit Weinbergen auf den Hängen des herrlichen Mont Ventoux auf der östlichen Seite des Rhônetals, in der Nähe von Carpentras. Dies gilt vor allem für gut vinifizierte Weine von einzelnen Gütern oder für Weine, die von seriösen Händlern verschnitten werden. Die Rotweine können eine hübsche, saftige Fruchtigkeit haben oder im Falle von JABOULET und VIEILLE FERME echten Stoff besitzen. Weißwein wird nur in geringer Menge erzeugt. Beste Erzeuger: Anges, de Beaucastel (VIEILLE FERME), Champ-Long, JABOULET★, Pascal, Pesquié, Union des Caves du Ventoux.

CÔTES DU VIVARAIS VDQS *Rhônetal, Frankreich* Im Departement Ardèche und im nördlichen Teil des Departements Gard liefern die für das südliche Rhônetal typischen Rebsorten leichte, frische Rot- und Roséweine, die man jung trinkt. Weinberge, wo klassische Rebsorten (Cabernet Sauvignon und Syrah) angepflanzt sind, bringen jedoch Weine mit tiefem Geschmack hervor, die von überraschender Qualität und unwiderstehlich preiswert sind. Beste Erzeuger: Chais du Vivarais, les Vignerons Ardéchois, de Vigier.

COTNARI *Rumänien* Eine hügelige Region nahe der Grenze zu Moldawien, deren warmes Mesoklima gut für die Entwicklung der Edelfäule geeignet ist. Die feinsten Süßweine Rumäniens werden hier gemacht, wobei man die Rebsorten Grasa, Tamiîoasa, Francusa und Feteasca Alba miteinander verschneidet.

EL COTO *Rioja DOC, Rioja, Spanien* El Coto Crianza★ ist einer der wenigen sehr zuverlässigen und weithin erhältlichen Rotweine, die man in Restaurants in ganz Spanien trinken kann. Coto de Imaz★ ist der Name für die wohlschmeckenden, duftigen Reservas und Gran Reservas. Beste Jahrgänge: (Rotweine) **1994 92 91 89 88 87 86 85 82 81.**

COULY-DUTHEIL *Chinon, Loiretal, Frankreich* Ein großes Handelshaus, das für 10 % der AC CHINON verantwortlich ist. Couly-Dutheil besitzt eigene Weinberge für seine besten Weine, vor allem Clos de l'Écho★★ und Clos de l'Olive★. Der Spitzenverschnittwein ist La Baronnie Madeleine★; er verbindet auf köstliche Weise die Fruchtigkeit von Himbeeren mit einer beachtlichen Alterungsfähigkeit. Couly-Dutheil verkauft auch eine Reihe von anderen Touraineweinen. Beste Jahrgänge: (1996) 95 **93 90 89 88 86 85.**

PIERRE COURSODON *St-Joseph AC, Rhônetal, Frankreich* Ein gutes Weingut in Familienbesitz, das reichhaltige SAINT-JOSEPH-Weine von sehr alten Rebstöcken erzeugt. Die Rotweine★★ brauchen bis zu fünf Jahre, um den gesamten großartigen Reichtum der besten roten Rhôneweine zu entfalten: schwarze Johannisbeeren, Trüffeln und Veilchen. Das gilt besonders für den Spitzenwein, der Le Paradis Saint-Pierre★★ heißt. Der in winzigen Mengen erzeugte weiße Saint-Joseph★ sollte jung getrunken werden. Beste Jahrgänge: (Rotweine) (1996) **95 94 90 89 88 86 85 83.**

CH. COUTET★★ *Barsac AC, 1er Cru Classé, Bordeaux, Frankreich* Das größte als Premier Cru eingestufte Weingut von BARSAC. Der Coutet ist normalerweise nicht so reichhaltig wie der andere Premier Cru der Appellation, CLIMENS. Die Weine sind aromatisch, besitzen einen lebhaft-fruchtigen Charakter und altern gut. Seit 1981 wird in außergewöhnlichen Jahren eine besondere Cuvée Madame★★★ erzeugt, die zu den größten Süßweinen gehört. Beste Jahrgänge: (1996) (95) **90 89 88 86 81 83 76 75.**

COWRA *Neusüdwales, Australien* Neues, sehr vielversprechendes Anbaugebiet mit einem zuverlässigen warmen Klima und guten Wasserbeständen für die Bewässerung. Es bringt weiche, nach Pfirsichen schmeckende Chardonnays und würzige, kühl schmeckende Shirazweine hervor. Beste Erzeuger: Arrowfield, MCWILLIAMS (Barwang Vineyard★), ROTHBURY★, Charles Sturt University.

CRÉMANT Französische Bezeichnung für hochwertige Schaumweine aus dem Elsaß, Bordeaux, Burgund, Die, Jura, Limoux, dem Loiretal und Luxemburg, die strengeren Bedingungen als die gewöhnlichen Schaumweine unterliegen. In der Champagne wurde sie für Schaumweine mit geringerem Kohlensäuredruck (3 statt 6 Atmosphären) verwendet, aber 1994 verboten.

CRÉMANT D'ALSACE AC *Elsaß, Frankreich* Guter, nach dem Champagner-Verfahren hergestellter Schaumwein aus dem Elsaß, der normalerweise aus Pinot Blanc erzeugt wird. Riesling, Pinot Gris und Pinot Noir sind ebenfalls zugelassen. Die Qualität ist anständig, aber die Weine sind nicht besonders preisgünstig. Beste Erzeuger: Cattin, Dopff au Moulin, Dopff & Irion, Ginglinger, Willy Gisselbrecht, KUENTZ-BAS, Muré, Ostertag, Willm, Wolfberger.

CRÉMANT DE BOURGOGNE AC *Burgund, Frankreich* Die meisten burgundischen Crémants sind weiß und werden entweder ausschließlich aus Chardonnaytrauben erzeugt oder mit Pinot Noir verschnitten. Das Ergebnis ist – vor allem in Jahren mit großer Reife – ein voller, weicher Schaumwein, dessen Geschmack fast an Honig erinnert, wenn man den Wein zwei bis drei Jahre reifen läßt, damit er seine Milde entfalten kann. Die besten Rosés kommen aus den Anbaugebieten von Chablis und Auxerre in Nordburgund. Beste Erzeuger: Delorme, Lucius-Grégoire, Parigot-Richard, Simonnet-Febvre; Gen. in Bailly (am besten beim Rosé), Lugny★ St-Gengoux-de-Scissé und Viré.

CRÉMANT DE DIE AC *Rhônetal, Frankreich* AC für Schaumweine, die ausschließlich aus der Rebsorte Clairette Blanche hergestellt werden. Weniger aromatisch als CLAIRETTE DE DIE.

CRÉMANT DE JURA AC *Jura, Frankreich* Eine 1995 für Schaumweine aus dem Jura geschaffene Appellation. Die jährliche Produktion soll bei rund 2 Millionen Flaschen liegen. Die Schaumweine basieren vorwiegend auf Chardonnay sowie Poulsard bei den Rosés.

CRÉMANT DE LIMOUX AC *Südwestfrankreich* AC für Schaumwein, die 1990 in Limoux eingeführt wurde. Die Weine müssen zu mindestens 30 % aus Chardonnay, Chenin oder einer Kombination von beiden bestehen; die restlichen Trauben liefert die einheimische Rebsorte Mauzac. Die Weine reifen ein Jahr lang auf der Hefe und besitzen im allgemeinen mehr Komplexität als ein einfacher BLANQUETTE DE LIMOUX, sollten aber jung getrunken werden. Beste Erzeuger: Antech, Guinot, Laurens★, Martinolles★, Gen. SIEUR D'ARQUES★, Vadent.

CRÉMANT DE LOIRE AC *Loiretal, Frankreich* Die AC für Schaumweine, die im Anjou und in der Touraine nach dem Champagner-Verfahren hergestellt werden. Die Appellation wurde 1975 geschaffen, um die Schaumweine des Loiretals zu verbessern. Die Vorschriften sind strenger als für VOUVRAY und SAUMUR, so daß das Ergebnis ein reizvoller Wein ist, der mehr Fruchtigkeit und einen hefebetonteren Charakter besitzt. Er ist normalerweise gut zu trinken, sobald er auf den Markt kommt, und kann manchmal ein sehr guter Kauf sein. Beste Erzeuger: Berger★, Gabillière, Girault, GRATIEN & MEYER★, Lambert★★, Langlois-Chateau, Michaud★, Gen. OISLY-ET-THESÉE★, Passavant★.

CRÉPY AC *Savoyen, Frankreich* Leichte, relativ säuerliche Weißweine aus Chasselastrauben, die aus Weinbergen südlich des Genfer Sees stammen. Sie sollten möglichst jung getrunken werden. Beste Erzeuger: Goy, Mercier.

CRIANZA Spanische Bezeichnung für die jüngste offizielle Kategorie eines gereiften Weins. Ein roter »Vino de Crianza« muß mindestens zwei Jahre (ein Jahr im Eichenholzfaß, ein weiteres in der Flasche) ausgebaut worden sein, bevor er in den Handel gelangt, ein Weiß- oder Roséwein ein Jahr.

CRIOTS-BÂTARD-MONTRACHET AC Siehe Bâtard-Montrachet AC.

CROFT *Port DOC, Douro, Portugal* Die Vintage-Portweine★★ von Croft sind in ihrer Jugend oft trügerisch leicht, aber sie entwickeln sich zu feinen, eleganten Weinen. Der zehn Jahre alte Tawny★ ist der beste unter den übrigen Portweinen. Beste Jahrgänge: (Vintage-Portweine) 1994 91 **77 70 66 63.**

CROZES-HERMITAGE AC *Rhônetal, Frankreich* Die größte AC des nördlichen Rhônetals. Der Rotwein sollte im Idealfall eine volle Farbe und einen kräftigen, fleischigen, aber reichen Geschmack besitzen. Man kann ihn jung trinken, doch in Jahren mit reifen Trauben aus einer Hanglage altert er großartig zwei bis fünf Jahre. Die Qualität hat sich seit Ende der 80er Jahre sehr stark verbessert. Die besten Weißweine sind extrem frisch, sauber und rassig. In der Regel trinkt man einen weißen Crozes-Hermitage jung, bevor sich der Blütenduft verflüchtigt. Beste Erzeuger: (Rotweine) Belle★★, Caves des Clairmonts, CHAPOUTIER★, DELAS★, Fayolle★, GRAILLOT★★★, JABOULET (Thalabert★★), Pochon★★, Tardy & Ange★★ (auch als Domaine Barret verkauft); (Weißweine) Entrefaux, Fayolle★, JABOULET, Pochon★★, Pradelle★. Beste Jahrgänge: (Rotweine) 1996 **95 94 91 90 89 88 85**; (Weißweine) 1996 **95 94 91 90 89.**

CRU Französische Bezeichnung für eine spezielle Reblage oder ein bestimmtes Weingut. Bordeaux, Burgund und die Champagne verwenden die Bezeichnung, um zwischen einzelnen Lagen bzw. den Gütern, die sie besitzen, zu unterscheiden. In Burgund sind die Crus (wörtlich »Gewächse«) in Grands (»große«) und Premiers (»erste«) Crus eingeteilt und beziehen sich ausschließlich auf die Reblage selbst. In der Champagne verwendet man die gleichen Bezeichnungen für ganze Weinbauorte. Im Bordelais gibt es verschiedene hierarchische Cru-Stufen, die sich auf die Weingüter und nicht auf ihre Reblagen beziehen.

CRU BOURGEOIS Französische Bezeichnung (die wörtlich »bürgerliches Gewächs« bedeutet) für Weine aus dem MÉDOC, die unmittelbar unter den Crus Classés eingestuft sind. Die besten davon, wie etwa Château d'ANGLUDET in MARGAUX und Château CHASSE-SPLEEN in MOULIS, erzeugen sehr gute Weine, die es mit so manchem Cru Classé aufnehmen können.

CRU CLASSÉ Die Crus Classsés, die »klassifizierten Gewächse«, sind die Aristokratie von Bordeaux, die durch die Klassifizierungen von 1855 (für das MÉDOC, BARSAC und SAUTERNES), 1955, 1969, 1986 und 1996 (für SAINT-ÉMILION) sowie 1947, 1953 und 1959 (für GRAVES) in den Adelsstand erhoben wurden. Sonderbarerweise ist POMEROL nie klassifiziert worden. Die modernen Einstufungen sind verläßlicher als die von 1855, die ausschließlich auf dem Preis der Weine zur Zeit der Weltausstellung in Paris beruhte, aber vom Prestige her bleibt die Klassifizierung von 1855 die wichtigste. Mit Ausnahme einer einzigen Änderung im Jahre 1973, als Château MOUTON-ROTHSCHILD zu einem Premier Cru Classé erhoben wurde, ist die Liste der klassifizierten Châteaux unverändert geblieben. Sicherlich bedarf sie einer Revision.

HANS CRUSIUS *Traisen, Nahe, Deutschland* Hans und Peter Crusius, Vater und Sohn, erzeugen in ihrer Reblage Traiser Bastei★ gute, aber nicht mehr erregende Weine. Ebenfalls gut sind ihre Weine aus der Lage Schloßböckelheimer Felsenberg★, die es schaffen, Reichtum mit Feuersteinaroma zu vereinen. Beste Jahrgänge: 1996 95 94 **93 89 88 86 85 83.**

CULLENS *Margaret River, Westaustralien* Eines der originellsten und besten Weingüter im MARGARET-RIVER-Gebiet, geführt von Frauen (Vanya Cullen und ihre Mutter Diana). Ihr Chardonnay★★ ist einer der reichsten und komplexesten der Region. Sémillon★ und Sauvignon Blanc★ sind bewußt so hergestellt, daß sie nicht nach Kräutern schmecken. Cabernet-Merlot★★★ ist wunderbar weich, tief und duftig; Reserve Cabernet Sauvignon★★ kann besonders gut sein. Beste Jahrgänge: (Rotweine) 1994 93 **92 91 90 86 84 82.**

CUVAISON *Napa Valley AVA, Kalifornien, USA* Cuvaison erwarb sich in den 70er Jahren großes Ansehen mit seinen dunklen, aber unnahbaren Rotweinen; doch es dauerte einige Zeit, bis es seinen Stil zu modernisierte. Jetzt produziert es wohlschmeckende, konzentrierte Merlots★★ und gute, aber nicht aufregende Chardonnays. Die meisten Weine sollten jung getrunken werden. Eine Billigmarke namens Calistope Cellars wurde 1993 aus der Taufe gehoben. Beste Jahrgänge (Merlot): **1994 92 91 90 88.**

CUVE CLOSE Großraumgärung zur Herstellung von billigen Schaumweinen. Die zweite Gärung, die den Schaum erzeugt, findet im Tank und nicht (wie bei dem besseren, aber kostspieligeren Champagner-Verfahren) in der Flasche statt. Wenn die Trauben von guter Qualität sind, können die Ergebnisse ausgezeichnet sein; oft – wie im Falle von ASTI Spumante – ist dies auch die beste Methode, um die Frische zu bewahren.

CUVÉE Französische Bezeichnung für die Weinmenge eines einzelnen Gärbehälters oder Tanks, aber häufiger wird sie verwendet, um einen Wein zu beschreiben, den ein bestimmter Erzeuger im Hinblick auf seinen Stil oder seine Qualität auswählt.

CVNE *Rioja DOC, Rioja, Spanien* Compañía Vinícola del Norte de España lautet der vollständige Name dieser seit langem bestehenden Firma, die aber zumeist nur »Kune« genannt wird. Monopole★ ist einer der wenigen verbliebenen weißen RIOJAS, die im Eichenholzfaß reifen. Die Rotweine hatten in jüngster Zeit Sulfidprobleme, aber Viña Real kann reichhaltig und fleischig sein, während der Spitzenwein, Imperial Gran Reserva★, langlebig und eindrucksvoll ist. Beste Jahrgänge: (Rotweine) **1993 92 91 90 89 88 87 86 85 81.**

DIDIER DAGUENEAU *Pouilly-Fumé AC, Loiretal, Frankreich* Der »wilde Mann« von POUILLY-FUMÉ, ein in dieser selbstgefälligen Region überaus notwendiger Neuerer und Qualitätsfanatiker. Am bekanntesten ist sein im Holzfaß vergorener Sauvignon Blanc namens Silex★★. Man sollte die Weine jung trinken oder ein wenig altern lassen, wenn sie aus besseren Jahrgängen stammen. Beste Jahrgänge: 1996 **95 94 93 90 89 88.**

DÃO DOC *Beira Alta, Portugal* Dão besitzt steile Hänge, die ideal für Weinberge sind, und ein großartiges Klima, um einheimische Rebsorten anzubauen. Doch die meisten Weine sind flach und mittelmäßig und besitzen keine Frucht. Immerhin vollzieht sich jetzt ein Wandel, eingeleitet von SOGRAPE und ein paar Weingütern. Die Weißweine fallen frischer aus; die Rotweine zeigen allmählich, was wirklich in ihnen steckt. Beste Erzeuger (Rotweine): CAVES ALIANCA★, CAVES SÃO JOÃO★★, Conde de Santar, Fonte do Ouro★, SOGRAPE★; (Weingüter) Quinta da Maias★★, Quinta de Pellada★, Quinta dos Roques★, Quinta de Sães★.

KURT DARTING *Bad Dürkheim, Pfalz, Deutschland* Darting erzeugt volle, stämmige Weine in BAD DÜRKHEIM (Spielberg), Ungstein (Herrenberg) und WACHENHEIM (Mandelgarten), darunter einen reichhaltigen, nach Pfirsichen schmeckenden Kabinettwein★ aus Dürkheim und eine herrliche 92er Ungsteiner Herrenberg Riesling-Spätlese★★.

VINCENT DAUVISSAT *Chablis AC, Burgund, Frankreich* Eines der drei Spitzengüter in CHABLIS. Es ist auf konzentrierte, im Eichenholzfaß gereifte Weine spezialisiert, die aus zwei Grands Crus und drei Premiers Crus stammen.

Chablis in seiner komplexesten Form: erfrischend, verführerisch und wunderbar strukturiert, wobei die Frucht den zarten Einfluß des Eichenholzes ausgleicht. Ausschau halten sollte man vor allem nach La Forest★★ und dem aromatischeren Vaillons★★. Beste Jahrgänge: 1995 94 93 **92 90 89 88.**

DE BORTOLI *Riverina, Neusüdwales, Australien* Große Kellerei in Familienbesitz, mit einem wirklich außergewöhnlichen Sémillon★★★ aus edelfaulen Trauben, der den Rest des riesigen Angebots an billigen RIVERINA-Zechweinen weit überragt. Außerdem erzeugt die Kellerei einige der besten Chardonnay-★★, Shiraz-★★ und Pinot-Noir-Weine★ des YARRA VALLEY.

DE WETSHOF *Robertson WO, Südafrika* Danie und Lesca de Wet sind ein wunderbares Team, das zweimal den Preis des südafrikanischen Präsidenten für Exporte gewonnen hat. Chardonnay ist ihre Spezialität: der elegante Bateur★ und der würzige d'Honneur★, beide im Holzfaß vergoren, sind die Weine in ihrem Angebot. Der Riesling, inbesondere im Dessertweinstil, kann ebenfalls erregend sein. Eine überfällige neue Flaschenabfüllanlage sollte die Qualität noch weiter verbessern.

DEHLINGER *Russian River AVA, Kalifornien, USA* Ein herausragender Pinot Noir★★★ aus gutseigenen Reblagen im kühlen Anbaugebiet Russian River, ein paar Meilen vom Pazifik entfernt. Die Weine sollten am besten mit fünf bis zehn Jahren getrunken werden. Dehlinger erzeugt auch einen soliden Chardonnay★ und einen kühnen, pfeffrigen Shiraz★★. Beste Jahrgänge: (Rotweine) 1994 93 **92 91 90 87 86.**

DEINHARD Siehe Wegeler-Deinhard.

DEIDESHEIM *Pfalz, Deutschland* Einer der schönsten und berühmtesten Weinbauorte von Deutschland mit vielen namhaften pfälzischen Erzeugern. Erzeugt werden hier reichhaltige, aromatische Rieslinge sowohl in einem trockenen wie auch in einem süßen Stil, insbesondere in den Reblagen Grainhübel, Hohenmorgen und Kalkofen. Beste Erzeuger: BASSERMANN-JORDAN, Josef BIFFAR★★, WEGELER-DEINHARD★.

DELAS FRÈRES *Rhônetal, Frankreich* Eine unterbewertete Handelsfirma, die ihren Sitz bei Tournon hat und Weine aus dem gesamten Rhônetal verkauft, jetzt im Besitz von DEUTZ. Die Weine aus ihren eigenen Weinbergen im nördlichen Rhônetal haben sich in den letzten Jahren enorm verbessert. Ausschau halten sollte man nach dem betörend aromatischen CONDRIEU★, den man am besten jung trinkt, nach dem dichten, kraftvollen HERMITAGE★★, der aus einer Einzellage stammt und mindestens zehn Jahre braucht, um seinen Höhepunkt zu erreichen, und nach dem duftigen COTE-ROTIE★★, der ebenfalls aus einer Einzellage kommt. Ein guter Kauf ist auch der in einem leichteren Stil gehaltene CROZES-HERMITAGE★. Beste Jahrgänge: (Spitzenrotweine) (1996) 95 94 91 90 89 **88 86 85 83 78;** (Weißweine) **1996 95 94 93 90 89.**

DELATITE *Mansfield, Victoria, Australien* Die Ritchies waren Viehzüchter, die sich mit dem Weinbau befaßten, als sie die Produktion ihrer Farm erweiterten. Ihre Weinberge, die sich in großer Höhe befinden, bereits in Sicht der Schneefelder von VICTORIA, erzeugen delikate, aromatische Rieslinge★★ und Traminer★★ sowie zarte Chardonnays★ und Rotweine von verschwenderischer Fruchtigkeit. Der Pinot Noir★ ist duftig, während Devil's River★★ ein sehr eleganter Verschnitt im Bordeauxstil ist, der nach Minze schmeckt. Beste Jahrgänge: (Rotweine) **1994 93 92 91 90 88 87 86 82.**

DELEGAT'S *Henderson, Auckland, Nordinsel, Neuseeland* Auf Chardonnay, Cabernet Sauvignon-Merlot und Sauvignon Blanc aus den Gebieten HAWKES BAY und MARLBOROUGH (unter der Marke Oyster Bay★) spezialisierter Familienbetrieb. Sehr guter Proprietor's Reserve Chardonnay★★ und Merlot★★. Bis vor kurzem eher zuverlässig als bemerkenswert, aber die Preise sind in Ordnung, und die Qualität wird rasch besser. Beste Jahrgänge: **1996 94 92 91.**

DEMI-SEC Französische Bezeichnung für »halbtrocken«.

DENBIES *Surrey, England* Der Gigant unter den englischen Weingütern mit 102 ha Rebfläche, die seit 1986 auf den Kreideböden außerhalb von Dorking bestockt sind. 20 verschiedene Rebsorten haben bisher eine Reihe von Weinen erzeugt, die von passabel bis wirklich aufregend reichen. Der rote Dornfelder★ ist für einen englischen Wein bemerkenswert, während der Pinot Noir, die Schaumweine und die aus edelfaulen Trauben erzeugten Weißweine★ gut sind und die trockenen Weißweine einen Duft entfalten, daß man ihnen ihre recht hohen Preise fast verzeihen möchte.

DEUTZ *Champagne AC, Champagne, Frankreich* Ein Champagner-Haus, das wahrscheinlich für seine kalifornischen und neuseeländischen Schaumweine bekannter ist als für seinen Champagner. Dies jedoch vielleicht zu Unrecht, denn diese kleine Firma, die jetzt ROEDERER gehört, produziert hervorragende Champagner der mittleren Preisklasse. Der Champagner ohne Jahrgang★ ist immer zuverlässig, aber der Spitzenwein ist die gewichtigere Cuvée William Deutz ★★. Beste Jahrgänge: **1990 89 99 85 82.**

DÉZALEY *Waadt, Schweiz* Einer der besten Weinbauorte im Westschweizer Kanton Waadt (VAUD), der überraschend kraftvolle Weine aus der weißen Chasselastraube erzeugt. Beste Erzeuger: J. D. Fonjallaz (l'Arbalète)★, Conne, Pinget★, Testuz.

DIAMOND CREEK *Napa Valley AVA, Kalifornien, USA* Dieses kleine Gut im NAPA VALLEY ist auf Cabernetweine spezialisiert; aus drei Reblagen erzeugt es Volcanic Hill★★★, Red Rock Terrace★★ und Gravelly Meadows★. Es handelt sich dabei um gewaltige, tanninreiche Weine, bei denen ich, wenn ich sie jung probiere, schwören würde, daß sie sich nie abrunden werden. Doch es gibt darin in der Regel einen süßen, aromatischen Fruchtkern, der sich allmählich ausdehnt und im Laufe von fünf bis zehn Jahren die Tannine umhüllt, so daß die Weine zu einem der großen kalifornischen Cabernet-Erlebnisse werden. Beste Jahrgänge: 1994 92 91 90 **87 86 85 84 80 75.**

DIENHEIM *Rheinhessen, Deutschland* Weinbauort südlich der besten rheinhessischen Reblagen in Nackenheim und Nierstein. Die Rieslinge sind nicht so fein wie die der berühmten Nachbarn, bieten aber viel Frucht zu maßvollem Preis. Beste Erzeuger: Brüder Dr. Becker, Heinrich Braun, HEYL ZU HERRNSHEIM★.

DO (DENOMINACIÓN DE ORIGEN) Die spanische Entsprechung zur französischen AC, die den Ursprung der Weine und die Produktionsmethoden regelt. Einige spanische DOs verdienen – offen gesagt – nicht diese Bezeichnung.

DOC (DENOMINAÇÃO DE ORIGEM CONTROLADA) Die höchste regionale Klassifizierung für portugiesische Weine seit 1990. Vorher als *Região Demarcada* oder RD bezeichnet.

DOC (DENOMINACIÓN DE ORIGEN CALIFICADA) Neuere spanische Kategorie für Qualitätsweine, die eine Stufe über der DO steht. Bisher hat sich nur RIOJA dafür qualifiziert.

DOC (DENOMINAZIONE DI ORIGINE CONTROLLATA) Italienische Kategorie für Qualitätsweine, die die Herkunft, die Rebsorten, die Erträge und die Produktionsmethoden regelt. Über 250 Anbauzonen sind als DOC eingestuft, was als übermäßig viel erscheint, denn viele Weine sind unbedeutend. Aber eine Verpflichtung, den Anteil von DOC-Weinen in Italien in naher Zukunft von 15 % auf insgesamt 50 % zu erhöhen (während man gleichzeitig viele der Supertoskaner unter neue regionale Appellationen einordnet), mag helfen, dem System die überaus notwendige Glaubwürdigkeit zu verleihen.

DOCG (DENOMINAZIONE DI ORIGINE CONTROLLATA E GARANTITA) Die oberste Stufe des italienischen Klassifizierungssystems, das bislang von 14 Weinen erreicht worden ist. Sie ist eine Garantie für die Unverfälschtheit und die angebliche Qualität, denn die Weine werden unter strengen Bestimmungen erzeugt und von Verkostungsgremien gebilligt. Für so etablierte Weine wie BAROLO, BARBARESCO und BRUNELLO DI MONTALCINO dient die Angabe DOCG hauptsächlich als weiteres Prestigekennzeichen. Aber für andere scheint sein Hauptzweck darin zu liegen, Verbesserungen anzuregen, wie CHIANTI, VINO NOBILE DE MONTEPULCIANO, ALBANA DI ROMAGNA und VERNACCIA DI SAN GIMIGNANO belegen.

DOCTOR *Bernkastel, Mosel, Deutschland* Berühmte Reblage in Bernkastel (nicht zu verwechseln mit der Reblage Dexheimer Doktor in RHEINHESSEN). Die Weine werden zumeist überschätzt und sind oft überteuert. Bester Erzeuger: WEGELER-DEINHARD★★.

CH. DOISY-DAËNE ★★ *Barsac, 2ème Cru Classé, Bordeaux, Frankreich* Ein beständig gutes Weingut in BARSAC, das seinen süßen Wein ungewöhnlicherweise ausschließlich aus Sémillon erzeugt, was ihm zusätzliche Reichhaltigkeit verleiht. Er altert mindestens zehn Jahre. Doisy-Daëne Sec★ ist ein guter, duftiger trockener weißer Bordeaux, den man jung trinken muß. Beste Jahrgänge: (süße Weine) (1996) (95) 94 **90 89 88 86 83 82 79**; (trockene Weine) (1996) **95 94 90 89 88 87**.

CH. DOISY-VÉDRINES ★★ *Barsac AC, 2ème Cru Classé, Bordeaux, Frankreich* Der süße Wein von Doisy-Védrines, das neben DOISY-DAENE liegt, fällt im Stil ganz anders aus, weil er in Holzfässern vergoren und ausgebaut wird. Dies ergibt einen Wein, der fetter und sirupartig dickflüssiger ist als die meisten BARSAC-Weine. Beste Jahrgänge: (süße Weine) (1996) (95) 94 **90 89 88 86 85 83 82 76 75**.

DOLCETTO Eine der bezauberndsten einheimischen Rebsorten von Italien. Sie erzeugt purpurrote Weine, die vor Fruchtigkeit bersten. Angebaut wird sie fast ausschließlich im Piemont (PIEMONTE). In sieben Anbauzonen sind ihre Weine als DOC eingestuft, wobei der Stil von intensiven, reichhaltigen Weinen in Alba, Ovada und Dogliani bis zu leichteren, duftigeren Dolcettos in Acqui und ASTI reicht. Dolcetto trinkt man am besten im ersten oder zweiten Jahr nach der Lese, während Spitzenweine bis zu vier Jahren altern können. Beste Erzeuger: (Alba) ALTARE★★, Bartolo MASCARELLO★★, Giuseppe MASCARELLO★, Renato Ratti★, Vietti★★, VOERZIO★★.

DÔLE *Wallis, Schweiz* Rotwein aus dem Schweizer Kanton Wallis (VALAIS), der mindestens zu 51 % aus Pinot Noir hergestellt werden muß; die restlichen Trauben liefert die Gamayrebe. Der Dôle ist im allgemeinen ein leichter Wein, während sich die tieferen, reichhaltigeren Weine (die zu 100 % aus Pinot Noir erzeugt werden) Pinot Noir nennen dürfen. Beste Erzeuger: Caves Imesch, M. Clavien★, J. Germanier★, Mathier★, Orsat.

DOMAINE CARNEROS *Carneros AVA, Napa Valley, Kalifornien, USA* Von ihrer Gründung im Jahre 1987 an war diese Schaumweinfirma, die im Besitz von TAITTINGER ist, sehr vielversprechend. Der Lohn dafür kam Ende 1995, als sie einen 91er Brut★ und einen bemerkenswerten 90er Blanc de Blancs★★, einen lebhaften, kraftvollen Wein mit cremigem, seidigem Geschmack, auf den Markt brachte. Im Angebot ist seit kurzem auch ein sehr wohlschmeckender Stillwein, ein Pinot Noir★★.

DOMAINE CHANDON *Napa Valley AVA, Kalifornien, USA* Chandon war der erste der vielen Schaumweinhersteller in französischem Besitz (in diesem Falle MOET & CHANDON), die in Kalifornien auftauchten. Die Firma hat im Laufe der Jahre eine bemerkenswerte Beständigkeit und eine gute Qualität bewiesen mit jahrgangslosen Schaumweinen, deren Preis vernünftig bleibt. Die reichhaltigen, cremigen Reserve-Abfüllungen★ sind besonders lohnenswert. Ein Blanc de Blancs★, der ausschließlich aus in Carneros angebauten Chardonnaytrauben erzeugt wird, ist eine willkommene Neuheit im Angebot. Der superbe Reserve Étoile★ hat gelegentlich ★★ erreicht. Shadow Creek ist eine Billigmarke für Schaumweine, die für den alltäglichen Konsum bestimmt sind.

DOMAINE DROUHIN *Willamette Valley, Oregon, USA* Der burgundische Weinhändler Joseph DROUHIN kaufte 1987 in Oregon 40 Hektar und nahm sich vor, einen großartigen Pinot Noir★★★ zu erzeugen, was er auch tat. Der erste Jahrgang, der 88er, wurde aus angekauften Trauben hergestellt und war mehr als zufriedenstellend. Der 91er, aus gutseigenen Trauben erzeugt, ist einer der bisher besten aus Oregon. Beste Jahrgänge: **1994 93 92 91 90.**

DOMAINE PAUL BRUNO *Maipo, Chile* Pontallier und Prats sind die Namen hinter diesem kleinen Spitzengut in der Nähe von Santiago. Nach einem enttäuschenden Beginn sind die neuen Jahrgänge des Cabernetverschnitts vielversprechender (aber immer noch zu einem stolzen Preis). Angesichts ihrer Erfahrung sollte an der Wand der Kellerei die Zensur hängen: »Könnte bessere Leistungen erbringen«. Bester Jahrgang: **1996.**

DOMECQ *Jerez y Manzanilla DO, Andalusía und Rioja DOC, País Vasco, Spanien* Die größte Sherryfirma ist am bekanntesten für ihren zuverlässigen Fino, La Ina★. Doch ihre Spitzenweine, der trockene Amontillado 51-1A★★★, Sibarita Palo Cortado★★★ und Venerable Pedro Ximénez★★, sind aufsehenerregend. Domecq gehört außerdem zu den größten Branntweinherstellern der Welt und erzeugt auch leichte, elegante rote RIOJAS★ aus Trauben eigener Weinberge.

DOMINUS *Napa Valley AVA, Kalifornien, USA* Christian Moueix, Direktor von Ch. PÉTRUS im Bordelais, ist Mitbesitzer dieses Guts, das nur Rotweine erzeugt. Die Weine beruhen überwiegend auf Cabernet Sauvignon mit geringen Anteilen Merlot und Cabernet Franc. Der dichte, reichhaltige 90er★★ ist der bisher beste. Frühere Jahrgänge waren unbarmherzig tanninreich, doch die neueren Jahrgänge sind besser geworden. Der ausgezeichnete Weinmacher David Ramey (früher bei Chalk Hill und MANTANZAS CREEK) übernahm 1996 die Vinifizierung.

DONAULAND *Niederösterreich* Ungleichmäßig aufgebaute Weinregion beiderseits der Donau, das sich von unmittelbar nördlich von Wien nach Westen bis St. Pölten erstreckt.

H. DÖNNHOFF *Oberhausen, Nahe, Deutschland* Die Nummer eins unter den Weingütern an der NAHE mit Lagen in Oberhausen, Niederhausen und BAD KREUZNACH. Dönnhoff erzeugt feine Kabinettweine★★ und Spätlesen★★ sowie in Spitzenjahren sensationelle Auslesen★★★ und EISWEIN★★★. Beste Jahrgänge: 1995 94 **93 92 90 89 88 86 83.**

LA DORDOGNE, VIN DE PAYS DE *Südwestfrankreich* Die aus Sémillon erzeugten Weißweine trinkt man am besten jung, während einige Chardonnays (Ch. la JAUBERTIE) und die fruchtigen Rotweine im Stil von BERGERAC ein bis zwei Jahre altern können.

DOURO DOC *Douro, Portugal* Von hier kommen nicht nur zahlreiche Portweine und einfache Trinkweine, sondern auch einige der geschmeidigen Spitzenrotweine Portugals. Außerdem gibt es gute Weißweine, die aus den aromatischeren weißen Portweintrauben erzeugt werden, wie etwa Planalto★ von SOGRAPE und faßgereifte Reservas. Die Weißweine schmecken jung am besten, aber die Rotweine können zehn Jahre und noch länger altern. Beste Erzeuger: CAVES ALIANCA★, FERREIRA (für BARCA VELHA★★), QUINTA DO COTTO (Grande Escolha★★), QUINTA DO CRASTO★★, Quinta da Gaivosa★★, QUINTA DE LA ROSA★★, SOGRAPE (★ bei Rotweinen), Quinta do Vale de Raposa★.

DOW *Port DOC, Douro, Portugal* Die Trauben für die Vintage-Portweine★★★ von Dow stammen zumeist von der Quinta do Bomfim★ in der Nähe von Pinhão. Die Quinta do Bomfin erzeugt auch Single-Quinta-Vintages in Jahrgängen, die nicht als Vintage deklariert werden. Die Dow-Portweine sind alle relativ trocken. Es gibt auch einen hervorragenden 20 Jahre alten Tawny★★. Beste Jahrgänge: (Vintage-Portweine) 1994 91 **85 83 80 77 70 66 63.**

JEAN-PAUL DROIN *Chablis AC, Burgund, Frankreich* Jean-Paul Droin verkauft einen Teil seiner Produktion an den Weinhändler LABOURÉ-ROI in Nuits-Saint-Georges, füllt aber dennoch nicht weniger als 14 verschiedene Weine unter seinem eigenen Namen ab. Mit Ausnahme seines CHABLIS★ und seines PETIT CHABLIS werden alle Weine Droins in Eichenholzfässern vergoren und/oder ausgebaut. Die besten Weine sind die stattlichen, buttrigen Chablis Premiers Crus (Montmains★★ und Vosgros★★) und Grands Crus (Vaudésir★★ und Grenouilles★★). Beste Jahrgänge: 1995 **93 92 90 89 88.**

DROMANA ESTATE *Mornington Peninsula, Victoria, Australien* Garry Crittenden baute 1982 das Mustergut der Halbinsel Mornington auf. Er verwendete die neuesten Anbau- und Vinifizierungsmethoden für Weine aus den Rebsorten Pinot Noir★, Chardonnay★★ und Cabernet Merlot★★. Die Weine sind sauber und angenehm konzentriert. Aus italienischen Rebsorten erzeugte Sortenweine, die unter der Marke Garri Crittenden »I« auf den Markt kommen, sind eine Spezialität. Schinus ist eine populäre Nebenmarke.

JOSEPH DROUHIN *Beaune, Burgund, Frankreich* Einer der besten burgundischen Weinhändler, mit großen Weinbergen in CHABLIS und an der COTE D'OR sowie DOMAINE DROUHIN in Oregon (USA). Die Firma ist jetzt in japanischem

Besitz. Drouhin stellt eine Reihe von beständig guten, wenn auch teuren Weinen aus ganz Burgund her. Ausschau halten sollte man nach BONNES-MARES★★, ROMANÉE-SAINT-VIVANT★★, BEAUNE Clos des Mouches (Rot-★ und Weißwein★★), Le Musigny★★ und Le MONTRACHET★★★ von der Domaine du Marquis de Laguiche. Preisgünstigere Weine bietet Drouhin beim Chablis★★ und bei weniger berühmten burgundischen ACs, wie etwa RULLY★ und SAINT-AUBIN★. Der BEAUJOLAIS ist immer gut, aber insgesamt sind Drouhins Weißweine (etwas) besser als seine Rotweine. Hochwertige Rot- und Weißweine sollten mindestens fünf Jahre, oft sogar eher zehn Jahre altern. Beste Jahrgänge: (Rotweine) 1995 93 **92 90 89 88 85;** (Weißweine) **1995 93 92 90 89 88.**

PIERRE-JACQUES DRUET *Bourgueil, Loiretal, Frankreich* Ein leidenschaftlicher Erzeuger von Spitzenweinen der Appellation BOURGUEIL, der auch kleine Mengen CHINON herstellt. Druet produziert fünf Bourgueilweine, Les Cent Boisselées★, Cuvée Beauvais★, Cuvée Reservée★★ und Cuvée Grand Mont★★ sowie Vaumoreau (★★ nur in guten Jahren), von denen jeder auf komplexe Weise die Qualitäten der Cabernet-Franc-Traube zum Ausdruck bringt, aber es fehlt ihnen an klarer, deutlicher Fruchtigkeit. Die Weine brauchen drei bis fünf Jahre, um ihren Höhepunkt zu erreichen. Beste Jahrgänge: (1996) 95 **93 91 90 89 88 85 83.**

DRY CREEK VALLEY AVA *Sonoma, Kalifornien, USA* Dieses Tal, das am bekanntesten für seine Weine aus den Rebsorten Sauvignon, Zinfandel und Cabernet Sauvignon ist, erstreckt sich westlich des Anbaugebiets ALEXANDER VALLEY AVA. Ähnlich wie dort wird es heißer, wenn man nach Norden kommt. Beste Erzeuger: Dry Creek Vineyards★, DUXOUP★★, FERRARI-CARANO★★, GALLO (Chardonnay★), NALLE★★, PRESTON★★, QUIVIRA★★, Rafanelli (Zinfandel★★★), Michel Schlumberger★★.

GEORGES DUBŒUF *Beaujolais, Burgund, Frankreich* Georges Dubœuf, der nicht ganz zu Unrecht als »König des BEAUJOLAIS« bezeichnet wird, ist für mehr als 10 % der in dieser Region erzeugten Weine verantwortlich. Angesichts der Größe seiner Firma ist die Qualität hoch. Dubœuf erzeugt und verschneidet auch Weine aus dem Mâconnais und dem Rhônetal. Sein BEAUJOLAIS NOUVEAU ist zumeist einer der besten, aber seine Spitzenweine sind die Weine, die er für kleine Winzer abfüllt, insbesondere für Jean Descombes★★ in MORGON, Domaine des Quatre Vents★, La Madone★ in FLEURIE und Domaine de la Tour du Bief★★ in MOULIN-À-VENT. Probierenswert ist auch sein SAINT-VÉRAN★.

DUCKHORN *Napa Valley AVA, Kalifornien, USA* Diese Kellerei hat sich wohlverdientes Ansehen für ihren Merlot★ erworben, falls man einen stämmigen, tanninreichen Wein mag. Der Cabernet Sauvignon★ und der Sauvignon Blanc★ hingegen bieten einen leichteren Trinkgenuß. Eingeführt wurde eine Marke namens Decoy für preisgünstige Weine. Beste Jahrgänge: (Merlot) 1993 **92 91 90;** (Cabernet Sauvignon) **1993 92 91 90 87 86.**

CH. DUCRU-BEAUCAILLOU★★ *St-Julien AC, 2ème Cru Classé, Haut-Médoc, Bordeaux, Frankreich* Traditionell der Inbegriff des SAINT-JULIEN, der Charme und Strenge, Frucht und feste Tannine vereint. In den 70er Jahren stand er mühelos an der Spitze der Deuxièmes Crus. Doch Mitte der 80er Jahre und Anfang der 90er Jahre ließ die Qualität nach. Jüngste Weinproben zeigen eine Verbesserung. Zweitwein: la Croix-Beaucaillou. Beste Jahrgänge: (1996) (95) 94 93 **86 85 83 82 81 79 78.**

DUJAC *Morey St-Denis, Côte de Nuits, Burgund, Frankreich* Einer der führenden Erzeuger von Burgund, mit Sitz in MOREY SAINT-DENIS, aber mit ausgezeichneten Weinbergen in VOSNE-ROMANÉE und GEVREY-CHAMBERTIN. Die Weine sind alle gut, darunter der in geringer Menge erzeugte weiße Morey Saint-Denis, doch die herausragenden Weine sind die drei Grands Crus von Morey Saint-Denis: CLOS DE LA ROCHE★★, BONNES-MARES★★ und CLOS SAINT-DENIS★★, die alle zehn Jahre und noch länger altern können. Der Besitzer Jacques Seysses hatte auch einen sehr positiven Einfluß auf viele junge burgundische Erzeuger. Beste Jahrgänge: 1995 93 **92** 90 **89** 88 **85 78.**

DUNN VINEYARDS *Howell Mountain AVA, Kalifornien, USA* Wuchtige, konzentrierte, langlebige Cabernet Sauvignons★★★ mit intensivem Duft sind das Markenzeichen von Randy Dunns Weinen vom HOWELL MOUNTAIN. Seine NAPA VALLEY Cabernets★★ sind eleganter, aber weniger einprägsam. Beste Jahrgänge: 1994 93 92 91 **90 88 87 86 85 84 82.**

DURBACH *Baden, Deutschland* In Durbach ist der in BADEN nur selten angebaute Riesling (der hier Klingelberger heißt) so etwas wie eine Spezialität. Eine andere Spezialität ist der Traminer, der hier Klevner genannt wird (obwohl dies eigentlich eine Bezeichnung für Pinot Blanc ist!). Beste Erzeuger: Gen. Durbach, Andreas Laible★, Heinrich Männle, Wolff-Metternich.

DURIF Siehe Petite Sirah.

JEAN DURUP *Chablis, Burgund, Frankreich* Jean Durup, der größte Weinbergbesitzer in CHABLIS, baut seinen Chablis nicht in Eichenholzfässern aus. Seine Weine sind deshalb zumeist sauber und gut vinifiziert, ohne daß sie aber große Komplexität besitzen. Sein Spitzen-Chablis ist der Premier Cru Fourchaume★. Durups Weine kommen unter vielen Markennamen auf den Markt, darunter L'Eglantière, Ch. de Maligny und Valéry.

DUTTWEILER *Pfalz, Deutschland* Dieser Vorort von Neustadt erzeugt äußerst kraftvolle, konzentrierte trockene Weißburgunder, die in guten Jahren drei Sterne verdienen. Weniger gut sind die Rieslinge, aber es gibt interessante Experimente mit Chardonnay. Bester Erzeuger: Bergdolt★★.

DUXOUP WINE WORKS *Dry Creek Valley AVA, Kalifornien, USA* Andy und Deborah Cutter sind viel zu beschäftigt, um in die Oper oder zu einem Baseballspiel zu gehen, denn sie produzieren in ihrer aufsehenerregenden, an einem Hang liegenden Kellerei, in der noch das meiste in Handarbeit gemacht wird, jährlich über 2000 Kisten Rotwein. Ihr lebhafter, frischer Napa Gamay★★ ist der beste in Kalifornien, während der Charbono★★ ein großartiger, sehr ungewöhnlicher Wein ist. Besonders bemerkenswert ist der 91er. Der 93er Syrah★★ ist ebenfalls eine wahre Geschmacksexplosion. Um die Intensität der Frucht voll zu genießen, sollte man sie jung trinken.

ÉCHÉZEAUX AC *Grand Cru, Côte de Nuits, Burgund, Frankreich* Das Dorf Flagey-Échézeaux, das abseits der Weinberge in der Ebene liegt, ist am bekanntesten für seine beiden Grands Crus, Échézeaux und den kleineren, angeseheneren Grands-Échézeaux, die sich zwischen den weltberühmten CLOS DE VOUGEOT und VOSNE-ROMANÉE befinden. Wenige Winzer haben sich hier wirklich einen Namen gemacht, aber es gibt ein paar feine Weine mit einem hübschen, rauchigen Geschmack, dessen Reichhaltigkeit an Pflaumen erinnert, und einem geschmeidigen Körper. Sie können über zehn bis fünfzehn Jahre altern und entwickeln dann eine Tiefe, in der man Wildbret und Schokolade wahrnimmt. Beste Erzeuger: DROUHIN, Engel★★, GRIVOT, Henri JAYER★★★, JAYER-GILLES★★, Lamarche★★, Mongeard-Mugneret★, Dom. de la ROMANÉE-CONTI★★, Sirugue★. Beste Jahrgänge: 1995 93 **92** 90 **89** 88 **85** **78.**

EDELFÄULE Bezeichnung für den Schimmelpilz *Botrytis cinerea*. Dieser Pilz befällt unter bestimmten klimatischen Bedingungen Trauben, läßt die Beeren einschrumpfen und steigert durch Entzug des Wassers ihren Zuckergehalt. Edelfäule ist eine wichtige Grundvoraussetzung für die feinsten Dessertweine der Welt, wie etwa SAUTERNES und TROCKENBEERENAUSLESE.

EDELZWICKER Siehe Alsace AC.

EINZELLAGE In Deutschland eine Reblage, die in der Weinbergsrolle eingetragen sein muß. In der Regel wird sie von mehreren Winzern genutzt. Sie bringt gleichwertige Weine von gleichartiger Geschmacksrichtung hervor. Auf dem Etikett geht dem Lagennamen der Name des Weinbauorts voraus (z. B. ist die Wehlener Sonnenuhr die Reblage Sonnenuhr in Wehlen). Die Angabe einer bestimmten Lage sollte eigentlich eine höhere Qualität anzeigen. Eine neue Bestimmung soll die Abfüller von Einzellagenweinen verpflichten, ein höheres Mostgewicht zu garantieren, aber es gibt Widerstand dagegen, die hohen Erträge zu beschränken, die von manchen selbst in den besten Lagen erzeugt werden.

EISWEIN Ein seltener Wein, der hauptsächlich in Deutschland und Österreich aus sehr spät gelesenen Trauben hergestellt wird, wobei man bis zum Einbruch der Winterfröste wartet und die Trauben pflückt und keltert, wenn sie schon gefroren sind. Dies führt zu einer Zuckerkonzentration der Trauben, weil der größte Teil der Flüssigkeit als Eis entfernt wird. Zwar kann jede Rebsorte dafür verwendet werden, aber gesunde, nicht von Fäulnis befallene Trauben liefern die besten Ergebnisse. Kanada zeigt jetzt, daß es als Erzeuger von Eisweinen (dort ICEWINE genannt) ebenfalls über ein gewisses Potential verfügt.

EITELSBACH *Ruwer, Deutschland* Der größte Weinbauort an der Ruwer, der leichte Rieslinge mit ausgeprägtem Kräuteraroma und erfrischender Säure hervorbringt. Seine beste Lage ist der Karthäuserhofberg (im Alleinbesitz der Familie Tyrell. Beste Erzeuger: Bischöftliche Weingüter, Karthäuserhof★★.

NEIL ELLIS *Stellenbosch WO, Südafrika* Dieser führende Erzeuger und Weinhändler fährt still und leise fort, die Qualitätsgrenzen und die Eigenschaften der Lagen bei seinen Weinen auszuweiten. Die Trauben werden sorgfältig nach ihrer Herkunft ausgewählt und behandelt, damit ihre genaue Provenienz erhalten bleibt. Die kühlen, hochgelegenen Weinberge von Elgin bringen einen erfrischenden, intensiven Sauvignon Blanc★★ hervor. Ein dichter, nach Minze schmeckender Cabernet Sauvignon★★ und ein milder, fruchtiger Cabernet-Merlot★★ kommen aus den wärmeren STELLENBOSCH-Weinbergen.

ELSASS Siehe Alsace AC.

ELTVILLE *Rheingau, Deutschland* Dieser große Weinbauort, der viele berühmte Weingüter beherbergt, erzeugt einige der rassigsten Rieslinge des Rheingaus. Beste Erzeuger: J. B. Becker, Fischer, Hans Hulbert. Beste Jahrgänge: 1995 **92** **90** **89.**

EMILIA-ROMAGNA *Italien* Region im östlichen Teil Mittelitaliens, die in die Provinzen EMILIA (im Westen) und ROMAGNA (im Osten) unterteilt ist. Berüchtigt ist vor allem der in der Emilia erzeugte LAMBRUSCO. Siehe auch Colli Bolognesi, Colli Piacentini.

ENKIRCH *Mosel, Deutschland* Ein Weinbauort an der Mittelmosel, vor allem bekannt für ungewöhnlich kraftvolle Weine in trockenem Stil aus der Lage Batterieberg, die sich im Alleinbesitz des gleichnamigen Weinguts befindet. Bester Erzeuger: Immich-Batterieberg.

ENTRE-DEUX-MERS AC *Bordeaux, Frankreich* Diese AC bietet zunehmend einige der frischesten, klarsten und lebhaftesten trockenen Weißweine von Frankreich. Grund für diese Renaissance sind die Vinifizierungsmethoden, wobei man den Most vor der Gärung ein paar Stunden lang in Kontakt mit den Traubenschalen läßt und ihn dann bei niedriger Temperatur vergärt. Im allgemeinen sollte man den Wein aus dem jüngsten Jahrgang trinken, obwohl die besseren Weine ein bis zwei Jahre halten. Die süßen Weine werden als PREMIERES COTES DE BORDEAUX, Saint-Macaire, LOUPIAC und SAINTE-CROIX-DU-MONT verkauft. Beste Erzeuger: Bonnet★, Canet, Castelneau, les Gauthiers, Launay, Laurétan, Moulin-de-Launay, Nardique-la-Gravière, la Rose-du-Pin, Ste-Marie, Tour-de-Mirambeau, Toutigeac, Turcaud.

ERATH VINEYARDS *Willamette Valley AVA, Oregon, USA* Der drittgrößte Weinerzeuger von OREGON, früher bekannt unter dem Namen Knudsen Erath, bevor die Partnerschaft 1996 auseinanderbrach. Er stellt stilvolle Pinot Noirs her, einen Vintage Select★★ und einen Willamette Valley★, die in den letzten Jahrgängen eine größere Fruchtkonzentration gewonnen haben. Sein Chardonnay kann ebenfalls gut ausfallen. Der neue Pinot Gris ist sehr reizvoll. Beste Jahrgänge: (Pinot Noir Vintage Select) 1994 93 **92 91 86;** (Willamette Valley) **1994 93 92 90.**

ERBACH *Rheingau, Deutschland* Der berühmte Marcobrunn ist eine der Spitzenlagen für Riesling am Rhein; seine Weine sind kraftvoller als die übrigen eleganten, nicht trockenen Weine aus diesem Weinbauort. Beste Erzeuger: Jacob Jung, von Knyphausen★, SCHLOSS REINHARTSHAUSEN★★, Schloß Schönborn★.

ERBALUCE DI CALUSO DOC *Piemont, Italien* Zumeist ein angenehm trockener Weißwein aus der Rebsorte Erbaluce, der bisweilen auch als Schaumwein hergestellt wird. Als Caluso Passito, aus teilgetrockneten Trauben erzeugt, kann er einer der großen Süßweine Italiens sein. Beste Erzeuger: Giuseppe Bianchi★, Ferrando★, Orsolani★; (Caluso Passito) Boratto★★, Ferrando★★, Orsolani.

ERDEN *Mosel, Deutschland* Ein Weinbauort am Mittellauf der MOSEL, dessen berühmteste Lagen der Prälat und das Treppchen sind. Die Weine, die zu den besten der Region gehören, sind reichhaltig und üppig und besitzen einen kräftigen mineralischen Charakter. Beste Erzeuger: J. J. Christoffel★, LOOSEN★★★.

ERLAUER STIERBLUT *Eger, Ungarn* Egri Bikavér, wie der ungarische Name für Erlauer Stierblut lautet, ist nicht mehr der schwere Rotwein wie in früheren Zeiten. Da die Rebsorte Kékfrankos (Blaufränkisch) im Verschnitt die Kadarkarebe ersetzt hat, ist das »Blut« dünner geworden. Die legendäre Fähigkeit, die ungarischen Krieger zum Kampf anzustacheln, ist heute nur noch ein schwacher Abglanz.

ERMITAGE Schweizer Name für die Rebsorte Marsanne, die im nördlichen Rhônetal wächst. Man findet sie zumeist im mittleren Wallis (VALAIS), wo die Weine kurz vor der völligen Vergärung des Zuckers abstoppen, so daß Ermitageweine von leicht süßen bis zu lieblichen, honigartigen Dessertweinen reichen. Beste Erzeuger: Chappaz★, Domaine du Mont d'Or★, Orsat (Marsanne Blanche)★.

ERRÁZURIZ *Aconcagua-Tal, Chile* Errázuriz leidet hinsichtlich Vinifizierung unter einem Mangel an Kontinuität, aber die Verpflichtung des Wunderknaben Ed Flaherty (früher bei CONO SUR) dürfte sich auszahlen. Der Weinbaubetrieb nördlich von Santiago erzeugt den gewohnt konzentrierten Don Maximiano Cabernet Sauvignon★★ und Merlot★. Der zitronenartige, geschmeidige Chardonnay★★ aus CASABLANCA führt die Weißweine an.

ESCHERNDORF *Franken, Deutschland* Kleiner Weinbauort am Main, der hochwertige Rieslinge und Silvaner erzeugt, insbesondere in der Reblage Lump. Beste Erzeuger: JULIUSSPITAL★, Egon Schäffer★★.

ESPORÃO *Reguengos DOC, Alentejo, Portugal* Ein riesiges Weingut im Herzen des ALENTEJO, auf dem der Australier David Baverstock ein breites Spektrum an Weinen erzeugt. Die Hauptmarken sind Esporão★★, Monte Velho★ und Alandra; außerdem gibt es ein paar ausgezeichnete Sortenweine, Trincadeira★★, Arangonez★★ und Cabernet Sauvignon★. Beste Jahrgänge: **1995 94 92.**

EST! EST!! EST!!! DI MONTEFIASCONE DOC *Latium, Italien* Bescheidener Weißwein von den Ufern des Bolsenasees, der unverdientermaßen einen guten Ruf gewonnen hat. Ein Bischof soll seinen Kammerdiener vorausgeschickt haben, um nach einem guten Wein zu suchen. Von diesem hier war er angeblich so begeistert, daß er dreimal ausrief: »Er ist es!« Vielleicht hatte er auch nur einen langen Tag hinter sich. Die überzeugendsten Ausnahmen sind Poggio dei Gelsi von Falesco und der im Barrique gereifte Merlot Montiano★★. Beste Erzeuger: Bigi (Graffiti), Falesco★, Mazziottio.

CH. DES ESTANILLES *Faugères AC, Languedoc, Frankreich* Lassen Sie sich von Michel Louisons Erscheinungsbild als »Enfant terrible« nicht täuschen – er und seine Frau versuchen mit großer Gewissenhaftigkeit, den besten Wein zu machen, zu dem sie fähig sind. Die Louisons wissen, daß Qualität im Weinberg anfängt. Ihre beste Lage ist der Clos de Fou mit seinem sehr steilen Schieferhang, der mit Syrah bestockt ist. Diese Rebsorte »beherrscht« seine rote Spitzencuvée★★ (eigentlich ein reinsortiger Wein, aber die AC-Vorschriften gestatten es nicht, daß Louison dies auf dem Etikett zugibt). Er erzeugt auch einen im Holzfaß vergorenen und ausgebauten Rosé sowie einen feinen weißen Coteaux du Languedoc★★. Beste Jahrgänge: **1995 94 91.**

ESTREMADURA *Portugal* Die regionale Bezeichnung für die IPRs Alcobaca, Alenquer, ARRUDA, Encostas d'Aire, Obidas und Torres Vedras nahe der Nordküste von Lissabon. Hier wird mehr Wein produziert als in jeder anderen portugiesischen Region, auch wenn lediglich Alenquer Weine von wirklicher Qualität erzeugt. Der größte Teil sind Weißweine, die man sofort wieder vergessen kann, obwohl es ein paar angenehm lebhafte junge Rotweine gibt, die von einer Reihe von Genossenschaften produziert werden, insbesondere in Arruda und

São Mamede de Ventosa. Wein aus dem letztgenannten Gebiet findet man abgefüllt unter den Marken Alta Mesa, Ramada und Orla Maritima. Beste Erzeuger: Gen. ARRUDA, José Neiva, Quinta de Abrigida, Quinta de Pancas★, Gen. São Mamede de Ventosa. Siehe auch Bucelas, Carcavelos, Colares.

ETNA DOC *Sizilien, Italien* Diese Anbauzone rund um den berühmten Vulkan bringt einige gute Weine hervor. Der Rotwein basiert auf Nerello, während der Weißwein ein Verschnitt ist, der die einheimische Carricanterebe verwendet. Beste Erzeuger: Tenuta di Castiglione★, Barone Sammacca del Murgo★, Barone di Villagrande.

L'ÉTOILE AC *Jura, Frankreich* Ein winziges Anbaugebiet innerhalb der COTES DU JURA, das eine eigene AC für vorwiegend aus Chardonnay und Savagnin erzeugte Weißweine und für VIN JAUNE besitzt. Es gibt auch einen guten, nach dem Champagner-Verfahren hergestellten Schaumwein. Beste Erzeuger: Ch. de l'Étoile★, Gen. l'Étoile, Domaine de Montbourgeau.

CH. L'ÉVANGILE★★ *Pomerol AC, Bordeaux, Frankreich* Dieser von Michel Rolland, einem der begabtesten Weinmacher von Bordeaux, hergestellte Wein kann reichhaltig und aufregend sein. Aber ich bin noch nicht überzeugt davon, ob er den hohen Preis wert ist. Jetzt im Besitz der Rothschilds, denen LAFITE-ROTHSCHILD gehört. Beste Jahrgänge: (1996) (95) 94 93 **90 89 88 85 83 82 79 75.**

EVANS FAMILY *Hunter Valley, Neusüdwales, Australien* Das winzige Weingut im HUNTER VALLEY erzeugt einen majestätischen Chardonnay★★, einen hochgeachteten Schaumwein (in PETALUMA erzeugt) sowie Rotweine aus den Rebsorten Gamay und Pinot Noir. Fast alle Weine werden privat oder ab Kellerei verkauft – sofern sie Len nicht zusammen mit seinen Freunden selbst trinkt. Ab 1997 wird Evans Family nach dem Verkauf von ROTHBURY zu einer Marke, die 10 000 Kisten auf den Markt bringt und ihre Trauben dafür aus anderen Weinbergen bezieht.

EVANS & TATE *Margaret River, Westaustralien* Bedeutende westaustralische Kellerei und Erzeuger eines komplexen MARGARET RIVER Chardonnay★★, eines aus zwei Lagen stammenden Chardonnay★, eines an schwarze Johannisbeeren erinnernden Cabernet★ und eines gut strukturierten Shiraz★★. Der im Holzfaß vergorene Sémillon ist ★★, während Gnangara ein führender roter Verschnittwein aus dem SWAN VALLEY ist. Brian Fletcher (früher bei St Huberts und Seppelt) ist der dynamische Weinmacher.

ÉVENTAIL DE VIGNERONS PRODUCTEURS *Beaujolais, Burgund, Frankreich* Die erfolgreichste und mächtigste Winzervereinigung im BEAUJOLAIS, die sich zusammengeschlossen hat, um die Qualität und die Vermarktung ihrer Weine zu verbessern. Das Niveau ist in der Regel hoch. Ausschau halten sollte man nach Louis Desvignes★ in MORGON, Georges Passot★ in CHIROUBLES und Domaine M. Pelletier★ in JULIÉNAS.

EYRIE VINEYARDS *Willamette Valley AVA, Oregon, USA* Einer der führenden Erzeuger von Pinot Noir★ in Oregon, vor allem bei Reserve-Abfüllungen★★, aber in schlechten Jahren können die Weine verschlossen und dünn ausfallen. Der Chardonnay★ zeigt auf hübsche Weise die sortentypische Frucht, während der populäre Pinot Gris der große Renner ist. Beste Jahrgänge (Pinot Noir): **1994 92 90 89 88.**

FAIRVIEW ESTATE *Paarl, Südafrika* Nichts bleibt beim alten in diesem Weinbaubetrieb. Charles geht mit Innovationen bis an die Grenzen, aber der Gegenwert, den man für sein Geld erhält, bleibt unangetastet. Sein Shiraz-Merlot★ und sein Zinfandel-Cinsaut★ sind verrückte, aber ungeheuer erfolgreiche Verschnitte; Merlot★★, Shiraz★★, Pinotage★, Cabernet Sauvignon★ und Chardonnay★ sind die Sortenweine.

JOSEPH FAIVELEY *Nuits-St-Georges, Côtes de Nuits, Burgund, Frankreich* Dieser burgundische Weinhändler stellt ausgezeichnete Rotweine her (insbesondere CHAMBERTIN-Clos-de-Bèze★★★ und Mazis-Chambertin★★), die zumeist aus seinen umfangreichen, von ihm gepachteten Weinbergen stammen. Eigentlich ist Faively mehr ein riesiger Winzer als ein Händler. Die viel billigeren MERCUREY-Rotweine★ sind ebenfalls sehr reizvoll. Die Weißweine von der Côte Chalonnaise aus RULLY★★ und MERCUREY★★ und der im Eichenholzfaß gereifte BOURGOGNE Blanc sind ein guter Kauf. Beste Jahrgänge: (Spitzenrotweine) 1995 93 **92 90 88 85 78;** (Weißweine) 1995 **93 92 90 89 88.**

FALERNO DEL MASSICO *Kampanien, Italien* Der nördlich von Neapel erzeugte Falerner gehörte zu den berühmtesten Weinen im alten Rom. Die wiederbelebte DOC, mit einem weißen Falanghina und Rotweinen aus den Rebsorten Aglianico und Primitivo, erscheint vielversprechend. Beste Erzeuger: Michele Moio, Villa Matilde★.

CH. DE FARGUES★★ *Sauternes AC, Bordeaux, Frankreich* Die Qualität dieses feinen, reichhaltigen Weins, im Besitz der Familie Lur-Saluces, der auch Ch. d'YQUEM gehört, ist mehr dem Engagement des Erzeugers als den natürlichen Vorzügen der Reblage zu verdanken. Beste Jahrgänge: (1996) (95) 90 89 88 86 83.

FAUGÈRES AC *Languedoc, Frankreich* Faugères mit seinen hügeligen Reblagen, die bis zu den Bergen nördlich von Béziers reichen, war die erste Gemeinde im LANGUEDOC, die sich mit ihren Weinen einen Namen machte. Seinen Wein zeichnet ein reifer, weicher, recht voller Geschmack aus. Er kostet zwar etwas mehr als die benachbarten Weine, ist diesen Aufpreis aber in der Regel wert. Beste Erzeuger: Alquier★, ESTANILLES★★, Gen. Faugères, du Fraisse★, Grézan★, Haut-Fabrègues★, la Liguière★, Ollier-Taillefer★, Raymond Roque★, St-Aimé. Beste Jahrgänge: **1995 94 93 91 90 89.**

FAUSTINO MARTÍNEZ *Rioja DOC, País Vasco und Rioja und Cava DO, Spanien* Diese technisch recht gut ausgerüstete RIOJA-Firma in Familienbesitz erzeugt gute rote Riojas als Reserva★ und Gran Reserva★, die in dunklen, wie mit Eiskristallen bedeckten Flaschen auf den Markt kommen, sowie einen fruchtigen Vino Joven oder Viña Faustina★ im Beaujolaisstil und gefällige Weiß- und Roséweine. Beste Jahrgänge: (Rotweine) **1994 92 91 90 89 87 85 82 81.**

FEILER-ARTINGER *Rust, Neusiedlersee, Burgenland, Österreich* Hans und Kurt Feiler, Vater und Sohn, erzeugen Ausbruchweine★★★ von großer Eleganz in diesem mittelgroßen Betrieb, der sich in einem sehr schönen Barockgebäude befindet. Ihre trockenen Weiß-★ und Rotweine★, die von traditionellen österreichischen und französischen Rebsorten stammen, sind ebenfalls beachtenswert. Beste Jahrgänge: **1995 93 92 91 90.**

FELSINA BERARDENGA *Chianti Classico DOCG, Toskana, Italien* Ein führendes Weingut in der Anbauzone CHIANTI CLASSICO, das volle, stämmige Weine erzeugt. Diese Weine müssen ein paar Jahre in der Flasche reifen, sind aber zumeist von herausragender Qualität. Am bemerkenswertesten sind die aus einer Einzellage stammende Riservas Rancia★★★ und Sangiovese Fontalloro★★★ (früher Vino da Tavola). Es gibt außerdem einen guten VIN SANTO★. Beste Jahrgänge: (Rotweine) (1996) (95) **94 93 91 90 88 85.**

FENDANT *Wallis, Schweiz* Ein aus Chasselastrauben erzeugter Wein von den Steilhängen des Schweizer Kantons Wallis (VALAIS). Ein guter Fendant sollte immer leicht spritzig sein und einen würzigen Charakter haben. Doch der durchschnittliche Fendant ist dünn und praktisch ohne Charakter. Am besten trinkt man ihn *sehr* jung, aber ein guter Jahrgang kann jahrelang altern. Der beste Fendant kommt angeblich von den Hängen oberhalb von Molignon und Montibeux oder aus der Gegend um Sion oder Uvrier. Beste Erzeuger: Caves Imesch, Chappaz, Gilliard, Jacques Germanier, Maye & Fils, Orsat.

FERRARI-CARANO VINEYARDS *Dry Creek Valley AVA, Kalifornien, USA* Ein wirklich entzückender Chardonnay★★ mit ausgewogener, eleganter Fruchtigkeit, der als normale und als Reserve-Abfüllung hergestellt wird. Der Chardonnay Reserve besitzt einen tiefen Geschmack mit mehr als nur einem Hauch von Eichenholz, während die normale Abfüllung eine köstliche, an Äpfel und Gewürze erinnernde Frucht bietet. Ein neuer Rotwein namens Sien★★ (ein Verschnitt von Cabernet Sauvignon und Sangiovese) ist sehr vielversprechend und könnte am Ende sogar den Chardonnay ausstechen. Merlot★★ und Fumé Blanc★ sind ebenfalls köstlich. Die Rotweine können fünf bis zehn Jahre vorteilhaft altern. Beste Jahrgänge: (Rotweine) 1994 **92 91 88 87.**

FERREIRA *Port DOC, Douro DOC, Douro, Portugal* Diese alte Portweinfirma wurde von SOGRAPE, dem Hersteller von Mateus Rosé, gekauft. Doch Sogrape hat großes Geschick bei der Modernisierung der portugiesischen Weine bewiesen, so daß die neuen Besitzverhältnisse die Qualität fördern sollten. Ferreira erzeugt bereits den berühmten Tafelwein BARCA VELHA★★, aber am bekanntesten sind die exzellenten Tawnys, der cremig-nussige Quinta do Porto★ (10 Jahre alt) oder der Duque de Braganza★★ (20 Jahre alt). Der Vintage Port★ wird ebenfalls besser. Beste Jahrgänge: (Vintage-Portweine) 1994 91 **87 85 83 78 77 70 66 63.**

FETZER VINEYARDS *Mendocino County, Kalifornien, USA* Eine Kellerei, die süffige Weine zu fairen Preisen herstellt. Die Reserve-Abfüllungen, Barrel Select Cabernet Sauvignon und Chardonnay sind eine Stufe höher angesiedelt. Die Zinfandel Special Reserves★ sind konzentrierte, fruchtige Weine, die altern können. Chardonnay, Cabernet Sauvignon, Sangiovese, Syrah und Vigonier aus biologisch angebauten Trauben sind unter der Marke Bonterra auf den Markt gekommen; weitere Bioweine stehen in Aussicht.

FIANO Charakteristische süditalienische Weißweintraube mit geringen Erträgen. Beste Erzeuger: (Molise) Di Majo Norante; (Fiano di Avellino DOC in Kampanien) MASTROBERARDINO★, Struzziero, Vadiaperti, Vignadora★.

CH. DE FIEUZAL *Pessac-Léognan AC, Cru Classé de Graves, Bordeaux, Frankreich* Eines der modernsten Weingüter der Region, dessen köstliche, holzbetonte Weine zu hohen Preisen verkauft werden. Der reichhaltige, komplexe Rotwein★★ ist aufgrund seiner üppigen Frucht fast sofort trinkbar, kann aber zehn Jahre und länger altern. Weniger als 10 % der Weine sind Weißwein★★★, aber es ist ein erstaunlicher Tropfen. Zweitwein: l'Abeille de Fieuzal. Beste Jahrgänge: (Rotweine) (1996) (95) **94 93 90 89 88 87 86 85 83 82 78;** (Weißweine) (1996) **95 94 93 90 89 88 87 86 85.**

CH. FIGEAC★★ *St-Émilion Grand Cru AC, 1er Grand Cru Classé, Bordeaux, Frankreich* Führendes Gut, dessen Wein einen köstlichen Duft und einen geschmeidigen Körper besitzt. Der Wein hat einen ungewöhnlich hohen Anteil von Cabernet Franc und Cabernet Sauvignon (70 %). Er schmeckt angenehm, wenn er jung ist, sollte aber eigentlich zehn bis zwölf Jahre reifen. Zweitwein: la Grangeneuve de Figeac. Beste Jahrgänge: (1996) (95) 94 90 89 **88 86 85 83 82 78.**

FILLIATREAU *Saumur-Champigny, Loiretal, Frankreich* Der führende Winzer in SAUMUR-CHAMPIGNY, der vier verschiedene Cabernet Francs mit reichem Geschmack – Jeunes Vignes★, Lena Filliatreau★★, La Grande Vignolle★★ und Vieilles Vignes★★ – sowie einen SAUMUR Rouge namens Château Fouquet★ erzeugt. In einem guten Jahrgang können Filliatreaus Spitzenrotweine bis zu 15 Jahre altern. Beste Jahrgänge: (1996) 95 **94 93 90 89 88 85.**

FINGER LAKES AVA *New York (Bundesstaat), USA* Ein Anbaugebiet mit kühlem Klima im Inneren des amerikanischen Bundesstaats NEW YORK. Riesling und Chardonnay fallen hier am besten aus, aber einige Winzer haben auch mit Pinot Noir Erfolg. Beste Erzeuger: FOX RUN VINEYARDS, Heron Hill, LAMOUREAUX LANDING, Lucas, Wagner.

FINO Siehe Jerez y Manzanilla DO.

FITOU AC *Languedoc-Roussillon, Frankreich* Der dunkelrote Fitou gehörte in den 80er Jahren zu den erfolgreichen Weinen: Sein kräftiger Geschmack rührt von der Carignantraube her; der Wein kann mindestens fünf bis sechs Jahre altern. Beste Erzeuger: Colomer, les Fenals★, Gen. MONT TAUCH★★, des Nouvelles, Dom. de Rolland, Roudène★. Beste Jahrgänge: **1995 94 93 91 90 89 88.**

FIXIN AC *Côte de Nuits, Burgund, Frankreich* Obwohl Fixin direkt neben GEVREY-CHAMBERTIN liegt, bringt es nie etwas wirklich Zauberhaftes hervor. Die Weine verdienen zwar, daß man sie lagert, aber sie schmecken selten sonderlich aufregend und werden oft unter der Appellation COTE-DE-NUITS-VILLAGES verschleudert. Die jüngsten Jahrgänge haben jedoch deutliche Verbesserungen gezeigt. Beste Erzeuger: Berthaut, Durand-Roblot★, Gelin, Guyard★, Joliet, Molin, P. Rossignol★ Beste Jahrgänge: (Rotweine) 1995 **93 92 90 89 88 85.**

FLEURIE AC *Beaujolais, Burgund, Frankreich* Der drittgrößte, aber bekannteste BEAUJOLAIS-Cru. Ein guter Fleurie entfaltet den angenehmen, sorglosen Geschmack der Gamaytraube in ihrer schönsten Form und verströmt dazu noch einen betäubenden Duft und eine saftige Süße, bei denen Sie vor Vergnügen nach Luft schnappen werden. Aufgrund der Nachfrage ist es nicht überraschend, daß einige der Weine überteuert und gewöhnlich sind. Beste Erzeuger: Aujoux, Bernard, Chaintreuil, Chignard, DUBŒUF★ (mit Lagenname), Fessy★, Gen. Fleurie★, la Grande Cour, Montgénas, Paul. Beste Jahrgänge: **1996 95 94 93 91.**

CH. LA FLEUR-PÉTRUS★★ *Pomerol AC, Bordeaux, Frankreich* Wie die bekannteren Châteaux PÉTRUS und TROTANOY im Besitz der tatkräftigen Familie MOUEIX. Doch anders als seine Stallgefährten liegt La Fleur-Pétrus vollständig auf Kiesboden und erzeugt zumeist festere Weine mit weniger unmittelbarer Fruchtigkeit, aber beträchtlicher Eleganz und Lagerfähigkeit. Es gehört zu dem Dutzend Spitzengüter von POMEROL. Beste Jahrgänge: (1996) (95) 94 93 90 89 **88 85 82.**

FLORA SPRINGS *Napa Valley AVA, Kalifornien, USA* Diese Kellerei im NAPA VALLEY begann als Spezialist für Chardonnay, wobei die im Holzfaß vergorenen Reserve-Abfüllungen★★ schon immer ein besonderer Genuß waren. Nach ein paar anfänglichen Fehlversuchen hat sie jetzt Erfolg mit Trilogy★★, einem roten Verschnittwein im Bordeauxstil, der mit jedem Jahrgang besser zu werden scheint. Beste Jahrgänge (Chardonnay): **1995 94 92 91 90**; (Trilogy) 1994 93 **92 91.**

ÉMILE FLORENTIN *St-Joseph AC, Rhônetal, Frankreich* Ein traditioneller, mit biologischen Anbaumethoden erzeugter SAINT-JOSEPH, der von sehr alten Rebstöcken stammt und sowohl als Rot-★ wie auch als Weißwein★ auf den Markt kommt. Die Weine sind eher rustikal und können den Anschein erwecken, daß es ihnen in der Jugend an Fruchtigkeit mangelt, aber sie altern gut. Beste Jahrgänge: (Rotweine) (1996) (95) 94 **91 90 89 88 85 83;** (Weißweine) (1996) 95 **94 91 90 89 85.**

FONSECA *Port DOC, Douro, Portugal* Die Firma gehört derselben Gruppe wie TAYLOR FLADGATE & YEATMAN. Fonseca stellt Portweine in einem reichhaltigen, dichten, korpulenten Stil her. Fonseca Vintage★★★ ist großartig; die Aged Tawnys★★ sind alle prächtig. Sogar ihr LBV★ ist viel besser als die meisten Late-Bottled-Vintage-Portweine. Fonseca Guimaraens★★ ist der Name für den »Nichtjahrgangs-Vintage«. Beste Jahrgänge: (Vintage-Portweine) 1994 92 **85 83 77 70 66 63.**

JOSÉ MARIA DA FONSECA SUCCESSORES *Arrábida IPR, Terras do Saco, Portugal* Eine der unternehmungslustigsten Kellereien von Portugal mit so vielen Projekten, daß es schwerfällt, auf dem laufenden zu bleiben. Zu den letzten gehören die Übernahme der Marke Lancers, die leicht perlende Rosés (und Weißweine) in Krügen abfüllt und in den USA sehr poulär ist. Ihre aufregendsten Rotweine kommen aus dem ALENTEJO, insbesondere der J. S. Rosado Fernandes Tinto Velho★★ aus REGUENGOS und der fleischige, holzbetonte d'Avillez★ aus Portalegre. In DÃO ist der nach Feigen und Minze schmeckende Rotwein Casa da Insua★ viel besser als die meisten Rotweine. Aus Trauben von der Halbinsel Setúbal südlich von Lissabon erzeugt sie den kräftigen, langlebigen Periquita★, den an schwarze Johannisbeeren erinnernden Quinta da Camarate★ und den berühmten süßen, gespriteten SÉTUBAL★.

FONT DE MICHELLE *Châteauneuf-du-Pape AC, Rhônetal, Frankreich* Dieses stark verbesserte Gut zählt gegenwärtig zu den Spitzenerzeugern in CHATEAUNEUF-DU-PAPE. Die Rot-★★ und Weißweine★★ sind stilvoll, aber dennoch alkoholreich und bieten Reichtum und südlichen Kräuterduft. Und sie sind nicht zu teuer. Beste Jahrgänge: 1995 94 **93 90 89 88.**

FONTANAFREDDA *Barolo DOCG, Piemont, Italien* Eines der wichtigsten Weingüter im Piemont (PIEMONTE), das seinen Sitz im ehemaligen Jagdschloß des italienischen Königs in BAROLO hat. Außer einem kommerziellen

Barolo erzeugt es auch eine Reihe von piemontesischen Sortenweinen, mehrere Barolos aus Einzellagen und einen guten trockenen ASTI namens Contessa Rosa. Beste Jahrgänge: (Barolo) (1996) (95) 93 90 89 **88 85.**

FORST *Pfalz, Deutschland* Kleiner Weinbauort mit sechs Einzellagen (darunter das »Ungeheuer«). Die Weine vom Ungeheuer können tatsächlich recht wild sein; in den besten Jahrgängen zeigen sie einen wunderbar mineralischen, reichhaltigen Geschmack. Andere berühmte Lagen sind Kirchenstück, Jesuitengarten, Freundstück und Pechstein. Beste Erzeuger: von BUHL, BÜRKLIN-WOLF★★, Georg Masbacher★★, WEGELER-DEINHARD★, Werlé★.

FOX RUN VINEYARDS *Finger Lakes AVA, New York (Bundesstaat), USA* Der Reserve Chardonnay★ ist bemerkenswert und integriert in einem eleganten Stil Holzton und Frucht. Der halbtrockene Riesling ist ebenso ein Genuß wie der Jahrgangsschaumwein, ein Brut. Merlot und Pinot Noir sind beide sehr vielversprechend.

FRANCIACORTA DOCG *Lombardei, Italien* Der 14. Wein, der als DOCG eingestuft wurde, ist der nach dem Champagner-Verfahren hergestellte Schaumwein Franciacorta, der aus Pinot- und Chardonnaytrauben erzeugt wird. Die frühere DOC galt sowohl für Stillweine wie auch für Schaumweine: Bianco aus den Rebsorten Pinot Bianco und Chardonnay, Rosso aus Cabernet, Barbera, Nebbiolo und Merlot. Diese Weine, die weiterhin als DOC eingestuft bleiben, tragen die neue Bezeichnung Terre di Franciacorta. Beste Erzeuger: Bellavista★★, CA' DEL BOSCO★★, Castellino★, Cavalleri★, La Ferghettina★, Enrico Gatti★, Monte Rossa★, Ricci Curbastro, Uberti★. Beste Jahrgänge: (Rotweine) (1996) (95) **94 93 90 88.**

FRANCISCAN VINEYARD *Napa Valley AVA, Kalifornien, USA* Beständig gute Weine zu fairen Preisen aus Weinbergen im Herzen des NAPA VALLEY. Die Cuvée Sauvage Chardonnay★★★ ist ein absoluter Hammer, ein kühner, vollmundiger Wein, während der aus Cabernet Sauvignon erzeugte Meritage Red★ einen sehr reizvollen Stil entwickelt. Estancia ist eine Nebenmarke mit bemerkenswert preisgünstigen Chardonnays von der CENTRAL COAST und Cabernet Sauvignons★ aus dem ALEXANDER VALLEY sowie ihrem eigenen Meritage★. Franciscan Vineyard besitzt auch die Mount Veeder Winery, wo ein schlanker, aber intensiver Cabernet Sauvignon★★ von großer mineralischer Tiefe und Komplexität hergestellt wird. Beste Jahrgänge: (Chardonnay) **1994 92 91 90;** (Cabernet Sauvignon) 1993 **91 88 87.**

FRANKEN *Deutschland* Weinbaugebiet in Nordbayern. Frankenweine sind leicht an den bauchig-flachen grünen oder braunen Bocksbeuteln zu erkennen, in die die meisten Frankenweine abgefüllt sind. Müller-Thurgau hat heute den Silvaner als hauptsächlich angebaute Rebsorte abgelöst. Die berühmtesten Lagen befinden sich auf den Hügeln rund um WÜRZBURG und IPHOFEN. Trockene Weine sind zwar heute in ganz Deutschland in Mode, aber Franken war schon immer auf trockene Weine (»fränkisch trocken« = weniger als 4 g Restzucker/Liter) spezialisiert.

FRANSCHHOEK WO *Südafrika* Ein malerisches Tal, das von atemberaubend schönen Berggipfeln eingeschlossen ist. Die Hugenotten siedelten sich hier im 17. Jahrhundert als Flüchtlinge an; viele der 22 Kellereien tragen noch immer französische Namen. Sémillon ist eine örtliche Spezialität (ein paar Rebstöcke sind fast 100 Jahre alt); Shiraz ist vielversprechend. Beste Erzeuger: Bellingham, Clos Cabrière★, La Motte★, L'Ormarins.

FRASCATI DOC *Latium, Italien* Einer der berühmtesten Weißweine Italiens, der manchmal als Zechwein von Rom bezeichnet wird. Der Wein ist ein Verschnitt aus Trebbiano- und Malvasiatrauben; die besseren haben einen höheren Malvasiaanteil. Ein guter Frascati ist es wert, daß man nach ihm sucht, insbesondere von einem Weingut, das Offenbarungen bereithält wie Castel de Paolis. Beste Erzeuger: Casale Marchese★, Castel de Paolis★★, Colli di Catone★, Fontana Candida, Villa Simone★, Zandotti★.

FREIE WEINGÄRTNER WACHAU *Wachau, Niederösterreich, Österreich* Eine Genossenschaft, die seit langem feine Weißweine aus der WACHAU erzeugt. Seit der Übernahme der Leitung durch Fritz Miesbauer und Willi Klinger haben die regulären Weine★ und die Lagen-Rieslinge★★ mit dem 95er neue Höhen erreicht. Beste Jahrgänge: **1995 93 92 91 90 88 86 83 79 77.**

FREINSHEIM *Pfalz, Deutschland* Der sandige Boden der Reblagen in diesem Weinbauort an der Mittelhardt bringt einige der aromatischsten trockenen Rieslinge und Scheureben der Pfalz hervor. Bester Erzeuger: Lingenfelder.

FREISA Italienische Rebsorte, die im Piemont angebaut wird und süße, schäumende Rotweine erzeugt, die leider ziemlich aus der Mode gekommen sind. Einige Erzeuger stellen jetzt einen trockenen Wein her, der nach drei oder vier Jahren sehr wohlschmeckend ist. Beste Erzeuger: (süße Weine) Aldo CONTERNO★, GAJA; (trockene Weine) Giacomo CONTERNO, Bartolo MASCARELLO★, Aldo Vajra★★.

FREIXENET *Cava DO, Katalonien, Spanien* Der zweitgrößte Hersteller von spanischem Schaumwein (nach CODORNIU) produziert in einem riesigen System von Kellern in San Sadurní de Noya einen frischen, jugendlichen Cordon Negro Brut CAVA (der wegen seiner schwarzen Flasche weltberühmt ist). Die meisten anderen Weine sind jedoch nicht sonderlich aufregend.

FRESCOBALDI *Toskana, Italien* Florentinische Firma, die große Mengen von billigen CHIANTI-Verschnitten verkauft, aber aus Trauben ihrer eigenen Weinberge gute bis sehr gute Weine erzeugt: von Nippozzano (insbesondere CHIANTI RUFINA Castello di Nipozzano Riserva★★ und den Montesodi★★), Tenuta di Pomino ★ in POMINO sowie von Castelgiocondo★★ in BRUNELLO DI MONTALCINO. Beste Jahrgänge: (Spitzenrotweine) (1996) 95 **94** 93 **91 90 88 85.**

FRIULI GRAVE DOC *Friaul-Julisch-Venetien, Italien* Eine DOC, die 19 Weintypen in Westfriaul umfaßt. Gute, erschwingliche Weine aus den Rebsorten Merlot, Refosco, Chardonnay, Pinot Grigio, Traminer und Tocai. Beste Erzeuger: Borgo Magredo★, Gen. La Delizia, Le Fredis★, Pighin★, Pittaro★, Plozner★, Pradio★, Russolo★, Vigneti Le Monde★.

FRIULI-VENEZIA GIULIA (FRIAUL-JULISCH-VENETIEN) *Italien* Diese Region in Nordostitalien grenzt an Slowenien und Österreich an. Die hügeligen DOC-Anbauzonen COLLIO und COLLI ORIENTALI erzeugen einige der besten Weißweine Italiens aus Chardonnay, Pinot Bianco, Pinot Grigio, Sauvignon und Tocai; die Rotweine können ebenfalls ausgezeichnet sein, hauptsächlich die aus Cabernet, Merlot und Refosco erzeugten. Die DOCs Friuli Aquileia, ISONZO, Friuli Latisana und FRIULI GRAVE in den sanften Hügeln und Ebenen bringen preisgünstige Weine hervor.

FRIZZANTE Italienische Bezeichnung für einen leicht schäumenden Wein, der zumeist in einem trockenen, aber bisweilen in einem süßen Stil gehalten ist.

FROG'S LEAP *Napa Valley AVA, Kalifornien, USA* Das Motto der Kellerei »Froschhüpfer« lautet: Das Leben macht Spaß, wenn es Fliegen gibt. Aber beim Wein versteht man keinen Spaß. Der Sauvignon Blanc★★ wird hier nämlich sehr ernst genommen. Erzeugt werden außerdem überdurchschnittliche Merlots★ und Chardonnays★ sowie ein Cabernet Sauvignon★ mit intensivem Aroma von Gras und schwarzen Johannisbeeren und ein köstlicher, an schwarze Kirschen erinnernder Zinfandel★★. Die Weißweine sollten in den ersten zwei bis drei Jahren getrunken werden, während die Rotweine sechs bis sieben Jahre altern können.

FRONSAC AC *Bordeaux, Frankreich* Ein kleines Gebiet westlich von POMEROL, das recht preisgünstige Weine von passabler Qualität erzeugt. Würden sich die Erzeuger etwas mehr anstrengen und ihre Vinifizierungsmethoden verbessern, wären sie sicherlich bekannter. Die Weine schmecken oft besser, wenn sie mindestens fünf Jahre alt sind. Beste Erzeuger: de Carles, Clos du Roy, la Dalem, Dauphine★, Fontenil★, la Grave, Haut-Lariveau, Mayne-Vieil, Moulin-Haut-Laroque, la Rivière★, la Vieille Cure, Villars★. Beste Jahrgänge: (1996) 95 **94 90 89 88 86 85 83 82.**

CH. FUISSÉ *Pouilly-Fuissé, Mâconnais, Burgund, Frankreich* Jean-Jacques Vincent ist der führende Erzeuger in POUILLY-FUISSÉ, der reichhaltige, reife, konzentrierte Chardonnays herstellt. Seine Spitzenweine sind drei Pouilly-Fuissé-Weine: Jeunes Vignes Cuvée Première★, der im Eichenholzfaß vergorene Ch. Fuissé★★ und der denkwürdige, stoffreiche Ch. Fuissé Vieilles Vignes★★★. Er erzeugt außerdem einen feinen SAINT-VÉRAN★ und einen BEAUJOLAIS und besitzt einen großen Weinhandel, der auf Weine aus dem Mâconnais spezialisiert ist. Die besten Weine kann man bis zu fünf Jahre aufheben. Beste Jahrgänge: 1995 **94 93 92 90 89 88.**

FUMÉ BLANC Siehe Sauvignon Blanc.

RUDOLF FÜRST *Bürgstadt, Franken, Deutschland* Fürsts trockene Rieslinge★★ sind ungewöhnlich elegant für eine Region, die berühmt ist für ihre erdigen Weißweine. Seine Spätburgunder★ zählen zu den besten Rotweinen in Deutschland. Die Weine sind so intellektuell und sinnlich wie ihr Erzeuger und können sehr gut altern. Beste Jahrgänge: 1995 94 **93 92 90 89 88.**

JEAN-NOËL GAGNARD *Chassagne-Montrachet AC, Côte de Beaune, Burgund, Frankreich* Jean-Noël, einer von den vielen Gagnards in CHASSAGNE-MONTRACHET, erzeugt beständig einige der besten Weine. Sein Spitzenwein ist ein reichhaltiger, nach Weißbrot schmeckender BATARD-MONTRACHET★★, aber seine anderen Weißweine sind ebenfalls erstklassig, insbesondere der Morgeot Premier Cru★★. Gagnards Rotweine★ sind nicht ganz so gut wie seine Weißweine, aber sie gehören immer noch zu den erfreulichsten in Chassagne. Alle Weißweine können lang gelagert werden. Beste Jahrgänge: (Weißweine) 1995 93 **92** 90 **89 88.**

GAGNARD-DELAGRANGE *Chassagne-Montrachet AC, Côte de Beaune, Burgund, Frankreich* Jacques Gagnard-Delagrange ist das Oberhaupt einer berühmten Familie von Erzeugern, die miteinander verwandt sind. Sein Bruder ist Jean-Noël GAGNARD; viele seiner Weinberge stammen von seinem Schwiegervater Edmond Delagrange-Bachelet. Jacques erzeugt exzellente BATARD-MONTRACHET★★ und CHASSAGNE-MONTRACHET Premiers Crus Boudriottes★★ und Morgeot★★. Seine beiden Töchter und ihre Ehemänner sind verantwortlich für Domaines Blain-Gagnard (achten sollte man dabei auf Criots-Bâtard-Montrachet★★) und Fontaine Gagnard (ebenfalls Criots-Bâtard-Montrachet★★ und mehrere Premiers Crus von Chassagne-Montrachet★★. Beste Jahrgänge: 1995 94 93 **92** 90 **89 86.**

GAILLAC AC *Südwestfrankreich* Die Weißweine werden hauptsächlich aus Mauzac hergestellt und besitzen den herben, aber reizvollen Biß von grünen Äpfeln. Sie sind ziemlich streng, aber bei einem guten Winzer oder den modernisierten Genossenschaften können sie äußerst erfrischend ausfallen. Jetzt stellt man auch einige seriösere Rotweine her, die ein wenig altern müssen. Der Star unter den Gaillacweinen ist momentan der herausragende Schaumwein, der entweder nach dem Champagner-Verfahren oder nach der *Méthode rurale* hergestellt wird und im Idealfall nicht ganz trocken, sondern voller Fruchtigkeit sein sollte. Die Genossenschaft Tecou erzeugt eine Cuvée Passion und eine Cuvée Séduction, die in Eichenholzfässern reifen. Auf dem Etikett steht jedoch nicht, in welcher Reihenfolge man sie trinken soll. Alle Gaillacweine sollten möglichst jung getrunken werden. Beste Erzeuger: Albert, Boissel-Rhodes, Bosc-Long, Brun, Causse Marines, Clement Termes, Cros, Gayrel, Labarthe, Gen. Labastide-de-Lévis★, Larroze, Mas Dignon, Plageoles★★, Gen. Tecou★.

GAJA *Barbaresco DOCG, Piemont, Italien* Angelo Gaja schaffte es, das Piemont (PIEMONTE) aus einer verschlafenen, altmodischen Region, von der zwar die Italiener schworen, sie würde die feinsten Rotweine der Welt erzeugen, für die aber der Rest der Welt nur Verachtung übrig hatte, in ein aufregendes Weinbaugebiet zu verwandeln. Ihm ist es zu verdanken, daß in diesem früher rückständigen Gebiet internationale Vinifizierungsmethoden eingeführt und verblüffend hohe Preise verlangt wurden. So konnten andere piemontesische Erzeuger endlich einen reellen Gegenwert für ihre Anstrengungen erhalten. Er führte auch in dieser äußerst konservativen Region, die viele faszinierende Rebsorten besitzt, aber am stolzesten auf die einheimische Nebbiolotraube ist, französische Rebsorten wie Cabernet Sauvignon (Darmagi★★), Sauvignon Blanc (Atteni di Brassica★) und Chardonnay (Gaia & Rey★★) ein. Gajas traditionelle Stärke waren immer seine BARBARESCOS aus Einzellagen (sein Sori San Lorenzo★★★, Sorì Tildìn★★★ und Costa Russi★★ werden häufig als die besten Barbarescos bezeichnet). Sein BAROLO Sperss★★★, der aus Trauben von seinem Gut in Serralunga d'Alba hergestellt wird und erstmals mit dem 88er auf den Markt kam, ist herausragend. Gaja hat auch in BRUNELLO DI MONTALICINO und BOLGHERI investiert. Beste Jahrgänge: (Barolo/Barbaresco) (1996) (95) 94 93 91 90 89 88 **85 82 79 78 71 61.**

GALESTRO *Toskana, Italien* Ein knochentrockener, geschmacksneutraler Wein aus Trebbiano- und Malvasiatrauben sowie anderen Rebsorten, die im CHIANTI-Gebiet wachsen. Bestimmt ist er für ein Massenpublikum. Beste Erzeuger: ANTINORI, FRESCOBALDI, Ruffino, Teruzzi & Puthod.

GALICIA (GALICIEN) *Spanien* Die Region Galicien, die im hügeligen grünen Nordwesten von Spanien liegt, ist berühmt für ihre feinen, aber teuren Weißweine aus Albariñotrauben. Es gibt fümf DOs: RIAS BAIXAS kann dank moderner Kellertechnik und seriöser Vinifizierungsmethoden hervorragende, duftige weiße Albariños herstellen. Ribeiro hat ebenfalls in großem Umfang in neue Vinifizierungsanlagen investiert; außerdem werden jetzt bessere einheimische Weißweintrauben verwendet. Dasselbe gilt für die bergige DO Valdeorras. In der neuen DO Ribeira Sacra werden einige junge Rotweine aus der Rebsorte Mencía hergestellt. Die ebenfalls neue DO Monterrei ist technologisch rückständig, zeigt aber ein gewisses Potential bei der lokalen weißen Rebsorte Doña Blanca. Die meisten Weine sollte man jung trinken.

E. & J. GALLO *Central Valley, Kalifornien, USA* Mit dem zweiten Jahrgang ihrer Gutsabfüllungen, dem 91er Sonoma Cabernet und dem 92er Sonoma Chardonnay★, hoffte Gallo, die größte Kellerei der Welt (über 25 % des US-Markts), die Zweifler davon zu überzeugen, daß sie guten Wein erzeugen kann. Beide Weine stammen von Trauben, die auf 800 ha erstklassiger Weinberge in SONOMA COUNTY angebaut werden. Diese Reserve-Abfüllungen und die neue Gallo-Sonoma-Reihe von Zinfandel, Merlot, Chardonnay und Cabernet stellen einen bedeutsamen Schritt für Gallo dar, auch wenn die billigeren Sortenweine noch einen langen Weg vor sich haben. Nachdem Mitte der 90er Jahre Turning Leaf als neue Marke eingeführt wurde, sind noch weitere hinzugekommen: Gossamer Bay (hauptsächlich Chardonnay), Anapamu (vorwiegend Chardonnay von der Central Coast) und Zabaco (Zinfandel und andere Sortenweine aus dem Sonoma County).

GAMAY Die einzige Rebsorte, die für roten BEAUJOLAIS zugelassen ist. Im allgemeinen sind Weine aus der Gamaytraube ziemlich rauh und kratzig und haben viel Säure; doch im Beaujolais kann die Rebsorte, solange die Erträge nicht zu hoch sind, eine wunderbare Süffigkeit von saftiger Fruchtigkeit erlangen, die in der Welt des Weins fast unerreicht ist. In anderen französischen Anbaugebieten ist sie erfolgreich im Departement Ardèche und im Loiretal, etwas weniger im Mâconnais. In der übrigen Welt hat Kalifornien gute Beispiele hervorgebracht, während Südafrikas sehr beschränkte Produktion gemischte Ergebnisse erzielte.

GANTENBEIN *Fläsch, Graubünden, Schweiz* Daniel Gantenbein und seine Frau Martha erzeugen einige der besten trockenen Weißweine und Rotweine der Schweiz in steilen Weinbergen im Tal des Oberrheins. Ihr Chardonnay★ ist nussig und elegant; die roten Blauburgunder★ sind pikant und zart. Hier werden neue Eichenholzfässer vorsichtig und mit guter Wirkung verwendet. Vermeiden sollte man jedoch den seltsamen süßen Weissburgunder. Beste Jahrgänge: **1995 93 92 90 89.**

GARD, VIN DE PAYS DU *Languedoc, Frankreich* Vor allem Rot- und Roséweine von der Westseite des Rhônedeltas. Die meisten Gard-Rotweine sind leicht und würzig und zunehmend reizvoll. Rosés können, wenn sie jung sind, frisch sein. Bei modernen Vinifizierungsmethoden können auch die Weißweine gut ausfallen. Beste Erzeuger: Christin, Coste, Maillac, Gen. St-Gilles.

GARGANEGA Eine italienische Weißweintraube aus Venetien (VENETO) in Nordostitalien, die Hauptrebsorte für SOAVE. Wenn sie in den Hügeln angebaut wird, zeigt sie, daß sie Klasse haben kann, aber durch die übermäßig hohen Erträge, die in der Ebene von Verona erzeugt werden, ist ihr Ansehen beschädigt worden.

GARNACHA BLANCA Siehe Grenache Blanc.

GARNACHA TINTA Siehe Grenache Noir.

GARRAFEIRA Portugiesische Bezeichnung für einen Wein aus einem herausragenden Jahr, dessen Alkoholgehalt 0,5 % über dem verlangten Mindestgehalt liegt und der als Rotwein zwei Jahre im Tank oder Faß und ein Jahr in der Flasche gereift ist (als Weißwein jeweils sechs Monate). Weinhändler verwenden die Bezeichnung für ihre besten verschnittenen und gereiften Weine.

GATTINARA DOCG *Piemont, Italien* Eines der launischsten Anbaugebiete Italiens für Spitzenrotweine, das sowohl zu Großem wie auch zu Ausschuß fähig ist. Es liegt im Nordpiemont (PIEMONTE) und wurde vor kurzem zur DOCG erhoben. Die Nebbioloweine sollten eigentlich weicher und leichter als der BAROLO sein, aber ein köstliches Aroma besitzen, das an schwarze Pflaumen, Teer und Rosen erinnert – wenn man Glück hat. Doch wenige Erzeuger haben bisher große Beständigkeit gezeigt. Die Qualität der Jahrgänge ähnelt der beim Barolo, aber die Weine sollten innerhalb von zehn Jahren getrunken werden. Beste Erzeuger: Antoniolo★, Le Colline★, Nervi, Travaglini★. Beste Jahrgänge: 1995 90 88 85.

DOMAINE GAUBY *Côtes du Roussillon-Villages AC, Languedoc, Frankreich* Gérard Gauby erzeugte früher Weine, die so stämmig waren wie er selbst. Die Frucht war vorhanden, wurde aber von sehr harten Tanninen überdeckt. In den letzten beiden Jahrgängen waren die Weine weicher, während sie immer noch ihre Konzentration behielten. Deshalb ist Gauby jetzt ein angesagtes Gut im Roussillon. Zu den Glanzstücken unter seinen Weinen gehören ein kraftvoller COTES DU ROUSSILLON-VILLAGES★★ und ein Vin de Pays Viognier★★. Beste Jahrgänge: **1995 94 93.**

GAVI DOC *Piemont, Italien* Teurer Modeweißwein aus dem Piemont (PIEMONTE). Dieser stahlige, nach Zitronen schmeckende Wein aus Cortesetrauben kann über fünf Jahre altern, wenn er genügend Säure besitzt. Der Spumante Brut Soldati★ von La Scolca ist ein vortrefflicher Schaumwein. Beste Erzeuger: BANFI, Nicola Bergaglio★, Broglia★, Chiarlo★, Coppo, FONTANAFREDAD, La Giustiniana, San Pietro★, Santa Seraffa★, La Scolca★, Tassarolo★, Villa Sparina★.

CH. GAZIN★★ *Pomerol AC, Bordeaux, Frankreich* Eines der größten Châteaux in POMEROL, das neben dem sagenhaften PÉTRUS liegt. Der Wein, der traditionell ein üppiger, angenehm strukturierter Pomerol ist, trinkt sich wunderbar, wenn er jung ist, kann aber lang altern. Im Laufe der Jahre war die Qualität enttäuschend, aber seit 1988 hat Ch. Gazin seine Spitzenform erreicht, weil Christian Moueix von PÉTRUS Interesse an dem Gut zeigte. Jetzt gehört es zu den Weingütern in Pomerol, die sich am stärksten verbessert haben. Beste Jahrgänge: (1996) (95) 94 93 **90 89 88.**

GEELONG *Victoria, Australien* Eine weitere Region, die in den 60er Jahren zu neuem Leben erweckt worden ist, nachdem sie im 19. Jahrhundert durch die Reblaus vollständig zerstört worden war, aber die Ausweitung verlief bislang ungleichmäßig. Klima und Weinpotential können es mit YARRA VALLEY aufnehmen. Der Pinot Noir ist aufregend, aber Chardonnay, Riesling, Sauvignon Blanc und Shiraz beeindrucken ebenfalls. Beste Erzeuger: BANNOCKBURN★★, Idyll, Scotchmans Hill★.

GEISENHEIM *Rheingau, Deutschland* Weinbauort, der berühmt ist für seine 1872 gegründete Forschungsanstalt für Weinbau, Gartenbau, Getränketechnologie und Landespflege (mit angeschlossener Fachhochschule). 1882 wurde hier die Rebsorte Müller-Thurgau, die heute in Deutschland am häufigsten angebaut wird, durch Kreuzung neu gezüchtet. Der Name der berühmtesten Lage Rothenberg weist auf die roten Böden hin, die kräftige, erdige Weine erzeugen. Beste Erzeuger: Johannishof, RESS, WEGELER-DEINHARD.

JACQUES GERMAIN *Chorey-Lès-Beaune, Côte de Beaune, Burgund, Frankreich* Das verschlafene Dorf CHOREY-LES-BEAUNE liefert einige der preisgünstigsten Rotweine der Côte d'Or. Neben TOLLOT-BEAUT ist François Germain der bekannteste Erzeuger der AC. Außer einem eleganten Rotwein namens Ch. de Chorey★ produziert er eine Reihe von reichhaltigeren BEAUNE Premiers Crus (sein Teurons★★ und Vignes Franches★★ sind beide vorzüglich) sowie einen SAINT-AUBIN und einen PERNAND-VERGELESSES Blanc★ zu einem vernünftigen Preis. Die Rotweine trinkt man am besten nach zwei bis sechs Jahren Flaschenreifung. Beste Jahrgänge: 1995 **93 92 90 89.**

GEVREY-CHAMBERTIN AC *Côte de Nuits, Burgund, Frankreich* In Zeiten, in denen die Weine von Gevrey-Chambertin Hochkonjunktur haben, enttäuschen sie allzuoft, weil manche Winzer den Ruhm der Appellation nur dazu ausnutzen, um abzukassieren. Doch eine neue Winzergeneration hat das Ansehen von Gevrey wiederhergestellt, nämlich als Quelle von kraftvollen, duftigen Weinen, die eine gute Farbe und eine feste Struktur besitzen und im Alter Reichtum und einen Wildbretgeschmack entwickeln. Weine der Dorfappellation sollte man mindestens fünf Jahre aufheben, Premiers Crus und Weine der acht Grands Crus zehn Jahre oder noch länger, insbesondere Chambertin und Clos-de-Bèze. Ausschau halten sollte man nach dem Premier Cru Clos Saint-Jacques, der es verdient, als Grand Cru eingestuft zu werden. Beste Erzeuger: Denis Bachelet★★, Dom. L. Boillot, Burguet★★, CLAIR, Damoy★, DROUHIN, Dugat★★, DUJAC, Michel Esmonin★★, FAIVELEY★★, JADOT, LABOURÉ-ROI★, Leclerc★, Denis Mortet★★, Rossignol★★, Roty★, ROUSSEAU★★, Trapet★, Varoilles★. Beste Jahrgänge: 1995 93 **92** 90 **89** 88 **85 78.**

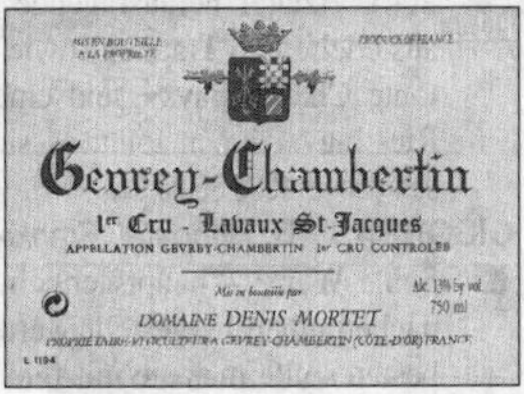

GEWÜRZTRAMINER Eine in der ganzen Welt populäre Rebsorte, aber ihre beste Qualität erreicht sie im Elsaß. Sie wird auch – mit unterschiedlichen Ergebnissen – in Australien, Neuseeland, Oregon, Kalifornien, Südafrika, Rumänien, Tschechien, Österreich, Deutschland und Südtirol (wo sie Traminer oder Aromatico heißt) angebaut. Als Heida wird sie in der Schweiz angepflanzt. Wie bereits der Name andeutet, kann ein Gewürztraminer würzig schmecken und exotisch duften, aber bemerkenswerterweise zeigen die Weine im Elsaß eine köstliche Ausgewogenheit, während sie gleichzeitig Sinnlichkeit ausstrahlen. Der Stil variiert gewaltig: von den frischen, leichten Weinen mit dem Blütenduft, wie sie in Italien erzeugt werden, bis zum reichen, üppigen ALSACE VENDANGE TARDIVE aus spätgelesenen Trauben.

GEYSER PEAK *Alexander Valley AVA, Kalifornien, USA* Die Ankunft des australischen Weinmachers Daryl Groom rettete Geyser Peak vor dem Untergang. Die Kellerei hatte jahrelang gekrankt und (bestenfalls) mittelmäßige Weine erzeugt. Grooms Weine sind zumeist leicht zugänglich, fruchtig und angenehm zu trinken. Am besten ist der Cabernet Sauvignon★, der in einem leichten, fruchtigen Stil gehalten ist. Reserve Alexandre★★, ein Verschnitt aus Cabernet Sauvignon, Merlot, Cabernet Franc und Malbec, ist ein Wein, der altern muß. Der Sémillon-Chardonnay-Verschnitt namens Semchard ist recht gefällig. Der Chardonnay wird immer besser.

GHEMME DOC *Piemont, Italien* Ein Rotwein aus Nebbiolotrauben, der gegenüber von GATTINARA am anderen Ufer des Flusses Sesia in Collis Breclemae und Collis Carellae von Cantalupo erzeugt wird (und manchmal seinen Nachbarn im Hinblick auf den Stil übertrifft). Beste Erzeuger: Antichi Vigneti di Cantalupo★★, Giuseppe Bianchi★, Le Colline.

BRUNO GIACOSA *Barbaresco, Piemont, Italien* Einer der großen intuitiv arbeitenden Weinmacher der Langhehügel südlich von Alba. Er bekennt sich offen als Traditionalist und läßt seine BAROLOS und BARBARESCOS bis zu sechs Jahren im Holzfaß reifen. Sein Barbaresco Santo Stefano★★★ und sein Barolo Vigna Rionda★★ sind besonders gut. Wenn sie in den Verkauf gelangen, sollte man sie mindestens fünf Jahre einkellern. Beste Jahrgänge: (1996) (95) 94 93 90 89 **88 85.**

GIESEN *Canterbury, Südinsel, Neuseeland* Die größte Kellerei von CANTERBURY erzeugt herausragende Riesling-★★★ und Müller-Thurgau-Weine★ aus edelfaulen Trauben sowie feine trockene Rieslinge★, komplexe, holzbetonte Chardonnays★ und einen reizvollen Sauvignon Blanc★. Bei beiden Rieslingversionen lohnt es sich, sie bis zu fünf Jahren einzukellern. Beste Jahrgänge: **1996 95 94 91.**

GIGONDAS AC *Rhônetal, Frankreich* Gigondas erhielt 1971 seine eigene AC. Seine Weine – hauptsächlich Rotweine und etwas Roséwein, die aus Grenachetrauben hergestellt werden – besitzen eine starke Persönlichkeit. Am besten sollte man sie mit fünf Jahren trinken, manche ein wenig älter. Beste Erzeuger: Beaumet-Bonfils, Chastan, DELAS, Faraud, les Goubert, GUIGAL★★, JABOULET, Longue-Toque, Christian Meffre, du Grand Montmirail, les Pallières★★, Pascal, de Piaugier, Raspail, St-Gayan★, Trignon. Beste Jahrgänge: 1995 94 **93 90 89 88 86 85.**

CH. GILETTE★★ *Sauternes AC, Bordeaux, Frankreich* Diese erstaunlichen Weine lagern in Betontanks und nicht in den normalerweise üblichen Holzfässern. Dies verhindert nahezu jeglichen Kontakt mit dem Luftsauerstoff, der einen Wein altern läßt. Wenn er mit bis zu 30 Jahren Alter auf den Markt kommt, sprüht er folglich vor Leben und köstlicher Süße. Beste Jahrgänge: **1983 76 75 70 67 62 59 55 53 49.**

GIMMELDINGEN *Pfalz, Deutschland* Wenig bekannter Weinbauort an der Mittelhardt mit guten Reblagen, die mittelschwere trockene und halbtrockene Rieslinge voller Frucht und Aroma liefern. Beste Erzeuger: Christmann★, MÜLLER-CATOIR★★★.

GIPPSLAND *Victoria, Australien* An der Südküste von Victoria verstreut liegende Kellereien, die alle winzig sind, aber ein gewaltiges Potential besitzen. Angeführt werden sie von Nicholson River mit seinem burgunderartigen Chardonnay★★. Der Pinot Noir von Nicholson River★ ist sehr gut; McAlister★, ein bordeauxartiger Verschnitt, bietet ebenfalls gute Geschmacksnoten. Die Pinots Bass Phillip Reserve★★★ und Premium★★★ gehören zu den allerbesten in Australien und können auf eine kultartige Anhängerschaft zählen; in Jahrgängen wie 1991 und 1994 nähern sie sich dem seidigen Charme der COTE-DE-NUITS-Weine.

GISBORNE *Nordinsel, Neuseeland* Gisborne mit seinem heißen, feuchten Klima und seinen fruchtbaren Böden hat bewiesen, daß es sowohl eine gute Qualität wie auch große Mengen erzeugen kann. Winzer hier haben ihre Region »Chardonnay-Hauptstadt von Neuseeland« getauft. Gewürztraminer gedeiht ebenfalls gut. Hingegen sind gute Rotweine kaum zu finden. Beste Erzeuger: CORBANS, MILLTON★★, MONTANA, Revington.

CH. GISCOURS★★ *Margaux AC, 3ème Cru Classé, Haut-Médoc, Bordeaux, Frankreich* Ein großes Gut in MARGAUX mit einem enormen Potential, das nicht immer ausgeschöpft wird. Der Zauber von Giscours besteht darin, daß es Weine erzeugen kann, die einen köstlichen Duft entfalten, aber dennoch eine recht solide Struktur besitzen. Nach einer Pechsträhne scheinen die letzten Jahrgänge wieder erholt. Beste Jahrgänge: (1996) (95) 90 86 83 **82 81 80 79.**

GIVRY AC *Côte Chalonnaise, Burgund, Frankreich* Ein bedeutender Weinbauort an der COTE CHALONNAISE. Die Rotweine besitzen eine intensive Fruchtigkeit und eine Alterungsfähigkeit, die für diese Region ungewöhnlich sind. In den letzten Jahren haben sich die Weißweine erheblich verbessert; einige davon sind attraktive, recht volle Weine, die nach Nüssen schmecken. Beste Erzeuger: Chofflet, Derain, Joblot, F. Lumpp, Ragot, Sarrazin, THÉNARD★. Beste Jahrgänge: (Rotweine) 1995 **93 90 89 88;** (Weißweine) **1995 93 92 90.**

GLEN CARLOU *Paarl WO, Südafrika* Der angesehene Rotwein- und Chardonnayerzeuger Walter Finlayson hat die Vinifizierung seinem weitgereisten Sohn David überlassen und Donald Hess, den Besitzer der kalifornischen Kellerei THE HESS COLLECTION, als Partner gewonnen. Der Chardonnay★★ (Reserve★★★) entfaltet eine Rotweinfülle mit einem intensiven Geschmack, der an Weißbrot, Rauch und Limonen erinnert. Grande Classique★, ein kompakter Bordeauxverschnitt, der für eine lange Alterung bestimmt ist, und ein Merlot★ mit zarterer Struktur zeigen Finlaysons Gespür für Rotweine.

GLEN ELLEN *Sonoma Valley, Kalifornien, USA* Die Familie Benziger, Besitzer von Glen Ellen, verkaufte ihre Marken Glen Ellen und M. G. Vallejo an Heublein. Ihre Weine zu volkstümlichen Preisen werden weiterhin in einem Stil hergestellt, der amerikanische Schleckermäuler anspricht. Die Benzigers konzentrieren sich jetzt auf ihr Weingut (Benziger Estate) und bringen im Rahmen ihrer Imagery-Serie (mit limitierter Flaschenzahl) Rot- und Weißweine auf den Markt.

CH. GLORIA★★ *St-Julien AC, Cru Bourgeois, Haut-Médoc, Bordeaux, Frankreich* Ein faszinierendes Gut, das einer der großen alten Männer von Bordeaux, der verstorbene Henri Martin, gründete. Er schuf es aus winzigen als

Cru Classé eingestuften Flecken, die über ganz SAINT-JULIEN verstreut waren. Seine Besessenheit sorgte dafür, daß der Wein von Gloria in den 60er und 70er Jahren die Qualität und den Preis eines Cru Classé erreichte. In der Regel ist er sehr weich und süßlich, aber trotzdem altert er gut. Aber er wollte unbedingt einen Cru Classé besitzen und hatte schließlich Erfolg, als er 1982 SAINT-PIERRE kaufte. Zweitwein: Peymartin. Beste Jahrgänge: (1996) (95) 94 **93 90 89 88 86 85 83 82 81.**

GOLAN HEIGHTS WINERY *Golanhöhen, Israel* Israels führender Erzeuger von Qualitätsweinen. Kühle Sommer, hoch gelegene, gut bewässerte Weinberge und Vinifizierungsmethoden, die die neuesten Techniken Kaliforniens mit koscheren Beschränkungen kombinieren, haben gute Sauvignon Blancs★ und Cabernet Sauvignons★, ausgezeichnete, holzbetonte Chardonnays★★ und als jüngste Errungenschaft einen guten Schaumwein★ (mit Flaschengärung) erbracht. Yarden ist die Marke, die für Spitzenweine verwendet wird, während Golan und Gamla die Marken der mittleren Preisklassen sind.

GOLDMUSKATELLER Mit diesem Namen wird die Rebsorte Moscato Giallo in Südtirol (ALTO ADIGE) bezeichnet. Hier wird sie für sehr aromatische, trockene ebenso wie für leicht süße Weine verwendet. Beste Erzeuger: Tiefenbrunner★, Villanova★.

GONZÁLEZ BYASS *Jerez y Manzanilla DO, Andalusien, Spanien* Tio Pepe★, die Marke für den hochwertigen Fino dieses riesigen Erzeugers von Spitzensherrys, ist der Sherry, der auf der Welt am meisten verkauft wird. Das Spitzenangebot an alten Sherrys ist bei dieser Firma hervorragend: ein intensiver, trockener Amontillado del Duque★★★ und zwei reichhaltige, komplexe Olorosos, ein süßer Matusalem★★★ und ein halbsüßer Apostoles★★. Eine Stufe tiefer steht der Alfonso Dry Oloroso★. Die Firma hat die Wiederentdeckung von trockenen Olorosos★★★ aus einem einzigen Jahrgang (nicht im SOLERA-System ausgebaut) vorangetrieben und damit ein Vinifizierungsverfahren wiederbelebt, das im späten 19. Jahrhundert in Jerez üblich war.

GOULBURN VALLEY *Victoria, Australien* Der Goulburn ist ein heiterer, schöner Fluß, der durch das ausgedörrte Weideland von VICTORIA verläuft. Überraschend wenige Weingärten sind hier entstanden, aber diese erzeugen sehr individuelle Weine. Die Spezialität des Anbaugebiets ist sein weißer Marsanne. Beste Erzeuger: CHATEAU TAHBILK★, MITCHELTON★★, Tisdall (Mount Helen).

GRAACH *Mosel, Deutschland* Bedeutender Weinbauort an der Mittelmosel mit vier Reblagen, von denen die berühmtesten Domprobst (auch die beste) und Himmelreich sind. Eine dritte, Josephshöfer, befindet sich im Alleinbesitz des Weinguts von KESSELSTATT in Trier. Die Weine besitzen eine reizvolle Rundheit, die ihre stahlige Säure ausgleicht. Beste Erzeuger: von KESSELSTATT★★, LOOSEN★★, J. J. PRÜM★★, W. Schaefer★★, SELBACH-OSTER★★.

GRACIANO Eine seltene, aber ausgezeichnete spanische Rebsorte, die traditionell in RIOJA und NAVARRA angebaut wird, aber geringe Erträge erzielt. Sie erzeugt hinreißende, korpulente, duftige Rotweine. Beim Verschneiden mit der guten, aber säurearmen Tempranillotraube sorgt ihre hohe Säure für Lebendigkeit.

GRAHAM *Port DOC, Douro, Portugal* Eine weitere Portweinfirma im Symington-Imperium. Sie macht einen reichhaltigen, nach Blumen duftenden Vintage-Portwein★★★, der süßer ist als der von DOW und von WARRE, den beiden anderen Hauptmarken von Symington, aber genug Rückgrat besitzt, um altern zu können. Wenn kein »Vintage« deklariert wird, stellt Graham einen Wein namens Malvedos★ her. Beste Jahrgänge: (Vintage-Portweine) 1994 91 **85** 83 **80 77 70 66 63.**

ALAIN GRAILLOT *Crozes-Hermitage AC, Rhônetal, Frankreich* Dieses exzellente Weingut, das erst 1985 entstand, ragt als Erzeuger sehr konzentrierter, reichhaltiger, fruchtiger Rotweine hervor. Der Spitzenwein heißt La Guiraude★★★, aber sein einfacher Crozes-Hermitage★★ ist ebenfalls wunderbar. Beide sollte man fünf Jahre aufheben; doch die besten werden sogar noch feiner, wenn sie länger altern. Beste Jahrgänge: (1996) **95 94 91 90 89 88.**

GRAMPIANS *Victoria, Australien* Diese vor kurzem unbenannte Region umfaßt im wesentlichen Great Western, ein angesehenes altes Weinbaugebiet, das in erster Linie für Schaumweine bekannt ist. Seine Bedeutung ist jetzt stark gesunken, aber es erzeugt immer noch einige der größten Shirazweine Australiens: als Tafelweine, als rote Schaumweine und sogar als Weine im Portstil! Beste Erzeuger: BEST'S★, Montara★, MOUNT LANGI GHIRAN★★, SEPPELT★.

GRAN RESERVA Höchste Stufe für spanische Weine eines Spitzenjahrgangs, die bei Rotweinen mindestens fünf Jahre (zwei davon im Holzfaß) und bei Weißweinen vier Jahre gereift sind.

GRAND CRU Französische Bezeichnung (wörtlich »großes Gewächs«) für speziell eingestufte Reblagen. Es handelt sich dabei vorgeblich um die besten Lagen im Elsaß, in Burgund, der Champagne und in Teilen des Bordelais, die eigentlich die aufregendsten Weine erzeugen sollten. Die Bezeichnung bezieht sich jedoch nur auf die Reblage. Was der Erzeuger dort tut und was der Weinmacher danach mit den Trauben macht, ist eine andere Sache.

CH. GRAND MOULAS *Côtes du Rhône, Rhônetal, Frankreich* Marc Ryckwaert stellt einen erstklassigen COTES DU RHONE★ aus Grenache und ein wenig Syrah her, der köstlich schmeckt, wenn er jung ist, aber zwei bis vier Jahre altern kann. Er erzeugt auch sehr gute COTES DU RHONE-VILLAGES★ (Rot- und Weißweine) und eine reichhaltige, aus Syrah hergestellte Grande Réserve namens Cuvée de l'Écu★★. Beste Jahrgänge: **1995 94 93 91 90 89 88.**

CH. GRAND-PUY-DUCASSE★ *Pauillac AC, 5ème Cru Classé, Haut-Médoc, Bordeaux, Frankreich* Früher war dies einer der langweiligeren Crus Classés von PAUILLAC, aber die Weine haben sich seit Mitte der 80er Jahre enorm verbessert. Die jüngsten Jahrgänge waren durchweg recht eindrucksvoll und boten viel zarte, an schwarze Johannisbeeren erinnernde Fruchtigkeit, was sie nach fünf Jahren zugänglich macht, aber auch erlaubt, sie erheblich länger und mit Vorteil reifen zu lassen. Zweitwein: Artigues-Arnaud. Beste Jahrgänge: (1996) (95) 94 93 **92 90 89 88 86 85.**

CH. GRAND-PUY-LACOSTE★★ *Pauillac AC, 5ème Cru Classé, Haut-Médoc, Bordeaux, Frankreich* Dieser Wein ist ein klassischer PAUILLAC mit einem intensiven Duft, der an schwarze Johannisbeeren und Zigarrenkisten erinnert. Wenn sich der Wein entwickelt und reift, vermischt sich dieses Aroma mit der milden Süße des neuen Eichenholzfasses zu einer der einprägsamsten Geschmacksempfindungen von Pauillac. Zweitwein: Lacoste-Borie. Beste Jahrgänge: (1996) (95) 94 93 90 89 88 **86 85 83 82 81 79 78.**

GRAND TINEL *Châteauneuf-du-Pape AC, Rhônetal, Frankreich* Elie Jeune, einer der unterbewertetsten Erzeuger des Rhônetals, stellt stattliche Rotweine★★★ vorwiegend aus Grenachetrauben her, die ein intensives Aroma von schwarzen Johannisbeeren besitzen und hervorragend altern. Die Rebstöcke hier sind sehr alt, was sich auch in der Konzentration des Weins zeigt. Beste Jahrgänge: 1995 94 93 **91 90 89 88 86 85 83 81 79 78.**

GRANDE MARQUE Die selbsternannte Elite der Champagne – eine Gruppe von größeren, bekannteren Firmen – wird als *Syndicat des Grandes Marques* bezeichnet. Ihre Erzeugnisse heißen Grandes Marques, »Große Marken«. Ihre Bestimmungen sollten 1993 verschärft werden, aber enttäuschend wenig ist geschehen. Eine Reform wird jetzt immer unwahrscheinlicher.

GRANDS-ÉCHÉZEAUX AC Siehe Échézeaux AC.

GRANGEHURST *Stellenbosch WO, Südafrika* Eine exklusive Kellerei, die in nur vier Jahren den Sprung zur Spitze geschafft hat. Aufregende Rotweine mit klarer Frucht werden in einem ehemaligen Squash-Spielraum vergoren und von dem Besitzer und Weinmacher Jeremy Walker mit natürlichen, handwerklichen Methoden behandelt. Pinotage★ ist eine Leidenschaft: Seine Pinotageweine sind sehr modern und haben ein süßes, saftiges Aroma und reife Tannine. Reserve Merlot★★ ist fester und kompakter.

YVES GRASSA *Vin de Pays des Côtes de Gascogne, Südwestfrankreich* Der innovativste Erzeuger der COTES DE GASCOGNE, der die dünnen, rauhen Weißweine der Gascogne in einige der lebendigsten, fruchtigsten, fast trockenen Weine Frankreichs verwandelt hat. Grassa hat auch mit Weinen, die im Eichenholzfaß reifen★, und mit Spätlesen★ experimentiert.

ALFRED GRATIEN *Champagne AC, Champagne, Frankreich* Diese kleine Firma stellt einige meiner Lieblingschampagner her. Während viele Firmen heute nur um das Image der Marke besorgt sind, erklärt Gratien, das Image sei die Qualität des Weins und nichts sonst. Seine Weine werden in Holzfässern hergestellt, was heutzutage sehr selten ist. Der Champagner ohne Jahrgang★★ ist normalerweise vier Jahre alt, wenn er in den Handel gelangt, und nicht – wie sonst üblich – nur drei Jahre. Der Jahrgangschampagner★★ ist köstlich reif und schmeckt nach Weißbrot, wenn er auf den Markt kommt, aber er kann noch weitere zehn Jahre altern. Beste Jahrgänge: 1988 **87 85 83 82.**

GRATIEN & MEYER *Loiretal, Frankreich* Die Firma Gratien & Meyer, die auch das Champagner-Haus Alfred GRATIEN besitzt, erzeugt gleichzeitig Loireweine. Ihr Ansehen beruht auf ihrem SAUMUR MOUSSEUX, insbesondere ihrer reichhaltigen, nach Biskuits schmeckenden Cuvée Flamme★ und Cuvée Flamme Rosé. Sie stellt auch ein wenig CRÉMANT DE LOIRE★ her. Ihr roter Schaumwein Cuvée Cardinal★ ist ungewöhnlich und bereitet Spaß.

GRAUBURGUNDER Siehe Pinot Gris.

GRAVES AC *Bordeaux, Frankreich* Die Graves-Region umfaßt das Anbaugebiet südlich von Bordeaux bis Langon, aber die Weinbauorte mit traditionell besserer Qualität in der nördlichen Hälfte machten sich 1987 selbständig und bildeten die AC PESSAC-LÉOGNAN. Doch eine neue Vinifizierungswelle geht durch das südliche Gravest. Heute gibt es viele saubere, knochentrockene

Weißweine mit lebhafter Frische sowie komplexere, weiche, nussige Weißweine, die in Holzfässern reifen, und einige saftige, süffige Rotweine. Beste Erzeuger: Archambeau, le Bonnat, Brondelle★, Chantefrive, Clos Floridène★, Domaine la Grave★, Landiras, Magence, du Seuil, Vieux-Ch.-Gaubert. Beste Jahrgänge: (Rotweine) (1996) 95 **94 90 89 88 86 85 83 82;** (Weißweine) **1996 95 94 90 89 88 87.**

GRAVES SUPÉRIEURES AC *Bordeaux, Frankreich* Weißweine aus dem Graves-Gebiet, trocken, lieblich oder süß, mit einem Mindestalkoholgehalt von 12 % (gegenüber 11 % beim einfachen Graves). Die AC hat nie wirklich eingeschlagen, weil sich hier trockene mit süßen Weinen mischen, aber die süßen Weine können in guten Jahren einen passablen Ersatz für den teureren SAUTERNES abgeben. Beste Erzeuger: (süße Weine) Clos St-Georges★, Lehoul. Beste Jahrgänge: (süße Weine) 1996 **95 90 89 88 86.**

GRAVINA DOC *Apulien, Italien* Diese kleine DOC-Anbauzone erzeugt eine Rarität in Apulien (PUGLIA): einen trockenen Weißwein mit echtem Charakter. Dieser Verschnitt aus den einheimischen Rebsorten Greco und Malvasia, die in den Hügeln des mittleren Apuliens angebaut werden, besitzt einen intensiven Pfirsichduft mit einem Hauch von Aprikosen. Botromagno, der einzige Erzeuger, hat das Potential der Region gerettet.

GRAVNER *Friaul-Julisch-Venetien, Italien* Josko Gravner, der ehrgeizigste Erzeuger im Friaul, kreiert Stile mit Weinen, die im Holzfaß reifen und eine ungewohnte Statur besitzen, doch alle bleiben strikt außerhalb der DOC COLLIO. Neben hochgepriesenen, teuren Chardonnays★★, Sauvignons★★ und Ribolla Giallas★ kombiniert er sechs weiße Rebsorten für Breg★★ und verschneidet Merlot und Cabernet für Rosso Gravner★ und Rujno★★.

GRECHETTO Sehr reizvolle italienische Weißweintraube, die vor allem in Umbrien (UMBRIA) angebaut wird. Sie erzeugt wohlschmeckende trockene Weißweine mit Anisgeschmack und trägt auch zum VIN SANTO in der Toskana bei. Beste Erzeuger: ADANTI, Antonelli, Caprai, Rocca di Fabbri.

GREEN POINT VINEYARDS *Yarra Valley, Victoria, Australien* Der australische Ableger von MOET & CHANDON stellt exzellente Schaumweine★★ aus Pinot Noir und Chardonnay nach dem Champagner-Verfahren her, gelegentlich auch Blancs de Blancs und Blancs de Noirs. Das jüngste Abenteuer sind Chardonnay-★★ und Pinot-Noir-Stillweine in einem sehr unaustralischen Stil. Die Marke Domaine Chandon wird für den australischen Markt benutzt.

GRENACHE BLANC Eine in Südfrankreich häufig angebaute Weißweintraube, die aber nicht sehr viele Bewunderer hat. Eine Ausnahme bin ich selbst, denn ich liebe den nach Birnen und leicht nach Anis duftenden Wein, den ein guter Erzeuger herstellen kann. Am besten schmeckt er mit sechs bis zwölf Monaten. Als Garnacha Blanca wird die Rebsorte auch in Spanien angebaut.

GRENACHE NOIR Sie gehört zu den in der Welt am häufigsten angebauten Rotweintrauben; der größte Teil davon wächst in Spanien, wo sie Garnacha Tinta genannt wird. Sie ist eine Rebsorte, die in einem heißen Klima gedeiht; ihre beste Qualität erreicht sie in Frankreich im südlichen Rhônetal, vor allem in CHATEAUNEUF-DU-PAPE, wo sie große alkoholische Stärke mit reicher Himbeerfrucht und wildem Kräuterduft vereint. In der Regel verhilft man ihr zu mehr Tannin und Säure, indem man sie mit Syrah, Cinsaut oder anderen südfranzösischen Rebsorten verschneidet. Sie kann in TAVEL, LIRAC und COTES DE PROVENCE sowie in NAVARRA in Spanien einen wunderbaren Rosé hervorbringen. Außerdem ist sie die Grundlage für die VINS DOUX NATURELS von BANYULS und MAURY. In RIOJA verleiht sie Tempranillo zusätzliches Gewicht. Auch in Kalifornien und Australien wird sie häufig angebaut, aber geachtet wird sie nur von originellen Weinmachern wie Randall Grahm von BONNY DOON in Kalifornien, der entzückende Rosé- und Rotweine aus Trauben von alten Rebstöcken herstellt, und Charles Melton in Australien, der einen kräftigen Nine Popes Red★ erzeugt. Siehe auch Cannonau.

GRGICH HILLS CELLAR *Napa Valley AVA, Kalifornien, USA* Mike Grgich war der Weinmacher von CHATEAU MONTELENA, als dessen Chardonnay die Weinjuroren in Paris schockierte, weil er bei der berühmten Weinprobe von 1976 vor den französischen Chardonnays lag. In seiner eigenen Kellerei erzeugt er reife, tanninreiche Cabernet Sauvigons und einen mächtigen Zinfandel★ im alten Stil; doch seinen Ruhm erwarb er sich mit seinem stattlichen, reifen, holzbetonten Chardonnay★★, der zu den am besten verkauften teuren Napa-Weinen zählt. Beste Jahrgänge: **1994 92 91 90 88 87.**

GRIGNOLINO Eine im Piemont (PIEMONTE) beheimatete Rotweintraube, die Weine von leichter Farbe, aber intensivem Geschmack hervorbringen kann. In den Hügeln von Monferrato Casalese und Asti ist sie als DOC eingestuft; auch in Alba wird sie angebaut. HEITZ erzeugt eine seltene Version davon in Kalifornien. Beste Erzeuger: Braida, Bricco Mondalino, Castello del Poggio, Aldo CONTERNO, Pavese, Scarpa, La Tenaglia, Viarengo.

GRIOTTE-CHAMBERTIN AC Siehe Chambertin AC.

JEAN GRIVOT *Vosne-Romanée, Côte de Nuits, Burgund, Frankreich* Der junge Weinmacher Étienne Grivot brauchte einige Zeit, bevor er einen Ausgleich zwischen dem traditionellen Stil seines Vaters und der Versuchsfreudigkeit des früheren önologischen Beraters Accad fand und eine eigenständige Interpretation erreichte. 1995 erzielte er ausgezeichnete Ergebnisse, insbesondere beim RICHEBOURG★ und beim NUITS-SAINT-GEORGES Les Boudots★. Grivots Weine sind teuer. Beste Jahrgänge: 1995 93 **90 89 88.**

GROS PLANT DU PAYS NANTAIS VDQS *Loiretal, Frankreich* In den feuchten, flachen Salzmarschen um Nantes kann die Rebsorte Gros Plant einen sehr herben Wein erzeugen, aber dieser säuerliche Wein paßt überraschend gut zu den Meeresfrüchten, die in dieser Gegend mit großem Appetit verzehrt werden. Beste Erzeuger: Chiron, Guindon, Hallereau, Herbauges, Ch. de la Preuille, Sauvion. Beste Jahrgänge: **1996 95.**

GROSSET *Clare Valley, Südaustralien* Jeffrey Grosset ist ein Perfektionist, der in seiner Kellerei in Auburn in Handarbeit winzige Mengen erzeugt. Als Rieslingspezialist füllt er Watervale★★ getrennt von Polish Hill★★★ ab. Beide sind superb und altern gut. Der Cabernet-Verschnitt Gaia★★ ist mild und glatt. Piccadilly (ADELAIDE HILLS) Chardonnay★★ und Pinot Noir★★ sind die neuen Renner. Beste Jahrgänge: (Riesling) **1996 95 94 93 92 90 87 86.**

GROSSKARLBACH *Pfalz, Deutschland* Dieser Weinbauort verdankt seinen guten Namen einem Erzeuger: Rainer Lingenfelder. Man findet hier trockene und halbtrockene Scheureben mit charakteristischem Grapefruit- und Johannisbeeraroma und interessante Rotweine. Bester Erzeuger: Lingenfelder.

GROSSLAGE Nach dem deutschen Weingesetz eine Zusammenfassung mehrerer Einzellagen, die in verschiedenen Weinbaugemeinden liegen. Manche sind nicht allzu groß und haben den Vorteil, daß man kleine Mengen höherwertiger Prädikatsweine aus Trauben mehrerer Lagen erzeugen kann. Aber vielfach dient die Verwendung des Namens von riesigen Großlagen wie etwa Niersteiner Gutes Domtal nur dazu, dem Verbraucher vorzumachen, daß er etwas Besonderes kauft. Ab 2004 wird die Bezeichnung möglicherweise aufgegeben (meiner Meinung nach ein bloßer Wunschgedanke). In Österreich, wo der Begriff ebenfall verwendet wird, bezeichnet er sogar einen noch größeren Anbaubereich als in Deutschland.

CH. GRUAUD-LAROSE★★★ *St-Julien AC, 2ème Cru Classé, Haut-Médoc, Bordeaux, Frankreich* Eines der größten Weingüter in SAINT-JULIEN, das exzellente Weine herstellt. Das führende Château der Cordier-Gruppe. Die Jahrgänge der 80er Jahre sind dunkler und tiefer geworden, süßer durch die Verwendung von Holzfässern und kräftiger durch Tannine. Sie sind weniger leicht zu trinken, wenn sie jung sind, dürften aber noch aufregender schmekken, wenn sie bis zu 20 Jahren gereift sind. Zweitwein: Sarget de Gruaud-Larose. Beste Jahrgänge: (1996) (95) 94 93 **92** 91 90 89 88 **86 85 84 83 82 81 79 78.**

GRÜNER VELTLINER Diese Rebsorte wird in jedem österreichischen Weinbaugebiet mit Ausnahme der Steiermark angepflanzt. Am besten gedeiht sie jedoch im Kamptal, im Kremstal, in der Wachau und im Weinviertel, wo der Boden und das leicht feuchte Klima das charakteristische, an Linsen und weißen Pfeffer erinnernde Aroma in der Frucht voll zum Ausdruck bringen. Auch in der Slowakei wird sie erfolgreich angebaut.

GUELBENZU *Navarra, Spanien* Eine kleine Bodega in Familienbesitz, die einen guten Guelbenza Crianza★, einen Verschnitt aus den Rebsorten Tempranillo, Cabernet Sauvignon und Merlot, und einen reichhaltigen, konzentrierten, hauptsächlich aus Cabernet Sauvignon hergestellten Evo★★ erzeugt. 1995 wurde mit beachtlichem Erfolg die nicht im Holzfaß ausgebaute Cuvée Jardin, ein reinsortiger Garnacha, eingeführt. Beste Jahrgänge: **1995 94 93 92 90.**

GUIGAL *Côte-Rôtie AC, Rhônetal, Frankreich* Marcel Guigal zählt zu den berühmtesten Namen im Rhônetal. Er erzeugt Weine aus den eigenen Weinbergen seiner Firma in COTE-ROTIE wie auch aus angekauften Trauben. Guigals Spitzenweine, La Mouline★★★, La Turque★★★ und La Landonne★★★, sind teuer, aber superb, wenn man nichts gegen eine holzige Süße hat, die in den ersten Jahren die Fruchtigkeit der Weine überdeckt. Der CONDRIEU★★ ist ebenfalls sehr fein, wenn auch holzbetont, der HERMITAGE★ lediglich gut, während der viel billigere COTES DU RHONE★★ ein köstlicher Wein ist, der seine bescheidene Appellation mühelos übertrifft. Ausgezeichnet ist auch der GIGONDAS★★. Alle Rotweine können eingekellert werden, das berühmte Trio von der Côte-Rôtie vielleicht für zwanzig Jahre oder noch länger. Beste Jahrgänge: (Spitzenrotweine) (1996) 95 94 91 **90 89 88 85 83 82.**

CH. GUIRAUD★★ *Sauternes AC, 1er Cru Classé, Bordeaux, Frankreich* Ein Weingut, das fast schon dem Untergang preisgegeben war, ehe es von der kanadischen Familie Narby gerettet wurde. Diese war überzeugt davon, daß Guiraud einer der größten SAUTERNES-Weine sein könnte. Indem sie nur die besten Trauben auswählte und jedes Jahr 50 % neue Eichenholzfässer verwendete, führte sie Guiraud in das Feld der Spitzenerzeuger zurück. Weine aus den besten Jahrgängen sollte man mindestens zehn Jahre lagern. Zweitwein (trocken): G. de Guiraud. Beste Jahrgänge: (1996) (95) **90 89 88 86 83 82 81.**

GUNDERLOCH *Nackenheim, Rheinhessen, Deutschland* Einer der neuen deutschen Starerzeuger. Er produziert reichhaltige, erregende Weine, deren Fruchtaroma förmlich explodiert. Seit 1989 ist er für die besten Rieslingweine★★ vom Rhein verantwortlich; seit 1992 sind seine Spitzendessertweine ★★★. Beste Jahrgänge: 1996 95 94 **93 92 90 89.**

GUNDLACH-BUNDSCHU *Sonoma Valley AVA, Kalifornien, USA* Diese Kellerei in Familienbesitz wurde 1858 gegründet. Seit damals gab es Höhen und Tiefen, aber in den letzten beiden Jahrzehnten befand sich Gundlach-Bundschu im Aufwind. Der Cabernet Sauvignon★★ (Rhine Farm Vineyard) ist herausragend, wobei sich schlanke Kräuternoten zu einem vollen, saftigen, fruchtigen Kern entfalten. Der Chardonnay ist reichhaltig, aber nicht in übertriebenem Maße, während der Riesling auf köstliche Weise anders ist. Zinfandel★ und Cabernet verdienen zumindest eine kürzere Lagerzeit.

GUTEDEL Siehe Chasselas.

GYÖNGYÖS DOMOSZLOI (GYÖNGYÖS ESTATE) *Gyöngyös, Ungarn* Die Weine von diesem ungarischen Weingut tauchten unerwartet auf: Ein britischer Weinmacher, Hugh Ryman, hatte seine Heimatbasis in Frankreich verlassen, um hier, in einem der vorausschauendsten Länder des ehemaligen Ostblocks, Weine aus den Rebsorten Sauvignon Blanc und Chardonnay zu erzeugen. Man sollte den aktuellen Jahrgang trinken.

FRITZ HAAG *Brauneberg, Mosel, Deutschland* Spitzenerzeuger an der MOSEL mit Weinbergen in den Lagen Brauneberger Juffer und Brauneberger Juffer Sonnenuhr, wo ihn die Umstrukturierung des Weinbergs vorübergehend seiner gesamten alten Rebstöcke beraubte. Trotzdem sind alle Weine mindestens ★, wobei Auslesen ★★ oder ★★★ erreichen. Beste Jahrgänge: 1995 94 **93 92 91 90 88 85.**

REINHOLD HAART *Piesport, Mosel, Deutschland* Theo Haarts Rieslinge★★ aus der Lage Piesporter Goldtröpfchen, die trotz ihres internationalen Erfolgs in Deutschland noch wenig bekannt sind, verbinden aromatischen Reichtum mit großer Eleganz. Sie beweisen, daß Piesport neben den billigen, wäßrigen Weinen vom Piesporter Michelsberg noch ein anderes Gesicht besitzt. Beste Jahrgänge: 1996 95 94 **93 91 90 89 88.**

HALBTROCKEN In Deutschland und Österreich hat ein halbtrockener Wein 9–18 g Restzucker pro Liter, während bei den Schaumweinen bis zu 50 g pro Liter erlaubt sind. Aber aufgrund ihrer hohen Säure wirken die deutschen Weine oft trockener und herber.

HALLAU *Schaffhausen, Schweiz* Bedeutender Weinbauort in der deutschsprachigen Ostschweiz, vor allem bekannt für seinen Müller-Thurgau und seinen recht guten Blauburgunder, insbesondere von Max Baumann, sowie Sekt von Hans Schlatter.

HALLGARTEN *Rheingau, Deutschland* Der größte Teil des Weins hier wird von kleinen Genossenschaften erzeugt, die nichts für das Ansehen von Hallgarten leisten. Doch die Rieslingweine von ein paar kleinen Weingütern zeigen, daß Hallgarten Weine hervorbringen kann, die zur Spitzengruppe in der Region gehören. Beste Erzeuger: August Eser, Fred Prinz★.

HAMILTON RUSSELL VINEYARDS *Walker Bay, Overberg WO, Südafrika* Ein leidenschaftliches und beharrliches Gespür für Zweckmäßigkeit ist der Antrieb sowohl für den Besitzer Anthony Hamilton-Russell wie auch für den Weinmacher Kevin Grant. Ashbourne Pinot Noir★★ und Chardonnay★★ kommen aus Einzellagen, wobei der Pinot von der Bestockung mit einem völlig neuen Klon profitiert. Der einfache Pinot★ entfaltet ein pflanzliches Aroma und ist weniger einladend, während der Chardonnay★★ seine Stellung behaupten kann. Southern Right ist eine neue Marke, die sich auf Pinotage★, Chenin Blanc und Sauvignon Blanc★ aus angekauften Trauben konzentriert.

HANDLEY CELLARS *Mendocino County, Kalifornien, USA* Herausragender Erzeuger von Schaumweinen, die in Handarbeit entstehen, darunter einem der besten Brut Rosés★★ von Kalifornien und einem köstlichen Blanc de Blancs★★, der einem das Wasser im Mund zusammenlaufen läßt. Lohnenswert sind auch zwei Sauvignon-Blanc-Abfüllungen, eine aus dem DRY CREEK VALLEY★ und eine aus dem Anderson Valley.

HANGING ROCK *Macedon, Victoria, Australien* Ein sehr individueller, kraftvoller Schaumwein, der jahrgangslose Macedon★★, ist der herausragende Wein auf dem Weingut von John und Anne (geborene Tyrrell) Ellis, das in einem sehr kühlen Klima hoch in den Bergen der Macedon Ranges liegt. Ein pikanter Sauvignon Blanc★★ aus gutseigenen Trauben ist dank seiner hohen Säure appetitanregend, während Heathcote Shiraz★, der aus einer wärmeren Nachbarregion kommt, der beste Rotwein ist.

HARDY *Southern Vales, Südaustralien* Ausnahmslos sehr gute Qualität. Der Siegersdorf Riesling und mehrere Sortenweine, die unter der Marke Nottage Hill auf den Markt kommen, sind wohlschmeckend und preisgünstig. Die Spitzenweine sind der einprägsame Eileen Hardy Shiraz★★ und der Thomas Hardy Cabernet★, beides dichte Rotweine für Hedonisten. Eileen Hardy Chardonnay★★ ist reichhaltig, alkoholisch und komplex und duftet nach Eichenholz. Die Firma ist nicht mehr im Besitz der Familie Hardy, sondern wurde von den Genossenschaften BERRI RENMANO erworben, wodurch die Gruppe BRL Hardy entstand.

HARVEST WINE GROUP *England* Eine Vereinigung verschiedener Weingüter und Kellereien, wobei alle Mitglieder die Vinifizierung dem australischen Weinmacher John Worontschak überlassen, der bei THAMES VALLEY zu Ruhm gelangte. Seine aus der Neuen Welt übernommene Vinifizierungsauffassung, Trauben verschiedener Weinberge und Kellereien miteinander zu verschneiden, war das Rückgrat der Heritage-Marke und revolutionierte das Niveau der weithin erhältlichen englischen Weine.

HARVEYS *Jerez y Manzanilla DO, Andalusien, Spanien* Harveys ist dank Bristol Cream die größte Sherryfirma der Welt. Das Standardangebot ist nicht gerade aufregend, aber die gehobenen »1796«-Weine sind viel besser.

HATTENHEIM *Rheingau, Deutschland* Einer der besten Weinbauorte im RHEINGAU, mit dreizehn Einzellagen, darunter einem Teil des berühmten Marcobrunn. Beste Erzeuger: RESS★, SCHLOSS REINHARTSHAUSEN★★, SCHLOSS SCHÖNBORN.

CH. HAUT-BAGES-LIBÉRAL★★ *Pauillac AC, 5ème Cru Classé, Haut-Médoc, Bordeaux, Frankreich* Dieses obskure Weingut entwickelt sich rasch zu einem meiner bevorzugten PAUILLAC-Weine: viel ungezähmte, köstliche Frucht, ein im positiven Sinne hedonistischer Stil und vor allem – ich kann ihn mir leisten! Die Weine können gut altern, sind aber mit fünf Jahren trinkreif. Beste Jahrgänge: (1996) (95) 94 **93 90 89 88 86 85 83 82.**

CH. HAUT-BAILLY★★ *Pessac-Léognan AC, Cru Classé de Graves, Bordeaux, Frankreich* Haut-Bailly erzeugt die weichsten und bezauberndsten Weine von allen Crus Classés in GRAVES und hat außerdem Ende der 80er Jahre begrüßenswerte Verbesserungen vorgenommen. Die Weine sind sehr frühzeitig angenehm zu trinken, aber sie altern auch recht gut. Zweitwein: la Parde-de-Haut-Bailly. Beste Jahrgänge: (1996) (95) **94 93 90 89 88 86 85 83 82 81.**

CH. HAUT-BATAILLEY★ *Pauillac AC, 5ème Cru Classé, Haut-Médoc, Bordeaux, Frankreich* Obwohl dieses kleine Gut der Familie Borie von Ch. DUCRU-BEAUCAILLOU gehört, hat es zu viele Weine erzeugt, die leicht, gefällig und angenehm würzig sind, aber wirkliche Klasse und Konzentration vermissen lassen. Die letzten Jahrgänge sind besser geworden, so daß der Wein endlich mehr Körper hat. Beste Jahrgänge: (1996) (95) 94 93 **90 89 85 83 82.**

CH. HAUT-BRION *Pessac-Léognan AC, 1er Cru Classé, Graves, Bordeaux, Frankreich* Haut-Brion wurde als einziges Bordeaux-Gut außerhalb des MÉDOC und von SAUTERNES bei der Klassifizierung von 1855 berücksichtigt, als ihm der Status eines Premier Cru zuerkannt wurde. Die ausgezeichnete Lage mit Kiesböden ist jetzt ein Teil der Vorstadt von Bordeaux. Der Rotwein★★★ verdient häufig, aber keineswegs immer seinen hohen Rang. Erzeugt wird auch eine kleine Menge weißer Haut-Brion★★★. Im Idealfall ist der Wein fabelhaft, wunderbar reichhaltig und dennoch herrlich trocken und entfaltet sich innerhalb von fünf bis zehn Jahren. Zweitwein: (Rotwein) Bahans-Haut-Brion. Beste Jahrgänge: (Rotweine) (1996) (95) 94 93 90 89 88 86 **85 83 81 78;** (Weißweine) (1996) (95) **94 92 90 89 88 87 86 85 83 82 81.**

CH. HAUT-MARBUZET★★ *St-Estèphe AC, Cru Bourgeois, Haut-Médoc, Bordeaux, Frankreich* Beeindruckender Wein aus SAINT-ESTEPHE, mit großartigem, reichem, vollmundigem Geschmack und ausgeprägter Eichenholznote. Beste Jahrgänge: (1996) (95) 94 93 **90 89 88 86 85 83 82 81 78.**

HAUT-MÉDOC AC *Bordeaux, Frankreich* AC für die südliche Hälfte der Halbinsel Médoc. Hier befinden sich die feinsten Kiesböden. Die AC Haut-Médoc gilt für alle guten Reblagen, die nicht in den sechs eigenen kommunalen Appellationen (MARGAUX, MOULIS, LISTRAC, SAINT-JULIEN, PAUILLAC und SAINT-ESTEPHE) erfaßt sind. Die Weine variieren etwas in der Qualität und im Stil. Beste Erzeuger: Beaumont★, Belgrave★, Camensac★, CANTEMERLE★★, CISSAC★, Citran★, Coufran★, Hanteillan★, la LAGUNE★★, Lamarque★, LANESSAN★, LAROSE-TRINTAUDON, Ramage-la-Batisse, SOCIANDO-MALLET★★, la Tour-Carnet, la Tour-du-Haut-Moulin. Beste Jahrgänge: (1996) 95 **94 90 89 88 86 85.**

HAUT-MONTRAVEL AC *Südwestfrankreich* Angenehme, süße Weißweine, die auf Hängen an der Westgrenze des Anbaugebiets BERGERAC erzeugt werden. Die Weine sind süßer als der einfache MONTRAVEL und der COTES DE MONTRAVEL. Beste Erzeuger: Gourgueil, Puy-Servain★.

HAUT-POITOU VDQS *Loiretal, Frankreich* Weine aus dem Süden des Loiretals, in Richtung Poitiers. Frische, lebhafte Sauvignons und Chardonnays, leicht herbe Rotweine aus Cabernet und Gamay sowie frische Rosés und der gute Schaumwein Diane de Poitiers. Im allgemeinen trinkt man die Weine jung. Die Genossenschaft Haut-Poitou, die jetzt von George DUBŒUF geleitet wird, beherrscht die Produktion.

HAUTE VALLÉE DE L'AUDE, VIN DE PAYS DE LA *Languedoc-Roussillon, Frankreich* Die besten Stillweine aus dem für Schaumweine bekannten Weinbaugebiet Limoux. Der größte Teil der hier erzeugten Weine ist weiß, wobei das Hauptgewicht auf der Rebsorte Chardonnay liegt. Im Holzfaß vergorene Weißweine werden in der neuen AC LIMOUX produziert. Beste Erzeuger: l'Aigle★★, Astruc, Buoro, Gen. SIEUR D'ARQUES, Vialade.

HAUTES-CÔTES DE BEAUNE AC Siehe Bourgogne-Hautes-Côtes de Beaune.

HAUTES-CÔTES DE NUITS AC Siehe Bourgogne-Hautes-Côtes de Nuits.

HAWKES BAY *Nordinsel, Neuseeland* Eines der ältesten und angesehensten Weinbaugebiete von Neuseeland. Viel Sonnenschein, ein in gewissem Umfang vorhersagbares Wetter während der Reifungsperiode und ein kompliziertes Verteilungsmuster von Böden machen es zu einem idealen Anbaugebiet für ein breites Spektrum von Vinifizierungsstilen. Die großen Stärken des Gebiets sind Chardonnay, Cabernet Sauvignon und Merlot, während der Sauvignon Blanc zumeist etwas flach ausfällt. Beste Erzeuger: Brookfields, Clearview, Esk Valley★, MATUA VALLEY★★, MONTANA (Church Road★★), MORTON ESTATE★★, NGATARAWA★, C. J. Pask, Sacred Hill, TE MATA★★★, Vidal★, VILLA MARIA★★.

HEEMSKERK *Nordtasmanien, Australien* Eine der größeren Kellereien auf Tasmanien (TASMANIA), die unter den Bedingungen eines strengen Klimas in einem Randgebiet arbeitet. Die Weine aus den Rebsorten Chardonnay, Pinot Noir und Riesling fallen ungleichmäßig aus, können aber gut sein. Der nach dem Champagner-Verfahren hergestellte Schaumwein Jansz★ ist fein, aber herb. Heemskerk ist jetzt Teil einer tasmanischen Weingruppe, zu der auch Rochecombe gehört.

DR. HEGER *Ihringen, Baden, Deutschland* Joachim Heger ist auf Grauburgunder, Weißburgunder und kraftvolle Spätburgunder★ spezialisiert, während Riesling nur eine Nebenrolle spielt. Die Grauburgunder vom Winklerberg★★ sind besonders lohnenswert. Beste Jahrgänge: 1996 **94 93 92 90 89 88.**

HEIDA Schweizer Name für eine Rebsorte, bei der es sich entweder um Savagnin aus dem französischen Jura oder um Gewürztraminer handeln soll. Für mich schmecken beide Trauben nicht sonderlich ähnlich, aber nun ja. Im Kanton Wallis (VALAIS) wird sie als Paien bezeichnet. Oberhalb des Orts Visp in Visperterminen wird die Heidatraube in Höhen von etwa 1000 m angepflanzt – die größte Höhe, in der in Europa Wein angebaut wird. Dementsprechend pikant und montan ist auch der Wein. Beste Erzeuger: Chanton, St. Jodern.

CHARLES HEIDSIECK *Champagne AC, Champagne, Frankreich* Unter dem neuen Besitzer Rémy Martin wurden viele Anstrengungen unternommen, um die Qualität von Heidsieck in den letzten Jahren zu verbessern. Der jahrgangslose Champagner★★ ist reichhaltiger als früher und hat jetzt auch einen vernünftigen Preis. Der Blanc de Blancs★★ gehört jetzt zu den verläßlichsten großen Marken. Ausschau halten sollte man auch nach dem Rosé★ und der Spitzencuvée namens Champagne Charlie★. Beste Jahrgänge: **1990 89 85.**

HEILBRONN *Württemberg, Deutschland* Das Zentrum des württembergischen Weinbaugebiets, dessen blasse Rotweine und weiche Weißweine überwiegend vor Ort getrunken werden. Einige tieffarbene, kraftvolle Rotweine weisen darauf hin, daß das Potential zu seriöseren Weinen, die ein paar Jahre Flaschenreifung lohnen, zumindest vorhanden ist. Bester Erzeuger: Drautz-Abele.

HEITZ CELLARS *Napa Valley AVA, Kalifornien, USA* Die Hauptattraktion ist Martha's Vineyard Cabernet Sauvignon★★. Heitz nahm vor kurzem einen Trailside Vineyard Cabernet hinzu und bietet weiterhin einen Bella Oaks Vineyard Cabernet Sauvignon★, der seine Anhänger hat, und einen einfachen Cabernet★, der gut sein kann, aber an den man sich gewöhnen muß. Neuere Probleme in der Kellerei scheinen nun erkannt zu sein, so daß die künftigen Weine vielleicht dem Ansehen von Heitz gerecht werden können. Doch viele Kalifornier glauben, daß die frühen Abfüllungen von Martha's Vineyard zu den besten Weinen gehören, die je in Kalifornien erzeugt worden sind. Grignolino Rosé ist ein reizvoller Picknickwein. Beste Jahrgänge: (Martha's Vineyard) 1992 91 **86 85 75**; (Bella Oaks) **1991 87 86 80.**

HENSCHKE *Adelaide Hills, Südaustralien* Stephen Henschke, in der fünften Generation Weinmacher, und seine Winzerfrau Prue erzeugen einige der großartigsten australischen Rotweine von alten Rebstöcken in Eden Valley. Hill of Grace★★★, ein verblüffender Wein mit dunklen, exotischen Geschmacksnoten, kommt aus einer 100 Jahre alten, mit Shiraz bepflanzten Einzellage. Mount Edelstone Shiraz★★★ und Cyril Henschke Cabernet★★ sind ebenfalls ausgezeichnete Weine. Auch die Weißweine★★ besitzen einen vollen, intensiven Geschmack, obwohl sie oft von ungewöhnlichen Traubensorten stammen. Beste Jahrgänge: (Rotweine) 1994 93 **92 91 90 88 86 84 82 80 78 72.**

HÉRAULT, VIN DE PAYS DE L' *Languedoc, Frankreich* Ein riesiges Anbaugebiet für Vin de Pays, das das gesamte Departement Hérault umfaßt. Aus Carignan, Grenache und Cinsaut erzeugte Rotweine überwiegen, wobei der größte Teil als Massenwein verkauft wird. Aber es zeichnet sich ein Wandel ab. Es gibt viele Hanglagen mit großem Potential. MAS DE DAUMAS GASSAC ist nur der erste der neuen Erzeuger, die in dieser Region viele aufregende Rotweine herstellen werden. Die Weißweine werden ebenfalls besser. Beste Erzeuger: du Bosc, Capion, la Fadéze, Grangeneuve, Jany, Limbardie★, MAS DE DAUMAS GASSAC★★, Moulines.

HERMITAGE AC *Rhônetal, Frankreich* Ein großer Hermitage, von den steilen Weinbergen oberhalb von Tain l'Hermitage im nördlichen Rhônetal, wird in der ganzen Welt verehrt als ein seltener, reichhaltiger Rotwein: teuer, denkwürdig und klassisch. Nicht jeder Hermitage erreicht einen so aufregenden Geschmack, weil das Anbaugebiet nicht groß ist und einige Händler wahllos Trauben nehmen, nur um auf das Etikett Hermitage zu schreiben. Aber die besten Winzer können mit reifen Syrahtrauben einen Wein von herrlicher

Originalität erzeugen, der sogar bei einem leichten Jahrgang fünf bis zehn Jahre und bei einem reifen Jahrgang mindestens 15 Jahre altern muß. Der weiße Hermitage aus Marsanne- und Roussannetrauben ist weniger berühmt, aber die besten Weine können, von Traditionalisten hergestellt, älter als die Rotweine werden und manchmal bis zu 40 Jahren halten. Einige Erzeuger wie etwa JABOULET machen moderne, fruchtige, duftige Weine, die mit ein bis zwei Jahren angenehm schmecken. Beste Erzeuger: Belle★★, CHAPOUTIER★★ (seit 1988), CHAVE★★★, DELAS★★ (Einzellage), Desmeure★, Faurie★★, Fayolle★★, Ferraton★★, Grippat★★, GUIGAL★, JABOULET★★★ (seit 1988), Sorrel★★, Viale★★. Beste Jahrgänge: (1996) 95 94 92 91 90 89 **88 85 83 82 80 78 76 71 70.**

JAMES HERRICK *Vin de Pays d'Oc, Languedoc, Frankreich* Als Herrick und seine australischen Partner 175 ha Chardonnayrebstöcke zwischen Narbonne und Béziers anpflanzten, hielten ihn viele Einheimische für verrückt. Seine sauber spalierten Reihen, die automatisch bewässert werden, stellen einen echten Kontrast zu den traditionell unregelmäßig wachsenden Reben der Nachbarn dar. Herricks Chardonnay★ ist eine reizvolle Mischung aus üppiger Frucht und französischer Eleganz. Ein Rotwein, Cuvée Simone, hatte 1995 einen guten Start, hat aber seine anfänglichen Versprechungen nicht eingelöst.

THE HESS COLLECTION *Mount Veeder AVA, Kalifornien, USA* Ein Erzeuger im NAPA VALLEY, der begeisterte Kritiken für seinen Cabernet Sauvignon ★★ erntet. Dieser zeigt die gesamte intensive, an Limetten und schwarze Kirschen erinnernde Fruchtigkeit seiner Trauben vom MOUNT VEEDER, ohne sie mit undurchdringlichen Tanninen zu überdecken. Hess Select ist eine attraktive Billigmarke.

HESSISCHE BERGSTRASSE *Deutschland* Ein kleines, warmes Anbaugebiet in der Nähe von Darmstadt. Ein großer Teil der Weinerzeugung befindet sich in den Händen der örtlichen Winzergenossenschaften, doch auch die Staatsweindomäne Bensheim-Heppenheim, die zu den Hessischen Staatsweingütern gehört, erzeugt gute Weine. Hier verwendet man weniger Neuzüchtungen als in anderen deutschen Anbaugebieten, so daß der Riesling immer noch die am meisten geschätzte Rebsorte ist. Eine regionale Spezialität sind EISWEINE.

HEURIGER *Österreich* Ein frischer, junger Wein, der in vielen Weinlokalen in Wien und Umgebung getrunken wird. Wenn der Wein ein Jahr alt ist, wird er »Altwein« genannt. Man muß nicht eigens betonen, daß kein wirklich guter Wein als Heuriger verkauft wird, aber wenn man davon ein paar schnelle Gläser abends in einem Heurigenlokal trinkt, kann das für eine großartige Stimmung sorgen – allerdings sollte man für den nächsten Morgen Aspirin bereithalten.

HEYL ZU HERRNSHEIM *Nierstein, Rheinhessen, Deutschland* Spitzengut auf der Rheinterrasse, das biologische Anbaumethoden verwendet. Es erzeugt immer einige feine Weine★★, insbesondere in den Lagen Brudersberg, Pettenthal, Hipping und Ölberg, aber die billigeren fallen unregelmäßig aus. Beste Jahrgänge: 1996 95 **93 90 89 88.**

HIDALGO *Jerez y Manzanilla DO, Andalusien, Spanien* Der Manzanilla La Gitana★★ von Hidalgo ist zu Recht der meistverkaufte Manzanilla in Spanien. Hidalgo ist noch immer in Familienbesitz und verwendet nur Trauben aus seinen eigenen Weinbergen. Zu seinen Marken gehören Mariscal★, Fino Especial und Miraflores, Amontillado Napoleon★★, Oloroso Viejo★★ und Jerez Cortado★★.

FRANZ HIRTZBERGER *Wachau, Niederösterreich* Einer der Spitzenwinzer der WACHAU. Seine besten Weine sind die Rieslinge aus den Einzellagen Singerriedel★★★ und Hochrain★★. Der beste Grüne Veltliner kommt aus der Lage Honigvogl★★. Beste Jahrgänge: (Riesling) 1995 94 **93 92 91 90 88.**

HOCHHEIM *Rheingau, Deutschland* Weinbauort, der den Engländern die Bezeichnung »Hock« für Rheinwein lieferte. Sie besitzt auch gute Einzellagen, vor allem Domdechaney, Hölle und Kirchenstück. Auf dem Königin-Viktoria-Berg steht sogar eine Statue der englischen Königin, die im 19. Jahrhundert auf die therapeutischen Eigenschaften des Hock schwor, nachdem sie dort zu einem Picknick haltgemacht hatte. Beste Erzeuger: Franz KÜNSTLER★★, Domdechant WERNER.

HOGUE CELLARS *Washington (Bundesstaat), USA* Ein wirklich prächtiger, reifer, nach Brombeeren schmeckender Reserve Cabernet Sauvignon★★, oft mit Merlot verschnitten, und ein weicher, eleganter Reserve Merlot★★, der gelegentlich ★★★ erreicht. Der Chardonnay★ scheint diesem hohen Niveau nachzueifern. Beste Jahrgänge: (Rotweine) **1994 92 91 90 89 87 86.**

HOLLICK *Coonawarra, Südaustralien* Eine Kellerei mit einem breiteren Angebot an guten Weinen, als man es normalerweise in COONAWARRA findet: ein stark verbesserter, nach dem Champagner-Verfahren hergestellter Pinot-Chardonnay-Schaumwein★, ein subtiler Chardonnay★, ein nach Tabak schmeckender Cabernet-Merlot★ und ein reichhaltigerer Ravenswood Cabernet Sauvignon★★. Ein würziger Shiraz und ein an Limonen erinnernder Riesling werden unter der Zweitmarke Terra angeboten. Beste Jahrgänge: (Rotweine) **1994 93 91 90 88.**

HOSPICES DE BEAUNE *Côte de Beaune, Burgund, Frankreich* Schauplatz einer theatralischen Versteigerung, die alljährlich am dritten Sonntag im November stattfindet. Das Hospiz ist eine historische Stiftung, die Weine aus ihren durch Schenkung erworbenen Reblagen an der COTE D'OR verkauft, um seine karitativen Aufgaben zu finanzieren. Die Qualität der Vinifizierung hat sich seit 1994 ungeheuer verbessert, nachdem André Porcheret wieder das Steuer übernommen hat und eine dem heutigen technischen Stand entsprechende Kellerei errichtet worden ist. Die Weine werden vom Käufer ausgebaut und auf Flaschen abgefüllt, was zu Unterschieden in der Qualität führen kann. Die Preise spiegeln eher eine für wohltätige Zwecke durchgeführte Versteigerung als eine nüchterne Einschätzung wider. Beste Jahrgänge: (Rotweine) 1995 94 **85;** (Weißweine) 1996 95 **94.**

HOUGHTON *Swan Valley, Westaustralien* Die größte Kellerei Westaustraliens mit einer riesigen Produktion von »White Burgundy«★ (in EU-Ländern als Houghton's »Supreme« verkauft). Sie stellt auch gute Sémillons★, Verdelhos★, Chardonnays und Chenin Blancs★ her. Mit der Hinzunahme von mehr Trauben aus dem Süden des Bundesstaates sind die Rotweine besser geworden, vor allem Houghton und Moondah Brook Cabernets★.

VON HÖVEL *Konz-Oberemmel, Saar, Deutschland* Der joviale Eberhard von Kunow hat schon immer klassische Saarrieslinge hergestellt, aber seit 1993 hat die Qualität seiner Weine einen weiteren Sprung nach oben gemacht. Die reichhaltigen, rassigen neuen Weine sind fast alle ★★. Beste Jahrgänge: 1996 95 94 **93 90 89 88 85.**

HOWELL MOUNTAIN AVA *Napa Valley, Kalifornien, USA* Dieses bergige, irgendwie zauberhafte Gebiet in der Nordostecke des Napa Valley ist berühmt für seine kraftvollen und besonders starken Cabernet Sauvignons und Zinfandels wie auch für seinen exotischen Merlot mit dem vollen Geschmack. Beste Erzeuger: BERINGER (Merlot), DUCKHORN★, DUNN★★★, La Jota.

HUADONG-KELLEREI *Shandong, China* Der erste Erzeuger von Sorten- und Jahrgangsweinen in der chinesischen Geschichte. Huadong hat gewaltige Investitionen von multinationalen Mitbesitzern erhalten. Aber Geld vermag die klimatischen Bedingungen nicht zu verändern. Die übermäßige Feuchtigkeit, die vom regnerischen Sommer herrührt, kann Probleme verursachen. Riesling und Chardonnay waren die ersten Weine, die exportiert wurden, aber die meisten der Edelreben sind gerade erst angepflanzt worden.

GASTON HUET *Vouvray AC, Loiretal, Frankreich* Gaston Huet ist der große alte Mann von VOUVRAY. Er hat zwar die Führung dieses berühmten Familienguts an seinen Schwiegersohn Noël Pinguet abgegeben, aber noch immer interessiert er sich lebhaft für die Weine. Huets Weine sind komplexe, traditionelle Vouvrays, die bei einem großen Jahrgang bis zu 50 Jahren altern können. Neben einem sehr guten Vouvray Mousseux★★ erzeugt das Gut Weine aus drei exzellenten Lagen, Le Haut Lieu★★★, Clos du Bourg★★ und Le Mont★★, die je nach Jahrgang trocken, halbtrocken oder süß ausfallen können. Beste Jahrgänge: 1996 95 93 **90 89 88 85 76 64 61 59 47.**

HUGEL ET FILS *Alsace AC, Elsaß, Frankreich* Vermutlich der berühmteste Name im Elsaß, dank der unermüdlichen Vermarktungspolitik und (manchmal) der Qualität seiner Weine. Hugel erzeugt nicht nur Weine aus eigenen Weinbergen, sondern kauft auch für die einfachen Weine Trauben an. Am besten sind die süßen Weine ALSACE VENDANGE TARDIVE★★ und SÉLECTION DES GRAINS NOBLES★★★. Die normalen Weine von Hugel haben sich seit 1989 stark verbessert. Beste Jahrgänge: 1996 **95 94 93 92 90 89 85 83.**

HUNTER VALLEY *Neusüdwales, Australien* Die älteste Weinbauregion von Neusüdwales muß mit einem tückischen Klima fertig werden, um faszinierende, alterungsfähige Sémillons und reichhaltige, buttrige Chardonnays zu erzeugen. Die Rotweine finden weltweit weniger Anklang. Die Hauptstütze sind die Shirazweine, die gut altern, aber dabei oft einen lederartigen Oberton entwickeln. Es gibt auch einige Cabernets und Pinot Noirs. Die qualitativ beste Anbauzone ist das untere Hunter Valley. Das obere Hunter Valley besitzt wenige Kellereien, aber ausgedehnte Rebflächen. Beste Erzeuger: Allandale, Brokenwood★, LAKE'S FOLLY, LINDEMANS★★, MCWILLIAMS★★, Peterson, ROSEMOUNT★★, ROTHBURY★, TYRRELL'S★★.

HUNTER'S *Marlborough, Südinsel, Neuseeland* Einer der besten Erzeuger von MARLBOROUGH mit überragenden Sauvignons★★★, schlanken, eleganten Chardonnays★★, pulsierenden Rieslingen★ und einem berühmten, üppigen Chardonnay★★ aus edelfaulen Trauben, der zu den teuersten Weinen Neuseelands gehört. Beste Jahrgänge: **1996 94 91 89.**

ICEWINE *Kanada* Eine kanadische Spezialität. Erzeugt wird sie aus Most, der aus reifen Trauben gekeltert wird, die am Rebstock gefroren sind. Eisweine sind sehr teuer, sehr süß und äußerst komplex und gehören zweifellos zu den größten Dessertweinen der Welt. Beste Erzeuger: INNISKILLIN★, Jackson Triggs, MISSION HILL. Siehe auch Eiswein.

HANS IGLER *Mittelburgenland, Österreich* Bis zu seinem Tod vor kurzem war Hans Igler einer von Österreichs Spitzenerzeugern für Rotweine. Besonders bekannt war er für seinen in neuen Eichenholzfässern ausgebauten Blaufränkischen★. Seine Witwe führt seine Arbeit fort. Beste Jahrgänge: **1994 93 92 90 89 86 83.**

IHRINGEN *Kaiserstuhl, Baden, Deutschland* Ein bedeutender Weinbauort, der die wärmste Reblage in ganz Deutschland besitzt: den Ihringer Winklerberg. Die trockenen weißen Grauburgunder, Weißburgunder und Muskateller und die roten Spätburgunder gehören zu den gehaltvollsten deutschen Weinen. Beste Erzeuger: Dr. Heger★, Gebr. Müller, Stigler. Beste Jahrgänge: **1994 93 90 89.**

ÎLE DE BEAUTÉ, VIN DE PAYS DE L' *Korsika, Frankreich* Einige zunehmend gute Weine werden hier aus den Rebsorten Syrah, Cabernet Sauvignon, Nielluccio, Sciaccarello und Merlot für Rotweine), aus Grenache und Barbarossa (für Rosés) sowie aus Chardonnay und Vermentino (für Weißweine) erzeugt. Beste Erzeuger: Aleria, Casinca, Gen. Marana, Samuletto★; Gen. Uval.

INGELHEIM *Rheinhessen, Deutschland* Ingelheim, wo Karl der Große ein Schloß besaß, ist heute ebenso bekannt für seine Obstgärten wie für seine Rotweine. Leider wird keiner der gegenwärtig hier erzeugten Rotweine seinem Ruf als leichter, duftiger Spätburgunder gerecht. Auswärtige sind besser beraten, wenn sie sich an die guten trockenen Weißburgunder und den ausgezeichneten Spargel halten. Beste Erzeuger: Neus, Schloß Westerhaus.

INNISKILLIN *Halbinsel Niagara, Ontario, Kanada* Führende kanadische Kellerei, die einen beständig guten Pinot Noir★, einen wunderbar abgerundeten Klose Vineyard Chardonnay★ voller Bananen, Vanille, Zimt und Weißbrot und einen dicken, reichhaltigen Vidal-ICEWINE★ erzeugt. Der Weinmacher Karl Kaiser erzielt auch gute Ergebnisse mit Cabernet Franc und Merlot.

IPHOFEN *Franken, Deutschland* Einer der zwei besten fränkischen Weinbauorte für trockene Rieslinge und Silvaner (der andere ist WÜRZBURG). Beide Weine sind kraftvoll und zeigen eine ausgeprägte Erdigkeit. Beste Erzeuger: JULIUSSPITAL★★, Johann Ruck★, Wirsching★. Beste Jahrgänge: 1995 **93 92 90 88.**

IPR (INDICAÇÃO DE PROVENIÊNCIA REGULAMENTADA) Portugiesische Einstufung für Weinbauregionen, die auf die Erhebung zur DOC warten.

IRANCY AC *Burgund, Frankreich* Dieser nördliche Außenposten des burgundischen Weinbaus, unmittelbar südwestlich von Chablis, scheint kaum geeignet für den klaren, unverfälschten Geschmack der Pinot-Noir-Traube, aber der rote Irancy kann köstlich ausfallen, leicht geprägt von der Reife von Pflaumen und Erdbeeren, und gut altern. Es gibt auch ein wenig Roséwein. Beste Erzeuger: Bienvenu, Brocard, Cantin, Colinot, Delaloge, Fort, Simonnet-Febvre. Beste Jahrgänge: **1995 93 92 90 89 88.**

IRON HORSE VINEYARDS *Sonoma, Kalifornien, USA* Herausragende Schaumweine, wobei der Brut★★ und der Blanc de Blancs★★★ köstlich schmecken, wenn sie in den Handel gelangen, aber auch altern können. Ein Blanc de Noirs★ namens »Wedding Cuvée« und ein Brut Rosé★ vervollständigen das Angebot. Oft übersehen werden die Tafelweine von Iron Horse, darunter ein Cabernet★ (Verschnitt aus Cabernet Sauvignon und Cabernet Franc), ein guter Pinot Noir★, ein im Holzfaß vergorener Chardonnay★, ein duftiger Sauvignon und ein kraftvoller Viognier. Beste Jahrgänge: (Rotweine) 1994 **92** 91 **90 88 87 86 85 84 83;** (Weißweine) **1995 93 92 91 90 89.**

IROULÉGUY AC *Südwestfrankreich* Eine kleine AC in den Pyrenäen des Baskenlands, die zu neuem Leben erwacht, nachdem sie in den 50er und 60er Jahren praktisch verschwunden war. Es gibt einige atemberaubend schöne Reblagen in der Nähe des Fremdenverkehrsorts Saint-Jean-de-Pied-Port. Cabernet Sauvignon, Cabernet Franc und Tannat liefern robuste Rotweine, die weicher als der MADIRAN sind. Vor kurzem wurde auch die Erzeugung von Weißweinen aus den Rebsorten Courbu und Manseng wiederaufgenommen. Beste Erzeuger: Abotia, Brana★, Ilarria, Gen. Irouléguy, Mignaberry★.

ISOLE E OLENA *Toskana, Italien* Dieses ausgezeichnete Gut, das zu den vorbildlichen Erzeugern im CHIANTI CLASSICO gehört, wird von Paolo De Marchi geführt. Sein Chianti Classico★★, der durch eine klare, elegante und würzig-duftige Fruchtigkeit gekennzeichnet ist, tut sich in jedem Jahrgang hervor. Der kraftvolle Supertoskaner Cepparello★★★, ein reinsortiger Sangiovese, ist der Spitzenwein. Außerdem gibt es hervorragende Syrahs★★, Cabernet Sauvignons★★ und Chardonnays★ sowie einen großartigen VIN SANTO★★★. Beste Jahrgänge: (Chianti Classico) (1996) 95 **94 93 91 90 88.**

ISONZO DOC *Friaul-Julisch-Venetien, Italien* Ein erstklassiger südlicher Nachbar von COLLIO mit Weinen, die ein hervorragendes Preis-Leistungs-Verhältnis besitzen. Die DOC umfaßt 20 Stile, darunter Merlot, Chardonnay, Pinot Grigio und Sauvignon. Beste Erzeuger: Drius★, Silvano Gallo★, Lis Neris-Pecorari★★, Pierpaolo Pecorari★★, Ronco del Gelso★, Vie di Romans★★, Villanova★.

CH. D'ISSAN★★ *Margaux AC, 3ème Cru Classé, Haut-Médoc, Bordeaux, Frankreich* Dieses hübsche, von einem Wassergraben umgebene Gut blieb in den letzten paar Jahren hinter seinen Möglichkeiten zurück, doch die jüngsten Jahrgänge zeigen sich verbessert. Wenn er erfolgreich ausfällt, kann der Wein einer der elegantesten, aber delikatesten Weine in der AC MARGAUX sein und ein duftig-fruchtiges Bukett entfalten, das an Veilchen und schwarze Johannisbeeren erinnert. Zweitwein: le Moulin d'Issan. Beste Jahrgänge: (1996) (95) **90 89 85 83 82 78.**

PAUL JABOULET AÎNÉ *Rhônetal, Frankreich* In den 70er Jahren lenkte Jaboulet das Interesse der Welt verstärkt auf die große Qualität der Rhôneweine, doch in den 80er Jahren ließ die Qualität der Weine erheblich nach. Aber die letzten Jahrgänge, die viel fruchtiger, weniger manipuliert und stolz auf ihre Herkunft sind, erwecken den Anschein, als sei Jaboulet wieder zur alten Qualität zurückgekehrt. Die besten Weine sind die HERMITAGE-Spitzenweine La Chapelle★★★ (rot) und Chevalier de Stérimberg★★ (weiß). Außerdem gibt es einen guten COTE-ROTIE★, einen exzellenten CROZES-HERMITAGE Thalabert★★, einen feinen, saftigen SAINT-JOSEPH Le Grand Pompée★ und einen süßen, duftigen MUSCAT DE BEAUMES-DE-VENISE★. Beste Jahrgänge: (Spitzenrotweine) (1996) 95 94 91 **90 89 88 78.**

JACKSON ESTATE *Marlborough, Südinsel, Neuseeland* Jackson Estate, ein alteingesessener Traubenerzeuger, der Weinberge im angesehensten Bezirk von MARLBOROUGH besitzt, wagte sich 1991 mit Hilfe eines örtlichen Vertragsweinmachers an die Vinifizierung. Weinberge, die nicht künstlich bewässert werden, helfen mit bei der Erzeugung eines konzentrierten und sehr reifen Sauvignon Blanc★★ und eines ebenso konzentrierten Chardonnay★★ sowie seit kürzerer Zeit eines komplexen Schaumweins★, der nach traditioneller Methode hergestellt wird. Einer von Neuseelands erfolgreichsten »Weinerzeugern ohne Traubenpresse«. Beste Jahrgänge: **1996 94.**

LOUIS JADOT *Beaune, Burgund, Frankreich* Führender burgundischer Weinhändler mit einem breiten Angebot, mit dem nur DROUHIN mithalten kann, und den Exklusivrechten für die Gutsweine des Duc de Magenta★★. Er besitzt besonders umfangreiche gepachtete Reblagen für Rotweine, aber sein Ansehen beruht auf den Weißweinen. Jadot ist gut bei Grands Crus wie BATARD-MONTRACHET★★ und CORTON-CHARLEMAGNE★★, aber erst bei den geringerwertigen ACs wie SAINT-AUBIN★★ und RULLY★ zeigt er wirklich, wozu er imstande ist. Nachdem seine weißen Burgunder in den 70er Jahren führend in der Qualität waren, fielen sie in den 80er Jahren schwerer und flacher aus und waren zwar beeindruckend, aber nicht erregend. Beste Jahrgänge: (Spitzenrotweine) 1995 93 **92 90 89 88 85.**

JAFFELIN *Beaune, Burgund, Frankreich* Die Firma, die jetzt im Besitz von BOISSET ist, verkauft ein breites Angebot an Weinen von der Côte d'Or, der Côte Chalonnaise und aus dem Beaujolais. Die geringerwertigen ACs – RULLY★, SAINT-ROMAIN★, BOURGOGNE Blanc und BEAUJOLAIS – sind am preisgünstigsten, aber man sollte auch CLOS DE VOUGEOT★★ und BEAUNE Les Avaux★★ beachten. Der neue Besitzer muß erst noch beweisen, was er in bezug auf Qualität leisten kann. Beste Jahrgänge: **1995 92 90 89 88.**

JAMET *Côte-Rôtie AC, Rhônetal, Frankreich* Jean-Paul und Jean-Luc Jamet sind zwei der talentiertesten jungen Winzer der COTE-ROTIE. Die Weine★★ von diesem hervorragenden Gut haben sich, wenn es überhaupt möglich ist, noch weiter verbessert, seitdem sie den Betrieb von ihrem Vater Joseph übernommen haben. Sie können zehn Jahre und noch länger altern. Beste Jahrgänge: (1996) 95 94 91 **90 89 88 87 85 83 82.**

JARDIN DE LA FRANCE, VIN DE PAYS DU *Loiretal, Frankreich* Dieses Anbaugebiet für Vin de Pays umfaßt den größten Teil des Loiretals. Die Produktion ist umfangreich und übersteigt oft 50 Millionen Flaschen. Es handelt sich dabei hauptsächlich um sehr billige Weißweine aus den Rebsorten Chenin und Sauvignon. Außerdem werden immer mehr gute Chardonnays erzeugt. Die wenigen Rot- und Roséweine sind im allgemeinen leicht und herb. Beste Erzeuger: Couillaud, Daviau, des Forges, Hauts de Sanziers, Touche Noire★.

ROBERT JASMIN *Côte-Rôtie AC, Rhônetal, Frankreich* Die von Robert Jasmin und seinem Sohn Patrick erzeugten COTE-ROTIE-Weine★★ gehören zu den aromatischsten Rotweinen im Rhônetal und haben eine köstliche Fülle von süffiger, junger Frucht und einen himmlischen Duft, der es schafft, sich anmutig ins mittlere Alter zu retten. Die Weine schmecken am besten mit vier bis fünf Jahren, können aber viel länger altern. Beste Jahrgänge: (1996) 95 94 **91 90 89 88 87 85 83.**

JASNIÈRES AC *Loiretal, Frankreich* Eine winzige AC am Loir, nördlich von Tours, die einen langlebigen, trockenen Weißwein aus Chenin Blanc erzeugt. Beste Erzeuger: Fresneau, Gigou★★. Beste Jahrgänge: 1996 95 **93 92 90 89.**

CH. LA JAUBERTIE *Bergerac, Südwestfrankreich* Das innovativste Weingut in BERGERAC. Seit 1973 wird es von der tatkräftigen Familie RYMAN geführt, die frische, aromatische Weine mit viel Fruchtigkeit erzeugt. Der Rosé ★ und der trockene Weißwein★ sollten jung getrunken werden, aber der Rotwein★ kann bis zu fünf Jahren altern. Beste Jahrgänge: (Rotweine) 1996 **95 94 93 91 90.**

HENRI JAYER *Vosne-Romanée, Burgund, Frankreich* 1988 wurden die Weinberge dieses berühmten burgundischen Weinguts zwischen MÉO-CAMUZET, Jayer selbst und Jayers Neffen Emmanuel Rouget aufgeteilt. Henri Jayer hat die Reblagen in VOSNE-ROMANÉE★★★ und NUITS-SAINT-GEORGES★★★ behalten. Seine Weine gehören zu den großartigsten in Burgund; sie entfalten den betäubenden Duft, die anregende Fruchtigkeit und die Eichenote, die ein Spitzenburgunder besitzen muß. Beste Jahrgänge: 1993 **92** 90 **89** 88 **85 80 78.**

ROBERT JAYER-GILLES *Côtes de Nuits, Burgund, Frankreich* Robert Jayer-Gilles, ein Cousin von Henri JAYER, erzeugt teure, aber gesuchte Weine, die vom neuen Eichenholz dominiert werden. Er stellt einen guten ALIGOTÉ★ und einen wundervollen Hautes Côtes de Nuits Blanc★★ her, außerdem eine Reihe von Rotweinen mit guter Struktur, darunter einen ÉCHÉZEAUX★★ und NUITS-SAINT-GEORGES Les Damodes★★. Beste Jahrgänge: 1995 93 **90 88.**

JEKEL *Monterey County, Kalifornien, USA* Bill Jekel, in den 70er Jahren ein Pionier in MONTEREY, verkaufte die Kellerei 1993 an die Brennerei Brown-Forman. Jetzt legt die Kellerei das Hauptgewicht auf eigene Reblagen und propagiert ihren körperreichen Gravelstone Chardonnay und Bordeaux-Verschnitt Sanctuary, doch der halbtrockene Riesling bleibt ihr größter Erfolg.

JEREZ Y MANZANILLA DO/SHERRY Siehe S. 168/169.

JERMANN *Friaul-Julisch-Venetien, Italien* Obwohl Silvio Jermanns Gut in der COLLIO-Zone im nordostitalienischen Friaul liegt, erzeugt er nur Vini da Tavola aus den Rebsorten Chardonnay, Pinot Grigio und Riesling, einen Verschnitt namens Vintage Tunina★★, der hauptsächlich auf Sauvignon und Chardonnay basiert, und einen im Holzfaß vergorenen Chardonnay★★, der zu Ehren seiner Lieblings-Rockgruppe U 2 »Where the Dreams Have No End« heißt. Die Weine sind korpulent und üppig, aber teuer.

CHARLES JOGUET *Chinon AC, Loiretal, Frankreich* Charles Joguet, ein talentierter Künstler, Bildhauer und Dichter, ist auch der führende Weinmacher in CHINON. Seine Weine zeigen einen beeindruckenden Geschmacksreichtum, der Bordeaux mehr als dem Loiretal zu verdanken hat. Er erzeugt vier verschiedene Rotweine: Cuvée du Clos de la Curé★★, Clos du Chêne Vert★★, Les Varennes du Grand Clos★★ und Clos de la Dioterie★★★. Alle müssen mindestens fünf bis zehn Jahre altern, um ihre vollständige Schönheit zu entfalten. Außerdem stellt er ein wenig Rosé her. Beste Jahrgänge: (1996) 95 **93 92 90 89 88 85 82 81 76.**

JOHANNISBERG *Rheingau, Deutschland* Wohl der berühmteste aller Weinbauorte am Rhein, mit zehn Einzellagen, darunter die überaus bekannte Reblage Schloß Johannisberg. Bester Erzeuger: H. H. Eser.

JOHANNISHOF *Johannisberg, Rheingau, Deutschland* Hans Hermann und Johannes Eser erzeugen die supereleganten, intensiven Rieslingweine, die ihr Nachbar SCHLOSS JOHANNISBERG eigentlich hervorbringen sollte (aber nicht tut). Sie sind sehr preisgünstig und können altern. Ihre Spätlesen und Charta-Weine verdienen★★, der Rest★. Beste Jahrgänge: 1996 95 **93 90 89 86.**

JEREZ Y MANZANILLA DO/SHERRY

Andalucía (Andalusien), Spanien

Die Spanier haben die Schlacht gewonnen. Seit dem 1. Januar 1996 gibt es keinen »britischen Sherry« oder »irischen Sherry« mehr. Zumindest innerhalb der EU kommen die Weine, die als Sherry verkauft werden dürfen, ausschließlich aus dem Dreieck des Anbaugebiets zwischen Jerez im Inland sowie Sanlúcar de Barrameda und Puerto de Santa María an der Küste.

Die besten Sherrys können aufsehenerregend gut sein. Drei Hauptfaktoren tragen zur potentiell hohen Qualität der Weine aus dieser Region bei: der poröse Kreideboden (Albariza), wo die besten Reben wachsen, die Rebsorte Palomino Fino, die nicht besonders aufregend für Trinkweine ist, aber großartige Ergebnisse erzielen kann, sobald ihr Wein durch die Vorgänge der Sherryherstellung umgewandelt worden ist, und ein Hefepilz namens Flor, den man nur in sehr wenigen anderen Teilen der Welt findet. Jeder Sherry muß mindestens drei Jahre alt sein, aber feine Sherrys reifen viel länger im Faß. Sherrys müssen mittels eines Systems verschnitten werden, das als Solera bezeichnet wird. Etwa ein Drittel des Weins aus den ältesten Fässern wird auf Flaschen abgefüllt, worauf die Fässer mit einem etwas jüngeren Wein aus einer anderen Reihe von Fässern aufgefüllt werden und so fort; dabei gibt es mindestens drei Fässerreihen. Die Idee dahinter ist, daß der jüngere Wein den Charakter des älteren Weins annimmt und den Verschnitt auffrischt.

HAUPTSTILE DES SHERRY

Finos, Manzanillas und Amontillados: Der außergewöhnliche, pikante, scharfe Geschmack dieser Sherrys rührt vom Flor her. Junge, vor kurzem vergorene Weine, die für diese Stile bestimmt sind, werden sehr sparsam auf nur 15–15,5 % Alkoholgehalt aufgespritet, bevor sie in Fässer gefüllt werden und dort mindestens drei Jahre reifen. Die dünne, weiche Florschicht, deren Farbe an Hafermehl erinnert, wächst auf der Oberfläche der Weine; sie schützt sie vor der Luft (so daß sie blaß bleiben) und verleiht ihnen einen eigentümlich scharfen, pikanten Beigeschmack. Manzanillas sind Weine im Fino-Stil, die unter den kühleren Bedingungen der Küste in Sanlúcar de Barrameda gereift sind, wo der Flor am dicksten wird und der feine Beigeschmack am ausgeprägtesten ist. Echte Amontillados sind Fino-Sherrys, die nach dem Absterben des Flors (nach etwa fünf Jahren) noch weiter reifen, so daß sie ihre Reifung im Kontakt mit der Luft abschließen. Sie sollten alle trocken sein. Halbsüße Amontillados werden nur für den Export hergestellt.
Oloroso: Dieser Sherrytyp wird nach der Gärung stark mit Alkohol versetzt, um das Florwachstum zu vermindern. Olorosos reifen deshalb mit Luftkontakt im Faß, was sie allmählich dunkler macht, während sie reiche, intensive, an Nüsse und Rosinen erinnernde Geschmacksnuancen entwickeln.
Andere Stile: Palo Cortado ist ein ungewöhnlicher, köstlich nussiger und trockener Stil zwischen Amontillado und Oloroso. Süße Oloroso Creams und Pale Creams werden fast ausnahmslos nur für den Export angereichert.

Siehe auch EINZELNE ERZEUGER.

BESTE ERZEUGER UND WEINE

BARBADILLO (Manzanilla Eva, Manzanilla Príncipe, Solear Manzanilla Fina Vieja, Amontillado Príncipe, Amontillado de Sanlúcar, Oloroso del Río, Oloroso Seco).

Delgado Zuleta (Manzanilla La Goya).

Díez Mérito (Don Zoilo Imperial Amontillado, Fino, Victoria Regina Oloroso).

DOMECQ (Amontillado 51-1A, Sibarita Palo Cortado, Venerable Pedro Ximénez).

Garvey (Palo Cortado, Amontillado Tio Guillermo, Pedro Ximénez).

GONZALEZ BYASS (Tio Pepe Fino, Matusalem Oloroso Muy Viejo, Apostoles Oloroso Viejo, Amontillado del Duque Seco y Muy Viejo, Noé Pedro Ximénez, Oloroso Viejo de Añado).

HARVEYS (Serie1796).

Herederos de Argües (Manzanilla San Léon, Manzanilla Fina Las Medallas).

HIDALGO (Manzanilla La Gitana, Manzanilla Pasada, Jerez Cortado).

LUSTAU (Almacenista, Weine einzelner Winzer, Old East India Cream, Puerto Fino).

OSBORNE (Fino Quinta, Bailén Oloroso, Solera India Pedro Ximénez).

Sánchez Romate (Pedro Ximénez Cardenal Cisneros).

VALDESPINO (Amontillado Coliseo, Tio Diego Amontillado, Pedro Ximénez Solera Superior).

Williams & Humbert (Pando Fino, Manzanilla Alegria).

KARL-HEINZ JOHNER *Bischoffingen, Baden, Deutschland* Johner hat sich auf Weine aus seiner Heimat BADEN spezialisiert, die in neuen Eichenholzfässern reifen. Die lebhaft fruchtigen Spätburgunder★ und Weißburgunder★ sind sehr beständig, der reichhaltige, seidige Pinot Noir SJ★★ ist einer der feinsten deutschen Rotweine. Beste Jahrgänge: (Rotweine) 1996 **94 93 92 90 89 88 86.**

JORDAN *Alexander Valley AVA, Sonoma, Kalifornien, USA* Ein reifer, fruchtiger Cabernet Sauvignon★★ mit einem für kalifornische Weine seltenen Zedernholzaroma. Der Chardonnay★ hat sich deutlich verbessert, insbesondere der erstaunliche 92er. Der Schaumwein »J«★★ ist seit dem Jahrgang 1990 ebenfalls besser geworden. Beste Jahrgänge (Rotweine): 1994 **91 90 87 86**.

TONI JOST *Bacharach, Mittelrhein, Deutschland* Der Erzeuger, der dem MITTELRHEIN internationales Format verleiht. In seiner Reblage Bacharacher Hahn erzeugt er köstliche, rassige Rieslinge★, darunter gutstrukturierte halbtrockene Weine★ mit balsamischer, nach Kiefern duftender Fruchtigkeit. Seine Auslese★★ kann zusätzlich eine Cremigkeit besitzen, ohne ihren frischen Duft von Kiefernnadeln einzubüßen. Beste Jahrgänge: 1995 94 **93 90 89 88.**

JULIÉNAS AC *Beaujolais, Burgund, Frankreich* Einer der nördlicheren BEAUJOLAIS-Crus. Juliénas erzeugt köstliche, »seriöse« Beaujolais-Weine, die kräftig und tanninreich genug sein können, um sich in der Flasche zu entwickeln. Beste Erzeuger: Descombes★, DUBŒUF★, Ch. de Juliénas, Gen. Juliénas, Pelletier★. Beste Jahrgänge: 1996 **95 94 93 91.**

JULIUSSPITAL WEINGUT *Würzburg, Franken, Deutschland* Eine Stiftung aus dem 16. Jahrhundert, die trockene Weine herstellt: sehr gute Silvaner, vor allem in IPHOFEN und WÜRZBURG, und gelegentlich Rieslinge, die recht eigentümlich ausfallen. Ausschau halten sollte man nach den Weinen des Guts aus der Reblage Würzburger Stein: markige Müller-Thurgaus, an Grapefruits erinnernde Silvaner★★ und nach Benzin riechende Rieslinge★★. Beste Jahrgänge: 1995 94 **93 92 90 89.**

JUMILLA DO *Murcia und Kastilien-La Mancha, Spanien* Jumilla ist in Spanien berühmt für kräftige, alkoholreiche Rotweine, aber es gibt jetzt auch einige Rotweine, die frischer und leichter sind. Erzeugt werden außerdem fruchtige Rosés, die wie die Rotweine von der Monastrellrebe stammen, und ein paar langweilige Weißweine. Beste Erzeuger: Altos de Pio, Señorio del Condestable, Julia Roch Melgares (Casa Castillo), Agapito Rico.

JURA Siehe Arbois, Château-Chalon, Côtes du Jura, L'Étoile.

JURANÇON AC *Südwestfrankreich* Der aus spätgelesenen, manchmal edelfaulen Trauben hergestellte süße Weißwein kann himmlisch schmecken. Der trockene Jurançon Sec, der rasch besser wird, sollte erfrischend sein. Beste Erzeuger: Bellegarde★, Bru-Baché, CAUHAPÉ★★, Clos Uroulat★★, Clos Thou★★, Lapeyre, Larredya, de Souch.

JUVÉ Y CAMPS *Cava DO und Penedés DO, Katalonien, Spanien* Juvé y Camps ist äußerst traditionell und teuer. Die meisten Trauben stammen – ungewöhnlich für katalanische Firmen – aus eigenen Weinbergen. Der fruchtigste CAVA ist Reserva de la Familia Extra Brut★, aber der Rosé und der weiße Spitzenschaumwein Cava Gran Juvé sind ebenfalls gut.

KABINETT Niedrigste Stufe für deutsche Prädikatsweine. Das Mindestmostgewicht reicht von 67° Oechsle an der Mosel bis 85° Oechsle in Baden (bei

Ruländer). In Österreich muß ein Kabinettwein mindestens 17° KMW (84° Oechsle) aufweisen und in einem trockenen Stil vinifiziert sein.

KAISERSTUHL *Baden, Deutschland* Ein 4000 ha großer Vulkankegel, der sich 600 m hoch erhebt und die Rheinebene und das südliche BADEN überblickt. Die hochwertigen Lagen besitzen dicke Lößböden und sind vorwiegend mit Spätburgunder und Grauburgunder bestockt. Beste Erzeuger: BERCHER★, von Gleichenstein, Gen. Bickensohl, Dr. HEGER★, JOHNER★, Gen. Königsschaffhausen, Salwey★.

KALIFORNIEN Siehe California.

KALLSTADT *Pfalz, Deutschland* Ein warmes Klima und die hervorragende Reblage Saumagen ergeben die gehaltvollsten trockenen Rieslinge in Deutschland. Sie können es ebenso wie die trockenen Weißburgunder und Muskateller mit den besten Weinen aus dem Elsaß aufnehmen. Die Rebsorte Spätburgunder zeigt ebenfalls, daß sie den Kalksteinboden mag. Bester Erzeuger: KOEHLER-RUPRECHT★★. Beste Jahrgänge: 1996 **95 93 92 90 89 88 85 83.**

KALTERERSEE Siehe Lago di Caldaro.

KAMPANIEN Siehe Campania.

KAMPTAL *Niederösterreich, Österreich* Eine Weinbauregion, deren Zentrum Langenlois ist. Sie erzeugt einige eindrucksvolle trockene Weißweine, insbesondere aus den Rebsorten Riesling und Grüner Veltliner. Bester Erzeuger: BRÜNDLMAYER★★.

KANONKOP *Stellenbosch WO, Südafrika* Beiyers Truter ist einer der führenden Pinotageerzeuger von Südafrika. Sein normaler Pinotage★ und der großzügig in neuen Eichenholzfässern gereifte Auction Reserve★★ werden aus Trauben der ersten Pinotagerebstöcke der Welt (in den 50er Jahren angepflanzt) erzeugt. Der Bordeaux-Verschnitt Paul Sauer★, Auction Reserve★★ und Cabernet★ erhalten eine beneidenswerte Reputation für Rotweine aufrecht. Die Brüder Krige, die Besitzer des Guts, haben auch Anteile an Truers anderer Kellerei in der Nähe von Beyerskloof.

KANZEM *Saar, Deutschland* Das kleine Dorf an der Saar besitzt mit dem Kanzemer Altenberg eine der besten Lagen der Region, aber leider erzeugt keiner der großen Weinbergbesitzer hier ausgezeichnete Weine. Beste Erzeuger: von Othegraven, J. P. Reinert★.

KARTHÄUSERHOF *Trier, Ruwer, Deutschland* Spitzenweingut an der Ruwer, das immer besser geworden ist, seitdem Christoph Tyrell und der Kellermeister Ludwig Breiling mit dem Jahrgang 1986 die Leitung übernommen haben. Seit 1993 sind die meisten Weine ★★, einige Auslesen und EISWEINE ★★★. Beste Jahrgänge: 1996 95 94 93 **92 90 89 88 86.**

KASEL *Ruwer, Deutschland* Der bedeutendste Weinbauort im winzigen Ruwertal. Seine Lagen Nieschen und Kehrnagel liefern einige der komplexesten Weine der Region. Ihr Brombeer- und Johannisbeeraroma kann sehr intensiv sein. Beste Erzeuger: Karlsmühle★★, von KESSELSTATT★★, Bischöfliche Weingüter.

KATALONIEN Siehe Cataluña.

KATNOOK ESTATE *Coonawarra, Südaustralien* Teure, aber oft außergewöhnliche Chardonnays★★ und Sauvignon Blancs★★ sowie ein Cabernet Sauvignon★, der zunehmend besser wird. Die Zweitmarke Riddoch Estate bietet manchmal einen günstigen Gelegenheitskauf. Beste Jahrgänge: (Rotweine) 1994 93 **91 90 88.**

KÉKFRANKOS Siehe Blaufränkisch.

KENDALL-JACKSON *Lake County, Kalifornien, USA* Jess Jackson gründete KJ 1982 im bukolischen Lake County, nachdem er dort einen Weinberg gekauft hatte. Innerhalb von 15 Jahren ist die Produktion der Kellerei von weniger als 10 000 Kisten auf über 2 Millionen angestiegen. Der frühe Erfolg mit Chardonnay wurde durch einen Vinifizierungsstil gefördert, der die Süße begünstigte; doch in den 90er Jahren verlegte Jackson seine Anstrengungen auf Beständigkeit und Qualität. Heute werden alle Chardonnays in Holzfässern vergoren und ausgebaut. Die meisten Sortenweine, darunter ehrgeizige Grand Reserves, sind Verschnitte aus Trauben mehrerer AVAs. Das gesamte Angebot ist qualitativ überdacht worden, wie Cabernet Sauvignon und Pinot Noir verdeutlichen. Jackson besitzt gegenwärtig ein Dutzend Kellereien, darunter Cambria, Stonestreet, Edmeades und Robert Pepi.

KENWOOD VINEYARDS *Sonoma Valley AVA, Kalifornien, USA* Man kann hier einen der besten kalifornischen Sauvignon Blancs★★ finden, aber Liebhaber von Zinfandel werden das erweiterte Zinfandel-Angebot begrüßen. Zinfandelweine★ von Kenwood waren immer erstklassig, wobei der Jack London Ranch★★ oft begeisterte Kritiken für seinen reichen, würzigen Geschmack erntete. In den 90er Jahren brachte Kenwood zwei weitere Zinfandels aus Einzellagen heraus: Mazzoni Vineyards★ und Nuns Canyon★. Beste Jahrgänge: **1994 93 91 90.**

VON KESSELSTATT *Trier, Mosel, Deutschland* Weingut, das in den Spitzenlagen von GRAACH (Josephshöfer) an der MOSEL, Scharzhofberg an der Saar und KASEL an der Ruwer gute Rieslinge★ und die besten Spätlesen und Auslesen★★ erzeugt. Beste Jahrgänge: 1996 95 **94 93 91 90 89.**

KESTEN *Mosel, Deutschland* Die Rieslinge von hier sind hinsichtlich Qualität und Subtilität vergleichbar mit denen aus dem viel bekannteren Brauneberg. Paulinshofberg ist die beste Lage. Beste Erzeuger: Bastgen, Kees-Kieren, Paulinshof.

KHAN KRUM *Ostgebiet, Bulgarien* Eine Kellerei, die einige von Bulgariens seltenen guten Weißweinen erzeugt, wie etwa den holzbetonten Chardonnay Reserve und den delikaten, nach Aprikosen schmeckenden Riesling-Dimiat-Landwein, aber gegenwärtig nicht auf der Höhe ihrer Möglichkeiten ist.

KIEDRICH *Rheingau, Deutschland* Kleiner Weinbauort, dessen beste Reblage, der Gräfenberg, äußerst langlebige, mineralische Weine lieferte. Die Weine aus den Reblagen Sandgrub und Wasseros sind ebenfalls gut. Bester Erzeuger: WEIL★★.

KING ESTATE *Oregon, USA* Das King Estate brauchte nur drei Jahre, um OREGONS größter Weinbaubetrieb und die Nummer eins unter den Erzeugern von Pinot Noir und Pinot Gris zu werden. Beide Weine werden in einerm verbraucherfreundlichen Stil hergestellt. Die Reserve-Abfüllungen von Pinot Noir und Pinot Gris★ bieten größere Tiefe. Beste Jahrgänge: **1994 93.**

KIONA *Yakima Valley AVA, Washington (Bundesstaat), USA* Kiona ist ein winziger Betrieb in einem Gebiet mit Beifußvegetation. Das Ansehen für seinen im Holzfaß vergorenen Chardonnay★, seinen kraftvollen, reichen Cabernet Sauvignon★★ und seinen hervorragenden süßen Riesling★ ist jung, wächst aber. Kiona hat auch einen Lemberger, einen stattlichen, saftigen Rotwein, der im Pazifischen Nordwesten Kultstatus erreicht hat.

KISTLER *Sonoma, Kalifornien, USA* Einer der besten Chardonnayerzeuger Kaliforniens (CALIFORNIA). Die Weine stammen aus vier verschiedenen Reblagen (Kistler Estate und Dutton Ranch können ★★★, die anderen ★★ sein). Alle besitzen eine große Komplexität und eine gute Alterungsfähigkeit. Kistler erzeugt auch eine Reihe von Pinot-Noir-Weinen aus Einzellagen; die ersten Abfüllungen waren sehr gut. Beste Jahrgänge: (Dutton) **1994 93 92 91 90 87**; (Durell) **1994 93 91 90 89 87**; (Kistler) **1991 90 88**; (McCrea) **1994 93 92 91 90 88.**

KLEINBOTTWAR *Württemberg, Deutschland* Wenn der Ort nicht das Weingut Graf Adelmann beherbergen würde, hätte wohl nie jemand von Kleinbottwar gehört. Die besten Lagen des Dorfs, Süßmund und Oberer Berg, befinden sich im Alleinbesitz von Adelmann; in guten Jahrgängen liefern sie gute rote Lemberger★ und trockene Rieslinge. Beste Jahrgänge: 1993 90 89.

KLEIN CONSTANTIA *Constantia WO, Südafrika* Diese Kellerei, die 1980 von der Familie Jooste davor gerettet wurde, daß sie ein Opfer der Vegetation und der Urbanisierung wurde, ist heute ein Prunkstück in Südafrika. Die Weine haben neue Maßstäbe gesetzt: Sauvignon Blanc★★, frisch und lebhaft, profitiert von der Erfahrung des Weinmachers Ross Gower in Neuseeland. Andere Weine im Angebot sind ein nach Weißbrot und Buttertoffee schmeckender Chardonnay★★, ein Riesling★, der oft aus edelfaulen Trauben erzeugt wird, und Vin de Constance★, ein Muscatdessertwein in schöner Ausstattung, der auf den im 18. Jahrhundert gefeierten Weinen von Constantia basiert. Alle haben einen neuen Standard gesetzt, doch die Rotweine haben noch nicht dasselbe Niveau erreicht. Beste Jahrgänge: (Weißweine) **1996 95 93 92 91.**

KMW In Österreich wird KMW (Klosterneuburger Mostwaage) als Skala verwendet, um das Mostgewicht von frisch gepflückten Trauben bzw. ihren ursprünglichen Zuckergehalt zu bestimmen. Wie in Deutschland ist für jede Qualitätsstufe ein Mindestmostgewicht festgelegt (z. B. 19° KMW für Spätlesen). 1° KMW entspricht etwa 5° Oechsle.

KNAPPSTEIN *Clare Valley, Südaustralien* 1995 verließ Tim Knappstein die Firma, die jetzt PETALUMA gehört, und konzentrierte sich auf sein eigenes Gut Lenswood Vineyards hoch in den ADELAIDE HILLS. Die Marke Knappstein bleibt führend mit feinen Rieslingen★★ und Traminern★ sowie Fume Blanc★, Cabernet★, Cabernet-Merlot★ und Chardonnay★ mit zartem Holzton. Seit dem Jahrgang 1996 erfüllt der Weinmacher Andrew Hardy, früher bei Petaluma, die Weine mit neuem Enthusiasmus.

EMMERICH KNOLL *Unterloiben, Wachau, Niederösterreich* Seit den späten 70er Jahren hat der öffentlichkeitsscheue Emmerich Knoll einige der besten trockenen Weißweine Österreichs erzeugt. Sein Riesling und sein Grüner Veltliner sind vollgepackt mit Frucht, reichhaltig und komplex. Selten mißlingt es ihnen, zwei Sterne zu erreichen; die Rieslinge aus den Lagen Loibenberg und Schütt sind in guten Jahrgängen ★★★. Außerdem lohnt es sich, wenn man sie fünf Jahre oder länger altern läßt. Beste Jahrgänge: 1995 94 **93 92 90 89 88 86 85.**

KOBERN-GONDORF *Mosel, Deutschland* Zusammen mit dem benachbarten Winningen ist dies der bedeutendste Weinbauort an der unteren Mosel. Wenige der Rieslinge von hier, die in ihrer Jugend sehr fruchtig sind, altern länger als fünf Jahre. Beste Erzeuger: Franz Dötsch, von Schleinitz.

KOHLENSÄUREMAISCHEGÄRUNG Siehe Macération carbonique.

KOEHLER-RUPRECHT *Kallstadt, Pfalz, Deutschland* Bernd Philippi erzeugt trockene Rieslinge★★★ in der Reblage Kallstadter Saumagen, den im Holzfaß gereiften Elysium★★ aus edelfaulen Trauben und seit 1991 Spätburgunder★★ im Burgunderstil. Beste Jahrgänge: (Riesling) 1996 95 94 **93 92 90 89 88 83.**

KORSIKA Siehe Corse.

ALOIS KRACHER *Illmitz, Burgenland, Österreich* Der größte Erzeuger von süßen Weinen in Österreich.. Nouvelle-Vague-Weine werden im Barrique ausgebaut, während Zwischen-den-Seen-Weine ohne Faßreifung auskommen. Die Sämling-Beeren- und -Trockenbeerenauslesen (Scheurebe), die Muskat-Ottonels und Chardonnay-Welschrieslinge sind alle ★★★. Die Welschrieslinge★★ und Bouviers★ sind gut. Beste Jahrgänge: **1995 94 93 91 89 86 81.**

KREMSTAL *Niederösterreich, Österreich* Ein Weinbaugebiet beiderseits der Donau rund um die Stadt Krems, das einige der besten Weißweine Österreichs erzeugt, insbesondere trockene Rieslinge und Grüne Veltliner. Beste Erzeuger: Lenz MOSER, Nigl, NIKOLAIHOF★, Salomon.

KRIM *Ukraine* Diese Halbinsel im Schwarzen Meer ist seit dem frühen 19. Jahrhundert ein bedeutendes Zentrum für die Weinerzeugung gewesen. Seine größten Weine sind die historischen Schätze der Massandra-Sammlung: herrliche Dessertweine und gespritete Weine, die ursprünglich für den Sommersitz des Zaren in Liwadija bestimmt waren. Die heutige Weinproduktion wirkt – verständlicherweise, aber zugleich bedauerlich – ziellos.

KRUG *Champagne AC, Champagne, Frankreich* Krug ist eine seriöse (und sehr teure) Champagner-Firma. Der Champagner ohne Jahrgangsbezeichnung heißt Grande Cuvée★★★ und übertrifft mühelos die meisten Spitzencuvées anderer Firmen. Er schmeckt prächtig, wenn er auf den Markt kommt, wird aber nach ein bis zwei Jahren noch viel aufregender. Außerdem gibt es einen ausgezeichneten Jahrgangschampagner★★★, einen Rosé★ und einen Einzellagen-Champagner namens Clos du Mesnil Blanc de Blancs★★★. Beste Jahrgänge: **1989 85 82 81 79.**

KUENTZ-BAS *Alsace AC, Elsaß, Frankreich* Ein kleiner elsässischer Händler mit hochwertigen Weinen aus eigenen Weinbergen (unter dem Namen Réserve Personelle) und angekauften Trauben (Cuvée Tradition). Lohnenswert sind der Grand Cru Eichberg★★ und die exzellenten VENDANGE-TARDIVE-Weine★★. Beste Jahrgänge: 1996 **95 94 93 92 90 89 88 86 85.**

KUMEU/HUAPAI *Auckland, Nordinsel, Neuseeland* Ein kleines, aber bedeutendes Weinbaugebiet nordwestlich von Auckland. Die neun Kellereien profitieren von der Nähe zur neuseeländischen Hauptstadt. Beste Erzeuger: COOPERS CREEK★, KUMEU RIVER★, MATUA VALLEY★★, NOBILO, SELAKS★.

KUMEU RIVER *Kumeu, Auckland, Nordinsel, Neuseeland* Diese Kellerei in Familienbesitz wurde von Neuseelands erstem »Master of Wine«, Michael Brajkovich, umstrukturiert. Er hat eine Reihe von kühnen, hochwertigen

Weinen geschaffen. Unkonventionelle, im Holzfaß gereifte Sauvignon Blancs★ intensive Chardonnays★★★ und weiche, stilvolle Merlot-Cabernet Sauvignons★ sind am erfolgreichsten. Beste Jahrgänge: **1996 95 94 91 90.**

KUNDE ESTATE *Sonoma Valley, Kalifornien, USA* Die Familie Kunde baut seit mindestens 100 Jahren Weintrauben im SONOMA COUNTY an; 1990 beschloß sie, selbst Weine zu erzeugen. Die ersten Ergebnisse waren aufsehenerregend mit einem kraftvollen, buttrigen Reserve Chardonnay★★, der begeisterte Kritiken erhielt, und einem Viognier★ voll explosiver Fruchtigkeit, einer wahren Schönheit.

FRANZ KÜNSTLER *Hochheim, Rheingau, Deutschland* Gunter Künstler erzeugt die besten trockenen und süßen Rieslinge im Rheingau, auch wenn sein Gut selbst in HOCHHEIM am Main liegt. Es sind kraftvolle, mineralische Weine★★, wobei alle Weine aus der Reblage Hochheimer Hölle drei Sterne verdienen. 1996 kaufte er das heruntergekommene Weingut Aschrott, wodurch sich seine Rebfläche mehr als verdoppelte. Beste Jahrgänge: 1996 95 **94 93 92 90 89 88.**

KWV *Paarl WO, Südafrika* Die Kooperative Wijnbouwers Vereniging wandelt sich zwar von einer Genossenschaft in eine Firma um, behält aber ihren wohlbekannten Namen bei und hat auch weiterhin die gesetzliche Vollmacht über die südafrikanische Weinbranche. KWV bietet ein riesiges Angebot von Tafelweinen, gespriteten Weinen und Branntweinen; ihr schlechtes Image sollte sich dank neuer Rebflächen und Keller und eher internationaler Vinifizierungsmethoden der Weinmacher bessern. Cabernet, Shiraz und Pinotage veranschaulichen die Rotweine der neuen Welle, während Chenin Blanc, die unerschütterliche Rebsorte des Kaps, ebenfalls in einem zeitgemäßen Stil gehalten ist. Die besten Weine der Spitzenmarke Cathedral Cellar sind der weiche, im Aroma an Brombeeren erinnernde Bordeaux-Verschnitt Triptych★ und der moderne, kühne Cabernet★. Die Dessertweine und die gespriteten Weine im Sherry- und Portweinstil bieten weiterhin ein ausgezeichnetes Preis-Leistungs-Verhältnis: Vintage★★★ und Late Bottled Vintage★★ im Colheita-Stil sind besonders bemerkenswert.

LA ROSA *Cachapoal, Chile* Ein alter Familienbetrieb, der durch eine neue Kellerei und die Zauberhände Ignacio Recabarrens von La Palma verjüngt wurde. Der nicht im Holzfaß gereifte Chardonnay bietet das pure Aroma von Aprikosen und Feigen; der Merlot★★ ist einer der besten aus dem Rapel-Gebiet.

LABOURÉ-ROI *Nuits-Saint-Georges, Burgund, Frankreich* Ein preisbewußter und im allgemeinen zuverlässiger Weinhändler, jedoch nicht mehr ganz so beständig wie früher, weil das Angebot kaum noch mit der Nachfrage mithalten kann. Der CHABLIS★ und der MEURSAULT★ sind sehr korrekte Weine, während NUITS-SAINT-GEORGES★, CHAMBOLLE-MUSIGNY, GEVREY-CHAMBERTIN★, BEAUNE★ und MARSANNAY★ normalerweise gut ausfallen. Beste Jahrgänge: (Rotweine) 1995 93 **92 91 90 89 88.**

LACRYMA CHRISTI DEL VESUVIO DOC *Kampanien, Italien* Seit der Einführung der DOC im Jahre 1983 hat sich die Qualität der Rotweine aus Piedirossotrauben und der Weißweine aus den Rebsorten Coda di Volpe und Verdeca zwar verbessert, aber der Name ist immer noch verheißungsvoller als der Wein selbst. Beste Erzeuger: Caputo, MASTROBERARDINO, Sorrentino.

LADOIX AC *Côte de Beaune, Burgund, Frankreich* Der nördlichste Weinbauort an der Côte de Beaune und zugleich einer der unbekanntesten. Die besten Weine werden unter den Appellationen CORTON, ALOXE-CORTON oder Aloxe-Corton Premier Cru verkauft, die weniger guten als Ladoix-Côte de Beaune oder COTE DE BEAUNE-VILLAGES. Im Dorf gibt es mehrere gute Winzer. Der Ladoix-Wein, hauptsächlich Rotwein von recht heller Farbe und etwas mager im Stil, ist maßvoll im Preis. Beste Erzeuger: (Rotweine) Capitain, Chevalier, Cornu★, R. Launay, Maillard, Nudant; (Weißweine) Cornu, Maillard. Beste Jahrgänge: (Rotweine) 1995 **93 92 90 89 88.**

CH. LAFAURIE-PEYRAGUEY★★★ *Sauternes AC, 1er Cru Classé, Bordeaux, Frankreich* In den 80er Jahren gehörte Lafaurie-Peyraguey zu den Weingütern von SAUTERNES, die sich am stärksten verbessert haben; heute ist sein Wein häufig einer der besten Sauternes überhaupt. Die Weine können auch gut altern. Beste Jahrgänge: (1996) (95) **90 89 88 86 85 83.**

CH. LAFITE-ROTHSCHILD★★★ *Pauillac AC, 1er Cru Classé, Haut-Médoc, Bordeaux, Frankreich* Dieser Premier Cru in PAUILLAC wird oft als Inbegriff von Eleganz, Genuß und Luxus bezeichnet, aber der Wein kann furchtbar wechselhaft ausfallen. In letzter Zeit sind große Verbesserungen vorgenommen worden, aber da er oft 15 Jahre braucht und 30 Jahre oder noch länger benötigen kann, um die wunderbare und ungewöhnliche Kombination von Zedernholzduft und schlanker, aber hinreißender Johannisbeerfrucht zu erreichen, werden wir noch eine ganze Weile nicht wissen, wie gut diese »neuen« Lafites sind. Deshalb erhält er seine ★★★-Bewertung auch nur unter Vorbehalt. Zweitwein: les Carruades de Lafite-Rothschild. Beste Jahrgänge: (1996) (95) 94 90 89 88 86 **85 82 81 79 76.**

CH. LAFLEUR★★★ *Pomerol AC, Bordeaux, Frankreich* Dieses winzige Weingut, das einige der traditionellsten Vinifizierungsmethoden von POMEROL verwendet, stellt Pomerolweine her, die es hinsichtlich Kraft und Geschmack mit Weinen des großartigen Château PÉTRUS aufnehmen und in den letzten Jahren Pétrus in bezug auf hedonistischen Reichtum und Konzentration sogar übertroffen haben. Beste Jahrgänge: (1996) (95) 94 93 **90 89 88 86 85.**

LAFON *Meursault, Côte de Beaune, Burgund, Frankreich* Der führende Erzeuger in MEURSAULT und einer der gegenwärtigen Superstars in Burgund mit dementsprechend hohen Preisen. Dominique Lafon erzeugt reichhaltige, kraftvolle Meursaults, die mindestens zwei Jahre im Faß reifen und in der Flasche wunderbar altern. Neben den hervorragenden Meursaults, insbesondere Clos de la Barre★★, Les Charmes★★★ und Les Perrières★★★, stellt Lafon auch eine winzige Menge Le MONTRACHET★★★ und sehr individuelle, aufregende Rotweine aus VOLNAY★★★ und MONTHÉLIE★ her. Beste Jahrgänge: 1995 94 93 **92 90 89 88 85.**

CH. LAFON-ROCHET★★ *St-Estèphe AC, 4ème Cru Classé, Haut-Médoc, Bordeaux, Frankreich* Preisgünstiger Cru Classé, der normalerweise eine sehr reizvolle, tiefe, trockene Johannisbeerfruchtigkeit zeigt und gut altert. Beste Jahrgänge: (1996) (95) 94 90 89 88 **86 85 83 82 79.**

LAGEDER *Alto Adige DOC, Südtirol, Italien* Führender Erzeuger in Südtirol (ALTO ADIGE), der unter der Marke Lageder Weine der mittlerer Preisklasse herstellt. Den Vogel schießen jedoch seine teuren Guts- und Einzellagenweine ab. Die Stars sind dabei die Cabernets★ und Chardonnays★★, die unter der Marke Löwengang auf den Markt kommen, Sauvignon Lehenhof★★, Cabernet Cor Römigberg★★ und Pinot Grigio Benefizium Porer★★. Beste Jahrgänge: (Spitzenweißweine) 1995 **94 93 91 90 88.**

LAGO DI CALDARO DOC *Trentino-Alto Adige, Italien* Im besten Fall ein angenehmer, zarter, fast nicht roter, jugendlicher Trinkwein aus dem gebirgigen Norden Italiens, der aus der Schiavatraube erzeugt wird und nach Erdbeeren, Sahne und Räucherspeck schmeckt. Doch ein Teil des in großen Mengen produzierten Kalterersee (wie der Wein auf deutsch heißt) geht fast überhaupt nicht als Rotwein durch. Kalterersee Auslese (oder Lago di Caldaro Scelto) ist nicht süß, sondern besitzt ein halbes Prozent mehr Alkoholgehalt. Beste Erzeuger: Baron Dürfeld de Giovanelli★, Brigl, Castel Ringberg, Hofstätter, LAGEDER★, Karl Martini, Niedermayr, Gen. Prima & Nuova★, Gen. San Michele Appiano, Schloß Sallegg★.

CH. LAGRANGE★★ *St-Julien AC, 3ème Cru Classé, Haut-Médoc, Bordeaux, Frankreich* Der Qualitätssprung seit der Übernahme des Guts 1983 durch die japanische Firma Suntory ist erstaunlich. Aus einem netten, im Stil unsicheren SAINT-JULIEN ist ein zielstrebiger, sorgfältig vinifizierter Wein von guter Fruchtigkeit und feiner Qualität geworden. Zweitwein: les Fiefs de Lagrange. Beste Jahrgänge: (1996) (95) 90 89 **88 86 85.**

LAGREIN Diese sehr eigenwillige dunkle Traubensorte wird nur in Südtirol (ALTO ADIGE) und im Trentino angebaut, wo sie tieffarbene, nach Brombeeren und Schokolade schmeckende Rotweine von beachtlicher Qualität erzeugt (Lagrein Dunkel genannt). Außerdem bringt sie einen körperreichen, aber angenehm duftigen Rosé hevor, der als Kretzer bezeichnet. wird. Beste Erzeuger: Franz Gojer-Glöggelhof★, Gen. Gries★, LAGEDER★, Laimburg★, Muri-Gries★, Niedermayr★.

CH. LA LAGUNE★★ *Haut-Médoc AC, 3ème Cru Classé, Haut-Médoc, Bordeaux, Frankreich* Der Wein dieses Cru Classé ist beständig von ausgezeichneter Qualität: Er besitzt die an Holzkohle und Kastanien erinnernde Wärme von gutem Eichenholz und eine tiefe Süße, die nach Kirschen, schwarzen Johannisbeeren und Pflaumen schmeckt. Nach etwa zehn Jahren wird er zu einem herausragenden Rotwein. Beste Jahrgänge: (1996) (95) 90 89 **88 86 85 83 82 78 76 75.**

LAKE'S FOLLY *Hunter Valley, Neusüdwales, Australien* Ungleichmäßig ausfallende Weine mit hartnäckigen Anhängern, was dem charismatischen Dr. Max Lake zu verdanken ist. In den besten Jahren reift der strenge Chardonnay★★ langsam, aber faszinierend zu einem meisterlich antipodischen, dennoch burgunderähnlichen Höhepunkt. Der Cabernet★★ ist zart und wunderbar ausgewogen, wenn er seine beste Qualität erreicht, aber er wird seinem Ruf nicht immer gerecht. Beste Jahrgänge: (Rotweine) 1993 **91 89 87 85 83 81;** (Weißweine) **1994 92 91 86.**

LALANDE-DE-POMEROL AC *Bordeaux, Frankreich* Nördlich von seinem berühmteren Nachbarn POMEROL gelegen, erzeugt Lalande-de-Pomerol volle, reife Weine mit unverkennbarer mineralischer Note, die mit drei bis vier Jahren sehr reizvoll schmecken, aber auch gut altern. Selbst wenn sie nicht die Konzentration der Spitzen-Pomerols besitzen, sind sie nicht gerade billig.

Beste Erzeuger: Annereaux★, Belles-Graves, Bertineau-St-Vincent★, Clos de l'Église, la Croix-Chenevelle, la Croix-St-André★, Fougeailles, Garraud★, Grand-Ormeau, Haut-Chaigneau, Haut-Surget, Sergant, Siaurac★. Beste Jahrgänge: (1996) **95 94 90 89 88 85 83 82.**

LAMBERHURST *Kent, England* Einer von Englands beständigsten und zuverlässigsten Erzeugern und der einzige, der dreimal die Gore-Browne Trophy (die bedeutendste englische Weinauszeichnung) gewann: zweimal für einen Schönburger und einmal für eine Huxelrebe. 1995 wechselte der Besitzer.

LAMBRUSCO *Emilia-Romagna, Italien* Eigentlich ist Lambrusco eine dunkle Traubensorte, die in vier DOC-Zonen im Flachland der Emilia und in einer um Mantua in der Lombardei (LOMBARDIA) angebaut wird. Berühmt geworden ist der Name jedoch durch die roten und weißen Flaschen mit Schraubverschluß, die als Lambrusco ohne DOC-Prädikat etikettiert sind, auch wenn einige davon möglicherweise überhaupt keinen Wein aus Lambruscotrauben enthalten. Ursprünglich war er ein trockener oder lieblicher, leicht schäumender Rot- oder Weißwein, dessen hohe Säure zum reichhaltigen Essen paßte. Ein guter trockener Lambrusco (insbesondere Lambrusco di Sorbaia oder Grasparossa di Castelvetro) ist es wert, daß man nach ihm sucht. Doch die Vinifizierungstechnologie führte zu riesigen Mengen von anonymem, gesüßtem Frizzante, die an ahnungslose Konsumenten verkauft werden. Beste Erzeuger: Venturini Baldini, Barbolini★, Francesco Bellei★, Casali, Cavicchioli★, Chiarli, Ferrari, Giacobazzi, Graziano★, Oreste Lini, Spezia, Riunite.

LAMOUREUX LANDING *Finger Lakes AVA, New York (Bundesstaat), USA* Die Region FINGER LAKES entwickelt sich (zusammen mit Long Island) zum wichtigsten Anbaugebiet des US-Staats New York für Qualitätsweine. Das 1990 entstandene Lamoureux Landing ist eine der wichtigsten Kellereien an der Ostküste geworden. Ihr Chardonnay★★ gewinnt ständig Auszeichnungen; der Pinot Noir wird mit jedem Jahrgang besser. Lohnenswert sind der Riesling, der Gewürztraminer und ein in beschränkter Menge produzierter Blanc de Noirs.

LANDWEIN In Deutschland und Österreich die Entsprechung zum französischen Vin de Pays. Dieser gehobene Tafelwein mit geographischer Herkunftsbezeichnung darf angereichert werden, damit er mehr Körper besitzt.

CH. LANESSAN★ *Haut-Médoc AC, Cru Bourgeois, Haut-Médoc, Bordeaux, Frankreich* Reizvoller, aber bisweilen strenger Cru Bourgeois aus der Gemeinde Cussac-Fort-Médoc, der fast nie neue Eichenholzfässer verwendet, jedoch oft das Niveau eines 5ème Cru Classé erreicht und nie überteuert ist. Er fällt in Spitzenjahren am besten aus und kann mühelos acht bis zehn Jahre altern. Zweitwein: Dom. de Sainte-Gemme. Beste Jahrgänge: (1996 (95) **90 89 88 85 83 82.**

CH. LANGOA-BARTON ★★ *St-Julien AC, 3ème Cru Classé, Haut-Médoc, Bordeaux, Frankreich* Seit den 20er Jahren des 19. Jahrhunderts im Besitz der Familie Barton. Im Stil leichter als sein Stallgefährte LÉOVILLE-BARTON, aber trotzdem ein äußerst eindrucksvoller Wein zu einem vernünftigen Preis. Man sollte ihn nach sieben oder acht Jahren altern, obwohl er sich vermutlich 15 Jahre lang hält. Zweitwein: Lady Langoa. Beste Jahrgänge: (1996) (95) 94 93 90 89 **88 86 85 83 82 81.**

LANGUEDOC-ROUSSILLON *Midi, Frankreich* Dieses Weinbaugebiet in Südfrankreich, das von Nîmes bis zur spanischen Grenze reicht und die Departements Gard, Hérault, Aude und Pyrénées-Orientales umfaßt, war traditionell eine Quelle für anspruchslosen, billigen Wein, aber heute erzeugt es einige aufregende Weine. Vinifizierung mit Temperaturregulierung und wachsender Regionalstolz haben den Wandel bewirkt, zusammen mit besseren Rebsorten und einer steigenden Zahl von ehrgeizigen Erzeugern, deren Bandbreite von dem hervorragenden Weingut MAS DE DAUMAS GASSAC bis zu einigen sehr guten lokalen Genossenschaften reicht. Die besten Weine sind die Rotweine, vor allem die aus CORBIERES, FAUGERES, MINERVOIS und PIC SAINT-LOUP und einige moderne Cabernets, Merlots und Syrahs, sowie die traditionelleren Vins Doux Naturels, wie etwa BANYULS, MAURY und MUSCAT DE RIVESALTES; doch jetzt erleben wir auch aufregende Weißweine, insbesondere von den neu angepflanzten Rebsorten Chardonnay, Marsanne, Viognier und Sauvignon Blanc, deren Reben allmählich reifen. Siehe auch Aude, Bouches-du-Rhône, Collioure, Costières de Nîmes, Coteaux du Languedoc, Côtes du Roussillon, Côtes du Roussillon-Villages, Côtes de Thau, Côtes de Thongue, Faugères, Fitou, Gard, Haute Vallée de l'Aude, Hérault, Muscat de Frontignan, Muscat de Mireval, Oc, Saint-Chinian, Vallée du Paradis.

LANSON *Champagne AC, Champagne, Frankreich* Ein Schaumwein für den Massenmarkt, dessen großartige Anzeigenkampagne »Warum nicht?« viel zur Demokratisierung des Image des Champagners beigetragen hat. Der jahrgangslose Champagner mit dem Namen Black Label ist ein guter, zuverlässiger Schaumwein, während der Rosé★ und die Jahrgangschampagner★★, insbesondere die Spitzencuvée, die Noble Cuvée★★ heißt, höhere Ziele anstreben. Jüngste Veränderungen in den Besitzverhältnissen werfen ein Fragezeichen hinsichtlich der zukünftigen Qualität von Lanson auf. Beste Jahrgänge: **1990 89 88 85 83 82 79.**

CH. LAROSE-TRINTAUDON★ *Haut-Médoc AC, Cru Bourgeois, Haut-Médoc, Bordeaux, Frankreich* Seitdem dieses Gut, das größte im Médoc, 1966 völlig neu bestockt wurde, hat es große Mengen an korpulenten, passablen, erschwinglichen roten Bordeauxweinen produziert. Die Weine sind so vinifiziert, daß man sie mit etwa fünf Jahren trinken kann, aber sie können bis zu zehn Jahren altern. Beste Jahrgänge: (1996) (95) **90.**

CH. LASCOMBES★★ *Margaux AC, 2ème Cru Classé, Haut-Médoc, Bordeaux, Frankreich* Dieser große, bedeutende 2ème Cru in MARGAUX war in den 70er Jahren und Anfang der 80er Jahre – gelinde gesagt – sehr unbeständig, aber ich hoffe, daß der 90er und der 89er – die etwas von dem intensiven, an frische Blumen und schwarze Johannisbeeren erinnernden Duft versprechen, zu dem Lascombes fähig ist – eine bleibende Verbesserung markieren. Der Rosé Chevalier de Lascombes ist ebenfalls recht gut. Zweitwein: Ségonnes. Beste Jahrgänge: (1996) (95) 94 **90 89 88 86 85.**

CH. DE LASTOURS *Corbières AC, Languedoc, Frankreich* Ein großes Gut in CORBIERES, das einige der aufregendsten Weine in Südfrankreich erzeugt. Spitzenweißwein ist Dry de Corbières★, ein interessanter Verschnitt aus den Muscat, Malvoisie und Grenache Blanc. Aber die herausragenden Weine sind die Rotweine, vor allem die Cuvée Simon Descamps★★ und die holzbetonte Cuvée Boisée★★. Beste Jahrgänge: (Rotweine) **1995 94 93 90 89 88 86 85.**

CH. LATOUR★★★ *Pauillac AC, 1er Cru Classé, Haut-Médoc, Bordeaux, Frankreich* Latours großes Ansehen beruht auf kraftvollen, langlebigen klassischen Weinen. In den 50er, 60er und 70er Jahren stand das Gut für Beständigkeit und kompromißlose Qualität trotz des beträchtlichen finanziellen Drucks. Anfang der 80er Jahre gab es jedoch seltsamerweise einen Versuch, leichtere, dem Zeitgeschmack angepaßte Weine zu erzeugen – mit gemischten Resultaten. Ende der 80er Jahre kehrte man zum klassischen Latour zurück – sehr zu meiner Erleichterung. Latour genießt verdientermaßen den Ruf, auch in weniger guten Jahrgängen feine Weine zu erzeugen. Nach 30 Jahren britischer Herrschaft jetzt in französischem Besitz. Zweitwein: les Forts de Latour. Beste Jahrgänge: (1996) (95) 94 93 90 89 88 **82 79 78 75 70.**

LOUIS LATOUR *Beaune, Burgund, Frankreich* Umstrittener Weinhändler, der für seine Chardonnays aus der AC COTEAUX DE L'ARDECHE fast ebenso bekannt ist wie für seine Burgunder. Seine weißen Burgunder sind viel besser als seine Rotweine, aber der rote CORTON-Grancey★ kann gut sein. Der holzbetonte CORTON-CHARLEMAGNE★★ aus seinem eigenen Weinberg ist sein Spitzenwein, aber Latour erzeugt auch einen guten CHEVALIER-MONTRACHET★★, BATARD-MONTRACHET★★ und Le MONTRACHET★★. Dennoch sollten sie eine höhere Bewertung haben, da es sich schließlich um die großartigsten Weißweinlagen von Burgund handelt. Beste Jahrgänge: (Spitzenweißweine) 1995 93 **92 90 89 88 85.**

CH. LATOUR-À-POMEROL★★ *Pomerol AC, Bordeaux, Frankreich* Dieses Gut wird von Christian Moueix geführt, der als Direktor von Château PÉTRUS berühmt wurde. Es erzeugt köstliche Weine mit viel Frucht und genug Tanninen, damit sie gut altern. Beste Jahrgänge: (1996) (95) 94 **90 89 88 85 83 82 81 79.**

LATRICIÈRES-CHAMBERTIN AC Siehe Chambertin AC.

LAUREL GLEN *Sonoma Mountain AVA, Kalifornien, USA* Der Besitzer und Weinmacher Patrick Campbell erzeugt in seiner hoch gelegenen Kellerei nur Cabernet Sauvignon★★★, wobei er noch etwas Merlot und Cabernet Franc zum Verschneiden anbaut. Es handelt sich dabei um einen gehaltvollen Wein mit tiefem, fruchtigem Geschmack, der sich nach sechs bis zehn Jahren zu einem duftigen, komplexen Wein im Bordeauxstil entwickelt, wie er in Kalifornien selten vorkommt. Nebenmarke: Counterpoint. Zwei weitere Marken, Terra Rosa und Reds, gelten für angekaufte und verschnittene Weine. Beste Jahrgänge: 1994 93 92 91 **90 87 86 85.**

LAURENT-PERRIER *Champagne AC, Champagne, Frankreich* Eine große Champagner-Firma in Familienbesitz, deren Weine beständig Geschmack und Qualität zu (recht) vernünftigen Preisen bieten. Der jahrgangslose Champagner★ ist jetzt leider magerer und trockener, aber der Jahrgangschampagner★★ ist immer noch köstlich, während der Spitzenwein, die Cuvée Grand Siècle★★★, zu den feinsten Champagnern überhaupt gehört. Es gibt auch einen sehr guten Rosé, sowohl als jahrgangslosen Champagner★ wie auch als Jahrgangschampagner Alexandra Grand Siècle★★. Beste Jahrgänge: **1990 88 85 82 79.**

CH. LAVILLE-HAUT-BRION★★★ *Pessac-Léognan AC, Cru Classé de Graves, Bordeaux, Frankreich* Dies ist der Weißwein von Château la MISSION-HAUT-BRION und einer der feinsten weißen GRAVES-Weine mit einem dementsprechend hohen Preis. Der Wein wird im Holzfaß vergoren und braucht mindestens zehn Jahre, um seinen üppigen geschmacklichen Höhepunkt zu erreichen. Beste Jahrgänge: (1996) (95) 94 **90 89 88 86 85 83 82 79 78.**

LAZIO (LATIUM) *Italien* Diese mittelitalienische Region ist am bekanntesten für FRASCATI, den weißen Trinkwein von Rom. Es gibt verschiedene andere, ähnlich milde Weißweine aus Trebbiano- und Malvasiatrauben, wie etwa EST! EST!! EST!!! DI MONTEFIASCONE, und einen belanglosen Rotwein aus der Rebsorte Cesanese, doch die besten Tafelweine der Region basieren auf Cabernet und Merlot.

LEASINGHAM *Clare Valley, Südaustralien* Ein weiterer Zweig der Gruppe BRL HARDY. Leasingham ist die größte Kellerei von CLARE VALLEY und genießt eine geachtete Stellung. Der Name Stanley Leasingham, der früher für Vier-Liter-Behälter mißbraucht wurde, steht heute für reichhaltige, nach Schokolade schmeckende Rotweine, die die Kokosnußnote von amerikanischen Eichenholzfässern besitzen und unter der Hand von Richard Rowe besser als je zuvor ausfallen. Bin 56 Cabernet Malbec★★ und Bin 61 Shiraz★★ sind preisgünstig, während die neuerdings kreierten Classic Clare Shiraz★★ und Cabernet★★ prächtige Weine mit hohem Alkoholgehalt sind. Der Riesling★ kann zu den besten des Anbaugebiets gehören. Außerdem gibt es einen beachtlichen Chardonnay und Sémillon-Sauvignon.

L'ÉCOLE NO 41 *Washington (Bundesstaat), USA* Der samtige Merlot★★ mit dem tiefen Geschmack aus dieser guten Kellerei ist wunderbar. Ein reichhaltiger, intensiver Sémillon★★ ist sehr gut; mit dem 92er erreicht der Chardonnay★★ ein ähnliches Niveau.

LECONFIELD *Coonawarra, Südaustralien* Die Qualität steigt seit der Ankunft des Weinmachers Ralph Fowler. Seit 1990 ist der Cabernet Sauvignon★★ ein sehr schön gebauter Rotwein, der Merlot★★ ein erstaunlicher Wein, dicht gefolgt vom pfeffrigen Shiraz★★. Die Weißweine sind ebenfalls besser geworden: Der Riesling★ ist fruchtiger, der Chardonnay★ stilvoller. Beste Jahrgänge: (Rotweine) **1995 94 93 91.**

LEEUWIN ESTATE *Margaret River, Westaustralien* Ein extravagantes Gut mit einem teuren Chardonnay (in seiner besten Qualität ★★★), der das sein könnte, was in Australien dem MONTRACHET am nächsten kommt. Die Cabernets fallen ungleichmäßig aus, aber die besten sind ★★ und haben einen an schwarze Johannisbeeren erinnernden Geschmack, jedoch mit einer kühlen, schlanken Note. Beste Jahrgänge: (Weißweine) **1993 92 91 90 89 88 87 86 85 82 80.**

DOM. LEFLAIVE *Puligny-Montrachet, Côte de Beaune, Burgund, Frankreich* Der berühmteste Erzeuger von weißen Burgundern, mit Parzellen in einigen der großartigsten Lagen der Welt (BATARD-MONTRACHET, Chevalier-Montrachet und seit 1990 auch Le MONTRACHET). Der Preis der Weine ist dementsprechend hoch. Doch in den Jahren 1986–92 gab es eine Reihe enttäuschender Weine. Insbesondere der einfache PULIGNY-MONTRACHET litt unter zu großen Erträgen. Ein neues Weinmacherteam, zu dem auch der talentierte Pierre Morey gehört, und die Hinwendung zum biologischen Anbau scheinen eine Veränderung zum Besseren hin anzukündigen. Die Spitzenweine hier – Pucelles★★, Chevalier-Montrachet★★ und Bâtard-Montrachet★★★ – sind ohnehin stets köstlich. Sie können bis zu 20 Jahre altern. Beste Jahrgänge: 1995 94 93 **85 83.**

OLIVIER LEFLAIVE FRÈRES *Puligny-Montrachet, Côte de Beaune, Burgund, Frankreich* Der Weinhändler Olivier Leflaive, früher Kodirektor von Dom. LEFLAIVE, ist auf frische, moderne Weißweine von der Côte d'Or und der Côte Chalonnaise spezialisiert, die gute Beispiele für den internationalen Standard-Chardonnay sind. Die preisgünstigsten Weine sind die aus den geringerwertigen Appellationen, SAINT-ROMAIN, MONTAGNY★, SAINT-AUBIN★ und RULLY★, aber der reiche, holzbetonte BATARD-MONTRACHET★★ ist die Meisterleistung des talentierten Önologen Franck Grux. Beste Jahrgänge: **1995 93 92 90 89 88.**

PETER LEHMANN *Barossa Valley, Südaustralien* Lehmann kauft Trauben von Hunderten von kleinen Weinbauern in BAROSSA an. Aber man kann nicht mehr behaupten, er besäße keine eigenen Weinberge, nachdem er 1994 das prächtige Stonewell, Quelle für seinen besten Shiraz★★, erwarb. Die Firma (seit 1993 eine AG) erzeugt wunderbar saftige Rotweine, altmodisch, aber vollgepackt mit Frucht, sowie wohlschmeckende Chardonnays★, zitronenartig säuerliche Sémillons★ und langlebige, trockene Rieslinge★.

JOSEF LEITZ *Rüdesheim, Rheingau, Deutschland* Die Familie hat nicht nur ein ungewöhnliches Weinlokal und einen Blumenladen, sondern erzeugt auch die besten trockenen und halbtrockenen Rieslingweine in Rüdesheim, insbesondere in den Reblagen Berg Rottland und Berg Schloßberg. Viele Weine sind sehr preisgünstig. Beste Jahrgänge: 1996 95 94 **93 92 90 89.**

LEIWEN *Mosel, Deutschland* Leiwen war einmal berüchtigt für seine in großer Menge erzeugten Weine von zweifelhafter Qualität. In den letzten Jahren jedoch haben die »Leiwener Jungwinzer«, eine Gruppe von ehrgeizigen jungen Weinmachern, den Ort als Erzeuger von hochwertigen trockenen und süßen Rieslingen bekannt gemacht. Die Laurentiuslay ist die Spitzenlage; die besten Weine verdienen ★★. Beste Erzeuger: Grans-Fassian★, Carl Loewen★★.

LENZ VINEYARDS *Long Island AVA, New York, USA* Die führende Kellerei auf Long Island, die immer besser wird. Der Merlot★ ist elegant und kraftvoll mit weichen, ausgewogenen Tanninen; der trockene Gewürztraminer★ ist würzig und wohlschmeckend, ein guter Aperitifwein. In guten Jahrgängen hat der Pinot Noir★ eine tiefe, reife Frucht. Der Chardonnay ist zumeist hervorragend, während ein neuer Cabernet Franc Anklang findet. Der Schaumwein★ im Brut-Stil ist schwer zu finden, lohnt aber die Suche.

JEAN LEÓN *Penedés DO, Katalonien, Spanien* Jean Léon, der 1996 verstarb, legte Weinberge an, um sein Restaurant in Kalifornien mit Wein zu versorgen, bevor er 1995 an TORRES verkaufte. Der Stil ist kalifornisch: Die Rotweine★★, die gehaltvoll sind und nach schwarzen Johannisbeeren schmecken, werden aus Cabernet Sauvignon hergestellt und mit Cabernet Franc und Merlot verschnitten. Die Chardonnays★★, die einen reichen Biskuit- und Ananasgeschmack haben, werden in Eichenholzfässern vergoren. Beste Jahrgänge: (Rotweine) 1990 **87 85 82 79.**

LEONETTI CELLAR *Washington (Bundesstaat), USA* Der Cabernet Sauvignon★★★ und der Merlot★★★ haben bei vielen Kritikern hohes Lob geerntet, so daß die winzige Produktion innerhalb von Stunden ausverkauft ist. Die Weine sind großartig mit sehr konzentrierter Frucht und genug Tanninen, daß man den Wein kauen kann, ohne aber von ihnen versengt zu werden. Beste Jahrgänge: 1994 93 **92 91 90 89 88 87.**

CH. LÉOVILLE-BARTON ★★★ *St-Julien AC, 2ème Cru Classé, Haut-Médoc, Bordeaux, Frankreich* Dieser exzellente Rotwein wird von Anthony Barton erzeugt, dessen Familie das Gut in SAINT-JULIEN seit 1821 führt. Ein Hochgenuß für Traditionalisten: dunkel, trocken und tanninreich. Jung sind die Weine schwierig zu probieren und werden deshalb oft unterschätzt, doch im Laufe von zehn bis fünfzehn Jahren erreichen sie eine schlanke, aber sinnlich proportionierte klassische Schönheit, wie man sie in Bordeaux selten findet. Zudem sind die Preise äußerst fair. Beste Jahrgänge: (1996) (95) 94 93 90 89 88 86 **85 82 81 78.**

CH. LÉOVILLE-LAS-CASES ★★★ *St-Julien AC, 2ème Cru Classé, Haut-Médoc, Bordeaux, France* Das größte der drei Léoville-Güter und wahrscheinlich heute der aufregendste aller SAINT-JULIEN-Weine. Da das Gut ein direkter Nachbar des berühmten LATOUR ist, sind sich die Weine ein wenig ähnlich. Seit 1975 stellt Las-Cases Weine von verblüffend tiefer, dunkler Konzentration her. Wenn der Wein aus einem guten Jahrgang stammt, braucht er 15 Jahre und sollte bis zu 30 Jahren altern können. Zweitwein: Clos du Marquis. Beste Jahrgänge: (1996) (95) 94 93 90 89 88 86 **85 83 82 81 79 78 75.**

CH. LÉOVILLE-POYFERRÉ ★★ *St-Julien AC, 2ème Cru Classé, Haut-Médoc, Bordeaux, Frankreich* Bis vor relativ kurzer Zeit war dies das schlechteste der drei Léoville-Güter. In den 80er Jahren gab es eine deutliche Verbesserung mit einer Reihe hervorragender Weine, die unter Didier Cuvelier erzeugt wurden. Er hat schrittweise den Reichtum des Weins erhöht, ohne von seinem strengen Stil abzuweichen. Seit dem 86er nähern sich diese Weine dem Spitzenniveau. Sie brauchen acht bis zehn Jahre, bis sie sich entfalten. Zweitwein: Moulin-Riche. Beste Jahrgänge: (1996) (95) 93 90 89 **86 85 83 82.**

DOMAINE LEROY *Vosne-Romanée, Côte de Beaune, Burgund, Frankreich* 1988 kaufte Lalou Bize-Leroy die frühere Domaine Noëllat in VOSNE-ROMANÉE und benannte sie in Domaine Leroy um. Hier erzeugt sie einige verteufelt teure, aber wunderbar konzentrierte Weine mit biologischen Anbaumethoden und fast lächerlich niedrigen Erträgen in Spitzenlagen wie CLOS DE VOUGEOT★★, RICHEBOURG★★★ und ROMANÉE-SAINT-VIVANT★★. Beste Jahrgänge: 1995 93 **92** 91 90 **89** 88.

MAISON LEROY *Auxey-Duresses, Burgund, Frankreich* Ein Weinhändler, der seinen Sitz im abgelegenen AUXEY-DURESSES hat. Leroy ist auch Mitbesitzer der Domaine de la ROMANÉE-CONTI, obwohl er nichts mehr mit dem Vertrieb der Weine zu tun hat. Sein eigener Keller jedoch enthält eine Reihe von außerordentlicher Schätzen, die oft furchtbar teuer sind und bis in die Frühzeit dieses Jahrhunderts zurückreichen. Beste Jahrgänge: **1971 59 49 47 45 37.**

LIEBFRAUENMILCH *Pfalz, Rheinhessen, Nahe und Rheingau, Deutschland* Eine Markenbezeichnung für einen Verschnittwein aus den Anbaugebieten PFALZ, RHEINHESSEN, NAHE oder RHEINGAU, der zu 70 % aus Riesling, Silvaner, Müller-Thurgau oder Kerner hergestellt sein muß. Liebfrauenmilch ist ein lieblicher (bis süßer), säurearmer Wein, den man gut außerhalb von Mahlzeiten trinken kann. Im besten Fall ist er ein gut gebauter kommerzieller Wein, der Anklang bei unerfahrenen Weintrinkern findet. In den 80er Jahren spielte er eine sehr wichtige Rolle dabei, Millionen von Verbrauchern zum Wein hinzuführen, aber seitdem hat er ein gnadenloses Billigpreis-Image. Beste Erzeuger: Sichel (Blue Nun), Valckenberg (Madonna).

LIGURIA (LIGURIEN) *Italien* Ein schmaler Küstenstreifen in Nordwestitalien, der von der französischen Grenze bei Ventimiglia bis zur Grenze der Toskana reicht. Die bekanntesten ligurischen Weine sind RIVIERA LIGURE DI PONENTE, CINQUETERRE und ROSSESE DI DOLCEACQUA (jeweils DOC).

LIMOUX AC *Languedoc, Frankreich* Die erste AC im Languedoc, in der die Erzeuger Chardonnay und Chenin Blanc verwenden dürfen, die aber im Eichenholzfaß vinifiziert werden müssen. Die Produktion wird von der Genossenschaft SIEUR D'ARQUES beherrscht, deren beste Weine, Tocques et Clochers★, bei der alljährlich für wohltätige Zwecke durchgeführten Versteigerung hohe Preise erzielen.

LINDEMANS *Murray River, Victoria, Australien* Große, historisch bedeutsame Firma, die heute zu Southcorp Wines Pty Ltd. gehört. Die besten Weine sind altmodische Weine aus dem HUNTER VALLEY: Shiraz★★ (»Burgundy« und Steven Vineyard), Chardonnay★★ und Sémillon★★★ (auf dem Etikett als »Chablis«, »White Burgundy« und Sémillon bezeichnet!). Es gibt auch drei gute Rotweine aus COONAWARRA: einen eleganten St George Cabernet★, einen würzigen Limestone Ridge Shiraz-Cabernet★★ und einen aus mehreren Rebsorten hergestellten Wein namens Pyrus★. PADTHAWAY Chardonnay ist nicht mehr der große Star, der er einmal war, aber ein neues Spitzentrio von Weißweinen aus Coonawarra kam 1995 auf den Markt, ein Chardonnay, ein Riesling★ und ein Sauvignon★. Der für den Massenmarkt bestimmte Bin 65 Chardonnay★ ist ein Wegbereiter für preisgünstige australische Chardonnays im Ausland. Beste Jahrgänge: (Hunter Shiraz) 1993 **91 87 86 83 82 80 79 73 70 65;** (Sémillon) 1996 95 93 91 **90 89 87 86 80 79 78 75 72 70 68;** (Coonawarra-Rotweine) 1994 93 **91 90 88 86 85 82.**

LINGENFELDER *Großkarlbach, Pfalz, Deutschland* Rainer Lingenfelders Talent ist unbestritten, aber seit 1994 hat es beunruhigende Qualitätsprobleme gegeben. Im Idealfall ist die trockene Großkarlbacher Burgweg Spätlese★★ spritzig und aromatisch, während die 92er Freinsheimer Spätlese★★ ein Grapefruit-, Ananas- und Aprikosenaroma entfaltet. Sein Spätburgunder★★ gehört zu den besten deutschen Rotweinen (der 89er hatte einen reichen Kakao- und Himbeergeschmack, während der 91er enttäuschte). Er macht auch einen hervorragenden Dornfelder★. Die Krönung ist sein himmlischer Riesling, insbesondere sein 89er Freinsheimer Goldberg★★★. Beste Jahrgänge: **1993 91 90 89 88 83.**

JEAN LIONNET *Cornas, Rhônetal, Frankreich* Jean Lionnet erzeugt dichte, tanninreiche CORNAS-Weine ★★ in einem recht modernen Stil. Die Betonung liegt hier auf dem Ausbau in neuen Eichenholzfässern, so daß die Weine in der Jugend verschlossen erscheinen können. Sie verdienen es, daß man sie sechs bis sieben Jahre lagert, insbesondere bei seiner Domaine de Rochepertuis★★. Lionnet produziert auch eindrucksvolle COTES DU RHONE★★ von seinen jüngeren Rebstöcken in Cornas sowie etwas weißen SAINT-PÉRAY. Beste Jahrgänge: (1996) 95 94 **91 90 89 88 85 83.**

LIRAC AC *Rhônetal, Frankreich* Eine hervorragende, aber unterbewertete AC zwischen TAVEL und CHATEAUNEUF-DU-PAPE. Die Rotweine besitzen die staubtrockene, würzige Fruchtigkeit eines Châteauneufs, ohne ihre Intensität ganz zu erreichen. Sie können gut altern, schmecken aber jung köstlich. Der Rosé ist erfrischend und zeigt eine angenehme Erdbeerfrucht. Der Weißwein kann ebenfalls gut sein. Beide sollten jung getrunken werden, bevor der Duft schwindet. Beste Erzeuger: Aquéria★, Assémat, Devoy, Fermade, la Genestière, Maby★, la Morduréc★, St-Roch, Ségriès, la Tour. Beste Jahrgänge: **1995 94 91 90.**

LISTEL *Golfe de Lion, Languedoc, Frankreich* Listel ist am bekanntesten für seinen Gris de Gris (einen recht langweiligen Rosé), seinen Brut de Listel, einen ebenso langweiligen Schaumwein, und seinen Pétillant de Listel, einen süßen, traubigen Perlwein. Interessanter sind die Sortenweine, vor allem Sauvignon und Cabernet Sauvignon. Gehört heute zur Gruppe VAL D'ORBIEU.

LISTRAC-MÉDOC AC *Haut-Médoc, Bordeaux, Frankreich* Listrac, einige Kilometer von der Gironde entfernt und abseits der besten Kieskuppen, ist eine der sechs speziellen ACs innerhalb des HAUT-MÉDOC. Die Weine können gut sein, sind aber nie aufregend; gekennzeichnet sind sie durch eine solide Fruchtigkeit, eine leicht rauhe Gerbsäure und einen erdigen Geschmack. Beste Erzeuger: CLARKE, Ducluzeau, Fonréaud, Fourcas-Dupré, Fourcas-Hosten, Fourcas-Loubaney, Gen. Grand Listrac, Mayne-Lalande, Saransot-Dupré. Beste Jahrgänge: (1996) (95) **90 89 88 86 85 83.**

LOCOROTONDO DOC *Apulien, Italien* Frische, trockene Weißweine mit Nußgeschmack aus dem Süden, die man jung trinken sollte. Beste Erzeuger: Borgo Canale, Candido, Leone Castris, Gen. Locorotondo.

LOIRETAL *Frankreich* Die Loire fließt mitten durch Frankreich. Die Anbaugebiete an der oberen Loire sind die Heimat der weltberühmten Weine SANCERRE und POUILLY-FUMÉ. Die Touraine erzeugt gute Sauvignon Blancs, während in VOUVRAY und MONTLOUIS Chenin Blanc einige recht gute weiße Schaum- und Stillweine hervorbringt, die von süß bis sehr trocken reichen. Die besten Rotweine der Loire werden in SAUMUR-CHAMPIGNY, CHINON und BOURGUEIL hauptsächlich aus Cabernet Franc hergestellt, aber die ANJOU-VILLAGES werden rasch besser. Anjou ist berühmt für seinen ROSÉ D'ANJOU, aber die besten Weine sind Weißweine, entweder süße Weine aus dem Layontal oder sehr trockene Chenins aus SAVENNIERES. In der Nähe der Mündung, rund um Nantes, wird MUSCADET erzeugt. Offiziell wird das Weinbaugebiet der Loire als »Val de Loire« (Loiretal) bezeichnet. Siehe auch Anjou Blanc, Anjou Mousseux, Anjou Rouge, Bonnezeaux, Cabernet d'Anjou, Châteaumeillant, Cheverny, Côte Roannaise, Coteaux de l'Aubance, Coteaux du Layon, Côte Roannaise, Crémant de Loire, Gros Plant du Pays Nantais, Haut-Poitou, Jardin de la France, Menetou-Salon, Muscadet Côtes de Grand Lieu, Muscadet des Coteaux de la Loire, Muscadet de Sèvre-et-Maine, Pouilly-sur-Loire, Quarts de Chaume, Quincy, Rosé de Loire, Saint-Nicolas-de-Bourgueil, Saumur, Saumur Mousseux, Touraine, Touraine-Mousseux.

LOMBARDIA (LOMBARDEI) *Italien* Die Lombardei, die reichste und am dichtesten besiedelte aller italienischen Regionen, verbraucht mehr Wein, als sie selbst produziert. Ihre Hauptstadt Mailand trinkt riesige Mengen Wein aus den DOC-Anbauzonen OLTREPO PAVESE und FRANCIACORTA sowie eine Reihe von

Weinen, die aus Frankreich eingeführt werden. Ein Großteil der besten Trauben der Lombardei liefert Grundweine für Italiens blühende Spumante-Industrie. Doch einige interessante Weine werden in Oltrepò Pavese, VALTELLINA und LUGANA erzeugt, hochwertige Schaum- und Stillweine in FRANCIACORTA.

LONGUICH *Mosel, Deutschland* Man sollte sich vor dem Lagenwein Longuicher Probstberg hüten: ein billiger Wein ohne Charakter. Statt dessen sollte man Weine von qualitätsbewußten Erzeugern des Ortes auswählen, die elegante, nicht trockene Rieslinge, insbesondere in der Reblage Maximiner Herrenberg, herstellen. Bester Erzeuger: Schmitt-Wagner★.

DR. LOOSEN *Bernkastel, Mosel, Deutschland* St. Johannishof, das Weingut Dr. Loosen, besitzt Weinberge in einigen der berühmtesten Lagen an der Mosel: Treppchen und Prälat in ERDEN, Würzgarten in ÜRZIG, Sonnenuhr in WEHLEN, Himmelreich in GRAACH und Lay in BERNKASTEL. Seitdem der junge Ernst Loosen das Gut 1988 übernommen hat, verbessert sich die Qualität immer mehr: Die meisten der Weine erreichen heute ★★, Spätlesen und Auslesen aus Wehlen, Ürzig und Erden häufig ★★★. Loosen ist einer der entschiedensten Befürworter von biologischen Anbaumethoden. Sein einfacher Riesling ist Jahr für Jahr sehr gut. Beste Jahrgänge: 1996 95 **94 93 92 90 89 88 85 76.**

LÓPEZ DE HEREDIA *Rioja DOC, Rioja, Spanien* Eine bezaubernd altmodische RIOJA-Firma in Familienbesitz, die ihre Weine immer noch lange Zeit in alten großen Eichenholzfässern ausbaut. Die Rotweine und die traditionellen, holzbetonten Weißweine sind ausgezeichnet. Die jüngeren Weine heißen Viña Cubillo★ und Viña Bosconia★, die reifen Weine Viña Tondonia★ und Viña Bosconia. Beste Jahrgänge: (Rotweine) **1991 90 89 87 86 85 78 76 73.**

LORCH *Rheingau, Deutschland* Im äußersten Osten des Rheingaus gelegen, befindet sich Lorch buchstäblich im Schatten seiner berühmteren Nachbarn; aber trotzdem erzeugt es frische, trockene Rieslinge, die ein besseres Preis-Leistungs-Verhältnis als die meisten Weine dieser Region bieten. Bester Erzeuger: Graf von Kanitz.

LOS LLANOS *Valdepeñas DO, Kastilien-La Mancha, Spanien* Eine riesige, tadellos saubere und gut ausgerüstete Kellerei in Zentralspanien, die bekannt ist für ihren preisgünstigen, reifen, in Eichenholzfässern ausgebauten Rotwein Señorío de Los Llanos★, der als Reserva und als Gran Reserva auf den Markt kommt. Beste Jahrgänge: (Rotweine) **1992 87 85 84 83 82.**

CH. LOUDENNE *Médoc AC, Cru Bourgeois, Bordeaux, Frankreich* Dieses hübsche rosa Château am Ufer der Gironde ist seit 1875 im Besitz der englischen Firma Gilbeys. Die Weine, sowohl Rot- wie auch Weißweine, sind in einem milden Stil gehalten, aber zumeist fehlt es ihnen an erregendem Charakter. Die letzten Jahrgänge sind etwas charaktervoller. Beste Jahrgänge: (1996) (95) **90 89 88 86.**

LOUISVALE *Stellenbosch WO, Südafrika* Chardonnay, die einzige auf diesem Weingut angebaute Rebsorte, wird in drei Varianten erzeugt: Eine im Holzfaß vergorene Version★, die durch einen reichhaltigen, an Butter und Biskuits erinnernden Geschmack und die Ausgewogenheit des Holztons beeindruckt; Chavant (kurze Zeit im Holzfaß ausgebaut) und Chavant (nicht faßgereift) vervollständigen das Angebot. Der beste unter den Rotweinen, die aus angekauften Trauben hergestellt werden, ist der dichte, würzig-minzige Cabernet-Merlot★.

LOUPIAC AC *Bordeaux, Frankreich* Ein Anbaugebiet für Süßweine auf dem rechten Ufer der Garonne, gegenüber von BARSAC. Diese Weine sind von reizvoller Süße, ohne pappig zu schmecken. Man sollte sie jung trinken, obwohl sie altern können. Beste Erzeuger: du Chay, Clos Jean, du Cros, Loupiac-Gaudiet, Mazarin, Dom. du Noble, de Ricaud. Beste Jahrgänge: (1996) **95 90 89 88 86 85 83.**

CH. LA LOUVIÈRE *Pessac-Léognan AC, Bordeaux, Frankreich* Eines der aufstrebenden Weingüter von GRAVES. Sein wachsendes Ansehen verdankt es fast ausschließlich André Lurton, der das Gut im Laufe der letzten 30 Jahre zu neuem Leben erweckt hat. Die gutgebauten Rotweine★★ und die frischen, vorwiegend aus Sauvignontrauben erzeugten Weißweine★★ bieten einen ausgezeichneten Gegenwert für das Geld, das sie kosten. Beste Jahrgänge: (Rotweine) (1996) (95) 94 93 **90 89 88 86 85;** (Weißweine) (1996) **95 94 90 89 88.**

LUGANA DOC *Lombardei, Italien* Ein mittelgewichtiger Weißwein aus der Rebsorte Trebbiano di Lugana. Gut strukturierte Weine von den besseren Erzeugern können sich im Laufe mehrerer Jahre aufregend entwickeln. Beste Erzeuger: Ca' dei Frati★★, Premiovini, Provenza, Roveglia★, Visconti★, Zenato.

PIERRE LUNEAU *Muscadet de Sèvre-et-Maine AC, Loiretal, Frankreich* Penibler Muscadeterzeuger, der sich auf langlebige, nicht faßgereifte Muscadets spezialisiert hat. Sein Spitzenwein Le »L« d'Or★★ altert hervorragend; seine in Holzfässern vergorenen Weine sind zwar interessant, fallen aber beunruhigend wechselhaft aus.

LUNGAROTTI *Torgiano DOC, Umbrien, Italien* Führender Erzeuger von TORGIANO. Er macht auch einen sehr guten roten San Giorgio★★ (Cabernet-Sangiovese) sowie weiße Torgiano- und Chardonnayweine Miralduolo und Vigna Palazzi★ und sogar einen guten Wein im Sherry-Stil namens Solleone. Sein Torgiano Reserva Rubesco★★ ist jetzt als DOCG eingestuft.

LUSSAC-SAINT-ÉMILION AC *Bordeaux, Frankreich* Eine der sogenannten Satelliten-ACs von SAINT-ÉMILION. Ein Großteil des Weins, der wie ein leichterer Saint-Émilion schmeckt, wird von der örtlichen Genossenschaft hergestellt und sollte in den ersten vier Jahren nach der Lese getrunken werden. Aber einige Güter sind es wert, daß man sie speziell aussucht. Beste Erzeuger: Barbe-Blanche★, Bel-Air, Courlat, Croix-de-Rambeau, la Grenière, Haut-Milon, Lyonnat, Vieux-Château-Chambeau, Villadière. Beste Jahrgänge: 1996 **95 90 89 88.**

EMILIO LUSTAU *Jerez y Manzanilla DO, Andalusien, Spanien* Emilio Lustau ist darauf spezialisiert, Supermärkte mit eigenen »Markenweinen« zu versorgen. Die Qualität ist in der Regel gut. Es gibt sogar einige echte Stars im oberen Bereich des Angebots, insbesondere die Almacenista-Reihe★★, sehr individuelle trockene Sherrys von kleinen Privaterzeugern.

CH. LYNCH-BAGES★★★ *Pauillac AC, 5ème Cru Classé, Haut-Médoc, Bordeaux, Frankreich* Ich bin ein großer Fan von Lynch-Bages, der mit seinem fast üppigen Reichtum, seinem geschmeidigen Körper und seinem überschäumenden, an Butter, schwarze Johannisbeeren und Minze erinnernden Geschmack heute einer der beliebtesten Weine von PAUILLAC ist. Wegen seiner Einstufung als 5ème Cru lag der Preis oft unter Wert. Heute kann ich das nicht mehr sagen, aber er ist immer noch ein ausgezeichneter Kauf. Der Wein ist eindrucksvoll mit fünf Jahren, schön mit zehn und unwiderstehlich mit 20 Jahren. Zweitwein: Haut-Bages-Avérous. Weißwein: Blanc de Lynch-Bages★★. Beste Jahrgänge: (Rotweine) (1996) (95) 94 90 89 88 **87** 86 **85 83 82 81.**

MACÉRATION CARBONIQUE, *Kohlensäuremaischegärung* Vinifizierungsmethode, die hauptsächlich im BEAUJOLAIS, aber immer häufiger auch in Südfrankreich und im Loiretal verwendet wird, um frische, fruchtige Rotweine zu erzeugen, die man jung trinkt. Die Trauben werden dabei nicht entrappt und zerquetscht, sondern möglichst unbeschädigt in geschlossenen Tanks vergoren, wodurch viel Fruchtigkeit und Farbstoff, aber wenig Tannin herausgezogen wird.

MÂCON AC *Mâconnais, Burgund, Frankreich* Die Grundappellation des Mâconnais, aber die meisten Weißweine kommen unter der höheren AC MACON-VILLAGES auf den Markt. Die Weine schmecken selten aufregend. Vor allem Mâcon Blanc, der aus Chardonnaytrauben hergestellt wird, ist ein ziemlich teurer Trinkwein. Sollte jung getrunken werden. Mâcon Supérieur hat einen leicht höheren Alkoholgehalt. Beste Erzeuger: Bertillonnes. Bruyère, DUBŒUF. Beste Jahrgänge: **1996 95.**

MÂCON-VILLAGES AC *Mâconnais, Burgund, Frankreich* Mâcon-Villages sollte eigentlich ein angenehm fruchtig-frischer, nicht zu teurer Weißwein für den Alltag sein, aber da er von der Chardonnaytraube stammt, sind die Weine häufig überteuert. 43 Dörfer im Mâconnais dürfen ihren Wein Mâcon-Villages nennen oder ihren eigenen Namen hinzusetzen, wie beispielsweise in Mâcon-Viré. Die besten Dörfer sind: Chardonnay, Chaintré, Charnay, Clessé, Devayé, Igé, Lugny, Prissé, la Roche Vineuse, St-Gengoux-de-Scissé, Uchizy, Viré. Beste Erzeuger: Bonhomme★, de Chervin, Gen. Clessé, Deux Roches, Manciat-Poncet, Merlin★, Gen. Prissé, de Roally, Gen. St-Gengoux, Thévenet★★, Tissier, Valette, Verget★, Vincent★, Gen. Viré. Beste Jahrgänge: 1996 **95 94 93.**

MACULAN *Breganze DOC, Venetien, Italien* Fausto Maculan erzeugt eine eindrucksvolle Reihe von Weinen der DOC BREGANZE, angeführt von Cabernet Fratta★★ und Palazzotto★★, sowie exzellente Rotweine aus den Ferrata-Weinbergen, die nicht als DOC eingestuft sind; doch seine beeindruckendsten Weine sind die süßen Weine Torcolato★★ und Acininobili★★★, die aus edelfaulen Vespaiolatrauben hergestellt werden.

MADEIRA DOC *Madeira, Portugal* Die subtropische Insel ist ein unwahrscheinlicher Ort für einen seriösen Wein. Doch Madeiras sind tatsächlich sehr seriöse Weine; die besten können sehr alt werden. Madeira war im 17. Jahrhundert international berühmt, aber der moderne Madeira wurde von der Reblausinvasion geprägt, die vor 100 Jahren die Weinberge vernichtete. Bei der Wiederbestockung verwendete man Hybriden, die eine schlechtere Qualität als die traditionellen »edlen« Rebsorten Malvasia (oder Malmsey), Boal (oder Bual), Verdelho und Sercial besaßen. Heute gibt es Anstöße, die Weinberge mit Edelreben neu zu bepflanzen, aber der Fortschritt zeigt sich nur langsam. Der typische, an Verbranntes erinnernde, pikante Beigeschmack des Madeira rührt davon her, daß der junge Wein in riesigen Behältern erwärmt wird. Die besseren Weine reifen ganz natürlich in der subtropischen Wärme. Alle Weine werden frühzeitig aufgespritet und können dann mit konzentriertem Traubensaft gesüßt werden, bevor sie auf Flaschen abgefüllt werden. Einfacher dreijähriger Madeira wird zumeist aus Tinta Negra Mole hergestellt, während höherwertige Reserves (fünf Jahre alt), Special Reserves (zehn Jahre alt) und Vintage-Weine (aus einem einzigen Jahrgang, 20 Jahre im Faß gereift) zumeist aus einer der vier »edlen« Rebsorten produziert werden. Aufgrund der europäischen Etikettierungsvorschriften muß jeder Wein mit einer Sortenbezeichnung aus der auf dem Etikett angegebenen Rebsorte erzeugt sein. Der beste Madeira kann sehr alt werden, aber solche Weine sind heutzutage selten. Beste Erzeuger: Artur Barros e Souza, MADEIRA WINE COMPANY (Blandy's, Cossart Gordon), Henriques & Henriques, d'Oliveira.

MADEIRA WINE COMPANY *Madeira DOC, Madeira, Portugal* Die Firma verkauft über die Hälfte aller Madeiras, die in Flaschen exportiert werden. Zu ihren Markennamen gehören Blandy's, Cossart Gordon, Leacock, Lomelino und Rutherford & Miles. Die Firma wird jetzt von der Familie Symington auf dem Festland kontrolliert. Große Verbesserungen vollziehen sich, insbesondere bei den drei und fünf Jahre alten Weinen.

MADIRAN AC *Südwestfrankreich* In den sanften Vic-Bilh-Hügeln nördlich von Pau hat eine stetige Renaissance der AC Madiran stattgefunden, weil die Winzer Möglichkeiten entdeckt haben, um die schwierige Tannatrebe erfolgreich zu nutzen. Einige der besten Erzeuger verwenden jetzt neue Eichenholzfässer, was sicherlich hilft, den recht aggressiven Wein milder zu machen. Beste Erzeuger: Aydie★, Barréjat, Bouscassé★★, Caves de Crouseilles★, Chapelle-Lenclos★, Laffitte-Teston★, MONTUS★★, Mouréou★, Union des Producteurs PLAIMONT. Beste Jahrgänge: 1995 **94 93 92 90 89 88 85.**

CH. MAGDELAINE★★ *St-Émilion Grand Cru AC, 1er Grand Cru Classé, Bordeaux, Frankreich* Im Besitz der qualitätsbewußten Firma MOUEIX. Es handelt sich um dunkle, reichhaltige, aggressive Weine, die jedoch viel üppige Frucht und eine würzige Eichenholznote besitzen. In leichteren Jahrgängen zeigt der Weine eine überströmende, leicht zugängliche, zarte Frucht und kann mit fünf bis zehn Jahren getrunken werden. Beste Jahrgänge: (1996) (95) 94 90 89 **88 86 85 83 82 75.**

MAIPO-TAL *Chile* Der Geburtsort der chilenischen Weinindustrie und die Weinbauregion, die am nächsten bei der Hauptstadt Santiago de Chile liegt. Cabernet Sauvignon ist die beherrschende Rebsorte in diesem Tal; die meisten der teuersten Weine Chiles tragen auf ihrem Etikett den Namen Maipo. Ein guter Chardonnay wird in Weinbergen in der Nähe der Anden erzeugt. Beste Erzeuger: CANEPA★, CARMEN★★, CONCHA Y TORO★★.

MÁLAGA DO *Andalusien, Spanien* Málaga ist eine merkwürdige Mischung aus süßem Wein, Alkohol und Mosten (von denen einige erwärmt und konzentriert, einige aufgespritet und einige aus sonnengetrockneten Trauben hergestellt werden). Die Produktion ist rückläufig. Im allgemeinen sind auf dem Etikett die Farbe und der Süßungsgrad angegeben. Die besten Málagas besitzen einen intensiven Geschmack, der an Nüsse, Rosinen und Karamel erinnert. Der traditionsbewußte, vielbewunderte Hersteller Scholtz Hermanos stellte 1996 seine Produktion ein. Bester Erzeuger: Larios.

CH. MALARTIC-LAGRAVIÈRE★ *Pessac-Léognan AC, Cru Classé de Graves, Bordeaux, Frankreich* Einer der wenigen Crus Classés von GRAVES, dessen Ansehen auf seinem Weißwein beruht (obwohl der Rotwein ebenfalls gut ist und wunderschön altert). Die winzige Menge Weißwein★ wird ausschließlich aus Sauvignon Blanc erzeugt. Nach drei bis vier Jahren entwickelt er sich zu einem wirklich hübschen Wein mit Nußgeschmack. Beste Jahrgänge: (Rotweine) (1996) (95) **89 88 85 83 82 81 78**; (Weißweine) (1996) **95 94**.

MALVASIA Diese Rebsorte, die in Italien häufig angebaut wird, findet man in vielerlei Spielarten, sowohl als Weißwein- wie auch als Rotweintraube. Im Friaul ist sie unter dem Namen Malvasia Istriana bekannt und erzeugt feste, duftige Weine, die viel Charme besitzen, während sie in der Toskana, Umbrien und im übrigen Mittelitalien verwendet wird, um Verschnittweine wie ORVIETO und FRASCATI zu verbessern. Auf den italienischen Inseln benutzt man die Malvasiatraube für die Produktion von reichhaltigen, süßen Weinen: in Bosa und Cagliari (auf Sardinien) sowie auf Lipari vor der Küste von Sizilien, wo man aus ihr wirklich köstliche, nach Aprikosen schmeckende süße Weine macht. Als dunkle Traubensorte Malvasia Nera wird sie im südlichen Apulien mit Negroamaro verschnitten, während im Piemont eine Verwandte mit blasserer Schale leichte, schäumende Rotweine in Castelnuovo Don Bosco, vor den Toren von Turin, hervorbringt. Spielarten der Malvasiarebe wachsen auch in Spanien und auf dem portugiesischen Festland. Auf der Insel Madeira bringt sie einen süßen gespriteten Sortenwein hervor, der oft auch mit seinem englischen Namen Malmsey bezeichnet wird.

LA MANCHA DO *Kastilien-La Mancha, Spanien* Die riesige Hochebene der zentralspanischen Meseta ist das größte abgegrenzte Weinbaugebiet Europas. Die Weißweine fallen nie aufregend aus (weil die vorherrschende Rebsorte Airén wenig Charakter besitzt), aber heutzutage sind sie oft frisch, fruchtig und reizvoll. Die Rotweine, die aus Cencibel (Tempranillo) ohne die traditionelle Beimischung weißer Trauben hergestellt werden, können leicht und fruchtig oder gehaltvoller sein; manchmal werden sie mit etwas Cabernet Sauvignon verschnitten. Neue DO-Bestimmungen von 1995 erlauben die in hohem Maße notwendige künstliche Bewässerung die Anpflanzung neuer Rebsorten, darunter Ciura, Chardonnay und Merlot. Immer noch gibt es viele rauhe Weine im altmodischen Stil, aber der Fortschritt geht rasch voran. Beste Erzeuger: Casa de la Viña, Fermin Ayuso Roig (Viña Q, Estola), Gen. Nuestra Señora de la Cabeza (Casa Gualda), Gen. Nuestra Señora de Manjavacas, Rodriguez y Berger (Viña Santa Elena★), Julian Santos Aguado (Don Fadrique), Torres Filoso (Arboles de Castillejo★), Vinícola de Castilla (Castillo de Alhambra, Señorío de Guadianeja★).

MANZANILLA Siehe Jerez y Manzanilla DO.

MARANGES AC *Côte de Beaune, Burgund, Frankreich* Eine 1989 geschaffene AC, die die wenig gebrauchten Appellationen Cheilly, Dezize und Sampigny an der südlichen Côte de Beaune umfaßt. Die Weine sind recht reizvoll in einem leichten Stil, aber viele Winzer verkaufen sie weiterhin als COTE DE BEAUNE-VILLAGES. Beste Erzeuger: Jean-Claude Bachelet, Charleux, Contat-Grange, DROUHIN, Duchemin, Nouveau. Beste Jahrgänge: (Rotweine) 1995 **93 92 90**.

MARCHE (MARKEN) *Italien* Diese Region an der Adria erzeugt gute weiße VERDICCHIOS und Rotweine aus den Rebsorten Montepulciano und Sangiovese, angeführt von ROSSO CONERO und ROSSO PICENO, die ausgezeichnet sein können.

MARCILLAC AC *Südwestfrankreich* Kräftige, trockene Rotweine (und ein wenig Rosé), die vorwiegend aus der lokalen Rebsorte Fer erzeugt werden. Die Rotweine sind rustikal, aber voller Frucht und sollten mit zwei bis fünf Jahren getrunken werden. Beste Erzeuger: Gen. Marcillac-Vallon, Philippe Teulier.

MARGARET RIVER *Westaustralien* Die erste australische Region, die Ende der 60er Jahre mit wissenschaftlicher Beratung bestockt wurde. Sie erwarb sich rasch einen Namen als führendes Anbaugebiet für Cabernet Sauvignons, mit wunderbar tiefen, strukturierten Weinen, die manchmal an einen Cru Classé aus Bordeaux erinnern. Jetzt ist Chardonnay, konzentriert und opulent, vermutlich die Meisterleistung, aber es gibt auch einen feinen, grasigen Sémillon, einen tropischen Sauvignon Blanc und einen würzigen Verdelho. Beste Erzeuger: CAPE MENTELLE★★, CULLENS★★, EVANS & TATE★, LEEUWIN ESTATE★★★ (Chardonnay), MOSS WOOD★★, PIERRO★★★ (Chardonnay), VASSE FELIX★★.

MARGAUX AC *Haut-Médoc, Bordeaux, Frankreich* Zentrum der Appellation ist das Dorf Margaux, aber die AC umfaßt auch Soussans sowie Cantenac, Labarde und Arsac im Süden. Die Kiesbänke, die sich durch die Weingärten ziehen, haben zur Folge, daß die Weine selten schwer sind und einen himmlischen Duft entfalten sollten, wenn sie sieben bis zwölf Jahre reifen. Beste Erzeuger: (Crus Classés) Ferrière★★★, d'ISSAN★, LASCOMBES★★, MARGAUX★★★, PALMER★★, RAUZAN-SÉGLA★★★, du TERTRE★★; (andere Weine) d'ANGLUDET★★, Labégorce-Zédé, Monbrison★★, SIRAN★. Beste Jahrgänge: (1996) (95) 94 90 89 **88 86 85 83 82.**

CH. MARGAUX★★★ *Margaux AC, 1er Cru Classé, Haut-Médoc, Bordeaux, Frankreich* Der großartigste Wein im MÉDOC. Zwischen 1978 und 1990 erzeugte das Gut makellose Weine von einer Größe, wie sie ein MARGAUX nur je haben konnte. Jüngste Veränderungen in den Besitzverhältnissen dürften den Wein nicht beeinträchtigen, weil der einfallsreiche Önologe Paul Pontallier weiterhin für die Vinifizierung verantwortlich ist. Es gibt auch einen köstlichen Weißwein namens Pavillon Blanc, der aus Sauvignon Blanc hergestellt wird, aber er muß der bei weitem teuerste Wein sein, der unter der AC BORDEAUX verkauft wird. Zweitwein: (rot) Pavillon Rouge. Beste Jahrgänge: (Rotweine) (1996) (95) 94 93 90 89 88 86 **85 83 82 81 80 79 78;** (Weißweine) (1996) **95 94 90 89 88 86 85.**

MARLBOROUGH *Südinsel, Neuseeland* Marlborough hat so großen Erfolg als Anbaugebiet für Qualitätsweine, daß man sich heute kaum vorstellen kann, daß hier die ersten Reben erst 1973 angepflanzt wurden. Eine lange, kühle und relativ trockene Reifungsperiode und steinige Böden mit guter Entwässerung sind die entscheidenden Pluspunkte für den Weinbau. Der lebhafte, aromatische Sauvignon Blanc verschaffte der Region erstmals weltweite Berühmtheit. Chardonnays mit feinem Geschmack, stahlige Rieslinge, elegante, nach dem Champagner-Verfahren hergestellte Schaumweine und üppige Weine aus edelfaulen Trauben sind die anderen Erfolgsschlager. Beste Erzeuger: CELLIER LE BRUN, CLOUDY BAY★★, CORBANS★ (Stoneleigh), DELEGATS (Oyster Bay★), Fromm, Grove Mill, HUNTER'S★★, JACKSON ESTATE★★, MONTANA, NAUTILUS★★, Alan Scott, VAVASOUR★★, Wairau River, Whitehaven, Wither Hills.

MARNE ET CHAMPAGNE *Champagne AC, Champagne, Frankreich* Der zweitgrößte Produzent in der Champagne, ein Familienunternehmen, verkauft über 20 Millionen Flaschen unter Dutzenden von verschiedenen Marken. Am bekanntesten ist Alfred Rothschild, der in Frankreich am zweithäufigsten verkaufte Champagner.

MARQUÉS DE CÁCERES *Rioja DOC, Rioja, Spanien* Vorwärtsstrebende Kellerei im RIOJA-Gebiet, die frische, aromatische, moderne Weißweine★ und Rosés★ sowie fleischige, fruchtige Rotweine★ erzeugt; das Hauptgewicht liegt dabei auf der Reifung in der Flasche, nicht im Faß. Beste Jahrgänge: (Rotweine) **1993 92 91 90 89 87 85 82 78.**

MARQUÉS DE GRIÑÓN *Rioja DOC, Rioja und Rueda, DO Kastilien-León, Spanien* Carlos Falcó (der besagte Marqués de Griñón) hat sich von seinem Heimatgut in Malpica, in der Nähe von Toledo und Madrid, nach RUEDA und jetzt ins RIOJA ausgedehnt, nachdem er Anteile an seiner Firma an BERBERANA verkauft und mit dem riesigen Konzern eine Partnerschaft eingegangen ist. Zu dem minzigen Cabernet de Valdepusa★★ und dem roten Durius★ (ein Verschnitt von Trauben, die aus TORO und RIBERA DEL DUERO stammen) sind ein im Holzfaß vergorener Chardonnay und ein Syrah von seinem eigenen Gut, zwei rote Riojas der Marke Marqués de Griñón (ein junger Wein★ mit leichter Eichenholznote und eine Reserva★) sowie ein weißer Durius Ruedas Sauvignon hinzugekommen. Beste Jahrgänge: (Rotweine) **1995 94 93 92 91 90 89 86.**

MARQUÉS DE MONISTROL *Cava DO und Penedés DO, Katalonien, Spanien* Martini & Rossi besitzt diese schöne Kellerei. Der junge Brut Selección★ ist der frischeste und fruchtigste CAVA. Die weißen Stillweine, Blanc de Blancs★ und Blanc en Noirs★, sind gut; die Rotweine, die lange Zeit belanglos waren, haben durch die Hinzunahme eines jungen Merlot gewonnen. Man sollte die jüngsten Weine trinken, die erhältlich sind.

MARQUÉS DE MURRIETA *Rioja DOC, Rioja, Spanien* Die RIOJA-Bodega, die am gewissenhaftesten den traditionellen Stil der langen Reifung bewahrt. Ein sehr traditioneller Weinbaubetrieb, aber mit funkelnden Gärbehältern für Rotweine und einer kalifornischen Flaschenabfüllstraße. Murrietas jüngste Tat war es, mehr Weine unter seiner Marke Castillo Ygay★★ auf den Markt zu bringen, die prächtig verzierte Etiketten verwendet. Da es nicht mehr zwanzig Jahre dauert, bis diese Weine herauskommen, ist die Marke Marqués de Murrieta★ jetzt jüngeren Weinen vorbehalten. Die Weißweine haben noch immer einen einschüchternden Eichenholzton, während die Rotweine mit einer wohlschmeckenden, an Maulbeeren erinnernden Frucht vollgepackt sind. Beste Jahrgänge: (Rotweine) **1992 91 89 87 85 68 64;** (Weißweine) **1992 91 86 85 78.**

MARQUÉS DE RISCAL *Rioja DOC, País Vasco und Rueda DO, Kastilien-León, Spanien* Als die Familien, die die älteste Bodega von RIOJA besitzen, 1988 wieder die Leitung des Betriebs übernahmen, setzten sie einen ihrer eigenen Kellermeister ein: Francisco Hurtado de Amézaga, der für den ungeheuren Erfolg von Riscals Kellerei in RUEDA verantwortlich gewesen war. Alte, muffige Fässer wurden unmittelbar danach aussortiert; die klassischen beißenden Rotweine★★ tauchten wieder auf. Die teure, aus Cabernettrauben erzeugte Cuvée Baron de Chirel ist eine wichtige neue Errungenschaft. In Rueda führte die önologische Beratung durch Hugh RYMAN zu aromatischen Weißweinen★, die zunehmend aromatischer geworden sind. Beste Jahrgänge: (Rotweine) **1992 91 90 89.**

MARSALA DOC *Sizilien, Italien* Gespritete Weine, die heute zumeist für Pralinenfüllungen oder Saucen verwendet werden, aber früher einmal ebenso hoch geschätzt wurden wie ein Sherry oder ein Madeira. Wenn man einen alten Marsala Vergine (ungesüßt) probiert, der fein und komplex schmeckt, ahnt man den Grund dafür. Heute werden die meisten Marsalas gesüßt. Puristen würden behaupten, daß die Süßung die zarten Nuancen ruiniert, die der Grundwein zeigt, aber unter den Bedingungen der DOC-Bestimmungen bleibt diese Praxis für die Sorten Fine und Superiore bestehen. Beste Erzeuger: (Vergine) Florio★, Pellegrino sowie De Bartoli (VECCHIO SAMPERI★★ und Il Marsala Superiore★).

MARSANNAY AC *Côte de Nuits, Burgund, Frankreich* Ein Weinbauort, der fast zur Vorstadt von Dijon gehört. Am bekanntesten ist sein Rosé, der recht gefällig sein kann, aber etwas zu streng und trocken ausfällt. Der Rotwein entwickelt sich rasch zu einem der duftigsten Weine von Burgund, auch wenn er nie sehr voll ausfällt. Es gibt sehr wenig Weißwein, der jedoch trocken, nussig und gut ist. Beste Erzeuger: Bouvier, Charlopin, Bruno Clair★, Coillot, Collotte, Fougeray, JADOT, LABOURÉ-ROI★, Trapet. Beste Jahrgänge: (Rotweine) 1995 **93 90 88 85.**

MARSANNE Eine unterschätzte Rebsorte, die reiche Weine mit Nußgeschmack im nördlichen Rhônetal (HERMITAGE, CROZES-HERMITAGE, SAINT-JOSEPH und SAINT-PÉRAY) erzeugt und oft mit der lebhafteren Roussannetraube kombiniert wird. Sie wird auch in der Schweiz angebaut und gedeiht hervorragend in Australien (CHATEAU TAHBILK★★ und MITCHELTON★).

MARTINBOROUGH *Wairarapa, Nordinsel, Neuseeand* Ein mäßig kühles, trockenes Klima, gut entwässerte, unfruchtbare Böden und eine kompromißlose Qualitätspolitik sind die größten Habenposten dieser winzigen Region. Martinborough erzeugt einige von Neuseelands Spitzenweinen aus Pinot-Noir-Trauben, kann aber auch kraftvolle, komplexe Chardonnays, intensive, reife Cabernet-Sauvignon-Verschnitte, aromareiche, aber dennoch elegante Sauvignon Blancs und nach Honig schmeckende Rieslinge aus edelfaulen Trauben hervorbringen. Beste Erzeuger: ATA RANGI★★, Dry River★★, MARTINBOROUGH VINEYARD★★, PALLISER ESTATE★.

MARTINBOROUGH VINEYARD *Martinborough, Nordinsel, Neuseeland* Seit 1986 kommen viele der besten neuseeländischen Pinot Noirs aus dieser Kellerei, die jetzt viele Konkurrenten hat. Die Liebe des Weinmachers Larry McKenna mag dem Pinot Noir★★ gehören, aber er stellt auch eindrucksvolle Chardonnays★★, kräftige, würzige Rieslinge★ und – wenn es die Lesebedingungen erlauben – üppige Weine aus edelfaulen Trauben★★ her. Beste Jahrgänge: 1996 **94 91 90 89.**

MARTÍNEZ BUJANDA *Rioja DOC, País Vasco, Spanien* Familienbetrieb, der einige der besten »modernen« RIOJAS herstellt. Die Weiß- und Roséweine sind jung und frisch, die Rotweine★ sind voller Frucht *und* altern sehr gut. Beste Jahrgänge: (Rotweine) **1994 92 91 90 87 86 85.**

LOUIS M. MARTINI *Napa Valley, Kalifornien, USA* In den 80er Jahren veränderten sich die Weine dieser geachteten Kellerei von einem tiefen, reichhaltigen zu einem relativ leichten, jedoch gefälligen und billigen Stil. Vor kurzem verlegte sich die Kellerei auf konzentriertere Weine aus Einzellagen und Reserve-Abfüllungen, bisher mit gemischten Ergebnissen. Der Monte Rosso Cabernet Sauvignon★ kann sehr gut sein, während die Chardonnays hübsch ausfallen. Ein preisgünstiger Carneros Pinot Noir ist köstlich.

MARTINSTHAL *Rheingau, Deutschland* Der unmittelbar neben dem berühmten RAUENTHAL gelegene Weinbauort erzeugt mittelschwere, würzige Rieslinge, die ein für diese Region kaum zu überbietendes Preis-Leistungs-Verhältnis bieten. Beste Erzeuger: J. B. Becker★, Diefenhart. Beste Jahrgänge: 1995 **93 92 90 89.**

MARZEMINO Diese rote Traubensorte im norditalienischen TRENTINO bringt korpulente, würzige Rotweine von tiefer Farbe hervor, die man am besten innerhalb von drei bis fünf Jahren trinken sollte. Beste Erzeuger: Bossi Fedrigotti, Casata Monfort, Letrari★, Spagnolli★, De Tarczal★, Vallarom★.

MAS DE DAUMAS GASSAC *Vin de Pays de l'Hérault, Languedoc, Frankreich* Der überschwengliche Aimé Guibert ist der bekannteste Erzeuger im Languedoc, weil er bewiesen hat, daß das HÉRAULT, das normalerweise mit billigem Tafelwein verknüpft wird, fähig ist, große Rotweine hervorzubringen, die in der Flasche reifen können. Der Rosé ist langweilig; doch der tanninreiche, aber gehaltvolle Rotwein★★ aus Cabernet Sauvignon und der wunderbar duftende Weißwein★★★ (aus Viognier, Muscat, Chardonnay und Petit Manseng) sind ausgezeichnet, wenn auch teuer. Beste Jahrgänge: (Rotweine) 1995 94 93 92 91 **90 89 88 87 85.**

MAS JULLIEN *Coteaux du Languedoc AC, Frankreich* Olivier Jullien erzeugt einige der aufregendsten Weine in Frankreich aus traditionellen südfranzösischen Rebsorten. Der Erfolg ist so groß, daß die Flaschen nur in begrenzter Zahl an die Käufer abgegeben werden. Zu den Rotweinen gehören Les Cailloutis★ und Les Depierre★★. Der Weißwein Les Vignes Oubliées★★ (aus den Rebsorten Terret Bouret, Carignan und Grenache) ist bemerkenswert. Erzeugt wird auch eine Spätlese namens Clairette Beaudille. Beste Jahrgänge: **1995 94 93 91.**

MASCARELLO *Barolo DOCG, Piemont, Italien* Zwei erstklassige Erzeuger tragen diesen berühmten BAROLO-Namen. Der alte Weinbaubetrieb von Giuseppe Mascarello (der jetzt von seinem Enkel Mauro geführt wird) ist für seine dichten, stämmigen Dolcettos★ und intensiven BARBERAS★ (insbesondere Ginestra) bekannt, aber der Stolz des Hauses ist sein Barolo aus der Reblage Monprivato★★★. Der andere, Bartolo Mascarello, ist einer der großen altmodischen Erzeuger von Barolos★★★, doch seine Weine besitzen auch einen erlesenen Duft und Ausgewogenheit. Sein Dolcetto★★ und sein Freisa★ sind beide exzellent. Beste Jahrgänge: (Barolo) (1996) (95) 93 90 89 **88 85.**

MASI *Venetien, Italien* Dieses Familienunternehmen, das von Sandro Boscaini geleitet wird, ist eine der treibenden Kräfte in den Anbauzonen VALPOLICELLA★ und SOAVE★. Ihr Campo Fiorin★, ein RIPASSO-Valpolicella, ist es wert, daß man nach ihm Ausschau hält, ebenso der AMARONE★ aus der Lage

Mazzano. Der holzbetonte Toar ist ein Verschnitt aus Corvina und anderen einheimischen Traubensorten. Die Weine von Serègo Alighieri werden ebenfalls von Masi produziert.

MASTROBERARDINO *Kampanien, Italien* Dieser berühmte Familienbetrieb hält seit langem die Flagge für Süditalien hoch. Am bekanntesten ist er für seinen roten TAURASI★ und seine Weißweine Greco di Tufo★ und Fiano di Avellino★.

MATANZAS CREEK *Sonoma Valley AVA, Kalifornien, USA* Die Rebsorte Sauvignon Blanc★★ wird hier sehr ernst genommen; das Ergebnis zeigt sich in einem komplexen, angenehmen Wein. Der Chardonnay★★ ist reichhaltig und schmeckt nach Weißbrot, wirkt aber nicht übertrieben. Limitierte Chardonnay- und Merlotabfüllungen, die unter der Marke Journey auf den Markt kommen, sind opulent, aber teuer und umstritten. In den letzten Jahren ist der Merlot★★★ immer besser geworden; er besitzt einen seidigen Reichtum und füllt den Mund mit einer reifen Fruchtigkeit aus. Beste Jahrgänge: (Chardonnay) **1994 93 92 91 90**; (Merlot) **1993 92 91 90 88.**

MATUA VALLEY *Waimauku, Auckland, Nordinsel, Neuseeland* Ross und Bill Spence haben viele Anbau- und Vinifizierungsmöglichkeiten erforscht, um ihr gegenwärtiges Angebot an stilvollen, hochwertigen Weinen zu erzeugen. Zu den besten Weinen gehören der sinnliche, duftige Ararimu Chardonnay★★★, der köstliche, sehr sortentypische Gewürztraminer, ein cremiger, im Eichenholzfaß gereifter Sauvignon Blanc★★, ein pikanter MARLBOROUGH Shingle Peak Sauvignon Blanc★★, ein feiner Merlot★★ und ein aufregender Ararimu Cabernet Sauvignon★★★. Beste Jahrgänge: (Rotweine) 1996 **94 93 91 90 89.**

CH. MAUCAILLOU★ *Moulis AC, Cru Bourgeois, Haut-Médoc, Bordeaux, Frankreich* Maucaillou zeigt, daß man für einen roten Bordeaux von hoher Qualität keinen Cru Classé braucht. Der von der Familie Dourthe fachkundig bereitete Wein ist weich, aber klassisch im Geschmack. Er reift schnell, altert aber zehn bis zwölf Jahre. Beste Jahrgänge: (1996) (95) **90 89 88 86 85 83 82 81.**

MAURY AC *Roussillon, Frankreich* Ein hauptsächlich aus Grenache Noir erzeugter Vin Doux Naturel. Dieser starke, süßliche Wein kann entweder in einem jungen, frischen Stil oder in dem hier geschätzten, alten Rancio-Stil hergestellt werden. Beste Erzeuger: Cave des Vignerons★, Mas Amiel★★, Pleiade★.

MAXIMIN GRÜNHAUS *Grünhaus, Ruwer, Deutschland* Das beste Weingut im Ruwertal und eines der großartigsten in Deutschland. Carl-Ferdinand von Schubert vinifiziert die Weine aus seinen drei Lagen (Abtsberg, Bruderberg und Herrenberg) getrennt. Er stellt hauptsächlich trockene und halbtrockene Weine her, die große Subtilität und Vornehmheit besitzen. In guten Jahrgängen sind die Weine mühelos ★★★ und können jahrzehntelang altern. Beste Jahrgänge: 1996 95 94 93 **92 90 89 88 85 83 79 76 75 71.**

MAZIS-CHAMBERTIN AC Siehe Chambertin AC.

MAZOYÈRES-CHAMBERTIN AC Siehe Chambertin AC.

McWILLIAMS *Riverina, Neusüdwales* Eine große Familienkellerei, deren beste Weine die vom Mount Pleasant im unteren HUNTER VALLEY sind: klassische, in der Flasche gereifte Sémillons, darunter Elizabeth★★★ und Lovedale★★★, nach Butter schmeckende Chardonnays★★ und Shirazweine aus speziellen Lagen★, Old Paddock, Old Hill und Rose Hill. Außerdem erzeugt sie einen erstklassigen, likörartigen Muscat★★ und »Sherrys«★ aus Riverina sowie aufregende Tafelweine aus der Reblage Barwang★ bei COWRA. Beste Jahrgänge: (Hunter Sémillon) 1996 95 93 **91 90 87 86 84 82 80 79.**

MÉDOC AC *Bordeaux, Frankreich* Die Halbinsel Médoc nördlich von Bordeaux auf dem linken Ufer der Gironde erzeugt einige der berühmtesten Rotweine der Welt. Sie werden alle im Haut-Médoc, der südlichen, stärker durch Kiesböden geprägten Hälfte hergestellt. Die AC Médoc, die nur für Rotweine gilt, umfaßt den nördlichen Teil der Halbinsel. Hier in den flachen, lehmigen Weingärten dominiert die Merlotrebe. Die Weine können reizvoll, trocken, aber saftig sein und schmecken am besten mit drei bis fünf Jahren. Beste Erzeuger: Greysac, Lacombe-Noaillac, LOUDENNE, les Ormes-Sorbet, Patache d'Aux, Plagnac, POTENSAC★★, Rollan-de-By, la Tour-de-By★, la Tour Haut-Caussan★, la Tour-St-Bonnet, Vieux-Robin. Beste Jahrgänge: (1996) 95 **94 90 89 88 86 85 83 82 81.**

MEERLUST *Stellenbosch WO, Südafrika* Acht Generationen von Myburghs lebten auf diesem schönen Anwesen. Der gegenwärtige Besitzer Hannes Myburgh bewahrt das Vertrauen seines verstorbenen Vaters in die Bordeauxrebsorten; sein komplexer Rubicon★★ war einer der ersten Verschnitte im Bordeaux-Stil am Kap. Der italienische Kellermeister Giorgio Dalla Cia hat eine besondere Vorliebe für Merlot★, in einem eleganten und klassischen Stil gehalten. Ausführlich angekündigte Versuche mit Chardonnay★★ erbrachten eine erste kommerzielle Abfüllung, einen gehaltvollen, nach Weißbrot schmeckenden 95er.

MENDOCINO COUNTY *Kalifornien, USA* Der nördlichste Bezirk des North Coast AVA. Die besten Anbaugebiete sind Anderson Valley AVA, ein in Ost-West-Richtung verlaufendes Tal mit kühlem Klima, das sich zum Pazifik hin öffnet und eine gute Anbauzone für Weine zur Schaumweinherstellung und teilweise für Pinot Noir ist, und Redwood Valley AVA, ein wärmeres Gebiet mit guten Ergebnissen von den Rebsorten Zinfandel und Cabernet Sauvignon. Beste Erzeuger: FETZER, HANDLEY CELLARS★★, Hidden Cellars, Jepson, Lazy Creek★★, McDowell Valley★, Navarro★★, Parducci, Pepperwood Springs, ROEDERER★★, Scharffenberger★★.

MENDOZA *Argentinien* Die wichtigste Weinbauregion in Argentinien, die etwa 90 % der Produktion von Qualitätsweinen bestreitet. Das äußerst trockene Klima der Region, die in den östlichen Vorbergen der Anden auf einem ähnlichen Breitengrad wie Santiago de Chile liegt, bringt kraftvolle Weine mit hohem Alkoholgehalt hervor. Hoch gelegene Untergebiete wie Tupungato erzeugen jetzt bessere Weißweine, insbesondere aus der Rebsorte Chardonnay. Die Untergebiete Maipú und Luján, die von den Bergen weiter entfernt sind, erweisen sich als ideal für Malbec, Syrah und Cabernet Sauvignon. Beste Erzeuger: Leoncio ARIZU, CATENA★, NORTON★.

MENETOU-SALON AC *Loiretal, Frankreich* Äußerst reizvolle, saubere Sauvignonweißweine und frische, nach Kirschen schmeckende Pinot Noirs (Rot- und Roséweine), die unmittelbar westlich von SANCERRE erzeugt werden. Beste Erzeuger: de Chatenoy★, Chavet★, Denis, Gilbert, A. Mellot, Pellé★, Roger, Teiller. Beste Jahrgänge: 1996 **95 93 90 89.**

MÉO-CAMUZET *Vosne-Romanée, Côte de Nuits, Burgund, Frankreich* Ein Weingut an der Côte de Nuits von überragender Qualität. Zu verdanken ist dies in hohem Maße dem Rat von Henri JAYER, von dessen Gut 1988 ein Drittel an die Familie Méo-Camuzet überging. Der Stil ist stark durch Jayer beeinflußt: Neue Eichenholzfässer und üppige, reiche Fruchtigkeit vereinigen sich zu herrlichen Weinen, die auch gut altern. Der CORTON★★★ und der CLOS DE VOUGEOT★★★ sind hier die beiden Spitzenweine, aber versäumen Sie nicht die beiden VOSNE-ROMANÉE Premiers Crus, Aux Brulées★★ und Les Chaumes★★. Beste Jahrgänge: 1995 93 **92 90 89 88.**

MERCUREY AC *Côte Chalonnaise, Burgund, Frankreich* Der wichtigste der vier Hauptweinbauorte an der Côte Chalonnaise. Der Rotwein ist normalerweise gefällig und schmeckt nach Erdbeeren; er kann auch ein wenig altern. Es gibt hier nicht viel Weißwein, aber ich mag seinen an Butter erinnernden, fast würzigen Geschmack. Am besten trinkt man ihn, wenn er drei bis vier Jahre alt ist. Beste Erzeuger: (Rotweine) Chanzy, FAIVELEY★, Juillot★★, Yves de Launay★, Maréchal★, RODET★, Saier, de Suremain, Voarick; (Weißweine) Faiveley (Clos Rochette★★), Genot-Boulanger★, Juillot, RODET (Chamirey★). Beste Jahrgänge: (Rotweine) 1995 **93 90 89 88.**

MERLOT Siehe S. 198/199.

GEOFF MERRILL *Southern Vales, Südaustralien* Ein hervorragender Weinmacher, der in sich die seltenen Talente eines instinktiven Gefühls für Wein und einer Fähigkeit zur Vermarktung vereint. Unter der Marke Geoff Merrill bringt er Cabernet- und Chardonnay-Sémillons★ auf den Markt, die in der Flasche gereift sind. Die billigere Marke Mount Hurtle bietet einen Roséwein★ aus Grenachetrauben, der nach mehr schmeckt. Eine eigenwillige Marke namens Who Cares? wurde 1996 eingeführt.

MERTESDORF *Ruwer, Deutschland* In diesem Weinbauort gibt es neben dem berühmten Weingut MAXIMIN GRÜNHAUS (im Ortsteil Grünhaus) mehrere ehrgeizige junge Erzeuger. Halten Sie hier Ausschau nach frischen Rieslingen mit intensiver Frucht und blumigem Charakter. Beste Erzeuger: Ludwig Breiling, Karlsmühle★, MAXIMIN GRÜNHAUS★★★.

LOUIS MÉTAIREAU *Muscadet de Sèvre-et-Maine AC, Loiretal, Frankreich* Klassische Muscadets mit beträchtlicher Intensität, die auf niedrige Erträge und eine sorgfältige Vinifizierung zurückgeht. Der Stil reicht vom leichteren Petit Mouton bis zur konzentrierten Cuvée LM★ und Cuvée One★★.

MÉTHODE CHAMPENOISE Siehe Champagner-Verfahren.

MEURSAULT AC *Côte de Beaune, Burgund, Frankreich* Der größte und bekannteste Weinbauort für Weißweine an der Côte d'Or. Es gibt dort keine Grands Crus, aber etliche Premiers Crus. Das allgemeine Niveau der Weine ist aufgrund der weltweiten Nachfrage unterschiedlich. Der tiefgoldene Wein trinkt sich angenehm, wenn er jung ist, schmeckt aber besser, wenn er fünf bis acht Jahre reift. Roter Meursault wird nur in geringer Menge hergestellt. Beste Erzeuger: Ampeau★, Michel Bouzereau, Boyer-Martenot★, COCHE-DURY★★★, DROUHIN, Fichet★★, JADOT, Javillier★★, François Jobard★★, LAFON★★★, Matrot★★, Michelot-Buisson★, Pierre Morey★★, Potinet-Ampeau★, Prieur★, Ropiteau-Mignon★, Roulot★★. Beste Jahrgänge: 1995 94 93 **92 90 89.**

JOS MEYER ET FILS *Alsace AC, Elsaß, Frankreich* Eine traditionelle Firma, die hervorragende Weine herstellt, als Händler ebenso wie als Erzeuger von eigenen Weinen. Die Spitzenweine sind die Gewürztraminer (insbesondere Les Archenets★★) und Pinot Blancs (Les Lutins★). Beste Jahrgänge: 1996 **95 94 93 92 90 89 86 85 83.**

MERLOT

Ein Rotwein ohne Reue. Das ist auch der Grund dafür, daß Merlot nicht mehr bloß der rote Hilfswein von Bordeaux ist, hinsichtlich der Klasse weit hinter Cabernet Sauvignon, sondern sich zum Liebling der 90er Jahre entwickelt hat, so daß die Rebe überall in der Welt wie wild angepflanzt wird. Merlot darf einiges von der Seriosität und vom Stammbaum des Bordeaux für sich in Anspruch nehmen, kann aber – was entscheidend ist – einen Wein erzeugen, der einen korpulenten, saftigen Charakter und angenehm wenig Tannine hat und den man fröhlich und ungezwungen trinken kann, fast unmittelbar nachdem der Saft aus der Kelter sprudelt. Doch Merlot ist keineswegs das Gummibärchen unter den Rotweintrauben.

WEINSTILE

Bordeaux-Merlot: Die großen Weine von Pomerol und Saint-Émilion basieren weitgehend auf Merlot; die besten davon können 20–30 Jahre reifen. Tatsächlich wird im Bordelais mehr Merlot als Cabernet Sauvignon angepflanzt; vermutlich gibt es dort überhaupt kein Rotwein erzeugendes Gut, das nicht ein paar Merlotstöcke hat, denn die Rebsorte reift früh, ist kühlen Klimabedingungen gewachsen und kann hohe Erträge erzielen. In einem kühlen, feuchten Gebiet wie Bordeaux kann Cabernet Sauvignon nicht immer reifen, so daß der weiche, milde Charakter der Merlottraube sogar auf den besten Weingütern des Médoc ein grundlegender Bestandteil des Verschnitts ist.

Andere europäische Merlots: Südfrankreich hat die Rebsorte rasch übernommen, aber im heißen Languedoc reift die Rebe oft zu schnell, um ihre volle Persönlichkeit zum Ausdruck zu bringen, und kann ein wenig schlicht und sogar ungeschliffen erscheinen. Italien hat lange Zeit sehr ertragreiche Merlotklone benutzt, um daraus im Norden, insbesondere in Venetien, einen einfachen, leichten Trinkwein zu erzeugen, doch Friaul und Südtirol können Weine in einem volleren Stil herstellen. Es gibt auch einige eindrucksvolle toskanische Merlotweine. Der italienischsprachige Kanton Tessin (Schweiz) wird oft zu Unrecht übersehen, obwohl er konzentrierte, im Eichenholzfaß ausgebaute Versionen erzeugt. Osteuropa dürfte günstige Anbaugebiete für Merlot bieten; die überzeugendsten, wenn auch schlichten Merlotweine kommen bislang aus Ungarn und Bulgarien. In Spanien gehören die Verbesserungen bei den Merlots zu den auffälligsten Entwicklungen Mitte der 90er Jahre.

Merlots der Neuen Welt: Jugend ist auch in der Neuen Welt wichtig, nirgendwo mehr als in Chile. Unter den Merlots der Neuen Welt ist chilenischer Merlot ins Rampenlicht gerückt mit prächtigen johannisbeerroten Weinen von unglaublichem Reichtum an knackiger Frucht, die danach schreien, sie in ihrer frühesten Jugend zu trinken. Merlots aus Kalifornien haben oft seriösere Ansprüche, aber es liegt in der Natur der Traube, daß ihre weiche, saftige Qualität immer noch durchscheint. Die kühleren Bedingungen in Washington haben aufregende Weine hervorgebracht; sogar die Ostküste hat auf Long Island gute Merlots erzeugt. Südafrika lernt mit französischer Hilfe den richtigen Umgang mit Merlot. In Neuseeland sind trotz der kühlen, feuchten Bedingungen prächtige, gehaltvolle Merlots entstanden. Nur Australien scheint Probleme damit zu haben; aber es gibt so viel reife Frucht in australischen Rotweinen, daß Merlot dort vielleicht nicht notwendig ist.

BESTE ERZEUGER

Frankreich
Bordeaux (St-Émilion) l'ANGÉLUS, AUSONE, BEAU-SÉJOUR-BÉCOT, CANON, MAGDELAINE, le TERTRE-ROTEBŒUF, Troplong-Mondot; (Pomerol) BON PASTEUR, la FLEUR-PETRUS, LAFLEUR, PETRUS, le PIN, TROTANOY; *Bergerac* la JAUBERTIE.

Andere europäische Merlots
Italien (Veneto) MACULAN; (Trentino) Bossi Fedrigotti; (Toskana) AVIGNONESI, CASTELLO DI AMA, ORNELLAIA (Masseto); (Lazio) Falesco.
Spanien (Somontano) Viñas del Vero; (Valdeorras) Joaquin Rebolledo.
Schweiz ZÜNDEL.

Osteuropäische Merlots
Bulgarien RUSSE, Sakar, Stambolovo, SUHINDOL.

Merlots der Neuen Welt
USA (Kalifornien) ARROWOOD, BERINGER, CUVAISON, FERRARI-CARANO, MATANZAS CREEK, NEWTON, SHAFER, Swanson; (Washington) ANDREW WILL, Columbia Winery, HOGUE, L'ECOLE NO 41, LEONETTI; (New York) BRIDGEHAMPTON.
Australien LECONFIELD, PETALUMA, Yarra Ridge.
Neuseeland MONTANA (Church Road), DELEGAT'S (Proprietor's Reserve), Esk Valley, Waitakere Road.
Südafrika FAIRVIEW, Morgenhof.
Chile CARMEN, CASA LAPOSTOLLE, ERRAZURIZ, LA ROSA.

CH. MEYNEY★ *Saint-Estèphe AC, Cru Bourgeois, Haut-Médoc, Bordeaux, Frankreich* Eines der zuverlässigsten Weingüter von SAINT-ESTEPHE, das einen kräftigen Wein mit breitem Geschmack und dunkler Pflaumenfrucht erzeugt. Zweitwein: Prieur de Meyney. Beste Jahrgänge: (1996) (95) 94 **90 89 88 86 85 83 82 81 78 75.**

LOUIS MICHEL & FILS *Chablis AC, Burgund, Frankreich* Der Hauptbefürworter von CHABLIS-Weinen, die nicht im Eichenholzfaß ausgebaut werden. Die Weine aus den Spitzenlagen – Les Clos★★, Montmains★★ und Montée de Tonnerre★★ – sind frisch im Geschmack und langlebig. Beste Jahrgänge: 1995 93 **92 90 89 88.**

MIDI *Frankreich* Eine weite geographische Bezeichnung, die fast gleichbedeutend mit Languedoc-Roussillon ist und das riesige, von der Sonne verbrannte Gebiet Südfrankreichs zwischen den Pyrenäen und dem RHONETAL umfaßt.

MILDARA *Murray River, Victoria, Australien* Die Kellerei befindet sich am Murray River, aber die besten Weine kommen aus den großen Weinbergen in COONAWARRA, darunter der überaus populäre, preiswerte Jamieson's Run★ (ein roter Verschnittwein und Weißweine aus Chardonnay und Sauvignon Blanc). Außerdem besitzt sie Balgownie, Wolf BLASS, Andrew Garrett, Ingoldby, Krondorf, Tisdall und YELLOWGLEN und wurde 1996 selbst von dem Bierhersteller Fosters gekauft.

MILLTON *Gisborne, Nordinsel, Neuseeland* Ein Weingut mit biologischen Anbaumethoden. Zu seinen Spitzenweinen gehören der verfeinerte, eigenwillige Clos St Anne Chardonnay★★, der aus edelfaulen Trauben erzeugte Opou Vineyard Riesling★★ und der ehrgeizig komplexe, im Holzfaß vergorene Chenin Blanc★. Beste Jahrgänge: 1996 **95 94 91 90.**

MINERVOIS AC *Languedoc, Frankreich* Reizvolle Weine (hauptsächlich Rotweine) aus der Gegend nordöstlich von Carcassonne. Die große Stärke des Anbaugebiets liegt in der Organisation; große Firmen wie Nicolas haben mit lokalen Genossenschaften hart gearbeitet, um saftige, süffige Weine von guter Qualität zu einem vernünftigen Preis zu produzieren. Die besten Weine stammen jedoch von den Weingütern. Sie entfalten einen vollen Geschmack von reifen roten Früchten und einen Duft von Kiefernnadeln und sollten jung getrunken werden. Sie können aber auch altern, insbesondere bei Verwendung von neuen kleinen Fässern aus Eichenholz für den Ausbau. Beste Erzeuger (Rotweine): CLOS CENTEILLES★★, Fabas★, Festiano, de Gourgazaud★, Meyzonnier, Nicolas, Paraza, Piccinini★, Ste-Eulalie★, la Tour Boisée★, Vassière, Villerambert-Julien★, Violet★.

MISSION *Hawkes Bay, Nordinsel, Neuseeland* Neuseelands älteste Kellerei ist im Besitz der Society of Mary. Mission, das vor 142 Jahren in HAWKES BAY entstand, hat in seiner Geschichte viele mittelmäßige und eine kleine Menge ausgezeichneter Weine erzeugt. In jüngster Zeit jedoch haben sich die Qualität und die Beständigkeit verbessert. Der beste Wein ist ein stilvoller Jewelstone Chardonnay★★; der beste Kauf ist ein würziger halbtrockener Gewürztraminer★. Beste Jahrgänge: **1996 95 94 91 90.**

MISSION HILL *Britisch-Kolumbien, Kanada* Der fortschrittlichste Erzeuger von Britisch-Kolumbien, der sich der Vollzeitdienste des neuseeländischen Weinmachers John Simes versichert hat. Der antipodische Stil wird ganz deutlich im Maracujaaroma des Chardonnay★★, während der Pinot Blanc★

ebenfalls eine gute, anhaltende Fruchtigkeit zeigt. Der leicht oxidative Pinot Noir★★ ist ein echtes Prachtexemplar unter den Rotweinen. Beste Jahrgänge: **1995 94.**

CH. LA MISSION-HAUT-BRION★★ *Pessac-Léognan AC, Cru Classé de Graves, Bordeaux, Frankreich* Ich finde die Weine von La Mission immer kraftvoll, aber im Gegensatz zu denen des Nachbarn HAUT-BRION nie bezaubernd. Ihre Stärke liegt in einer wuchtigen, dunklen Fruchtigkeit und in einem holzbetonten Geschmack, so daß sie oft 20 Jahre brauchen, bis sie trinkreif sind. Beste Jahrgänge: (1996) (95) 94 93 90 89 **88 85 82 81 79 78 75.**

MITCHELL *Clare Valley, Südaustralien* Die übersprudelnde Jane und ihr Ehemann, der Weinmacher Andrew Mitchell, erzeugen einen der fruchtigsten, aber alterungsfähigsten Rieslinge★★ von CLARE VALLEY und einen stark verbesserten, im Holzfaß vergorenen Sémillon★★. Beide Weine verdienen ein breiteres Publikum. Peppertree Vineyard Shiraz★ und Cabernet Sauvignon★ sind korpulent, schokoladenartig und typisch für die Region. Beste Jahrgänge: **1995 94 93 92 90.**

MITCHELTON *Goulburn Valley, Victoria, Australien* Bedeutende Kellerei mit Victorias beständigstem feinem Riesling★★. Eine Spezialität sind im Holzfaß ausgebaute Marsanneweine★, die mit vier Jahren Alter auf den Markt kommen. Die Rot-★★ und Weißweine★★ der neuen Reihe Mitchelton III sind charaktervolle Verschnittweine, die insbesondere zu mediterranen Gerichten passen. Die Rotweine aus den Rebsorten Shiraz★★ und Cabernet★ sind zunehmend tief und strukturiert.

MITTELRHEIN *Deutschland* Kleine, nördliche Weinbauregion, die bislang nicht für große Weine bekannt ist. Etwa 75 % der Weine hier stammen von der Rebsorte Riesling, doch im Unterschied zu anderen deutschen Anbaugebieten war der Weinbau am Mittelrhein in den letzten Jahrzehnten rückläufig. Die Weinberge sind steil und schwer zu bearbeiten, wenn auch ein atemberaubender Anblick. Einige Weine werden erfolgreich zu Sekt umgewandelt; der größte Teil von WEGELER-DEINHARDS Lila Imperial kommt aus dieser Gegend. Die besten Winzer (wie Toni JOST★★) konzentrieren sich um BACHARACH im Süden und erzeugen Weine von auffällig mineralischem Beigeschmack und trockener, fruchtiger Intensität.

MOELLEUX Französische Bezeichnung für »liebliche« Weine.

MOËT & CHANDON *Champagne AC, Champagne, Frankreich* Die riesige Produktion von Moët & Chandon (über 25 Millionen Flaschen pro Jahr) beherrscht den Champagner-Markt. Ein guter Moët ohne Jahrgangsbezeichnung kann äußerst köstlich sein, weich, cremig und leicht würzig. Die Beständigkeit verbessert sich endlich. Der Jahrgangschampagner★ ist beständiger und besitzt normalerweise einen kräftigen Geschmack, während die Rosés★ einen blumigen Pinot-Noir-Duft entfalten, der bei den modernen Champagnern leider selten geworden ist. Dom Pérignon★★★ ist die Luxuscuvée der Firma; er kann einer der größten Champagner überhaupt sein, aber man muß ihn ein paar Jahre altern lassen – ansonsten wirft man sein Geld lediglich für die ausgefallene Flasche zum Fenster hinaus. Beste Jahrgänge: **1992 90 88 86 85 83 82.**

MONBAZILLAC AC *Südwestfrankreich* Der führende süße Wein von Bergerac. Der größte Teil davon ist leicht, von unbestimmter Süße und absolut nicht der Rede wert; zumeist stammt er von der Genossenschaft, die zwar leistungsfähig ist, aber keine Risikofreudigkeit besitzt. Ein Wein in diesem Stil altert nicht, aber ein echter, wirklich reichhaltiger Monbazillac aus spät gelesenen Trauben kann gut zehn Jahre halten. Beste Erzeuger: la Borderie★, le Fage, Haut-Bernasse, Hébras★★, Ch. Monbazillac (von der örtlichen Genossenschaft hergestellt), Theulet,★ Treuil-de-Nailhac★. Beste Jahrgänge: 1996 **95 93 91 90 89 88 86.**

ROBERT MONDAVI *Napa Valley, Kalifornien, USA* Robert Mondavi ist eine kalifornische Institution und hat das Evangelium des kalifornischen Weins von NAPA VALLEY aus verbreitet. Am bekanntesten ist Mondavi für seinen Cabernet Sauvignon: normale Abfüllung★ und Reserve-Abfüllung★★★. Erstere Weine sind offen und fruchtig und legen Wert auf frühe Trinkreife, während letztere enorme Tiefe und Kraft besitzen. Der Weinmacher Tim Mondavi hat im Laufe der letzten Jahre viel Mühe auf Pinot Noir verwendet, was sich auszuzahlen beginnt. Es gibt dabei wiederum einen regulären Pinot Noir★ und einen Reserve Pinot Noir★★★, die mit jedem Jahrgang besser werden. Die Pinots sind samtige, weiche, geschmeidige Weine mit großartigem Stil, Duft und Ausgewogenheit. Viele Jahre lang war das Markenzeichen von Mondavi der Fumé (Sauvignon) Blanc, doch in den letzten Jahren hat der Chardonnay diese Rolle übernommen (die Reserve-Abfüllung★★ kann prächtig ausfallen), aber die Qualität ist unbeständig. Die Mondavis besitzen außerdem die Byron Winery im SANTA BARBARA COUNTY, die Vichon Winery im Napa Valley, OPUS ONE in Napa zusammen mit den Rothschilds sowie Mondavi Woodbridge, wo billige Sortenweine erzeugt werden. 1994 kam eine neue Weinreihe auf den Markt, die jüngere Käufer ansprechen soll und vorwiegend italienische Rebsorten verwendet. Mondavi hat Anteile an CALITERRA in Chile und erzeugt Weine im französischen LANGUEDOC, die unter der Marke Vichon Mediterranean verkauft werden. Beste Jahrgänge: (Cabernet Sauvignon Reserve) 1993 92 **91 88 87 86 85 84 82;** (Pinot Noir Reserve) **1994 92 91 90 88 87;** (Chardonnay Reserve) **1994 92 91 90 88 87.**

MONT TAUCH, LES PRODUCTEURS DU *Fitou, Languedoc-Roussillon, Frankreich* Eine große, qualitätsbewußte Genossenschaft, die sich im Fitou-Gebiet befindet, aber ein breites Spektrum an Weinen aus dem MIDI produziert: vom guten, kräftigen FITOU★★ und CORBIERES★ bis zum reichhaltigen MUSCAT DE RIVESALTES★ und zum leichten, aber süffigen Vin de Pays du Torgan. Ihr Spitzenrotwein namens Terroir de Tuchan★★ gehört zu den aufregendsten im Midi. Beste Jahrgänge: (Weißweine und Rosés) **1995 94;** (Rotweine) **1995 94 93 91 90 89 88.**

MONTAGNE-ST-ÉMILION AC *Bordeaux, Frankreich* Ein SAINT-ÉMILION-Satellit, der recht gute Rotweine erzeugen kann. Die Weine sind normalerweise innerhalb von vier Jahren trinkreif, altern aber recht gut mit ihrem leicht erdigen Geschmack. Beste Erzeuger: Bonneau, Calon, Corbin, Faizeau, des Laurets, des Moines★, Montaiguillion, Négrit, Roc de Calon, Roudier, Vieux-Ch.-St-André. Beste Jahrgänge: 1995 **94 90 89 88 85 83 82.**

MONTAGNY AC *Côte Chalonnaise, Burgund, Frankreich* Die südlichste der vier Dorfappellationen der Côte Chalonnaise. Im allgemeinen sind die Weine trocken und eher mager, haben sich aber stark verbessert, nachdem einige

Erzeuger die Weine jetzt ein paar Monate lang in neuen Eichenholzfässern ausbauen. Man sollte sie am besten mit zwei oder mehr Jahren trinken. Beste Erzeuger: Arnoux, Gen. BUXY★, FAIVELEY, Louis LATOUR, Olivier LEFLAIVE★, B. Michel★, Roy, Steinmaier, Vachet★. Beste Jahrgänge: **1995 93 92.**

MONTALCINO Siehe Brunello di Montalcino DOCG.

MONTANA *Auckland, Gisborne, Hawkes Bay und Marlborough, Neuseeland* Montana ist der größte Weinproduzent Neuseelands; außerdem werden hier beständig einige der preisgünstigsten Weine des Landes erzeugt. Dem Sauvignon Blanc★★ und dem Chardonnay★ hat es Neuseeland in erheblichem Maße zu verdanken, daß es international als Weinland bekannt wurde. Die Firma will jetzt beweisen, daß auch große Firmen sehr gute Qualität liefern können. Um dieses Ziel zu erreichen, hat man die McDonald Winery geschaffen, eine (nach Montanas Maßstäben) kleine Kellerei in HAWKES BAY, in der Spitzenweine aus Chardonnay★★, Merlot★★ und Cabernet Sauvignon-Merlot★★ erzeugt werden sollen. Der 94er Church Road Reserve Chardonnay★★ und Cabernet-Sauvignon★★ gehören zu den besten von Neuseeland. Ihre »Special Estate«-Abfüllungen, insbesondere Ormond Estate Chardonnay★★★ in GISBORNE, verheißen ebenfalls Gutes. Montana stellt einen hervorragenden Lindauer-Schaumwein★ her und hat außerdem mit Hilfe der Champagner-Firma DEUTZ die herbe, aber körperreiche Deutz MARLBOROUGH Cuvée NV Brut★★ auf den Markt gebracht. Beste Jahrgänge: **1996 94 93 91 90.**

MONTECARLO DOC *Toskana, Italien* Sowohl die Rotweine (Sangiovese mit Syrah) wie auch die Weißweine (Trebbiano mit Sémillon und Pinot Grigio) sind charakteristisch. Aber andere Weine, die nicht als DOC eingestuft sind, können aus Cabernet, Merlot, Pinot Bianco, Vermentino und sogar Roussanne erzeugt werden. Beste Erzeuger: Buonamico★, Carmignani★, Michi.

MONTECILLO *Rioja DOC, Rioja, Spanien* Hochwertige RIOJAS in einem jungen wie auch in einem reifen Stil. Viña Cumbrero★ (Rot- und Weißwein) ist jung und fruchtig. Die gehaltvollen, fruchtigen roten Gran Reservas Viña Monty★★ reifen in französischen Eichenholzfässern und vereinen Feinheit und Geschmack. Beste Jahrgänge: (Rotweine) **1993 91 88 87 86 82 81 78 73.**

MONTEFALCO DOC *Umbrien, Italien* Der oft gute, aus Sangiovese erzeugte Montefalco Rosso wird übertroffen vom trockenen Sagrantino di Montefalco (jetzt als DOCG eingestuft) und von Sagrantino Passito, einem grandiosen süßen Rotwein aus getrockneten Trauben. Beste Erzeuger: ADANTI★★, Antonelli, Caprai★. Beste Jahrgänge: (1996) **95 93 91 90 88 85.**

MONTEPULCIANO Diese Rebsorte, die vorwiegend in Ostitalien angebaut wird (und nichts mit dem toskanischen VINO NOBILE DI MONTEPULCIANO zu tun hat, der aus Sangiovesetrauben erzeugt wird) kann fleischige, würzige Weine von tiefer Farbe hervorbringen, die nur einen mäßigen Tannin- und Säuregehalt haben. Außer für MONTEPULCIANO D'ABRUZZO wird sie noch für ROSSO CONERO und ROSSO PICENO in den Marken (MARCHE) und auch in Umbrien (UMBRIA) verwendet.

MONTEPULCIANO D'ABRUZZO DOC *Abruzzen, Italien* Der wichtigste Wein aus der Rebsorte Montepulciano. Die Qualität reicht von fad oder rustikal bis zu konzentriert und charaktervoll. Beste Erzeuger: Cantina Tollo★, Cornacchia★,

Filomusi Guelfi★, Illuminati★, Masciarelli★, Nicodemi★, Umani Ronchi★, Valentini★★★, Zaccagnini★★.

MONTEREY COUNTY *Kalifornien, USA* Ein großer Bezirk der CENTRAL COAST, südlich des Gebiets der San Francisco Bay. Die wichtigsten AVAs sind Arroyo Seco, Chalone, Carmel Valley und Salinas Valley. Die besten Rebsorten sind Chardonnay, Riesling und Pinot Blanc; gute Cabernet-Sauvignon- und Merlottrauben werden im Carmel Valley angebaut, Pinot Noir im kühlen Norden des County. Beste Erzeuger: Bernardus, CHALONE★★, Durney, JEKEL★, The Monterey Vineyard★, Morgan★, Smith & Hook★, Ventana★.

MONTES *Curicó, Chile* Eine der überaus enttäuschend uneinheitlichen Produktionen Chiles, aber der neue Malbec★★ zeigt Aurelio Montes in Bestform. Sauvignon Blanc★ hat sich stark verbessert, während Montes Alpha Cabernet Sauvignon★ weiterhin eine solide Leistung darstellt.

MONTEVERTINE *Toskana, Italien* Obwohl Monte Vertine im Herzen des CHIANTI CLASSICO liegt, ist es berühmt für seine nicht als DOC eingestuften Weine, vor allem Le Pergole Torte★★★. Er war einer der ersten »Supertoskaner« im neuen Stil, die ausschließlich aus Sangiovesetrauben erzeugt wurden, und bleibt einer der besten. Der Besitzer Sergio Manetti verwendet ein wenig Canaiolo für den ausgezeichneten Il Sodaccio★★ und Montevertine Riserva★★. Beste Jahrgänge: (1996) 95 94 **93 90 88 86 85.**

MONTHÉLIE AC *Côte de Beaune, Burgund, Frankreich* Ein hübscher Weinbauort, der an der COTE DE BEAUNE auf halbem Wege zwischen den berühmteren Dörfern MEURSAULT und VOLNAY liegt und vorwiegend Rotwein erzeugt. Die Weine besitzen in der Regel eine angenehme, an Kirschen erinnernde Fruchtigkeit und bieten einen erfreulichen Genuß zu einem guten Preis. Beste Erzeuger: J. F. COCHE-DURY★★, Garaudet, LAFON★, Olivier LEFLAIVE, Maison LEROY, Monthélie-Douhairet★, Parent, Potinet-Ampeau, Roulot★, Suremain★, Thévenin-Monthélie★. Beste Jahrgänge: (Rotweine) 1995 **93 90 89 88;** (Weißweine) **1995 92 90.**

MONTICELLO CELLARS *Napa Valley AVA, Kalifornien, USA* Anfang der 80er Jahre erzeugte der Besitzer Jay Corley einige sehr gute Chardonnays★ voller Fruchtigkeit, bevor er Mitte der 80er Jahre begann, Cabernet-Sauvignon- und Merlottrauben für eine Reihe von Rotweinen anzukaufen, die jetzt die Weißweine abgelöst haben. Es gibt zwei Cabernet Sauvignons, Corley Reserve★, in einem kräftigen Stil gehalten, der für Kalifornien klassisch ist, und Jefferson Cuvée, einen weicheren, leichter zugänglichen Wein. Unter der Marke Montreaux★ wird außerdem ein recht eindrucksvoller Schaumwein mit Hefegeschmack hergestellt. In manchen Jahren wird ein süßer Wein aus Sémillontrauben erzeugt, der Chateaux M. heißt.

MONTILLA-MORILES DO *Andalusien, Spanien* Sherryähnliche Weine, die fast vollständig als billigerer Sherryersatz verkauft werden. Die Weine *können* jedoch hervorragend sein, insbesondere die Spitzenweine in den Geschmacksrichtungen trockener Amontillado, Oloroso und gehaltvollerer Pedro Ximénez. Wenn Sie der Ansicht sind, daß Spitzensherrys billig verkauft werden, dann werden diese Likörweine hier förmlich verschenkt. Es gibt auch leichte, fruchtige trockene Weißweine, die aber keinen Charakter besitzen. Beste Erzeuger: Toro Albalá★, Alvear★ (nur Spitzenmarken), Aragón, Gracia Hermanos, Pérez Barquero★.

HUBERT DE MONTILLE *Volnay, Burgund, Frankreich* Ein Weingut, das einige der konzentriertesten und lagerfähigsten Rotweine der COTE DE BEAUNE erzeugt. Wenn Sie gewillt sind, zehn Jahre oder noch länger zu warten, dann sind die VOLNAYS und POMMARDS von de Montille sehr lohnenswerte Weine. Die Lagenweine Volnay Champans ★★, Pommard Les Épenots ★★★ und Pommard Les Pezerolles ★★ sind alle durchaus ihren hohen Preis wert. Beste Jahrgänge: 1995 93 92 90 **89** 88 **85 83.**

MONTLOUIS AC *Loiretal, Frankreich* Die Weine von Montlouis werden auf dem VOUVRAY gegenüberliegenden Ufer der Loire aus der gleichen Cheninrebe und in ähnlichen Geschmacksrichtungen (trocken, lieblich und süß sowie ein Schaumwein nach dem Champagner-Verfahren) erzeugt, aber sie sind zumeist einen Hauch rustikaler als die ihres Nachbarn, weil die Trauben selten ebenso gut reifen. Zwei Drittel der Produktion sind Montlouis Mousseux, ein herber Schaumwein mit Apfelgeschmack, den man am besten jung trinken sollte. Die Stillweine müssen fünf bis zehn Jahre altern, besonders die süßen und lieblichen Versionen. Beste Erzeuger: Berger★, Chidaine, Delétang★, Levasseur, Moyer★, Taille aux Loups★. Beste Jahrgänge: 1996 95 93 **90 89 88 86 85 83 82 78 76 70.**

MONTRACHET AC *Côte de Beaune, Burgund, Frankreich* Dieser weltberühmte Grand Cru befindet sich an der Grenze zwischen den Weinbauorten CHASSAGNE-MONTRACHET und PULIGNY-MONTRACHET, wobei ein weiterer Grand Cru, Chevalier-Montrachet, direkt oberhalb von ihm auf dem Hang liegt. Le Montrachet erzeugt Weine mit einer einzigartigen Kombination von Konzentration, Finesse und Duft – ein weißer Burgunder in seiner erhabensten Form. Die höhere Lage des Chevalier liefert einen etwas schlankeren Wein, der in seiner Jugend weniger explosiv ist, aber gute Jahrgänge werden im Laufe von 20 und mehr Jahren immer faszinierender. Beste Erzeuger: COLIN★★★, DROUHIN★★★, LAFON★★★, Laguiche★★, Dom. LEFLAIVE★★, RAMONET★★★, Dom. de la ROMANÉE-CONTI★★★, Thénard★★. Beste Jahrgänge: 1995 93 **92** 90 **89 88 86 85.**

MONTRAVEL AC *Südwestfrankreich* Trockene, halbtrockene und süße Weißweine aus dem westlichen Ende der Region Bergerac. Die Produktion ist rückläufig. Beste Erzeuger: de Gouyat, de Krevel★, le Raz, de Roque Peyre.

CH. MONTROSE ★★ *St-Estèphe AC, 2ème Cru Classé, Haut-Médoc, Bordeaux, Frankreich* Montrose galt als das führende Gut in SAINT-ESTEPHE, das berühmt war für seinen dunklen, tiefen Wein, der rund 30 Jahre reifen mußte, bevor er seinen Höhepunkt erreichte. Nach einer Zwischenperiode Ende der 70er und Anfang der 80er Jahre, als die Weine leichter und zugänglicher wurden, ist Montrose jetzt zu seinem ursprünglichen festen, dichten, kraftvollen Stil zurückgekehrt. Die letzten Jahrgänge waren außergewöhnlich. Zweitwein: la Dame de Montrose. Beste Jahrgänge: (1996) (95) 94 93 90 89 86.

CH. MONTUS *Madiran AC, Südwestfrankreich* Alain Brumont führte die Renaissance von MADIRAN an, indem er reinsortige Tannatweine erzeugte und eine geschickte Öffentlichkeitsarbeit betrieb. Er baut seine Spitzenweine in neuen Eichenholzfässern aus, so daß sie Zeit brauchen, um ihre beste Qualität zu entfalten. Brumont besitzt drei Güter: Montus★★★, Bouscassé★★ und Meinjarre★. Montus und Bouscassé bringen einen sehr süffigen, trockenen PACHERENC DU VIC BILH★ hervor, während Bouscassé eine Reihe von feinen Moelleux★★ erzeugt.

MOREY-SAINT-DENIS AC *Côte de Nuits, Burgund, Frankreich* Morey besitzt fünf Grands Crus (BONNES-MARES, Clos des Lambrays, CLOS DE LA ROCHE, CLOS DE TART und CLOS SAINT-DENIS und einen Anteil an BONNES-MARES) sowie einige sehr gute Premiers Crus. Der einfache Dorfwein kann dünn und fad sein. Aber bei einem guten Erzeuger hat er eine gute Erdbeer- oder Johannisbeerfrucht und gewinnt mit dem Alter eine reizvolle Tiefe. Außerdem wird ein erstaunlich nussiger Weißwein in winziger Menge erzeugt. Beste Erzeuger: Pierre Amiot, Castagnier-Vadey★★, Charlopin★★, CLAIR★★, DROUHIN, DUJAC★★, FAIVELEY★, Georges Lignier★★, Hubert Lignier★★, Marchand★, Perrot-Minot★, Ponsot★★, Rossignol-Trapet★, J. Tardy★. Beste Jahrgänge: 1995 93 **90 89** 88.

MORGON AC *Beaujolais, Burgund, Frankreich* Ein BEAUJOLAIS-Cru rund um die Gemeinde Villié-Morgon. Der größte Teil des Weins besitzt eine milde, an Kirschen erinnernde Fruchtigkeit, die ihn sehr süffig macht; doch bei einem guten Winzer und von den Hängen des Mont du Py kann der Wein dickflüssig und dunkel sein und einen Kirschduft erwerben, wenn er altert. Der klassische Morgon ist der tanninreichste der Beaujolais-Crus. Beste Erzeuger: Aucœur, Brun, la Chanaise, Charvet★, Descombes★★, Desvignes★, DUBŒUF, Janodet★, Lapierre★, Paquet, Savoye★, Vincent. Beste Jahrgänge: 1996 **95 93 91 90 88.**

MORNINGTON PENINSULA *Victoria, Australien* Aufregendes neues Anbaugebiet mit kühlem, maritimem Klima, wo es eine Vielzahl von Weinbergen gibt, die wohlhabenden Hobbywinzern gehören. Der Chardonnay ist intensiv und honigartig, der Pinot Noir vielversprechend. Beste Erzeuger: Craig Avon, DROMANA★, King's Creek, Massoni, Moorooduc Estate, STONIER'S★★, T'gallant.

MORRIS *Rutherglen, Victoria, Australien* Historische Kellerei, die im Besitz von ORLANDO ist. Sie erzeugt traditionelle Weine, die in der Region beliebt sind, wie etwa likörartige Muscat-★★ und Tokayweine★★ (Old Premium ist ★★★), »Portweine«, »Sherrys« und robuste Tafelweine aus den Rebsorten Shiraz★, Cabernet★, Durif und Blue Imperial (Cinsaut). Mick Morris ging 1993 in den Ruhestand und übergab die Leitung an seinen Sohn David.

MORTON ESTATE *Katikati, Nordinsel, Neuseeland* Katikati ist der winzige Ort, wo Morton Estate seine Kellerei im niederländischen Kapstil gebaut hat. Seine Weinberge jedoch liegen in HAWKES BAY. Die besten Weine sind der robuste, komplexe Black Label Chardonnay★★★, der nach Nektarinen und tropischen Früchten schmeckende Black Label Fumé Blanc★, der intensive, an Beeren und Zedernholz erinnernde Black Label Cabernet Sauvignon-Merlot★★ sowie ein sehr erfolgreicher Schaumwein★★. Beste Jahrgänge: (Weißweine) **1996 95 94 91 90.**

GEORG MOSBACHER *Deidesheim, Pfalz, Deutschland* Das kleine Weingut der Familie Mosbacher erzeugt die besten trockenen Weißweine und süßen Weine im berühmten Weinbauort FORST. Am besten sind die Rieslinge★★ aus der Lage Forster Ungeheuer, die zu den üppigsten deutschen Rieslingen gehören. Köstlich in der Jugend, aber wert, daß man sie über fünf Jahre lang einkellert. Beste Jahrgänge: 1996 **94 93 90 89 86.**

MOSCATO D'ASTI DOCG *Piemont, Italien* Die Rebsorte Moscato (Muscat oder Muskateller) liefert Weine in scheinbar unbegrenzt vielen Geschmacksrichtungen, aber keinen, der so verführerisch ist wie dieser köstlich duftende, sanft schäumende Wein. Er stammt von Moscato-Bianco-Trauben, die auf den Hügeln zwischen Asti und Alba in Nordwestitalien wachsen. Die als DOCG eingestufte Anbauzone ist dieselbe wie für ASTI Spumante, aber lediglich ausgelesene Trauben werden für diesen Wein verwendet, der eigentlich nur ein Frizzante, d. h. ein leicht schäumender Perlwein, und kein richtiger, voll schäumender Spumante ist. Die besten besitzen einen aufregend traubigen Geschmack und einen geringen Alkoholgehalt. Man sollte die Weine trinken, wenn sie noch ihren jugendlichen Duft entfalten. Beste Erzeuger: ASCHERI★, Bera★, Braida★, Cascina Pian d'Or★, Caudrina★★, Piero Gatti★, Icardi★, Marenco★, Beppe Marino★, La Morandina★, Perrone★, SARACCO★, La Spinetta★★, I Vignaioli di Santo Stefano★; (Moscato dl Piemonte) Marco Negri★.

MOSCATO PASSITO DI PANTELLERIA DOC *Sizilien, Italien* Die Traubensorte Muscat d'Alexandrie wird für die Herstellung dieses kraftvollen Dessertweins verwendet. Pantelleria ist eine kleine Insel südwestlich von Sizilien (SICILIA), die näher bei Afrika als bei Italien liegt. Die Trauben werden Mitte August gepflückt und in die Sonne gelegt, wo sie zwei Wochen lang trocknen und einschrumpfen. Dann werden sie gekeltert und vergoren, wobei ein bernsteinfarbener süßer Muskateller mit intensivem Geschmack entsteht, der zu den besten überhaupt gehört. Am besten trinkt man diesen Wein fünf bis sieben Jahre nach der Lese, auch wenn er zehn Jahre und noch länger gut altern kann. Beste Erzeuger: De Bartoli (Bukkuram ★★), Murana (Martingana ★★, Khamma★); Gen. Nuova Agricoltura, Pellegrino★.

MOSEL-SAAR-RUWER *Deutschland* Kein zusammenhängendes Weinbaugebiet, sondern eine Reihe von Anbaugebieten an der Mosel und ihren Nebenflüssen Saar und Ruwer. Die Mosel entspringt in den Vogesen, bevor sie die Grenze zwischen Deutschland und Luxemburg bildet. Auf deutschem Gebiet dominiert am Oberlauf der Mosel die ziemlich schauderhafte Rebsorte Elbling, doch mit der mittleren Mosel beginnt eine Reihe von Weinbauorten, die einige der besten Rieslinge der Welt erzeugen: Piesport, Brauneberg, Bernkastel, Graach, Ürzig und Erden. Die Weine sind nicht wuchtig oder kraftvoll, sondern besitzen in guten Jahrgängen ein enormes »Schieferaroma« und können die Frische des Dufts mit der goldenen Wärme von Honig verbinden. Im unteren Teil des Moseltals, wo der Fluß einen Bogen durch Trier beschreibt, sind große Weine seltener. Südlich von Trier fließt die Saar, die in Dörfern wie Serrig, Ockfen und Wiltingen wunderbare, intensive Weine hervorbringen kann. Die Ruwer mündet nördlich von Trier in die Mosel; sie produziert etwas mildere Weine. Hier gibt es zwar keine herausragenden Namen bei den Weinbauorten, aber ein paar Güter (MAXIMIN GRÜNHAUS, KARTHÄUSERHOF), die zu den besten in Deutschland gehören. Siehe auch Ayl, Bernkastel, Brauneberg, Erden, Graach, Ockfen, Piesport, Ürzig, Wehlen.

LENZ MOSER *Rohrendorf bei Krems, Kamptal-Donauland, Österreich* Bedeutender Händler, der Weine von Winzern kauft und sie als »Auslesen« abfüllt. Außerdem bietet er feine Weine aus dem Klosterkeller Siegendorf im

Burgenland und vom Weingut Malteser Ritterorden im Weinviertel (darunter einen Cabernet Sauvignon!).

MOSS WOOD *Margaret River, Westaustralien* Eine Kellerei, die einen herausragenden Cabernet★★ erzeugt, der seidig weich, gehaltvoll, aber strukturiert ist. Der Chardonnay★★ kann reichhaltig sein und im Geschmack an Pfirsiche erinnern, während der Pinot Noir★ zwar wechselhaft ausfällt, jedoch in den besten Jahrgängen zauberhaft ist. Ein beständig faszinierender Wein ist der Sémillon★★, sowohl als faßgereifte wie auch als nicht im Eichenholzfaß ausgebaute Version. Beste Jahrgänge: (Rotweine) 1993 92 **91 90 88 86 85 83 80 75.**

J. P. MOUEIX *Bordeaux, Frankreich* Die Familie Moueix besitzt nicht nur die berühmten Châteaux PÉTRUS, La FLEUR-PÉTRUS, MAGDELAINE, TROTANOY und andere Weingüter, sondern betreibt auch einen blühenden Weinhandel, der auf die Weine vom rechten Ufer der Gironde, insbesondere aus den Anbaugebieten POMEROL und FRONSAC, spezialisiert ist. Die Qualität der Moueix-Weine ist insgesamt hoch. Christian Moueix, der Sohn von Jean-Pierre, leitet außerdem eine Kellerei in Kalifornien, die den Namen DOMINUS trägt

MOULIN-À-VENT AC *Beaujolais, Burgund, Frankreich* Der BEAUJOLAIS-Cru, der manchmal Ähnlichkeit mit einem vollen, schokoladigen Burgunder hat und mehr nach Pinot Noir als nach Gamay schmeckt, wenn man den Wein etwa sechs bis zehn Jahre reifen läßt. Beste Erzeuger: Brugne, Champagnon★, Charvet★, Chastel, Chauvet★, DUBŒUF (einzelne Weingüter★), Janodet★, Lapierre, Ch. du Moulin-à-Vent★★, Siffert, la Tour du Bief★★, Trichard. Beste Jahrgänge: 1996 95 **93 91 90 88 85.**

MOULIS AC *Haut-Médoc, Bordeaux, Frankreich* Die kleinste der speziellen Appellationen innerhalb des Anbaugebiets HAUT-MÉDOC. Ein Großteil der Weine ist exzellent: köstlich, wenn man sie mit fünf bis sechs Jahren trinkt, aber einige gute Weine sollten zehn bis zwanzig Jahre altern. Zudem sind die Weine nicht überteuert. Beste Erzeuger: Anthonic, Biston-Brillette★, CHASSE-SPLEEN★★, Duplessis-Fabre, Dutruch-Grand-Poujeaux, Gressier-Grand-Poujeaux, MAUCAILLOU★, Moulin-à-Vent★. POUJEAUX★★. Beste Jahrgänge: (1996) (95) **94 90 89 88 86 85 83 82.**

MOUNT LANGI GHIRAN *Grampians, Victoria, Australien* Rasch aufstrebender Erzeuger, der kraftvolle, pfeffrige Shirazweine★★★, gut strukturierte Cabernets★★, duftige Rieslinge★★ und passable, nicht faßgereifte Chardonnays herstellt. Neu hinzugekommen ist Pinot Gris; zu den neu angepflanzten Reben gehört auch Sangiovese. Beste Jahrgänge: (Rotweine) **1994** 93 **92 91 90 88 86 84.**

MOUNT MARY *Yarra Valley, Victoria, Australien* Klassisches Gut, das Bordeaux zum Vorbild hat. Es erzeugt einen trockenen Weißwein namens Triolet★ aus einem Verschnitt der Rebsorten Sauvignon Blanc, Sémillon und Muscadelle sowie »Cabernets«★★ aus allen fünf im Bordelais angebauten roten Traubensorten (Cabernet Sauvignon, Cabernet Franc, Merlot, Petit Verdot und Malbec), der wunderbar altert. Der Pinot Noir★★ ist fast ebenso gut. Beste Jahrgänge: (»Cabernets«) 1994 **92 91 90 88 84 80.**

MOUNT VEEDER AVA *Napa Valley, USA* Cabernet-Sauvignon- und Zinfandelweine, die in einem typischen, »ungehobelten« Stil hergestellt werden, kommen aus diesem kleinen bergigen AVA in der Westecke des NAPA VALLEY. Beste Erzeuger: Chateau Potelle★, HESS COLLECTION★★, Mount Veeder Vineyards★, Mayacamas.

MOUNTADAM *Eden Valley, Südaustralien* Der verstorbene David Wynn und sein in Bordeaux ausgebildeter Sohn Adam wählten dieses Gut, das sich auf einem der höchsten Punkte der Mount Lofty Ranges befindet, und legten neue Weinberge an. Der reichhaltige, buttrige Chardonnay★★ hat Weltruf. Es gibt auch einen prächtigen Pinot★★, einen schlankeren Cabernet★ sowie fruchtige, nicht faßgereifte Weine und Bioweine der Marken David Wynn bzw. Eden Ridge. Beste Jahrgänge: (Cabernet) 1994 93 **91 90 87 84.**

MOURVÈDRE Südfranzösische Rebsorte, die viel Sonnenschein braucht, um zu voller Reife zu gelangen, weshalb sie auch so gut an der Mittelmeerküste gedeiht (z. B. in BANDOL). Sie bringt Weine hervor, die 20 Jahre und länger altern können. Zunehmende Bedeutung erlangt sie als Rebsorte, die den Weinen in CHATEAUNEUF-DU-PAPE und in Teilen des MIDI Farbe, Körper und einen an Teer und Kiefernnadeln erinnernden Geschmack verleiht. In Australien und Kalifornien, wo sie bisweilen als Mataro bezeichnet wird, gewinnt sie an Ansehen.

MOUSSEUX Französisch für »schäumend«. »Vin Mousseux« (Schaumwein).

MOUTON-CADET *Bordeaux AC, Bordeaux, Frankreich* Der am meisten in der Welt verkaufte rote Bordeauxwein wurde von Baron Philippe de Rothschild in den 30er Jahren geschaffen. Der Wein ist ein Verschnitt, der aus dem gesamten Bordelais stammt. Er ist vollkommen einwandfrei, aber langweilig und nie billig. Es gibt auch einen Weiß- und einen Roséwein.

CH. MOUTON-ROTHSCHILD★★★ *Pauillac AC, 1er Cru Classé, Haut-Médoc, Bordeaux, Frankreich* Baron Philippe de Rothschild starb 1988, nachdem er 65 Jahre lang Mouton-Rothschild geführt, 1973 die Heraufstufung des Guts von einem heruntergewirtschafteten 2ème Cru zu einem Premier Cru bewerkstelligt und den Wein★★★ zu einem der größten Weine der Welt gemacht hatte. Er ist der auf großartige Weise gehaltvollste und sanfteste der großen Bordeauxrotweine, wenn er jung ist, aber er braucht 15 bis 20 Jahre, bis er sich vollständig zu seinem wunderbaren Aroma entfaltet, das an schwarze Johannisbeeren und Zigarrenkisten erinnert. Weißwein: Aile d'Argent. Beste Jahrgänge: (1996) (95) 94 93 91 89 88 86 **85 83 82 78 70.**

MUDGEE *Neusüdwales, Australien* Kleines, seit langem bestehendes, aber wenig beachtetes Anbaugebiet in der Nachbarschaft des HUNTER VALLEY, das jedoch höher gelegen ist und kühlere Temperaturen aufweist. Größere neue Anpflanzungen könnten etwas frischen Wind hineinbringen. ROSEMOUNT hat gerade einen eindrucksvollen Shiraz-Cabernet namens Mountain Blue eingeführt. Beste Erzeuger: Huntington Estate, Miramar, Montrose, Thistle Hill.

MUGA *Rioja DOC, Rioja, Spanien* Eine traditionelle Familienkellerei, die elegante, reiche rote RIOJAS★ von hoher Qualität herstellt, insbesondere Gran Reserva Prado Enea★. Sie ist die einzige Bodega in Rioja, wo jeder Schritt der Rotweinvinifizierung, von der Vergärung bis zum Ausbau, noch immer in Eichenholzfässern durchgeführt wird. In den letzten Jahren sind die Weiß-

und Roséweine ebenfalls gut und fruchtig. Beste Jahrgänge: (Rotweine) **1992 90 89 87 85 82 81.**

MULDERBOSCH *Stellenbosch WO, Südafrika* Ein geschmeidiger, nach Stachelbeeren schmeckender Sauvignon Blanc★★ rückte dieses Weingut 1991 schlagartig ins Rampenlicht; ebenso erfolgreiche nachfolgende Jahrgänge haben ihm einen Kultstatus beschert. Reinheit und Intensität sind die Kennzeichen des Chardonnay★★ und des neuen Steen-op-Hout★ (im Eichenholzfaß vinifizierter Chenin). Faithful Hound, ein freundlicher Cabernet-Merlot-Verschnitt★, ist der einzige Rotwein. Das Gut wechselte 1996 den Besitzer, aber der engagierte Weinmacher Mike Dobrovic bleibt.

MÜLHEIM *Mosel, Deutschland* Hier befindet sich das sehr gute Weingut Max Ferd. Richter, das früher für seine »Zeppelin«-Weine aus der Reblage Sonnenlay berühmt war. Bester Erzeuger: Max Ferd. Richter★.

EGON MÜLLER *Scharzhofberg, Saar, Deutschland* Die Weine gehören nicht nur zu den größten deutschen Weinen, sondern auch zu den teuersten. Die endgültigen süßen Versionen eines Rieslingweins sind die Auslesen, Beerenauslesen, Trockenbeerenauslesen und Eisweine des Guts (alle ★★★). Die regulären Kabinett- und Spätleseweine sind teuer, aber klassisch. Beste Jahrgänge: 1995 94 93 **91 90 89.**

MÜLLER-CATOIR *Neustadt-Haardt, Pfalz, Deutschland* Müller-Catoir kann den Weinfreunden, die skeptisch sind hinsichtlich der Fähigkeit Deutschlands, Weine in einem internationaleren Stil zu erzeugen, die Augen öffnen. Von Lagen in wenig bekannten Winkeln der warmen PFALZ erzeugt er Weine mit intensivem Fruchtgeschmack und kräftiger Struktur, wie man sie in Deutschland – oder auch anderswo – nicht mehr findet, darunter Riesling, Grauburgunder, Scheurebe, Gewürztraminer, Rieslaner (alle ★★★), Muskateller★★, Müller-Thurgau ★★ und Weißburgunder★. Beste Jahrgänge: 1996 **95 94 93 92 90 89 88.**

MÜLLER-THURGAU Die in Deutschland am meisten angebaute Rebsorte, die auch in hohem Maße für LIEBFRAUENMILCH verantwortlich ist. Früher glaubte man, es würde sich dabei um eine Kreuzung aus Riesling und Silvaner handeln; doch neue Forschungen haben bewiesen, daß Müller-Thurgau in Wirklichkeit Silvaner x Chasselas ist, was den salzigen Geschmack der Traube und ihre rieslinguntypischen Aromen erklärt. Wenn die Erträge niedrig sind, erzeugt sie gefällige, blumige Weine; doch die Erträge sind fast nie niedrig, weil sie eigens für hohe Erträge gezüchtet wurde. In England, wo sie ebenfalls häufig angebaut wird, fällt sie gelegentlich besser aus, aber die wenigen guten Beispiele, die dem leicht traubigen Geschmack einen etwas herben, unreifen Charakter hinzufügen, kommen aus Österreich, der Schweiz, Luxemburg und Norditalien. Neuseeland rühmte sich (und tut es vielleicht noch immer), die besten Müller-Thurgau-Weine der Welt zu erzeugen, auch wenn die Rebfläche stark abnimmt.

G. H. MUMM *Champagne AC, Champagne, Frankreich* Mumms am meisten verkaufter Champagner ohne Jahrgangsbezeichnung, Cordon Rouge, gehört zu den am wenigsten beeindruckenden Champagnern einer »Großen Marke«. Häufig wird er von seinem kalifornischen Gegenstück, MUMM NAPA, übertroffen. Die Luxuscuvée René Lalou ist etwas besser, aber der beste Wein ist der elegante Mumm de Cramant★★. Beste Jahrgänge: **1989 88 85.**

MUMM NAPA *Napa Valley AVA, Kalifornien, USA* Das französische Champagner-Haus MUMM und Segram Classic Wines aus Kalifornien riefen Mumm Napa 1983 ins Leben. Den französischen Besitzern soll es schon leid tun, daß sie dies taten, weil der aus Kalifornien kommende Schaumwein prächtig ist. Die Cuvée Napa Brut Prestige★★ ist einer der besten kalifornischen Schaumweine; dicht dahinter folgt der teurere Vintage Reserve★. Der Blanc de Noirs★ ist viel besser als die meisten Rosé-Champagner. Eine Tête de Cuvée DVX hat sich nach einem schwachen Anfangsjahrgang rehabilitiert.

MÜNSTER *Nahe, Deutschland* Münster, berühmt durch die Weine von der Staatsdomäne, besitzt mit dem Pitterberg und dem Dautenpflänzer zwei große Rieslinglagen. Sie liefern Weine mit kräftigem Aroma (das an die Blätter von schwarzen Johannisbeeren erinnert) und mineralischem Charakter. Beste Erzeuger: Staatliche Weinbaudomäne★, Krüger-Rumpf★.

MURFATLAR *Rumänien* Murfatlar, das westlich vom Schwarzen Meer liegt, erzeugt ausgezeichnete Spätlesen aus Chardonnay, Muscat Ottonel und vor allem Pinot Gris★. Jetzt werden auch Schaumweine hergestellt. Der Einfluß des Meeres kann warme Nächte bescheren, die zu einem niedrigen Säuregehalt führen – oft ein Manko bei den hier erzeugten Cabernet Sauvignons und Merlots. Wenn dieses Problem gelöst wird, dürfte Murfatlar ein gutes Anbaugebiet für reife, weiche Rotweine sein. Bester Erzeuger: Kellerei Murfatlar.

MUSCADET AC *Loiretal, Frankreich* Muscadet wurde 1994 die Grundappellation für die gesamte Region mit drei hochwertigen Anbauzonen: MUSCADET DES COTEAUX DE LA LOIRE, MUSCADET COTES DE GRAND LIEU und MUSCADET DE SEVRE-ET-MAINE. Erzeuger, die einfachen Muscadet herstellen, können höhere Erträge erzielen, dürfen aber nicht die Bezeichnung *sur lie* auf dem Etikett verwenden. Die Weine werden zumeist von Händlern verkauft; sie sind billig und sollten am besten jung und gekühlt getrunken werden. Beste Erzeuger: Chéreau-Carré, Donatien-Bahaud, Ch. de la Preuille★, Sauvion.

MUSCADET DES COTEAUX DE LA LOIRE AC *Loiretal, Frankreich* Die kleinste der drei hochwertigen Anbauzonen, östlich von Nantes auf beiden Ufern der Loire gelegen. Die Erträge sind niedriger als für die einfache AC; die Erzeuger dürfen *sur lie* verwenden. Beste Erzeuger: Guindon, Luneau-Papin.

MUSCADET CÔTES DE GRAND LIEU AC *Loiretal, Frankreich* Eine neue AC für die besten Lagen um den Lac de Grand Lieu, südwestlich von Nantes. Die Rebstöcke müssen sieben Jahre alt sein. Einige Weine können bis zu fünf Jahren altern. Erster Jahrgang: 1994. Beste Erzeuger: Batard, Bel-Air, Herbauges.

MUSCADET DE SÈVRE-ET-MAINE AC *Loiretal, Frankreich* Maine und Sèvre fließen südlich von Nantes in Nordfrankreich zusammen und geben dieser AC ihren Namen. *Sur lie* auf dem Etikett weist auf die traditionelle Abfüllungsmethode hin: Der Wein wird direkt von seiner Hefe abgezogen und bewahrt dadurch einen cremigen Hefegeschmack und eine leicht prickelnde Kohlensäure. Ein guter Muscadet paßt perfekt zu den Meeresfrüchten vor Ort; die meisten Weine sollte man jung trinken, aber die besten können mehrere Jahre altern. Beste Erzeuger: Michel Bahuaud★ (Gutsabfüllungen), Bideau-Giraud, Bossard★★, Chasseloir★, Chéreau-Carré★, Couillaud★, Dubois, Marquis de Goulaine, LUNEAU★★, MÉTAIREAU★★, Sauvion★, Touche★. Beste Jahrgänge: **1996 95 93 89.**

MUSCAT (MUSKAT, MUSKATELLER)

Es ist sonderbar, aber es gibt kaum eine Rebsorte in der Welt, die einen Wein erzeugt, der wirklich nach Trauben schmeckt. Es existiert jedoch eine Traubensorte, die so angenehm und köstlich traubig ist, daß sie alle anderen leicht aufwiegt – die Muscattraube, die im allgemeinen als die Urrebsorte für Wein gilt. Tatsächlich scheint es 200 verschiedene Zweige der Muscat-Familie zu geben, aber die Spielart, die immer den aufregendsten Wein hervorbringt, wird als Muscat à Petits Grains bezeichnet. Diese Beeren können grün, goldgelb, rosa oder sogar braun sein; die daraus hergestellten Weine können entweder wirklich blaß und trocken, frisch, gehaltvoll und goldfarben oder so dunkel und süß wie Melasse ausfallen.

WEINSTILE

Frankreich: Muscat wird vom äußersten Nordosten bis hinunter zur spanischen Grenze angebaut, aber die Rebsorte wird dort selten mit großer Hochachtung behandelt. Das ist schade, weil der trockene, leichte, intensiv nach Trauben schmeckende Muscat d'Alsace einer der köstlichsten und schönsten Weine Frankreichs ist. (Manchmal wird er mit der Kreuzung Muscat Ottonel verschnitten.) Sporadisch taucht die Rebsorte im Rhônetal auf, insbesondere in der Schaumweinenklave Die. Der mit der Clairettetraube kombinierte Clairette de Die Tradition ist ein duftiger, nach Trauben schmeckender Schaumwein, der es verdient hätte, bekannter zu sein.

Muscat de Beaumes-de-Venise könnte ruhig weniger bekannt sein, weil die Qualität dieses köstlich frischen gespriteten Dessertweins in den letzten Jahren nachgelassen hat, aber sein Erfolg hat die traditionellen Erzeuger gespriteter Weine im Languedoc-Roussillon, insbesondere in Frontignan und Rivesaltes, dazu ermutigt, anstelle der faden, sirupartigen Weine, die sie seit Generationen hergestellt haben, frischere, duftigere Weine zu produzieren.

Italien: Muscat wird in Italien für angenehm süße oder (selten) trockene Tafelweine im Norden und für gespritete Weine verwendet (die meisten Moscatos im Süden stammen jedoch von der Rebsorte Muscat d'Alexandrie). Aber die großartigsten Muscatweine Italiens sind die aus Asti, wo die Rebe Moscato Bianco genannt wird. Als Asti Spumante oder Moscato d’Asti kann dieser wunderbar frische, traubige Schaumwein köstlich schmecken. Italien besitzt auch rote Sorten: Moscato Nero für seltene süße Weine in Latium, der Lombardei und im Piemont und Moscato Rosa für kirschrote Weine von zarter Süße in Südtirol, im Trentino und in Friaul-Julisch-Venetien.

Andere Anbaugebiete: Ungarn baut noch etwas Muscat an. Die Krim hat bewiesen, wie gut sich die Rebe für die gespriteten Massandraweine eignet. Griechenlands feinste Weine sind die gehaltvollen, goldfarbenen Muscatweine von Samos und Patras. In Österreich und Deutschland liefert die Muskatellertraube süße und trockene, leicht aromatische Weine. In Spanien ist Moscatel de Valencia süß, leicht und preisgünstig. Moscatel de Grano Menudo wird in Navarra wiederbelebt und ist auf Mallorca eingeführt worden. Kalifornien baut Muscat à Petits Grains an, dort oft als Muscat Canelli bezeichnet. Aus dunkleren Beeren stellen Südafrika und Australien aus Muscadel bzw. Brown Muscat, wie die Rebsorte dort heißt, einen der intensivsten, üppigsten gespriteten Weine der Welt her, vor allem im Nordosten Victorias.

BESTE ERZEUGER

Muscat-Schaumweine
Frankreich (Clairette de Die) Achard-Vincent, Gen. Clairette de Die.
Italien (Moscato d'Asti) Bera, Braida, Caudrina, Saracco, La Spinetta.

Trockene Muscats
Deutschland (Muskateller) BERCHER, MÜLLER-CATOIR, Rebholz.
Frankreich (Muscat d'Alsace) J. Becker, Dirler, TRIMBACH, ZIND-HUMBRECHT.
Italien (Goldmuskateller) Conti Martini, Tiefenbrunner.
Österreich F. X. PICHLER, TEMENT.
Spanien (Mallorca) Miguel Oliver; (Alicante) Bocopa.

Süße Muscats
Australien (Liqueur Muscat) ALL SAINTS, BAILEY'S, CHAMBERS, MCWILLIAMS, MORRIS, SEPPELT, Stanton & Killeen, YALUMBA.
Frankreich (Muscat d'Alsace) ZIND-HUMBRECHT; (Muscat de Beaumes-de-Venise) Coyeux, Durban, Paul JABOULET; (Muscat de Frontignan) Peyrade; (Muscat de Rivesaltes) CAZES, de Jau.
Griechenland Geb. Samos.
Italien (Moscato di Pantelleria) De Bartoli, Murana; (Moscato di Strevi Passito) Ivaldi; (Moscato Rosa/Rosenmuskateller) Schloß Sallegg.
Spanien (Moscatel de Valencia) Castillo de Liria; (Navarra) CHIVITE, OCHOA.
Südafrika KWV, Gen. Nuy, Weltevrede.

MUSCAT D'ALEXANDRIE Nicht zu verwechseln mit der höherwertigen Rebsorte Muscat Blanc à Petits Grains. Die Traubensorte Muscat d'Alexandrie tut sich selten als eigenständige Rebsorte hervor, erfüllt aber weltweit eine nützliche Aufgabe, indem sie Weinen, die ansonsten langweilige und geschmacksneutrale Weißweine wären, Duft und Fruchtigkeit hinzufügt. Sie wird im gesamten Mittelmeerraum häufig für süße und gespritete Weine verwendet; in Südafrika (wo sie auch unter dem Namen Hanepoot bekannt ist) und in Australien erzeugt sie vereinzelt fruchtige, duftige Massenweine.

MUSCAT DE BEAUMES-DE-VENISE AC *Rhônetal, Frankreich* Einige der besten Vins Doux Naturels aus der Rebsorte Muscat stammen aus dem hübschen Weinbauort BEAUMES-DE-VENISE im südlichen Rhônetal. In den 80er Jahren war der Wein ein phänomenaler Erfolg als »verfeinerter« Dessertwein, obwohl ihn die Einheimischen auf dem Heimweg von der Arbeit trinken. Er ist zwar süß, besitzt aber eine fruchtige Säure und eine köstliche Frische. Am besten trinkt man ihn jung, damit man diesen herrlich traubigen Duft auf seinem Höhepunkt vollständig genießen kann. Beste Erzeuger: Gen. BEAUMES-DE-VENISE★, Coyeux★, Durban★★, JABOULET★, Vidal-Fleury.

MUSCAT BLANC À PETITS GRAINS Siehe Muscat, S. 212.

MUSCAT DE CAP CORSE AC *Korsika, Frankreich* Neue Appellation für Vin Doux Naturel, die 17 Gemeinden auf der Insel Korsika (CORSE) umfaßt. Als einzige Rebsorte ist Muscat à Petits Grains zugelassen.

MUSCAT DE FRONTIGNAN AC *Languedoc, Frankreich* Wohlbekannter Vin Doux Naturel aus der Muscattraube, der an der Mittelmeerküste erzeugt wird. Mit einer Farbe, die von Hellgold bis Tieforange geht, sieht er recht eindrucksvoll aus, kann aber eher widerlich süß sein. Beste Erzeuger: Cave du Muscat de Frontignan, la Peyrade★, Robiscau.

MUSCAT DE MIREVAL AC *Languedoc, Frankreich* Ein Vin Doux Naturel, der etwas weiter landeinwärts hergestellt wird als der viel bekanntere MUSCAT DE FRONTIGNAN. Der Wein schmeckt zwar immer noch süß und reif, kann aber ein wenig mehr säuerliche Frische und auch einen ziemlich hohen Alkoholgehalt besitzen. Beste Erzeuger: la Capelle, Mas des Pigeonniers, Moulinas.

MUSCAT DE RIVESALTES AC *Roussillon, Frankreich* Der aus den Rebsorten Muscat Blanc à Petits Grains und Muscat d'Alexandrie hergestellte Wein kann tatsächlich sehr gut sein, zumal mehrere experimentierfreudige Erzeuger die Traubenschalen länger im Most lassen, so daß dieser Duft und Fruchtigkeit gewinnt. Beste Erzeuger: CAZES★★, des Chênes★, Destavel★, Force Real, de Jau★★, Laporte★, Mas Rous★, Gen. MONT TAUCH★, de Pena★, Piquemal, Sarda-Malet★.

MUSCAT DE SAINT-JEAN-DE-MINERVOIS AC *Languedoc, Frankreich* Hoch in den abgelegenen, wilden Hügeln des Minervois befindet sich das Dörfchen Saint-Jean-de-Minervois mit seiner kleinen Appellation für gespritete Muscatweine, die ausschließlich aus der besseren Rebsorte Muscat à Petits Grains erzeugt werden. Er ist nicht so widerlich süß wie einige Muscats aus den Ebenen des LANGUEDOC-ROUSSILLON und erinnert mehr an Mandarinen und Blüten. Beste Erzeuger: Barroubio★, Vignerons de Septimanie★.

MUSIGNY AC *Grand Cru, Côte de Nuits, Burgund, Frankreich* Einer der Handvoll von wirklich großen Grands Crus, die Kraft mit außergewöhnlicher Tiefe der Frucht und großer Eleganz verbinden – eine eiserne Faust in einem

Samthandschuh. Verständlicherweise teuer. Eine winzige Menge weißer Musigny wird von de Vogüé erzeugt. Beste Erzeuger: DROUHIN★★, Groffier★★, JADOT★, Mugnier★★★, Prieur, Roumier★★, de Vogüé★★★. Beste Jahrgänge: 1995 93 90 **89** **88** **85**.

MUSKATELLER Sehr alte Rebsorte mit zahlreichen Spielarten (als Tafel- und Keltertrauben). Siehe Muscat, S. 212.

NACKENHEIM *Rheinhessen, Deutschland* Der nördlich von Nierstein gelegene Weinbauort besitzt mit dem Rothenstein eine Spitzenlage, deren großartige, überaus fruchtige Rieslinge in den letzten Jahren zu den besten am Rhein gehören. Bester Erzeuger: GUNDERLOCH★★★.

NAHE *Deutschland* Der Fluß, an dem sich das nach ihm benannte Anbaugebiet erstreckt, entspringt unterhalb von Birkenfeld und mündet bei BINGEN, direkt gegenüber von RÜDESHEIM im RHEINGAU, in den Rhein. Riesling, Müller-Thurgau und Silvaner sind die hauptsächlich angebauten Rebsorten; die Rieslingweine aus dieser geologisch komplizierten Region werden zu den besten deutschen Rieslingen gezählt. Die besten Lagen sind die Reblagen von Niederhausen und SCHLOSSBÖCKELHEIM, die sich im wunderschönen, felsigen Tal der oberen Nahe befinden. Siehe auch Bad Kreuznach.

CH. NAIRAC★★ *Barsac AC, 2ème Cru Classé, Bordeaux, Frankreich* Dieses als Deuxième Cru eingestufte Weingut ist ein etablierter Star in BARSAC und erzeugt dank enormer Anstrengungen und beträchtlicher Investitionen einen Wein, der den Premiers Crus ebenbürtig ist. Der Ausbau in neuen Eichenholzfässern, der Würze und sogar etwas Tannin verleiht, befähigt diesen süßen Wein dazu, zehn bis fünfzehn Jahre zu altern. Beste Jahrgänge: (1996) (95) **90 89 88 86 83 82 81 80 76**.

NALLE WINERY *Dry Creek Valley AVA, Kalifornien, USA* Der Besitzer und Weinmacher Doug Nalle ist einer der führenden Erzeuger von Zinfandel in Kalifornien. Er gehört zu den seltenen Menschen, die am liebsten nicht mit Journalisten sprechen möchten. »Alles, was ich tue«, erklärte er einmal, »ist, daß ich den besten Zinfandel mache, den ich machen kann.« Nalles herrlicher Zinfandel★★★ wird mit jedem Jahr besser und teurer. Beste Jahrgänge: **1994 93 92 91 90**.

NAPA COUNTY *Kalifornien, USA* Da Napa einige von Kaliforniens besten traditionellen Kellereien sowie viele seiner entschlosseneren Newcomer beherbergt, ist es gleichbedeutend mit erstklassigem kalifornischem Wein geworden. Der Bezirk selbst ist im Hinblick auf den Weinbau vielfältig und besitzt etwa 20 bereits festgelegte größere Untergebiete, aber es gibt noch keinen Beweis dafür, daß sie 20 wirklich unterschiedliche Stile bieten. Das Ansehen von Napa beruht auf Cabernet Sauvignon, Merlot und Chardonnay, während Pinot Noir im Bezirk CARNEROS von Bedeutung ist. Langfristig gesehen wird Chardonnay in Napa weniger wichtig, wohingegen Cabernet und Merlot außer in Carneros häufiger angebaut werden. Siehe auch Napa Valley AVA.

NAPA VALLEY AVA *Kalifornien, USA* Dieses AVA-Gebiet wurde so umfassend angelegt, daß es fast völlig bedeutungslos ist. Es umfaßt Anbaugebiete, die in Wirklichkeit außerhalb des Einzugsgebiets des Napa River liegen, wie etwa Pope Valley und Chiles Valley. Aus diesem Grund ist man auch dabei, ein System von Untergebieten zu schaffen, aber wenige von ihnen können wirklich für sich in Anspruch nehmen, daß sie sich von ihren Nachbarn deutlich unterscheiden. Viele befürchten deshalb zu Recht, daß diese Sub-AVAs nur dazu beitragen werden, den Zauber des Namens Napa zu verwässern. Beste Erzeuger: BEAULIEU★, BERINGER★★, CAIN★, CAYMUS★★, CHATEAU MONTELENA★, CHIMNEY ROCK★★, Clos Pegase★, CLOS DU VAL★, CUVAISON, DIAMOND CREEK★★, DOMAINE CHANDON★, DUCKHORN★, DUNN★★, FLORA SPRINGS★★, FRANCISCAN★, FROG'S LEAP★, HEITZ CELLARS★, The HESS COLLECTION★★, MONDAVI★★, MONTICELLO, MUMM NAPA★, NEWTON★★, OPUS ONE★★, Joseph PHELPS★, SCHRAMSBERG★★, SHAFER★★, SILVERADO★★, STAG'S LEAP★★, STERLING★, TREFETHEN, Turley★. Siehe auch Carneros, Howell Mountain, Mount Veeder, Oakville, Rutherford.

NAUTILUS *Marlborough, Südinsel, Neuseeland* Eine Firma in australischem Besitz, die von S. Smith & Sons (YALUMBA) kontrolliert wird, mit Weinbergen, einem Einzelhandel und einem Anteil an der Kellerei Raupara Vintners. Sie erzeugt einen der besseren MARLBOROUGH Sauvignon Blancs★★, einen stilvollen Chardonnay★★ und einen prächtigen Schaumwein★★★. Beste Jahrgänge: **1996 94 91 89.**

NAVARRA DO *Navarra, Spanien* Diese enthusiastische Region ist Spaniens Antwort auf die Neue Welt, denn zusätzlich zu Tempranillo, Garnacha und Moscatel de Grano Menudo (Muscat à Petits Grains) werden immer mehr Weinberge mit Cabernet Sauvignon, Merlot und Chardonnay bestockt. Dies führt zu einer Vielzahl von saftigen Rotweinen, im Holzfaß vergorenen Weißweinen, jungen Garnacharotweinen ohne Faßreifung und modernen süßen Moscatelweinen. Beste Erzeuger: Camilo Castilla. Julian CHIVITE★, GUELBENZU★, Magaña★, Malumbres, Alvaro Marino, Castillo de Monjardin, Gen. Nekeas, OCHOA★, Gen. Palacio de la Vega, Gen. Piedemonte Olite, Príncipe de Viana (früher Cenalsa), Gen. Sada, Señorío de Sarría★, Vicente Malumbres, Vinícola Navarra.

NEBBIOLO Siehe S. 218/219.

NEBBIOLO D'ALBA DOC *Piemont, Italien* Ein Rotwein aus Nebbiolotrauben, die rund um Alba angebaut werden, mit Ausnahme der Anbauzonen von BAROLO und BARBARESCO. Die Weinberge in den Langhe- und Roerohügeln beiderseits des Flusses Tanaro sind bekannt für sandige Böden, die einen duftigen, fruchtigen Stil für frühe Trinkreife erzeugen, auch wenn einige Winzer Weine mit echtem Charakter herstellen, die mindestens fünf Jahre altern. Beste Erzeuger: Alario★, ALTARE★, ASCHERI★, CERETTO, Correggia★★, Bruno GIACOSA★, PRUNOTTO★, Ratti★, Vietti★. Beste Jahrgänge: **1995 94 93 91 90.**

NÉGOCIANT Französische Bezeichnung für einen Weinhändler, der Weine ankauft und (unter seinem eigenen Namen) vertreibt. In Bordeaux bezieht sich die Bezeichnung auf eine kommerzielle Aktiengesellschaft. In Burgund und anderen französischen Regionen ist ein *Négociant-éléveur* ein Weinhändler, der Wein kauft, herstellt, ausbaut und verkauft.

NELSON *Südinsel, Neuseeland* Eine Gebirgskette trennt Nelson von MARLBOROUGH am nördlichen Ende der Südinsel. Es besteht aus einer Reihe von kleinen Hügeln und Tälern mit einer breiten Spanne von Mesoklimas. Das Klima von Nelson ist günstig für die meisten Rebsorten, die in Neuseeland angebaut werden. Am besten gedeihen Chardonnay, Riesling und Sauvignon Blanc. Beste Erzeuger: NEUDORF★★★, Ruby Bay, SEIFRIED★★ (Redwood Valley).

NEUCHÂTEL (NEUENBURG) *Schweiz* Kanton in der Westschweiz mit hoch gelegenen Weinbergen, wo hauptsächlich die Chasselasrebe für Weißweine und die Rebsorte Pinot Noir für Rotweine angebaut werden. Drei kleine Anbaugebiete (Schloss Vaumarcus, Hôpital Poutalès und Domaine de Champrevèyres) haben Anrecht auf eine spezielle Appellation. Beste Erzeuger: Ch. d'Auvernier, Porret.

NEUDORF *Nelson, Südinsel, Neuseeland* Die Besitzer Tim und Judy Finn erzeugen stilvolle, oft innovative Weine. Sie haben der Versuchung widerstanden, die Produktion zu erweitern, und ziehen es statt dessen vor, die Qualität ihrer Weine durch Sorgfalt im Weinberg und bei der Kellertechnik zu verfeinern. Die besten Weine sind Chardonnay★★★, Sauvignon Blanc★, Pinot Noir★★ und Riesling★★. Beste Jahrgänge: **1996 94 91.**

NEW SOUTH WALES (NEUSÜDWALES) *Australien* Der bevölkerungsreichste australische Bundesstaat. RIVERINA, ein heißes, künstlich bewässertes Anbaugebiet mit einer Fläche von 4700 ha Größe, bringt 14 % der australischen Trauben hervor und erzeugt wahre Ozeane von einfachem Tafelwein, läßt aber deutliche Anzeichen einer Verbesserung erkennen. HUNTER VALLEY, MUDGEE, COWRA und Hilltops sind kleinere Anbaugebiete von erstklassiger Qualität in der Nähe des Küstenhochlands. Orange ist ein hoch gelegener Bezirk im Binnenland, der zunehmend von sich reden macht. Der Bereich CANBERRA südlich von Sydney ist ein relativ neues Anbaugebiet mit winzigen Weinbergen, wo man versucht, in kühlen Hochlagen feine Weine herzustellen.

NEW WORLD (NEUE WELT) Als geographische Bezeichnung umfaßt die »Neue Welt« im Bereich des Weinbaus Nord- und Südamerika, Südafrika, Australien und Neuseeland. Im übertragenen Sinne ist es ein Begriff, der den sauberen, fruchtigen, klaren Stil beschreibt, der jetzt überall in der Welt zu beobachten ist, aber von Weinmachern in den USA, Australien und Neuseeland entwickelt wurde.

NEW YORK (BUNDESSTAAT) *USA* Weintrauben wurden auf Manhattan Island erstmals Mitte des 17. Jahrhunderts angepflanzt; doch erst Anfang der 50er Jahre dieses Jahrhunderts begann sich dort eine ernsthafte Weinbranche zu entwickeln, als Rebsorten der europäischen Rebart *Vitis vinifera* angebaut wurden, um einheimische Rebarten wie etwa *Vitis labrusca* zu ersetzen. Das wichtigste Anbaugebiet ist FINGER LAKES im Norden des amerikanischen Bundesstaats, wo auch das Gebiet um den Hudson River für den Weinbau von Bedeutung ist. Das aufregendste Weinbaugebiet ist jedoch Long Island, dessen maritimes Klima ideal für die Rebsorten Chardonnay, Merlot und Pinot Noir erscheint. Vereinzelt werden hier auch Rieslingtrauben angebaut, aus denen manchmal ein sehr guter süßer Wein erzeugt wird. Die Weine haben in der Regel einen gut entwickelten sortentypischen Fruchtcharakter und zeigen eine gute Ausgewogenheit, aber das wechselhafte Wetter an der Ostküste kann immer noch Probleme für die Reifung der Trauben aufwerfen. Beste Erzeuger: (Long Island) BRIDGEHAMPTON★★, Gristina, Hargrave★★, LENZ★, Palmer, PECONIC BAY, Pindar; (andere Anbaugebiete) Benmarl, Brotherhood, Four Chimneys Farm Winery, FOX RUN, Heron Hill, LAMOUREAUX LANDING★, Millbrook, Vinifera, Wagner, Wiemar Vineyard.

NEBBIOLO

Es erscheint fast widersinnig, daß die Rebsorte, die so große Rotweine hervorbringt wie Nebbiolo, in ihrer geographischen Verbreitung begrenzt sein sollte. Dennoch findet man die Rebe, die für die majestätischen Weine Barolo und Barbaresco verantwortlich ist, fast nirgendwo außerhalb von Nordwestitalien. Ihr Name leitet sich ab vom italienischen *nebbia* (»Nebel«), weil sie spät reift, wenn die Hügel in Herbstnebel gehüllt sind. Sie benötigt eine dicke Schale, um diesem Nebel standzuhalten, so daß sie oft sehr tanninhaltige Weine liefert, die Jahre brauchen, bis sie milder werden. Auf den Kalksteinböden der Langhehügel rund um Alba angebaut, erzeugt Nebbiolo Weine, die selten farbintensiv sind, aber wunderbar duften und im Alter eine große Komplexität entwickeln können, mit der nur Pinot Noir und Syrah mithalten. Bislang waren Versuche, Nebbiolo anderswo anzubauen, nicht sehr erfolgreich, teilweise weil hoch gelegene, kühle, nebelverhangene Weinberge selten sind in der Neuen Welt, wo die meisten Erzeuger ihre Ernte gern lange vor der Zeit der Herbstnebel einbringen. Dennoch gibt es, wegen des Ruhms von Barolo und Barbaresco und weil viele Weinberge von italienischen Auswanderern angelegt wurden, ein paar Beispiele.

WEINSTILE

Barolo: Gewöhnlich als der beste und langlebigste der Nebbioloweine angesehen, auch wenn der Mythos, daß er ein Jahrzehnt oder noch länger braucht, bis er trinkreif ist, vom Barolo im neuen Stil widerlegt wird, der ausgewogener und weicher ist und rascher seine Trinkreife erreicht.

Barbaresco: Der Nachbar des Barolo ist etwas zugänglicher, obwohl die Stile zwischen den traditionellen und den neuen variieren.

Nebbiolo d'Alba und Roero: Hier werden ebenso wie in der neuen DOC Langhe leichtere Nebbiolotypen erzeugt. Die Rebsorte wird auch für besondere Supertoskaner im Albagebiet verwendet, wie etwa Vigna Arborina von Altare und Il Favot von Aldo Conterno.

Nebbiolo-Barbera-Verschnitte: Die beiden Rebsorten werden kombiniert für Tafelweine wie Arte von Clerico, Bricco Manzoni von Rocche dei Manzoni und Vignaserra von Roberto Voerzio.

Nördliches Piemont: Nebbiolo ist auch die Hauptrebsorte für Rotweine in Nordpiemont – Carema, Gattinara, Ghemme.

Lombardei: Unter dem lokalen Namen Chiavennasca die Hauptrebsorte der DOC-Weine Valtellina und Valtellina Superiore.

Neue Welt: Mexiko erzeugt einen passablen Nebbiolo in Niederkalifornien; einige argentinische Erzeuger machen eine recht rustikale Version. Aber am wahrscheinlichsten sind Erfolge in Kalifornien, nicht alle von italoamerikanischen Familien, sondern von einer neuen Generation Italienbegeisterter wie Randall Grahm (Bonny Doon) und Jim Clendenen(Au Bon Climat). Australien hat ebenfalls seine Enthusiasten, wie Gary Crittenden (Dromana Estate).

Siehe auch BAROLO, BARBARESCO, CAREMA, GATTINARA, GHEMME, NEBBIOLO D'ALBA, VALTELLINA SOWIE EINZELNE ERZEUGER.

BESTE ERZEUGER

Italien

Barolo ALTARE, Azelia, CERETTO, Chiarlo, CLERICO, Aldo CONTERNO, Giacomo CONTERNO, Conterno-Fantino, Riccardo Fenocchio, GAJA, Bruno GIACOSA, Elio Grasso, Bartolo MASCARELLO, Giuseppe MASCARELLO, Pio Cesare, PRUNOTTO, Ratti, Rocche dei Manzoni, Sandrone, Paolo Scavino, Vajra, Vietti, Roberto VOERZIO.

Barbaresco Gen. Barbaresco, Cantina del Glicine, Castello di Neive, CERETTO, Cigliuti, GAJA, Bruno GIACOSA, I Paglieri, Marchesi di Gresy, Bruno Rocca-Rabaja.

Nebbiolo d'Alba und Roero Alario, ASCHERI, Correggia, Deltetto, Malvirà, PRUNOTTO, Ratti, Vietti.

Nordliches Piemont (Carema) Ferrando; (Gattinara) Antoniolo, Le Colline, Travaglini; (Ghemme) Antichi Vigneti di Cantalupo.

Valtellina Conti Sertoli Salis, Enologica Valtellinese, Fay, Negri, Rainoldi, Triacca.

Nebbiolos der Neuen Welt

USA (Kalifornien) AU BON CLIMAT, BONNY DOON, Martin Brothers, Il Podere dell'Olivos, Viansa.

Mexiko L. A. CETTO.

NEWTON VINEYARDS *Napa Valley AVA, Kalifornien, USA* Hervorragende Kellerei mit Weinbergen auf den steilen Berghängen oberhalb von Saint Helena. Estate Cabernet Sauvignon★★ und Merlot★★ zählen zu den ausgewogensten und alterungsfähigsten kalifornischen Sortenweinen. Ein neuer ungefilterter, ungeschönter Chardonnay★★★ erntete phantastische Kritiken. Newtonian★ ist die ausgezeichnete Zweitmarke für Cabernet-Verschnitte und Chardonnays und wird hauptsächlich ins Ausland exportiert. Die Chardonnays sollte man bis zu fünf Jahren altern, während die Rotweine zehn bis fünfzehn Jahre reifen sollten. Beste Jahrgänge: (Cabernet Sauvignon) 1992 91 **90 85;** (Merlot) 1993 92 91 **90 88 87 86;** (Chardonnay) 1994 **93 91 90.**

NGATARAWA *Hawkes Bay, Nordinsel, Neuseeland* Kleiner Erzeuger von erstklassigen Weinen. Chardonnay★ und aus edelfaulen Trauben hergestellter Riesling★★ sind bislang am besten. Der Verschnitt aus Cabernet Sauvignon und Merlot kann ebenfalls sehr gut sein, läßt aber Beständigkeit vermissen. »Specials Selections« werden unter der Marke Glazebrook★ (Chardonnay und Cabernet-Merlot) abgefüllt; sie sind zumeist köstlich, sollten aber relativ jung getrunken werden. Beste Jahrgänge: **1996 95 94 91.**

NIAGARA PENINSULA *Ontario, Kanada* Die Niagara-Halbinsel liegt zwischen dem Erie- und dem Ontariosee und profitiert von den regelmäßigen kühlen Winden, die der Steilabbruch des Niagara bewirkt. Das kühle Klima bringt im Wein klare Eigenschaften hervor. Chardonnay führt bei den trokkenen Weißweinen zusammen mit Riesling und Vidal, die einen guten Eiswein (ICEWINE) erzeugen. Pinot Noir erweist sich als die erfolgreichste Rotweintraube, während Merlot und Cabernet Franc in den letzten Jahrgängen einen Qualitätssprung nach vorn verzeichneten. Beste Erzeuger: Cave Spring, Chateau des Charmes, Henry of Pelham, INNISKILLIN★, Southbrook Farm.

NIEDERHAUSEN *Nahe, Deutschland* Dieser Weinbauort besitzt die besten Rieslinglagen an der Nahe, insbesondere die großartige Hermannshöhle. Erzeugt werden hier sehr mineralische, mittelschwere Weine mit frischer Säure und langer Alterungsfähigkeit. Beste Erzeuger: H. DÖNNHOFF★★★, Staatliche Weinbaudomäne★.

NIEPOORT *Port DOC, Douro, Portugal* Eine kleine Firma niederländischer Herkunft, die jetzt von der fünften Generation der Familie Niepoort geführt wird. Herausragende Vintage-Portweine★★★, alte Tawnys★★★ und ein neuer Single-Quinta-Wein: Quinto do Passadouro★★★. Die ungefilterten LBVs★★ zählen zu den besten in ihrer Klasse; sie sind intensiv und komplex. Beste Jahrgänge: (Vintage-Portwene) 1994 92 91 87 83 **82 80 77 70 66 63 55 45 27.**

NIERSTEIN *Rheinhessen, Deutschland* Ein Weinbauort und ein großer Bereich, der die berüchtigte Großlage Gutes Domtal umfaßt. Die Weinbaugemeinde Nierstein besitzt 23 Einzellagen; die Spitzenlagen (wie etwa Ölberg, Orbel, Hipping und Pettenthal) zählen zu den besten Reblagen des gesamten Rheintals. Beste Erzeuger: GUNDERLOCH★★, HEYL ZU HERRNSHEIM★★, St. Antony★★.

NIKOLAIHOF *Wachau, Niederösterreich, Österreich* Die Familie Saahs in Mautern erzeugt einige der besten Weine in der WACHAU sowie im nahen Krems-Stein im KREMSTAL, darunter auch winzige Mengen eines der gefeiertsten österreichischen Rieslinge, der aus einer kleinen Parzelle in der berühmten Reblage Steiner Hund★★ stammt. Beste Jahrgänge: 1995 **94 92 91 90 86 83 79 77.**

NOBILO *Kumeu/Huapai, Auckland, Nordinsel, Neuseeland* Eine Kellerei in Familienbesitz, die ein breites Angebot an Weinen erzeugt, von einem populären halbtrockenen White Cloud bis zu Sortenweinen aus Einzellagen. Dixon Vineyard Chardonnay★★, ein üppiger Wein mit intensivem Duft, ist die Spitzenmarke von Nobilo. Sleek Sauvignon Blanc★★ und Chardonnay★ aus dem neuangelegten Weinberg Nobilos in MARLBOROUGH rücken rasch in den Mittelpunkt des Interesses. Beste Jahrgänge: **1996 95 94 91 89.**

NORTON *Mendoza, Argentinien* Ein Weinbaubetrieb in österreichischem Besitz, mit einem der besten Winzer des Landes. Carlos Tizio Mayer erzeugt Weine von prachtvoller, hochwertiger Frucht. Der neue Torrontés ist gut und aromatisch, der Verschnitt aus Sémillon und Chenin Blanc★ sauber und frisch. Ein wuchtiger, schwerer Malbec★★ führt die Rotweine an; der Spitzenverschnitt Privada★ muß mindestens fünf Jahre lagern.

NUITS-SAINT-GEORGES AC *Côte de Nuits, Burgund, Frankreich* Diese große AC, die hauptsächlich für Rotweine gilt, ist eine der wenigen relativ verläßlichen »Dorfappellationen« in Burgund. Nuits-Saint-Georges besitzt zwar keine Grands Crus, aber viele seiner Premiers Crus (insgesamt 38!) sind extrem gut. Die Rotweine öffnen sich bisweilen recht langsam und brauchen mindestens fünf Jahre, um sich zu entfalten. Es gibt auch winzige Mengen Weißwein, die Gouges, Domaine l'Arlot und RION erzeugen. Beste Erzeuger: Chauvenet★, R. Chevillon★★, Confuron★, Domaine l'Arlot★★★, R. Dubois★★, FAIVELEY★, Gouges★★, GRIVOT★, JAYER★★★, JAYER-GILLES★★, LABOURÉ-ROI★, Michelot★★, Moillard★, Remoriquet★, RION★★. Beste Jahrgänge: (Rotweine) 1995 93 **92 90 89 88 85.**

OAKVILLE *Napa Valley, USA* Diese 1996 offiziell festgelegte Anbauregion hat in jeder Hinsicht Ähnlichkeit mit RUTHERFORD, das unmittelbar nördlich davon liegt. Das hauptsächlich mit Cabernet Sauvignon bestockte Gebiet enthält einige der besten Weingüter (MONDAVI, Martha's Vineyards, OPUS ONE), hat aber keinen erkennbaren regionalen Stil entwickelt.

OBEREMMEL *Saar, Deutschland* Der kleine Weinbauort schafft es, einige der besten Saarweine zu erzeugen, insbesondere in den Lagen Agritiusberg, Hütte und Raul. Frisch und elegant, sind sie weniger säuerlich als viele Saarrieslinge. Die Qualität bleibt hoch, aber der Name ist leider in Vergessenheit geraten. Beste Erzeuger: von Hövel★★, von KESSELSTATT★★.

OBERHAUSEN *Nahe, Deutschland* Ein einziges Weingut, H. DÖNNHOFF, hat diesen kleinen Weinbauort im felsigen Tal der mittleren Nahe bekannt gemacht. Die besten Weine kommen aus den Lagen Brücke und Felsenberg und haben einen intensiven mineralischen Charakter. Beste Erzeuger: H. DÖNNHOFF★★, Sitzius.

OBERROTWEIL *Baden, Deutschland* Wichtiger Weinbauort am Kaiserstuhl, der einige der besten mittelschweren bis körperreichen trockenen Weiß- und Grauburgunder sowie gute Spätburgunder erzeugt. Bester Erzeuger: Salwey★.

OC, VIN DE PAYS D' *Languedoc-Roussillon, Provence und Rhônetal, Frankreich* Ein Landwein, der immer aufregender wird. Das Anbaugebiet konzentriert sich auf Rot- und Weißweine im Stil der Neuen Welt. Einheimische Erzeuger wie SKALLI-FORTANT und VAL D'ORBIEU werden unterstützt von fähigen Weinmachern aus Australien, England und der Schweiz. Beste Erzeuger: Dom. de la BAUME★, Grange de Quatre Sous★, HERRICK, Lalaurie, Lurton★, RYMAN, SKALLI-FORTANT, VAL D'ORBIEU★ (für seine Spitzenrotweine), Virginie★.

OCHOA *Navarra DO, Navarra, Spanien* Javier Ochoa hat sich erkennbar seine Erfahrung als ehemaliger Chefönologe der Weinforschungsanstalt zu eigen gemacht und die Familienbodega sowie seine 68 ha Rebflächen vollständig modernisiert. Die daraus resultierenden Weine sind frisch, sauber und fruchtig, wobei Cabernet Sauvignon★, Tempranillo★ und süße Muscatweine★ besonders gut ausfallen. Beste Jahrgänge: (Rotweine) **1993 92 91 90 89 87 86 85.**

OCKFEN *Saar, Deutschland* Weinbauort mit einer berühmten Einzellage, dem Bockstein. Die Weine können in einem sonnenreichen Jahr großartig sein. Sie verlieren nie ihre kühle Stahligkeit, haben aber einen köstlichen, vollen Fruchtgeschmack. Beste Erzeuger: Dr. Fischer, Heinz Wagner★★, ZILLIKEN★★.

OECHSLE In Deutschland verwendete Skala zur Messung des Mostgewichts, die auf dem spezifischen Gewicht beruht. Um die Dichte einer Flüssigkeit in Grad Oechsle zu erhalten, muß man das spezifische Gewicht von Wasser (1000) nehmen und für jede Maßeinheit darüber (im Falle von Trauben bezieht sich dies auf das spezifische Gewicht von Zucker im Traubensaft) 1 hinzufügen. So zieht man bei Traubensaft mit einem spezifischen Gewicht von 1130 (130 Teile Zucker über dem Grundgewicht von 1000 g für einen Liter Wasser) 1000 ab und erhält dann 130 Oechsle-Grad, was auf eine reife, mit Zucker angefüllte Traube hinweist, die wahrscheinlich einen vollen, recht alkoholischen Wein liefert.

OESTE *Portugal* Umgangssprachliche Bezeichnung für die Region ESTREMADURA in Portugal.

OESTRICH *Rheingau, Deutschland* Die größte Weinbaugemeinde im Rheingau, aber ein Großteil der Produktion wird für Sekt verwendet. Von den restlichen Weinen sind die meisten »resch« und schlicht, doch die besten Rieslinge sind klassische Rheingauweine mit frischer Säure und einer Spur von Erdigkeit. Beste Erzeuger: August Eser★, Querbach, WEGELER-DEINHARD★.

OISLY-ET-THÉSÉE, CONFRÉRIE DES VIGNERONS D' *Touraine, Loiretal, Frankreich* Diese innovative Genossenschaft, die 1960 gegründet wurde, ist unter der Leitung des verstorbenen Jacques Choquet zu einem der führenden Namen in der TOURAINE geworden. Choquets Vision lebt fort in den frischen Weinen mit dem reichen Geschmack, insbesondere in den aus Sauvignontrauben erzeugten Weißweinen★, den Rotweinen aus Gamaytrauben und dem CRÉMANT DE LOIRE★, die alle unter der Marke Baronnie d'Aignan verkauft werden. Die besten Sortenweine stammen mit Ausnahme der Sauvignon-Cuvée Excellence★★ von Château de Vallagon★. Beste Jahrgänge: **1996 95 94 93 90 89.**

OKANAGAN VALLEY *Britisch-Kolumbien, Kanada* Die wichtigste weinerzeugende Region von Britisch-Kolumbien und auch die Heimat von Kanadas reichhaltigem, honigartigem Eiswein (ICEWINE). Die Wärme des Okanagan Lake hilft, die kalten Nächte zu mildern, aber Fröste im Oktober können ein Problem darstellen. Die Rebsorten Pinot Blanc und Pinot Noir gedeihen hier am besten. Beste Erzeuger: Blue Mountain, Gray Monk, MISSION HILL★★, Quail's Gate.

OLOROSO Siehe Jerez y Manzanilla DO/Sherry.

OLTREPÒ PAVESE DOC *Lombardei, Italien* Diese hügelige Anbauzone im Südwesten der Lombardei erzeugt unter ihrer DOC 14 verschiedene Weintypen. Oltrepò Pavese ist Italiens Hauptquelle für Pinot Nero, der hauptsächlich für Schaumweine verwendet wird. Diese dürfen den Namen Classese tragen, wenn sie hier nach dem Champagner-Verfahren hergestellt werden, aber die Grundweine versorgen die Spumante-Industrie in anderen Gebieten. Die Hügel haben lange Zeit Mailand mit Weinen für den täglichen Konsum versorgt, oft mit Schaumweinen, obwohl die Stillweine, die Rotweine aus den Rebsorten Barbera, Bonarda und Pinot Nero und die Weißweine aus den Pinotsorten, Riesling und neuerdings Chardonnay, eindrucksvoll sein können. Beste Erzeuger: Anteo, Le Fracce★, Frecciarossa★, Fugazza, Mazzolino, Monsupello★, Piccolo Bacco dei Quaroni, Gen. Santa Maria della Versa★, Vercesi del Castellazzo★, Bruno Verdi★.

OMAR KHAYYAM *Maharashtra, Indien* Ein nach dem Champagner-Verfahren hergestellter Schaumwein, der aus einer Kombination der Rebsorten Chardonnay, Ugni Blanc, Pinot Noir, Pinot Meunier und Thompson Seedless hergestellt wird. Die letztgenannte Traubensorte wird jetzt immer weniger verwendet, nachdem die anderen Rebsorten häufiger angebaut werden. Dank der Beratung durch die Champagnerfirma PIPER-HEIDSIECK produziert die Kellertechnologie zusammen mit den hoch gelegenen, künstlich bewässerten Weinbergen im allgemeinen feste, frische, kräftige Schaumweine, aber die Qualität ist etwas unregelmäßig.

OPPENHEIM *Rheinhessen, Deutschland* Ein Weinbauort, dessen Ruf durch den Verkauf von viel minderwertigem Wein unter dem Namen Oppenheimer Krötenbrunnen gelitten hat. Doch mit seinen steilsten Lagen wie etwa dem Sackträger kann Oppenheim zu den besten Weinbaugemeinden der Rheinterrasse gehören, deren Hänge am linken Ufer des Rheins liegen. Es erzeugt relativ erdige Weine, die aber trotzdem einen vollen Geschmack besitzen. Beste Erzeuger: Guntrum, Koch, Kühling-Gillot.

OPUS ONE *Napa Valley AVA, Kalifornien, USA* Ein mit großem Reklamerummel angekündigtes Joint-venture-Unternehmen zwischen Robert MONDAVI und dem verstorbenen Baron Philippe de Rothschild von MOUTON-ROTHSCHILD. Der erste Jahrgang (1979) kam 1983 auf den Markt. Damals war der Preis von $ 50 der höchste, der für einen kalifornischen Wein verlangt wurde, doch andere Weine aus Kalifornien kosten heute noch mehr. Die verschiedenen Opus-Abfüllungen seit 1979 befanden sich alle in der Kategorie ★★, aber sie haben selten das Niveau des Reserve Cabernet Sauvignon von Robert Mondavi erreicht. Außerdem erscheint der Preis zu hoch. Beste Jahrgänge: 1993 92 91 **90 88 87 84 80.**

OREGON *USA* Oregon gelangte Anfang der 80er Jahre schlagartig zu internationaler Berühmtheit, nachdem sein Pinot Noir vielleicht zu überschwengliches Lob erfahren hatte; doch der US-Staat konnte seine Position nicht festigen. Das soll nicht etwa heißen, daß der Oregon Pinot Noir nicht reizvoll wäre, aber im Bestfall (wie beim 94er) bietet er eine klare, an schwarze Kirschen erinnernde Fruchtigkeit ohne viel Komplexität oder Tiefe. Der Oregon Chardonnay kann recht gut sein in einem nüchternen, zurückhaltenden Stil. Der neue Star ist der Pinot Gris, der im kühlen Klima von Oregon ein überaus köstlicher Wein von überraschender Komplexität sein kann. Das Willamette Valley wird als das beste Anbaugebiet angesehen; die Dundee Hills gelten als das beste Untergebiet. Beste Erzeuger: ADELSHEIM★★, AMITY★★, Argyle, Arterberry, BEAUX FRERES, Bethel Heights★, Cameron★, Dom. DROUHIN★★, Elk Cove★, Eola Hills, ERATH, EYRIE★★ Henry Estate, King Estate, PONZI★, Rex Hill★★, SOKOL BLOSSER★★, Tualatin, Yamhill Valley★.

ORLANDO *Barossa Valley, Südaustralien* Die zweitgrößte Weinfirma von Australien, die jetzt im Besitz von Pernod-Ricard ist und MORRIS, Wickham Hill, Gramps und WYNDHAM ESTATE umfaßt. Spitzenweine unter dem Namen Orlando sind die beständigen COONAWARRA-Rotweine Saint Hugo★ und Jacaranda Ridge★, die eigenwilligen Rieslinge aus dem Eden Valley, Saint Helga★ und Steingarten★★, und der würzige Flaxmans Traminer★. Die einfachen Jacobs-Creek-Weine sind zu Recht die erfolgreichste australische Marke im Ausland, aber gegenwärtig mangelt es Orlando an Überzeugungskraft bei den Spitzenweinen.

ORNELLAIA, TENUTA DELL' *Bolgheri, Italien* Dieses schöne Weingut wurde von Lodovico Antinori, dem Bruder von Piero, aufgebaut, nachdem er das Familienunternehmen ANTINORI verlassen hatte, um sich selbständig zu machen. Der rote Ornellaia★★★, ein Cabernet-Merlot-Verschnitt, läßt sich durchaus mit dem benachbarten SASSICAIA vergleichen. Der weiße Poggio alle Gazze★★ wird ausschließlich aus Sauvignontrauben hergestellt. In kleinen Mengen wird ein herausragender Merlot namens Masseto★★★ erzeugt. Beste Jahrgänge: (1996) (95) 94 93 **92 91** 90 **88.**

ORVIETO DOC *Umbrien, Italien* Traditionell war der Orvieto ein leicht süßer (ABBOCATO) Weißwein, während er jetzt zumeist ein trockener Weißwein ohne Charakter ist. In der höherwertigen Classico-Anbauzone besteht jedoch das Potential für gehaltvollere Weine, die einen intensiveren Biskuitgeschmack besitzen. Im allgemeinen ist er kein Wein zum Lagern, so daß der Riserva★★ von Palazzone eine Ausnahme darstellt. Beste Erzeuger: Antica Selva di Meana, Barberani★, CASTELLO DELLA SALA★, Decugnano dei Barbi★, Palazzone★, Salviano★, Conte Vaselli★, Le Valette★.

OSBORNE *Jerez y Manzanilla DO, Andalusien, Spanien* Die größte Spirituosenfirma von Spanien. Den Löwenanteil seiner Umsätze macht Osborne mit Branntwein (Magno und Veterano) und anderen Spirituosen. Seine Sherryfirma in Puerto de Santa María ist auf den leichten Fino Quinta★ spezialisiert. Amontillado Coquinero★, der reichhaltige, intensive Bailén Oloroso★★ und Solera India★ sind wirklich sehr gut.

OVERBERG WO *Südafrika* Die südlichste Weinbauregion Südafrikas umfaßt das Hochlandgebiet Elgin sowie das Küstengebiet Walker Bay. Das Anbaugebiet wird wegen seines kühlen Klimas sehr geschätzt, auch wenn die Weinberge von Elgin wegen der scharfen Konkurrenz durch riesige, gewinnbringende Apfelbaumanpflanzungen beschränkt sind. Doch Sauvignon Blanc, Chardonnay und Pinot Noir rechtfertigen die Entscheidung, wertvolle Obstgärten durch Rebstöcke zu ersetzen. Walker Bay wurde Mitte der 70er Jahre (damals illegal) von Tim Hamilton-Russell für den Weinbau erschlossen; bis vor kurzem war HAMILTON RUSSELL VINEYARDS auch der einzige Erzeuger, ehe Anfang der 90er Jahre BOUCHARD FINLAYSON hinzukam. Aus zwei sind jetzt neun geworden. Fast alle setzen ihre Hoffnung auf Pinot

Noir, obwohl auch Pinotage erfolgreich verwendet wird. Beste Erzeuger: (Walker Bay) BOUCHARD FINLAYSON★, HAMILTON RUSSELL VINEYARDS★★, Wildekrans★.

PAARL WO *Südafrika* Das Anbaugebiet von Paarl macht fast 19 % der gesamten Rebfläche von Südafrika aus. Die zahlreichen Böden und Klimas in diesem im Grunde warmen Gebiet haben eine Vielfalt von Stilen zur Folge, von Cap-Classique-Schaumwein bis hin zu Weinen im Sherrystil. Die Kellereien sind ebenfalls unterschiedlich: Die KWV mit ihrem 22 ha großen Komplex in Paarl soll die größte Kellereianlage der Welt sein. Claridge repräsentiert das andere Ende der Größenskala. Wellington und Franschhoek sind kleinere festgelegte Anbaugebiete innerhalb der Region Paarl. Beste Erzeuger: (Paarl) BACKSBERG★, BOSCHENDAL★, FAIRVIEW★★, GLEN CARLOU★★, KWV, STELLENBOSCH FARMERS' WINERY (Plaisir de Merle★★, Nederburg), Veenwouden★★, VILLIERA★★, Welgemeend★; (Wellington) Claridge★.

PACHERENC DU VIC BILH AC *Südwestfrankreich* In kleiner Menge erzeugte, eigenwillige Weißweine aus einem Anbaugebiet, das sich mit der AC MADIRAN überschneidet. Die Weine sind zumeist trocken, aber es gibt einige halbtrockene bis süße Weine aus spätgelesenen Trauben. Die meisten Pacherenc-Weine sollten am besten jung getrunken werden. Beste Erzeuger: Aydie, Brumont★★, Crampilh, Damiens★, Laffitte-Teston, MONTUS★, Gen. Plaimont.

PADTHAWAY *Südaustralien* Dieses Anbaugebiet ist das Gegenstück zum benachbarten COONAWARRA und baut als Ergänzung zu den dortigen roten Trauben Weißweinreben an. Aber heute werden auch einige ausgezeichnete Rotweine erzeugt; sogar PENFOLDS Grange verwendet Trauben aus Padthaway. Die Chardonnays Eileen Hardy★★★ und Collection★ von HARDY und Padthaway Chardonnay von LINDEMANS sind die besten Weine. Padthaway Sauvignon Blanc gehört ebenfalls zu Australiens wohlschmeckendsten Weißweinen. Beste Erzeuger: Browns of Padthaway, HARDY, LINDEMANS, SEPPELT.

BODEGAS PALACIO *Rioja DOC, País Vasco, Spanien* 1894 von Don Cosme Palacio gegründet, der damals der Besitzer von VEGA SICILIA war. Ende der 80er Jahre wurde der Weinbaubetrieb von dem neuen Besitzer Jean Gervais und dem französischen Önologen Michel Rolland aus POMEROL wiederbelebt. Cosme Palacio Hermanus★★ ist inzwischen in Spanien zu einem Kultwein geworden. Beste Jahrgänge: **1994 92 91 90 89.**

ALVARO PALACIOS *Priorato DO, Katalonien, Spanien* Obwohl Alvaro Palacios noch nicht einmal 30 Jahre alt war, als er Ende der 80er Jahre in den rauhen Hügeln von Südkatalonien (CATALUÑA) seine kleine, aber exklusive Kellerei aufbaute, war er damals bereits ein Veteran mit Erfahrungen in Bordeaux und in Napa. Er gehört jetzt zu den treibenden Kräften hinter der sensationellen Wiedergeburt dieses Anbaugebiets. Seine teuren, äußerst konzentrierten Rotweine★★★ von alten Garnacharebstöcken und eine Menge Cabernet Sauvignon, Merlot und Syrah haben eine kultähnliche Gefolgschaft gewonnen. Beste Jahrgänge: 1994 93 92 **90.**

PALETTE AC *Provence, Frankreich* Eine winzige AC unmittelbar östlich von Aix-en-Provence. Auch wenn man vor Ort hohe Preise für die Weine zahlt, finde ich selbst die Rot- und Roséweine eher robust und reizlos. Doch Château Simone, der einzige Erzeuger von weißem Palette, hat es geschafft, aus den im Süden üblichen Rebsorten einen Weißwein herzustellen, der etwas Geschmack besitzt. Beste Erzeuger: Crémade, Ch. Simone.

PALLISER ESTATE *Martinborough, Nordinsel, Neuseeland* Eine kleine Kellerei, die sich technisch auf dem neuesten Stand befindet und einige von Neuseelands besten Sauvignons★★ (sicherlich die besten außerhalb von MARLBOROUGH) und Rieslingen sowie einige eindrucksvolle, aber weniger beständige Pinot Noirs★ erzeugt. Aufregende Dessertweine aus edelfaulen Trauben kommen in günstigen Jahrgängen auf den Markt. Die Kellerei mag klein sein, aber sie ist immer noch eine der größten von MARTINOROUGH. Beste Jahrgänge: **1996 94 91.**

CH. PALMER★★ *Margaux AC, 3ème Cru Classé, Haut-Médoc, Bordeaux, Frankreich* Benannt ist das Gut nach einem britischen Generalmajor, der in den Napoleonischen Kriegen kämpfte. In den 60er und 70er Jahren war Palmer das führende Weingut in der AC MARGAUX, bis die Familie Mentzelopolous 1977 Ch. MARGAUX übernahm. Der Wein ist zwar nur ein Troisième Cru, schafft es aber mit seinem wunderbaren Duft und seiner unwiderstehlich prallen Fruchtigkeit oft, so gut wie die besten Deuxièmes Crus zu sein; doch bisweilen würde er mehr Körper und Stärke brauchen. Die allerbesten Jahrgänge können über 30 Jahre altern. Zweitwein: Réserve-du-Général. Beste Jahrgänge: (1996) (95) 90 89 88 **86 85 83 82 79 78 75 70.**

PALOMAS *Rio Grande do Sul, Brasilien* Eine Kellerei unmittelbar nördlich der Grenze zu Uruguay, in dem einzigen brasilianischen Gebiet, in dem das Klima wenigstens den Anbau von klassischen Viniferasorten zuläßt. Ihre einfachen, wacklig gebauten Weine befriedigen eher die Neugier, als daß sie den Gaumen kitzeln würden.

CH. PAPE-CLÉMENT *Pessac-Léognan AC, Cru Classé de Graves, Bordeaux, Frankreich* Dieser teure und berühmte Cru Classé von GRAVES, der hauptsächlich Rotweine★★★ erzeugt, war in seiner Qualität nicht immer so beständig, wie er sein sollte, aber die Situation hat sich seit dem aufregenden 86er erheblich verbessert. Im Stil liegt er zwischen der Feinheit von HAUT-BRION und der Festigkeit von La MISSION-HAUT-BRION. Die kleine Weißweinproduktion wird ständig besser. Zweitwein: (rot) Clémentin. Beste Jahrgänge: (1996) (95) 94 93 90 89 88 **86 85.**

PARELLADA Diese ausschließlich in Katalonien angebaute Rebsorte ist die hellste der drei einfachen weißen Trauben, aus denen in Nordostspanien CAVA hergestellt wird. Sie liefert auch Stillweine, die leicht, frisch und angenehm blumig sind und eine gute Säure und einen (für Spanien) niedrigen Alkoholgehalt (zwischen 9 und 1 %) besitzen. Man sollte sie möglichst jung (und ich meine *jung*) trinken, wenn sie noch den Vorzug der Frische haben.

PARKER ESTATE *Coonawarra, Südaustralien* Ein Spezialist für Rotweine, der erst seit ganz kurzer Zeit auf den Markt für Spitzenweine drängt. Er beeindruckt mit seinen ersten Versuchen, für die der erfahrene Ralph Fowler in Leconfield verantwortlich ist. Die Spitzenmarke heißt unverschämterweise Terra Rossa First Growth★★, die eine ausgezeichnete Alterungsfähigkeit besitzt, auch wenn der 94er etwas unreif ausfiel. Ob der Stil und die Qualität unter dem neuen Weinmacher ab 1995 aufrechterhalten werden können, ist noch ungewiß.

PARRINA DOC *Toskana, Italien* Der an der Küste im Süden der Toskana aus Sangiovese und Canaiolo erzeugte Rotwein ist robust und schmeckt nach Minze, während der Weißwein aus Trebbiano- und Ansonicatrauben hergestellt wird. Man sollte ihn mit drei bis fünf Jahren trinken; Riservas★ halten sich ein wenig länger. Bester Erzeuger: La Parrina. Beste Jahrgänge: **1996 95 94 93.**

PASSITO Italienische Bezeichnung, die anzeigt, daß ein Wein aus getrockneten Trauben hergestellt worden ist. Das Ergebnis ist normalerweise ein süßer Wein mit einer intensiven Fruchtigkeit, die an Rosinen erinnert. Siehe auch Moscato Passito di Pantelleria, Recioto della Valpollicella, Vin Santo.

LUIS PATO *Bairrada, Beira Litoral, Portugal* Der führende »Modernist« in BAIRRADA, der leidenschaftlich von der Fähigkeit der Bagatraube überzeugt ist, daß sie auf Lehmböden große Rotweine★★ hervorbringen kann. Beste Jahrgänge: 1995 **92 91 88 85.**

PATRIMONIO AC *Korsika, Frankreich* Gute, unterbewertete Weine vom Nordende der Insel. Die Rot- und Roséweine, die aus der einheimischen Rebsorte Nielluccio erzeugt werden, sind die beste Wahl, aber Ausschau halten sollte man auch nach den frischen Weißweinen aus Vermentinotrauben und dem gespriteten Muscatwein. Beste Erzeuger: Arena, Gentile, Leccia. Beste Jahrgänge: (Rotweine) **1995 94 93 92 91 90 89.**

PAUILLAC AC *Haut-Médoc, Bordeaux, Frankreich* Die tiefen Kiesbänke rund um Pauillac im HAUT-MÉDOC sind das wahre Kerngebiet der Rebsorte Cabernet Sauvignon. Für viele Weinliebhaber findet die Königin der Rotweintrauben ihren endgültigen Ausdruck in den drei Premiers Crus von Pauillac (LATOUR, LAFITE-ROTHSCHILD and MOUTON-ROTHSCHILD). Die große AC enthält noch 15 weitere Crus Classés, darunter die weltberühmten Châteaux PICHON-LALANDE, PICHON-LONGUEVILLE und LYNCH-BAGES. Gemeinsames Kennzeichen der Pauillacweine sind ihr intensiver Johannisbeergeschmack und ihr betäubender Zedernholz- und Graphitduft. Sie sind die langlebigsten der großen Bordeauxrotweine. Beste Erzeuger: BATAILLEY★, Fonbadet★, GRAND-PUY-DUCASSE★, GRAND-PUY-LACOSTE★★, HAUT-BAGES-LIBÉRAL★★, HAUT-BATAILLEY★, LAFITE-ROTHSCHILD★★★, LATOUR★★★, LYNCH-BAGES★★★, MOUTON-ROTHSCHILD★★★, Pibran★, PICHON-LONGUEVILLE★★★, PICHON-LONGUEVILLE-LALANDE★★★, PONTET-CANET★★. Beste Jahrgänge: (1996) (95) 94 90 89 88 86 **85 83 82 81 79 78.**

CH. PAVIE★★ *St-Émilion Grand Cru AC, 1er Grand Cru Classé, Bordeaux, Frankreich* Pavie, (nach FIGEAC) der zweitgrößte Premier Grand Cru von SAINT-ÉMILION, zählt zu den Weingütern dieser AC, die sich am stärksten verbessert haben. Die Weine entwickeln sich zehn Jahre lang günstig und verlieren dennoch nie den weichen, öligen Reiz der Frucht und die süße Eichenholznote. Beste Jahrgänge: (1996) (95) **90 89 88 86 85 83 82 81.**

PÉCHARMANT AC *Südwestfrankreich* Hübsche Rotweine aus einer kleinen AC nordöstlich von BERGERAC. Die Weine haben einen recht leichten Körper, aber einen wunderbaren, vollen, intensiven Johannisbeergeschmack und eine überaus reizvolle, herbe Säure. Gute Jahrgänge altern mühelos zehn Jahre und sind am Ende nicht mehr von einem guten HAUT-MÉDOC zu unterscheiden. Beste Erzeuger: Bertranoux, Champarel★, Clos Peyrelevade★, Corbiac, Costes, Haut-Pécharmant★, la Métairie, Tiregand★. Beste Jahrgänge: 1996 **95 90 89 88 86 85 83.**

PECONIC BAY VINEYARDS *Long Island AVA, New York (Bundesstaat), USA* Peconic Bay genießt einen wohlverdienten guten Ruf für Chardonnay, der in einem leichten Stil ohne Verwendung von Eichenholzfässern gehalten ist und Petite Chardonnay heißt, und für einen im Holzfaß vergorenen Reserve Chardonnay★★, der komplex und voller buttriger, reifer Geschmacksnoten ist. Übersehen sollte man jedoch auch nicht den Merlot, der eine weiche, frische Fruchtigkeit betont, und den intensiven Cabernet Sauvignon. Hinzugekommen ist noch Cabernet Franc.

PEDROSA *Ribera del Duero DO, Kastilien-León, Spanien* Köstliche, elegante Rotweine★, sowohl junge wie auch im Eichenholzfaß gereifte, aus einer kleinen Familienkellerei in dem kleinen Bergdorf Pedrosa del Duero. Sie sind nicht billig, kosten aber viel weniger als viele Starweine dieser in Mode gekommenen Anbauregion. Beste Jahrgänge: (Rotweine) 1994 **92 91 90 89 86.**

PEÑAFLOR *Mendoza, Argentinien* Der größte Weinerzeuger in Argentinien schickt jeden Monat Millionen von Litern der Billigmarke »Termidor« nach Buenos Aires. Investitionen in Trapiche, seinem Zweig für Qualitätsweine, und die kürzlich erfolgte Anheuerung des Önologen Michel Rolland aus Bordeaux zeigen erste Ergebnisse. Ein grasiger Chenin Blanc★, ein gehaltvoller, nach Melonen schmeckender Chardonnay und ein stämmiger Sauvignon★ aus hoch gelegenen Weinbergen sind vielversprechend. Der faßgereifte Cabernet-Malbec-Verschnitt★ ist ein vollmundiger Rotwein.

PENEDÉS DO *Katalonien, Spanien* Die wohlhabende CAVA-Branche hat ihren Sitz in Penedés. Der größte Teil der Stillweine sind Weißweine, die aus den drei Cava-Rebsorten Parellada, Macabeo und Xarel-lo erzeugt werden. Sie sind sauber und frisch, wenn sie jung sind, aber nie aufregend. Bessere Weine werden aus Chardonnay hergestellt. Die Rotweine fallen wechselhaft aus, wobei die besten von den Rebsorten Cabernet Sauvignon und/oder Tempranillo und Merlot stammen. Beste Erzeuger: Albet i Noya, Can Feixes, Can Ráfols dels Caus, Cavas Hill, JUVÉ Y CAMPS, Jean LEON★★, MARQUÉS DE MONISTROL★, Masía Bach★, Albert Milá i Mallofré, Puig y Rocca, TORRES★, Vallformosa, Jané Ventura.

PENFOLDS *Barossa Valley, Südaustralien* Penfolds, das im Besitz der australischen Gruppe Southcorp Wines ist, beweist, daß Qualität mit Quantität einhergehen *kann*, und gilt momentan als treibende Kraft in der australischen Weinbranche. Es erzeugt den größten Rotwein des Landes, Grange★★★, und eine Fülle von wunderbar reichen, strukturierten Rotweinen, von Magill Estate★ über Saint Henri★, Bin 707 Cabernet★★★, Bin 389 Shiraz Cabernet★★, Bin 28 Kalimna★★ und Bin 128 Coonawarra Shiraz★ bis zu Koonunga Hill★. Der Name ist immer noch sehr mit Rotwein verbunden, doch auch der nach Weißbrot schmeckende Chardonnay★★, der holzbetonte Sémillon★★ und der säuerliche Sémillon-Chardonnay★★ sind alle führend in ihrem Stil. Beste Jahrgänge: (Rotweine) **1994 93 92 91 90 88 86 84 83 82 80 78 76 71.**

PENLEY ESTATE *Coonawarra, Südaustralien* Penleys erste Weine, die großen Eindruck erweckten, als sie auf den Markt kamen, stammen von angekauften Trauben, während sein großes, aber noch nicht erprobtes COONAWARRA-Anbaugebiet später einmal die Trauben dafür liefern soll. Die Qualität des Cabernet Sauvignon★★★ ist herausragend und kann es mit seiner verschwenderischen Aufmachung aufnehmen. Shiraz und Chardonnay sind★★.

PERLWEIN Leicht schäumender Wein.

PERNAND-VERGELESSES AC *Côte de Beaune, Burgund, Frankreich* Der wenig bekannte Weinbauort Pernand-Vergelesses hat Anteil am berühmten Corton-Hügel, darunter auch am besten weißen Grand Cru CORTON-CHARLEMAGNE. Die Rotweine, die unter dem Dorfnamen verkauft werden, sind sehr reizvoll, wenn sie jung sind, und besitzen eine hübsche, an Himbeerbonbons erinnernde Fruchtigkeit und einen leicht erdigen Geschmack. Sie altern sechs bis zehn Jahre. Da niemand Pernand mit dem berühmten Corton-Charlemagne verknüpft, können die Weißweine, die unter dem Dorfnamen auf den Markt kommen, preisgünstig sein – eine ziemliche Seltenheit in Burgund. Die Weine können am Anfang etwas mager und trocken sein, aber sie werden nach zwei bis vier Jahren angenehm fett. Beste Erzeuger: (Rotweine) Besancenot-Mathouillet★, Chandon de Briailles★, Cornu★, Denis★, Dubreuil-Fontaine★★, Laleure-Piot★, Rapet★, Rollin★; (Weißweine) Dubreuil-Fontaine★, GERMAIN★, Guyon★, JADOT, Laleure-Piot★, Pavelot★, Rapet★, Rollin★. Beste Jahrgänge: (Rotweine) 1995 **93 90 89 88 85**; (Weißweine) 1995 **92 90 89 88.**

JOSEPH PERRIER *Champagne AC, Champagne, Frankreich* Das einzige Champagner-Haus, das in Châlons-en-Champagne (das früher Châlon-sur-Marne hieß) übriggeblieben und immer noch in Familienbesitz ist. Die NV Cuvée★ ist cremig und schmeckt nach Biskuits, während die Luxuscuvée Josephine★★ Länge und Komplexität besitzt. Aber der beste Kauf ist die viel billigere Cuvée Royale Vintage★★. Beste Jahrgänge: **1990 89 88 85 82.**

PERRIER-JOUËT *Champagne AC, Champagne, Frankreich* Vermutlich die beste der Champagnerfirmen, die im Besitz des kanadischen Multi Seagram sind. Der Champagner ohne Jahrgangsbezeichnung ist von wechselhafter Qualität, aber der Jahrgangschampagner★★ ist immer noch in einem guten, reichhaltigen Stil gehalten. Eine Luxuscuvée namens Belle Époque★★, die berühmt ist für ihre Jugendstilflasche mit aufgeprägtem Etikett (einmalig in der imagebesessenen Welt der Champagner), hat einen aufregenden Geschmack, der es mit der äußerlichen Extravaganz aufnehmen kann. Der Belle Époque Rosé★★ ist ebenfalls exzellent. Beste Jahrgänge: **1990 89 88 85 82.**

PESQUERA *Ribera del Duero DO, Kastilien-León, Spanien* Die Rotweine von Viña Pesquera, die farbintensiv, fest und duftig sind und nach Pflaumen und Tabak schmecken, zählen zu den teuersten und auch besten Rotweinen Spaniens. Hergestellt werden sie von der kleinen Firma Alejandro Fernández. Sie werden ausschließlich aus Tempranillotrauben erzeugt und im allgemeinen als Crianzas★★ verkauft; in den besten Jahrgängen kommen Reservas★★ und Gran Reserva Janus★★★ hinzu. Beste Jahrgänge: (Rotweine) 1994 93 **92 91 90 89 86 85.**

PESSAC-LÉOGNAN AC *Bordeaux, Frankreich* Eine neue Appellation, die 1987 für den nördlichen (und besten) Teil des GRAVES-Gebiets geschaffen wurde und alle Crus Classés von Graves umfaßt. Der wunderbar kieshaltige Boden begünstigt die Rotweine hier zumeist stärker als im übrigen Graves-Gebiet. Die Appellation gehört heute auch zu den aufregendsten Anbaugebieten Frankreichs für Spitzenweißweine. Dank der Einführung der Gärung bei niedrigen Temperaturen, der kontrollierten Hefeselektion und der Verwendung von neuen Eichenholzfässern wird das Niveau der Weine rasch besser. Beste Erzeuger: (Rotweine) CARBONNIEUX★, Dom. de CHEVALIER★★★, de FIEU-

ZAL★★, HAUT-BAILLY★★, HAUT-BRION★★★, la LOUVIERE★★, MALARTIC-LAGRAVIERE★, la MISSION-HAUT-BRION★★, PAPE-CLÉMENT★★★, de Rochemorin, SMITH-HAUT-LAFITTE★, la Tour-Haut-Brion, la TOUR-MARTILLAC★; (Weißweine) CARBONNIEUX★, Dom. de CHEVALIER★★★, Couhins-Lurton★★, de FIEUZAL★★★, HAUT-BRION★★★, LAVILLE-HAUT-BRION★★★, la LOUVIERE★★, MALARTIC-LAGRAVIERE★, de Rochemorin★, SMITH-HAUT-LAFITTE★★, la TOUR-MARTILLAC★★. Beste Jahrgänge: (Rotweine) (1996) (95) 94 90 89 88 **86 85 83 82 81 79 78;** (Weißweine) (1996) **95 94 90 89 88 86 85 83 82.**

PETALUMA *Adelaide Hills, Südaustralien* Geführt von Brian Croser, Australiens vermutlich einflußreichstem und umsichtigstem Weinmacher. Der nach dem Champagner-Verfahren hergestellte Croser★★ ist fein, aber sehr trokken und mager. Chardonnay★★★ und Coonawarra Cabernet-Merlot★★★ sind stets herausragend. Der CLARE Riesling★★★ ist voller und langlebiger als die meisten seiner Rivalen. Beste Jahrgänge: (Rotweine) 1994 93 **92 91 90 88.**

PÉTILLANT Französische Bezeichnung für »Perlwein«.

PETIT CHABLIS AC *Chablis, Burgund, Frankreich* Früher war dies die Bezeichnung für die äußeren Bereiche des Anbaugebiets von CHABLIS. Dann wurden die Lagen zu vollwertigem Chablis hochgestuft. Jetzt hat man noch weiter draußen mehr Rebflächen angelegt. Der Wein ist oft dünn, kann aber gefällig sein, wenn man ihn jung trinkt. Er liegt jedoch im Preis zu nahe am regulären Chablis.

PETIT VERDOT Eine reichhaltige rote Traubensorte mit hohem Tanningehalt, die hauptsächlich im HAUT-MÉDOC von Bordeaux angebaut wird, um einigen Spitzenweinen zusätzliche Tiefe und Farbe und einen wunderbaren Veilchenduft zu verleihen. Späte Reifung und unregelmäßige Erträge begrenzen ihre Popularität, aber Anpflanzungen unter wärmeren klimatischen Bedingungen in Australien, Chile und Kalifornien zeigen aufregende Ergebnisse.

CH. PETIT-VILLAGE★★ *Pomerol AC, Bordeaux, Frankreich* Dieser Spitzenwein der Appellation POMEROL, der im Stil traditionell viel strenger ist als der seiner Nachbarn, wird jetzt von Jean-Michel Cazes hergestellt, der auch PICHON-LONGUEVILLE in PAUILLAC führt. Im allgemeinen verdient er es, daß man ihn mindestens acht bis zehn Jahre altern läßt. Beste Jahrgänge: (1996) 90 89 88 **85 83 82 81 79 78.**

PETITE SIRAH In Kalifornien wurde Petite Sirah lange Zeit als Verschnittsorte, aber auch für Sortenweine verwendet. Angeblich handelt es sich dabei um die südfranzösische Rebsorte Durif, obwohl jetzt Zweifel an dieser Vermutung bestehen. Der beste Wein in Kalifornien und Mexiko besitzt große Tiefe und Stärke; im schlimmsten Fall kann er ungeheuer wuchtig und abweisend sein. Beste Erzeuger: L. A. CETTO★ (Mexiko), FETZER, Foppiano, RIDGE★, Turley.

CH. PÉTRUS★★★ *Pomerol AC, Bordeaux, Frankreich* Jetzt einer der teuersten Rotweine der Welt, aber noch vor 30 Jahren war Pétrus nahezu unbekannt. Der kraftvolle, konzentrierte Wein ist das Ergebnis der umsichtigen Genialität der Familie MOUEIX, die seit 1962 Mitbesitzer von Château Pétrus ist. Sie hat das Potential der Rebfläche, die fast aus solidem Lehm besteht und über bemerkenswert alte Rebstöcke (stellenweise bis zu 70 Jahre alt) verfügt, im Höchstmaß genutzt. Nach zehn Jahren kann man den Wein trinken, der dann eine erstaunlich reiche, schwindelerregende Mischung von Fruchtigkeit und würzigem Geschmack besitzt. Aber Spitzenjahrgänge werden viel älter und entwickeln einen exotischen, an Tabak, Schokolade und Trüffel erinnernden Duft, wenn sie reifen. Beste Jahrgänge: (1996) (95) 94 93 90 89 88 **86 85 82 79 75 71.**

CH. DE PEZ★★ *St-Estèphe AC, Cru Bourgeois, Haut-Médoc, Bordeaux, Frankreich* Eines der führenden Weingüter von SAINT-ESTEPHE, das kein Cru Classé ist. Es erzeugt einen vollmundigen, überzeugenden Rotwein mit kräftiger Frucht. Da er sich langsam entwickelt, brauchen gute Jahrgänge oft über zehn Jahre, bis sie ihren Höhepunkt erreichen. Beste Jahrgänge: (1996) (95) 94 90 89 88 86 **85 83 82 79 78 75.**

PFALZ *Deutschland* Das ertragreichste Weinbaugebiet von Deutschland erzeugt eine Vielzahl von mittelmäßigen Weinen, aber die hochwertigen Weingüter können sich mit den besten Weinen messen, die Deutschland zu bieten hat. Die Mittelhaardt genießt einen guten Ruf für ihre Rieslinge, vor allem rund um WACHENHEIM, FORST und DEIDESHEIM, aber auch Freinsheim, Ungstein, KALLSTADT, Gimmeldingen und Haardt erzeugen feine Rieslinge sowie gute Scheureben, Ruländer und Dornfelder. An der Südlichen Weinstraße ermöglicht das wärmere Klima ein ideales Anbaugebiet, um die verschiedenen Burgunderrebsorten (Spät-, Weiß- und Grauburgunder) sowie Gewürztraminer, Scheurebe, Muskateller und Dornfelder anzubauen. Die Weine werden zumeist trocken durchgegoren, sind aber gehaltvoll. Siehe auch Bad Dürkheim, Burrweiler, Kallstadt.

JOSEPH PHELPS *Napa Valley AVA, Kalifornien, USA* Der rote Joseph Phelps Insignia★★ (ein Verschnitt aus Cabernet Sauvignon, Merlot und Cabernet Franc) ist beständig einer der Spitzenweine Kaliforniens. Er ist sehr fruchtig und besitzt einen lebhaften, würzigen Hintergrund. Phelps erzeugt zwei Cabernets: Napa Valley★, einen mittelschweren Wein, und Backus Vineyard★. Beide haben eine solide Frucht und eine gute Ausgewogenheit. Die Produktion des reizvollen Eisele Vineyard wurde nach 1991 eingestellt. Beste Jahrgänge: (Insignia) 1993 92 91 **89 87 85 84 80;** (Cabernet) 1994 **92 91 90 89.**

PIAT D'OR Ein furchtbar populärer, nicht trockener Tafelwein, langweilig und weit überteuert – aber schließlich muß jemand die äußerst wirksame Werbung bezahlen. Erzeugt jetzt auch Sortenweine im MIDI.

PIAVE DOC *Venetien, Italien* Die Piave-Ebenen, das Flachland nördlich von Venedig, liefert riesige Mengen an Merlot, Cabernet, Rabosa und Tocai. Acht verschiedene Rebsorten sind in dieser DOC zugelassen, aber ein Großteil wird von Händlern in Verona aufgekauft und einfach als Merlot del Veneto angeboten. Beste Erzeuger: Collalto, Ornella Molon★, Rechsteiner, Roncade.

PIC SAINT-LOUP *Coteaux du Languedoc AC, Languedoc, Frankreich* Die Weinberge dieses Cru, die um einen steilen Kalksteinfelsen nördlich von Montpellier herum liegen, erzeugen einige der besten Rotweine im Languedoc. Dies ist eine der kühlsten Anbauzonen im MIDI. Syrah gedeiht hier besonders gut und ist zusammen mit Grenache und Mourvèdre die vorherrschende Rebsorte. Die aus den Rebsorten Marsanne, Rolle und Viognier hergestellten Weißweine sind allmählich vielversprechend. Beste Erzeuger: Mas Bruguière★, l'Hortus★★, Lascau, de la Roque★. Beste Jahrgänge: **1995 94 93 91.**

FRANZ X. PICHLER *Wachau, Niederösterreich, Österreich* Ein Spitzenerzeuger in der WACHAU, dessen Kellerberg- und Steinertal-Rieslinge★★★ extrem konzentriert sind. Es gibt auch hervorragende Grüne Veltliner★★ aus der Lage Loibner Berg. Beste Jahrgänge: 1995 **94 92 91 90 86 75.**

CH. PICHON-LONGUEVILLE★★★ *(seit 1988) Pauillac AC, 2ème Cru Classé, Haut-Médoc, Bordeaux, Frankreich* Trotz seiner superben Rebflächen, die imstande sind, einen großartigen PAUILLAC zu erzeugen, fielen die Weine von Pichon-Longueville (das bis 1988 Pichon-Baron hieß) lange Zeit wechselhaft aus. 1987 übernahm Jean-Michel Cazes von LYNCH-BAGES die Leitung. Seitdem hat sich ein bemerkenswerter Wandel vollzogen. Die jüngsten Jahrgänge haben Premier-Cru-Niveau und besitzen eine feste, tanninreiche Struktur und eine reiche, dunkle Frucht. Man sollte den Wein mindetens zehn Jahre einkellern, aber wahrscheinlich hält er sich 30 Jahre lang. Zweitwein: les Tourelles de Pichon. Beste Jahrgänge: (1996) (95) 94 90 89 88 **86 82.**

CH. PICHON-LONGUEVILLE-DE-LALANDE★★★ *(in der gegenwärtigen Verfassung) Pauillac AC, 2ème Cru Classé, Haut-Médoc, Bordeaux, Frankreich* Seit 1978 wird das Château von Mme de Lencquesaing, die das Gut auf einer Woge des Enthusiasmus und des Engagements stetig nach oben geführt hat. Hinzu kommen die hervorragende Pflege der Weinberge und die einfühlsame Vinifizierung. Die himmlisch duftenden Weine sind mit sechs bis sieben Jahren ein Genuß, aber in der Regel altern sie mindestens 20 Jahre. Ende der 80er Jahre sank die Qualität ein wenig, aber die jüngsten Bemühungen sehen wieder aufregend aus. Zweitwein: Réserve de la Comtesse. Beste Jahrgänge: (1996) (95) 94 **89 88 86 85 83 82 81 79 78 75.**

PIEMONTE (PIEMONT) *Italien* Das wichtigste italienische Anbaugebiet für die Tradition von Qualitätsweinen. Im Norden gibt es CAREMA, GHEMME und GATTINARA. Im Süden, in den Langhehügeln, sind BAROLO und BARBARESCO meisterliche Beispiele für Weine aus der Nebbiolotraube, während andere Weine aus Dolcetto und Barbera erzeugt werden. Weiter östlich dominieren in den Monferratohügeln, in den Bezirken Asti und Alessandra, die Rebsorten Barbera, Moscato und Cortese. Jüngste Veränderungen im Klassifizierungssystem haben die umfassenden neuen DOCs Colline Nòvaresi im Norden, Langhe und Monferrato im Süden und die regionale Appellation Piemonte geschaffen, um alle hochwertigen Weine zu klassifizieren, die von einer Vielzahl von Rebsorten stammen. Siehe auch Asti, Erbaluce di Caluso, Gavi, Moscato d'Asti, Nebbiolo d'Alba, Roero.

PIEROPAN *Venetien, Italien* Leonildo und Teresita Pieropan erzeugen einen exzellenten SOAVE Classico★ und in zwei Einzellagen, Calvarino★★ und La Rocca★★, die absoluten Spitzenweine dieser Anbauzone. Außerdem haben sie einen exzellenten Recioto di Soave Le Colombare★★, einen guten Riesling Italico und einen opulenten Passito della Rocca★★, einen im Barrique ausgebauten Verschnitt aus Garganega, Sauvignon und Riesling Italico.

PIERRO *Margaret River, Westaustralien* Mike Peterkin, ein weiterer weinerzeugender Arzt im Anbaugebiet MARGARET RIVER, stellt in geringer Menge Pierro Chardonnay★★★ her, ein Meisterwerk an Stärke und Komplexität.

Der Sémillon-Sauvignon-Verschnitt★ ist voll und weniger grasig als die meisten, während Pinot Noir geradeso in Ordnung geht. Fire Gully ist die Zweitmarke mit Weinen aus angekauften Trauben. Beste Jahrgänge: (Chardonnay) **1994 93 92 90 89 87 86.**

PIESPORT *Mosel, Deutschland* Am bekanntesten für seinen Piesporter Michelsberg, der mild, süß und süffig ist. Die Spitzenlage Goldtröpfchen kann jedoch ausgezeichnete Rieslinge hervorbringen, die mit ihrem intensiven Johannisbeer- und Pfirsicharoma einzigartig unter den Moselweinen sind. Beste Erzeuger: Grans-Fassian, Reinhold Haart★★, Kurt Hain★, von KESSELSTATT★, Weller-Lehnert. Beste Jahrgänge: 1995 **93 92 90 89 88.**

CH. LE PIN★★★ *Pomerol AC, Bordeaux, Frankreich* Jetzt einer der teuersten Weine der Welt mit Preisen, die bei Auktionen die für PÉTRUS übertreffen. Der 79er war der erste Jahrgang. Die Weine, die konzentriert, aber elegant sind, werden reinsortig aus Merlottrauben erzeugt. Die winzige Rebfläche (2 ha) liegt nahe bei TROTANOY und VIEUX-CH.-CERTAN. Beste Jahrgänge: (1996) (95) 94 **90 89 88 86 85 83 82 81.**

PINOT BIANCO Siehe Pinot Blanc.

PINOT BLANC Der Wein von der Rebsorte Pinot Blanc hat einen klaren, an Hefe und Äpfel erinnernden Geschmack. Gute Beispiele können zu einer köstlichen, honigartigen Fülle heranreifen. In Frankreich liegt das Hauptanbaugebiet der Pinot-Blanc-Traube im Elsaß, wo sie Sylvaner und Chasselas als unproblematische Weißweinrebe abgelöst hat. Tatsächlich verwendet der größte Teil des CRÉMANT D'ALSACE heute Pinot Blanc als Hauptrebsorte. Von Bedeutung ist die Rebsorte auch in Norditalien als Pinot Bianco sowie in Deutschland und Österreich als Weißburgunder. Ebenfalls erfolgreich gedeiht sie in Ungarn, der Slowakei, Slowenien und Tschechien. Außerdem gibt es vielversprechende neue Anpflanzungen in Kalifornien, Oregon und Kanada.

PINOT GRIGIO Siehe Pinot Gris.

PINOT GRIS In erster Linie findet man die Rebsorte im Elsaß, wo sie auch als Tokay-Pinot Gris bezeichnet wird. Sie besitzt eine geringe Säure und eine tiefe Farbe und erzeugt fette, reichhaltige Weine, die oft wunderbar reifen. Gelegentlich gibt sie in Burgund einem Wein zusätzliche Fülle. Als Pinot Grigio wird sie auch in Norditalien angebaut, wo sie einige der beliebtesten trockenen Weißweine des Landes hervorbringt. In Deutschland und Österreich gedeiht sie als Ruländer oder Grauburgunder, im Schweizer Kanton Wallis als Malvoisie. Es gibt auch gute Beispiele aus Rumänien und Tschechien sowie angenehm feurige Weine aus Ungarn (dort heißt sie Szurkebarat). Sehr erfolgreich ist Pinot Gris auch im amerikanischen Oregon, wo sie in einem frischen Stil vinifiziert wird.

PINOT MEUNIER Die in der CHAMPAGNE am häufigsten angebaute Rebsorte. Sie ist zusammen mit den beiden anderen zugelassenen Traubensorten, Pinot Noir und Chardonnay, ein wichtiger Bestandteil des Champagners, auch wenn sie die am wenigsten bekannte der drei ist.

PINOT NOIR

Es gibt einen Mythos um die Rebsorte Pinot Noir, den man meiner Meinung nach besser zu Grabe tragen sollte. Er lautet ungefähr folgendermaßen: Pinot Noir ist eine unglaublich launische Rebsorte; sie ist nämlich so schwer anzubauen, daß der einzige Ort, wo sie regelmäßig wunderbare Ergebnisse erbringt, der schmale Landstrich zwischen Dijon und Chagny, die Côte d'Or in Frankreich, ist. Dort verbinden sich Mesoklima, Bodenbeschaffenheit und 2000 Jahre Erfahrung in unnachahmlicher Weise.

Dies stimmt nicht ganz. Die dünnschalige, früh reifende Pinot-Noir-Traube läßt sich zweifellos schwieriger anbauen als andere große Rebsorten wie etwa Cabernet oder Chardonnay, aber es ist nicht unmöglich, sie anderswo anzubauen. Man muß lediglich mehr Einfühlsamkeit und Flexibilität aufwenden. Ein großer roter Burgunder ist zwar ein sehr schöner Wein, aber die meisten Burgunder schaffen es in keiner Weise, diesen Zauber zu entfalten. Das Wunderbare an Ländern wie Neuseeland, Kalifornien, Australien und Deutschland ist, daß wir dort eine ständig wachsende Zahl von Weinen erleben, die sich deutlich von allem unterscheiden, was in Burgund erzeugt wird, und dennoch Geschmacksnoten besitzen, die für die Pinot-Noir-Rebe einzigartig sind.

WEINSTILE

Frankreich: Alle großen Pinot-Noir-Weine in Frankreich stammen von der Côte d'Or in Burgund. Sie zeigen selten eine dunkle Farbe, aber sie sollten dennoch eine wunderbare Fruchtigkeit besitzen, wenn sie jung sind: Himbeeren, Erdbeeren, Kirschen oder Pflaumen. Mit dem Alter wird diese Fruchtigkeit duftiger und exotischer, wobei sich die Pflaumen in Feigen und Ananas verwandeln und sich der Reichtum von Schokolade in gefährlicher Weise mit Trüffeln und gut abgehangenem Wildbret vermischt. Fremdartig, herausfordernd, hedonistisch! Die anderen französischen Pinot Noirs – in Nord- und Südburgund, im Loiretal, im Jura, in Savoyen, im Elsaß und jetzt gelegentlich in Südfrankreich – sind leichter und milder, während man in der Champagne aus dem blassen, dünnen Wein Schaumwein herstellt.

Andere europäische Anbaugebiete: Die großartigen Jahrgänge 1993, 1990 und 1989 haben es den deutschen Winzern erlaubt, eindrucksvolle, duftige Spätburgunder zu erzeugen. Italien und die Schweiz waren recht erfolgreich mit Pinot Nero und Blauburgunder, wie die Rebsorte dort heißt. Österreich und Spanien haben einige gute Beispiele hervorgebracht. Rumänien, Tschechien und Ungarn produzieren große Mengen von unterschiedlicher Qualität.

Neue Welt: Leichte, duftige Weine haben Oregon im Pazifischen Nordwesten Amerikas das höchste Ansehen eingebracht, ein »zweites Burgund« zu sein. Aber ich begeistere mich mehr für die wunderbar fruchtigen, erotisch duftenden Weine aus dem kalifornischen Anbaugebiet Carneros und die verblüffend originellen Weine aus den Außenposten südlich von San Francisco. Neuseeland ist das wichtigste Erzeugerland von Pinot Noir in der südlichen Hemisphäre, mit Weinen von hinreißender Fruchtigkeit und Individualität, während Australien langsam seinen Weg findet und sogar Südafrika und Chile einige gute Erzeuger besitzen.

BESTE ERZEUGER

Frankreich
Burgund (Winzer) Comte Armand, DUJAC, Engel, GRIVOT, Henri JAYER, Lafarge, LAFON, Dom. LEROY, MÉO-CAMUZET, de MONTILLE, Denis Mortet, Ponsot, Dom. de la ROMANÉE-CONTI, Roumier, ROUSSEAU, TOLLOT-BEAUT; (Händler) DROUHIN, FAIVELEY, JADOT, LABOURÉ-ROI, Maison LEROY, RODET; (Genossenschaften) BUXY, Caves des Hautes-Côtes.

Deutschland BERCHER, Huber, K.-H- JOHNER, KOEHLER-RUPRECHT.

Schweiz Gantenbein.

Pinot Noirs der Neuen Welt
USA (Kalifornien) ACACIA, AU BON CLIMAT, CALERA, CHALONE, DEHLINGER, Lane Tanner, MONDAVI (Reserve), RASMUSSEN, J. Rochioli, SAINTSBURY, SANFORD, WILLIAMS SELYEM;
(Oregon) ADELSHEIM, AMITY (Winemakers Reserve), BEAUX FRERES, DOMAINE DROUHIN, ERATH.

Australien BANNOCKBURN, Bass Phillip, COLDSTREAM HILLS, Diamond Valley, Freycinet, Giaconda, MOUNT MARY, MOUNTADAM, Scotchman's Hill, TARRAWARRA, YARRA YERING.

Neuseeland ATA RANGI, COLLARDS, Dry River, MARTINBOROUGH VINEYARD, NEUDORF, Rattray, ST HELENA, Te Kairanga.

Südafrika HAMILTON RUSSELL (Ashbourne).
Chile CONO SUR, VALDIVIESO.

PINOT NERO Siehe Pinot Noir.

PINOTAGE Eine aus Pinot Noir x Cinsaut erzielte Kreuzung, die 1925 in Südafrika gelang, aber bis zu den 50er Jahren nicht sehr häufig angebaut wurde. Trotz demonstrativer Erfolge und ihrer gegenwärtigen Popularität auf dem internationalen Markt bleibt die Rebsorte eine Haßliebe bei den Winzern am Kap. Vor kurzem bewies Beyers Truter von KANONKOP, der »Meister« dieser Rebsorte, der auch die treibende Kraft hinter der Pinotage Producers' Association ist, daß der ungeliebte Estergeruch gezähmt werden konnte. Eine ganze Reihe neuer Pinotageweine, sowohl faßgereifte wie auch ohne Verwendung von Holzfässern hergestellte, taucht jetzt am Kap auf: opulent, mit einer korpulenten Üppigkeit, die an ein sommerliches Dessert erinnert, und der Frische von roten Johannisbeeren. Man findet die Rebsorte auch in winzigen Mengen angebaut in Neuseeland, Kalifornien (selten), Deutschland und Simbabwe. Beste Erzeuger: Avontour, BACKSBERG, Beyerskloof★, Clos Malverne, FAIRVIEW★, GRANGEHURST★, KANONKOP★ (Reserve★★), Hugh RYMAN, SIMONSIG★, WARWICK★★, Wildekrans.

PIPER-HEIDSIECK *Champagne AC, Champagne, Frankreich* Traditionell eine der am wenigsten berühmten Grandes Marques der Champagne, obwohl ihr Besitzer, Remy, die Situation zu verbessern versucht. Der Piper-Heidsieck ohne Jahrgangsbezeichnung ist milder als früher und kann Komplexität entwickeln. Die besten Weine sind hier die Spitzencuvée, die Champagne Rare ★ heißt, und der supertrockene Sauvage★. Piper-Heidsieck besitzt auch einen kalifornischen Außenposten, Piper-Sonoma. Beste Jahrgänge: **1985 82.**

PIPERS BROOK VINEYARDS *Nordtasmanien, Australien* Äußerst gesuchte Weine, die eine erstklassige Aufmachung, eine kluge Vermarktung und eine geschickte Vinifizierung durch Andrew Pirie verbinden. Ein stahliger Riesling ★★, ein sich klassisch zurückhaltender Chardonnay ★★, ein seriöser Pinot Noir ★ und ein wohlschmeckender, im Holzfaß vergorener Sauvignon Blanc ★ sind die Prunkstücke dieses qualitativ führenden Erzeugers auf Tasmanien. Auch wenn sie schon nach nur zwei Jahren trinkreif sind, sollte man sie mindestens fünf Jahre einkellern. Beste Jahrgänge: **1994 92 91 90 88 86 84 82.**

PLAIMONT, L'UNION DES PRODUCTEURS *Madiran AC, Côtes de Saint-Mont VDQS und Vin de Pays des Côtes de Gascogne, Südwestfrankreich* Diese Vereinigung von drei gascognischen Genossenschaften ist der größte, zuverlässigste und unternehmungslustigste Erzeuger der COTES DE GASCOGNE und der COTES DE SAINT-MONT. Die Weißweine★, die eine frische Fruchtigkeit entfalten, sind preisgünstig und sollten am besten jung getrunken werden. Die Rotweine sind ebenfalls sehr gut, vor allem Ch. Saint-Go★ und de Sabazan★. Außerdem gibt es gute MADIRANS und PACHERENC DU-VIC-BILHS.

PLANTAGENET *Lower Great Southern, Westaustralien* Ein Schuppen voller Äpfel auf dem kühlen Mount Barker erscheint reichlich ungewöhnlich für die Erzeugung feiner Tafelweine, aber John Wader und sein Nachfolger Gavin Berry haben große Erfolge erzielt. Bekannt für pfeffrige Shirazweine★★, nach Melonen und Nüssen schmeckende Chardonnays★★, Rieslinge★ mit Limettenduft, korpulenten Pinots★★ und elegante Cabernet Sauvignons★. Beste Jahrgänge: **1994 93 91 90 88 86 85.**

POL ROGER *Champagne AC, Champagne, Frankreich* Der Hersteller von Winston Churchills Lieblingschampagner, der für sich den Ruf des qualitativ führenden Champagnerproduzenten in Anspruch nimmt. Der jahrgangslose Champagner White Foil★★ ist jetzt ein wenig gehaltvoller als üblich. Pol Roger erzeugt auch einen Jahrgangschampagner★★, einen Rosé★, einen Chardonnay mit Jahrgangsbezeichnung★ und einen Jahrgangschampagner Réserve Spécial★★★. Die Cuvée Sir Winston Churchill★★, der Spitzenchampagner, ist ein köstlich verfeinertes Getränk. Alle Jahrgangschampagner sind trinkreif, wenn sie in den Verkauf gelangen, werden aber besser, wenn man sie noch fünf Jahre aufhebt. Beste Jahrgänge: **1990 89 88 86 85 82 79.**

POLIZIANO *Vino Nobile di Montepulciano, Toskana, Italien* Einer der wegweisenden Erzeuger in Montepulciano. Der VINO NOBILE★ ist viel besser als der Durchschnitt, vor allem der Riserva Vigna Asinone★★, während die »Supertoskaner« Elegia★★ (Sangiovese) und Le Stanze★★ (Cabernet Sauvignon) voller Fruchtigkeit und süßem Holzton sind. Der VIN SANTO★★ ist ölig.

POMEROL AC *Bordeaux, Frankreich* Jetzt eine der berühmtesten und teuersten Bordeaux-ACs. Pomerol enthält einige der gesuchtesten Rotweine der Welt. Ihre einzigartige Qualität beruht auf dem tiefen Lehmboden, auf dem die Merlotrebe wächst. Das Ergebnis ist ein verführerisch reicher, fast cremiger Wein mit wunderbar vollmundigem, fruchtigem Geschmack. Beste Erzeuger: Beauregard, Bonalgue★, BON-PASTEUR★★, Certan-de-May★★, Clinet★★, CLOS RENÉ★, la Conseillante★★, l'Église-Clinet★★, l'Enclos, l'ÉVANGILE★★, la FLEUR-PÉTRUS★★, GAZIN★★, LAFLEUR★★★, LATOUR-A-POMEROL★★, PETIT-VILLAGE★★, PÉTRUS★★★, le PIN★★★, de SALES★, TROTANOY★★, VIEUX-CH.-CERTAN★★★. Beste Jahrgänge: (1996) (95) 94 **90 89 88 86 85 83 82 81 79 78.**

POMINO DOC *Toskana, Italien* Diese kleine Anbauzone, die östlich von Florenz in den Hügeln oberhalb von CHIANTI RUFINA liegt, ist bekannt für ihre lange Verwendung französischer Rebsorten beim Rotwein (Merlot und Cabernet, verschnitten mit Sangiovese) und beim Weißwein (wo die Trebbianotraube Pinot Bianco und Chardonnay unterstützt). Pomino Il Benefizio★ von FRESCOBALDI (im Barrique vergorener Chardonnay) war ein wegweisender toskanischer Weißwein. Beste Erzeuger: FRESCOBALDI★, SELVAPIANA (Petrognano★).

POMMARD AC *Côte de Beaune, Burgund, Frankreich* Das erste Dorf südlich von Beaune. Die besten Weine haben einen vollen, runden, fleischigen Geschmack und altern zehn Jahre. Es gibt keine Grands Crus, aber Les Rugiens Bas, Les Épenots und Les Arvelets (alles Premiers Crus) nehmen die besten Lagen ein. Beste Erzeuger: Clerget★, Comte Armand★★, de Courcel★★, Garaudet★, Gaunoux★, Joillot, Lejeune★, de MONTILLE★★, A. Mussy★, Parent★, Ch. de Pommard★, Pothier-Rieusset★, Pousse d'Or★. Beste Jahrgänge: 1995 93 **92 90 89 88 85.**

CH. PONTET-CANET★★ *Pauillac AC, 5ème Cru Classé, Haut-Médoc, Bordeaux, Frankreich* Bis Mitte der 70er Jahre einer der beliebtesten und am häufigsten erhältlichen Crus Classés des HAUT-MÉDOC, aber der Wein wurde nicht im Château abgefüllt, so daß man nie wußte, was man in seiner Flasche vorfand. Das Ergebnis war ein billiger, aber selten unverfälschter Bordeaux, von dem es beträchtliche Mengen gab. Seit 1979, als die Tesserons von LAFON-ROCHET das Gut kauften, erleben wir eine Rückkehr zu alter Qualität: ein gehaltvoller, kerniger, holzbetonter Rotwein, der eine schöne Johannisbeerfrucht entfaltet. Beste Jahrgänge: (1996) (95) 94 93 90 89 88 **86 85 83 82.**

PORT DOC

Douro, Portugal

Die Region Douro in Nordportugal, wo die Trauben für Portwein wachsen, ist wild und schön. Steile Hügel, auf denen der Wein auf Terrassen angebaut wird, fallen atemberaubend zum gleichnamigen Fluß hin ab. Die Weinreben gehören zu den einzigen Kulturpflanzen, die in diesem unwirtlichen Klima gedeihen, das immer heißer wird, je weiter man in das Landesinnere kommt. Aber nicht alle Trauben aus dem Douro-Gebiet eignen sich für die Herstellung von Portwein. Jedes Jahr wird eine Quote festgelegt, während aus dem Rest Tafelweine erzeugt werden.

Die Trauben für Portweine (die Hauptrebsorte ist Touriga Nacional) werden teilweise vergoren; dann wird *aguardente* (Branntwein) hinzugegeben, um den Wein aufzuspriten und die Gärung abzustoppen, so daß im fertigen Portwein süßer, unvergorener Traubenzucker übrigbleibt.

PORTWEINSTILE

Vintage: Die feinsten Portweine, die aus Trauben der besten Reblagen hergestellt worden und in der Flasche gereift sind. Vintage-Port wird nicht jedes Jahr »deklariert«, sondern erst nach zwei Jahren im Faß, wenn der Händler der Ansicht ist, das Niveau sei hoch genug. Er wird dann auf Flaschen abgefüllt und sollte mindestens zehn Jahre aufbewahrt werden, bevor man ihn trinkt, damit er seine jugendliche Aggressivität mildert. Junge Vintage-Portweine sind furchtbar tanninreich, aber mit dem Alter gewinnen sie ein süßes, an Zedernholz erinnerndes Aroma.

Single Quinta: Er wird zumeist aus Trauben eines einzigen Weinguts (Quinta) erzeugt und nach zwei Jahren Faßreifung auf Flaschen abgefüllt. Oft kommt er erst auf den Markt, wenn er trinkreif ist.

Aged Tawny: 10, 20 oder 30 Jahre im Faß gereift, bevor er abgefüllt und verkauft wird. Ältere Tawnys besitzen einen köstlichen Nuß- und Feigengeschmack.

Colheita: Tawny aus einem einzigen Jahrgang, mindestens sieben Jahre im Faß gereift – potentiell der beste Aged Tawny.

Late Bottled Vintage/Late Bottled: Vier bis sechs Jahre im Faß gereifter Portwein, der normalerweise gefiltert wird, um eine Depotbildung in der Flasche zu vermeiden. Traditioneller, ungefilterter Portwein besitzt viel mehr Geschmack.

Crusted: Ein Verschnitt guter Portweine aus zwei bis drei Jahrgängen, die drei bis vier Jahre im Faß reifen und ohne Filtrierung abgefüllt werden. »Crusted« (oder Crusting) Port bildet in der Flasche ein Depot (»Kruste«) und sollte dekantiert werden. Kommt jetzt als Stil langsam außer Mode.

Vintage Character: Gewöhnlich nicht mehr als ein teurer Ruby mit überhaupt keinem Jahrgangscharakter, aber möglicherweise ein wenig älter.

Ruby: Die jüngsten roten Portweine. Ruby Port sollte vor jugendlicher, fast pfeffriger Fruchtigkeit bersten, was aber oft nicht der Fall ist.

Tawny: Billiger Tawny wird normalerweise durch Verschneiden von Ruby Port mit weißem Portwein hergestellt und schmeckt dünn und rauh.

Weißer Portwein: Die besten schmecken trocken und nussig, die meisten sind rauh und alkoholreich und sollten gekühlt mit Tonicwasser getrunken werden.

Siehe auch EINZELNE ERZEUGER.

BESTE JAHRGÄNGE

1994 92 91 **85 83 80 77 70 66 63**

BESTE ERZEUGER

Vintage COCKBURN, CROFT, DOW, FONSECA, GRAHAM, NIEPOORT, QUINTA DO NOVAL (Nacional), SMITH WOODHOUSE, TAYLOR, WARRE.

Single Quinta CHURCHILL (Agua Alta), DOW, (Quinta do Bomfim), FONSECA (Quinta do Panascal), GRAHAM (Malvedos), NIEPOORT (Quinta do Passadouro), QUINTA DO CRASTO, QUINTA DE LA ROSA, Symingtons (Quinta de Vesuvio), TAYLOR (Quinta de Vargellas), WARRE (Quinta da Cavadinha).

Aged Tawny/Colheita CALEM, COCKBURN, DOW, FERREIRA, FONSECA, NIEPOORT, RAMOS PINTO, SANDEMAN, TAYLOR.

Traditional Late Bottled Vintage CHURCHILL, FERREIRA, NIEPOORT, SMITH WOODHOUSE, WARRE.

PONZI *Willamette Valley AVA, Oregon, USA* Ein nach Minze schmeckender Pinot Noir★ als reguläre und Reserve-Abfüllung erregt die Aufmerksamkeit, aber Ponzi war auch einer der ersten, die in OREGON Pinot Gris erzeugten. Der Riesling★ fällt zumeist erfolgreich aus. Außerdem braut Ponzi ein großartiges Bier★★.

PORT Siehe S. 238/239.

PORTA *Rapel, Chile* Exklusive Kellerei, die 1993 entstand und kleine Mengen eines eleganten, im Eichenholzfaß gereiften Cabernet Sauvignon★★ und Chardonnay★★ erzeugt. Der französische Weinmacher Yves Pouzet holt aus den Trauben, die aus dem Cachapoal-Tal kommen, ein Maximum heraus. Ein neuer Merlot★★, der von Rebstöcken mit niedrigen Erträgen stammt, deutet an, daß sogar noch bessere Weine bevorstehen. Beste Jahrgänge: **1996 94.**

CH. POTENSAC★★ *Médoc AC, Cru Bourgeois, Bordeaux, Frankreich* Der sagenhafte Erfolg von Potensac beruht auf Qualität, Beständigkeit und einem gutem Preis-Leistungs-Verhältnis. Das Gut gehört Michel Delon, dem Genie von LÉOVILLE-LAS-CASES, der es auch führt. Der Wein kann mit vier bis fünf Jahren getrunken werden, aber gute Jahrgänge reifen mindestens zehn Jahre lang (der 82er sogar doppelt so lang). Beste Jahrgänge: (1996) (95) **94 93 90 89 88 86 85 83 82 81.**

POUILLY-FUISSÉ AC *Mâconnais, Burgund, Frankreich* Ein trockener weißer Chardonnay aus fünf Orten rund um den Solutré-Felsen im südlichen Mâconnais. Zu den Dörfern gehören auch Pouilly und Fuissé. Jahrelange hohe Preise und niedrige Qualität bedeuteten, daß dies ein Wein war, den man vermeiden mußte. Aber jetzt findet er allmählich ein vernünftiges Preisniveau. Außerdem gibt es einige verläßliche Erzeuger, die cremige Weine mit einem wundervollen Buttergeschmack produzieren. Diese Weine können mit zwei Jahren köstlich schmecken, altern aber oft bis zu zehn Jahren. Beste Erzeuger: Corsin★★, Denogent★★, J.-M. Drouin★, T. Drouin★, Ferret★★, Forest★★, Ch. FUISSÉ★★★, Guffens-Heynen★★, Lassarat★★, Léger-Plumet★, Luquet★, Valette★. Beste Jahrgänge: 1996 **95 94 93 92 90 89.**

POUILLY-FUMÉ AC *Loiretal, Frankreich* *Fumé* bedeutet im Französischen »geräuchert«. Und tatsächlich hat ein guter Pouilly-Fumé einen kräftigen, beißenden Geruch, der oft mit Feuerstein verglichen wird. Die einzige zugelassene Traubensorte ist Sauvignon Blanc. Was diesen Weinen ihre zusätzliche Rauchigkeit verleiht, ist die Tatsache, daß viele der Weinberge, die sich auf Hängen bei Pouilly-sur-Loire befinden, auf besonders feuersteinreichen Böden angelegt worden sind. Diese AC besitzt ein großes Potential, aber viele der Weine sind angesichts ihres hohen Preises ziemlich gewöhnlich. Beste Erzeuger: Bailly Père et Fils, Didier DAGUENEAU★★, Guyot, de Ladoucette★, Masson-Blondelet★, Pabiot★, Redde★, Saget, Seguin★, Tracy★. Beste Jahrgänge: 1996 **95 93 90 89 88.**

POUILLY-LOCHÉ AC *Mâconnais, Burgund, Frankreich* Loché ist ein Dorf östlich von Fuissé, das den Namen von Pouilly an den eigenen angehängt hat. Die Weine sind nicht besser als viele MACON-VILLAGES und sicherlich nicht mit dem POUILLY-FUISSÉ zu vergleichen, aber der magische Name »Pouilly« ermöglicht es, höhere Preise zu verlangen. Der Wein kann auch als POUILLY-VINZELLES auf den Markt kommen. Bester Erzeuger: Caves des Grands Crus Blancs. Beste Jahrgänge: **1996 95.**

POUILLY-SUR-LOIRE AC *Loiretal, Frankreich* Leichte, nach Äpfeln schmeckende Weine aus Chasselastrauben von Weinbergen rund um Pouilly-sur-Loire. Von diesem Weinbauort hat der POUILLY-FUMÉ seinen Namen. Möglichst jung trinken.

POUILLY-VINZELLES AC *Mâconnais, Burgund, Frankreich* Wie POUILLY-LOCHÉ hat auch das Dorf Vinzelles den Namen Pouilly seinem eigenen hinzugefügt. Beste Erzeuger: Cave des Grands Crus Blancs, Valette, Ch. de Vinzelles. Beste Jahrgänge: **1996 95.**

CH. POUJEAUX ★★ *Moulis AC, Cru Bourgeois, Haut-Médoc, Bordeaux, Frankreich* Poujeaux ist einer der Gründe, warum die AC MOULIS immer mehr Aufmerksamkeit auf sich zieht. Die Weine besitzen eine wunderbar kräftige Frucht und einen süßen Holzton vom neuen Eichenholzfaß. Sie sind schon mit sechs bis sieben Jahren reizvoll, aber gute Jahrgänge können 20 bis 30 Jahre altern. Beste Jahrgänge: (1996) (95) **94 93 90 89 88 86 85 83 82 81 79 78.**

PRÄDIKAT Die Stufen, die in Deutschland und Österreich Qualitätsweine definieren. Dabei handelt es sich (in aufsteigender Reihenfolge) um: Kabinett (gilt in Österreich nicht als Prädikat), Spätlese, Auslese, Beerenauslese, die nur in Österreich gültige Kategorie Ausbruch und Trockenbeerenauslese. Strohwein (nur in Österreich) und Eiswein sind ebenfalls Prädikatsweine. Der Nachteil an einem solchen System, das Weine nach dem Zuckergehalt im unvergorenen Traubenmost einstuft, ist der, daß es impliziert, je süßer der Wein sei, desto besser sei er auch. Einige Spätlesen und sogar ein paar Auslesen werden jetzt als trockene Weine vinifiziert.

FRANZ PRAGER *Wachau, Niederösterreich, Österreich* Einer der Pioniere dieser Weinbauregion, der 1993 die erste Riesling-Trockenbeerenauslese in der WACHAU erzeugte. Außerdem bietet er Spitzenrieslinge aus den Lagen Achleiten und Klaus★★★ und gute Grüne Veltliner aus der Lage Steinriegl★. Beste Jahrgänge: 1995 **93 92 90 86.**

PREMIER CRU Im französischen AC-System die Qualitätsstufe unterhalb von Grand Cru. Als Premier Cru eingestufte Weinberge besitzen normalerweise eine weniger gute Lage als die Grands Crus. Doch im Bordelais ist Premier Cru die alleroberste Stufe.

PREMIÈRES CÔTES DE BLAYE AC *Bordeaux, Frankreich* Eine besser werdende Appellation, die auf dem rechten Ufer der Gironde hauptsächlich für Rotweine geschaffen wurde. Die frischen, vorwiegend aus Merlot erzeugten Rotweine sind mit zwei bis drei Jahren trinkreif, können aber länger altern. Die Weißweine werden zumeist als COTES DE BLAYE verkauft. Beste Erzeuger: Haut-Bertinerie, Haut-Grelot, Haut-Sociondo, Jonqueyres, Loumède, Segonzac, Sociondo. Beste Jahrgänge: 1996 **95 94 90 89 88.**

PREMIÈRES CÔTES DE BORDEAUX AC *Bordeaux, Frankreich* Eine hügelige Region, von der man GRAVES und SAUTERNES am anderen Ufer der Garonne überblicken kann. Lange Zeit war die Appellation vor allem bekannt für ihre süßen Weine im Sauternesstil, insbesondere aus den Gemeinden Cadillac, LOUPIAC und SAINTE-CROIX-DU-MONT, aber in den letzten Jahren drängten reizvolle, saftige Rot- und Roséweine nach vorn. Diese schmecken zumeist mit zwei bis drei Jahren köstlich, dürften aber fünf bis sechs Jahre halten. Trockene Weißweine kommen als BORDEAUX AC auf den Markt. Beste Erzeuger: (Rotweine) Brethous★, Carsin★, Chelivette, Clos Ste-Anne, Fayau, Grand-

Mouëys★, de Haux, Jonchet, Lamothe-de-Haux, Langoiran, Melin, Puy-Bardens★, Reynon★, la Roche, le Sens, Suau, Tanesse. Beste Jahrgänge: (Rotweine) 1996 **95 94 90 89 88 86 85**; (Weißweine) **1996 95 94 90.**

PRESTON VINEYARDS *Dry Creek Valley AVA, Kalifornien, USA* Ein Verschnitt von Sauvignon Blanc und Sémillon namens Cuvée de Fumé★★ ist der beste Wein. Der Zinfandel★★ ist ebenfalls erfolgreich. Die Weißweine, insbesondere Viognier und Marsanne, sollte man jung trinken, aber die Rotweine, darunter Barbera und Syrah, können über fünf Jahre lang altern.

CH. PRIEURÉ-LICHINE★ *Margaux AC, 4ème Cru Classé, Haut-Médoc, Bordeaux, Frankreich* Bis zu seinem Tod im Jahre 1989 im Besitz von Alexis Lichine, dem möglicherweise größten Förderer hochwertiger französischer Weine in diesem Jahrhundert. Der Wein besitzt einen geschmeidigen, duftigen Stil, aber es fehlt ihm nicht an Tanninen, so daß er sich zehn bis fünfzehn Jahre hält. Beste Jahrgänge: (1996) (95) 94 **90 89 88 86 85 83 82.**

PRIMEUR Französische Bezeichnung für einen jungen Wein, der oft wenige Wochen nach der Lese auf den Markt kommt. Das bekannteste Beispiel dafür ist der BEAUJOLAIS NOUVEAU.

PRIMO ESTATE *Adelaide Plains, Südaustralien* Der einfallsreiche Joe Grilli errichtete seine Kellerei in einem Gebiet, dessen Klima zu den heißesten von Australien gehört, aber er bewirkt Wunder bei seinen eigenen Trauben und bei den Trauben, die er aus außerhalb liegenden Anbaugebieten kauft. Die Spitzenmarke ist Joseph: Grilli übernimmt die AMARONE-Methode für Cabernet-Merlot★★, entkorkt gereifte rote Stillweine und gibt sie in den Shiraz-Verschnitt, um den Schaumwein Sparkling Red★ herzustellen, und verwendet eine neuartige Rebschnittmethode, um beim Double Pruned Cabernet★ »kühlere« Geschmacksnoten zu erhalten. Außerdem erzeugt er einen saftigen Botrytis Riesling★★, einen überraschend trockenen Weißwein aus Colombardtrauben sowie wunderbares Olivenöl.

PRINZ ZU SALM-DALBERG *Wallhausen, Nahe, Deutschland* Deutschlands ältestes Weingut, das gute Weine erzeugt, darunter eine Scheurebe★ und einen sehr blassen Spätburgunder. 1989 brachte das Gut eine eigenartige, wunderbare Spätburgunder-Beerenauslese★★ hervor. Eine Riesling-Beerenauslese★ vom Wallhäuser Pfarrgarten beweist das Geschick des Erzeugers für diese Rebsorte. Beste Jahrgänge: **1993 92 90 89 88.**

PRIORATO DO *Katalonien, Spanien* Dieses schöne, hügelige, abgelegene Gebiet ist durch Weinberge gekennzeichnet, deren Reben an Steilhängen auf tiefem, reinem Schiefer wachsen. Die Erträge von Garnacha und Cariñena sind winzig. Gespritete RANCIO-Weine im alten Stil erregten nur wenig Aufmerksamkeit. In den 80er Jahren revolutionierte eine Gruppe junger Winzer das Gebiet und führte neue Vinifizierungsmethoden und zur Ergänzung der lokalen Rebsorten einige französische Rebsorten ein. Ihre seltenen, teuren Weine haben Spanien und jetzt auch andere Teile der Welt im Sturm erobert. Man sollte sie frühestens mit fünf Jahren trinken; die besten halten viel länger. Beste Erzeuger: René Barbier Fill★★★ (Clos Mogador), Clos i Terrasses★★★, Costers del Siurana★★, Mas Martinet★★★, Alvaro PALACIOS★★★, Scala Dei★.

PROSECCO DI CONEGLIANO-VALDOBBIADENE DOC *Venetien, Italien* Der Universalschaumwein von Venedig, doch Prosecco kann auch ein Stillwein *(tranquillo)* sein. Die Proseccotraube liefert einen weichen, aromatischen Wein, der durch eine zweite Gärung im Tank Schaum entwickelt. Er ist zwar nicht für die Lagerung bestimmt, kann aber einen köstlich schmekkenden Spumante oder Frizzante abgeben. Superiore di Cartizze aus der gleichnamigen Reblage ist der feinste davon. Beste Erzeuger: Adami★, Bernardi★, Bisol★, Carpenè Malvolti★, Case Bianche, Le Colture, Nino Franco★, Merotto, Mionetto, Ruggeri★, Zardetto★.

PROVENCE *Frankreich* Die Provence beherbergt die ältesten Weingärten von Frankreich, aber mit Ausnahme vielleicht von BANDOL ist die Region für ihre FKK-Strände und Kunstfestivals bekannter als für ihre Weine. Doch die Situation verändert sich, und die Provence wird ebenfalls von der Umwälzung erfaßt, die durch die südfranzösischen Weinbaugebiete fegt. Die Provence besitzt vier kleine ACs mit hochwertigen Weinen (BANDOL, BELLET, CASSIS und PALETTE), aber die meisten ihrer Weine stammen aus den viel größeren Anbaugebieten der COTES DE PROVENCE, COTEAUX VAROIS, Coteaux de Pierrevert, COTEAUX D'AIX-EN-PROVENCE und Les BAUX DE PROVENCE. Die provenzalischen Rot- und Roséweine sind im allgemeinen von besserer Qualität als die Weißweine der Provence.

PRÜFUNGSNUMMER In Deutschland und Österreich die amtliche bzw. staatliche Prüfnummer, die ein Wein erhält, nachdem er eine amtliche Prüfung durchlaufen hat, die für alle Qualitätsweine verbindlich ist. Auf deutschen Weinen erscheint die Prüfnummer als *A. P. Nr.* auf dem Etikett. In der Praxis scheint die Prüfung aber keineswegs streng genug zu sein.

J. J. PRÜM *Bernkastel, Mosel, Deutschland* Ein Weingut, das einige der besten deutschen Rieslinge erzeugt, in ausgezeichneten Lagen wie Sonnenuhr★★★ in WEHLEN, Himmelreich★★ in GRAACH sowie Lay★★ und Badstube★★ in BERNKASTEL. Außerdem einer der wenigen Erzeuger an der Mosel, die ebenso gern die modernen, trockenen Weine wie die großen Weine im traditionellen, süßeren Stil herstellen. Beste Jahrgänge: 1995 **93 91 90 89 88 86 85 83 79 76 75 71**.

S. A. PRÜM *Wehlen, Mosel, Deutschland* Es gibt verwirrend viele Prüms an der Mosel; der bekannteste von ihnen ist J. J. PRÜM, doch Raimund Prüm von S. A. Prüm kommt gleich dahinter. Der interessanteste Wein des Guts ist ein Riesling von der Wehlener Sonnenuhr★★, insbesondere die 83er Auslese★★★; doch Prüm erzeugt auch gute Weine in Reblagen in BERNKASTEL★, GRAACH★ und ZELTINGEN★. Beste Jahrgänge: 1995 94 **93 90 88 86 85 83**.

PRUNOTTO *Barolo DOCG, Piemont, Italien* Einer der großen Erzeuger von BAROLO, dessen Weinmacher Giuseppe Colla den Weg für die Idee von Weinen aus Einzellagen in dieser Anbauzone ebnete. 1989 wurde Prunotto von ANTINORI gekauft. Seitdem hat sich die Qualität der Weine sogar noch verbessert, falls dies überhaupt möglich war. Dies zeigen vor allem der Barbera Pian Romualdo★★, der Nebbiolo Occhetti★ und die Barolos aus den Reblagen Bussia★★ und Cannubi★★. Beste Jahrgänge: (Barolo) (1996) (95) 94 93 90 89 **88 85**.

PUGLIA (APULIEN) *Italien* Diese langgestreckte südliche Region, die die Ferse des italienischen Stiefels bildet, ist bekannt als die ertragreichste Quelle Italiens für Verschnittweine. Aber das qualitative Potential hat in jüngster Zeit Fortschritte gemacht mit einheimischen Rebsorten: Uva die Troia in CASTEL DEL MONTE, Negroamaro und Malvasia Nera für SALICE SALENTINO, COPERTINO, SQUINZANO und andere Rot- und Roséweine der Halbinsel Salento, der weiße Grecorebe für GRAVINA sowie Verdeca und Bianco d'Alesso für LOCOROTONDO und Martina Franca. Die apulische Rebsorte Primitivo ist dieselbe Traube wie der kalifornische Zinfandel.

PUIATTI *Collio DOC, Friaul-Julisch-Venetien, Italien* Eindrucksvolle Weißweine, die nicht im Eichenholzfaß vinifiziert werden. Pinot Grigio★, Pinot Bianco★, Chardonnay★, Sauvignon★ und Tocai★ haben einen klar definierten Sortencharakter und eine großartige Konzentration. Sie trinken sich angenehm, wenn sie jung sind, schmecken aber im Alter noch besser. Die Archetipi-Serie★★ stellt die feinste Auslese dar, während die Marke Enofriulia für weniger teure, aber beständigere Sortenweine bestimmt ist.

PUISSEGUIN-SAINT-ÉMILION AC *Bordeaux, Frankreich* Kleine Satelliten-AC von SAINT-ÉMILION. Die Weine sind in der Regel recht solid, besitzen aber eine reizvolle, kräftige Frucht und schmecken normalerweise mit drei bis fünf Jahren. Beste Erzeuger: Bel-Air, Branda★, Durand-Laplagne, Guibeau, des Laurets, Producteurs Réunis, Soleil. Beste Jahrgänge: (1996) 95 **94 90 89 88.**

PULIGNY-MONTRACHET AC *Côte de Beaune, Burgund, Frankreich* Puligny ist einer der großartigsten Weinbauorte für Weißweine in der Welt und hat vor langer Zeit den Namen seines besten Grand Cru, Le MONTRACHET, dem eigenen Namen angehängt. Es gibt noch drei weitere Grands Crus, die fast ebenso gut sind (BATARD-MONTRACHET, Bienvenues-Bâtard-Montrachet und Chevalier-Montrachet), und nicht weniger als elf Premiers Crus. Weine, die aus den flacheren Lagen kommen, verwenden die einfache AC Puligny-Montrachet. Gute Jahrgänge brauchen fünf Jahre, um sich zu entfalten, während die Premiers Crus und Grands Crus unter Umständen zehn Jahre altern müssen und 20 Jahre oder noch länger halten können. Nur etwa 3 % der AC sind Rotweine. Beste Erzeuger: J.-M. Boillot★, CARILLON★★★, Jean Chartron★, Gérard Chavy★, Clerc★, DROUHIN, JADOT, LABOURÉ-ROI, Laguiche★★, LATOUR, Dom. LEFLAIVE, Olivier LEFLAIVE★, Pernot★, Ch. de Puligny-Montrachet★, RAMONET★★★, RODET, Sauzet★★★, Thénard★★, Thomas★. Beste Jahrgänge: 1995 **92** 90 **89 88 86 85.**

PYRENEES *Victoria, Australien* Robuste, oft nach Eukalyptus duftende Rotweine aus Shiraz und Cabernet Sauvignon sind das Markenzeichen dieses hügeligen Anbaugebiets, aber die reifen Sauvignon Blancs und Chardonnays können ebenfalls eindrucksvoll ausfallen. Nach dem Champagner-Verfahren hergestellte Schaumweine von TALTARNI und dem in französischem Besitz befindlichen Blue Pyrenees Estate werden feiner. Beste Erzeuger: Blue Pyrenees, Dalwhinnie★★, Redbank. TALTARNI★.

QbA (QUALITÄTSWEIN BESTIMMTER ANBAUGEBIETE) Nach dem deutschen Weingesetz von 1971 die Stufe zwischen Tafel- bzw. Landwein und unterstem Prädikatswein, wobei der Wein aus einem der gesetzlich festgelegten Anbaugebiete kommen muß. Den Mosten dieser Weine darf Zucker zugesetzt werden, wenn die natürliche Reifung nicht genug davon produziert hat. Die zugelassenen Erträge sind hoch. Normalerweise handelt es sich um recht gewöhnliche Weine, aber einige Güter stufen gute Weine herab, wenn es notwendig ist. In Österreich entspricht *Qualitätswein* dem deutschen QbA.

QmP (QUALITÄTSWEIN MIT PRÄDIKAT) Nach dem deutschen Weingesetz die oberste Qualitätsstufe, die mit kontrollierten Erträgen verbunden ist und eine Anreicherung des Mostes verbietet. Sie ist in sechs Gruppen eingeteilt, die sich nach dem Reifegrad der Trauben richten. In aufsteigender Reihenfolge: Kabinett, Spätlese, Auslese, Beerenauslese, Eiswein und Trockenbeerenauslese. In Österreich entspricht dieser Stufe die Bezeichnung *Qualitätswein besonderer Reife und Lesart*, die für Spätlese, Auslese, Beerenauslese, Ausbruch, Eiswein und Trockenbeerenauslese gilt.

QUARTS DE CHAUME AC *Grand Cru, Loiretal, Frankreich* Die Cheninrebe, die säuerlichste Traubensorte von allen großen französischen Rebsorten, findet ein besonders günstiges Mesoklima im Layontal. Quarts de Chaume ist ein 40 ha großer Cru innerhalb der größeren AC COTEAUX DU LAYON. Wenn hier die Herbstnebel vom Fluß Layon aufsteigen, befällt die Edelfäule die Trauben. Das Ergebnis sind intensive, süße Weine, die dank ihrer Säure länger halten können als fast jeder andere Süßwein in der Welt. Beste Erzeuger: Baumard★★, de Bellerive★★, Pierre-Bise★★, Joseph Renou★★, Suronde★★. Beste Jahrgänge: 1995 94 93 **90 89 88 85 83 82 81 78 76 70 69 66 64 59 47.**

QUEENSLAND *Australien* Queensland besitzt die kleinste Produktion aller weinerzeugenden Bundesstaaten Australiens. Rund zwölf Weinbaubetriebe befinden sich auf den felsigen Hügeln, die im Hauptgebiet, dem Granite Belt, nahe der Grenze zu Neusüdwales, bis 800 m ansteigen. Beste Erzeuger: Bald Mountain, Kominos, Robinson's, Stone Ridge.

QUILCEDA CREEK VINTNERS *Washington (Bundesstaat), USA* Diese winzige Kellerei hat sich im amerikanischen Bundesstaat Washington dank eines gehaltvollen Cabernet Sauvignon★★, des einzigen hier erzeugten Weins, eine kultartige Gefolgschaft aufgebaut. Der Wein kann am Anfang ein wenig überwältigend und verschlossen wirken, aber er öffnet sich bereits nach ein paar Minuten im Glas und besitzt eine gute Alterungsfähigkeit.

QUINCY AC *Loiretal, Frankreich* Ein intensiv schmeckender, trockener Weißwein aus Sauvignontrauben, die in den Weinbergen westlich von Bourges wachsen. Man kann ihn ein bis zwei Jahre aufheben, aber seinen ziemlich aggressiven Stachelbeergeschmack wird er auch dann noch behalten. Beste Erzeuger: Jaumier, Mardon, Mellot, Rouze. Beste Jahrgänge: **1996 95 93 90 89.**

QUINTA Portugiesische Bezeichnung für »Landgut«.

QUINTA DA BACALHÔA *Arrábida IPR, Terras do Sado, Portugal* Weingut in der Nähe von Azeitão, das die Rebsorten Cabernet Sauvignon und Merlot anbaut. Daraus entstehen bei J. P. VINHOS gehaltvolle, holzbetonte und langlebige Weine★. Beste Jahrgänge: **1991 90 89 85 82.**

QUINTA DO CÔTTO *Douro DOC und Port DOC, Douro, Portugal* Tafelweinspezialist im unteren DOURO. Der einfache rote und weiße Quinta do Côtto sind passabel. Grande Escolha★★ ist einer der besten Rotweine Portugals: holzbetont und kraftvoll, wenn er jung ist, gehaltvoll und nach Zedernholz duftend, wenn er reif ist. Beste Jahrgänge: (Tafelweine) **1992 90 87 85 82 80.**

QUINTA DO CRASTO *Douro DOC und Port DOC, Douro, Portugal* Ein Weingut mit guter Lage, das der Familie Roquette gehört. Sehr guter LBV-Portwein★★ und noch bessere Tafelweine★★, insbesondere die Reservas. Beste Jahrgänge: (Tafelweine) **1995 94.**

QUINTA DO NOVAL *Port DOC, Douro, Portugal* Ein tadelloses Gut, das 1993 von einer französischen Versicherungsgesellschaft erworben wurde. Es liegt oberhalb von Pinhão und stellt aus den Trauben ungepfropfter Rebstöcke einen außergewöhnlichen Portwein her: Quinta do Noval Nacional★★★. Er ist vermutlich der beste Vintage-Portwein, aber man kann ihn fast nur auf Auktionen erwerben. Andere Noval-Portweine (darunter Vintage Quinta do Noval★) sind eher annehmbar als groß. Beste Jahrgänge: (Nacional) 1994 91 87 85 **70 66 63 31.**

QUINTA DE LA ROSA *Douro DOC und Port DOC, Douro, Portugal* Die Familie Bergqvist hat aus diesem großartigen Besitz einen kleinen, aber anspruchsvollen unabhängigen Erzeuger von Port- und DOURO-Tafelweinen★★ gemacht. Der Vintage-Portwein★★ ist ausgezeichnet. Beste Jahrgänge: (Vintage-Portweine) 1994 92 **91.**

QUINTARELLI *Valpolicella DOC, Venetien, Italien* Giuseppe Quintarelli ist der große traditionelle Erzeuger von VALPOLICELLA; seine unverkennbaren, mit der Hand geschriebenen Etiketten kündigen einige bemerkenswerte Weine an. Er ist überzeugt davon, daß man nur die allerbesten Trauben vinifizieren darf und den Rest der Natur überlassen sollte. Sein Classico Superiore★★ bleibt etwa vier Jahre im Faß, während seine berühmten AMARONES★★★ und RECIOTOS★★ sieben Jahre oder noch länger reifen, bevor sie auf den Markt kommen. Außerdem gibt es Alzero, einen aufsehenerregenden Wein im Amaronestil aus Cabernet Franc und Cabernet Sauvignon.

QUIVIRA *Dry Creek Valley AVA, Kalifornien, USA* Einer der besten neuen Erzeuger von Zinfandel-Weinen★★. Unter dem früheren Weinmacher Doug Nalle (jetzt bei NALLE WINERY) begründeten diese Zinfandels Mitte der 80er Jahre rasch den Trend zu einem klaren, fruchtigen Wein, der für den baldigen Verbrauch bestimmt war. Die Weine schmecken recht gut und können wegen ihrer Ausgewogenheit gut altern, aber die puristischen Anhänger kalifornischer Zinfandels stören sich an ihrer leichten Trinkbarkeit. Eine neue Abfüllung namens Dry Creek Cuvée (Grenache, Mourvèdre, Syrah und Zinfandel) ist fruchtig und köstlich. Beste Jahrgänge: (Zinfandel) **1994 92 91 90.**

QUPÉ *Santa Maria Valley AVA, Kalifornien, USA* Der Besitzer Bob Lindquist, ein revolutionärer Weinmacher, der gern Ungewöhnliches versucht, erzeugt einen wunderbar wohlschmeckenden Reserve Syrah★★★. Sein Santa Maria Chardonnay★★★, der ebenfalls aus Trauben aus dem Santa Maria Valley hergestellt wird, besitzt eine wundervolle, an Äpfel erinnernde Frucht. Lindquist, ein führender Verfechter von Weinen, die auf Rebsorten aus dem Rhônetal basieren, besitzt auch Rebflächen, die mit Viognier, Mourvèdre und Marsanne bestockt sind.

RAÏMAT *Costers del Segre DO, Katalonien, Spanien* Dieses große, künstlich bewässerte Weingut, das im Besitz der CAVA-Firma CODORNIU ist, kann gute bis ausgezeichnete fruchtige Weine erzeugen, wobei sowohl spanische wie auch ausländische Rebsorten wie Cabernet Sauvignon★, Merlot★ und Chardonnay verwendet werden. Beste Jahrgänge: (Rotweine) **1992 91 90.**

RAMONET *Chassagne-Montrachet, Côte de Beaune, Burgund, Frankreich* Die Ramonets (Vater und Söhne) erzeugen einige der komplexesten weißen Burgunder überhaupt, aus drei Grands Crus (BATARD-MONTRACHET★★★, Bienvenues-Bâtard-Montrachet★★★ und Le MONTRACHET★★★) und fünf Premiers Crus (Les Ruchottes★★★, Les Caillerets★★, Les Vergers★★, Morgeot★★ und Les Chaumées★★). Die Weine sind extrem teuer, so daß Sie – falls Sie Ihrer Brieftasche nur geringen Schaden zufügen möchten – lieber den SAINT-AUBIN★★ oder den weißen★★ oder roten★ CHASSAGNE-MONTRACHET probieren sollten. Im allgemeinen sind die Weißweine eine Klasse besser als die Rotweine. Beste Jahrgänge: (Weißweine) 1995 94 93 **92** 90 **89** **88 86 85.**

RAMOS PINTO *Port DOC, Douro, Portugal* Eine innovative Portweinfirma, die jetzt von dem Champagner-Haus ROEDERER kontrolliert wird. Sie stellt einen komplexen, körperreichen Late Bottled Vintage★ und wunderbare Aged Tawnys (Quinta Ervamoira★ und Quinta Bom Retiro★★) her. Beste Jahrgänge: (Vintage-Portweine) 1994 **85 83 82.**

RAMPOLLA *Chianti Classico DOCG, Toskana, Italien* Dieses Gut, das in der »goldenen Muschel« von Panzano liegt, ist eines der herausragenden im CHIANTI CLASSICO. Sammarco, manchmal ★★★, wird hauptsächlich aus Cabernet sowie ein wenig Sangiovese hergestellt. Beste Jahrgänge: (1996) (95) 94 93 **90 88 86.**

RANCIO Bezeichnung für einen Wein mit einem speziellen Altersgeschmack. Gespritete Weine werden bewußt den Oxidationswirkungen ausgesetzt, um diesen Geschmack zu erwerben. Am häufigsten wird die Bezeichnung im Languedoc-Roussillon, in Katalonien und in Süditalien verwendet.

RANDERSACKER *Franken, Deutschland* Einer der wichtigsten Weinbauorte in FRANKEN, der ausgezeichnete mittelschwere trockene Rieslinge und Silvaner erzeugt. Seine Spezialitäten sind gute Gewürztraminer und pikante Rieslaner. Seine beste Reblage ist der Pfülben. Beste Erzeuger: JULIUSSPITAL★★, Martin Göbel, Robert Schmitt★★, Schmitt's Kinder★★.

KENT RASMUSSEN *Carneros AVA, Kalifornien, USA* Ein dicht strukturierter Chardonnay★★ im Burgunderstil, der zu einer beachtlichen Flaschenreife fähig ist, und ein faszinierender, saftiger Pinot Noir★★ werden mittels supertraditioneller Methoden hergestellt. Rasmussen erzeugt gelegentlich auch kleine Mengen von ungewöhnlichen Weinen wie Pinotage, Alicante und Dolcetto, die er unter der Marke Ramsay auf den Markt bringt. Beste Jahrgänge: 1994 **92 91 90 88.**

RASTEAU AC *Rhônetal, Frankreich* Rasteau ist eines der ursprünglich 16 Dörfer, die Anspruch auf die AC COTES DU RHONE-VILLAGES haben. Die AC Rasteau gilt für einen gespriteten Wein, der entweder rot oder weiß sein kann. Es gibt auch eine RANCIO-Version, die zwei Jahre oder noch länger im Faß bleibt. Beste Erzeuger: Cave des Vignerons, Roger Meffre, Rabasse-Charavin. Beste Jahrgänge: (Rotweine) 1995 94 **92 91 90 89.**

RAUENTHAL *Rheingau, Deutschland* Der berühmteste Weinbauort im RHEINGAU, der in den großartigen Lagen Baiken und Gehrn einige der überteuertsten Weine der Region erzeugt. Leider haben heute nur wenige Rieslinge noch den intensiven würzig-mineralischen Charakter, für den sie früher berühmt waren. Beste Erzeuger: August Eser★, J. B. Becker, Georg BREUER★★.

CH. RAUZAN-SÉGLA★★★ *Margaux AC, 2ème Cru Classé, Haut-Médoc, Bordeaux, Frankreich* Eine dynamische Veränderung in der Leitung des Guts führte 1982 zu einem erstaunlichen Wandel hin zum Besseren. Dies hat sich unter dem neuen Besitzer Chanel seit 1994 noch weiter verbessert. Die Weine sind jetzt gekennzeichnet durch eine reiche Johannisbeerfrucht, fast teerartige, dicke Tannine, Fülle, eine ausgezeichnete, holzige Würzigkeit und eine wunderbare Konzentration. Zweitwein: Ségla. Beste Jahrgänge: (1996) (95) 94 93 90 89 88 86 **85 83.**

JEAN-MARIE RAVENEAU *Chablis AC, Burgund, Frankreich* Der herausragende Winzer in CHABLIS. Er erzeugt wunderschön nuancierte Weine aus drei Grands Crus (Blanchot★★, Les Clos★★★ und Valmur★★★) und vier Premiers Crus (Montée de Tonnerre★★, Vaillons★★, Butteaux★★ und Chapelots★★), wobei er die Vergärung im Eichenholzfaß mit der Vinifizierung im rostfreien Stahltank kombiniert. Die Weine können mühelos zehn Jahre oder noch länger altern. Beste Jahrgänge: 1995 93 **92** 90 **89 88 86 75 71.**

RAVENSWOOD *Sonoma, Kalifornien, USA* Joel Peterson, einer der führenden Zinfandelproduzenten, gründete Ravenswood 1976, um dort ausschließlich Zinfandel zu erzeugen. Während der mageren Jahre, als die meisten kalifornischen Zinfandelweine rosafarben und süß waren, nahm Peterson einen brauchbaren Chardonnay, einen bisweilen sehr guten Cabernet Sauvignon★ und einen wohlschmeckenden Merlot hinzu. Aber Zinfandel bleibt die Trumpfkarte, wobei Peterson mehrere davon herstellt und je nach Jahrgang variiert: Dickerson Vineyard★★, Old Hill★★ und Old Vines★★★ sind superbe Zinfandels mit reifer, konzentrierter Frucht – kühne, schöne Weine. Die meisten sollte man mit fünf bis fünfzehn Jahren trinken. Beste Jahrgänge: 1994 **92 91 90 87 86 85.**

CH. RAYAS *Châteauneuf-du-Pape, Rhônetal, Frankreich* Das berühmteste Gut in CHATEAUNEUF-DU-PAPE. Der exzentrische Jacques Reynaud erzeugt wuchtige, alkoholreiche, exotisch reichhaltige Rot-★★ und Weißweine★★, die gut altern. Doch die Preise sind nicht niedrig und die Weine auch nicht beständig, aber in ihrer besten Form sind die Rayas ihr Geld wert. Der Rotwein wird (als einziger Wein in dieser AC) ausschließlich aus Grenachetrauben von Rebstöcken mit geringen Erträgen erzeugt, während der Weißwein ein Verschnitt von Clairette, Grenache Blanc und (so heißt es) Chardonnay ist. Der COTES DU RHONE Ch. de Fonsalette★ ist wunderbar. Beste Jahrgänge: (Châteauneuf-du-Pape) 1995 94 93 91 90 89 88 **86;** (Weißweine) 1995 94 **93 91 90 89 86.**

RECIOTO DELLA VALPOLICELLA DOC *Venetien, Italien* Der große süße Wein von VALPOLICELLA, hergestellt aus Trauben, die früher als üblich gepflückt und dann bis Ende Januar zum Trocknen auf Strohmatten gelegt werden. Die Weine besitzen eine tiefe Farbe und eine reiche, bitter-süße Kirschfrucht. Sie altern fünf bis acht Jahre gut, aber am besten schmecken sie, wenn sie jung sind. Wie beim Valpolicella ist der Classico-Zusatz auf dem Etikett sehr wichtig. Das benachbarte Anbaugebiet SOAVE erzeugt ebenfalls eine Recioto-Version. Beste Erzeuger: Corte Aleardi★, ALLEGRINI★, Brigaldara★, Brunelli★, Dal Forno★★★, MASI★, (Serègo Alighieri★★), QUINTARELLI★★, Le Ragose★, Le Salette★, Speri★, Tedeschi★. Beste Jahrgänge: **1995 93 90 88 85.**

DOM. DE LA RECTORIE *Banyuls AC und Collioure AC, Roussillon, Frankreich* Parcé ist ein berühmter Name in BANYULS. Viele Jahre lang hielt Dr. A. Parcé (Mas Blanc) das Banner von Banyuls hoch. Jetzt weisen seine entfernten Verwandten Marc und Thierry Parcé den richtigen Weg. Ihr COLLIOURE★★ ist als langlebiger Wein vinifiziert, während man den Banyuls Cuvée Léon Parcé frühzeitig trinken kann, um seine jugendliche Fruchtigkeit zu genießen, oder für zukünftige Genüsse aufbewahren kann. Der Vin de Pays Cuvée l'Argile★★, aus Grenache Blanc hergestellt, ist einer der besten Weißweine im ROUSSILLON. Beste Jahrgänge: (Rotweine) 1995 94 **93.**

REGALEALI *Sizilien, Italien* Das Gut des Conte Tasca d'Almerita im Hochland von Zentralsizilien (SICILIA) erzeugt einige der am meisten bewunderten Weine Italiens, obwohl alle Vini di Tavola sind. Von lokalen Rebsorten stammen Rollo del Conte★★ (aus der Rebsorte Nero d'Avola erzeugt) und der weiße Nozze d'Oro★ (auf Inzolia basierend), aber das Angebot umfaßt auch Chardonnay★★ und Cabernet Sauvignon★★, die eine außergewöhnliche Intensität und Eleganz haben. Conte d'Almerita Crémant Brut★ (Chardonnay und Pinot Noir) könnte durchaus der feinste nach dem Champagner-Verfahren hergestellte Schaumwein südlich der alpinen Regionen sein.

RÉGNIÉ AC *Beaujolais, Burgund, Frankreich* 1988 wurde das Dorf Régnié zusammen mit dem Nachbardorf Durette zum zehnten Cru des BEAUJOLAIS erhoben. Die Weine sind im allgemeinen leicht und reizvoll, aber in schlechten Jahrgängen erreichen sie kein Cru-Niveau. Beste Erzeuger: Bel-Air, Cinquin, Crêt des Bruyères, DUBŒUF★, Laforest, Magrin, Rampon, Trichard. Beste Jahrgänge: **1996 95.**

REGUENGOS DOC *Alentejo, Portugal* Eine der vielversprechendsten neuen ALENTEJO-DOCs mit guten, aromatischen Rotweinen, die einen Eindruck von den erregend saftigen Geschmacksnoten Südportugals vermitteln. Beste Erzeuger: ESPORÃO★★, FONSECA SUCCESSORES (J. S. Rosado Fernandes★★), Gen. Reguengos de Monsaraz.

REMELLURI *Rioja DOC, País Vasco, Spanien* Ein RIOJA-Gut, das mit biologischen Anbaumethoden Weine erzeugt, die viel mehr Frucht als gewöhnlich und eine gute Konzentration für die Alterung besitzen. Die besten Weine sind ★★. Beste Jahrgänge: **1993 91 89.**

RESERVA Bezeichnung für spanische Weine von überdurchschnittlicher Qualität, die bestimmte Reifungsbedingungen erfüllt haben: Rotweine müssen mindestens drei Jahre reifen, bevor sie in den Handel gelangen, davon ein Jahr im Holzfaß; Weiß- und Roséweine müssen mindestens zwei Jahre reifen, davon sechs Monate im Holzfaß.

RÉSERVE Französische Bezeichnung für einen Wein, der (zumindest theoretisch) der beste des Erzeugers ist. In Frankreich nicht gesetzlich festgelegt,

BALTHASAR RESS *Eltville-Hattenheim, Rheingau, Deutschland* Stefan Ress hat alle Holzfässer aus seinem Keller entfernt und die Fässer durch Tanks aus Edelstahl und glasfaserverstärktem Kunststoff ersetzt. Obwohl seine Weine auch weiterhin die sauberste, klarste Fruchtigkeit eines Erzeugers im RHEINGAU entfalten, haben die letzten Jahrgänge möglicherweise etwas an Eigenwilligkeit verloren. Die 92er stellten teilweise wieder eine Rückkehr zur alten Qualität dar. Eigentlich ist er ein Erzeuger von Rieslingen, aber er stellt auch köstliche Scheureben★ her. Beste Jahrgänge: **1993 92 90.**

RETSINA *Griechenland* Geharzte Weiß- und Roséweine, die heute in ganz Griechenland hergestellt werden. Die besten Retsinas besitzen einen wunderbar öligen, an Kiefern erinnernden Geschmack, während das Harz (ähnlich wie Minze) eine leicht kühlende Wirkung auf der Zunge hat. Aus diesem Grund sollte ein Retsina nicht zu stark gekühlt werden. Die Faustregel lautet hier: je jünger der Wein ist, desto besser. Beste Erzeuger: Achaia-Clauss, Botrys, Cambas, Kourtakis.

REUILLY AC *Loiretal, Frankreich* Ein extrem trockener, aber reizvoller Sauvignon aus Weinbergen westlich des weltberühmten SANCERRE. Außerdem gibt es ein paar blasse Rotweine aus Pinot Noir und Rosés aus Pinot Gris. Beste Erzeuger: Beurdin★, Cordier, Lafond, Malbête, Martin, Sorbe. Beste Jahrgänge: **1996 95 93 90.**

RHEINGAU *Deutschland* Der Rheingau umfaßt einen nach Süden blickenden Landstrich am Rhein beiderseits von Wiesbaden. Er gilt als die aristokratischste Weinbauregion Deutschlands, sowohl im Hinblick auf die rassigen, langsam reifenden Weine wie auch wegen der Zahl der adligen Gutsbesitzer, die hier zu finden sind. Leider sind die berühmtesten Namen hier keine Garantie mehr für Spitzenqualität; vielmehr produziert jetzt eine neue Generation von Erzeugern die besten Weine. Siehe auch Eltville, Geisenheim, Hattenheim, Hochheim, Johannisberg, Kiedrich, Martinsthal, Rüdesheim, Winkel.

RHEINHESSEN *Deutschland* Großes Weinbaugebiet südlich und westlich von Mainz. Auf der sogenannten Rheinfront oder Rheinterrasse zwischen Mainz und Worms gibt es eine Reihe sehr berühmter Weingüter, die als Spitzenerzeuger gelten, insbesondere in NACKENHEIM, NIERSTEIN, OPPENHEIM und Bodenheim. BINGEN im Nordwesten besitzt ebenfalls ein sehr gutes Anbaugebiet am Südufer des Rheins.

RHÔNETAL *Frankreich* Die Rhône beginnt als Schweizer Fluß, der gemächlich den Genfer See durchquert, bevor er in südlicher Richtung auf französischem Boden seinen Lauf beschleunigt. Südlich von Lyon, zwischen Vienne und Avignon, wird das Rhônetal zu einem der großen Weinbaugebiete von Frankreich. Im nördlichen Abschnitt, wo schwindelerregende Hänge über dem Fluß aufragen, wird nicht viel Wein erzeugt, doch die geringe Menge, die hier produziert wird, ist von bemerkenswerter Individualität. Die Rebsorte Syrah dominiert hier in COTE-ROTIE und auf dem berühmten HERMITAGE-Hügel. SAINT-JOSEPH, CROZES-HERMITAGE und CORNAS erzeugen ebenfalls hervorragende Rotweine, während die weiße Viogniertraube in CONDRIEU und in der winzigen Appellation CHATEAU-GRILLET duftige, delikate Weine liefert. Im südlichen Abschnitt weichen die Steilhänge weiten Ebenen, wo die Rebstöcke zwischen Hügeln im Westen und Osten in der heißen Sonne schmachten. Die meisten dieser Weinberge sind entweder als COTES DU RHONE oder COTES DU RHONE-VILLAGES eingestuft und bringen Rot-, Rosé- und Weißweine hervor, aber es gibt auch spezielle Appellationen. Am bekanntesten sind CHATEAUNEUF-DU-PAPE und MUSCAT DE BEAUMES-DE-VENISE, ein köstlicher, goldfarbener Dessertwein. Siehe auch Clairette de Die Tradition, Coteaux de l'Ardèche, Coteaux du Tricastin, Côtes du Luberon, Côtes du Vivarais, Gigondas, Lirac, Saint-Péray, Tavel, Vacqueyras.

RÍAS BAIXAS DO *Galicien, Spanien* Die beste der fünf galicischen DOs. Rias Baixas erzeugt immer mehr von Spaniens besten Weißweinen (abgesehen von ein paar Chardonnays im Nordosten). Die magische Zutat ist die charaktervolle Traubensorte Albariño, die cremig-gehaltvolle, fruchtige Weißweine mit prächtigem Duft liefert. Man sollte die Weine fast ausnahmslos jung trinken. Beste Erzeuger: Adegas das Eiras★★, Agro de Bazan★★, Aldea de Abaixo, Dominguez Borrajo, Granxa Fillaboa★, Lagar de Fornelos★ (La RIOJA ALTA), Pazo de Barrantes★ (MARQUÉS DE MURRIETA), Pazo de Señorans★, Quinta de Couselo★★, Robaliño, Bodegas Salnesur★★, Santiago Ruiz★★ (Lan), Valdamor, Vilariño-Cambados★★.

RIBATEJO *Portugal* Die zweitgrößte Weinbauregion Portugals erstreckt sich beiderseits des Tejo stromaufwärts von Lissabon. Ertragreiche Weinberge auf den fruchtbaren Böden entlang dem Fluß erzeugen große Mengen von Rotweinen für den Alltag, die immer besser werden. Es gibt fünf IPRs, von denen Almeirim mit seiner riesigen Genossenschaft wahrscheinlich die bekannteste ist. Das Ribatejo ist auch die traditionelle Quelle für einige gute GARRAFEIRAS. Beste Erzeuger: Gen. Almreirim, BRIGHT BROTHERS, Quinta do Casal Branco★, Falua.

RIBERA DEL DUERO DO *Kastilien-León, Spanien* Die dunklen, eleganten Rotweine in dieser DO, aus der Rebsorte Tinto Fino (Tempranillo) erzeugt und manchmal mit Cabernet und Merlot verschnitten, sind so gut wie die RIOJAS. Außerdem gibt es ein paar leichte Roséweine. Neue Namen tauchen jetzt auf und reihen sich qualitativ in die Spitzengruppe ein. Beste Erzeuger: Alión, Ismael ARROYO★★★, Victor Balbás, Hijos de Antonio Barcelo, Felix Callejo★, Carraovejas★, Dehesa de los Canonigos, PEDROSA★, PESQUERA★★, VEGA SICILIA★★★.

DOMAINE RICHEAUME *Côtes de Provence AC, Provence, Frankreich* Ein Weingut in deutschem Besitz, das in der Nähe des Mont Ste-Victoire liegt, oft von Cézanne gemalt. Es verwendet biologische Anbaumethoden und ist mit einem Mischsatz aus mediterranen Rebsorten (Cinsaut, Grenache, Syrah) und Cabernet Sauvignon bestockt. Erzeugt werden beeindruckend tieffarbene Weine★, die kraftvoll sind und einen rauchig-würzigen Geschmack haben. Beste Jahrgänge: 1995 **93 92 91 90 89 88.**

RICHEBOURG AC *Grand Cru, Côte de Nuits, Burgund, Frankreich* Ein gehaltvoller, fleischiger Wein, der am Nordende von VOSNE-ROMANÉE erzeugt wird. Die meisten Erzeugerabfüllungen sind außergewöhnlich. Beste Erzeuger: GRIVOT★★, JEAN Gros★★★, JAYER★★★, Dom. LEROY★★★, Noëllat★★, Dom. de la ROMANÉE-CONTI★★★. Beste Jahrgänge: 1995 93 **92** 90 **89** 88 **85 78.**

RICHOU *Anjou, Loiretal, Frankreich* Eine der führenden Domänen an der Loire, die ein breites Angebot beständig guter Weine erzeugt. Die besten sind der ANJOU-VILLAGES Vieilles Vignes★★ und der süße COTEAUX DE L'AUBANCE Cuvée Les Trois Demoiselles★★. Beste Jahrgänge: 1996 **95 94 93 90 89 88.**

MAX FERD. RICHTER *Mülheim, Mosel-Saar-Ruwer, Deutschland* Dr. Richter erzeugt Rieslingweine in einigen der besten Lagen der MOSEL, darunter Wehlener Sonnenuhr★★, Brauneberger Juffer★★ und Graacher Domprobst★★. Seine Weine sind durch eine großartige, rassige Säure gekennzeichnet, die durch eine duftige Riesling-Fruchtigkeit ausgeglichen wird. Seine Lage Mülheimer Helenenkloster ist einmalig in Deutschland, weil sie fast jedes Jahr einen herrlichen Eiswein★★★ liefert. Beste Jahrgänge: 1996 **95 94 93 92 90 89 88.**

RIESLING

Leider muß ich gleich zu Beginn diese nüchterne Feststellung treffen, aber meiner Meinung nach ist es notwendig. Wenn Sie Weine mit Bezeichnungen wie »Laski Riesling«, »Olasz Riesling«, »Welschriesling«, »Gray Riesling«, »Riesling Italico« und dergleichen probiert und als reizlos empfunden haben, sollten Sie nicht der Rieslingrebe die Schuld geben. Diese Weine haben den Namen »Riesling« gestohlen, aber sie haben überhaupt nichts mit der berühmten Rebsorte selbst zu tun.

Der Riesling ist Deutschlands schönster Beitrag zur Welt des Weins – und hierin liegt das zweite Problem. Die deutschen Weine sind durch die Verbreitung von Weinen wie Liebfrauenmilch zumindest international auf ein so niedriges Niveau der allgemeinen Wertschätzung gesunken, daß sogar der echte deutsche Riesling davon in Mitleidenschaft gezogen worden ist.

Was also ist echter Riesling? Es handelt sich um eine sehr alte deutsche Rebsorte, die wahrscheinlich von wildwachsenden Reben im Rheintal abstammt. Am besten gedeiht sie in den kühlen Anbaugebieten des Rhein- und des Moseltals, aber auch recht gut in Neuseeland und in den kühlen Teilen Australiens. Sie wird auch in Kalifornien, Südafrika und Italien angebaut und erzielt in den wärmeren Teilen Australiens ebenfalls gute Ergebnisse.

WEINSTILE

Deutschland: Diese Weine besitzen einen wunderbaren Duft und können sogar bei hohem Reifegrad eine durchdringende Säure bewahren, solange die Reifungsperiode nur warm und allmählich ist und nicht rasch und bei sengender Hitze verläuft. Deutsche Rieslinge können knochentrocken bis lieblich und sogar köstlich süß sein, aber wenn sie trocken sind, müssen sie aus vollreifen Trauben hergestellt worden sein; andernfalls ist ihre Säure übermäßig hoch und ihr Körper ungenügend.

Junge Rieslinge entfalten oft einen wunderbaren Blütenduft, der sich manchmal mit der Frische unreifer Äpfel vermischt, und zeigen häufig einen Hauch von Limonen und bisweilen sogar ein Rosinen- oder Honigaroma, je nach der Reife der Trauben. Wenn die Weine altern, intensiviert sich oft das Limonenaroma, und ein an Schiefer oder sogar Benzin und Kerosin erinnernder Geruch kommt hinzu.

Andere Anbaugebiete: Der recht schwere Stil mit dem Benzingeruch ist typisch für die wärmeren Anbaugebiete Australiens, während Kalifornien traubige Weine erzeugt, die am besten sind, wenn sie süß ausfallen. In den Donautälern Österreichs liefert der Riesling erstaunliche trockene Weine, die Reichtum mit Eleganz verbinden. Die hügeligen Lagen in Norditalien und die kühlen Lagen Tschechiens, der Slowakei und der Schweiz können einen hübschen Blütenduft entfalten, aber die blumigsten Weine kommen fast alle aus Deutschland, dem Elsaß und Neuseeland sowie vereinzelt aus den USA (Pazifischer Nordwesten und New York) und dem kühlen Teil Australiens. Die kühleren Gebiete Südafrikas bringen delikate, trockenere Rieslinge sowie gute Rieslinge aus spät gelesenen und edelfaulen Trauben hervor.

Im allgemeinen sollte man Rieslingweine jung trinken, aber trockene elsässische Rieslinge können viele Jahre lang reifen; wirklich süße deutsche Rieslinge können sogar ganze Generationen lang altern.

BESTE ERZEUGER

Trockene Rieslinge

Deutschland J. BIFFAR, Georg BREUER, GUNDERLOCH, JULIUS-SPITAL, KOEHLER-RUPRECHT, Franz KÜNSTLER, J. Leitz, LINGENFELDER, LOOSEN, MAXIMIN GRÜNHAUS, MÜLLER-CATOIR, St. Antony.

Frankreich (Elsaß) Kreydenweiss, Ostertag, Schlumberger, TRIMBACH, ZIND-HUMBRECHT.

Österreich BRÜNDLMAYER, FREIE WEINGARTNER WACHAU, HIRTZBERGER, Knoll, NIKOLAIHOF, F. X. PICHLER, PRAGER.

Nichttrockene Rieslinge

Deutschland BÜRKLIN-WOLF, Christoffel, DÖNNHOFF, GUNDER-LOCH, HAAG, Johannishof, JOST, KARTHAUSERHOF, von KESSEL-STATT, Franz KÜNSTLER, LINGENFELDER, LOOSEN, Egon MULLER, MULLER-CATOIR, J. J. PRÜM, RICHTER, Willi Schaefer, SCHLOSS REINHARTS-HAUSEN, SCHLOSSGUT DIEL, SELBACH-OSTER, WEIL, ZILLIKEN.

Frankreich (Elsaß) HUGEL, TRIMBACH, ZIND-HUMBRECHT.

Rieslinge der Neuen Welt

Australien Wolf BLASS, Leo Buring, DELATITE, GROSSET, HENSCHKE, Howard Park, MITCHELL, MITCHELTON, ORLANDO, PETALUMA, Pikes, PIPERS BROOK.

Neuseeland COOPERS CREEK, CORBANS (Stoneleigh), Dry River, Giesen, Grove Mill, MARTINBOROUGH VINEYARD, MONTANA, NEUDORF, Pegasus Bay, SEIFRIED (Redwood Valley).

Südafrika BUITENVERWACHTING, KLEIN CONSTANTIA, SIMONSIG, STELLENZICHT, THELEMA, VILLIERA.

USA (Oregon) AMITY; (New York) BRIDGEHAMPTON.

RIDGE VINEYARDS *Santa Clara, Kalifornien, USA* Als diese Kellerei 1962 entstand, spezialisierte sie sich ausschließlich auf Zinfandel, aber Ende der 60er Jahre verlegte sich der Weinmacher Paul Draper auf Cabernet Sauvignon★★ und Petite Sirah★. Die Zinfandelweine★★★, die aus Trauben verschiedener Herkunftsgebiete erzeugt werden, sind für ihre große Intensität und Langlebigkeit bekannt. Alle Rotweine zeigen eine große Alterungsfähigkeit, eine eindrucksvolle Konzentration der Frucht und einen originellen Geschmack. Es gibt auch etwas Chardonnay★. Beste Jahrgänge: (Zinfandel) **1994 93 92 91 90 88 85 84.**

RIECINE *Chianti DOCG, Toskana, Italien* John Dunkleys kleines Weingut in Gaiole erzeugt einige der erlesensten CHIANTIS. Die Erträge sind gering, so daß die Weine eine sehr intensive Fruchtigkeit und einen herrlich definierten Geschmack besitzen, der an Gewürze und Kirschen erinnert. Sein CHIANTI CLASSICO★★ und sein Riserva★★★ sind beide herausragend; der im Barrique gereifte La Gioia★★★ ist ebenso beeindruckend. Beste Jahrgänge: (1996) (95) 94 93 **90 88 85.**

RIESLING Siehe S. 252/253.

RIESLING ITALICO Diese im übrigen Europa als Welschriesling bezeichnete Rebsorte ist keineswegs mit der großartigen Rieslingrebe vom Rhein verwandt. Sie wird häufig in Italien angebaut, vor allem im Norden, wo sie annehmbare trockene Weißweine erzeugt. In Österreich bringt der Welschriesling einige der besten süßen Weine hervor. Im Auge behalten sollte man die Renaissance dieser Rebsorte in Ungarn, wo sie als Olaz Rizling hoch geschätzt wird.

CH. RIEUSSEC★★ *Sauternes AC, 1er Cru Classé, Bordeaux, Frankreich* Abgesehen von dem unvergleichlichen und kaum bezahlbaren YQUEM war Rieussec oft der reichhaltigste, üppigste und genußvollste Wein von SAUTERNES. Doch die letzten Jahrgänge zeigten einen eher »korrekten« Stil, während der Wein ansonsten immer zu einem wilden, wunderbaren Charakter neigte. Glücklicherweise ist der 90er großartig. Man sollte die Weine mindestens zehn Jahre einkellern, doch vermutlich halten sie sich noch ein Jahrzehnt länger. Der trockene Weißwein mit dem Namen »R« ist ziemlich langweilig. Zweitwein: Clos Labère. Seit 1994 im Besitz von LAFITE ROTHSCHILD. Beste Jahrgänge: (1996) (95) **90 89 88 86 85 83 81 75.**

RIO GRANDE DO SUL *Brasilien* Starke Niederschläge und Feuchtigkeit in dieser südlichsten Region haben zur Folge, daß Pilzkrankheiten und Reifung ein Problem darstellen können. Die meisten der Rebsorten sind deshalb Hybriden. Der »fliegende« Weinmacher John Worontschak hat Fortschritte gemacht bei Cabernet Sauvignon und Merlot in Vinicola Aurora, aber sein trinkbarster Wein ist immer noch Chardonnay.

RIOJA DOC *Rioja, Navarra, País Vasco und Kastilien-León, Spanien* Rioja, im Zentrum von Nordspanien gelegen, erzeugt nicht nur holzbetonte, cremige Weißweine und elegante, im Holzfaß gereifte Rotweine, die das Aroma von Eichenholz mit der Fruchtigkeit von Walderdbeeren und Backpflaumen verbinden. Über die Hälfte der roten Rioja-Weine wird jung verkauft und hat nie das Innere eines Holzfasses gesehen, während die meisten Weißweine in einem ziemlich anonymen Stil gehalten sind. Nachdem Rioja als erste DOC Spaniens eingestuft worden ist und 1989 und 1990 zwei gute Jahrgänge erlebt hat, woraufhin die Traubenpreise gesunken sind, scheint es sicher zu sein, daß Rioja zu der Popularität zurückkehren wird, die es früher in den 70er Jahren genossen hatte. Aber die Weinqualität ist immer noch wahnsinnig unbeständig (obwohl die besten Erzeuger ständig besser werden), und die Preise für die Trauben (und die Weine) sind in den letzten beiden Jahren trotz einer großen Ernte 1995 wieder in die Höhe geschossen. Man sollte sich an die guten Erzeuger halten. Beste Erzeuger: (Rotweine) Amézola de la Mora, BARON DE LEY, BERBERANA★, Berceo, Beronia, BRETON★★, CAMPILLO★★, CAMPO VIEJO★, Luis Cañas, CONTINO★★, El COTO★, Cosecheros Alaveses, CVNE, DOMECQ★, FAUSTINO MARTINEZ★, Herencia Lasanta, LOPEZ DE HEREDIA★, MARQUÉS DE CACERES★, MARQUÉS DE GRIÑON★, MARQUÉS DE MURRIETA★, MARQUÉS DE RISCAL★★, Marqués de Vargas, MARTINEZ BUJANDA★, MONTECILLO★, MUGA★, Navajas, PALACIO★★, REMELLURI★★, La RIOJA ALTA★, RIOJANAS★, Sierra Cantabria, Torre de Oña, Viña Ijalba; (Weißweine) Beronia, BRETON★★, CAMPO VIEJO★, CVNE★, LOPEZ DE HEREDIA★, MARQUÉS DE CACERES★, MARQUES DE MURRIETA★, MONTECILLO★, La RIOJA ALTA★, RIOJANAS★.

LA RIOJA ALTA *Rioja DOC, Rioja, Spanien* Einer der allerbesten der alten RIOJA-Erzeuger, der fast ausschließlich Reservas und Gran Reservas herstellt. Sein einziger Crianza, Viña Alberdi ★, erfüllt ohnehin die Forderungen hinsichtlich des Mindestalters für einen Reserva. Es gibt auch einen in geringer Menge erzeugten guten weißen Viña Ardanza Reserva ★, dessen Geschmack an Eichenholz und Zitronen erinnert. Die roten Reservas, Viña Arana ★ und Viña Ardanza ★★, altern prächtig; die Gran Reservas, Reserva 904 ★★ und Reserva 890 ★★★ (die nur in außergewöhnlichen Jahrgängen erzeugt werden) zählen zu den besten Riojas überhaupt. Beste Jahrgänge: (Rotweine) **1994 92 89 88 87 86 85 82 81 78 76 73.**

RIOJANAS *Rioja DOC, Rioja, Spanien* Diese gute Kellerei stellt Reservas und Gran Reservas in zwei Stilen her, einen eleganten Viña Albina ★ und einen gehaltvolleren Monte Real ★. Der weiße Monte Real Blanco Crianza ★ gehört zu den besten RIOJA-Weinen. Die Weißweine und Reservas kann man fünf Jahre aufheben, Gran Reservas zehn Jahre und länger. Beste Jahrgänge: (Rotweine) **1994 91 90 89 87 83 82 73 64.**

DANIEL RION *Nuits-St-Georges, Côte de Nuits, Burgund, Frankreich* Einer der beständigsten Erzeuger in Burgund. Er stellt geschmeidige, konzentrierte, aber bisweilen etwas »seriöse« Rotweine aus Pinot Noir sowie etwas frischen, weißen Aligoté her. Außerdem erzeugt er seit Jahrgang 1994 einen weißen NUITS-SAINT-GEORGES Les Terres Blanches. Die besten Weine sind VOSNE-ROMANÉE Les Beaux Monts ★★ und Les Chaumes ★★, NUITS-SAINT-GEORGES Clos de Argillières ★★ sowie Weine der Dorfappellation VOSNE-ROMANÉE ★. Beste Jahrgänge: 1995 94 93 **92 90 89 88 85.**

RISERVA Eine italienische Bezeichnung, die in vielen DOCs und DOCGs anerkannt ist und eine spezielle Auswahl von höherwertigen Weinen meint, die länger gereift sind, bevor sie auf den Markt kommen. Recht häufig bedeutet sie, daß die betreffenden Weine auch länger altern sollen. Mehr Genuß ist damit aber nur verbunden, wenn der Wein von Anfang an genug Frucht und Struktur besitzt. Während die Bezeichnung beim BAROLO in Verruf geraten ist, spielt sie beim CHIANTI immer noch eine große Rolle.

RIVERA *Apulien, Italien* Einer der tatkräftigsten Erzeuger in Süditalien. Der in einem traditionellen Stil gehaltene CASTEL DEL MONTE Riserva Il Falcone★ ist ein hervorragender, vollblütiger südlicher Rotwein. Es gibt auch eine Reihe von Sortenweinen, die unter der Marke Vigna al Monte vertrieben werden; die besten davon sind Aglianico, Pinot Bianco und Sauvignon Blanc.

RIVERINA *Neusüdwales, Australien* Zusammen mit RIVERLAND in Südaustralien liefert dieses in hohem Maße bewässerte Anbaugebiet, das vom Murrumbidgee River gespeist wird, die meisten der einfachen australischen Trinkweine. Viele der bekanntesten Marken Australiens, von Firmen wie PENFOLDS, HARDY, ORLANDO und MCWILLIAMS, stützen sich auf Weine aus diesen Gebieten, auch wenn sie Riverina oder Riverland nicht auf dem Etikett erwähnen. Außerdem gibt es einige bemerkenswerte Süßweine wie etwa den aus edelfaulen Trauben erzeugten Sémillon★★★ von DE BORTOLI, McWilliams★, Miranda★ und Wilton Estate★★.

RIVERLAND *Südaustralien* Eine große, künstlich bewässerte Region am Murray River, die 27 % der australischen Keltertrauben hervorbringt. Hauptsächlich werden hier Massenweine und billigere Tafelweine sowie gespritete Weine erzeugt, aber BERRI RENMANO kann einige hochwertige Sondercuvées produzieren. Beste Erzeuger: ANGOVES, BERRI RENMANO, Kingston Estate, Trentham Estate, YALUMBA (Oxford Landing).

RIVESALTES AC *Languedoc-Roussillon, Frankreich* Ein Vin Doux Naturel aus einem großen Anbaugebiet um das Städtchen Rivesaltes herum. Dieser gespritete Wein gehört zu den besten von Südfrankreich und kann aus einer Reihe von Traubensorten hergestellt werden, hauptsächlich aus der weißen Muscattraube (wenn er MUSCAT DE RIVESALTES genannt wird) sowie aus Grenachereben (Noir, Gris und Blanc). Es gibt auch einen RANCIO, der gut altert. Beste Erzeuger: Ch. Cap de Fouste, Vignerons CATALANS, CAZES★★, des Chênes★, Ch. de Corneilla, Force Real★, Ch. de Jau★, Laporte, Mas Rancoure★, Gen. Rivesaltes, Sarda-Malet★, Gen. Terrats, Gen. Troillas.

RIVIERA LIGURE DI PONENTE DOC *Ligurien, Italien* Diese DOC-Anbauzone erstreckt sich von Genua in westlicher Richtung quer durch eine wunderschöne Landschaft bis Ventimiglia an der französischen Grenze und in nördlicher Richtung bis zum Piemont (PIEMONTE). Die wichtigsten Rebsorten, die hier angebaut werden, sind die weiße Pigatotraube und die feinere Vermentinotraube sowie die rote Ormeascotraube (die im Piemont Dolcetto heißt und weiche, korpulente Weine erzeugt) und die zartere Rossesetraube. Beste Erzeuger: Maria Donata Bianchi★, Bruna, Colle dei Bardellini, Fèipu dei Massaretti★, Foresti, Lupi★, Maccario, Terre Rosse★, La Vecchia Cantina.

ROBERTSON WO *Südafrika* Ein heißes, trockenes Anbaugebiet im Inland mit kalksteinreichen Böden, die am Kap ungewöhnlich, aber für Reben ideal sind. Chenin Blanc und Colombard sind die Hauptrebsorten in dieser hauptsächlich Weißwein erzeugenden Region; sie werden vorzugsweise für die Branntweinproduktion verwendet, liefern aber auch wohlschmeckende Alltagsweine. Chardonnay gedeiht sehr gut, ebenso die traditionelle Muscadellerebe (Muscat Blanc à Petits Grains), aber Sauvignon Blanc und die Rebsorten für Rotweine ganz allgemein müssen sich erst noch bewähren. Beste Erzeuger: Bon Courage, Graham BECK★, DE WETSHOF★, Robertson Winery, Springfield, Van Loveren, Zandvliet.

ROCKFORD *Barossa Valley, Südaustralien* Wunderbar nostalgische Weine aus der in einem Steingebäude untergebrachten Kellerei von Robert »Rocky« O'Callaghan, der großen Respekt für die im Barossa Valley so zahlreichen alten Rebstöcke zeigt und Freude daran hat, alte Geräte und Apparaturen zu verwenden. Er erzeugt einen meisterlichen Basket Press Shiraz★★, einen 1886 Vine Vale Riesling★, einen Dry Country Grenache★ und mit dem Black Shiraz★★ einen roten Schaumwein, der Kultstatus hat. Beste Jahrgänge: (Rotweine) 1994 93 **92 91 90 87 85.**

ANTONIN RODET *Mercurey, Côte Chalonnaise, Burgund, Frankreich* Ein Weinhändler mit Sitz in MERCUREY, der auf Weine von der Côte Chalonnaise spezialisiert ist, aber auch eine Reihe von exzellenten Weinen aus ganz Burgund erzeugt. Rodet, der jetzt von LAURENT-PERRIER kontrolliert wird, besitzt oder ist Mitbesitzer von vier Weingütern, Ch. de Rully★★, Ch. de Chamirey★, Ch. de Mercurey★★ und Jacques Prieur★★, die auch seine besten Weine liefern. Nicht versäumen sollte man seinen BOURGOGNE Vieilles Vignes★, einen der besten und preisgünstigsten Chardonnays, die man auf dem Markt finden kann. Beste Jahrgänge: **1995 93 92 90 89 88.**

LOUIS ROEDERER *Champagne AC, Champagne, Frankreich* Eine gute Firma, die einige der besten, im Geschmack vollen Champagner herstellt, die man im Augenblick kaufen kann. Neben dem hervorragenden Champagner ohne Jahrgangsbezeichnung★★ und einem blassen Rosé★ erzeugt sie auch einen gehaltvollen, aufregenden Jahrgangschampagner★★ und den berühmten Roederer Cristal★★, eine Spitzencuvée, die in der Regel, aber nicht immer köstlich schmeckt. Sowohl den Jahrgangschampagner wie auch den Cristal kann man normalerweise zehn Jahre oder länger aufheben, abhängig von ihren Eigenschaften. Beste Jahrgänge: **1991 90 89 88 86 85.**

ROEDERER ESTATE *Anderson Valley, Kalifornien, USA* Kalifornischer Ableger des französischen Champagner-Hauses Louis ROEDERER. Der Brut★★ (in Großbritannien als Quartet verkauft) ist etwas streng, ein Schritt zurück gegenüber der vordergründigen Fruchtigkeit vieler kalifornischer Schaumweine, aber er dürfte gut altern, falls Sie die Geduld aufbringen. L'Ermitage★★, eine neue Tête de Cuvée, die erstmals 1994 auf den Markt gekommen ist, ergänzt die kalifornischen Schaumweine famos.

ROERO DOC *Piemont, Italien* Die Roerohügel liegen – von den Langhehügeln, der Heimat von BAROLO und BARBARESCO, aus gesehen – auf der anderen Seite des Tanarao. Lange Zeit war Roero bekannt als Quelle für Nebbiolo in Form von geschmeidigen, fruchtigen Rotweinen, die man innerhalb von zwei bis fünf Jahren trinken kann. Es hat kürzlich mit der weißen Arneisrebe auf sich aufmerksam gemacht. Der Rotwein heißt einfach Roero, der Weißwein Roero Arneis. Beste Erzeuger: Almondo★, Cantina del Glicine★, CERETTO, Cornarea, Correggia★, Deltetto★, Bruno GIACOSA★, Malabaila, Malvirà★, Monchiero Carbone★, Negro★, Porello★, PRUNOTTO★, Rabino, Enrico Serafino, Vietti★.

ROMAGNA *Emilia-Romagna, Italien* Die Weinproduktion der Romagna konzentriert sich auf vier DOCs und eine DOCG östlich von Bologna. Die Weißweine werden aus Trebbiano (unbeschreiblich langweilig), Pagadebit (vielversprechend als trockener und als süßer Wein) und Albana (ALBANA DI ROMAGNA wurde 1987 zu einer DOCG erhoben und ist in einer trockenen und einer leicht süßen Version erhältlich) erzeugt. Die Rotweine werden von der Sangiovesetraube beherrscht und reichen im Stil von jungen, frischen Beispielen bis zu Weinen, die es hinsichtlich Struktur und Ansehen mit einem guten CHIANTI aufnehmen können. Castelluccio erzeugt herausragende Sangioveseweine wie Ronco delle Ginestre★★ oder Ronco dei Ciliegi★★. Beste Erzeuger: (Sangiovese) Le Calbane★, Casetto dei Mandorli★, Castelluccio★★, Celli, Conti★, Ferrucci★, La Palazza★, Paradiso★, Spalletti, Tre Monti★, Zerbina★★.

LA ROMANÉE-CONTI AC★★★ *Grand Cru, Côte de Nuits, Burgund, Frankreich* Für viele sehr wohlhabende Weinliebhaber ist dies der Gipfel der roten Burgunder. Es ist ein unglaublich komplexer Wein mit einer großartigen Struktur und einem reinen, klar umrissenen Fruchtgeschmack, den man zwei Dutzend Jahre altern lassen muß, um herauszufinden, warum soviel Aufhebens davon gemacht wird. Das Anbaugebiet ist nur 1,8 ha groß, was ebenfalls ein Grund für die hohen Preise ist. Vollständig im Besitz der Dom. de la ROMANÉE-CONTI. Beste Jahrgänge: 1995 93 90 89 88 85 **78 76 71 69.**

DOMAINE DE LA ROMANÉE-CONTI *Vosne-Romanée, Côte de Nuits, Burgund, Frankreich* Dieses berühmte Rotweingut besitzt eine Reihe von Grands Crus in VOSNE-ROMANÉE (LA TACHE★★★, RICHEBOURG★★★, ROMANÉE-CONTI★★★, ROMANÉE-ST-VIVANT★★, ÉCHÉZEAUX★★ und Grands-Échézeaux★★) sowie eine kleine Parzelle von Le MONTRACHET★★★. Die Weine sind wahnsinnig teuer, können aber erhaben sein: voller Frucht, wenn sie jung sind, aber fähig, 15 Jahre oder noch länger zu altern, wobei sie sich zu einer erstaunlichen, im Himmel und in der Hölle geschlossenen Vereinigung von Reichtum und Dekadenz entwickeln. Die jüngsten Jahrgänge scheinen eine notwendige Rückkehr zu qualitativer Beständigkeit anzudeuten. Was man bei diesen Preisen wohl auch verlangen kann! Beste Jahrgänge: 1995 93 90 89 88 85 **78 71 69.**

ROMANÉE-ST-VIVANT AC *Grand Cru, Côte de Nuits, Burgund, Frankreich* Bei weitem der größte der sechs Grands Crus in VOSNE-ROMANÉE. Mit zehn bis fünfzehn Jahren sollten die Weine die überaus ausgewogene Brillanz enthüllen, zu der diese Reblage fähig ist, aber manchmal mischt sich eine schroffe, rauhe Kante darunter. Beste Erzeuger: Arnoux★, DROUHIN★★, JADOT, LATOUR, Dom. LEROY★★, Noëllat★★, Dom. de la ROMANÉE-CONTI★★. Beste Jahrgänge: 1995 93 90 89 88 **85 78 76.**

RONGOPAI *Te Kauwhata, Auckland, Nordinsel, Neuseeland* Eine kleine Kellerei, deren größter Erfolg süße Beerenauslesen sind, darunter Riesling, Müller-Thurgau und Chardonnay★★. Es gibt auch sehr trockene Weine aus den Rebsorten Sauvignon Blanc, Chardonnay★, Riesling und Cabernet Sauvignon. Beste Jahrgänge: **1996 94 93 91 90.**

ROSÉ D'ANJOU AC *Loiretal, Frankreich* Ein billiger ANJOU-Roséwein, der normalerweise irgendwo zwischen lieblich und wirklich süß liegt. Erzeugt wird er vorwiegend aus der Groslottraube, die nicht viel Farbe oder Geschmack liefert. Die meisten Spitzenerzeuger verwenden lieber die Appellationen ROSÉ DE LOIRE oder CABERNET D'ANJOU. Bester Erzeuger: Caves de la Loire.

ROSÉ DE LOIRE AC *Loiretal, Frankreich* Eine Appellation für trockene Roséweine aus SAUMUR und der TOURAINE, aber hauptsächlich aus dem ANJOU. Sie können angenehm grasige Weine sein, aber man sollte sie möglichst jung und gut gekühlt trinken. Beste Erzeuger: Cailleau, de l'Echalier, Haute Perche, de Passavant, RICHOU.

ROSÉ DES RICEYS AC *Champagne, Frankreich* Dies ist eine Kuriosität und eine teure obendrein. Es handelt sich dabei um einen dunkelrosa Stillwein, der im südlichen Teil der Champagne aus Pinot-Noir-Trauben hergestellt wird. Beste Erzeuger: Alexandre Bonnet, Horiot.

ROSEMOUNT ESTATE *Hunter Valley, Neusüdwales, Australien* Vorbildliche Kellerei, die Trauben aus mehreren Anbaugebieten ankauft und daraus einige der besten und beliebtesten Weine Australiens erzeugt. Die Spitzenweine sind die komplexen, gewichtigen Chardonnays Roxburgh★★★ und Show Reserve★★, der nach schwarzen Johannisbeeren schmekkende COONAWARRA Cabernet★★ und der kräftige Balmoral Shiraz★★★. Die neuen Einzellagenweine der Marke New Rose sind vielversprechend: Chardonnay★★ aus der Orange-Region, McLaren Vale Syrah★ und Yarrawa Sauvignon Blanc aus dem HUNTER VALLEY. Mountain Blue Shiraz-Cabernet ist der aufregendste neue Wein, der seit langem aus MUDGEE gekommen ist. Die unter der Marke Split auf den Markt kommenden Sémillon-Chardonnay und Shiraz-Cabernet★ gehören zu den billigsten Weinen Australiens. Beste Jahrgänge: (Weißweine) **1995 94 93 91 90 89 87.**

ROSSESE DI DOLCEACQUA DOC *Ligurien, Italien* Ein kleines Anbaugebiet, das Rotweine aus der Rebsorte Rossese erzeugt. Die Geschmacksrichtungen reichen von leichten, frischen bis zu Weinen mit kräftigerer Struktur. Man sollte sie mit drei bis fünf Jahren trinken. Beste Erzeuger: Cane★, Foresti, Guglielmi, Lupi, Maccario, Perinaldo★.

ROSSO Italienische Bezeichnung für Rot(wein).

ROSSO CONERO DOC *Marken, Italien* Die besten Weine in dieser Anbauzone, die an der Adriaküste unmittelbar südlich von Ancona liegt, sind die ausschließlich aus der Rebsorte Montepulciano erzeugten, weil sie einen wunderbar würzigen Reichtum besitzen, der nicht durch die Beimischung von Sangiovese verwässert wird. Die Vinifizierung hat sich in den letzten Jahren stark verbessert. Beste Erzeuger: Leopardi Dittajuti★, Garofoli★★, Mecella (Rubelliano★), Moroder★ (Dorico★★), Le Terrazze (Sassi Neri★), Umani Ronchi★ (Cumaro★★). Beste Jahrgänge: 1996 **95 94 93 92 90.**

ROSSO DI MONTALCINO DOC *Toskana, Italien* Der kleine Bruder des BRUNELLO DI MONTALCINO reift viel kürzer im Holzfaß und bewahrt auf diese Weise einen wunderbaren Geschmacksreichtum, den der Brunello durch seine längere Faßreifung verliert. Beste Erzeuger: ALTESINO★, ARGIANO★, BANFI★, Barbi★, Canalicchio di Sopra★, Caparzo★, Casanova di Neri★, Castelgiocondo★, Ciacci Piccolomini d'Aragona★★, Col d'Orcia★, Costanti★★, Fuligni★, La Gerla★, Maurizio Lambardi★★, Lisini★, Siro Pacenti★★, Poggio Antico★, Il Poggiolo★, Il Poggione★, San Filippo★, Talenti★, Valdicava★, Val di Suga★. Beste Jahrgänge: 1996 **95 94 93 91 90.**

ROSSO DI MONTEPULCIANO DOC *Toskana, Italien* Diese erst 1989 geschaffene DOC gibt den Erzeugern die Möglichkeit, die Produktion ihres imposanteren VINO NOBILE DI MONTEPULCIANO zu verfeinern, indem sie einen Teil der jüngeren, saftigeren Weine früher auf Flaschen abfüllen. Einige Erzeuger produzieren einen frischen, angenehmen, recht harmlosen Wein, während die besten Erzeuger dem Weinfreund einen vollmundigen Wein mit einem dicken Schokoladegeschmack schenken, der ein reiner Genuß ist. Beste Erzeuger: AVIGNONESI, La Braccesca★, Buracchi, Le Casalte★, Contucci★, Dei★, POLIZIANO★, Valdipiatta★. Beste Jahrgänge: **1996 95 94 93.**

ROSSO PICENO DOC *Marken, Italien* Obwohl er mit dem ROSSO CONERO verwandt ist, betrachtet man diesen Rotwein oft nur als armen Verwandten, weil der einfache Sangiovesewein in den Marken zumeist mager und rauh ausfällt. Aber wenn als Ergänzung der volle Anteil von 40 % Montepulciano verwendet wird, kann Rosso Piceno gehaltvoll und verführerisch sein. Beste Erzeuger: Boccadigabbia★, Cocci Grifoni★, Velenosi★, Villa Pigna★, Villamagna. Beste Jahrgänge: **1996 95 94 93 91 90.**

ROTHBURY ESTATE *Hunter Valley, Neusüdwales, Australien* Nach einem langwierigen Kampf wurde das »Kind« von Len Evans 1996 an die Brauerei Fosters verkauft, die Rothbury Estate den Marken der Gruppe MILDARA-BLASS hinzugefügt. Wie sich das auf die Weine auswirken wird, ist ungewiß, doch Rothbury hat einen großen Namen für kernige HUNTER Shirazweine★ (Reserve★★) und im Holzfaß vergorene Chardonnays★★ sowie süffige COWRA Chardonnays★ und einige der großartigsten Sémillons★★★ aus Hunter. Beste Jahrgänge: (Weißweine) **1996 95 93 91 90 86 84 79;** (Rotweine) **1995 93 91 89 87 86 83 81 79.**

ROUGE Französische Bezeichnung für Rot.

ROUGE HOMME *Coonawarra, Südafrika* Der Betrieb kam zu Southcorp als Teil von LINDEMANS an, der ihn 1965 von der Pionierfamilie Redman (auf französisch »rouge homme«) kaufte. Er blüht jetzt auf unter den Händen des Weinmachers Paul Gordon, einem wahren Zauberer bei Rotweinen. Er verbesserte den Cabernet-Sauvignon★, den Shiraz-Cabernet★ und den Pinot Noir★, so daß sie jetzt zu den preisgünstigsten im Land gehören. Der neue Cabernet-Verschnitt Richardson's Red Block★★ ist ein Wein, der immer mehr Auszeichnungen gewinnt; die weiße Version ist anständig bis mittelmäßig. Beste Jahrgänge: **1994 93 91 90 88 86.**

ROUSSANNE Die beste Weißweinrebe des RHONETALS, die dort häufig mit Marsanne verschnitten wird. Roussanne ist die aromatischere und elegantere von beiden Rebsorten. Sie ist weniger anfällig für Oxidation und besitzt eine bessere Säure, aber die Winzer bauen zumeist lieber die Marsannerebe an, weil sie höhere Erträge erbringt. Sie wird jetzt auch in Südfrankreich (MIDI) angepflanzt.

ARMANDE ROUSSEAU *Côte de Nuits, Burgund, Frankreich* Eines der geachtetsten und bedeutendsten CHAMBERTIN-Güter mit Parzellen in den Grands Crus Clos-de-Bèze, Mazis-Chambertin und Charmes-Chambertin sowie CLOS DE LA ROCHE★★ in MOREI-SAINT-DENIS und GEVREY-CHAMBERTIN Clos Staint-Jacques★★. Die wunderbar harmonischen, eleganten, aber dennoch gehaltvollen Weine werden in einem traditionellen Stil erzeugt und genießen wegen ihrer Langlebigkeit ein beneidenswertes Ansehen. Der Chambertin★★★ ist außergewöhnlich gut. Beste Jahrgänge: 1995 93 **92** 91 90 **89** 88 85.

ROUSSILLON *Frankreich* Die schneebedeckten Gipfel der Pyrenäen bilden eine atemberaubende Kulisse für die ehemalige Region Roussillon, die jetzt das Departement Pyrénées-Orientales bildet. Die Weinberge erzeugen ein breites Angebot an recht preisgünstigen Weinen, zumeist Rotweinen, die von den reifen, nach Rosinen schmeckenden Vins Doux Naturels bis zu leichten, fruchtig-frischen Landweinen reichen. Nachdem das Gebiet mehrere Jahre im Schatten der LANGUEDOC-Renaissance darben mußte, gibt es auch hier jetzt einige wirklich aufregende Tafelweine, sowohl Weiß- wie auch Rotweine, die im Roussillon erzeugt werden, insbesondere von einzelnen Weingütern. Siehe auch Banyuls, Collioure, Côtes du Roussillon, Côtes du Roussillon-Villages, Maury, Muscat de Rivesaltes, Rivesaltes.

ROXHEIM *Nahe, Deutschland* Die eleganten, mittelschweren Rieslinge aus der Reblage Roxheimer Berg können zu den differenziertesten und subtilsten Naheweinen gehören. Bester Erzeuger: Prinz zu Salm-Dalberg.

RUCHOTTES-CHAMBERTIN AC Siehe Chambertin AC.

RÜDESHEIM *Rheingau, Deutschland* In hohem Maße vom Fremdenverkehr geprägtes Städtchen am Rhein, das aromatische Weine aus berühmten Lagen wie Berg Schloßberg, Berg Rottland, Berg Roseneck und Bischofsberg erzeugt. Nicht zu verwechseln mit dem gleichnamigen Weinbauort an der NAHE. Beste Erzeuger: Georg BREUER★★, J. Leitz★★, JOHANNISHOF★.

RUEDA DO *Kastilien-León, Spanien* Die RIOJA-Firma von MARQUÉS DE RISCAL schuf in den 70er Jahren das Ansehen dieser Region, die nur Weißweine erzeugt, zunächst durch die Rettung der fast ausgestorbenen lokalen Rebsorte Verdejo, danach durch die Einführung von Sauvignon Blanc. Zu den frischen jungen Weißweinen sind im Holzfaß vergorene Weine hinzugekommen, die für ein längeres Leben bestimmt sind, insbesondere die von Brigitte Lurton aus Bordeauy erzeugten. Beste Erzeuger: Alvarez y Diez, Castilla La Vieja (Mirador), Cerro Sol (Doña Beatriz), Belondrade y Lurton★★, Hermanos Lurton★★, MARQUÉS DE GRIÑON★, MARQUÉS DE RISCAL, Angél Rodríguez Vidal (Martinsancho), Vinos Sanz.

RUFFINO *Toskana, Italien* Ein riesiger Weinhersteller, dessen Hauptproduktion immer noch auf einfachen CHIANTI konzentriert ist, aber es ist ihm gelungen, einige hochwertige Weine einzuführen. CHIANTI CLASSICO kommt von Gütern in Zano★, Nozzole★ und Santedame★★, aber der Klassiker ist Riserva Ducale★★. Unter den Vini da Tavola findet man Chardonnay Cabreo La Pietra★★, Cabernet Cabreo Il Borgo★★, Pinot Noir Nero del Tondo★ und den einzigartigen Verschnitt aus Colorino und Prugnolo im Romitorio di Santedame★.

RUINART *Champagne AC, Champagne, Frankreich* Eines der ältesten Champagner-Häuser, das angesichts der Qualität seiner Weine einen überraschend bescheidenen Ruf hat. Der Champagner ohne Jahrgangsbezeichnung★ ist gut, aber die Spitzenweine sind der ausgezeichnete, erstklassige Dom Ruinart Blanc de Blancs★★★ und der Dom Ruinart Rosé★★. Beste Jahrgänge: **1992 90 88 86 85 83 82.**

RULÄNDER Siehe Pinot Gris.

RULLY AC *Côte Chalonnaise, Burgund, Frankreich* Eine der bewährtesten ACs in Burgund, die Weine von guter Qualität und zu vernünftigen Preisen erzeugt. Ursprünglich war sie für Schaumweine berühmt, aber jetzt ist sie am bekanntesten für ihre weißen Stillweine, die zunehmend in Eichenholzfässern ausgebaut werden. Der rote Rully ist ein leichter Wein mit flüchtigem Erdbeer- und Kirschduft. Beste Erzeuger: (Weißweine) Brelière, Chanzy, Delorme, DROUHIN★, Duvernay, FAIVELEY★★, JADOT★, JAFFELIN★, Olivier LEFLAIVE★, RODET★★, de Suremain; (Rotweine) Chanzy, Cogny, Delorme, Duvernay, La Folie, Jacqueson★. Beste Jahrgänge: (Weißweine) **1995 94 92 90;** (Rotweine) **1995 93 90.**

RUSSE *Nordgebiet, Bulgarien* Ein aufstrebender Erzeuger, der bei den Rebsorten Cabernet Sauvignon ★ und Merlot★ lebhafte, würzige Ergebnisse erzielt. Die billigen Verschnittlandweine sind gut.

RUSSIAN RIVER VALLEY AVA *Sonoma, USA* Dieses Weinbautal, das südlich von Haldsburg beginnt und sich entlang dem in südwestlicher Richtung fließenden Russian River erstreckt, wird nach Süden hin kühler und nebliger. Das Anbaugebiet ist scheinbar aus dem Nichts aufgetaucht und konkurriert jetzt mit Carneros als Spitzenerzeuger für Pinot Noir und Chardonnay. Beste Erzeuger: DEHLINGER★★★, De Loach★, IRON HORSE★★, Rochioli★★, SONOMA-CUTRER, Rodney Strong★, Joseph SWAN★★, Marimar TORRES★★, WILLIAMS SELYEM★★.

RUSTENBERG *Stellenbosch, Südafrika* Dieses großartige Gut (als »nationales Monument« eingestuft), wurde 1996 umfassend renoviert. Der neue Önologe, der Neuseeländer Rod Easthope, machte sofort von sich reden durch zwei stilvolle Sauvignons, einen geschmeidigen, stahligen Rustenberg★★ und einen stattlicheren Brampton★★ mit Nesselaroma; die Trauben für letzteren Wein stammen vom anderen Weingut des Besitzers Simon Barlow auf dem Helderberg. Zwei Chardonnays mit ähnlichen Etiketten sind ebenfalls gut, aber die Rotweine aus Cabernet Sauvignon, Cabernet Franc und Merlot versprechen, das Gut wieder unter die Spitzenerzeuger am Kap einzureihen.

RUST-EN-VREDE *Stellenbosch, Südafrika* Der Besitzer, der Südafrikaner Jannie Englebrecht, und Kellermeister Kevin Arnold erzeugen eine Reihe maßgeschneiderter Rotweine. Die jünsten Shiraz-Jahrgänge★ zeigen zunehmend eine ausgeprägte, an Beeren und Gewürze erinnernde Frucht. Rust-en-Vrede★★, ein Cabernet-Shiraz-Verschnitt, soll den Jahrgang und den Bodencharakter des Weinguts zum Ausdruck bringen. Beste Jahrgänge: **1992 91 89.**

RUTHERFORD *Napa Valley AVA, Kalifornien, USA* Dieses vor kurzem festgelegte Weinbaugebiet im Zentrum des NAPA VALLEY hat endlose, stundenlange, hitzig geführte Debatten hervorgerufen. Das Herzstück, Rutherford Bench, scheint eine ausgezeichnete Anbauzone für Cabernet Sauvignon zu sein. Viele der traditionellen alten Napa-Cabernets stammen aus Rutherford und entfalten den besonderen »Rutherford Dust«-Geschmack.

RUTHERGLEN *Victoria, Australien* Dieser Bezirk in Nordostvictoria ist die Heimat von heroischen Rotweinen aus den Rebsorten Shiraz, Cabernet und Durif sowie von üppigen, unschlagbaren gespriteten Weinen aus Muscat und Tokay (Muscadelle). Außerdem gibt es gute Weine im Sherrystil und superreife Weine im Vintage-Portstil. Die aus Chardonnay und Sémillon erzeugten Weißweine sind wohlschmeckend, aber ohne Subtilität. Beste Erzeuger: ALL SAINTS★★, Campbells, CHAMBERS★★, MORRIS★★ (gespritete Weine), St Leonards (Weißweine), Stanton & Killeen.

HUGH RYMAN *Bordeaux, Frankreich* Hugh Ryman, ein junger, in England geborener Weinmacher, der seine Ausbildung in Australien und Bordeaux absolvierte, ist einer der wichtigsten Einflüsse für die Vinifizierung in Süd-

und Südwestfrankreich. Er produziert jetzt große Mengen scharf kalkulierter Weine für den britischen Markt und schafft es, eine sehr gute, australisch geprägte Vinifizierungstechnik auf trockene französische Weine mit lebhaftem Geschmack anzuwenden. 1993 schuf Ryman zusammen mit Esme Johnson (früher bei Majestic) Rystone, das jetzt La JAUBERTIE (das Gut seiner Familie in BERGERAC), Ch. de Sours und die Hälfte von Vignelaure in der Provence besitzt. 1996 erzeugte er sogar Muscadetweine. Er stellt heute in ganz Südfrankreich und seit 1991 auch in Spanien, Ungarn, Moldawien, Südafrika und Südamerika Wein her. Ryman erzeugt sehr fruchtige Weine, die unter einer Vielzahl von Marken in den Handel gelangen. Sein Vin de Pays d'OC Chardonnay★ und sein weißer COTES DE GASCOGNE Dom. Le Puts★ sind besonders preisgünstige Weine, was auch für seinen ungarischen GYÖNGYÖS Estate Sauvignon und Chardonnay gilt. Er macht auch gute südfranzösische Rotweine, darunter einen Vin de Pays d'OC Cabernet★.

SAALE-UNSTRUT *Sachsen-Anhalt, Deutschland* Weinbaugebiet in der ehemaligen DDR. Früher waren die Weine praktisch nur für Parteimitglieder reserviert, so daß sich ihr Ruf in erster Linie auf ihre Seltenheit gründete, aber seit der Wiedervereinigung hat sich die Situation erheblich verbessert. Bester Erzeuger: Lützkendorf.

SAARBURG *Saar, Deutschland* Einige der besten Saarweine stammen aus der Lage Saarburger Rausch oberhalb des mittelalterlichen Orts. Die feste Säure wird durch eine subtile Erdigkeit und oft auch eine Zitrusfrucht ergänzt. Außergewöhnlich alterungsfähig. Beste Erzeuger: Dr. Wagner★★, Zilliken★★.

SACHSEN *Deutschland* Bis vor kurzem eines von Europas vergessenen Weinbaugebieten, das an der Elbe in der ehemaligen DDR liegt. In den letzten paar Jahren sind erstmals einige gute Weine aus Sachsen gekommen. Beste Erzeuger: Schloß Proschwitz, Klaus Seifert, Ulrich, Zimmerling.

CH. SAINT-AMAND★ *Sauternes AC, Bordeaux, Frankreich* Eines der wenigen Weingüter, die nicht als Cru eingestuft sind und es dennoch schaffen, regelmäßig kräftige, reichhaltige, klassische SAUTERNES-Weine zu erzeugen, auch wenn die Preise recht hoch sind. Der Wein wird auch als Ch. la Chartreuse verkauft. Beste Jahrgänge: (1996) (95) **90 89 88 86 83.**

SAINT-AMOUR AC *Beaujolais, Burgund, Frankreich* Was für ein hübscher Name für den nördlichsten BEAUJOLAIS-Cru. Er erzeugt saftige Weine von weicher Fruchtigkeit, die zwei bis drei Jahre altern. Beste Erzeuger: Billards★, Dom. du Paradis, DUBŒUF, Patissier★, Poitevin, Revillon★, Saillant, Ch. de St-Amour, Spay★. Beste Jahrgänge: **1996 95.**

SAINT-AUBIN AC *Côte de Beaune, Burgund, Frankreich* Einige der preisgünstigsten burgundischen Weine. Gute Rotweine, insbesondere aus Premiers Crus wie Les Frionnes und Les Murgers des Dents de Chien. Außerdem faßgereifte Weißweine zu vernünftigen Preisen. Beste Erzeuger: Jean Claude Bachelet, Clerget★, COLIN, DROUHIN★★, GERMAIN★, JADOT★★, JAFFELIN, Lamy★, Lamy-Pillot★, Olivier LEFLAIVE★, Albert Morey★, Prudhon, RAMONET★★, Roux★, Thomas. Beste Jahrgänge: **1995 93 92 90.**

SAINT-CHINIAN AC *Languedoc, Frankreich* Große AC für kräftige, würzige Rotweine, die mehr Persönlichkeit haben als die durchschnittlichen HÉRAULT-Weine, insbesondere bei Verwendung der Kohlensäuremaischung, um den Trauben viel Frucht und Farbe zu entziehen. Beste Erzeuger: Gen. Berlou★, Cazal-Viel★, Clos Bagatelle, Coujan, la Dournie, Jougla, Maurel Fonsalade★★, Gen. Roquebrun★, Gen. St-Chinian. Beste Jahrgänge: **1995 94 93 91 90 89.**

SAINT-DÉSIRAT-CHAMPAGNE, CAVE CO-OPERATIVE DE *Saint-Joseph, Rhônetal, Frankreich* Der größte Einzelerzeuger von SAINT-JOSEPH-Weinen und eine der besten Genossenschaften im RHONETAL. Der intensive, rauchige rote Saint-Joseph★★ ist ein phantastischer Gelegenheitskauf, was auch für die lokalen Vins de Pays gilt. Beste Jahrgänge: **1992 91 90 89.**

SAINT-ÉMILION AC *Bordeaux, Frankreich* Das schon in römischer Zeit entstandene Städtchen, das auf einem Hügel liegt, ist das Zentrum des geschichtsträchtigsten Weinbaugebiets von Bordeaux. Die besten Lagen befinden sich auf den *Côtes*, den steilen Dordognehängen um die Stadt herum, obwohl ein zweites, im Westen liegendes Gebiet, das *Graves* genannt wird, zwei der berühmtesten Weingüter von Saint-Émilion enthält: CHEVAL-BLANC und FIGEAC. Die Appellation ist durch Kleinbetriebe (über 1000 verschiedene Güter) bestimmt, so daß die Genossenschaft eine große Rolle spielt. Die Merlotrebe, die hier dominiert, liefert Weine von einer einladenden Weichheit und Süße, wie sie bei einem roten Bordeauxwein selten sind. Saint-Émilion AC ist die Grundappellation, die auch die vier sogenannten Satelliten (LUSSAC, MONTAGNE, PUISSEGUIN, SAINT-GEORGES) an ihren Namen anhängen dürfen. Die besten Erzeuger, darunter die Crus Classés, findet man in der strenger geregelten Kategorie SAINT-ÉMILION GRAND CRU AC. Beste Jahrgänge: **1995 94 90 89 88 86 85.**

SAINT-ÉMILION GRAND CRU AC *Bordeaux, Frankreich* Die AC für die Spitzengüter von Saint-Émilion. Sie umfaßt die als Grand Cru Classé und Premier Grand Cru Classé eingestuften Weingüter. Die Klassifizierung von 1996 führt 55 Grands Crus Classés auf. Die Spitzenweine in dieser Kategorie sind besser als einige Premiers Grands Crus Classés und können zehn bis 15 Jahre altern. Beste Erzeuger: l'ARROSÉE★★, BALESTARD-LA-TONNELLE★, Canon-la-Gaffelière★★, la Dominique★★, Pavie-Decesse★, TERTRE-ROTEBŒUF★★, Soutard★, Troplong-Mondot★★. Beste Jahrgänge: (1996) (95) 94 **90 89 88 86 85 83.** Siehe auch Saint-Émilion Premier Grand Cru Classé.

SAINT-ÉMILION PREMIER GRAND CRU CLASSÉ *Bordeaux, Frankreich* Die in zwei Kategorien – »A« und »B« – unterteilte Elite der Weingüter von Saint-Émilion, wobei sich in der ersten Klasse nur die viel teureren Weine CHEVAL-BLANC und AUSONE befinden. Außerdem gibt es elf als »B« eingestufte Châteaux; l'ANGÉLUS und AUSONE sind 1996 hinzugekommen. Beste Erzeuger: l'ANGÉLUS★★★, AUSONE★★, BEAU-SÉJOUR-BÉCOT★★, Beauséjour★★, BELAIR★, CANON★★, CHEVAL-BLANC★★★, Clos Fourtet★★, FIGEAC★★, MAGDELAINE★★, PAVIE★★. Beste Jahrgänge: (1996) (95) 94 90 89 **88 86 85 83 82 79 78 75.**

SAINT-ESTÈPHE AC *Haut-Médoc, Bordeaux, Frankreich* Große AC nördlich von PAUILLAC mit fünf Crus Classés. Die Saint-Estèphe-Weine haben einen hohen Tanningehalt, aber wenn man sie zehn bis zwanzig Jahre altern läßt, damit sie sich voll entfalten können, kommt der begehrte, an schwarze Johannisbeeren und Zedernholz erinnernde Geschmack zum Vorschein. Beste Erzeuger: CALON-SÉGUR★, COS D'ESTOURNEL★★★, Cos Labory★, HAUT-MARBUZET★★, LAFON-ROCHET★★, Lilian-Ladouys★, Marbuzet★, MEYNEY★, MONTROSE★★, les Ormes-de-Pez★★, de PEZ★★. Beste Jahrgänge: (1996) (95) 94 90 89 88 86 **85 83 82 78 75.**

SAINT-GEORGES-ST-ÉMILION AC *Bordeaux, Frankreich* Die beste Satellitenappellation von SAINT-ÉMILION, mit angenehm weichen Weinen, die dennoch sechs bis zehn Jahre altern können. Beste Erzeuger: Belair-Montaiguillon, Calon, Ch. St-Georges★, Maquin St-Georges★, Tour-du-Pas-St-Georges★, Vieux-Montaiguillon. Beste Jahrgänge: 1995 **94 90 89 88 85 83.**

SAINT HALLETT *Barossa Valley, Südaustralien* Bob McLean leitet diese zu neuem Leben erweckte Kellerei, die Old Block Shiraz ★★★, einen der besten Rotweine des Barossa Valley, erzeugt, wobei Trauben von sehr alten Rebstöcken und offene Gärbehälter verwendet werden. Sémillon-Sauvignon Blanc ★★ und Chardonnay ★ sind hervorragende moderne Weißweine. Beste Jahrgänge: (Rotweine) **1994 93 92 91 90 88 86.**

SAINT HELENA *Canterbury, Südinsel, Neuseeland* Diese Kellerei gelangte 1982 mit Neuseelands erstem herausragendem Pinot Noir zu Ruhm. Mit dem 89er★★ und dem 90er★★ hat sie zu alter Qualität zurückgefunden. Außerdem gibt es gute Weine von den Rebsorten Pinot Blanc ★ und Pinot Gris ★. Beste Jahrgänge: (Pinot Noir) **1996 95 94 91 90 89.**

SAINT HUBERTS *Yarra Valley, Victoria, Australien* Ein stolzer, alter Name des YARRA VALLEY, der bis in die 60er Jahre des letzten Jahrhunderts zurückreicht. Jetzt ist die Zukunft etwas in der Schwebe, nachdem ROTHBURY von Fosters übernommen worden ist, auch wenn die Marke im Augenblick bestehenbleibt. Saint Huberts war bekannt für saubere Chardonnays★, duftige Pinot Noirs★ und elegante, moderne Cabernets★★ und Cabernet-Merlot-Verschnitte★. Beste Jahrgänge: (Cabernet) 1994 **93 92 91 90 88 87 82.**

SAINT-JOSEPH AC *Rhônetal, Frankreich* Eine große AC vorwiegend für Rotweine, die sich auf dem HERMITAGE gegenüberliegenden Ufer der Rhône befindet. Die aus Syrahtrauben erzeugten Rotweine besitzen eine reiche, vollmundige Frucht und einen unwiderstehlichen Johannisbeergeschmack. Sie schmecken schon mit ein bis zwei Jahren prächtig, können aber bis zu acht Jahren altern. Weißweine werden nur in geringer Menge erzeugt. Bei modernen Vinifizierungsmethoden sind dies normalerweise gefällige, blumige Weine, die gekühlt und ohne viele Umstände mit etwa einem Jahr getrunken werden. FLORENTIN stellt einen seltenen, kräftigen Wein im alten Stil her. Beste Erzeuger: (Rotweine) CHAPOUTIER★, CHAVE★★, COURSODON★★, FLORENTIN★, Gaillard★★, Gonon★, GRAILLOT, Gripa★★, Grippat★★, JABOULET★, Pinchon★★, Gen. ST-DÉSIRAT★★; (Weißweine) Cuilleron★, FLORENTIN★, Gripa★★, Grippat★★. Beste Jahrgänge: (Rotweine) 1996 **95 92 91 90 89;** (Weißweine) **1996 95 94 92.**

SAINT-JULIEN AC *Haut-Médoc, Bordeaux, Frankreich* Für viele erzeugt Saint-Julien den perfekten roten Bordeauxwein, mit einer idealen Ausgewogenheit zwischen Üppigkeit und Strenge und zwischen jugendlicher Heftigkeit und reifer Abgeklärtheit. Saint-Julien ist die kleinste AC des HAUT-MÉDOC, aber fast das gesamte Anbaugebiet ist erstklassiges Rebland und bringt Weine von hoher Qualität hervor. Beste Erzeuger: BEYCHEVELLE★★, BRANAIRE★, DUCRU-BEAUCAILLOU★★, GLORIA★★, GRUAUD-LAROSE★★★, LAGRANGE★★, LANGOA-

BARTON★★, LÉOVILLE-BARTON★★★, LÉOVILLE-LAS-CASES★★★, LÉOVILLE-POYFERRE★★, ST-PIERRE★★, TALBOT★★. Beste Jahrgänge: (1996) (95) 94 93 90 89 88 86 **85 83 82 81 79 78.**

SAINT-NICOLAS-DE-BOURGUEIL AC *Loiretal, Frankreich* Knapp 500 ha große Enklave innerhalb der größeren AC BOURGUEIL. Fast der gesamte Wein ist Rotwein. Er besitzt den gleichen intensiven Geschmack roter Früchte wie der Bourgueil, aber etwas weniger Fülle. Die Weine sind mit zwei bis drei Jahren trinkreif, schmecken aber insbesondere in warmen Jahrgängen nach sieben bis zehn Jahren viel besser. Beste Erzeuger: Audebert, P. Jamet★★, Lorieux, Mabileau★, Taluau★, Vallée★. Beste Jahrgänge: 1995 **93 90 89 88 86 85.**

SAINT-PÉRAY AC *Rhônetal, Frankreich* Ziemlich kräftige, nach dem Champagner-Verfahren hergestellte Schaumweine aus Marsanne und Roussanne. Die Trauben wachsen im nördlichen Rhônetal auf dem Valence gegenüberliegenden Ufer des Flusses. Außerdem findet man ein wenig weißen Stillwein, der zumeist trocken und schwerfällig ist. Beste Erzeuger: Chaboud, CLAPE, DELAS, Fauterie★, Juge, LIONNET, Thiers★★, Voge. Beste Jahrgänge: **1996 95 94.**

CH. SAINT-PIERRE ★★ *St-Julien AC, 4ème Cru Classé, Haut-Médoc, Bordeaux, Frankreich* Kleines Gut in SAINT-JULIEN. Es erzeugt Weine, die seit 1982 viel üppiger und gehaltvoller geworden sind und weit mehr Würzigkeit von neuen Eichenholzfässern zeigen. Sie sind schon früh trinkreif, aber die Spitzenjahrgänge können sich 20 Jahre lang verfeinern. Beste Jahrgänge: (1996) (95) 94 93 **90 89 88 86 83 81 79 78 75.**

SAINT-ROMAIN AC *Côte de Beaune, Burgund, Frankreich* Abgelegenes Dorf, das Rotweine mit einer festen, bitter-süßen Fruchtigkeit erzeugt, die an Kirschkerne erinnert. Die trockenen, nach Feuerstein schmeckenden Weißweine können zwischen herber Säuerlichkeit und altmodischem Charakter schwanken. Beide sind für burgundische Verhältnisse preisgünstig und brauchen unter Umständen fünf Jahre, um sich zu entfalten. Beste Erzeuger: (Rotweine) Gras, Thévenin-Monthélie★; (Weißweine) Bazenet★, Buisson, Gras★, JAFFELIN★, Olivier LEFLAIVE, Taupenot, Thévenin-Monthélie★. Beste Jahrgänge: (Rotweine) 1995 **93 90;** (Weißweine) 1995 **93 92 90.**

SAINT-VÉRAN AC *Mâconnais, Burgund, Frankreich* Der Saint-Véran wird von den Weinfreunden häufig als Ersatz für einen POUILLY-FUISSÉ angesehen. Im besten Fall handelt es sich dabei um einen milden, recht fruchtigen Chardonnay aus dem Mâconnais, der normalerweise nicht im Eichenholzfaß reift. Die allgemeine Qualität ist gut. Der Preis ist ebenfalls fair. Der Wein sollte am besten jung getrunken werden. Beste Erzeuger: Chagny, Corsin★★, Deux Roches, J.-M. Drouin★, DUBŒUF★, Grégoire, Loron, Luquet, Lycée Agricole de Davayé, Merlin★, Gen. Prissé, Tissier★, Vincent★. Beste Jahrgänge: **1996 95 94 93 92.**

DOM. SAINTE-ANNE *Côtes du Rhône AC, Rhônetal, Frankreich* Spitzenweine der Appellationen COTES DU RHONE und COTES DU RHONE-VILLAGES, erzeugt von einem aus Burgund stammenden Winzer, Guy Steinmaier. Es gibt mehrere wunderbar vollmundige Rotweine zu passablen Preisen, COTES DU RHONE★, COTES DU RHONE-VILLAGES★★, Cuvée Notre Dame des Cellettes★★ und Cuvée St-Gervais★★, sowie einen guten Viognier★. Beste Jahrgänge: **1995 94 93 91 90 89.**

SAINTE-CROIX-DU-MONT AC *Bordeaux, Frankreich* Dies ist die beste der drei Appellationen für süße Weine, die eifersüchtig nach SAUTERNES und BARSAC auf der anderen Seite der Garonne hinüberschielen (die beiden anderen ACs sind Cadillac und LOUPIAC). Normalerweise ist der Wein leicht süß statt übermäßig reichhaltig und eignet sich am besten als Aperitif oder zu Vorspeisen. Die Spitzenweine können mindestens zehn Jahre lang altern. Beste Erzeuger: Bertranon, Crabitan-Bellevue, Loubens, Lousteau-Vieil★, des Mailles, du Mont, la Rame★. Beste Jahrgänge: 1996 **95 90 89 88 86 85 83.**

SAINTSBURY *Carneros AVA, Kalifornien, USA* Eine moderne, sehr engagierte Kellerei, die nur Trauben aus CARNEROS verwendet. Ihre Pinot-Noir-Weine★★★ sind wunderbare Beispiele für den Duft und die Traubenqualität von Carneros. Die Reserve-Abfüllung★★★ ist tiefer und holzbetonter; Garnet★ ist ein köstlicher, leichterer Wein. Ähnlich eindrucksvoll sind Chardonnay★ und Reserve Chardonnay★★. Am besten sollte man sie nach zwei bis drei Jahren trinken. Beste Jahrgänge: (Chardonnay) **1994 93 92 91 90;** (Chardonnay Reserve) **1994 93 92 90;** (Pinot Noir Reserve) **1992 91 90;** (Pinot Noir Carneros) **1994 93 92 91 90 87.**

CH. DE SALES★ *Pomerol AC, Bordeaux, Frankreich* Das größte Gut von POMEROL. Es befindet sich an der Nordwestspitze, wo der Boden sandiger ist. Seine Weine haben zwar nie die erregende Qualität der besten Pomerolweine, sind jedoch im Preis bescheiden. Sie reifen rasch, können aber zehn Jahre altern. Beste Jahrgänge: (1996) (95) 94 **90 89 88 82.**

SALICE SALENTINO DOC *Apulien, Italien* Die wahrscheinlich beste DOC auf der Salentinischen Halbinsel. Dort entstehen Weine von tiefer Farbe, die einen reifen Schokoladegeschmack besitzen und mit dem Alter einen Anflug von gerösteten Kastanien und Backpflaumen erwerben. Sie werden aus der dort allgegenwärtigen Negroamarotraube erzeugt, die durch einen geringen Anteil der duftigen Traubensorte Malvasia Nera gemildert wird. Man sollte sie am besten nach drei bis vier Jahren trinken, auch wenn sie möglicherweise noch einmal so lang altern. Beste Erzeuger: Candido★, De Castris★, Taurino★, Vallone★.

SAMOS *Griechenland* Der Insel Samos wurden 1982 eine Appellation und ein Grand Cru zuerkannt, aber ihr Ansehen für die Erzeugung reicher, süßer Dessertweine aus Muscattrauben reicht Jahrhunderte in die Vergangenheit zurück. Die beiden Kellereien der Genossenschaft Samos erzeugen Weine, die im Stil fast identisch sind, den blaßgrünen Samena★, einen trockenen Weißwein aus früh gelesenen Muscattrauben, den tiefgoldenen, an Honig erinnernden Samos Nectar★★ und den verführerischen, komplexen Samos Anthemis★★, der bis zu fünf Jahre im Holzfaß reift.

SAN LUIS OBISPO COUNTY *Kalifornien, USA* Ein Bezirk der Central Coast, der am bekanntesten ist für Chardonnays, Pinot Noir, ein wenig Zinfandel von alten Rebstöcken und Cabernet Sauvignon. Es gibt fünf AVAs: Edna Valley, Paso Robles, SANTA MARIA VALLEY (das sich der Bezirk mit SANTA BARBARA COUNTY teilt), Arroyo Grand Valley und York Mountain. Alle fünf Anbaugebiete haben bereits Trauben von herausragender Qualität hervorgebracht und werden sicherlich noch mehr davon erzeugen. Beste Erzeuger: Chamisal, Clairborne & Churchill, Corbett Canyon, Creston Vineyards, Eberle★★, Edna Valley, Maison Deutz, Martin Brothers, Meridian, Talley, Wild Horse.

SAN PEDRO *Curicó, Chile* Die Übernahme durch Chiles größten Brauer und die Ankunft von Jacques Lurton als önologischem Berater hat das Schicksal von San Pedro gewendet. Die Qualität des Gato Negro Cabernet Sauvignon und des Cabernet-Merlot ist in den beiden letzten Jahrgängen sprungartig gestiegen; doch erst die Marke Castillo de Molina zeigt, was man mit ein wenig mehr Geld erreichen kann. Frische, saubere Weine wie Sauvignon Blanc★★, Chardonnay Reserve★ und Merlot★ sind die Weine, auf die man achten sollte. Beste Jahrgänge: 1995 94.

SANCERRE AC *Loiretal, Frankreich* Die Sancerre-Manie brach in den 70er Jahren aus: zunächst mit dem Weißwein, der den perfekten Ausdruck des klaren, »grünen« Geschmacks der Sauvignontraube liefern kann, danach mit den Rot- und Roséweinen, die aus Pinot Noir erzeugt werden. Als Folge davon ist der Wein ziemlich teuer und fällt hinsichtlich der Qualität wechselhaft aus. Wenn die Weißweine von einem guten Erzeuger aus einem der besten Weinbauorte wie Bué, Chavignol, Verdigny oder Ménétréol stammen, die im hügeligen Gebiet mit den Kreideböden rund um das auf einem Berg gelegene Städtchen Sancerre zu finden sind, können sie wunderbar erfrischend sein. Dies gilt auch für den seltenen Rosé aus Pinot-Noir-Trauben. Die Rotweine, die ebenfalls aus Pinot Noir erzeugt werden, brauchen hingegen heiße Jahre wie 1989 und 1990, damit sie gut sind. Die Weine sollten jung getrunken werden. Beste Erzeuger: Bailly-Reverdy★, Bourgeois★, Cotat★★, Crochet★★, Daulny, Alain & Pierre Dezat★, André Dezat★, Fouassier, Gitton★★, A. Mellot★, Midgeon, Millérioux★, Natter★, Pellé, Reverdy★, Jean-Max Roger★, Vacheron★, Vatan★. Beste Jahrgänge: 1996 **95 93 90 89.**

SANDEMAN *Port DOC, Douro, Portugal und Jerez y Manzanilla DO, Spanien* Sandeman gehört nicht mehr zu den Spitzenherstellern von Portwein, verkündet aber, daß es versucht, die Qualität zu verbessern. Wir werden abwarten. Partners ist ein verläßlicher Ruby. Am besten sind im Augenblick die Aged Tawnys, der zehn Jahre alte Royal★ und der 20 Jahre alte Imperial★★. Die Hauptmärkte für die Sherrys von Sandeman sind Deutschland und die Niederlande. Beste Jahrgänge: (Vintage-Portweine) **1980 77 67 66 63.**

SANFORD *Santa Ynez Valley AVA, Kalifornien, USA* Richard Sanford war einer der ersten Kalifornier, der erkannte, wie wichtig es ist, spezielle Reblagen mit geeigneten Traubensorten zu verbinden, und auch einer der ersten, der kühle klimatische Bedingungen mit langsamer Reifung vor allem für die Rebsorte Pinot Noir aussuchte. Er legte 1971 den berühmten Weinberg Benedict im Santa Ynez Valley an und begründete auf diese Weise Santa Ynez und SANTA BARBARA als potentielle Spitzenanbaugebiete. Es dauerte einige Zeit, bis sich diese Auffassung durchsetzte, aber Sanford ist jetzt eine der führenden Kellereien von Santa Barbara. Sie erzeugt sehr deutlich umrissene, leicht herbe Weine aus den Rebsorten Pinot Noir★★, Chardonnay★★ und Sauvignon Blanc★. Eine neue Serie von Pinot-Noir-Weinen namens »Signature«★★ ist besonders beeindruckend.

SANGIOVESE Die Sangiovesetraube wetteifert mit Barbera und Trebbiano Toscano um den Rang der in Italien am häufigsten angepflanzten Rebsorte. Sie wird von der Lombardei (LOMBARDIA) im Norden über die ROMAGNA, Marken (MARCHE) und Umbrien (UMBRIA) in Mittelitalien bis Apulien (PUGLIA) und

Sizilien (SICILIA) im äußersten Süden angebaut, erreicht aber ihre beste Qualität in der mittelitalienischen TOSKANA. Diese Rebsorte hat eine Vielzahl von Klonen hervorgebracht, die eine allgemeine Beschreibung erschwert. Zudem hat die jüngste Forschung erbracht, daß es keine unmittelbare Beziehung zwischen Traubengröße und -qualität gibt. Nachdem Ende der 60er und Anfang der 70er Jahre in großem Umfang minderwertige, aber sehr ertragreiche Klone angepflanzt worden waren, die man in der Romagna gezüchtet hatte, verwendet man bei den gegenwärtigen Bestrebungen einer Neuanpflanzung große Sorgfalt, ob es sich nun um die Anbauzonen von CHIANTI CLASSICO, BRUNELLO DI MONTALCINO oder VINO NOBILE DI MONTEPULCIANO handelt. Die Stile der aus Sangiovese erzeugten Weine reichen von blassen, erfrischenden Weinen mit Kirschgeschmack über die lebhaften Chiantis der mittleren Qualitätsklasse bis zu den Spitzen-Riservas und Supertoskanern. Auf dem Niveau letzterer Weine beweist die Sangiovesetraube, daß sie eine der großen Rebsorten der Welt sein kann. Kalifornische Erzeuger wie ATLAS PEAK, FETZER, Robert Peppi und Seghesio bemühen sich jetzt verstärkt um diese Rebsorte. Es gibt auch ein paar recht interessante Beispiele aus Argentinien. Siehe auch Supertoskaner.

SANTA BARBARA COUNTY *Kalifornien, USA* Ein Bezirk der Central Coast unmittelbar nördlich von Los Angeles, der vor allem für seine Chardonnays, Rieslinge und Pinot-Noir-Weine bekannt ist. Die Haupt-AVAs sind Santa Ynez Valley und der größte Teil des SANTA MARIA VALLEY (der Rest befindet sich im SAN LUIS OBISPO COUNTY), beides führende Anbaugebiete für Pinot Noir. Beste Erzeuger: AU BON CLIMAT★, Babcock★, Byron★, CAMBRIA, Firestone, Foxen★★, Lane Tanner (Pinot Noir★★★), Qupé★★, SANFORD★★, Whitcraft, Zaca Mesa★.

SANTA MADDALENA DOC *Südtirol, Italien* Der *Sankt Magdalener* (wie er auf deutsch genannt wird) ist ein leichter, zarter Wein aus der Vernatschrebe (im Italienischen Schiava genannt), die in den Hügeln oberhalb von Bozen angebaut wird. Er besitzt einen reizvollen Duft, der an schwarze Kirschen, Sahne und Geräuchertes erinnert, und kann durch den Zusatz von bis zu 10 % Lagrein stark verbessert werden. Die besten Weine stammen aus der ursprünglichen Classico-Zone. Am besten trinkt man den Wein jung, aber einige Jahrgänge können altern. Beste Erzeuger: Franz Gojer★, Gen. Gries, LAGEDER★, Hans Rottensteiner★, Heinrich Rottensteiner★, Gen. Santa Maddalena, Thurnhof.

SANTA MARIA VALLEY AVA *Kalifornien, USA* Das kühle Santa Maria Valley zeichnet sich als Erzeuger von Chardonnay und Pinot Noir aus. Ausschau halten sollte man nach Weinen aus Trauben, die von mehreren kleinen Betrieben in Bien Nacido und der Sierra Madre angebaut werden. Beste Erzeuger: AU BON CLIMAT★, Byron★, CAMBRIA, Foxen★★, Lane Tanner (Pinot Noir★★★), QUPÉ★★.

SANTA RITA *Maipo-Curicó, Chile* Es gibt Anzeichen dafür, das dieser Riese in MAIPO aus seinem Schlummer erwacht. Andrés Ilabaca von CANEPA, der als Önologe hinzugekommen ist, kann mit großartigen Trauben arbeiten. Ein saftiger CASABLANCA Merlot★★ voller Pflaumengeschmack zeigt, wozu er fähig ist. Medalla Real ist gegenwärtig verläßlich als die Marke 120.

SANTENAY AC *Côte de Beaune, Burgund, Frankreich* Es gibt hier einige gute Weine. Die Rotweine versprechen oft einen guten, reifen Geschmack, aber normalerweise sind sie enttäuschend. Man sollte sie mindestens vier bis sechs Jahre altern lassen und hoffen, daß sie sich entfalten. Die besten weißen Santenays kommen ebenso wie die roten aus dem Premier Cru Les Gravières an der Grenze zu CHASSAGNE-MONTRACHET, einem der burgundischen Spitzenweinbauorte für Weißweine. Beste Erzeuger: (Rotweine) Belland, Clair, COLIN★, Fleurot-Larose, GERMAIN, J. Girardin, V. Girardin★, Mestre, Bernard Morey★, Pousse d'Or★, Prieur-Brunet, Roux★; (Weißweine) JAFFELIN, Lequin-Roussot, Maufoux, Prieur-Brunet. Beste Jahrgänge: (Rotweine) 1995 **93 90 89 88 85**; (Weißweine) **1993 92 90 89 88 85**.

SARDEGNA (SARDINIEN) *Italien* Rebsorten spanischer Herkunft, wie etwa die Weißweintrauben Vermentino und Torbato und die roten Traubensorten Monica, Cannonau und Carignano, beherrschen die Produktion auf dieser riesigen, gebirgigen Insel im Mittelmeeer, aber sie konkurrieren mit einer Malvasiarebe griechischen Ursprungs und einheimischen Rebsorten wie Nuragus und Vernaccia. Der kühlere nördliche Teil begünstigt Weißweine, insbesondere Vermentino, während sich die südlichen und östlichen Teile der Insel am besten für Rotweine aus Cannonau und Monica eignen. Traditionell waren die Weine kraftvolle, alkoholreiche Monster, aber der gegenwärtige Trend geht zu einem leichteren Stil. Siehe auch Carignano del Sulcis, Vermentino, Vernaccia di Oristano.

SASBACH *Baden, Deutschland* Bedeutender Weinbauort am KAISERSTUHL, mit einer ausgezeichneten Genossenschaft. Am bekanntesten ist Sasbach für sehr kraftvolle, körperreiche Weißburgunder sowie gute Spätburgunder. Beide können ein wenig altern. Bester Erzeuger: Winzergenossenschaft Sasbach.

SASBACHWALDEN *Baden, Deutschland* Weinbauort in der Ortenau mit der Reblage Alde Gott. Seine ausgezeichnete Genossenschaft hat einen guten Ruf für elegante, mittelschwere Spätburgunder sowie gute trockene Rieslinge und Grauburgunder. Bester Erzeuger: Winzergenossenschaft Sasbachwalden.

SASSICAIA, DOC ★★★ *Toskana, Italien* Dieser Verschnittwein aus Cabernet Sauvignon und Cabernet Franc von der toskanischen Küste hat vielleicht mehr als jeder andere Wein dazu beigetragen, dem italienischen Wein im Ausland Glaubwürdigkeit zu verschaffen. Die Rebstöcke wurden ursprünglich 1944 angepflanzt, um das Verlangen des Marchese Incisa della Rochetta nach feinem rotem Bordeauxwein zu stillen, der während des Krieges knapp war. Der Wein blieb allein dem Verbrauch im Familienkreis vorbehalten, bis der Neffe Piero Antinori (von ANTINORI) und sein Weinmacher Giacomo Tachis den Marchese überzeugten, seine Produktionsmethoden zu verfeinern und vom Jahrgang 1968 an mehrere tausend Flaschen auf den Markt zu bringen. Seit damals hat sich sein Ruhm gesteigert, weil er sich beständig als einer der größten Cabernets der Welt erwiesen hat. Der Sassicaia vereint ein sehr intensives Aroma schwarzer Johannisbeeren mit einem himmlischen Zigarrenduft. Er ist der erste italienische Wein eines Weinguts in Alleinbesitz, der seine eigene DOC innerhalb der DOC BOLGHERI hat (ab Jahrgang 1994). Beste Jahrgänge: (1996) (95) 94 93 92 91 90 88 **85 82 81 78 75 68.**

SAUMUR AC *Loiretal, Frankreich* Trockene Weißweine, die rund um die Stadt Saumur entstehen und immer besser werden. Sie werden hauptsächlich aus der Rebsorte Chenin Blanc erzeugt, aber es dürfen auch 20 % Chardonnaytrauben beigemischt werden. Die Rotweine sind leichter als die in der Appellation SAUMUR-CHAMPIGNY. Es gibt auch ein wenig Cabernet Rosé, der trocken bis lieblich sein kann. In guten Jahrgängen wird auch ein süßer Coteaux de Saumur erzeugt. Beste Erzeuger: Beauregard, Fouarrier, de la Paleine, Reclu, de la Renière★, Gen. St-Cyr-en-Bourg, Tessier, Vatan★★, Villeneuve★★. Beste Jahrgänge: (Rotweine) 1996 **95 94 93 90 89.**

SAUMUR-CHAMPIGNY AC *Loiretal, Frankreich* Der beste Rotwein von Saumur. Die Hauptrebsorte ist Cabernet Franc. In heißen Jahren kann der Wein prächtig ausfallen und einen intensiven Johannisbeer- und Himbeerduft entfalten, der mühelos den erdigen Abgang übertönt. Er schmeckt köstlich, wenn er jung ist, und kann sechs bis zehn Jahre altern. Beste Erzeuger: Cordeliers★, Drouineau★, FILLIATREAU★★, Foucault★★, T. GERMAIN★★, Neau★, Val Brun★, Vatan★★, Villeneuve★★. Beste Jahrgänge: **1996 95 94 93 90 89.**

SAUMUR MOUSSEUX AC *Loiretal, Frankreich* Preisgünstige Schaumweine, die nach dem Champagner-Verfahren hauptsächlich aus der Rebsorte Chenin Blanc hergestellt werden. Die Beimischung von Chardonnay und Cabernet Franc macht den Saumur Mousseux weicher und interessanter. Normalerweise kommt er ohne Jahrgangsbezeichnung in den Handel. Erzeugt werden auch kleine Mengen eines Rosé. Beste Erzeuger: BOUVET-LADUBAY★, GRATIEN & MEYER★, Grenelle★, Gen. St-Cyr-en-Bourg★.

SAUTERNES AC *Bordeaux, Frankreich* Der Name Sauternes ist gleichbedeutend mit den besten süßen Weinen der Welt. Sauternes und das benachbarte BARSAC liegen beide am Ufer des kleinen Flusses Ciron. Beide Anbaugebiete gehören zu den ganz wenigen in Frankreich, wo die Edelfäule von Natur aus vorkommt. Die Produktion dieser intensiven, süßen, üppigen Weine aus edelfaulen Trauben ist eine riskante und äußerst kostspielige Angelegenheit, so daß die Weine nie billig sind. Bei guten Erzeugern (von denen die meisten als Crus Classés eingestuft sind) sind die Weine ihren hohen Preis wert. Sie haben einen Alkoholgehalt von 14 % und einen tiefen, den Gaumen ausfüllenden Reichtum, dessen voller Geschmack an Ananas, Pfirsiche, Sirup und Gewürze erinnert. Gute Jahrgänge sollten fünf bis zehn Jahre altern und können sich oft doppelt so lang halten. Beste Erzeuger: BASTOR-LAMONTAGNE★★, de FARGUES★★, GILETTE★★, GUIRAUD★★, les Justices★, LAFAURIE-PEYRAGUEY★★★, Lamothe-Guignard★, de Malle, Rabaud-Promis★, Rayne-Vigneau★, RIEUSSEC★★, ST-AMAND★, SUDUIRAUT★★, la Tour-Blanche★★, d'YQUEM★★★. Beste Jahrgänge: (1996) (95) **90 89 88 86 83 81 80 76 75 71 70.** Siehe auch Edelfäule.

SAUVIGNON BLANC Siehe S. 272/273.

SAVENNIÈRES AC *Loiretal, Frankreich* Die AC für Weine aus Chenin-Blanc-Trauben, die auf steilen Hängen über der Loire südlich von Anjou wachsen. Sie gelten schon immer als stahlig und trocken, aber es gab sie auch in halbsüßen und süßen Geschmacksrichtungen. Mit den großartigen Jahrgängen 1989 und 1990 haben wir eine Renaissance dieser Stile erlebt. Die Spitzenweine müssen normalerweise mindestens acht Jahre reifen und können noch länger altern. Es gibt zwei äußerst gute Grands Crus mit eigenen Apellationen, La Coulée-de-Serrant und La Roche-aux-Moines. Beste Erzeuger: Baumard★★, Clos de la Coulée-de-Serrant★★, Closel★★, d'Épiré★★, Laroche★, Pierre-Bise, Soulez★, Tijou. Beste Jahrgänge: (1996) 95 93 91 **90 89 88 85 83 82 78 76 71 70 69 66.**

SAUVIGNON BLANC

Von allen Rebsorten auf der Welt ist Sauvignon Blanc diejenige, an der sich die Geister am meisten scheiden; sie hat ebenso entschiedene Befürworter wie Gegner. Sie steht entweder hoch im Kurs oder ist völlig unbeliebt, je nachdem, wo sie angebaut wird und in welchem Land man die Weintrinker fragt. Aber sie erbringt immer die besten Ergebnisse, wenn sie ihre besonderen Talente völlig entfalten darf, weil diese Traube einen intensiven, bisweilen schockierenden Geschmack verleiht und sich in kein Korsett stecken läßt.

WEINSTILE

Sauvignon im Sancerre-Stil: Anfangs wurde die Sauvignonrebe im Bordelais vorwiegend zum Verschneiden verwendet, wobei ihr eigentümlich unreifer Beigeschmack der milderen, weicheren Sémillontraube ein wenig Lebendigkeit einflößte; doch in Mode kam sie erst als Traube für den Sancerre. Dieser knochentrockene Loirewein mit der herben Stachelbeerfruchtigkeit und dem leicht rauchigen Duft regte die Weinmacher in anderen Ländern zu dem Versuch an, dieses Vorbild nachzuahmen und dann sogar zu übertreffen.

Aber die Sauvignonrebe gedeiht nur erfolgreich, wo sie ernst genommen wird. Sie ist nicht so leicht anzubauen wie Chardonnay, und ihr Geschmack ist nicht im gleichen Maße anpaßbar. Das Spektrum ihrer Weine ist jedoch ebenso breit, wenn auch weniger fein nuanciert als bei der Chardonnayrebe. Der Sauvignon gelingt hervorragend, wenn die Trauben nicht zu reif gepflückt und in rostfreien Stahltanks vergoren werden und wenn der Wein frühzeitig auf Flaschen abgefüllt wird. Dies ist das Modell des Sancerre, das die Winzer in anderen Teilen Frankreichs, in Italien, Portugal, Spanien und Osteuropa sowie zunehmend in Südafrika und Chile, vor allem aber in Neuseeland bis zu einem gewissen Grad nachahmen.

Ausbau im Eichenholzfaß: Sauvignon eignet sich auch für die Vergärung im Faß und für den Ausbau in neuen Eichenholzfässern, aber weniger gut als Chardonnay. Dies ist das Vorbild des Graves-Gebiets im Bordelais, obwohl dort normalerweise Sémillon mit Sauvignon verschnitten wird. Wieder zeichnet sich Neuseeland bei diesem Stil aus, aber es gibt auch schöne Beispiele aus Kalifornien, Australien, Norditalien und Südafrika. In der Südsteiermark produziert eine Handvoll von Erzeugern kraftvolle, aromatische Versionen mit Holzton. Dabei sollte die Säure, die große Stärke der Sauvignontraube, möglichst bewahrt bleiben, doch es sollten auch eine an getrocknete Aprikosen erinnernde Fruchtigkeit und eine würzige, an Biskuits erinnernde Milde vorhanden sein, die vom Eichenholz herrührt. Solche holzbetonten Weine trinkt man am besten im ersten Jahr nach der Lese oder nach einer Reifung von etwa fünf Jahren; sie können bemerkenswerte, sehr individuelle Geschmacksnoten hervorbringen, die man entweder mag oder verabscheut.

Süßweine: Sauvignon ist ein wichtiger Bestandteil in den großen Süßweinen von Sauternes und Barsac im Bordelais, auch wenn diese Traubensorte für die Edelfäule weniger anfällig ist als ihr Verschnittpartner Sémillon. Süßweine aus den USA, Südafrika, Australien und natürlich Neuseeland reichen von interessant bis herausragend, aber der eigentümlich unreife Beigeschmack der Sauvignontraube sollte selbst in supersüßen Weinen erhalten bleiben.

BESTE ERZEUGER

Spitzensauvignons

Frankreich (Pouilly-Fumé) Didier DAGUENEAU, André Dezat; (Sancerre) Bourgeois, Cotat, Crochet, Jean-Max Roger; (Pessac-Léognan) Couhins-Lurton, SMITH-HAUT-LAFITTE.

Neuseeland Allan Scott, CLOUDY BAY, COOPERS CREEK, Highfield Estate, HUNTER'S, Isabel, Jackson Estate, MATUA VALLEY, PALLISER, SELAKS, VAVASOUR, VILLA MARIA, Wairau River.

Andere gute Sauvignons

Australien Bridgewater Mill, Brookland Valley, DELATITE, HANGING ROCK, KATNOOK, Pikes, SHAW & SMITH, STAFFORD RIDGE, Yarra Ridge.

Chile VINA CASABLANCA.

Frankreich (Bergerac) la JAUBERTIE; (Touraine) Gen. OISLY-ET-THESÉE.

Italien Edi Kante, LAGEDER, ORNELLAIA, SCHIOPETTO, Vie di Romans, Villa Russiz.

Neuseeland Lawson Dry Hills, MONTANA, Rothbury (Marlborough), SEIFRIED.

Österreich Polz, Gross, TEMENT.

Südafrika BUITENVERWACHTING, Neil ELLIS (Elgin), KLEIN CONSTANTIA, MULDERBOSCH, SAXENBURG, THELEMA, VILLIERA.

Ungarn GYÖNGYÖS ESTATE.

USA (Kalifornien) KENWOOD, MATANZAS CREEK, Murphy-Goode.

SAVIGNY-LÈS-BEAUNE AC *Côte de Beaune, Burgund, Frankreich* Großer Weinbauort, dessen Produktion sich in erster Linie auf Rotweine konzentriert. Die Rotweine sind in der Regel mittelgewichtig und sollten am besten mit vier bis zehn Jahren getrunken werden. Die besten Premiers Crus sind gehaltvoller, verlieren jedoch selten ihren etwas erdigen Geschmack. Die Weißweine reifen nach drei bis vier Jahren zu einem guten trockenen, nussigen Geschmack heran. Im allgemeinen sind die Preise maßvoll. Beste Erzeuger: Bize, Camus-Bruchon★, Capron-Charcousset★, Écard★, Girard-Vollot, V. Girardin★, Guillemot, Jacob★, Maréchal★, Pavelot★★, TOLLOT-BEAUT★★. Beste Jahrgänge: (Rotweine) 1995 **93 92 90 89 88;** (Weißweine) **1995 93 92 90.**

SAVOIE (SAVOYEN) *Frankreich* Die hoch gelegenen savoyischen Weinberge, die verstreut zwischen dem Genfer See und Grenoble und an den Ufern der Rhône und der Isère liegen, bringen frische, lebhafte Weine mit viel Geschmack hervor, wenn sie von der Rebsorte Altesse (oder Roussette) stammen. Es gibt auch einige reizvolle, leichte Rot- und Roséweine, die hauptsächlich von einer Gruppe von Dörfern südlich von Chambéry erzeugt werden. In warmen Jahren liefert die Mondeusetraube einige Rotweine, die im positiven Sinne an Weine aus dem Rhônetal erinnern. Der größte Teil der besseren Weine verwendet die AC VIN DE SAVOIE. Siehe auch Crépy, Seyssel.

SAXENBURG *Stellenbosch WO, Südafrika* Zwei Lesen pro Jahr kennzeichnen das Leben des Önologen Nico van der Merwe. Er kreiert einige der gesuchtesten Rotweine vom Kap, angeführt vom stämmigen Private Collection Shiraz★★★ mit seinem betäubenden Duft. Kurz dahinter folgen im selben Stil Cabernet★★ und Merlot★★ sowie die Weißweine Sauvignon★★ und Chardonnay★★. Ähnlich zauberhafte Weine strebt Nico auf dem anderen Gut des Schweizer Besitzers Andrian Bührer an, Ch. Capion im LANGUEDOC.

SCHEUREBE Eine sehr beliebte Kreuzung aus Silvaner x Riesling, die am häufigsten in RHEINHESSEN und der PFALZ angebaut wird. Sie wird auch in Österreich verwendet, wo die Weine häufig unter der Bezeichnung Sämling 88 in den Handel kommen. Die Scheurebe eignet sich für höhere Prädikatsweine wie etwa Trockenbeerenauslesen und Eisweine. Wenn sie reif ist, entfaltet sie einen wunderbaren Honiggeschmack und ein sehr ausgeprägtes Aroma von rosa Grapefruit.

SCHIOPETTO *Friaul-Julisch-Venetien, Italien* Mario Schiopetto ist eine Legende im italienischen Weinbau. Er leistete Pionierarbeit für die Entwicklung duftiger Sortenweine und vor allem hochwertiger, sehr konzentrierter Weißweine in COLLIO. Am herausragendsten sind Tocai★★ und Pinot Bianco★★, die beide als intensive, aber verschlossene Weine beginnen und mit dem Alter eine ungeheure Vielzahl von Geschmacksnoten entfalten.

SCHLOSS JOHANNISBERG *Johannisberg, Rheingau, Deutschland* Unter den großen Erzeugern im RHEINGAU ist dies einer der verläßlicheren, aber er könnte trotzdem besser sein. Die trockenen Weine sollte man jung trinken, die halbtrockenen und süßen Weine fünf Jahre altern lassen. Beste Jahrgänge: 1995 **90 89 88 85.**

SCHLOSS LIESER *Lieser, Mosel, Deutschland* Seitdem Thomas Hager (der Sohn Wilhelm Haags vom angesehenen Weingut Fritz HAAG) 1992 die Vinifizierung übernahm, hat sich dieses kleine Weingut zu einem Spitzenerzeuger entwickelt. Moselrieslinge, die Reichtum mit Eleganz vereinen. Beste Jahrgänge: 1996 95 **94 93.**

SCHLOSS REINHARTSHAUSEN *Erbach, Rheingau, Deutschland* Das Gut befand sich früher im Besitz des Hohenzollerngeschlechts, das in Preußen die Könige und später im Deutschen Reich die Kaiser stellte (bis 1918). Es gibt mehrere gute Lagen, darunter den Erbacher Marcobrunn. Von Rebstökken, die auf der Erbacher Rheinhell, einer Insel mitten im Rhein, mit biologischen Anbaumethoden gezogen werden, kommt ein interessanter Weißburgunder-Chardonnay-Verschnitt. Außerdem gibt es prächtige Rieslinge★★ (einige ★★★) und einen guten Sekt★. Beste Jahrgänge: 1995 94 **93 92 90 89.**

SCHLOSS SAARSTEIN *Serrig, Saar, Deutschland* Dieses Gut erzeugt einige der besten Weine an der Saar. Der trockene Riesling kann etwas streng schmecken. Ausgewogener sind Weine wie Serriger Riesling Kabinett★ oder Spätlese★ und Auslese★★ , die ihre kräftige Säure behalten, aber mit einer Fruchtigkeit umhüllen, die oft an das Aroma leicht unreifer Pfirsiche mit hellem Fruchtfleisch erinnert. Saarstein stellt bisweilen auch einen EISWEIN★★★ her. Beste Jahrgänge: 1995 **93 92 90 89 88 86 85.**

SCHLOSS SCHÖNBORN *Hattenheim, Rheingau, Deutschland* Ein unregelmäßiger Erzeuger, der zu guten trockenen und süßen Rieslingen★ fähig ist. Am verläßlichsten sind die Kabinettweine und Spätlesen aus den berühmten Lagen Marcobrunn und Hattenheimer Pfaffenberg, die kraftvoll und recht reich sind. Beste Jahrgänge: 1995 **93 92 90 88.**

SCHLOSS VOLLRADS *Oestrich-Winkel, Rheingau, Deutschland* Schloß Vollrads wird jetzt gemeinsam von Graf Matuschka-Greiffenclau und seinem Neffen Markus Matuschka geleitet. Auch wenn es anhaltende Gerüchte über einen bevorstehenden Verkauf des Guts gibt, bleiben die gegenwärtigen Besitzverhältnisse bestehen. Der Graf hat es sich seit einigen Jahren zur Aufgabe gemacht, den Leuten zu sagen, zu welchem Essen sie seine Weine trinken sollen. Für jemanden, der in Frankreich aufgewachsen ist, würde seine Idee merkwürdig klingen, aber Matuschka hat seine Anhänger, doch nur wenige davon außerhalb von Deutschland. Die meisten seiner Weine sind eckig, streng und mager, aber bisweilen erzeugt er schöne Spätlesen und Auslesen, die es mit jedem Wein im Rheintal aufnehmen können. Die besten Jahrgänge sollte man fünf bis zehn Jahre einkellern. Beste Jahrgänge: 1995 **90 89 88 85 83.**

SCHLOSSBÖCKELHEIM *Nahe, Deutschland* Die bekanntesten Lagen des Orts an der NAHE sind Felsenberg und Kupfergrube, aber es gibt auch gute Weine aus den Lagen Mühlberg und Königsfels. Beste Erzeuger: Paul Anheuser, CRUSIUS★, H. DÖNNHOFF★★, Staatliche Weinbaudomänen Niederhausen-Schloßböckelheim.

SCHLOSSGUT DIEL *Burg Layen, Nahe, Deutschland* Eines der besten Weingüter an der NAHE, wo Armin Diel früher Aufsehen erregte, indem er unkonventionelle Weine erzeugte. Diel gehörte zu den ersten in Deutschland, die sich auf »trockene« Weine verlegten. Möglicherweise war er auch der erste in Deutschland, der für die Vergärung von Weinen wie dem 84er Grauburgunder Tafelwein Eichenholzfässer einsetzte. Manche finden den Holzton übertrieben. In seiner Lage Dorsheimer Goldloch, die 1990 und 1993 exzellente Spätlesen★★ und Auslesen★★ sowie einen imposanten EISWEIN★★★ lieferte, erzeugt er traditionellere Weine. Beste Jahrgänge: **1995 93 92 90 89 88.**

SCHRAMSBERG *Napa Valley, AVA Kalifornien, USA* Die erste kalifornische Kellerei, die Schaumweine nach dem Champagner-Verfahren aus den klassischen Rebsorten der CHAMPAGNE herstellte. Nicht alle Produkte erreichen die gleiche hohe Qualität, aber die besten Weine sind manchmal in Kalifornien und auch im größten Teil der Champagne unübertroffen. Der Crémant★ ist ein reizvoller süßlicher Schaumwein; der Blanc de Noirs★ und der Blanc de Blancs★★ ragen heraus. Die Spitzencuvée ist der Reserve Brut★★★, der oft Weltklasseformat besitzt. Ein neuer Schaumwein namens J. Schram war am Anfang enttäuschend, aber spätere Abfüllungen erreichten ★★-Niveau.

SEAVIEW *Southern Vales, Südaustralien* Am bekanntesten für einen guten Massenschaumwein★, einen exzellenten Pinot-Chardonnay★★ und einen Blanc de Blancs★★, aber neben kommerziellen Rot- und Weißweinen erzeugt Seaview manchmal auch eine hervorragenden Cabernetauslese★. Eine eindrucksvolle neue Spitzenmarke ist Edwards & Chaffey★★.

SEIFRIED ESTATE *Nelson, Südinsel, Neuseeland* 1974 von dem Österreicher Hermann Seifried und seiner neuseeländischen Frau Agnes gegründet. Zu den besten Weinen gehören aus edelfaulen Trauben hergestellte Rieslinge★★ und Gewürztraminer★ sowie Sauvignon Blancs★★. Die Marke Redwood Valley wird für Auslandsmärkte benutzt. Beste Jahrgänge: **1996 94 91.**

SEKT Deutsche Bezeichnung für Schaumweine. In Deutschland wird nur ein Qualitätsschaumwein, der bestimmte gesetzliche Mindestanforderungen erfüllt, als Sekt bezeichnet. »Deutscher Sekt« und »Sekt bA« (Sekt bestimmten Anbaugebiets) bedeutet, daß der verwendete Grundwein zu 100 % aus einem deutschen Anbaugebiet stammt. In Österreich wird die Bezeichnung allgemein für Schaumweine verwendet, während Schaumweine, die qualitativ dem deutschen Sekt entsprechen, als Qualitätssekt bezeichnet werden. Beste Erzeuger: Bergdolt, KOEHLER-RUPRECHT, Max Ferd. RICHTER, SCHLOSS REINHARTSHAUSEN★, WEGELER-DEINHARD (Lila).

SELAKS *Kumeu/Huapei, Auckland, Nordinsel, Neuseeland* Seit langem bestehende Kellerei, die Neuseelands besten Sauvignon Blanc-Sémillon★★★, einen immer besser werdenden Sauvignon Blanc★★ sowie Chardonnays★ und Rieslinge★ herstellt. Beste Jahrgänge: **1996 94 91.**

SELBACH-OSTER *Zeltingen, Mosel, Deutschland* Johannes Selbach gehört zur neuen Generation der Starwinzer an der MOSEL und erzeugt sehr reine, elegante Rieslinge★★. Beste Jahrgänge: 1995 94 **93 92 91 90 89 88 85.**

SÉLECTION DE GRAINS NOBLES *Alsace AC, Elsaß, Frankreich* Diese Bezeichnung wird für Weine aus spät gelesenen, superreifen Trauben verwendet, die ausschließlich von den Rebsorten Muscat, Riesling, Gewürztraminer oder Pinot Gris stammen dürfen. Sie sind süß oder lieblich und sollten von Edelfäule befallen sein. Solche »Edelbeerenauslesen« gehören zu den feinsten elsässischen Weinen, aber sie sind sehr teuer in der Produktion (und kosten auch viel). Beste Erzeuger: HUGEL★★★, Schlumberger★★, TRIMBACH★★, ZIND-HUMBRECHT★★★. Beste Jahrgänge: 1995 92 **90 89 83 76.**

SELLA & MOSCA *Sardinien, Italien* Außer dem gehaltvollen, portweinähnlichen Anghelu Ruhu★, der aus teilgetrockneten Cannonautrauben hergestellt wird, erzeugt diese stark modernisierte alte Firma ausgezeichnete trockene

Weißweine, Terra Bianche★ (Torbato) und La Cala★ (Vermentino), und im Eichenholzfaß gereifte Rotweine, Marchese di Villamarina★★ (Cabernet) und Tanca Farrà★★ (Cannonau-Cabernet). Beste Jahrgänge:(Rotweine) 1995 94 **93 90 89 88.**

SELVAPIANA *Chianti DOCG, Toskana, Italien* Dieses 25 ha große Gut in der Anbauzone CHIANTI RUFINA hat schon immer exzellente, verfeinerte Weine hervorgebracht, die typisch für dieses Anbaugebiet sind. Doch seit 1990 ist es in die Spitzenriege der toskanischen Weingüter aufgestiegen, vor allem mit dem Riserva★★ und dem Einzellagen-Riserva, Vigna Bucerchiale★★★. Beste Jahrgänge: 1996 95 94 **93 91 90 88 86 85.**

SÉMILLON Die Rebsorte wird in erster Linie in Südwestfrankreich verwendet, insbesondere für die süßen Weine von SAUTERNES und BARSAC, weil die Trauben wegen ihrer dünnen Schale für die EDELFÄULE anfällig sind. Sémillon wird auch mit Sauvignon Blanc verschnitten, um trockene Weine herzustellen. Fast alle Crus Classés von GRAVES beruhen auf dieser Kombination. Sémillon gedeiht auch in Australien (ein gereifter Sémillon, vor allem aus dem HUNTER VALLEY, kann wunderbar schmecken) und wird dort reinsortig verwendet oder mit Chardonnay verschnitten. In Neuseeland, Australien, Kalifornien (CALIFORNIA) und im Bundesstaat WASHINGTON wird sie mit Sauvignon verschnitten. In Südafrika erlebt sie eine Art Renaissance; sie ist dort in erster Linie eine Verschnittrebe, aber im Holzfaß vergorene Sortenweine und Verschnitte mit Sauvignon Blanc liefern hervorragende Ergebnisse.

SEPPELT *Barossa Valley und Grampians, Südaustralien* Führender australischer Schaumweinproduzent, dessen Angebot von dem in großen Mengen erzeugten Great Western »Champagner« über den exzellenten Fleur de Lys★ bis zu Drumborg★, Harpers Range★ und Salinger★★ (alle nach dem Champagner-Verfahren aus Pinot Noir und Chardonnay) reicht. Die Weine sind unverfälscht und fruchtig und zeigen wenig Hefegeschmack. Ein Sauvignonschaumwein namens Rhymney ist die jüngste Errungenschaft. Die Tafelweine sind allgemein sehr gut, vor allem Great Western Shiraz★, Chardonnay★, Dorrien Cabernet★, Partalunga Riesling★ sowie die Weine aus dem sehr kühlen Drumborg. Außerdem ein wunderbarer roter Schaumwein Show Reserve Shiraz★★ (der 85er ist ★★★) und tolle gespritete Weine (einige ★★★).

SERRIG *Saar, Deutschland* Die ersten Reben wurden hier erst vor 100 Jahren angepflanzt, aber die Lagen hier gehören zu den besten an der Saar. Außergewöhnlich erfrischende Rieslinge mit schneidender Stahligkeit. Beste Erzeuger: SCHLOSS SAARSTEIN★, Bert Simon.

SETÚBAL DOC *Terras do Sado, Portugal* Gespriteter Wein von der Halbinsel Setúbal südlich von Lissabon. Wenn er zu mindestens 85 % aus Moscateltrauben besteht, heißt er »Moscatel du Setúbal; ist dies nicht der Fall, nur Setúbal. Beste Erzeuger: José Maria da FONSECA SUCCESSORES★, J. P. VINHOS.

SEYSSEL AC *Savoyen, Frankreich* Bekannt für seinen federleichten Schaumwein Seyssel Mousseux. Mit seinem angenehm herben, pfeffrigen Biß, der von den Molette- und Altessetrauben herrührt und durch eine cremige Hefe gemildert wird, ist er ein ideales Sommergetränk. Der weiße Stillwein ist leicht und blumig. Beste Erzeuger: Mollex, Varichon & Clerc★.

SEYVAL BLANC Hybride (Seibel 5656 x Rayon d'Or), die aufgrund ihrer Resistenz gegenüber Krankheiten und ihrer Fähigkeit, die Reifung auch in einem feuchten Herbst fortzusetzen, in England, Kanada und im Bundesstaat NEW YORK sowie in anderen Gebieten im Osten der USA angebaut wird. Sie liefert saubere, kraftvolle Weine mit Grapefruitgeschmack, die manchmal eine recht annehmbare Imitation des knochentrockenen CHABLIS sind.

SHAFER *Stags Leap AVA, Kalifornien, USA* Eine der besten der neueren NAPA-Kellereien, die einen ungewöhnlich fruchtigen Cabernet★★ im Bezirk Stags Leap und eine Reserve-Abfüllung Hillside Select★★★ erzeugt. Merlot★★ gewinnt wachsende Bedeutung. Charonnay, jetzt vom Red Shoulder Vineyard in CARNEROS, hat sich stark verbessert. Beste Jahrgänge: (Cabernet Stags Leap) **1994 92 90 87;** (Cabernet Hillside Select) **1993 92 91 90 85 84.**

SHAW & SMITH *Adelaide Hills, Südaustralien* Die Cousins Michael Hill Smith, Australiens erster Master of Wine und Betreiber eines berühmten Weinlokals, und Martin Shaw, ein ehemaliger im Flugzeug umherreisender Önologe, hatten vom ersten Jahrgang 1989 an rasch Erfolg mit ihrem tiefen, pikanten Sauvignon★★. Da sie nichts überstürzen, nahmen sie schrittweise eine im Holzfaß ausgebaute Reserve-Abfüllung★★ und einen nicht faßgereiften Chardonnay★, aber bislang keinen Rotwein hinzu. Beste Jahrgänge: **1995 94 93 92 91.**

SHERRY Siehe Jerez y Manzanilla DO, S. 168/169.

SHIRAZ Siehe Syrah.

SICILIA (SIZILIEN) *Italien* Da es sehr heiß auf der Insel ist, sind die besten Weine die sehr starken, die diese Voraussetzungen nutzen, und die gespriteten Weine (MARSALA). Im kühleren Hochland können jedoch erstklassige Tafelweine erzeugt werden. Grillo, Catarratto und Inzolia sind die besten Weißweintrauben, aber viel zu oft wird die langweilige Trebbianotraube angebaut. Die besten Rotweine stammen von den Rebsorten Calabrese (oder Nero d'Avola), Perricone und Nerello Mascalese. Siehe auch Alcamo, Corvo, Etna, Moscato Passito di Pantelleria, Vecchio Samperi.

SIEUR D'ARQUES, LES CAVES DU *Limoux AC und Blanquette de Limoux AC, Languedoc, Frankreich* Diese gutorganisierte, moderne Genossenschaft beherrscht die Produktion der Still- und Schaumweine von LIMOUX; sie erzeugt rund 90 % der Weine dieses Anbaugebiets. BLANQUETTE DE LIMOUX und CRÉMANT DE LIMOUX★ sind beide verläßlich, aber echte Begeisterung kommt bei den Toques et Clochers Chardonnays★ auf. Die Genossenschaft stellt auch einige Vins de Pays her (weiße und rote Sortenweine).

SILVANER In Mitteleuropa weitverbreitete, ertragreiche Weißweinrebe, die früher in FRANKEN die am häufigsten angebaute Rebsorte war, aber heute durch andere Sorten ersetzt wird. Gute Erfolge erzielt sie auch im Elsaß (als Sylvaner), in der Schweiz (als Johannisberg), Österreich und Osteuropa.

SILVER OAK CELLARS *Napa Valley, Kalifornien, USA* Einer der besten kalifornischen Erzeuger von Cabernet Sauvignon, mit Abfüllungen, deren Trauben aus dem ALEXANDER VALLEY★★ und dem NAPA VALLEY★ kommen, sowie einem überragenden Bonny's Vineyard★★★, der nur in besonderen Jahrgängen erzeugt wird (zuletzt 1991). Geradlinige, wunderbar volle, fruchtige Weine, die jung hervorragend schmecken, aber auch eine große Alterungsfähigkeit besitzen. Beste Jahrgänge: (Alexander Valley) **1994 93 92 91 90 88 87 85;** (Napa Valley) **1994 93 92 91 90 88 87 86 85 84 82;** (Bonny's Vineyard) **1991 90 86.**

SILVERADO *Napa Valley AVA, Kalifornien, USA* Im Besitz eines Zweiges der Familie Disney, aber an dem prächtigen Cabernet Sauvignon★★ und Chardonnay★★ von diesem Weingut erinnert nichts an Mickymaus. Die reguläre Cabernet-Abfüllung besitzt eine intensive und dennoch heitere Fruchtigkeit und ist recht jung trinkreif. Eine Limited-Reserve-Abfüllung hat mehr Tiefe und kann etwas altern. Der Chardonnay hat eine weiche, einladende Fruchtigkeit und einen seidigen Abgang und schmeckt am besten mit zwei bis drei Jahren. Ein fruchtiger Merlot und ein Sangiovese im Stil von Supertoskanern sind ebenfalls sehr gefragt. Beste Jahrgänge: (Reserve) **1993 91 90 87 86.**

SIMI *Sonoma Valley, Kalifornien, USA* Historische Kellerei, die 1979 durch die Ankunft Zelma Longs als Weinmacherin sowie 1981 durch den Erwerb durch den heutigen Besitzer Moët-Hennessy zu neuem Leben erweckt wurde. Long brachte den Cabernet Sauvignon★, den Chardonnay★★ und den Sauvignon Blanc★ auf ein hohes Niveau. Der Chardonnay Reserve hat bisweilen ★★★ erreicht.

SIMONSIG *Stellenbosch WO, Südafrika* Ein Weingut in Familienbesitz, dessen Weinmacher Johan Malan großes Vinifizierungsgeschick besitzt. Das breite, vielfältige Angebot umfaßt zahlreiche Spitzenweine. Am bemerkenswertesten sind Tiara★, ein Bordeauxverschnitt, ein fruchtig-konzentrierter Pinotage★, der nicht im Faß reift, ein trockener Riesling★, Chardonnay★★, ein Gewürztraminer-Dessertwein★ und der erste kommerziell produzierte Cap-Classique-Schaumwein namens Kaapse Vinkel★★.

SION (SITTEN) *Wallis, Schweiz* Einer der Spitzenweinbauorte im Kanton Wallis (VALAIS). Am bekanntesten für seinen reinsortigen Chasselas Fendant. Beste Erzeuger: Michel Clavien★, Domaine du Mont d'Or★.

CH. SIRAN★ *Margaux AC, Cru Bourgeois, Haut-Médoc, Bordeaux, Frankreich* Ein beständig guter roter Bordeauxwein, der bereits in der Jugend zugänglich ist, aber genug Struktur besitzt, um bis zu 20 Jahre zu altern. Zweitwein: Ch. Bellegarde. Beste Jahrgänge: (1996) (95) **90 89 86 85 83 82.**

SKALLI-FORTANT DE FRANCE *Languedoc-Roussillon, Frankreich* Robert Skalli erzeugt moderne Sortenweine, die als Vins de Pays d'OC in den Handel kommen. Die vom Holzfaß geprägten Weine aus den Rebsorten Chardonnay★, Sauvignon Blanc und Syrah★ sind Skallis beste Weine. Das billigere Angebot wird unter dem Namen Fortant verkauft, während Fortant de France für die teureren Weine reserviert ist. Beste Jahrgänge: **1995 94 93.**

SLIVEN *Südgebiet, Bulgarien* Diese Kellerei liefert jetzt einige der besten und saubersten Chardonnays von Bulgarien. Die Rotweine, wie etwa der saftige Landwein aus Merlot- und Pinot-Noir-Trauben, erfüllen ebenfalls die Erwartungen.

CH. SMITH-HAUT-LAFITTE *Pessac-Léognan AC, Cru Classé de Graves, Bordeaux, Frankreich* Ein großes Gut, das am bekanntesten für seine Rotweine★ ist, jetzt eines der am stärksten verbesserten und innovativsten Güter in PESSAC-LÉOGNAN seit dem Besitzerwechsel 1990. Es wird nur wenig Weißwein★★ (zu 100% aus Sauvignontrauben) erzeugt, aber dieser ist ein glänzendes Beispiel für einen erstklassigen, modernen weißen Bordeaux. Beste Jahrgänge: (Rotweine) (1996) (95) 94 90 **89 88 86 85 83;** (Weißweine) (1996) **95 94 92 90.**

SMITH WOODHOUSE *Port DOC, Portugal* Unterbewerteter, aber beständiger Portwein-Hersteller. Der Smith Woodhouse Vintage ★★ ist sehr empfehlenswert. Sein Late Bottled Vintage Port★★ ist in einem reichen, charaktervollen, ungefilterten Stil gehalten und schmeckt nach Feigen. Beste Jahrgänge: (Vintage-Portweine) 1994 91 85 83 **80 77 70 63.**

SOAVE DOC *Venetien, Italien* In den Weinbergen der hügeligen Classico-Anbauzone in der Nähe von Verona können die Rebsorten Garganega und Trebbiano di Soave reife, duftige, nach Nüssen schmeckende Weine von großer Qualität erzeugen. Doch 70 % aller Soaveweine kommen aus den flachen, fruchtbaren Ebenen; außerdem wird ein Großteil davon von Händlern in zynischer Weise zu einem kraftlosen, geschmacklosen Weißwein verschnitten. Die seit 1992 gesetzlich erlaubte Beimischung von 30 % Chardonnay dürfte hilfreich sein. Die DOC gilt auch für Recioto di Soave, einen süßen Wein, der aus getrockneten Trauben hergestellt wird und von ANSELMI und PIEROPAN herausragend ist. Beste Erzeuger: ANSELMI★★, Bertani★ BOLLA★, La Cappuccina, Gini★, Inama, MASI★, PIEROPAN★★, Prà, Gen. Soave, Suavia★★.

CH. SOCIANDO-MALLET★★ *Haut-Médoc AC, Cru Bourgeois, Haut-Médoc, Bordeaux, Frankreich* Der Besitzer Jean Gautreau hat Sociando-Mallet zu einem der Stars unter den Crus Bourgeois des Bordelais gemacht, so daß das Gut jetzt eine Klassifizierung verdienen würde. Der Wein ist dunkel und tanninreich und hat alle Anzeichen des großen, klassischen Geschmacks, der sich bei einem roten Bordeaux einstellt, wenn man zehn bis fünfzehn Jahre warten kann. Beste Jahrgänge: (1996) (95) 94 93 90 89 88 86 **85 83 78.**

SOGRAPE *Portugal* Sogrape beweist, daß es möglich ist, zu den größten *und* zu den besten Erzeugern zu gehören. Die Firma darf sich das Verdienst anrechnen, die Qualität in einigen der reaktionärsten Weinbaugebiete von Portugal revolutioniert zu haben. Mateus Rosé ist immer noch das Zugpferd der Firma, doch Sogrape macht auch gute bis sehr gute Weine in BAIRRADA★, DÃO★, DOURO★ (Rotweine★) und VINHO VERDE, während die Tochterfirma FERREIRA hervorragende Portweine und BARCA VELHA★★, einen der besten Rotweine Portugals, produziert. Bairrada Reserva Branco★ ist ein nussiger, holzbetonter Weißwein, der früher in Portugal beispiellos war. Die ersten Lebenszeichen von der neuen Kellerei in Dão sind hoffnungsvoll. Grão Vasco wird sicherlich besser. Quinta dos Carvalhais Branco★ ist ein holzbetonter, charaktervoller Wein mit Marmeladengeschmack, während der Duque de Viseu★★ einen vollen, reifen, holzbetonten Maulbeergeschmack besitzt. Ein ausgezeichneter neuer Rotwein kommt aus dem ALENTEJO: Vinha do Monte★. Offley-Forrester (vorher im Besitz von Martini) gehört jetzt Sogrape.

SOKOL BLOSSER WINERY *Willamette Valley AVA, Oregon, USA* Beständig gute Chardonnays (Redland)★★ und manchmal herausragende, wenn auch nicht beständige Pinot Noirs (Redland)★★. Der Chardonnay tendiert zu einem Butter- und Weißbrotgeschmack, während der Pinot Noir in verschiedenen Versionen eine weiche, eher elegante Fruchtigkeit betont.

SOLAIA, VINO DA TAVOLA★★★ *Toskana, Italien* ANTINORIS stilvolle Mischung aus Cabernet Sauvignon und Cabernet Franc sowie 20 % Sangiovese kommt aus einem Weinberg neben dem TIGNANELLO in der Anbauzone CHIANTI CLASSICO. Einige sehen den opulenten, eleganten Solaia als unmittelbaren Rivalen für den SASSICAIA unter den Supertoskanern an, die auf Cabernet basieren. Beste Jahrgänge: (1996) (95) 94 93 90 88 **86 85 82 79 78.**

SOLERA Ein traditionelles spanisches System zum Verschneiden von gespriteten Weinen, vor allem Sherry und MONTILLA-MORILES. Siehe auch Jerez y Manzanilla DO/Sherry.

SOMONTANO DO *Aragonien, Spanien* Aufstrebendes Anbaugebiet in den Vorpyrenäen. Die Rot- und Roséweine aus den einheimischen Rebsorten (Moristel und Tempranillo) können leicht, frisch und aromatisch sein. Neue Anpflanzungen international gebräuchlicher Rebsorten wie Chardonnay und Gewürztraminer liefern bereits vielversprechende Weine. Eine interessante Entwicklung ist die Wiederentdeckung der milden einheimischen Rotweintraube Moristel. Beste Erzeuger: COVISA★★, VCAA★ (Enate), Bodega Pirineus★.

SONOMA COUNTY *Kalifornien, USA* Sonomas Anbaugebiet ist groß und breitet sich unregelmäßig aus, mit Dutzenden von Mesoklimas und Bodentypen, von der recht warmen Region SONOMA VALLEY/ALEXANDER VALLEY bis zu den kühlen Gebieten Green Valley und unteres RUSSIAN RIVER VALLEY. Die besten Weine stammen von Chardonnay, Sauvignon Blanc, Cabernet Sauvignon und Zinfandel. Siehe auch Carneros AVA, Dry Creek Valley AVA.

SONOMA-CUTRER *Russian River AVA, Kalifornien, USA* Frische, angenehme, aber oft überbewertete Chardonnays aus drei Lagen. Les Pierres ist der komplexeste und reichhaltigste der drei Weine, der oft ★★ verdient. Cutrer ★ kann ebenfalls eine Komplexität besitzen, die ein Einkellern verdient, aber Russian River Ranches ist normalerweise ziemlich flach und gewöhnlich.

SONOMA VALLEY AVA *Sonoma, USA* Das Sonoma Valley, die älteste Weinbauregion nördlich von San Francisco, liegt an der Westseite der Mayacamas Mountains, die es vom NAPA VALLEY trennen. Das Klima ist ähnlich, aber etwas trockener. Bei den gegenwärtigen Anpflanzungen werden rote Rebsorten bevorzugt. Beste Erzeuger: ARROWOOD★★, BUENA VISTA, CHATEAU ST JEAN★, CARMENET★★, B. R. Cohn, Fisher★, GUNDLACH-BUNDSCHU★, KENWOOD★, KISTLER★★, KUNDE★, LAUREL GLEN★★★, MATANZAS CREEK★★, RAVENSWOOD★★, St Francis★, Sebastiani.

SOUTH-AUSTRALIA (SÜDAUSTRALIEN) Mit 25 000 ha Rebland der größte Trauben erzeugende Bundesstaat von Australien. Südaustralien umfaßt viele Klimas und überaus zahlreiche Weinstile, von Massenweinen bis zu den allerbesten. Seit langem bestehende Anbaugebiete sind BAROSSA VALLEY, CLARE VALLEY und Eden Valley, SOUTHERN VALES, Langhorne Creek, COONAWARRA und RIVERLAND. Neuere Gebiete, die für Begeisterung sorgen, sind ADELAIDE HILLS und PADTHAWAY, Koppamurra und Limestone Coast.

SOUTHERN VALES *Südaustralien* Eine warme, sonnenreiche Region mit maritimem Klima, unmittelbar südlich von Adelaide, mit 45 kleinen Kellereien und zwei großen Firmen, HARDY und SEAVIEW. Früher ein Anbaugebiet für

»Portweine«, aber heute werden hier gute, körperreiche Weiß- und Rotweine aus den Rebsorten Chardonnay, Sauvignon Blanc, Shiraz, Grenache und Cabernet erzeugt. Beste Erzeuger: CHAPEL HILL★★, CHATEAU REYNELLA★★, Coriole, D'Arenberg, Andrew Garrett, HARDY★★, Ingoldby, Geoff MERRILL★, Normans, SEAVIEW★, WIRRA WIRRA★★, Woodstock.

SPÄTBURGUNDER Siehe Pinot Noir.

SPÄTLESE Bezeichnung für eine Traubenlese, die nach dem Ende der Hauptlese durchgeführt wird. Die spät gelesenen Trauben sind reifer und liefern einen höherwertigen Wein mit mehr Mostgewicht. Die Prädikatsstufe Spätlese geht in Deutschland von 76° Oechsle für einen Riesling von der Mosel bis 92° Oechsle Mindestmostgewicht für einen Ruländer in Baden. In Österreich muß eine Spätlese mindestens 19° KMW oder 94° Oechsle besitzen.

SPUMANTE Italienische Bezeichnung für »schäumend«. Schaumweine, bei denen die zweite Gärung in der Flasche stattfindet, tragen oft die Bezeichnung *metodo classico* oder *metodo tradizionale*.

SQUINZANO DOC *Apulien, Italien* Der Name ruft heute Erinnerungen an Weine von tiefer Farbe und großer Stärke hervor, denn er war der italienische Verschnittwein par excellence. Die aus Negroamaro und Malvasia Nera erzeugten Weine sind oft zu plump, aber ein Potential ist zweifellos vorhanden. Bester Erzeuger: Gen. Santa Barbara.

STAFFORD RIDGE *Adelaide Hills, Südaustralien* Geoff Weaver, der lange Zeit Chefönologe bei HARDY war, widmet sich der Aufgabe, feine Weine aus Trauben herzustellen, die alle aus seiner 10 ha großen Anpflanzung in Lenswood stammen. Er nutzt die Kellerei PETALUMA für die Vinifizierung seines Riesling★ mit dem köstlichen Limettengeschmack, seines Sauvignon★★ mit dem frischen Stachelbeergeschmack und seines sehr tropisch-fruchtigen Chardonnay★★. Der Cabernet-Sauvignon ist nur ein mäßiger Erfolg.

STAG'S LEAP WINE CELLARS *Stags Leap AVA, Kalifornien, USA* Die Kellerei wurde berühmt, als ihr 73er Cabernet Sauvignon bei einer Weinprobe in Paris im Jahre 1976 den ersten Platz belegte. Stag's Leap Cabernet Sauvignon ★★ kann ein erstaunlicher Wein sein, wenn er seine beste Qualität erreicht, vor allem SLV Reserve★★★, der aus Trauben gutseigener Lagen erzeugt wird. Der Cask 23 Cabernet Sauvignon★ ist ein guter, manchmal sehr guter, aber übertrieben gelobter Rotwein. Die letzten Jahrgänge erreichen nicht ganz das frühere Niveau. Viel Arbeit wurde in den Chardonnay gesteckt. Ab dem Jahrgang 1989★★ zählt er zu den erfolgreichsten Weißweinen von NAPA. Beste Jahrgänge: (Rotweine) 1993 **92 91 90 89 88 84 81 79**; (Weißweine) **1993 91 90.**

STAPLE ST JAMES *Kent, England* Ein kleines, aber gut geführtes Weingut nahe der Küste von Kent. Seine überaus fruchtige Huxelrebe★ gehört beständig zu den besten knochentrockenen Weinen von England.

STEELE WINES *Lake County, Kalifornien, USA* Der Besitzer und Weinmacher Jed Steele versteht sich meisterlich auf das Verschneiden. Er bezieht Trauben aus ganz Kalifornien und verarbeitet sie zu aufregenden Weinen, die normalerweise eine lebhafte Frucht mit weichem Geschmack betonen. Aber er bietet auch Weine aus Einzellagen und bringt gegenwärtig vier Chardonnays★ auf den Markt. Seine Zinfandels★ sind oft prächtig, während seine Pinot Noirs (CARNEROS, SANTA MARIA VALLEY) besser als die meisten sind. Ein Senkrechtstarter ist eine Zweitmarke mit Billigpreisen, die bemerkenswert günstige, trinkreife Weine bietet.

STEIERMARK *Österreich* Dieses Weinbaugebiet im Südosten von Österreich umfaßte früher auch einen Großteil der slowenischen Weinberge. Die besten Weine sind Morillon (ein nicht im Holzfaß gereifter Chardonnay, obwohl auch hier Eichenholzfässer häufig eingesetzt werden), Sauvignon Blanc und Gelber Muskateller. Beste Erzeuger: Groß★, Polz★, Sattlerhof, TEMENT★★.

STELLENBOSCH WO *Südafrika* Diese sehr gute Rotweinregion, die als Mittelpunkt der südafrikanischen Weinindustrie gilt, rühmt sich der größten Konzentration von Kellereien am Kap, wobei die Weinberge am Grund der Täler zu finden sind und auch die steilen Hänge dieses bergigen Gebiets erklimmen. Klimas und Böden sind so vielfältig wie die Weinstile. Unter die angesehenen Rotweine mischen sich auch einige ausgezeichnete Weißweine, insbesondere Sauvignon Blanc und Chardonnay. Die bedeutenden Großhändler und die Versuchsanstalt für Önologie und Weinbau haben hier ihre Hauptsitze. Beste Erzeuger: Avontuur, BERGKELDER, Beyerskloof★, Blaauwklippen, Clos de Ciel★, Delheim, Eikendal, Neil ELLIS★★, GRANGEHURST★, Hartenberg, Jordan★, KANONKOP★★, L'Avenir★, Le Bonheur, Lievland★, LOUISVALE★, MEERLUST★★, Morgenhof★, MULDERBOSCH★★, Neethlingshof★, Overgaauw★, RUST-EN-VREDE★, RUSTENBERG★★, SAXENBURG★★, SIMONSIG★, STELLENZICHT★★, THELEMA★★★, Uiterwyk, Vergelegen★, Vriesenhof, WARWICK★

STELLENBOSCH FARMERS' WINERY *Stellenbosch WO, Südafrika* Südafrikas größer Erzeuger, der Wein und Trauben aufkauft und auf jedem Sektor mit führenden Marken vertreten ist. Die Weißweine sind bei der Spitzenmarke Zonnebloem im allgemeinen moderner gehalten als die Rotweine. Zwei Kellereien in PAARL gehören ebenfalls zur SFW: Nederburg und Plaisir de Merle. Nederburg produziert ein sauberes, aber wenig aufregendes Standardangebot. Sein herausragender Dessertwein aus edelfaulen Trauben namens Edelkeur★★ wird nur über die jährliche Auktion verkauft. Plaisir de Merle ist das Glanzstück der Firma: Der Weinmacher Neil Bester wurde auf Ch. MARGAUX VON Paul Pontallier unterrichtet, der immer noch hier önlogischer Berater ist. Mit nur zwei Jahrgängen ist der weiche und dennoch wunderbar strukturierte Cabernet Sauvignon★★ an die Spitze der Bewertungen geschossen; der Merlot★★ scheint ihm nachzueifern.

STELLENZICHT *Stellenbosch WO, Südafrika* Der dynamische und ungeheuer talentierte Weinmacher Andre van Rensburg ist völlig qualitätsorientiert. Bei seinem ersten Jahrgang erzeugte er einen Syrah★★★, der PENFOLDS Grange bei der umstrittenen Südafrika-Australien-Weinprobe 1995 schlug. Mit derselben Entschlossenheit geht er die unterbewertete Sémillonrebe an. Mit seinen Dessertweinen★★ aus edelfaulen Trauben (Riesling und Sémillon-Sauvignon) können nur die Dessertweine aus der Schwesterkellerei Neethlingshof mithalten.

STERLING VINEYARDS *Napa Valley AVA, Kalifornien, USA* Nach über 20 Jahrgängen als Weinmacher wurde Bill Dyer durch Greg Fowler von MUMM NAPA abgelöst. Der Reserve Cabernet Sauvignon★★ ist gut bis sehr gut, die reguläre Abfüllung wird besser. Der Winery Lake Pinot Noir★ tut sich jetzt allmählich hervor. Der NAPA VALLEY Chardonnay★ ist gehaltvoll und intensiv, aber ausgewogen. Beste Jahrgänge (Rotweine): 1994 **92 91 90 87 86 85.**

SUPERTOSKANER

Toskana, Italien

Der Begriff »Supertoskaner«, der zuerst von englischen und amerikanischen Schreibern verwendet wurde, ist jetzt von den Italienern selbst übernommen worden, um die toskanischen Rotweine im neuen Stil zu beschreiben. Die 70er und 80er Jahre waren eine Zeit, als man in Bordeaux, Australien und Kalifornien große Fortschritte machte, doch diese Veränderungen drohten an Italien wegen seiner restriktiven Weingesetze völlig vorüberzugehen. Eine Gruppe von Weinmachern unter der Führung Piero Antinoris gab die Tradition auf, um ihr Engagement und ihre besten Trauben in kreative Weine einzubringen, die im Stil modern gehalten waren. Sie ersetzten alte Fässer durch Barriques, während sie in Weinbergen, die mit plötzlicher Vornehmheit als Crus firmierten, neben Sangiovese auch Cabernet und andere modische Rebsorten wie Merlot, Pinot Noir und Syrah anpflanzten. Da die DOC genau solche Neuerungen verbot, waren die Erzeuger gezwungen, ihre Weine als einfachen Vino da Tavola auf den Markt zu bringen. Die »supertoskanischen« Vini da Tavola, wie sie rasch genannt wurden, waren ein phänomenaler Erfolg: brillant im Geschmack und in einem zugänglichen, klaren Stil – auch wenn es Ausländer kaum glauben mochten, daß Tafelweine ohne offizielle Bescheinigung einen Chianti DOCG im Prestige und Preis ausstechen könnten.

WEINSTILE

Renaissance-Weine: Das Phänomen begann in den 70er Jahren mit Sassicaia, dem Cabernet von der Küste, bald gefolgt von Antinoris Tignanello, dem Prototyp eines Verschnitts von Sangiovese und Cabernet, angebaut in der Zone Chianti Classico und in den französischen Fässern ausgebaut.

Traditionelle Weine: Einige Erzeuger vertrauten weiterhin auf die einheimischen Rebsorten. Montevertine erzeugte 1976 Le Pergole Torte als ersten reinsortigen Sangiovese, der in französischen Eichenholzfässern reifte. Sangiovese hat seine herausragende Stellung unter den Supertoskanern zurückerlangt, auch wenn Kritiker außerhalb Italiens oft Weinen den Vorzug geben, die auf französischen Rebsorten basieren.

KLASSIFIZIERUNGEN

Ein 1992 verabschiedetes Gesetz sollte die meisten Supertoskaner den offiziellen Klassifizierungen anpassen. Sassicaia hat nunmehr seine eigene DOC innerhalb der DOC Bolgheri. Die neuerdings unabhängige DOCG Chianti Classico soll viele auf Sangiovese basierende Supertoskaner abdecken. Pläne für eine regionale DOC Toskana sollen Nischen schaffen für überragende Weine aus internationalen Traubensorten. Ein Erzeugerkonsortium verwendet den Namen *Capitolato*, gefolgt von einem Bestimmungsbegriff, um vier Typen von Tafelweinen zu kennzeichnen: *Biturica* (hauptsächlich Cabernet), *Cardisco* (vorwiegend Sangiovese), *Selvante* (vor allem Sauvignon) und *Muschio* (hauptsächlich Chardonnay oder Pinot Blanc).

Siehe auch BOLGHERI, CHIANTI CLASSICO, SASSICAIA, SOLAIA, TIGNANELLO, VINO DA TAVOLA SOWIE EINZELNE ERZEUGER.

BESTE JAHRGÄNGE
(1996) 95 94 93 **90 88 86 85**

BESTE ERZEUGER

Sangiovese und andere toskanische Rebsorten ALTESINO (Palazzo Altesi), Badia a Coltibuono (Sangioveto), BOSCARELLI (Boscarelli), Castellare (I Sodi di San Niccolò), FELSINA BERARDENGA (Fontalloro), Fontodi (Flaccianello della Pieve), ISOLE E OLENA (Cepparello), MONTEVERTINE (Le Pergole Torte, Il Sodaccio), Poggio Scalette (Il Carbonaione), POLIZIANO (Elegia), Querceto (La Corte), RIECINE (La Gioia), San Giusto a Rentennano (Percarlo), VOLPAIA (Coltassala).

Sangiovese-Cabernet-Verschnitte ANTINORI (Tignanello), AVIGNONESI (Grifi), Fonterutoli (Concerto), Querciabella (Camartina), RAMPOLLA (Sammarco), VOLPAIA (Balifico).

Cabernet ANTINORI (SOLAIA), Col d'Orcia (Olmaia), ISOLE E OLENA (Collezione), Nozzole (Il Pareto), POLIZIANO (Le Stanze).

Merlot AVIGNONESI, CASTELLO DI AMA (Vigna L'Apparita), ORNELLAIA (Masseto).

Cabernet-Merlot-Verschnitte Capezzana (Ghiaie della Furba), ORNELLAIA (Ornellaia), Terriccio (Lupicaia, Tassinaie).

STONIER'S *Mornington Peninsula, Victoria, Australien* Die Kellerei des Buchverlegers Brian Stonier ist die größte der Halbinsel und qualitätsmäßig führend mit ihrem gelegentlich erstaunlichen Reserve Chardonnay★★ und Reserve Pinot★★ sowie mit feinen Standardabfüllungen, von denen jedoch keine billig ist. Die Cabernets schmecken etwas krautig in ihrem unreif wirkenden regionalen Stil.

STONYRIDGE *Waiheke Island, Auckland, Nordinsel, Neuseeland* Führende Kellerei auf WAIHEKE ISLAND. Stonyridge hat sich auf Rotweine aus den Rebsorten Cabernet Sauvignon, Merlot und Cabernet Franc spezialisiert. Die Spitzenmarke, Larose★★, ist ein bemerkenswerter, bordeauxähnlicher Rotwein von wirklicher Intensität. Beste Jahrgänge: 1996 94 93 **91 89 87.**

SUD-OUEST (SÜDWESTFRANKREICH) Neben den weltberühmten Bordeauxweinen erzeugt Südfrankreich auch eine Vielzahl von weniger bekannten, billigen Weinen. Seine als AC, VDQS und Vin de Pays eingestuften Anbaugebiete umfassen nicht weniger als zehn verschiedene Departements von der Atlantikküste bis Languedoc-Roussillon. Zumeist werden die im Bordelais gebräuchlichen Rebsorten angebaut (Cabernet Sauvignon, Merlot und Cabernet Franc für Rotweine, Sauvignon Blanc, Sémillon und Muscadelle für Weißweine), aber es gibt auch viele interessante einheimische Rebsorten, wie etwa Tannat (in MADIRAN), Petit Manseng (in JURANÇON) und Mauzac (in GAILLAC). Siehe auch Bergerac, Cahors, Côtes de Duras, Côtes du Frontonnais, Côtes de Montravel, Gaillac, Irouléguy, Monbazillac, Montravel, Pacherenc du Vic-Bilh.

SÜDTIROL Siehe Alto Adige DOC.

CH. SUDUIRAUT★★ *Sauternes AC, 1er Cru Classé, Bordeaux, Frankreich* Zusammen mit RIEUSSEC gilt Suduiraut als Spitzenerzeuger, der dicht hinter Château d'YQUEM kommt. Seine Weine schmecken schon mit wenigen Jahren köstlich, aber der Reichtum und der Genuß erhöhen sich enorm nach etwa zehn Jahren, so daß der Wein die Wartezeit wirklich lohnt. Sie sind sehr teuer und schienen seit Mitte der 80er hinter ihren Möglichkeiten zurückzubleiben, aber da Suiduiraut nunmehr im Besitz von AXA (berühmt durch PICHON-LONGUEVILLE) ist, sollte man das Gut im Auge behalten. Beste Jahrgänge: (1996) **90 89 88 82 79 76.**

SUHINDOL *Nordgebiet, Bulgarien* Das alte »Schlachtroß« unter den bulgarischen Kellereien und einer der ersten Weinbaubetriebe in Bulgarien, der privatisiert wurde. Suhindol hat den cremigen, geschmeidigen, an Johannisbeeren erinnernden Geschmack des Cabernet Sauvignon, der jetzt gleichbedeutend mit bulgarischem Wein ist, perfektioniert. Es erzeugt auch einen guten Cabernet-Merlot-Verschnitt.

SUPÉRIEUR Französische Bezeichnung für einen Wein, der einen höheren Alkoholgehalt als die Grundappellation hat. Ein Bordeaux Supérieur z. B. hat einen Mindestalkoholgehalt von 10,5 %, während ein einfacher Bordeaux lediglich 10% Alkohol enthält. Dies bedeutet jedoch nicht unbedingt, daß der Wein von besserer Qualität ist.

SUPERIORE Italienische Bezeichnung für Weine mit höherem Alkoholgehalt und möglicherweise auch längerer Ausbaudauer, als vorgeschrieben ist.

SUPERTOSKANER Siehe S. 284/285.

SUTTER HOME *Napa Valley AVA, Kalifornien, USA* Sutter Home, das jetzt für seinen White Zinfandel bekannt ist, stellt noch immer einen sehr annehmbaren Amador County Zinfandel her, auch wenn er nicht die Intensität und Reichhaltigkeit seiner Zinfandels aus den 70er und frühen 80er Jahren erreicht.

SWAN VALLEY *Westaustralien* Die ursprüngliche Weinbauregion von Westaustralien (WESTERN AUSTRALIA) und das wärmste Anbaugebiet in Australien, das sich entlang den ausgetrockneten, fruchtbaren Schlicksandebenen des Swan River bei Perth erstreckt. Swan Valley war früher auf gespritete Weine spezialisiert, aber Südaustralien (SOUTH-AUSTRALIA) und Nordostvictoria (VICTORIA) sind beide darin besser. Die Weiß- und Rotweine im neuen Stil, insbesondere von Moondah Brook und Houghton, sind ermutigend. Beste Erzeuger: Paul Conti, EVANS & TATE, HOUGHTON★, Moondah Brook, Westfield.

JOSEPH SWAN VINEYARDS *Russian River Valley AVA, Kalifornien, USA* Joseph Swann erzeugte in den 70er Jahren legendäre Zinfandelweine und war einer der ersten, der Zinfandel★★ in Fässern aus französischer Eiche ausbaute. In den 80er Jahren wandte er sich Pinot Noir★★ zu, der jetzt vermutlich das beste Angebot der Kellerei ist. Nach Swans Tod im Jahre 1989 übernahm sein Schwiegersohn Rod Berglund die Vinifizierung. Beste Jahrgänge: 1994 **93 92 91**.

SYRAH Siehe S. 288/289.

LA TÂCHE AC★★★ *Grand Cru, Côte de Nuits, Burgund, Frankreich* Neben La ROMANÉE-CONTI ist La Tâche der großartigste der berühmten Grands Crus von VOSNE-ROMANÉE und befindet sich ebenfalls im Besitz der Domaine de la ROMANÉE-CONTI. Der Wein besitzt die seltene Fähigkeit, den Geschmack in Schichten übereinander zu lagern. Bewahren Sie ihn deshalb unbedingt zehn Jahre lang auf, oder Sie erleben nur einen Bruchteil der Genüsse, die in ihm stecken und für die Sie viel Geld bezahlt haben. Beste Jahrgänge: 1995 93 90 **89** 88 **85 78**.

TAFELWEIN Nach den EU-Bestimmungen die unterste Stufe für Weine. Deutsche Tafelweine müssen von bestimmten, gesetzlich zugelassenen Rebsorten stammen und einen Mindestalkoholgehalt aufweisen.

TAITTINGER *Champagne AC, Champagne, Frankreich* Eines der wenigen großen Champagner-Häuser, das sich noch in Familienbesitz befindet. Die Spitzencuvée Comtes de Champagne Blanc de Blancs★★ war früher einmal denkwürdig wegen ihres cremigen Schaums, doch in jüngster Zeit hat die Qualität etwas nachgelassen. Der gewöhnliche Champagner ohne Jahrgangsbezeichnung★ ist weich und schmeckt nach Honig; er zeigt den relativ hohen Chardonnayanteil, den Taittinger beim Verschneiden verwendet. Der Comtes de Champagne Rosé★★ ist elegant und immer angenehm. Eine weitere Luxuscuvée namens Vintage Collection★ ist sicherlich gut, wird aber zu einem absurd hohen Preis verkauft. Beste Jahrgänge: **1991 90 89 88 86 85 82 79.** Siehe auch Bouvet-Ladubay.

CH. TALBOT★★ *St-Julien AC, 4ème Cru Classé, Haut-Médoc, Bordeaux, Frankreich* Ein prächtiger 4ème Cru mit einem Wein, der stämmig, weich, aber kernig ist und zehn bis zwanzig Jahre lang extrem gut altern kann. Zweitwein: Connétable Talbot. Beste Jahrgänge: (1996) (95) 94 90 89 88 **86 85 83 82 81 79 78.**

SYRAH (SHIRAZ)

Weine von Weltklasse erzeugt die Syrahrebe bislang nur in zwei Ländern: in Frankreich, wo Hermitage und Côte-Rôtie zwei der großen Rotweine der Welt sind, und in Australien, wo sie – unter dem Namen Shiraz – einige der bemerkenswertesten Rotweine der Neuen Welt hervorbringt. Und wo immer die Syrahrebe auftaucht, stellt sie eine stolze, eigenwillige Persönlichkeit unter Beweis, die auf großer Geschmacksfülle und unverwechselbarer Originalität beruht. Vielleicht hat gerade dieser stolze, eigenwillige Charakter die Ausbreitung der Rebsorte in den wärmeren Anbaugebieten der Welt begrenzt, aber es kann auch noch einen anderen Grund dafür geben. Das Kerngebiet der Syrahrebe, Hermitage und Côte-Rôtie im Rhônetal, umfaßt nur 270 ha steile, terrassierte Weinberge, die kaum genug Wein erzeugen, um ihn außerhalb dieser Region bekannt zu machen. Winzer in anderen Ländern wie Italien, Spanien, Kalifornien oder Osteuropa haben einfach keine Vorstellung davon, welche Art von Geschmack die Syrahtraube hervorbringt, so daß sie das Vorbild auch nicht kopieren.

WEINSTILE

Französische Syrahweine: Der Geschmack der Syrahtraube ist sehr eigentümlich, aber dank moderner Anbau- und Vinifizierungsmethoden ist er viel weniger einschüchternd als früher. Der traditionelle Syrah besaß einen wilden, fast derben, rauhen Geschmack. Die kleinen Trauben der Hermitage-Lagen mit ihren sehr geringen Erträgen zeigten oft eine bittere Tanninhaltigkeit.

Aber eine bessere Wahl der Klone in den Weinbergen und die Ersetzung alter, schmutziger Geräte und vorsintflutlicher Vinifizierungsmethoden durch rostfreie Stahltanks, saubere, neue Holzfässer und eine wissenschaftlich korrekte Weinbereitung haben gezeigt, daß die Syrahtraube in Wirklichkeit einen Wein von majestätischer, tiefer Fruchtigkeit, die an schwarze Johannisbeeren, Pflaumen und Loganbeeren erinnert, recht starker Tanninhaltigkeit und pikanter Rauchigkeit, aber auch mit einem warmen, cremigen Nachgeschmack und einer Andeutung von Schokolade und bisweilen Veilchenduft liefert. Diese Eigenarten haben dazu geführt, daß die Syrahrebe in ganz Südfrankreich zunehmend populär geworden ist als eine Rebsorte, die dort die eher rustikalen Rotweine verbessern kann.

Australische Shirazweine: Australiens am häufigsten angepflanzte rote Traubensorte wird dort oft für leichte, weiche Massenweine verwendet. Aber sie kann auch aufsehenerregend gute Ergebnisse erbringen, wenn sie ernst genommen wird – vor allem in Südaustraliens Anbaugebieten (Clare, Eden Valley und Barossa), in den wärmeren Weingärten von Victoria, vor allem Grampians, und im Hunter Valley in Neusüdwales. Die Geschmacksnuancen sind reichhaltig, intensiv und von dicker, süßer Fruchtigkeit, die mit Schokolade ummantelt und mit dem Aroma von Leder, Kräutern und Gewürzen durchsetzt ist. Häufig wird sie mit Cabernet Sauvignon verschnitten, um dem eckigeren Geschmack der Cabernettraube etwas Reichtum hinzuzufügen.

Andere Anbaugebiete: In Kalifornien bringen mehr Erzeuger prächtige Verschnitte im Stil des südlichen Rhônetals und Sortenweine nach dem Vorbild von Côte-Rôtie oder Hermitage heraus. In Südafrika gibt es ebenfalls aufregende Weine von einer kleiner Gruppe von Erzeugern, die auf Shiraz setzen.

BESTE ERZEUGER

Syrah (Spitzenweine)
Frankreich (Rhônetal) Burgaud, CHAPOUTIER, CHAVE, A. CLAPE, A. GRAILLOT, Jean-Louis Grippat, GUIGAL, JABOULET, JAMET, JASMIN, Rostaing.

Shiraz (Spitzenweine)
Australien Tim ADAMS, Jim BARRY (Armagh), Coriole, Craiglee, HENSCHKE (Hill of Grace, Mount Edelstone), MOUNT LANGI GHIRAN, PENFOLDS (Grange), ST HALLETT, YARRA YERING.

Andere gute Syrahweine
Frankreich (Languedoc) Ch. des Estanilles, Hortus; (Rhône) Pierre Barge, COURSODON, DELAS, Desmeure, Faurie, LIONNET, Gen. ST-DÉSIRAT , Viale.
Italien Bertelli, Fontodi, ISOLE E OLENA, Manzano.
USA (Kalifornien) DEHLINGER, DUXOUP, Edmunds St John, Jade Mountain, QUPE, Swanson, THACKREY.

Andere gute Shirazweine
Australien BAILEY'S, BEST'S, CAPE MENTELLE, Dalwhinnie, DE BORTOLI, Jasper Hill, LINDEMANS, MITCHELL, Paringa, PENFOLDS (Bin 28), PLANTAGENET, ROCKFORD, ROTHBURY, SEPPELT, Seville Estate, TALTARNI, VASSE FELIX.
Südafrika FAIRVIEW, La Motte, RUST-EN-VREDE, SAXENBURG, STELLENZICHT.

TALTARNI *Pyrenees, Victoria, Australien* Die größte Kellerei in dieser Region. Sie ist auf klassische Weine im europäischen Stil spezialisiert, die voller Geschmack sind und von den Rebsorten Cabernet★, Syrah★★, Merlot und Malbec stammen. Außerdem stellt sie gute Schaumweine her, insbesondere den neuen Clover Hill aus Tasmanien★. Der Fumé Blanc★★ ist voll, aber pikant und erinnert an Stachelbeeren. Beste Jahrgänge: (Rotweine) 1994 93 **92 91 90 88 86 84 82.**

TANNIN Der herbe, bittere Bestandteil im Rotwein, der von den Traubenschalen und -stielen sowie von den Eichenholzfässern herrührt. Tannine werden mit dem Alter milder und sind wichtig für die Alterung von Rotweinen.

TARRAWARRA *Yarra Valley, Victoria, Australien* Der Textilmagnat und Kunstmäzen Marc Besen wollte einen Le MONTRACHET machen und die Kosten senken. Seine Önologen sind auf dem richtigen Weg: Tarrawarra Chardonnay★★ ist tief und zeigt viele Facetten, aber der Pinot Noir★★ ist genauso gut und besitzt fast einen Geschmack und eine Konzentration wie Weine von der COTE DE NUITS. Tunnel Hill ist eine etwas billigere Marke für Weine dieser beiden Rebsorten; doch es werden keine weiteren Rebsorten angepflanzt oder sind geplant. Beste Jahrgänge: **1994 92 90 89 88.**

TASMANIA (TASMANIEN) *Australien* Die Insel Tasmanien liegt vor der Südküste Australiens. Weinbaumäßig ist sie mit einer Rebfläche von nur 400 ha ein kleineres Anbaugebiet. Das sehr kühle Klima hat Winzer angezogen, die bei Pinot Noir und Chardonnay auf der Suche nach Größe waren, aber es liefert nicht immer diese Qualität. Spitzenpinots sind großartig, aber sie sind in der Minderheit. Chardonnay fällt normalerweise gut aus und ist oft wunderbar verfeinert. Außerdem gibt es ein paar köstliche Rieslinge. Tasmanien ist auch ein wichtiger Lieferant von Trauben für Schaumweine. Beste Erzeuger: Delamere, Freycinet, HEEMSKERK, Moorila, Notley Gorge, PIPERS BROOK★★, Rowella, Spring Vale, Stoney.

TAURASI DOCG *Kampanien, Italien* Bemerkenswerterweise begründeten ein einzelner Erzeuger, nämlich MASTROBERARDINO, und ein einziger Jahrgang (1968) den Ruhm dieses Rotweins. Der 68er war ein fabelhafter, tiefer Herbstwein, der sich nie wiederholte und das große Potential der Aglianicotraube zeigte. Aber die Weine müssen fünf bis zehn Jahre altern. Beste Erzeuger: MASTROBERARDINO (Einzellage Radici★), Struzziero. Beste neuere Jahrgänge: 1993 90 **89 88 86.**

TAVEL AC *Rhônetal, Frankreich* Ein stattlicher, alkoholreicher Rosé, der nordwestlich von Avignon erzeugt wird. Grenache und Cinsaut sind die Hauptrebsorten. Trinken Sie den Tavel mit einem Jahr, wenn Sie ihn fröhlich, berauschend und dennoch erfrischend haben wollen. Beste Erzeuger: Aquéria, Genestière, Trinquevedel, Vieux Moulin, Vignerons de Tavel.

TAYLOR FLADGATE & YEATMAN *Port DOC, Douro, Portugal* Der Aristokrat unter den Portweinfirmen, 300 Jahre alt und immer noch einflußreich. Die Vintage-Portweine★★★ der Firma gehören stets zu den langlebigsten und teuersten und zumeist auch zu den besten. Ihr Quinta de Vargellas★★, ein eleganter Single-Quinta Vintage Port mit Zedernholzduft, wird in den besten Jahren, in denen kein »Jahrgang« deklariert wird, hergestellt und kommt in den Handel, wenn er reif ist. Taylor's 20 Jahre alter Port★ ist ein exzellenter Aged Tawny, während Taylor's Late Bottled Vintage für einen gefilterten Portwein recht komplex ist und im Geschmack an Feigen erinnert. Die besten Vintage-Portweine sollte man mindestens 25 Jahre aufheben. Beste Jahrgänge: (Vintage-Portweine) 1994 92 85 83 **80** 77 **75 70 66 63.**

TE MATA *Hawkes Bay, Nordinsel, Neuseeland* Trotz zunehmender Konkurrenz immer noch die berühmteste und beste Kellerei der HAWKES BAY. Am bekanntesten sind die Rotweine: Coleraine★★★ und Awatea★★, die beide auf Cabernet Sauvignon basieren, mit unterschiedlichen Anteilen von Merlot und Cabernet Franc. Ebenfalls herausragend ist Elston Chardonnay★★★, ein wunderbar gearbeiteter, würziger Wein mit Weißbrotgeschmack, der lang altern kann. Außergewöhnliche Jahrgänge aller drei Weine dürften fünf bis zehn Jahre reifen. Beste Jahrgänge: 1996 **94 91 90 89 83 82.**

E. & M. TEMENT *Ehrenhausen, Steiermark, Österreich* Manfred Tement ist ein fanatischer Weinmacher, wenn es darum geht, Österreichs besten Sauvignon Blanc★★ und Chardonnay★★ herzustellen. Beide Traubensorten werden in Eichenholzfässern vergoren und ausgebaut, was den Weinen viel Kraft und Tiefe, aber auch einen zarten Eichenholzton verleiht. Der Sauvignon Blanc aus der Reblage Zieregg ist in den besten Jahrgängen ★★★. Man sollte die Weine jung trinken oder für kurze Zeit lagern. Beste Jahrgänge: **1995 94 93 92 90 88.**

DOM. TEMPIER *Bandol AC, Provence, Frankreich* Führendes Gut in BANDOL, im Besitz der Familie Péyraud, das gehaltvolle, alterungsfähige Rotweine mit hohem Mourvèdreanteil erzeugt. Die Spitzenweine sind Migoua★★ und La Tourtine★★. Der Rosé★ ist einer der besten in der Provence. Beste Jahrgänge: 1995 **93 92 90 89 88 85 84 83 82.**

TEMPRANILLO Die hochwertigste einheimische Rotweintraube Spaniens. Sie kann einen wunderbaren Rotwein hervorbringen, dessen Aroma an Walderdbeeren, Gewürze und Tabak erinnert. Von Bedeutung ist sie in RIOJA, PENEDÉS (als Ull de Llebre oder Ojo de Liebre), RIBERA DEL DUERO (als Tinto Fino oder Tinta del País), La MANCHA und VALDEPEÑAS (als Cencibel), NAVARRA, SOMONTANO, UTIEL-REQUENA und TORO (als Tinto de Toro). In Portugal findet man sie im DOURO-Gebiet und in DÃO (als Tinta Roriz oder Aragonez). Die Weine können in einem wunderbar fruchtigen Stil hergestellt werden, so daß man sie jung trinken kann, aber sie reifen auch gut. Außerdem vermischen sich die Geschmacksnoten der Rebe gut mit dem Eichenholzton des Fasses. In den letzten beiden Jahren ist die Rebsorte auch in Kalifornien und Oregon angepflanzt worden.

TERLANO DOC *Südtirol, Italien* In erster Linie eine DOC-Anbauzone für Weißweine, südlich und östlich von Bozen gelegen und besonders gut geeignet für Chardonnay, Pinot Bianco und Sauvignon. Beste Erzeuger: LAGEDER (Sauvignon Lehenhof★★), Schwanburg, Gen. Terlano★.

TEROLDEGO ROTALIANO DOC *Trentino, Italien* Teroldego ist eine im TRENTINO beheimatete Rebsorte, die auf dem Kiesboden der Rotaliano-Ebene tieffarbene, grasige Rotweine mit dem Geschmack von schwarzen Johannisbeeren hervorbringt. Beste Erzeuger: Barone de Cles★, Conti Martini★, Dorigati★, Foradori★★, Gaierhof, Fratelli Zeni★.

TERRA NOBLE *Maule, Chile* Eine kleine Kellerei mit Sitz in Talca, die nur zwei Weine erzeugt: einen grasig-mineralischen Sauvignon Blanc und einen leichten Merlot im Nouveau-Stil. Henri Marionnet, der Zauberer aus dem Loiretal, fungiert als önologischer Berater.

TERRAS DO SADO *Setúbal Peninsula, Portugal* Ein Anbaugebiet südlich von Lissabon mit zwei IPR-Regionen, Arrábida und Palmela. SETUBAL, ein recht passabler gespriteter Wein, ist die lokale Berühmtheit, wird aber rasch von ausgezeichneten Tafelweinen übertroffen, insbesondere Rotweinen von Periquita, die aus den Rebsorten Cabernet und Merlot erzeugt werden. Beste Erzeuger: FONSECA SUCCESSORES★, J. P. VINHOS★.

CH. DU TERTRE★★ *Margaux AC, 5ème Cru Classé, Haut-Médoc, Bordeaux, Frankreich* Abgelegenes Gut in MARGAUX, das endlich die verdiente Anerkennung gewinnt. Der Wein besitzt viel Frucht und Tannin und schmeckt normalerweise mit fünf bis sechs Jahren köstlich, kann aber zehn bis 15 Jahre gut altern. Beste Jahrgänge: (1996) (95) 94 **93 90 89 88 86 85 82 80 79 78.**

CH. LE TERTRE-RÔTEBŒUF★★ *St-Émilion Grand Cru AC, Bordeaux, Frankreich* Das außergewöhnlichste von SAINT-ÉMILIONs nicht klassifizierten Weingütern. Die überaus verführerischen, auf Merlot basierenden Weine verkaufen sich zum selben Preis wie die Premiers Grands Crus Classés. Beste Jahrgänge: (1996) (95) 94 90 89 **88 86 85.**

THACKREY & CO. *Marin County, Kalifornien, USA* Eine winzige Kellerei (nur 1500 Kisten) mit einer kultartigen Gefolgschaft für mächtige Rotweine im Stil des Rhônetals, insbesondere Orion★★, der aus Syrahtrauben erzeugt wird, die in NAPA VALLEY angebaut werden, und einen Mourvèdre namens Taurus★. Die Weine kommen gut an bei denen, die Kraft gegenüber Eleganz bevorzugen. Alle können fünf Jahre und länger altern.

THAMES VALLEY *Berkshire, England* Aus nicht weniger als 18 Traubensorten, die auf 13 ha Rebfläche angebaut werden, erzeugen zwei Australier, der Winzer Jon Leighton und der Weinmacher John Worontschak, eine Reihe von Weinen mit vollem Geschmack, von denen viele eine für Australien typische Verwendung der Eichenholzfässer zeigen. Der Fumé★ ist ein bemerkenswerter GRAVES-ähnlicher Wein und gewann 1993 die Gore Brown Trophy. Worontschak, die treibende Kraft hinter der HARVEST WINE GROUP, begeistert sich auch für süße Weine★ und Schaumweine★ (Heritage Brut gewann 1996 die Gore-Brown-Trophy). Ich habe das Gefühl, daß die eigentlichen Überraschungen erst noch kommen werden.

H. THANISCH *Bernkastel, Mosel, Deutschland* Das, was vom ursprünglichen Weingut Thanisch übriggeblieben ist. Die Etiketten bleiben im wesentlichen die gleichen, so daß man auf den VDP-Adler achten sollte, der einem verrät, ob man einen Wein kauft, der sich noch im Besitz der Familie befindet. Die Erben haben auch ein Stück der berühmten DOCTOR-Lage behalten. Bis 1992 verbesserte sich die Qualität, aber seitdem ist sie etwas problematisch gewesen. Beste Jahrgänge: **1992 90 89 88 76.**

THELEMA MOUNTAINS VINEYARDS *Stellenbosch WO, Südafrika* Diese Kellerei in Familienbesitz fährt ähnlich wie ihre Weinberge fort, schwindelerregende Höhen zu erklimmen. 1996 wiederholte Gyles Webb bei den

TREFETHEN VINEYARDS *Napa Valley AVA, Kalifornien, USA* Ein nicht trockener Riesling★ ist einer der besten Weine von diesem Napa-Weingut, auch wenn der Chardonnay mehr Lob geerntet hat. Der Cabernet fällt unbeständig aus. Jetzt ist ein Merlot hinzugekommen. Zwei preisgünstige Weine, Eshcol Chardonnay und Eshcol Cabenet Sauvignon, sind häufig die attraktivsten Weine, die Trefethen erzeugt.

TRENTINO DOC *Italien* Diese norditalienische Region ist mit ihrem nördlichen Nachbargebiet Südtirol (ALTO ADIGE) verbunden, aber die beiden Regionen sind völlig verschieden. Die Weine haben selten den Schwung oder den Duft von Südtiroler Weinen, können dies aber durch einen reiferen, weicheren Geschmack wettmachen, wenn die Erträge der Weinberge begrenzt gehalten werden. Die regionale DOC Trentino DOC umfaßt 20 verschiedene Weinstile; dazu gehören Pinot Bianco, Pinot Grigio, Moscato Giallo, Müller-Thurgau und Nosiola (bei den Weißweinen) sowie Schiava, Lagrein, Marzemino, Teroldego und Cabernet (bei den Rotweinen). Trento Classico ist eine spezielle DOC für Schaumweine, die nach dem Champagner-Verfahren hergestellt werden. Beste Erzeuger: Bossi-Fedrigotti, Castel Noarna, Gen. Cavit, Conti Martini★, Dorigati, Ferrari★★, Foradori★★, Gen. Maso Cantanghel★★, Pojer & Sandri★, San Leonardo★, De Tarzal★, Vallarom★★, Gen. La Vis. Siehe auch Teroldego Rotaliano.

DOM. DE TRÉVALLON *Coteaux-d'Aix-en-Provence les-Baux-de-Provence AC, Provence, Frankreich* Der experimentierfreudige Pariser Eloi Dürrbach erzeugt prächtige Rotweine★★★, die die Wildheit der mediterranen Kräuter mit der Süße von Heidelbeeren, schwarzen Johannisbeeren und tiefschwarzen Pflaumen verbinden. Sein traditionssprengender Verschnitt von Cabernet Sauvignon und Syrah, der (seit dem Jahrgang 1994) von der AC Les BAUX-DE-PROVENCE nicht mehr akzeptiert wird, ist der beste Wein, der im letzten Jahrzehnt aus der Provence gekommen ist. Die Weine altern äußerst gut, sind aber schon in ihrer Jugend überraschend gut trinkbar. Beste Jahrgänge: 1995 **94 92 90 89 87 86 85 83 82.**

F. E. TRIMBACH *Alsace AC, Elsaß, Frankreich* Ein hervorragender Winzer und Weinhändler, dessen Markenzeichen eine wunderschön strukturierte, zart duftige Eleganz seiner Weine ist. Seine Spezialitäten sind Riesling und Gewürztraminer, aber Pinot Gris und Pinot Blanc sind ebenfalls erstklassig. Die Spitzenweine sind der herrliche Gewürztraminer Cuvée des Seigneurs de Ribeaupierre★★★, der Riesling Cuvée Frédéric Émile★★★ und der Riesling Clos St-Hune★★★. Ebenfalls sehr gut ALSACE VENDANGE TARDIVE★★ und SÉLECTIONS DES GRAINS NOBLES★★. Beste Jahrgänge: 1996 95 **93 92 90 89 88 85.**

TRITTENHEIM *Mosel, Deutschland* Wichtiger Weinbauort an der MOSEL mit mehreren ausgezeichneten Reblagen, insbesondere Apotheke und Leiterchen. Die Weine sind schlank und besitzen eine frische Säure, die durch viel Frucht ausgeglichen wird. Beste Erzeuger: Clüsserath, Grans-Fassian, Milz.

TROCKEN Als trocken bezeichnete Weine dürfen in den meisten Anbaugebieten Deutschlands und Österreichs höchstens 9 g Restzucker pro Liter enthalten. Solche »trockenen« Weine sind in Deutschland zu so etwas wie einer Modeerscheinung geworden, haben aber in anderen Ländern nur wenig Anklang gefunden.

die Bewegung der »Supertoskaner« außerhalb der DOC-Bestimmungen aus, die viele von Italiens aufregendsten Weinen hervorgebracht hat. Die Trauben stammen angeblich alle aus dem Tignanello-Weinberg in der Anbauzone CHIANTI CLASSICO, wobei 80 % Sangiovese mit 20 % Cabernet Sauvignon kombiniert werden. Die Spitzenjahrgänge sind wirklich große Weine; die weniger guten Jahrgänge haben passable Chianti-Classico-Qualität. Beste Jahrgänge: (1996) (95) 94 93 **91** 90 **88 86 85.** Siehe auch Supertoskaner.

TINTA RORIZ Siehe Tempranillo.

TOCAI FRIULANO Nicht verwandt mit dem ungarischen Tokajer oder dem elsässischen Tokay d'Alsace (Pinot Gris). Die Rebsorte Tocai Friulano ist eine nordostitalienische Traube, die in COLLIO und COLLI ORIENTALI trockene, nussige, ölige Weißweine mit großem Charakter und in den COLLI EUGANEI in Venetien gute Weine sowie in PIAVE viele geschmacksneutrale Weine hervorbringt. Beste Erzeuger: Borgo del Tiglio★, Dorigo★, PUIATTI★, Russiz Superiore★, SCHIOPETTO★★, Specogna★, La Viarte★, Vie di Romans★, Villa Russiz★.

TOKAJI *Ungarn und Slowakei* Mit seinem süß-sauer-süßen, sherryähnlichen Beigeschmack ist der Tokajer sonderbar, faszinierend und einzigartig. Er kommt aus einem Gebiet an der ungarisch-slowakischen Grenze, wo die vom Bodrog aufsteigenden Nebel dafür sorgen, daß die Edelfäule auf den Trauben der Rebsorten Furmint, Hárslevelü und Muscotaly (Muscat Ottonel) recht häufig auftritt. Alte, aus Einzellagen stammende Museumsweine★★ vom Tokajer-Weinkonzern demonstrieren das Potential des Anbaugebiets. Jüngste französische und spanische Investitionen nutzen es gegenwärtig. Die Qualität steigt stark an. Tokajer gelangt in den Handel, wenn er trinkreif ist; doch angesichts des oxidierten Stils könnte man glauben, der Wein sei schon hinüber. Beste Erzeuger: Megyer, Pajzos Disznókö, Royal Tokaji Wine Company.

TOLLOT-BEAUT & FILS *Chorey-lès-Beaune, Burgund, Frankreich* Hochwertige Rotweine von der COTE DE BEAUNE mit viel Frucht und ausgeprägtem Holzton. Weine der Dorfappellationen CHOREY-LES-BEAUNE★, ALOXE-CORTON★★ und SAVIGNY-LES-BEAUNE★★ sind alle hervorragend, was auch für den Spitzenwein BEAUNE Premier Cru Clos du Roi★★ gilt. Am besten trinkt man sie mit fünf bis zehn Jahren. Beste Jahrgänge: 1995 93 **92 90 89 88.**

TORGIANO DOC & DOCG *Umbrien, Italien* Eine Anbauzone in der Nähe von Perugia, die von LUNGAROTTI beherrscht wird. Während in den 60er und 70er Jahren die meisten Rotweine in Mittelitalien rauh waren und keine Fruchtigkeit besaßen, war der Rubesco Torgiano von Lungarotti immer reif und pflaumig. Der einfache Rubesco Torgiano ist nicht mehr so gut, aber der Riserva Vigna Monticchio★★ ist ein feiner, dunkler Wein, der nach schwarzen Kirschen schmeckt. Torgiano Riserva Rosso ist als DOCG eingestuft worden. Bester Erzeuger: LUNGAROTTI.

TORO DO *Kastilien-León, Spanien* Toro erzeugt vor allem kräftige, robuste Rotweine, die farb- und tanninreich sind und einen recht hohen Alkoholgehalt haben. Die Hauptrebsorte, Tinto de Toro, ist ein lokaler Abkömmling der Tempranillotraube. Außerdem wird etwas Garnacha angebaut. Die Weißweine aus der Malvasíarebe sind in der Regel schwer. Beste Erzeuger: Fariña★ (Rotweine), Vega Saúco.

TORRES *Penedés, Katalonien, Spanien* Eine große, von dem weitblickenden Miguel Torres geführte Kellerei in Familienbesitz, die gute Weine aus einheimischen Rebsorten (Parellada und Tempranillo) herstellt, aber auch für den Anbau französischer Rebsorten bekannt ist. Viña Esmeralda★ (Muscat d'Alsace und Gewürztraminer) ist traubig und würzig, Fransola★ (Parellada und Sauvignon Blanc) sehr grasig, während Milmanda★★ ein köstlicher, teurer Chardonnay aus einer Lage in CONCA DE BARBERA ist. Gelungene Rotweine sind Gran Coronas★, ein weicher, holzbetonter Wein, der nach schwarzen Johannisbeeren schmeckt (Tempranillo und Cabernet), der feine, relativ reichhaltige Mas la Plana★★ (Cabernet Sauvignon), der blumig-duftige Mas Borras★ (Pinot Noir) und der nach Rosinen schmeckende Las Torres★ (Merlot). Beste Jahrgänge (Mas la Plana): **1989 88 87 83 81 76 75 73.**

MARIMAR TORRES ESTATE *Sonoma, Kalifornien, USA* Die Schwester des spanischen Weinmachers Miguel Torres hat ihre eigene Kellerei in der kühlen Green-Valley-Region des SONOMA COUNTY aufgebaut, nur ein paar Meilen vom Pazifischen Ozean entfernt. Die beiden ersten Chardonnays★★ waren gehaltvolle, intensive Weine, vielleicht ein wenig zu holzbetont, die am besten mit vier bis sechs Jahren schmecken. Die ersten Pinot Noirs nähern sich ★★★-Qualität.

MIGUEL TORRES *Curicó, Chile* Der Mann, der 1979 Innovationen, neue Ideen und Technologien nach Chile brachte, hat leider seinen Impuls nicht aufrechterhalten, während ihn der Rest der Konkurrenz überholte. Der beste Wein des enttäuschenden Angebots ist der kräftig gebaute, aber gut strukturierte Valsasco Cabernet★ von alten Rebstöcken.

TOSCANA (TOSKANA) *Italien* Die sanften Hügel der Toskana, wo Rebstöcke, Olivenbäume und Zypressen wachsen, erzeugen mindestens seit den Zeiten der Etrusker Wein. Heute weist die Toskana den Weg bei der Förderung des neuen Image italienischer Weine. Ihre 26 DOCs und DOCGs basieren auf der roten Sanigovesetraube und werden angeführt von BRUNELLO DI MONTALCINO und VINO NOBILE DI MONTEPULCIANO sowie berühmten Supertoskanern wie ORNELLAIA und TIGNANELLO. Trotz des süßen VIN SANTO und der bisweilen exzellenten Chardonnays und Sauvignons spielen Weißweine keine große Rolle. Siehe auch Bolgheri, Carmignano, Galestro, Montecarlo, Parrina, Pomino, Rosso di Montalcino, Rosso di Montepulciano, Sassicaia, Supertoskaner, Vernaccia di San Gimignano.

CH. LA TOUR-MARTILLAC *Pessac-Léognan AC, Cru Classé de Graves, Bordeaux, Frankreich* Ein Cru Classé von GRAVES, der viele Jahre lang ein im positiven Sinne altmodisches Image pflegte, aber jetzt ein Gut ist, das man im Auge behalten sollte. In den Weinbergen, die viele alte Rebstöcke besitzen, werden biologische Anbaumethoden streng beachtet. Früher waren die Rotweine★ tief, dunkel und gut strukturiert, aber es fehlte ihnen an Charme. In den 80er Jahren hat sich die Situation stark verbessert. Seit 1986 hat eine neue Vinifizierung den Stil der Weißweine★★ verändert. Beste Jahrgänge: (Rotweine) (1996) (95) 90 88 **86 85 83 82;** (Weißweine) (1996) **95 94 93 90 89 88.**

TOURAINE AC *Loiretal, Frankreich* Die allgemeine AC für die Touraineweine an der mittleren LOIRE. Insgesamt 6140 ha als AC eingestuftes Rebland, das je zur Hälfte Rot- bzw. Roséweine und Weißweine erzeugt. Die meisten Rotweine stammen von der Gamaytraube und können in warmen Jahren saftige, fruchtige Weine sein. Außerdem werden Cabernet Sauvignon und Cabernet Franc sowie Côt (Malbec) angebaut. Die Rotweine sollten jung getrunken werden. Recht passable Weißweine werden aus Chenin Blanc erzeugt, aber die besten Weine stammen von der Rebsorte Sauvignon Blanc. Diese können ein guter SANCERRE-Ersatz zum halben Preis sein. Man sollte sie mit einem Jahr trinken, obwohl die Cheninweine länger halten können. Daneben gibt es noch drei weitere ACs: Touraine-Amboise und Touraine-Mesland für Rot-, Rosé- und Weißweine, Touraine-Azay-le-Rideau nur für Weiß- und Roséweine. Beste Erzeuger: (Rot- und Roséweine) Dom. de la Charmoise★, Corbillières, Octavie, Gen. OISLY-ET-THESÉE, Roche Blanche★; (Weißweine) Barbou, Baron Briare★, Bougrier, Dom. de la Charmoise★, Ch. de Chenonceaux★, Delaunay, Frissant, Marcadet★, Octavie★, Gen. OISLY-ET-THESÉE★, Roche Blanche★. Beste Jahrgänge: (Rotweine) **1996 95 93 90 89 88**; (Weißweine) **1996 95 93 90 89 88.**

TOURAINE MOUSSEUX AC *Loiretal, Frankreich* Eine Schaumwein-AC, die die gesamte Touraine umfaßt. Die Weine sind selten so gut wie die besten VOUVRAYS und CRÉMANTS DE LOIRE. Beste Erzeuger: Ch. de Chenonceau★, Delaunay, Monmousseau.

TOURIGA NACIONAL Hochwertige portugiesische rote Traubensorte, die aromareich und fruchtig ist. Sie wird sehr geschätzt für die Produktion von Portweinen, weil sie tiefe Farbe und Tannine hinzufügt. Langsam wachsende Bedeutung für Tafelweine in anderen Anbaugebieten Portugals wie etwa DÃO.

TRADITIONELLE METHODE Siehe Champagner-Verfahren.

TRAISEN *Nahe, Deutschland* Der Weinbauort Traisen schmiegt sich an den wuchtigen Rotenfels. An Fuß des Felsens befindet sich seine beste Reblage, die berühmte Bastei. Das Weingut Crusius und die Staatliche Weinbaudomäne erzeugten hier früher großartige Weine. Glücklicherweise machen beide nach einer Schwächeperiode wieder sehr gute Weine. Beste Erzeuger: Crusius, Staatliche Weinbaudomäne Niederhausen-Schloßböckelheim.

TRAISENTAL *Niederösterreich* Eine kleine Region im Tal eines Nebenflusses der Donau, südlich von Krems, das auf trockene Weißweine spezialisiert ist. Die besten Rieslinge, Grünen Veltliner und Weißburgunder haben Ähnlichkeit mit den Weinen aus der WACHAU. Bester Erzeuger: Neumayer.

TRAS-OS-MONTES *Portugal* Eine verarmte Provinz im Nordosten Portugals, die traditionell ein Traubenlieferant für Mateus Rosé ist. Doch es gibt hier auch drei IPR-Gebiete,Valpaços, Chaves and Planalto-Mirandês, die aber immer noch ziemlich rustikale Weine erzeugen. Bester Erzeuger: Valle Pradinho.

TREBBIANO Die in Italien am häufigsten angebaute Weißweintraube. Als Trebbiano Toscano wird sie für den GALESTRO und viele andere neutrale, trockene Weißweine sowie für den VIN SANTO verwendet. Aber es gibt auch eine Reihe von Rebsorten, die sich hinter dem Namen Trebbiano verbergen und alles andere als geschmacksneutral ausfallen. Die bemerkenswertesten sind die Trebbianospielarten aus LUGANA und den Abruzzen (ABRUZZI): Beide können körperreiche, duftige Weine erzeugen. In Frankreich wird die Rebsorte Ugni Blanc genannt und hauptsächlich zum Destillieren verwendet.

Weinauszeichnungen der Südafrikanischen Union seine 95er Erfolge für Rot- und Weißweine und gewann dann seinen zweiten Diner's Club Award mit einem gehaltvollen 94er Cabernet Sauvignon★★★, der an schwarze Johannisbeeren erinnert. Die Weinberge gewinnen ebenfalls Preise, was zeigt, wo die Prioritäten von Webb liegen. Ein Cabernet Sauvignon-Merlot-Verschnitt★★★, der einen Veilchenduft entfaltet, im Holzfaß vergorene Chardonnays★★★, ausgewogene Sauvignon Blancs★★ und Rieslinge★, für die weniger übetrieben geworben wird, sind alle ausgezeichnet. Beste Jahrgänge: (Rotweine) **1994 93 92 91**; (Weißweine) **1996 95 94 93 92 91.**

THERMENREGION *Niederösterreich, Österreich* Diese Region, die sich südlich von Wien erstreckt, hat ihren Namen von den Thermalbädern Baden und Bad Vöslau. Unmittelbar südlich von Wien liegt die Weinbaugemeinde Gumpoldskirchen, die gehaltvolle, oft süße Weine erzeugt. Das Rotweingebiet um Baden produziert große Mengen Blauer Portugieser sowie ein paar gute Blaue Burgunder und Cabernet Sauvignons. Bester Erzeuger: Stadlmann.

PAUL THOMAS *Washington, USA* Die Kellerei hat sich erholt, seitdem sie vor ein paar Jahren von den Associated Vintners (Besitzer der Columbia Winery) übernommen worden ist. Eine neue, 100 ha große Reblage liefert die Trauben für einen sehr erfolgreichen Chardonnay★ und einen Cabernet-Merlot-Verschnitt★. Diese zeigen einen klugen Einfluß von Eichenholz, der von der Verwendung von Eichenholzsplittern herrührt – eine Tatsache, die diese Kellerei mit erfrischender Offenheit zugibt. Wenigstens zwei Dutzend andere Weine werden in dem sich ständig verändernden Angebot erzeugt, aber besonders erwähnenswert ist der Sémillon★. Beste Jahrgänge: **1995 94 93.**

THREE CHOIRS *Gloucestershire, England* Martin Fowke erzeugt den Wein auf diesem 28 ha großen Gut. Das eindrucksvolle Angebot umfaßt den lebhaften New Release, der zur selben Zeit wie der BEAUJOLAIS NOUVEAU in den Handel kommt. Estate Premium Medium Dry★ aus den Rebsorten Seyval Blanc, Reichensteiner und Müller-Thurgau ist der am meisten verkaufte Wein. Seit 1990 stellt er einen Schaumwein★ her.

TICINO (TESSIN) *Schweiz* Der wichtigste Wein in diesem italienischsprachigen Kanton in der Südschweiz ist Merlot del Ticino, der normalerweise weich und süffig ist, aber manchmal voller und seriöser ausfällt, wenn er einige Zeit in Eichenholzfässern reift. Beste Erzeuger: Daniel Huber, Werner Stucky, Christian Zündel★.

TIGNANELLO, VINO DA TAVOLA★★ *Toskana, Italien* Der Wein, der in der Toskana das Ganze ins Rollen brachte. Piero ANTINORI übernahm in den 60er Jahren, als der Ruf des CHIANTI ganz unten war, das Familienunternehmen. Da er die roten Bordeauxweine bewunderte, machte er sich daran, sie nachzuahmen, beraten durch den führenden Önologen von Bordeaux, Prof. Peynaud. Er benutzte die bis dahin in Italien unerhörte Praxis, den Wein in kleinen Fässern aus französischem Eichenholz reifen zu lassen, und verwendete Cabernet Sauvignon beim Verschnitt mit Sangiovese. Deshalb durfte der Wein lediglich als simpler Vino da Tavola ausgewiesen werden. Aber die Qualität war superb, und der Erfolg des Tignanello löste

TROCKENBEERENAUSLESE Die höchste Prädikatsstufe bei den deutschen und österreichischen Weinen. Diese Weine werden aus edelfaulen Trauben erzeugt, die man so lange am Rebstock hängen läßt, bis sie rosinenartig eingeschrumpft sind. Sie besitzen eine köstliche Süße. Deutsche Trockenbeerenauslesen müssen ein Mindestmostgewicht von 150 (Riesling von der Mosel) bis 154° Oechsle (Ruländer aus Baden) besitzen. Eine österreichische Trockenbeerenauslese muß 30° KMW oder 156° Oechsle aufweisen.

TROLLINGER In Württemberg am häufigsten angebaute Rotweinrebe, die ursprünglich aus Südtirol stammt, wo sie Vernatsch oder Schiava heißt. Bei nicht zu hohen Erträgen liefert sie leichte, frische Weine.

CH. TROTANOY★★★ *Pomerol AC, Bordeaux, Frankreich* Ein weiteres Gut in POMEROL, das (neben PÉTRUS, LAFLEUR, LATOUR-A-POMEROL und anderen Weingütern) von dem brillanten Können der Familie MOUEIX profitiert hat. Nach einer leichten Schwächeperiode Mitte der 80er Jahre zeigen die letzten Jahrgänge eine Rückkehr zu alter Qualität an. Beste Jahrgänge: (1996) (95) 94 93 90 89 88 **82 81 79 78 76 75 71 70 66 64 61.**

TURSAN VDQS *Südwestfrankreich* Ein Wein, der am Rande der Landes, des sandigen Gebiets an der Atlantikküste südlich von Bordeaux, erzeugt wird. Der Weißwein ist am interessantesten; wenn er aus der Baroquetraube erzeugt wird, ist er sauber, knackig und erfrischend. Die Rot- und Roséweine sind nur von lokaler Bedeutung. Beste Erzeuger: de Bachen★, Gen. Tursan.

TYRRELL'S *Hunter Valley, Neusüdwales, Australien* Familienunternehmen mit hervorragenden Lagen im unteren HUNTER VALLEY. Die Weine schmekken vor Ort prächtig, waren aber bis vor kurzem auf dem Exportmarkt unbeständig. Herrlicher Vat 1 Sémillon★★, teilweise exzellenter Vat 47 Chardonnay★★. Vat 5 und 9 Shiraz können sehr gut sein. Vat 6 Pinot Noir fällt wechselhaft aus. Beste Jahrgänge: (Sémillon) 1995 94 93 **91 86 79 76 74 72;** (Chardonnay) **1995 94 93 92 91 90 87 86 79 77 73;** (Rotweine) **1993 92 91 87 85 83 75 65.**

UGNI BLANC Siehe Trebbiano.

UMBRIA (UMBRIEN) *Italien* Die Weinerzeugung in dieser mittelitalienischen Binnenregion wird vom ORVIETO beherrscht, der fast 70 % der umbrischen DOC-Produktion ausmacht. Einige der charaktervollsten Weine sind jedoch die Rotweine aus TORGIANO und MONTEFALCO. Andere Anbauzonen, wie etwa Colli del Trasimeno, Colli Altotiberini und Colli Perugini, erzeugen einfachere Rot- und Weißweine, die man vergessen kann.

UNGSTEIN *Pfalz, Deutschland* Die Ungsteiner Reblagen Herrenberg und Weilberg gehören zu den besten Lagen in der PFALZ. Die trockenen und süßen Rieslinge von hier verbinden den für diese Gegend typischen Reichtum mit Subtilität und Feinheit. Beste Erzeuger: Darting, Pfeffingen★, Karl Schaefer.

ÜRZIG *Mosel, Deutschland* Weinbauort an der mittleren MOSEL mit einer sehr berühmten Lage, dem Würzgarten, der aufsehenerregend zum Fluß hin abfällt und auf seinem roten Schiefer- und Sandsteinboden wunderbar würzige Rieslinge erzeugt. Man sollte sie mit fünf Jahren oder älter trinken. Beste Erzeuger: J. J. Christoffel★, LOOSEN★★.

UTIEL-REQUENA DO *Valencia, Spanien* Landeinwärts von Valencia gelegen, ist Utiel-Requena bekannt für seine Roséweine, die hauptsächlich aus der Rebsorte Bobal erzeugt werden. In jüngster Zeit hat man viele Tempranilloreben angepflanzt, die bessere, langlebigere Rotweine liefern. Beste Erzeuger: Campo de Requena, Torre Oria, Vinival.

VACQUEYRAS AC *Rhônetal, Frankreich* Der bedeutendste und beständigste der als COTES DU RHONE-VILLAGES eingestuften Weinbauorte wurde 1989 zu einer eigenen AC erhoben. Die Rotweine besitzen eine hübsche dunkle Farbe, ein rundes, warmes, würziges Bukett und einen reichen, tiefen Geschmack, der von den Kräutern und Kiefernnadeln des Südens geprägt zu sein scheint. Mit zwei bis drei Jahren schmecken sie angenehm; gute Weine können fünf Jahre oder noch länger altern. Beste Erzeuger: Clos des Cazaux★★, Combe★, Couroulu★, la Fourmone★★, JABOULET, des Lambertins, de Montmirail★, Pascal★, des Roques, Gen. Vacqueyras★. Beste Jahrgänge: **1995 94 93 91 90 89.**

VAL D'ORBIEU, LES VIGNERONS DU *Languedoc-Roussillon, Frankreich* Eine tatkräftige, aber wechselhaft arbeitende Winzervereinigung, die pro Jahr über 20 Millionen Kisten südfranzösischer Weine verkauft und Frankreichs größte Exportfirma für Weine ist. Vor kurzem erwarb sie LISTEL. Zu ihren Mitgliedern gehören einige – aber keineswegs alle – der besten Genossenschaften des MIDI (Cucugnan, Cuxac, Ribauté und Montredon) und Einzelerzeuger (Dom. de Fontsainte, Ch. la Voulte-Gasparets und Ch. Saint-Auriol). Sie entwickelt jetzt eine Reihe von Verschnittweinen (Cuvée Chouette★, Chorus★, Pas de Deux und La Cuvée Mythique★★), die in der Regel eine kluge Mischung traditioneller Rebsorten aus dem Mittelmeerraum sowie Cabernet oder Merlot aus dem Bordelais sind. Val d'Orbieu hat auch ein Joint-venture-Abkommen mit PENFOLDS (Australien). 1995 brachte sie Laperouse heraus; der Weißwein war exotisch gut, aber der Rotwein hart und enttäuschend. Beste Jahrgänge: **1995 94 93 91 90 89 88.**

VALAIS (WALLIS) *Schweiz* Westschweizer Kanton und Weinbaugebiet, das sich oberhalb des Genfer Sees entlang der Rhône erstreckt. Zwischen Martigny und Sierre, dem trockensten Ort der Schweiz, wendet sich das Flußtal nach Nordosten, so daß die Alpen hier zwangsläufig die Sonnenwärme einfangen und speichern. Dieser kurze Abschnitt intensiv bewirtschafteter Weinberge liefert die eigenwilligsten Weine der Schweiz von den Rebsorten Fendant, Pinot Noir und Gamay sowie Syrah und Chardonnay, die neu hinzugekommen sind. Beste Erzeuger: Caves Imesch, Michel Clavien, J. Germanier, Gilliard, Mathier, Mont d'Or, Raymond, Zufferay.

VALDEPEÑAS DO *Kastilien-La Mancha, Spanien* Valdepeñas bietet einige der besten preisgünstigen Rotweine Spaniens, die in Eichenholzfässern reifen, aber diese stellen nur einen kleinen Tropfen in einem Ozean aus weniger aufregenden Weinen dar. Tatsächlich gibt es mehr Weißweine als Rotweine, doch zumindest einige davon sind jetzt in einem modernen, frischen und fruchtigen Stil gehalten. Im allgemeinen sollte man die Weine jung trinken, aber die besten Rotweine aus Tempranillotrauben halten zehn Jahre. Beste Erzeuger: Casa de la Viña, LOS LLANOS★, Luís Megía, Real, Félix Solís.

VALDESPINO *Jerez y Manzanilla DO, Andalusien, Spanien* Eine altmodische Firma in Familienbesitz, die äußerst hochwertige Sherrys herstellt. Zu ihren köstlichen Weinen gehören Inocente Fino★, Tio Diego Amontillado★★, der teure, aber konzentrierte Palo Cortado Cardenal★★, die trockenen Amontillados Coliseo★★★ und Don Tomás★★, Don Gonzálo Old Dry Oloroso★★ und Pedro Ximénez Solera Superior★★.

VALDIVIESO *Curicó, Chile* Teil der Mitjans-Gruppe und Nutznießer riesiger Investitionen in ihre Kellerei in Lontué und in die Weinberge im Curicó-Tal. Vor allem bekannt für weiche, holzbetonte Pinot Noirs★★ und fein strukturierte, buttrige Chardonnays★★. Der aus mehreren Rebsorten hergestellte Verschnitt Cavallo Loco ist gut, aber noch weit von einem chilenischen Grange (siehe PENFOLDS) entfernt. Achten sollte man auf die neue Spitzenmarke Stonelake. Außerdem soll bald ein Schaumwein hinzukommen.

VALENCIA *Valencia, Spanien* Die besten Weine aus Valencia in Südostspanien sind die preisgünstigen, süßen, traubig schmeckenden Moscatels. Ebenfalls gut sind die einfachen, fruchtigen Weiß-, Rot- und Roséweine. Alicante DO im Süden erzeugte ein wenig bekanntes Kleinod, den Fondillón, einen trockenen oder halbtrockenen gespriteten Wein, sowie eine Reihe von Weinen aus einheimischen und ausländischen Rebsorten, die von ein paar qualitätsbewußten modernen Winzern hergestellt werden. Monastrell ist die rote Hauptrebsorte. UTIEL-REQUENA DO ist auf Rosés und helle Rotweine aus der Bobaltraube spezialisiert. Beste Erzeuger: (Valencia DO) Cherubino Valsangiacomo (Marqués de Caro), Schenk (Los Monteros), Vincente Gandía Pla; (Alicante DO) Gutiérez de la Vega, Enrique Mendoza, Salvador Poveda, Primitivo Quiles.

VALLE D'AOSTA DOC *Italien* Das winzige Alpental liegt in Nordwestitalien zwischen Piemont (PIEMONTE) und den französischen Alpen. Die regionale DOC umfaßt 17 Weinstile, die sich entweder auf bestimmte Traubensorten (wie Gamay oder Pinot Nero) oder auf ein abgegrenztes Anbaugebiet wie Donnaz beziehen. Diese nördliche Fortsetzung der piemontesischen DOC CAREMA erzeugt einen leichten Rotwein aus der Nebbiolotraube. Der vielleicht beste Wein von diesen steilen Hängen ist der süße Chambave Moscato. Beste Erzeuger: Bonin, Charrère, La Crotta di Vegneron★, Grosjean, Ezio Voyat.

VALLÉE DE PARADIS, VIN DE PAYS DE LA *Languedoc, Frankreich* Bei einem solchen Namen (»Paradiestal«) sollten die Weine aus diesem Anbaugebiet südwestlich von Narbonne, rund um Durban, eigentlich himmlisch schmecken. Tatsächlich aber sind es nur gute, einfache Trinkweine, die vorwiegend aus Carignan, Cinsaut und Grenache hergestellt werden.

VALLET FRÈRES *Gevrey Chambertin, Burgund, Frankreich* Ein Weinhändler, der kleine Mengen von Burgunderweinen in einer sehr traditionellen Weise herstellt. Die Weine können fest und dicht erscheinen, wenn sie jung sind, aber die besten – insbesondere seine Premiers Crus★★ und Grands Crus★★ aus GEVREY-CHAMBERTIN★★ – können sich im Laufe von vielen Jahren zu einer schweren, aber angenehmen Reife entwickeln. Er bietet auch gute VOSNE-ROMANÉE★ und MOREY-SAINT-DENIS★. Die Weine kommen bisweilen unter der Marke Pierre Bourée auf den Markt.

VALPOLICELLA DOC *Venetien, Italien* Dieser Veroneser Rotwein kann im Stil von einem leichten, nach Kirschen schmeckenden Wein bis zu den gehaltvollen, portweinähnlichen RECIOTO und AMARONE Valpolicellas reichen. Der größte Teil der Valpolicellaweine, die im Flachland erzeugt werden, ist blaß und geschmacklos und hat wenig Ähnlichkeit mit dem Valpolicella Classico, der von den Hügeln kommt. Der Classico, der aus Corvina (der besten Traubensorte), Rondinella und Molinara (beim Verschneiden weggelassen, wenn ein stärker strukturierter Wein angestrebt wird) erzeugt wird, kann entweder ein leichter, sehr reizvoller, nach Kirschen schmeckender Rotwein sein, den man innerhalb der ersten 18 Monate nach der Lese trinkt, oder ein vollerer Wein mit einem recht komplexen, bittersüßen Geschmack, der entweder aus einer bestimmten Reblage stammt (wie etwa La Grola von ALLEGRINI) oder (wie bei QUINTARELLI) auf der Amaronemaische wiedervergoren worden ist (Ripasso-Stil). Beste Erzeuger: Corte Aleardi★, ALLEGRINI★★, Bertani★, BOLLA★, Brigaldara★, Brunelli★, Cecilia Beretta★, Dal Forno★★, Guerrieri-Rizzardi★, MASI,★ Mazzi★, QUINTARELLI★★, Le Ragose★, Le Salette★, Speri★, Tedeschi★, Villa Spinosa★, Fratelli Zeni★. Beste neuere Jahrgänge: **1995 94 93 91 90 88.**

VALTELLINA DOC *Lombardei, Italien* Erzeugt wird dieser Rotwein auf den Steilhängen der Nordlombardei, näher bei der Schweiz als bei Mailand. Es gibt einen einfachen, leichten Rotwein, der zu mindestens 70 % aus Nebbiolo (hier Chiavennasca genannt) besteht, aber die besten Weine werden unter der DOC Valtellina Superiore als Grumello, Inferno, Sassella und Valgella erzeugt. In Spitzenjahrgängen sind die Weine reizvoll duftig und leicht zugänglich. Sfursat ist ein dichter, alkoholreicher Rotwein (bis zu 14,5 %), der aus teilgetrockneten Trauben hergestellt wird. Beste Erzeuger: La Castellina★, Conti Sertoli Salis★, Enologica Valtellinese★, Fay★, Negri★, Rainoldi★, Triacca★. Beste Jahrgänge: 1995 **93 90 89 88 85.**

VASSE FELIX *Margaret River, Westaustralien* Eines der Originale, das dafür verantwortlich ist, daß MARGARET RIVER schlagartig berühmt geworden ist: mit einem auf dekadente Weise reichen, tiefen Cabernet Sauvignon★★ und einem seltenen, aber sehr eigenwilligen Shiraz★★. Beste Jahrgänge: (Rotweine) **1995 94 93 91 90 88 86 84 83 79.**

VAUD (WAADT) *Schweiz* Mit Ausnahme des Kantons Genf umfaßt das Waadt alle Weinberge am Genfer See, die eine scheinbar ununterbrochene Linie von Nyon bis Montreux bilden. Es gibt fünf Anbaugebiete: La Côte, Lavaux, CHABLAIS, Côtes de l'Orbe-Bonvillars und Vully. Der größte Teil der Produktion ist Dorin (Chasselas), der ein köstlicher, leichter Weißwein für den Sommer sein kann. Die Rotweine werden aus den Rebsorten Gamay und Pinot Noir erzeugt. Beste Erzeuger: Badoux, Conne, Delarze, Grognuz, Massy, Obrist, Pinget, J. & P. Testuz.

VAVASOUR *Marlborough, Südinsel, Neuseeland* Eine aufregende, neue Kellerei im Awatere Valley, in der Nähe von MARLBOROUGHs Hauptanbaugebiet, die seit ihren ersten Weinen, dem Jahrgang 1989, aufsehenerregende Erfolge feiert. Einer der besten neuseeländischen Chardonnays★★, ein prächtiger Cabernet Sauvignon-Cabernet Franc Reserve★★ und ein sagenhafter Sauvignon Blanc★★★, der bereits den Neid der anderen Erzeuger erregt. Beste Jahrgänge: **1996 94 91 90.**

VDP Der VDP oder Verband Deutscher Prädikats- und Qualitätsweingüter ist der älteste Zusammenschluß deutscher Weingüter (1910). Die Mitgliedschaft ist in allen Qualitätsweinbaugebieten möglich, wird aber nur beständig guten Weingütern gewährt. Alle Weine durchlaufen eine Prüfung, die eine Ergänzung zur amtlichen Prüfung darstellt und strengere Maßstäbe ansetzt.

VDQS (VIN DÉLIMITÉ DE QUALITÉ SUPÉRIEURE) Die zweithöchste Klassifizierungskategorie für französische Weine, unterhalb der AC (Appellation Contrôlée), aber über Vin de Pays und Vin de Table. Es gibt Anzeichen dafür, daß die Behörden die VDQS-Kategorie abschaffen möchten..

VECCHIO SAMPERI *Sizilien, Italien* Vecchio Samperi ist ein trockener, aber ungespriteter Wein im MARSALA-Stil, der von Marco De Bartoli hergestellt wird. Seiner Ansicht nach war der Marsala so, bevor ihn der erste englische Weinhändler, John Woodhouse, für den Export aufspritete. Er kommt als 10★, 20★★ und 30 Jahre★★ alter Wein auf den Markt. Es handelt sich dabei um trockene, intensive Weine, die nach kandierten Schalen, Datteln und sehr alten Rosinen duften. Sie gehören zu den feinsten Weinen der Welt in diesem Stil.

VEGA SICILIA *Ribera del Duero DO, Kastilien-León, Spanien* Spaniens teuerste Rotweine: gehaltvoll, duftig, komplex und sehr langsam reifend – und keineswegs immer leicht zu würdigen. Dieses Gut war das erste in Spanien, das französische Rebsorten einführte. Über ein Viertel der Reben sind heute Cabernet Sauvignon, zwei Drittel Tempranillo und der Rest Malbec und Merlot. Vega Sicilia Unico★★★, der Spitzenwein, reifte traditionell etwa zehn Jahre im Holzfaß, aber diese Ausbaudauer ist jetzt reduziert worden. Auch eine gewisse Unbeständigkeit, die in einigen Jahrgängen aufgetreten ist, sollte nun nicht mehr länger vorkommen. Der Zweitwein heißt Valbuena★. 1995 wurde eine Schwesterkellerei gegründet; sie stellt den in einem modernen Stil gehaltenen Alion her, der aus Trauben verschiedener Lagen erzeugt wird. Beste Jahrgänge: 1991 85 **82** 80 **79 76** 75 74 **70**.

VENEGAZZÙ *Venetien, Italien* Das Weingut Loredan Gasparini ist in erster Linie für seinen roten Vino da Tavola, Venegazzù della Casa, bekannt, der auf Traubensorten aus dem Bordelais basiert. Obwohl er ein Trendsetter auf diesem Gebiet war, ist er jetzt etwas in Vergessenheit geraten, weil überzeugendere Versionen auf den Markt gekommen sind. Die Etichetta-nera-Version★ (»schwarzes Etikett«), die einem Riserva entspricht, kann immer noch einen kräftigen Geschmack mit viel Biß besitzen, der an Rauch und schwarze Früchte erinnert. Beste Jahrgänge: 1993 **90 89 88 85**.

VENETO (VENETIEN) *Italien* Die norditalienische Region Venetien enthält die DOC-Anbauzonen SOAVE, VALPOLICELLA, BARDOLINO und PIAVE. Ihre riesige Produktion macht sie zur Quelle von Unmengen billiger Weine, aber die Soave- und Valpolicella-Hügel sind auch imstande, kleine Mengen hochwertiger Weine zu erzeugen. Andere hügelige Anbaugebiete wie etwa die Colli Berici und die COLLI EUGANEI produzieren vorwiegend große Mengen von langweiligen Sortenweinen für den Massenkonsum, können jedoch auch ein paar interessante Beispiele hervorbringen. PROSECCO DI CONEGLIANO-VALDOBBIADENE ist der bevorzugte Schaumwein von Venedig. Siehe auch Bianco di Custoza, Breganze, Recioto della Valpolicella.

VERDICCHIO DEI CASTELLI DI JESI DOC *Marken, Italien* Die Rebsorte Verdicchio, die in den Hügeln nahe der Adriaküste rund um Jesi und in der Apenninenenklave Matelica angebaut wird, wurde bekannt dafür, daß sie einen süffigen Wein hervorbringt, der in einer amphorenförmigen Flasche auf den Markt kommt. Doch im letzten Jahrzehnt, als die Erzeuger begannen, sie ernst zu nehmen, entwickelte sie sich zu Mittelitaliens vielversprechendster Weißweintraube. Wenn der Wein frisch und fruchtig ist, gilt er als ideales Getränk zu Fisch, aber manche Verdicchios haben das Format und die Stärke, um zu einem Weißwein heranzureifen, der eine überraschende geschmackliche Tiefe besitzt. Ein paar Erzeuger, insbesondere Garofoli beim Serra Fiorese★★, bauen ihn im Eichenholzfaß aus; doch sogar ohne Ausbau im Holzfaß kann er eine fast burgunderähnliche Komplexität entwickeln. Jesi ist die klassische Anbauzone, aber der seltenere Verdicchio di Matelica kann ebenso beeindruckend ausfallen. Beste Erzeuger: (Jesi) Brunori★, Bucci★★, Colonnara, Fazi-Battaglia★, Garofoli★★, Mancinelli, Moncaro★, Santa Barbara★, Tralivio-Sartarelli★★, Umani Ronchi★, Zaccagnini; (Mantelica) Belisario★, Bisci-Castiglioni★, Mecella★, La Monacesca★★.

VERMENTINO Die besten trockenen Weißweine Sardiniens (SARDGNA) stammen in der Regel von der Rebsorte Vermentino. Sie sind leicht, trocken, duftig und nussig. Die besten Beispiele kommen zumeist aus dem Norden der Insel, wo Gallura als DOC eingestuft ist. Vermentino wird auch in Ligurien (LIGURIA) und der TOSKANA angebaut, doch ihr Charakter ist dort recht verschieden. Beste Erzeuger: (Sardinien) Argiolas★★, Capichera★, Cherchi★★, Gen. Santadi, SELLA & MOSCA★, Gen. Vermentino.

VERNACCIA DI ORISTANO DOC *Sardinien, Italien* Herausragende, oxidierte, fast sherryähnliche Weine aus dem Westen der Insel. Die Weine erwerben während ihrer langen Reifung im Holzfaß Komplexität und Farbe. Sie sind bernsteinfarben und trocken und besitzen einen langen, an Nüsse erinnernden Abgang. Bester Erzeuger: Contini★.

VERNACCIA DI SAN GIMIGNANO DOCG *Toskana, Italien* Der trockene Weißwein aus der Vernacciatraube, die in den Hügeln rund um die schöne toskanische Stadt San Gimignano angebaut wird, wurde berühmt als Italiens erste DOC im Jahre 1966. Vor kurzem ist er zur DOCG hochgestuft worden, was hoffentlich die Qualität der Weine – zumeist leichte Trinkweine – verbessern wird. Streiten läßt sich jedoch darüber, ob die Erlaubis, bis zu 10 % Chardonnay beim Verschneiden zu verwenden, einen Fortschritt darstellt. Es gibt jetzt eine DOC San Gimignano für die aufstrebenden Rotweine der Anbauzone. Beste Erzeuger: Ambra delle Torri★, Baroncini★, Casale-Falchini★★, Montenidoli★, Panizzi★, Pietrafitta★, Pietraserena★, San Quirico, Guicciardini Strozzi, Teruzzi e Puthod★★, Vagnoni★.

NOËL VERSET *Cornas AC, Rhônetal, Frankreich* Wuchtige, konzentrierte, rustikale Rotweine★★, deren Trauben von einigen der ältesten Rebstöcke in den besten Lagen von CORNAS stammen. Die Erträge sind hier winzig, was sich auch in der Tiefe und Kraft zeigt, die Verset in seinem Wein erreicht. Die Weine sollten mindestens zehn Jahre altern. Beste Jahrgänge: (1996) 95 94 91 90 89 **88 85.**

VEUVE CLICQUOT *Champagne AC, Champagne, Frankreich* Diese Champagner können im allgemeinen den hohen Maßstäben gerecht werden, die die Witwe Clicquot zu Beginn des 19. Jahrhunderts aufstellte, auch wenn viele zu jung auf den Markt kommen. Der Champagner ohne Jahrgangsbezeichnung★ ist voll und recht korpulent und schmeckt nach Weißbrot. Oder er ist mager und unverfeinert, je nach Kauf. Der Jahrgangschampagner★★ ist ein wenig voller, während die Spitzencuvée, der Witwe zu Ehren Grande Dame★★ genannt, ein kräftiger, aber beeindruckender Tropfen ist. Beste Jahrgänge: **1989 88 85 82 79**.

VICTORIA *Australien* Trotz seiner geringen Größe besitzt Victoria vermutlich mehr Land, das sich für den Anbau hochwertiger Rebsorten eignet, als jeder andere Bundesstaat in Australien. Die klimatische Bandbreite reicht von den heißen Gebieten Sunraysia und RUTHERGLEN am Murray River bis zu den kühlen Gebieten MORNINGTON PENINSULA und GIPPSLAND im Süden. Das Geschmacksspektrum ist ähnlich breit und aufregend. Mit mehr als 170 Kellereien ist Victoria heute führend beim Boom kleiner, aber exklusiver Weinbaubetriebe. Siehe auch Bendigo, Geelong, Goulburn Valley, Grampians, Pyrenees, Yarra Valley.

LA VIEILLE FERME★ *Côtes du Ventoux AC, Rhônetal, Frankreich* Ein wunderbar würziger, konzentrierter Rotwein, der von den Besitzern des weltberühmten Ch. de BEAUCASTEL in CHATEAUNEUF-DU-PAPE in einer tieferen AC erzeugt wird. Wenn nur alle COTES DU VENTOUX so aufregend wären! Beste Jahrgänge: **1995 94 93 90 89 88.**

VIEILLES VIGNES Französische Bezeichnung für einen Wein, der von alten Rebstöcken stammt, was mindestens 20 Jahre, wenn nicht sogar doppelt soviel bedeutet. Alte Rebstöcke liefern einen konzentrierteren Wein.

CH. VIEUX-CHÂTEAU-CERTAN★★★ *Pomerol AC, Bordeaux, Frankreich* Ein sich langsam entwickelnder, (wegen der Verwendung von 45 % Cabernet) tanninreicher Rotwein, der nach 15 bis 20 Jahren mehr Ähnlichkeit mit einem duftigen, verfeinerten Médoc hat als mit einem überschwenglichen, hedonistischen POMEROL. Beste Jahrgänge: (1996) (95) 94 93 90 89 88 **86 85 83 82 81 79 78 75 70 64.**

VIEUX TÉLÉGRAPHE *Châteauneuf-du-Pape AC, Rhônetal, Frankreich* Einer der Spitzennamen in der AC, weniger tanninreich als der BEAUCASTEL vielleicht, aber mit ebenso großer Alterungsfähigkeit. Die Rebstöcke gehören zu den ältesten in Châteauneuf. Dieser überwiegend aus Grenache erzeugte Rotwein★★ zählt zu den besten in modernem Stil gehaltenen Weinen des RHONETALs, auch wenn er in den jüngsten Jahrgängen etwas von seinem Zauber verloren hat. Es gibt auch eine kleine Menge Weißwein★, der himmlisch schmeckt, wenn man ihn so jung wie möglich trinkt. Beste Jahrgänge: 1995 93 91 **90 89 88 86 85 83.**

VILLA MARIA *Auckland, Nordinsel, Neuseeland* George Fistonich, Gründer und Mitbesitzer von Villa Maria, gehören auch die Kellereien Vidal und Esk Valley. Vidal Cabernet Sauvignon-Merlot★★★ und Villa Maria Reserve Cabernet★★★ sind hervorragend. Reserve Chardonnay von Vidal★★ und

Villa Maria★★ sind kraftvolle Weine. Villa Maria hat auch Erfolg mit einem extrem konzentrierten, trockenen Marlborough Sauvignon Blanc★★, einem weniger trockenen Riesling★★ und am süßeren Ende mit einem erstaunlichen 91er Late Harvest Riesling★★★ aus Marlborough. Beste Jahrgänge: **1996 94 91 90 89 87.**

VILLA SACHSEN *Bingen, Rheinhessen, Deutschland* Ein angesehenes Weingut, das vor kurzem von Prinz Salm vom Weingut PRINZ ZU SALM-DALBERG an der NAHE erworben wurde. Er muß jedoch hart arbeiten, wenn die Weine die hohe Qualität der 80er Jahre erreichen sollen. Beste Jahrgänge: **1990 89 88.**

VILLARD *Casablanca, Chile* Der Besitzer Thierry Villard (vorher bei ORLANDO in Südaustralien) erzeugt seine eigenen Weine in der Kellerei in Santa Emiliana. Ein stattlicher, buttriger Chardonnay Reserve★ und ein sauberer, frischer Sauvignon Blanc★★, beide aus CASABLANCA, werden zweifellos noch besser, sobald eine Kellerei näher bei den Weinbergen errichtet wird. Villard stellt auch einen guten Merlot aus Trauben von Cachapaol her.

VILLIERA ESTATE *Paarl WO, Südafrika* Die Familie Grier hinterließ von Anfang an, nachdem sie 1983 diese Kellerei übernommen hatte, großen Eindruck. Ihre Spezialität sind Cap-Classique-Schaumweine, die unter der Marke Tradition in den Handel kommen. Von den übrigen Weinen zeigt Jeff Griers Sauvignon Blanc★★ den klassischen grasigen Biß. Grier erzeugt auch einen beständigen Riesling★ und einen köstlichen, teilweise im Holzfaß vergorenen Chenin Blanc★. Die Rotweine sind ebenfalls gut, insbesondere der Merlot★★ mit seinem intensiven mineralischen Aroma und der Verschnitt im Bordeauxstil namens Cru Monro★★.

VIN DU BUGEY VDQS *Savoyen, Frankreich* Auf halbem Weg zwischen Lyon und Savoyen befinden sich verstreut liegende Weinberge. Am besten sind die Weißweine aus den Rebsorten Chardonnay, Pinot Gris, Mondeuse Blanche, Altesse und Jacquère. Roussette du Bugey ist normalerweise ein Verschnitt von Altesse und Chardonnay. Beste Erzeuger: Bel-Air, Crussy, Monin★, Peillot.

VIN DE CORSE AC *Korsika, Frankreich* Die umfassende AC für Korsika mit fünf qualitativ höherwertigen Unterregionen (Calvi, Cap Corse, Figari, Porto Vecchio und Sartène). PATRIMONIO und AJACCIO besitzen eigene ACs. Die Verhältnisse auf dieser hübschen Insel verbessern sich, aber nur langsam. Die typischsten Weine, hauptsächlich Rotweine, stammen von einheimischen Rebsorten (Nielluccio und Sciaccarello für Rotweine und Vermentino für Weißweine). Außerdem gibt es einige gehaltvolle, süße Muscatweine, vor allem aus der Appellation MUSCAT DE CAP CORSE. Beste Erzeuger: Cantone, Clos Landry, Couvent d'Alzipratu, Gentile, Leccia, Péraldi★, SKALLI★, Torraccia, UVAL.

VIN DE PAILLE Ein süßer Wein, den man in erster Linie in der ostfranzösischen Region Jura findet. Traditionell werden die Trauben vor der Vergärung zwei bis drei Monate lang zum Trocknen auf Strohmatten (»Strohwein«) gelegt, bevor sie vergoren werden. Dieser Vorgang entzieht den Trauben Wasser und konzentriert ihren Zuckergehalt. Die Weine sind eine Kreuzung zwischen einem SAUTERNES und einem Amontillado Sherry: süß, aber auch leicht nussig. Vins de Paille gibt es in den ACs COTES DU JURA, ARBOIS und L'ÉTOILE sowie gelegentlich im Rhônetal. Beste Erzeuger: CHAPOUTIER★★, CHAVE★★, Rolet★, Tissot★.

VIN DE PAYS *Frankreich* Die Bezeichnung »Landwein« deutet auf einen traditionellen Wein aus den ländlichen Gebieten von Frankreich hin, aber die Realität sieht ein wenig anders aus, denn viele Vins de Pays sind beeindrukkend modern und zukunftsweisend und gehören heute zu den preisgünstigsten geschmackvollen Weinen von Frankreich. Diese Weinkategorie wurde 1968 geschaffen, um Weinen, die vorher für Verschnittzwecke verkauft wurden, eine geographische Identität und einen Qualitätsmaßstab zu geben. Besonders nützlich ist diese Kategorie für wagemutige Weinmacher (wie RYMAN und SKALLI), die Traubensorten von guter Qualität verwenden wollen, die jedoch unter den häufig restriktiven AC-Bedingungen von den Behörden nicht zugelassen sind. Bei vielen Vin de Pays ist die Rebsorte auf dem Etikett angegeben.

VIN DE SAVOIE AC *Savoyen, Frankreich* Die allgemeine AC für die verstreut liegenden Weinberge in der alpinen Region Savoyen. Die 15 besten Weinbauorte, darunter Abymes, Apremont, Arbin, Chignin, Cruet und Montmélian, dürfen ihren eigenen Namen dem der Appellation hinzufügen. Die besten Weine sind Weißweine, die man jung trinken sollte, um ihre aufregend würzige Fruchtigkeit genießen zu können. Bisweilen werden auch gute Pinot-Noir- und exzellente, fleischige Mondeuse-Rotweine erzeugt. Beste Erzeuger: Blard, Boniface★, Bouvet★, Cavaillé★, Genoux, Gonnet, Monin, Monterminod★, Neyroud, Perret, Jean Perrier, Quénard, de Ripaille★, Rocailles★. Beste Jahrgänge: **1995 93 92.**

VIN DE TABLE Französische Bezeichnung für »Tafelwein«, die unterste Kategorie der Weine in Frankreich.

VIN DOUX NATUREL Französische Bezeichnung für einen gespriteten Wein, bei dem die Gärung durch den Zusatz von Alkohol abgestoppt wird, so daß der Wein »natürlich« süß bleibt. Allerdings könnte man einwenden, daß die Unterbrechung der Gärung durch einen Schuß kräftigen Alkohols alles andere als natürlich ist, aber so unlogisch sind nun einmal Bezeichnungen.

VIN JAUNE *Jura, Frankreich* Eine Spezialität des Jura, die aus Savagnintrauben erzeugt wird. In CHATEAU-CHALON ist der »gelbe Wein« der einzige zugelassene Weintyp. Er wird ähnlich wie ein Fino Sherry hergestellt, aber nicht aufgespritet. Ein Vin Jaune altert zumeist ebenfalls gut. Beste Erzeuger: Clavelin★, Courbet★, Macle★★, Perron★.

VIN SANTO *Trentino,Toskana und Umbrien, Italien* Der »heilige Wein« der Toskana kann einer der großartigsten süßen Weine der Welt sein – aber nur gelegentlich, denn er ist auch einer der mißbrauchtesten Weinnamen von Italien (insbesondere sollte man alles vermeiden, was sich Liquoroso nennt). Hergestellt wird der Vin Santo aus Trauben, die nach der Lese zum Trocknen auf Matten gelegt werden. Die daraus resultierenden Weine, die in versiegelten Fässern vergoren werden und bis zu sieben oder acht Jahren reifen, sind sehr nussig und oxidiert und haben einen konzentrierten, langen Geschmack, der an getrocknete Aprikosen und kandierte Orangenschalen erinnert. Vin Santo wird auch in Umbrien (UMBRIA) und im TRENTINO erzeugt. Beste Erzeuger: AVIGNONESI★★★, BADIA A COLTIBUONO★, Brolio★, Cacchiano★, Capezzana★★, CASTELLO DI AMA★, Castello di Cacchiano★★, FELSINA BERARDENGA★★, ISOLE E OLENA★★★, Pieve Santa Restituta★★★, POLIZIANO★★, San Giusto a Rentennano★★★, SELVAPIANA★.

VIÑA CASABLANCA *Casablanca, Chile* Ignacio Recabaren, der »König des Tals«, verfolgt seine CLOUDY BAY-Träume weiterhin mit großem Erfolg. Dies sind Weine, die großen Eindruck hinterlassen, insbesondere diejenigen, die Trauben aus CASABLANCA verwenden, während die Weine mit weißem Etikett die Weinberge in Lontué, MAIPO und San Fernando nutzen. Ein ausgezeichneter Santa Isabel Estate Chardonnay★★ mit Quittenaroma, ein Gewürztraminer★★, der an Rosen und Litschis erinnert, und ein Cabernet Sauvignon mit einer Farbe, so schwarz wie Tinte. Zu den erfolgreichen Experimenten gehören ein fabelhafter Chardonnay-Sauvignon-Verschnitt★★ und ein Merlot★ von Rebstöcken mit geringen Erträgen.

VINHO VERDE DOC *Minho und Douro Litoral, Portugal* »Vinho Verde« ist eine Anbauregion, ein Wein und ein Weinstil. »Grün« ist dabei nur im Sinne von »jung« zu verstehen. Ein Vinho Verde kann ein Rot- *oder* ein Weißwein sein. In einem Restaurant bezeichnet der Begriff oft nur die jüngeren Weine auf der Weinkarte. Die gesetzlich abgegrenzten Vinhos Verdes kommen jedoch aus Nordwestportugal. Die Rotweine sind etwas, an das man sich erst gewöhnen muß, und werden nur von wenigen außerhalb dieser Region getrunken – obwohl ich für mich in Anspruch nehme, einer dieser wenigen zu sein. Sowohl der Rot- wie auch der Weißwein sind sehr säuerlich, zumeist mit einer prickelnden Kohlensäure, und sollten am besten jung und gekühlt zu einheimischer Küche getrunken werden. Die Weißweine reichen von beißendem Zitronengeschmack bis zu aromatischer Blumigkeit (wenn sie aus den Rebsorten Loureiro und Trajadura erzeugt werden) und zu extravaganter Fruchtigkeit (bei der Rebsorte Alvarinho). Da das Klima feucht und mild ist, werden die Rebstöcke in Hochkultur erzogen, mitunter sogar an Bäumen, um sie vor Pilzbefall zu schützen. Beste Erzeuger: Avelada, Palacio da Brejoeira, Gen. Ponte de Lima, Quinta da Franqueira, SOGRAPE (Gazela e Quinta de Azevedo).

J. P. VINHOS *Halbinsel Setúbal, Portugal* Der Name hat sich verändert, seitdem die Marke João Pires Muscat an IDV verkauft worden ist, aber die Vinifizierung ist zukunftsweisend wie eh und je. Verwendet werden portugiesische und ausländische Rebsorten. Der australische Weinmacher Peter Bright ist immer noch önologischer Berater, obwohl er eine eigene Firma, BRIGHT BROTHERS, gegründet hat. QUINTA DA BACALHOA★ ist ein holzbetonter, fleischiger Verschnitt aus Cabernet Sauvignon und Merlot, Tinto da Anfora★ ein schlanker Wein mit Feigengeschmack, der weiße Herdade de Santa Marta★ gehaltvoll und vollmundig, an Renekloden erinnernd, und Cova da Ursa★ ein erstaunlich reichhaltiger Chardonnay mit Weißbrotgeschmack, der sich etwas wild gibt.

VINO DA TAVOLA *Italien* Die italienische Bezeichnung für »Tafelwein«, offiziell die unterste Stufe für die Weinerzeugung, ist ein Sammelbecken, das für mehr als 80 % der italienischen Weine genutzt wird, wobei praktisch keine Vorschriften die Qualität kontrollieren. Doch die Kategorie, die Verschnittweine für den offenen Ausschank und in Flaschen abgefüllte Billigweine umfaßt, diente in den 70er Jahren auch als Arena für die größte Qualitätsrevolution, die Italien je erfaßte – die Kreation der innovativen, die DOC sprengenden Supertoskaner. Jede Region Italiens hat besondere Weine, die außerhalb des Kontrollsystems bleiben, aber die jüngste Gesetzgebung zielt darauf ab, die meisten hochwertigen Weine in die IGT- oder

DOC-Kategorien einzuordnen, so daß Vino da Tavola in Zukunft nur für einfache *rosso, bianco* und *rosato* Weine gilt, die keinen Jahrgang und keine Herkunftsbezeichnung auf dem Etikett tragen. Siehe auch Supertoskaner.

VINO NOBILE DI MONTEPULCIANO DOCG *Toskana, Italien* Der »vornehme Wein« von den Hügeln rund um die Stadt Montepulciano wird aus der Rebsorte Sangiovese erzeugt, die hier als Prugnolo bezeichnet wird, und mit etwas Canaiolo- und Mammolotrauben verschnitten. In seiner besten Form vereint er die Kraft und die Struktur eines BRUNELLO DI MONTALCINO mit der Finesse und Komplexität, wie man sie bei Spitzen-CHIANTIS finden kann. Leider war ein solcher Vino Nobile bis vor kurzem sehr selten, doch die Verbesserung in den letzten fünf Jahren ist beeindruckend. Beste Erzeuger: AVIGNONESI★★, Bindella★★, BOSCARELLI★★, La Braccesca★, Le Casalte★★, La Casella★, Del Cerro★, Contucci★, Dei★★, Fassati★, Gracciano★, Innocente★, Il Macchione★, POLIZIANO★★, Trerose★★, Valdipiatta★. Beste Jahrgänge: (1996) (95) 94 **93 91** **90 88 85.**

VIOGNIER Diese Rebsorte wird nur in winzigen Mengen vor allem im nördlichen Rhônetal in CHATEAU-GRILLET und CONDRIEU angebaut. Sie erbringt niedrige Erträge, ist sehr anfällig für Krankheiten und läßt sich schwierig vinifizieren. Aber der Wein kann köstlich sein: Pfirsich- und Aprikosenaroma, geschmeidige, fast wachsartig weiche Struktur, in der Regel ein Duft von Frühlingsblumen und manchmal ein Geschmack fast wie Crème fraîche. Man findet die Rebe jetzt auch im LANGUEDOC-ROUSSILLON, in der Ardèche und im südlichen Rhônetal sowie in Kalifornien (CALIFORNIA), wo sie sich großer Beliebtheit erfreut, und in Australien.

ROBERTO VOERZIO *Barolo DOCG, Piemont, Italien* Roberto Voerzio ist einer der besten BAROLO-Erzeuger der jüngeren Generation. Er betont die Frucht und beschränkt die Tanine auf ein Minimum. Sein Dolcetto★★ ist besonders erfolgreich, ebenso sein im Barrique ausgebauter Nebbiolo-Barbera-Verschnitt, der den Namen Vigna Serra★★ trägt. Voerzio brauchte einige Zeit, bis er herausfand, wie er den Barolo seiner Philosophie anpassen konnte, aber er ist jetzt sogar in einem schwierigen Jahrgang sehr gut. Bei den ausgezeichneten Jahrgängen 1990, 1989 und 1988 konnte er dann sein Potential mit sehr guten Baroloabfüllungen aus drei Reblagen, nämlich Brunate★★, Cerequio★★ und La Serra★★, ausschöpfen. Beste Jahrgänge: (Barolo) (1996) (95) 94 1993 90 89 **88 85.**

VOLLMER *Pfalz, Deutschland* Eine große Firma in Elberstadt, die den ersten deutschen Cabernet Sauvignon erzeugte. Sie produziert hauptsächlich einfache Landweine, aber aus den Reblagen Kirchenstück und Bubeneck kommen ausgezeichnete Weißburgunder und Rieslinge. Außerdem gibt es im Angebot von Vollmer sehr feine, trockene Gewürztraminer-Auslesen★★, eine gehaltvolle Gewürztraminer-Trockenbeerenauslese★★ und süße Ruländer★ sowie einen guten Dornfelder★. Beste Jahrgänge: **1993 92 91 90 89.**

VOLNAY AC *Côte de Beaune, Burgund, Frankreich* Volnay ist die Heimat der feinsten Rotweine der COTE DE BEAUNE, was Eleganz und Klasse angeht. Die Weine sind reizvoll, wenn sie jung sind, aber die besten Beispiele können ebenso gut wie die besten Burgunder altern. Die als Premiers Crus eingestuften Spitzenlagen sind Caillerets, Champans, Clos de la Boussse d'Or, Clos des Chênes und Santenots (letztere Lage liegt in Meursault, wird aber ehrenhalber Volnay zugerechnet). Beste Erzeuger: Ampeau★★, d'Angerville★★, J. F. COCHE-DURY★★, Lafarge★★★, LAFON★★★, de MONTILLE★★, Potinet-Ampeau★, Pousse d'Or★★ Voillot★★. Beste Jahrgänge: 1995 93 **91 90 89 88.**

VOLPAIA *Chianti DOCG, Toskana, Italien* Das Weingut erzeugt einen leichten, duftigen, aber verfeinerten CHIANTI CLASSICO ★★. Zwei stilvolle Supertoskaner, Balifico★★ und Coltassala★★, werden beide überwiegend aus Sangiovese hergestellt. Beste Jahrgänge: (1996) 95 **94 93 90 88.**

VOSNE-ROMANÉE AC *Côte de Nuits, Burgund, Frankreich* Die berühmteste Weinbaugemeinde an der COTE DE NUITS, mit fünf Grands Crus und dreizehn Premiers Crus (die besten davon sind Les Malconsorts und Les Suchots), die oft so gut ausfallen wie an anderen Orten die Grands Crus. Die Qualität der Dorfappellation ist ebenfalls hoch. In guten Jahrgängen sollten die Weine mindestens sechs Jahre altern, zehn bis fünfzehn Jahre wären besser. Beste Erzeuger: Arnoux★, Cacheux★, Engel★, GRIVOT★, A.. & F. Gros★★, JADOT, JAYER★★★, Lamarche★★, MÉO-CAMUZET★★, Moillard★, Mongeard-Mugneret★★, RION★, Dom. de la ROMANEE-CONTI★★★. Beste Jahrgänge: 1995 93 90 **89** 88 **85.**

VOUGEOT AC *Côte de Nuits, Burgund, Frankreich* Die 12,5 Hektar Rebland außerhalb der Mauern des CLOS DE VOUGEOT haben nur Anspruch auf die AC Vougeot. Der Wein, hauptsächlich Rotwein, ist nicht übel und viel billiger als jeder Clos de Vougeot. Beste Erzeuger: Bertagna★, Chopin-Groffier★. Beste Jahrgänge: 1995 93 **90 89 88 85.**

LA VOULTE-GASPARETS *Corbières AC, Languedoc* Eines der aufregendsten Weingüter im MIDI, das drei Weintypen erzeugt. Der Stil ist unverkennbar mediterran, mit dem Geruch von Thymian und sonnenverbrannter Erde. Die Cuvée Réservée★★ und Romain Pauc★★ sind die teuersten Weine, aber der einfache Voulte-Gasparets★ ist fast ebenso gut. Man sollte die Weine jung trinken oder bis zu fünf Jahren einlagern. Beste Jahrgänge: **1995 94 93.**

VOUVRAY AC *Loiretal, Frankreich* Trockene, halbtrockene und süße Weine sowie Schaumweine, die östlich von Tours aus Chenintrauben erzeugt werden. Die trockenen Weine gewinnen nach etwa zehn Jahren einen wunderbar abgerundeten Geschmack. Wenn die halbtrockenen Weine sorgfältig vinifiziert sind und von einem einzelnen Gut stammen, sollten sie 20 Jahre oder noch länger altern. 1989 und 1990 wurden prächtige süße Weine aus edelfaulen Trauben erzeugt, die eine intensive Pfirsich- und Honigsüße, aber zusätzlich stets Säure haben. Der Schaumwein gehört zu den besten von der Loire. Beste Erzeuger: Dom. Bourillon-Dorléans★★, Brédif★, Brisebarre, Champalou★, P. Delaleu★, Foreau★★, Fouquet★★, Freslier, Ch. Gaudrelle★★, Huet★★★, Mabille. Beste Jahrgänge: (1996) 95 93 **90 89 88 85 83 82 78 76 75 70.**

WACHAU *Niederösterreich, Österreich* Die Wachau, zwischen Krems-Stein und Kloster Melk an der Donau gelegen, ist Österreichs beste Region für trockene Weißweine. Hauptrebsorte ist hier der Riesling, gefolgt vom Grünen Veltliner. Beste Erzeuger: FREIE WEINGÄRNTER WACHAU★, F. HIRTZBERGER★★, Emmerich Knoll★★, NIKOLAIHOF★★, F. X. PICHLER★★★, F. PRAGER★★★.

WACHENHEIM *Pfalz, Deutschland* Ein Weinbauort in der PFALZ, der durch das Weingut Bürklin-Wolf berühmt geworden ist. Seine besten Lagen können reiche, aber dennoch ausgewogene Rieslinge hervorbringen. Beste Erzeuger: Josef BIFFAR★★, BÜRKLIN-WOLF★★, Karl Schaefer, Wolf.

DR. HEINZ WAGNER *Saarburg, Saar, Deutschland* Ein zuverlässiger Erzeuger von trockenen und halbtrockenen Rieslingen, deren ausgeprägte Stahligkeit typisch für die Saar ist. Die besten Weine kommen aus der Lage Saarburger Rausch, aber alle bieten ein vernünftiges Preis-Leistungs-Verhältnis. Beste Jahrgänge: 1995 94 93 92 **90 89 88.**

WAIHEKE ISLAND *Nordinsel, Neuseeland* Goldwater war Anfang der 80er Jahre ein Pionier unter den Erzeugern auf dieser kleinen Insel im Hafen von Auckland. Heiße, trockene Reifungsbedingungen brachten hochwertige Rotweine hervor, die auf Cabernet Sauvignon basieren und zu sehr hohen Preisen verkauft werden. Eine winzige Region, die stark in Mode ist und bald die Heimat von 20 Weinerzeugern sein wird. Beste Erzeuger: Fenton★★, Goldwater★★, Peninsula★, STONYRIDGE, Te Motu★★.

WALLHAUSEN *Nahe, Deutschland* Ein Weinbauort wie aus dem Mittelalter, der im Hinterland der NAHE liegt. Seine Weine sind leichte, aber lebhaft fruchtige, knackige Rieslinge. Die beste Lage ist der Johannisberg. Bester Erzeuger: Prinz zu Salm-Dalberg.

WALLUF *Rheingau, Deutschland* Wenig bekannter Weinbauort, der jedoch einige beeindruckende trockene Weine erzeugt. Die Weine müssen altern, damit ihr säuerlicher Geschmack harmonisch wird. Außerdem findet man hier auch einige der besten Spätburgunder im Rheingau. Bester Erzeuger: J. B. Becker★.

WARRE *Port DOC, Douro, Portugal* Hervorragende Vintage-Portweine★★ und ein guter »Nichtjahrgangs«-Portwein von der Quinta da Cavadinha★. Nimrod★, ein 10 bis 15 Jahre alter Tawny, ist ebenfalls köstlich. Crusted★★ und Late Bottled Vintage★ sind beide angenehm traditionelle, körperreiche Portweine. Beste Jahrgänge: (Vintage-Portweine) 1994 91 85 83 **80 77** 75 **70 66 63.**

WARWICK ESTATE *Stellenbosch, WO Südafrika* Bis vor kurzem war dieses Weingut am besten bekannt für seine Rotweine, die aus traditionellen Bordeauxreben hergestellt wurden, insbesondere den komplexe Verschnitt namens Trilogy★★. Jetzt hat die tatkräftige Norma Ratcliffe die Bühne mit einem samtig weichen, milden Traditional Bush Vine Pinotage★★ betreten, der von den alten Pinotagerebstöcken der Farm und durch das benachbarte KANONKOP angeregt wurde. Seit 1994 sind die Rotweine von Warwick ein wenig weicher geworden, aber sie bleiben im Stil elegant europäisch.

WASHINGTON (BUNDESSTAAT) *USA* Washington ist der zweitgrößte Erzeuger von Qualitätsweinen in den USA. Die Hauptanbaugebiete befinden sich in einem künstlich bewässerten Wüstenhochland östlich der Cascade Mountains. Auch wenn die Hitze nicht so groß ist wie in Kalifornien, scheinen die langen Sommertage, die auf den nördlichen Breitengrad zurückgehen, die Intensität des Fruchtgeschmacks zu verstärken und erzeugen Rot- und Weißweine von großer Tiefe. Die Rebsorten Cabernet Sauvignon, Merlot, Chardonnay, Sauvignon Blanc und Sémillon bringen hier sehr gute Weine hervor. Manche glauben, daß die Weine aus Washington langfristig als die besten der USA gelten werden. Beste Erzeuger: ANDREW WILL★, CHATEAU STE MICHELLE★, COLUMBIA CREST★, Columbia Winery, Covey Run★, L'ECOLE NO 41★★, HOGUE CELLARS★★, KIONA★, LEONETTI CELLARS★★★, Preston Wine Cellars, QUILCEDA CREEK★★, Salishan, Snoqualmie, Station Hills★ (Weißweine), Paul THOMAS★, WOODWARD CANYON.

WEGELER-DEINHARD *Bernkastel, Mosel; Oestrich-Winkel, Rheingau; Deidesheim, Pfalz, Deutschland* Riesiges Weingut mit großen Parzellen in deutschen Spitzenlagen. Im Laufe der Jahre hat Deinhard nach Wegen gesucht, um die getrennten Bereiche des deutschen Weinbaus zu vermarkten. In Deutschland verdient die Firma ihr Geld mit Sekt, während ihre Stillweine keine Rolle spielen. Im Ausland war sie wegweisend bei der Einführung von Weinen in einem neuen, trockenen Stil. Eine Idee war die Serie von Weinbauorten mit PIESPORT, BERNKASTEL, DEIDESHEIM, NIERSTEIN, HOCHHEIM und JOHANNISBERG, die Heritage Selection hieß. Ihre bislang beste Werbeidee waren die gebietstypischen Weine: Kabinettweine und Spätlesen★ aus den Anbaugebieten MOSEL-SAAR-RUWER, RHEINGAU und PFALZ. Deinhard vertreibt weiterhin Weine aus ein paar Spitzenlagen wie etwa Forster Ungeheuer, Rüdesheimer Berg Rottland, Winkeler Hasensprung, Wehlener Sonnenuhr, Bernkasteler Doctor und Oestricher Lenchen. Diese besitzen in der Regel Spätlesequalität; manchmal, wie etwa 1990, haben sie Auslesecharakter oder sogar die Reife von Beerenauslesen. Die meisten verdienen ★★, die besten Doctor- und Sonnenuhr-Rieslinge sogar ★★★. Beste Jahrgänge: **1995 93 92 90 89 88 86 85 83 79 76.**

WEHLEN *Mosel, Deutschland* Weinbauort an der Mosel, dessen Steillage Wehlener Sonnenuhr einige der kraftvollsten Rieslinge Deutschlands hervorbringt. Beste Erzeuger: Kerpen, LOOSEN★★★, J. J. PRÜM★★★, RICHTER★★, SELBACH-OSTER★★, WEGELER-DEINHARD★, Dr. WEINS-PRÜM.

ROBERT WEIL *Kiedrich, Rheingau, Deutschland* Die Firma (früher Dr. Weil) befindet sich jetzt im Besitz des japanischen Getränkekonzerns Suntory und wird von Wilhelm Weil geleitet. Sie erzeugt Rieslinge: Auslesen★★, Beerenauslesen★★★ und Trockenbeerenauslesen★★★ und seit 1992 auch trockene Weine★★. Die Weine sind frisch und zeigen eine lebhafte Fruchtigkeit. Beste Jahrgänge: 1996 95 94 **93 92 90 89.**

DR. WEINS-PRÜM *Wehlen, Mosel, Deutschland* Sehr beständiger Erzeuger von halbtrockenen und süßen Moselrieslingen. Im Stil elegant und leicht, von mittlerem Körper und mit viel Frucht. Beste Jahrgänge: **1993 90 89 88.**

WEISSBURGUNDER Siehe Pinot Blanc.

WEISSHERBST Deutscher Roséwein, der eine Spezialität von Baden ist. Die Weine sind oft trocken. Auf dem Etikett muß die Rebsorte angegeben sein.

WELSCHRIESLING Siehe Riesling Italico.

WENDOUREE *Clare Valley, Südaustralien* Kleine Kellerei, die mit altmodischen Methoden großartige, alterungsfähige Rotweine★★ aus Trauben von sehr alten Rebstöcken (Shiraz, Cabernet, Malbec und Mataro oder Mourvèdre) mit winzigen Erträgen erzeugt. Außerdem wird in winzigen Mengen ein süßer Muscatwein★ hergestellt. Beste Jahrgänge: 1994 92 91 90 **86 83 82 81 80 78 76 75.**

DOMDECHANT WERNER *Hochheim, Rheingau, Deutschland* Erstklassiges Weingut mit guten Parzellen in den Reblagen Domdechaney, Hölle und Kirchenstück in HOCHHEIM, die 1990★ besonders gute Weine hervorbrachten, aber einen katastrophalen 93er und einen enttäuschenden 95er erlebten. Beste Jahrgänge: 1994 **92 90 89 88.**

WESTERN AUSTRALIA (WESTAUSTRALIEN) Lediglich die Südwestecke dieses riesigen Bundesstaats ist für Weinbau geeignet: das SWAN VALLEY und die Umgebung von Perth, die das älteste und heißeste Gebiet darstellen, wobei sich die Aufmerksamkeit gegenwärtug auf Lower Great Southern, MARGARET RIVER, South-West Coastal Plain und in jüngster Zeit auf Pemberton-Manjimup konzentriert. Qualitativ kann es Westaustralien mit den besten der im Osten gelegenen Bundesstaaten aufnehmen.

WIEN *Österreich* Weinbaugebiet innerhalb der Stadtgrenzen von Wien. Die besten Weine kommen von den nach Süden blickenden Lagen in Grinzing, Nußdorf und Weiden sowie vom Bisamberg nördlich der Donau. Beste Erzeuger: Bernreiter, Kierlinger, Mayer, Schilling, Wieninger★.

WILLIAMS SELYEM *Russian River Valley AVA, Kalifornien, USA* Pinot Noir★★ war der einzige Wein, der hier bis 1990 erzeugt wurde, und die meiste Zeit ist er sehr, sehr gut. Der Wein wird in einem traditionellen Stil hergestellt und 18 Monate lang im Holzfaß ausgebaut, so daß er stattlich, manchmal sehr fruchtig und bisweilen etwas verschroben ist. Doch diese Kellerei in SONOMA hat eine kultartige Gefolgschaft, und alle angebotenen Weine werden gierig aufgenommen, insbesondere Weine aus Einzellagen wie Rochioli★★★. Es gibt jetzt auch einige eindrucksvolle Chardonnays★★ und Zinfandels★.

WILTINGEN *Saar, Deutschland* Der Weinbauort besitzt viele der besten Reblagen an der Saar, insbesondere den Scharzhofberg. Die Lagen Braune Kupp und Gottesfuß können ebenfalls prächtige Rieslinge hervorbringen. In guten Jahrgängen haben die Rieslinge große Eleganz und Tiefe. Beste Erzeuger: Le Gallais★★, von Hövel★★, Jordan & Jon, von KESSELSTATT★★, Egon Müller★★.

WINKEL *Rheingau, Deutschland* Weinbauort im RHEINGAU, dessen beste Reblage die große Einzellage Hasensprung ist. Am berühmtesten ist hier jedoch SCHLOSS VOLLRADS, ein altes Weingut, das auf seinem Etikett nicht den Ortsnamen benutzt. Beste Erzeuger: August Eser, Johannishof★★, WEGELER-DEINHARD★★.

WINNINGEN *Mosel, Deutschland* Mit über 50 ha Rebfläche der bedeutendste Weinbauort am Unterlauf der MOSEL, wobei die besten Lagen Im Röttgen und Uhlen sind. Winningen erzeugt die besten Weine der unteren Mosel; sie haben eine reiche Frucht, einen subtilen, mineralischen Charakter und eine knackige Säure. Beste Erzeuger: von Heddesdorf, Heymann-Löwenstein★★, Knebel.

WIRRA WIRRA *Southern Vales, Südaustralien* Geführt von dem berühmten Exzentriker Greg Trott, der beständig Weißweine mit mehr Finesse erzeugt, als es in dieser Region üblich ist. Im Angebot sind ein ausgewogener Sauvignon Blanc★, ein alterungsfähiger Sémillon-Verschnitt★★, ein buttriger Chardonnay★★ sowie weiche Rotweine, angeführt vom köstlichen The Angelus★★. Außerdem gibt es die preisgünstige Marke W W. Beste Jahrgänge (Rotweine): **1994 93 92 91 90 86 82 80.**

WO (WINE OF ORIGIN) Das südafrikanische Klassifizierungssystem wurde 1973 eingeführt. Die Gesetze basieren im wesentlichen auf den Weingesetzen von Frankreich und Deutschland, sind aber keine Garantie für gute eine Qualität; lediglich 10 % der Ernte des Landes fallen unter ihre Bestimmungen. Die drei Hauptfaktoren, die die Qualität beeinflussen, sind laut WO das Herkunftsgebiet, der Jahrgang und die Rebsorte.

J. L. WOLF *Wachenheim, Pfalz, Deutschland* Ein heruntergekommenes Weingut mit ausgezeichneten Lagen in WACHENHEIM und FORST, das ein Konsortium unter der Führung von Ernst Loosen (vom Weingut Dr. LOOSEN in BERNKASTEL) 1996 erwarb. Die ersten von Loosen erzeugten Weine sind ★★. Bester Jahrgang: 1996.

WOODWARD CANYON *Walla Walla AVA, Bundesstaat Washington, USA* Ein kräftiger, im Holzfaß vergorener Chardonnay★★ mit deutlichen Noten von neuem Eichenholz ist das Markenzeichen, aber es gibt auch einen guten Charbonneau Red (Cabernet Sauvignon-Merlot) und Charbonneau White (Sémillon-Sauvignon Blanc).

WÜRTTEMBERG *Deutschland* Weinbaugebiet in Süddeutschland, das sich auf den Neckar und seine Nebenflüsse konzentriert, aber hinter seinen Möglichkeiten zurückbleibt. Der größte Teil der hier erzeugten Weine wird in Stuttgart und Heilbronn getrunken. Mehr als die Hälfte der Weine sind Rotweine. Die besten kommen dabei von den Traubensorten Lemberger, Dornfelder oder Spätburgunder, der Rest zumeist von der nicht so hochwertigen Rebsorte Trollinger. Diese Rotweine können sehr leicht sein, was auf hohe Erträge zurückzuführen ist. Abgeschiedene Steilhänge am Neckar erzeugen auch feine Rieslinge.

WÜRZBURG *Franken, Deutschland* Das Zentrum des fränkischen Weinbaus. Am häufigsten wird auch hier Müller-Thurgau angebaut. Rieslinge aus den Spitzenlagen Stein, Abtsleite und Innere Leiste können großartig ausfallen. Aber der wahre Star ist die Silvanerrebe. Beste Erzeuger: Bürgerspital, JULIUSSPITAL★★, Staatlicher Hofkeller. Beste Jahrgänge: 1995 **93 92 90 88.**

WYNDHAM ESTATE *Hunter Valley, Neusüdwales, Australien* Diese zuverlässige Marke, die in den 80er Jahren von Brian McGuigan geschickt vermarktet wurde, gehört nun zur ORLANDO-Gruppe von Pernod-Ricard. Sie war die größte Kellerei im HUNTER VALLEY, aber die Produktion verschiebt sich hin zur expandierenden Kellerei Montrose der Gruppe in MUDGEE. Das Gut war ein tatkräftiger Exporteur, aber in den letzten Jahren hat sich die Qualität in enttäuschender Weise verschlechtert.

WYNNS *Coonawarra, Südaustralien* Der Name ist gleichbeutend mit COONAWARRA. Wynns besitzt die ältesten Kellereien von Coonawarra und große Weinberge. Nach einem Tief in den 70er Jahren haben sich der reguläre Cabernet Sauvignon★★ und Shiraz★ in den 80er Jahren stetig verbessert und zählen heute zu den preisgünstigsten im Land. Sie altern auch gut; die besseren Jahrgänge aus den 50er und 60er Jahren sind noch lebendig und gut in Form. In Spitzenjahren kommen die besten Cabernets (seit 1982) als John Riddoch Cabernet★★★ und die besten Shiraz (seit 1990) als Michael★★ auf den Markt: beides kraftvolle Rotweine. Außerdem gibt es Chardonnays★★ in einem zunehmend fruchtigen Stil und große Mengen an billigem, süffigem

Riesling★. Die Produktion von Ovens Valley Shiraz wurde leider eingestellt. Beste Jahrgänge (Rotweine): 1994 93 **91 90 88 86 84 82 76 66 62 55.**

YALUMBA *Barossa Valley, Südaustralien* Die große, angesehene, alte Firma im Besitz der Familie Hill-Smith erzeugt ein breites Angebot, darunter die Gutsweine Heggies ★★ (herausragender Riesling, roter Bordeaux-Verschnitt, Viognier und Riesling aus edelfaulen Trauben), Hill-Smith Estate ★ (rassiger Sauvignon Blanc, feiner Chardonnay und Sémillon aus edelfaulen Trauben) und Pewsey Vale ★ (feiner Riesling und Cabernet Sauvignon). Die Marke Yalumba umfaßt Verschnittweine aus BAROSSA; herausragend sind dabei der rote Signature ★★, Octavius Shiraz★★ und Reserve Cabernet★★ Neben diesen Spitzenrotweinen gibt es auch Zechweine wie Galway Shiraz★. Yalumba spiegelt die großen Verbesserungen wider. Oxford Landing Chardonnay★, Sauvignon★ und Cabernet Shiraz sind sehr erfolgreiche Trinkweine aus RIVERLAND. Yalumba ist auch der Wegbereiter bemerkenswert guter Zwei-Liter-Packungen. Angas Brut ist ein angenehmer Massenschaumwein, der sich sehr gut verkauft. Yalumba Pinot-Chardonnay★ und Yalumba D ★★ mit ihrem köstlich cremigen Weißbrotgeschmack gehören jetzt zu den besten Spitzenschaumweinen Australiens. Die gespriteten Weine sind ebenfalls exzellent, vor allem Liqueur Muscat ★★.

YARRA VALLEY *Victoria, Australien* Der Wein aus dem Yarra Valley geriet fast völlig in Vergessenheit, ehe ihn Anfang der 70er Jahre MOUNT MARY, Seville Estate, YARRA YERING und Yeringberg wiederbelebten. Dank seines kühlen, maritimen Klimas entwickelt sich Yarra Valley zu einem der besten Anbaugebiete für Pinot Noir in Australien. Es erzeugt auch interessante Chardonnays und Cabernet-Merlot-Verschnitte und liefert Grundweine für Schaumweine. Beste Erzeuger: COLDSTREAM HILLS★★, DE BORTOLI★★, GREEN POINT★★, MOUNT MARY★★, Oakridge, ST HUBERTS★★, Seville Estate, TARRAWARRA★★, Yarra Ridge, YARRA YERING★★★, Yeringberg★.

YARRA YERING *Yarra Valley, Victoria, Australien* Bailey Carrodus verwendet altmodische Vinifizierungsmethoden, um aus den Trauben seines außergewöhnlichen Guts außerordentliche Weine zu erzeugen. Die Rotweine, Dry Red No. 1 ★★★ (überwiegend Cabernet) und No. 2 ★★★ (vor allem Shiraz), sind tief, konzentriert und alterungsfähig und haben eine selbstbewußte Fruchtigkeit und einen nachhaltigen Duft. Der Pinot Noir ★★★ ist teuer, aber sehr fein und wird mit jeder Lese noch feiner und wilder. Die besten Chardonnays können ★★ sein. Beste Jahrgänge: **1992 91 90 86 82.**

YELLOWGLEN *Ballarat, Victoria, Australien* Ein großer Schaumweinproduzent, der seine Schaumweine nach dem Champagner-Verfahren herstellt und im Besitz von MILDARA ist. Die Qualität ist gut, aber die Spitzenweine kommen oft zu jung auf den Markt. Einfache, in großen Mengen verkaufte Weine sind Brut NV, Brut Crémant und Brut Rosé. Am feinsten ist die Cuvée Victoria.

CH. D'YQUEM ★★★ *Sauternes AC, Grand 1er Cru Classé, Bordeaux, Frankreich* Oft als der erhabenste süße Wein der Welt bezeichnet. Niemand kann Yquem absprechen, daß es sich der Qualität vollkommen verpflichtet hat. Trotz der Größe des Anbaugebiets (100 ha) ist die Produktion winzig. Nur völlig edelfaule Trauben werden gepflückt, häufig Beere für Beere. Der geringe Ertrag bedeutet, daß jeder Rebstock nur ein Glas Wein liefert! Dieses kostbare flüssige Gold wird in neuen Eichenholzfässern vergoren und reift danach dreieinhalb Jahre im Faß, bevor es auf Flaschen abgefüllt wird. Der Wein gehört zu den teuersten in der Welt, aber wegen seines Reichtums und seines exotischen Geschmacks herrscht eine beständige Nachfrage – was für Wahnsinnspreise auch immer dafür verlangt werden. Gegenwärtig wird ein Krieg um die Besitzerschaft geführt, die hoffentlich nicht die Superqualität beeinträchtigen wird. In manchen Jahren wird ein trockener Weißwein namens Y (Ygrec) erzeugt. Beste Jahrgänge: 1990 89 88 86 83 **81 80 76 75 71 67 62.**

ZELL *Mosel, Deutschland* Am berühmtesten für seine billige, aber selten gute Zeller Schwarze Katz, aber dieser Weinbauort kann auch gute, preisgünstige Rieslinge erzeugen. Bester Erzeuger: Albert Kallfelz.

ZELTINGEN *Mosel, Deutschland* Ein Nachbarort von WEHLEN an der Mosel. Seine Reblage Sonnenuhr ist genauso gut wie die Wehlener Sonnenuhr, aber leider gibt es hier nur einen Spitzenerzeuger. Bester Erzeuger: SELBACH-OSTER★★.

ZILLIKEN *Saarburg, Saar, Deutschland* Ein Weingut, das auf Rieslinge★★ aus der Reblage Saarburger Rausch spezialisiert ist. 1990 gehörten seine Weine zu den besten an der Saar. Die Auslese und der Eiswein erreichen oft ★★★. Beste Jahrgänge: 1995 94 93 **91 90 89 88 85 83 79 76 75 71.**

ZIND-HUMBRECHT *Alsace AC, Frankreich* Olivier Humbrecht ist einer der herausragenden jungen Weinmacher Frankreichs. Auf dem großen Familiengut erzeugt er ein sehr nuanciertes Weinangebot. Die Humbrechts besitzen Parzellen in vier Grands Crus: Rangen, Goldert, Hengst und Brand. Die Weine (Riesling★★, Pinot Gris★★★, Gewürztraminer★★★ und Muscat★★) sind ausgezeichnet, ALSACE VENDANGE TARDIVES und SÉLECTION DES GRAINS NOBLES ★★★. Selbst die einfachen Sylvaner★ und Pinot Blancs★★ sind sehr gut. Die drei prächtigen Jahrgänge 1988, 1989 und 1990 haben köstliche Weine hervorgebracht. Beste Jahrgänge: 1996 95 **93 92 90 89 88 85 83.**

ZINFANDEL Die in Kalifornien am häufigsten angebaute Rotweintraube ist eine sehr vielseitige Rebsorte, aus der man alles herstellen kann: von einem schalen, rötlichen Wein über leichte oder kräftige trockene Weine mit stets ausgeprägter Fruchtigkeit bis hin zu wuchtigen, starken Dessertweinen im Spätlesestil. Beste Erzeuger: Clive Cellars★, FETZER, GRGICH HILLS★, KENWOOD★, NALLE★★★, PRESTON★, QUIVIRA★★, Rafanelle★★★, RAVENSWOOD★★★, RIDGE★★★, Turley★★.

ZWEIGELT Sehr ertragreiche österreichische Rebsorte, die 1922 von Dr. Zweigelt (als Kreuzung aus Blaufränkisch x Sankt Laurent) entwickelt wurde. Sie muß stark beschnitten werden, damit sie ihre gesamte, an Kirschen erinnernde Fruchtigkeit entfaltet. Beste Erzeuger: Breyer, Fischer, Gisperg, Kollwentz, Müller (Reben von Dr. Zweigelt angepflanzt), Pitnauer, Wagentristl.

CHRISTIAN ZÜNDEL *Beride di Croglio, Tessin, Schweiz* Christian Zündel gab den Anbau von Himbeeren und die Spargelzucht für den Weinbau auf. Heute macht er gehaltvolle, tanninreiche Merlots im französischen Stil von Rebstöcken, die ein paar Kilometer vom Luganer See entfernt wachsen. Die Spitzencuvée, Orizzonte, ist der gesuchteste Rotwein der Schweiz und erreicht mühelos ★. Beste Jahrgänge: 1995 **93 92 90 89.**

VERZEICHNIS DER HAUPTERZEUGER

A
Abbaye de Valmagne *118*
Abbazia di Novacella *43*
Abbazia di Rosazzo *111*
Abotia *165*
Abril *61*
Acacia *36, 87, 235*
Achaia-Clauss *31, 250*
Achard-Vincent *107, 213*
Adam *41*
Adami *243*
Adams, Tim *36, 107, 289*
Adanti *36, 153, 203*
Adegas las Eiras *251*
Adelmann, Graf *37, 173*
Adelsheim *37, 224, 235*
AGE *37*
Agly, Gen. *121*
Agro de Bazan *251*
l'Aigle *101, 159*
d'Aiguilhe *119*
Alario *216, 219*
Alary *120*
Albalá, Toro *205*
Albert *144*
Abeti Noya *228*
Aldea de Abaixo *251*
Aleardi, Corte *248, 301*
Aleria *163*
Alexander Valley Vineyards *39*
Aliança, Caves *39, 51, 90, 125, 130*
Alión *251*
Allandale *163*
Allegrini *42, 43, 248, 301*
Allexant *116*
All Saints *42, 262*
Almeirim, Gen. *251*
Almondo *46, 257*
Alpha *64*
Altare *42, 53, 216, 219*
Altesino *43, 73, 259*
Altos de Pio *170*
Alvarez y Diez *261*
Alvear *205*
l'Amarine *116*
Amblard *119*
Ambra *87*
Ambra delle Torri *303*
Ameillaud *120*
Amézola de la Mora *255*
Amiot *98, 205*
Amirault *70*
Amity Vineyards *44, 224*
Ampeau *49, 77, 197, 309*
Andrew Will *44, 199, 311*
Andrieux *107*
Angeli *45, 63*
D'Angelo *37*
l'Angélus *44, 65, 199, 264*
d'Angerville *75, 309*
Anges *121*
d'Angludet *44, 65, 191*
Angoves *44, 256*
Anheuser *44, 50, 275*
Annereaux *178*
Anselma *53*
Anselmi *45, 280*
Antech *123*
Anteo *223*
Anthonic *208*
Antichi Vigneti di Cantalupo *148, 219*
Antinori *45, 62, 81, 104, 144, 270, 285*
Antonelli *153, 203*
Antonido *146*
Antoniolo *219*
Aquéria *185, 290*
Aragón *205*
Arbois, Gen. *46*
Archambeau *153*
Arena *227*
Argiano *46, 73, 259*
Argiolas *84, 303*
Argyle *224*
Arizu, Leoncio *46 196*
de l'Arjolles *121*
d'Arlay *46, 119*
Armand *75, 235, 237*
Arnould *97*
Arnoux *106, 109, 203, 258, 309*
l'Arrosée *47, 264*
Arrowfield *122*
Arrowood Vineyards Winery *47, 199, 281*
Arroyo, Ismael *47, 251*
Arrtiminio *86*
Arruda, Gen. *136*
Arterberry *224*
Arvedi d'Emilei *60*
Arviet *46*
Ascheri *47, 53, 207, 219, 216*
Assémat *185*
Astruc *159*
Ata Rangi *48, 193, 235*
Atlas Peak *48*
Au Bon Climat *48, 101, 219, 235, 269*
Aubin, Gen. *46*
Aubineau *95*
Aucœur *56, 206*
Audebert *70, 266*
Aujoux *139*
d'Aupilhac *118*
Aurin *119*
Ausone *49, 65, 199, 264*
Aussellons *120*
d'Auvernier *217*
Avelada *307*
Avignonesi *38, 49, 101, 199, 260, 285, 306, 308*
Avontuur *236, 283*
Aydie *189, 225*
Azelia *53*

B
Babcock *269*
Babich *50*
Bablut *117*
Bacchereto *87*
Bachelet, Denis *76, 94, 147*
Bachelet, Jean-Claude *39, 98, 190, 263*
de Bachen *298*
Backsberg *50, 125, 236*
Badia a Coltibuono *50, 104, 285, 306*
Badoux *38, 93, 301*
Baggiolino *105*
Bahuaud, Michel *211*
Bailey's *51, 213, 289*
Baillat *114*
Bailly, Gen. *123*
Bailly Père et Fils *240, 273*
Bailly-Reverdy *268*
Balbás, Victor *251*
Bald Mountain *245*
Baldini, Venturini *178*
Balestard-La-Tonnelle *51, 264*
Banfi *51, 71, 73, 146, 259, 289*
Bannockburn *52, 147, 235*
Bara *71, 117*
Barbadillo *52, 169*
Barbaresco, Gen. *52, 219*
de Barbe *118*
Barbe Blanche *187*
Barberani *224*
Barbeyrolles *120*
Barbi *73*
Barbier Fill, René *242*
Barbolini *178*
Barbou *296*

Barge, Gilles *117*
Barge, Pierre *117*
de Barjac *114*
Baron Briare *296*
Barón de Ley *54, 254*
Baroncini *303*
Barone de Cles *291*
Barrabaque *84*
le Barradis *59, 199*
Barréjat *189*
Barros, Artur e Souza *189*
Barroubio *214*
Barry, Jim *54, 107*
Barthod-Noëllat *75, 95*
De Bartoli *193, 207, 214*
Bartolomeo da Breganze *72*
Bas, Ch. *69, 117*
Basciano *105*
Bass Phillip *235*
Bassermann-Jordan *54, 126*
Bastgen *172*
Bastian, Fritz *50*
Bastide Blanche *51*
Bastor-Lamontagne *54, 67, 271*
Batailley *54, 227*
Batard *211*
Batasiolo *53*
Battè, de *106*
Baudare *119*
Baudouin *118*
Baudry, B. *105*
Baudry, J. & C. *105*
Baumann, Max *156*
Baumard *118, 245, 271*
Bauser *97*
Bazenet *266*
Beaubois *116*
Beaucastel *55, 102, 120*
Beaulieu *216*
Beaulieu Vineyard *56*
Beaumes-de-Venise, Gen. *120, 214*
Beaumet-Bonfils *148*
Beaumont *158*
Beaumont les Crayères *97*
de Beaupré *117*
Beauregard *237, 271*
Beauséjour *264*
Beau-Séjour-Bécot *55, 65, 199, 264*
Beaux Frères *57, 224, 235*
Beck, Graham *57, 256*
Becker, Brüder Dr. *127*
Becker, J. *41, 213*
Becker, J. B. *133, 194, 247*
Beerens *97*
Bel Air (Beaujolais) *56, 249*
Bel-Air (Bugey) *305*
Bel-Air (Lussac-St-Émilion) *187*
Bel-Air (Muscadet) *201*
Bel-Air (Puisseguin-St-Émilion) *244*
Belair (St-Émilion) *58, 264*
Belair-Montaiguillon *265*
de Belcier *119*
Belgrave *158*
Belingard-Chayne *118*
Belisario *305*
Belland *270*
Bellavista *141*
Belle *124, 161*
de Belle-Coste *116*
Bellegarde *170*
Bellei *178*
Bellerive *245*
Belles-Graves *178*
Bellevue *121*
Bellevue-la-Forêt *119*
Bellingham *142*
Bellocq, Gen. *55*
Belondrade y Lurton *261*
Benmarl *217*
Bera *48. 201, 213*
Berberana *58, 254*
Berceo *255*
Bercher *58, 79, 171, 213, 235*
Beretta, Cecilia *301*
Bergaglio, Nicola *146*
Berger *123, 205*
Bergdolt *132, 276*
Bergkelder *59, 283*
Beride *199*
Beringer *59, 81, 199, 216*
Berlou, Gen. *264*
Bernard *139*
Bernardi *243*
Bernardin *56*
Bernardus *204*
de Berne *120*
Bernreiter *312*
Beronia *255*
Berri Renmano *59, 256*
Bertagna *309*
Bertani *43, 286, 301*
Bertelli *101*
Berthaut *139*
Bertheau *95*
Bertillonnes *188*
Bertineau-St-Vincent *178*
Bertrand *79*
Bertranon *267*
Bertranoux *227*
Besancenot-Mathouillet *57, 229*
Bessin *93, 94*
Besson *70*
Best's *59, 151, 289*
Bethany *5*
Bethel Heights *224*
Beurdin *250*
Beychevelle *59, 65, 265*
Beyer *41, 42*
Beyerskloof *236, 283*
Bianchi, Giuseppe *134, 148*
Bianchi, Maria Donata *256*
Bickensolhl, Gen. *171*
Bideau-Giraud *211*
Bidet *45, 118*
Bienvenue *164*
Biffar, J. *126, 164, 253, 310*
Bigi *135*
Billards *263*
Billecart-Salmon *60, 95, 97*
Billiot *97*
Bindella *308*
Biondi-Santi *60, 73*
Bisci-Castiglioni *303*
Bisol *242*
Biston-Brillette *208*
Bize *42, 274*
Black Ridge *91*
Blain-Gagnard *98*
Blanc, Paul *116*
Blanchard *95*
Blard *306*
Blass, Wolf *61, 107*
Blue Mountain *222*
Blue Pyrenees *244*
Boccadigabbia *260*
des Boccards *103*
Bodegas Bréton *72*
Bodegas Monje *83*
Bodegas Palacios *225*
Bodegas Pirineus *281*
Bodegas Salnesur *251*
Bodegas San Valero *86*
Bodegas y Bebidas *62*
Boillot, J.-M. *75, 244*
Boillot, Dom. Lucien *147*
Boinneau *102*
Boissel-Rhodes *144*
Boisset, Jean-Claude *62*
Boisson *120*

Boisson-Morey *69*
Boissonneau *120*
Bolla *43, 62, 280, 301*
Bollinger *62, 97, 117*
Bon Courage *256*
Le Bon Pasteur *63, 65, 199, 237*
Bonalgue *237*
le Bonheur *283*
Bonhomme *77, 188*
Boniface *306*
Bonin *300*
le Bonnat *163*
Bonneau *202*
Bonneau du Martray *77, 115*
Bonnet, Alexander *259*
Bonnet, Ch. *67, 134*
Bonnot *102, 219*
Bonny Doon *63, 154*
Bonzara *110*
Boratto *134*
Borba, Gen. *68*
la Borderie *202*
Borgo Canale *185*
Borgo Conventi *111*
Borgo Magredo *142*
Borgo del Tiglio *111, 294*
Borrajo, Dominguez *251*
du Bosc *160*
Bosco Romagno *111*
Boscarelli *64, 285, 308*
Bosc-Long *144*
Boscary *107*
Boschendal *64, 225*
Bosquet des Papes *104*
Bossard *211*
Bossi *105*
Bossi Fedrigotti *194, 199, 297*
Botromagno *153*
Botrys *250*
Bouchaine *87*
Bouchard Finlayson *69, 101, 225, 235*
Bouchard Père et Fils *69*
Boucher, Aimé *292*
de Boudard *88*
Bougrier *296*
Bourdy *46, 99, 119*
Bourgeois *268, 273*
Bourillon-Dorléans *309*
Bouscassé *189*
Bousquet *118*
Boutinot *56*
Bouvet *306*
Bouvet-Ladubay *70, 271*
Bouvier *193*
Bouzereau, M. *197*
Bowen Estate *69, 197*
Boyer *58*
Boyer-Martenot *69, 197*
La Braccesca *260, 308*
Braida *53, 54, 207, 213*
Braillon *103*
Brana *165*
Branaire *265*
Branaire-Ducru *71*
Brand's Laira *71*
Brane-Cantenac *72*
Braun, Heinrich *127*
Breaky Bottom *31, 72*
Brédif *309*
Breiling, Ludwig *197*
Brelière *262*
Bremond *118*
Brethous *241*
Breton *70, 255*
Breuer, Georg *72, 247, 261*
de Breuil *118*
Bricco Mondalino *154*
Bridgehampton *72, 217*
Bridgewater Mill *273*
Brigaldara *248, 301*
Bright Brothers *72, 251*
Brigl *177*
Brindabella Hills *84*
Brisebarre *309*
Brocard *94, 164*
Broglia *146*
Brokenwood *163, 273*
Brolio *104, 306*
Brondelle *153*
Brookfields *159*
Brookland Valley *273*
Brotherhood *217*
Broustet *54, 67, 73*
Brown Brothers *73*
Browns of Padthaway *225*
Bru-Baché *170*
Bruck *70*
Brugne *208*
Bruguière *118*
Brulesécaille *118*
Brumont *225*
Brun, Georges *144, 206*
Bruna *256*
Bründlmayer *73, 171, 253*
Brunel *102*
Brunelli *248, 301*
Brunet *105*
Brunori *303*
Brusset *120*
Bruyère *188*
Buçaco Palace Hotel *73*
Bucci *303*
Buena Vista *78, 281*
von Buhl *78, 141*
Buisson *266*
Buitenverwachting *78, 101, 113, 253, 273*
Buonamico *203*
Buoro *159*
Buracchi *105, 260*
Burgaud *117, 289*
Burge, Grant *54, 78*
Burguet *75, 147*
Buring, Leo *253*
Bürklin-Wolf *79, 141, 310*
Burn *41*
Buxy , Gen. *69, 70, 75, 77, 79, 203, 235*
Buzet-sur-Baïse, Gen. *78*
Byron *269*

C

Ca' del Bosco *79, 101, 141*
Ca' dei Frati *187*
Ca' Lustra Vignalta *110*
Ca' Ronesca *111*
Caboche *102*
Cabrière Estate *235*
Cacchiano *104, 306*
Cacheux *309*
Cady *45, 118*
Cagueloup *51*
Cailleau *45, 259*
Cain Cellars *802, 216*
Cairanne, Gen. *120*
Cairnbrae *273*
Le Calbane *258*
Cálem *802, 239*
Calera *82, 101, 235*
de Calisanne *117*
Caliterra *83*
Callejo, Felix *251*
Calon *202, 265*
Calon-Ségur *83, 265*
Le Calvane *105*
Cambas *250*
Cambria *269*
Camensac *158*
Cameron *224*
Camille-Giroud *57*
la Caminade *82*
Campbells *262*
Campillo *83, 255*
Campo de Requena *299*
Campo Viejo *83, 255*

Campominosi *111*
Campriano *105*
Campuget *116*
Camus-Bruchon *274*
Can Feixes *228*
Can Ráfols dels Caus *228*
Canalicchio di Sopra *259*
Cañas, Luis *255*
Candido *58, 185, 267*
Cane *259*
Canepa *84, 92, 189*
Canet *134*
Canon (Canon-Fronsac) *84*
Canon (St-Émilion) *65, 84, 199, 264*
Canon-de-Brem *84*
Canon la Gaffelière *264*
Canon-Moueix *84*
la Canorgue *120*
Canteloup *64*
Cantemerle *65, 84, 158*
Cantharide *120*
Cantin *164*
Cantina del Glicine *52, 219, 257*
Cantina Tollo *203*
Cantone *305*
Cap-de-Faugères *119*
Cap de Fouste *121, 256*
Caparra & Siciliani *106*
Caparzo *73, 256*
Cape Mentelle *81, 85, 191, 289*
Capel Vale *85*
la Capelle *214*
Capezzana *87, 285, 306*
Capichera *303*
Capion *160*
Capitain *176*
Cappaccia *104*
La Cappuccina *280*
Caprai *153, 203*
Capron-Charcousset *274*
Caraguilhes *114*
Carbonnieux *85, 229, 230*
Carignano, Gen. *118*
Carillon, Louis *77, 86, 98, 101, 244*
Carmel *31, 86*
Carmen *86, 92, 189, 199*
Carmenet *81, 87, 281*
Carmignani *203*
Carneros Creek *87*
Carobbio *104*
Carpène Malvolti *243*
Carr Taylor *31, 87*
Carraovejas *251*
Carron, Michel *56*
Carsin *67, 241*
Cartier *57, 120*
Casa Blanca *52, 111*
Casa Emma *104*
Casa Lapostolle *87, 199*
Casa de Saima *51*
Casa de la Viña *190, 299*
Casale-Falchini *105, 303*
Casale Marchese *142*
Casali *178*
Le Casalte *260, 308*
Casanova di Neri *73, 259*
Casata Monfort *194*
Cascina Castlèt *55*
Cascina La Barbatella *53*
Cascina Castlèt *55*
Cascina Fonda *48*
Cascina Pian d'Or *48, 207*
Case Basse *73*
Case Bianche *243*
La Casella *308*
Casenove *121*
Casetto dei Mandorli *258*
Casinca *164*
Caslot-Galbrun *70*
Cassagne-Haut-Canon *84*
Castagnier-Vadey *108, 206*
Castel Naoma *297*
Castel de Paolis *142*
Castel de Remei *115*
Castel Ringberg *177*
Castelgiocondo *259*
Castell de Villarnau *90*
La Castellada *111*
Castellare *104, 285*
Castellblanch *88, 90*
Castell'in Villa *88, 104*
La Castellina *301*
Castellino *141*
Castello di Ama *88, 104, 199, 285, 306*
Castello di Cacchiano *306*
Castello di Neive *46, 52, 219*
Castello del Poggio *154*
Castello della Sala *88, 224*
Castell'sches Domänenamt *88*
Castelluccio *258*
Castelneau *134*
Castéra *64*
Castex *114*
Castilla, Camillo *216*
Castilla La Vieja *261*
Castillo de Liria *213*
Castris, Leone *185*
De Castris *267*
Catena *89, 196*
Cattier *97*
Cattin, Théo *41, 122, 213*
Caudrina *207, 213*
Cauhapé, Dom. *90, 170*
Cause Marines *144*
Cavaillé *306*
Cavalchina *60*
Il Cavaliere *105*
Cavalleri *141*
Cavallotto *53*
Cavas Hill *90, 228*
Cave de Beaupuy *120*
Cave de Marcillac *118*
Cave du Muscat de Frontignac *214*
Cave Spring *220*
Cave des Vignerons de St-Bel *118*
Caves des Clairmonts *124*
Caves des Crouseilles *189*
Caves des Grands Crus Blancs *240, 241*
Caves des Hautes-Côtes *69, 70, 75, 2335*
Caves de la Loire *255, 258*
Caves São João *51, 90, 125*
Caves Velhas *91*
Cavicchioli *178*
Cavit, Gen. *297*
Cayla *64*
Caymus Vineyards *81, 91, 216*
Cayrou *82*
Cazal-Viel *264*
Cazes, Dom. *91, 121, 213, 214, 256*
Cazin *104*
Cecchi *104*
de Cèdre *82*
Celli *38, 258*
Cellier Le Brun *91, 191*
Cellier des Samsons *56, 91, 116*
Cellier des Templiers *52, 111*
La Cerbaiola *73*
Cerbaiona *73*
Ceretto *46, 52, 53, 92, 216, 219, 230*
de Cérons *92*
Cerro *308*
Ceroo Sol *261*

Certan-de-May *237*
Cetto, L. A. *29, 92, 219, 230*
la Chablisienne, Gen. *77, 93, 94, 230*
Chaboud *266*
Chagny *266*
Chaintreuil *139*
Chais du Vivarais *121*
la Chaize *73*
Chaley *70*
Chalone *94, 101, 204, 235*
Chambers *94, 213, 262*
Chamfort *120*
Chamisal *267*
Champ-Long *121*
Champagnon *103, 208*
Champalou *309*
Champarel *227*
Champet *117*
Champy *57, 75*
la Chanaise *206*
Chandon de Briailles *42, 75, 115, 229*
Chante-Cigale *102*
Chante-Perdrix *102*
Chantefrive *153*
Chanton *47, 159*
Chanzy *197, 262*
Chapel Hill *81, 95, 282*
Chapelle-Lenclos *189*
Chapoutier, M. *95, 124, 161, 265, 289, 305*
Chappaz *48, 134, 137*
Chapuis *442*
Charbaut *95, 97*
Chard Farm *91*
Charleux *190*
Charlopin *193, 206*
les Charmes Godard *119*
Charmet *56*
Charmettes *121*
Charmoise, Dom. de la *296*
Charrère *300*
Chartron, Jean *244*
Charvet *105, 206, 208*
Chasle *70*
Chasse-Spleen *98, 208*
Chasseloir *211*
Chastan *148*
Chastel *208*
Chateau Carras *31, 98*
Chateau des Charmes *220*
Château-Grillet *99*
Chateau Lazaridi *31, 99*
Chateau Leamon *58*
Chateau Montelena *99, 216*
Chateau Musar *32, 99, 106*
Chateau Podelle *208*
Chateau Reynella *99, 282*
Chateau St-Jean *99, 277*
Chateau Ste Michelle *102, 311*
Chateau Souverain *39*
Chateau Tahbilk *102, 150, 193*
de Chatenoy *196*
Chaucesse *117*
Chaumet-Lagrange *121*
Chauvenet *221*
Chauvet *208*
Chave *102, 161, 265, 289, 305*
Chavet *196*
Chavy, Gérard *244*
du Chay *186*
Chelivette *241*
de Chénas *103*
des Chênes *121, 214, 256*
Chenonceaux, Ch. de *296*
Cherchi *301*
Chéreau-Carré *211*
de Chervin *188*
Cheval-Blanc *65, 103, 264*
Chevalier *115, 176*
la Chevalière *56*
Cherverny, Gen. *104*
Chevillon *221*
Chiarli *178*
Chiarlo *53, 146, 219*
Chidaine *205*
Chignard *139*
Chimney Rock *105, 216*
Chiodi *199*
Chiron *154*
Chivite *101, 105, 213, 216*
Chofflet *149*
Chopin-Groffier *309*
Christin *145*
Christmann *148*
Christoffel *134, 298*
Church Road *199*
Churchill Graham *106, 239*
Chusclan, Gen. *120*
Ciacci Piccolomini d'Aragona *73, 259*
Cigliuti *52, 219*
Le Cinciole *104*
Cinquin *249*
Cinzano *48*
Cissac *106, 158*
Citran *158*
Clair, Bruno *75, 94, 106, 147, 206, 270*
Clair-Daü *63*
Clairborne & Churchill *267*
Clairette de Die *107, 213*
Clape, A. *107, 114, 120, 266, 289*
Claridge *225*
Clarke *107, 185*
Clavelin *306*
la Claverie *119*
Clavien, G. *129*
Clavien, M. *279, 299*
Clearview *159*
Clerc, Henri *244*
Clerget *98, 237, 263*
Clement Termes *144*
Clerico *53, 107, 219*
Clessé, Gen. *188*
Climens *54, 67, 107*
Clinet *237*
Clive Cellars *315*
Clonakilla *84*
Clos d'Alzeto *38*
Clos Bagatelle *264*
Clos du Bois *39, 108*
Clos Cabrière *142*
Clos Capitoro *38*
Clos des Cazaux *299*
Clos Centeilles *48, 108, 200*
Clos de Ciel *283*
Clos de la Coulée-de-Serrant *271*
Clos de l'Église *178*
Clos Floridène *67, 153*
Clos Fourtet *264*
Clos Jean *187*
Clos Landry *305*
Clos Malverne *236*
Clos du Mont Olivet *102*
Clos des Papes *102, 108*
Clos Pegase *216*
Clos Peyrelevade *227*
Clos René *108, 237*
Clos du Roy *143*
Clos St-Georges *67, 153*
Clos Ste-Anne *241*
Clos Ste-Magdelaine *88*
Clos Thou *170*
Clos de la Truffière *118*
Clos Uroulat *170*
Clos du Val *109, 199, 216*
Clos i Terrasses *242*
Closel *45, 271*
Cloudy Bay *109, 191, 273*
Clouet *97*

Clusel-Roch *117*
Clüsserath *297*
la Clyde *67*
Cocci Grifoni *260*
Cochard *45*
Coche-Dury, J. F. *39, 69, 77, 109, 115, 204, 309*
Cockburn *109, 239*
Cocumont, Gen. *120*
Codorníu *90, 109*
Cogny *39, 262*
Cohn, B. R. *281*
Coillot *193*
Col d'Orcia *73, 259, 285*
Coldstream Hills *81, 101, 110, 235, 314*
Colin, Marc *77, 98, 101, 110, 205, 269, 270*
Colin-Deléger *77*
Collards *48, 101, 110, 164*
Collalto *231*
Colle de Bardellini *256*
Colli di Catone *142*
Collin *61*
Le Colline *146, 148, 219*
Collotte *193*
Colognole *105*
Colombier *56*
du Colombier *117*
la Colombière *119*
Colombo *114*
Colomer *139*
Colonnara *303*
Colterenzio, Gen. *43*
le Colture *243*
Columbia Crest *112, 311*
Columbia Winery *199, 311*
Combe *120, 299*
Combrillac *118*
Commanderie de Peyrassol *120*
Concavins-Ryman *112*
Concha y Toro *81, 87, 112, 189*
Condamine l'Évêque *121*
Conde de Santar *125*
Confuron *39, 75, 109, 221*
Conne *127, 301*
Cono Sur *92, 113, 235*
Conroy *116*
la Conseillante *237*
Contat-Grange *190*
Conterno, Aldo *53, 113, 142, 154, 219*
Conterno, Giacomo *53, 142, 219*
Conterno-Fantino *53*
Conti *38, 213, 258*
Conti, Paul *119, 287*
de Conti *59*
Conti Martini *291, 297*
Conti Sertoli Salis *301*
Contini *303*
Contino *113, 255*
Contucci *260, 308*
Coopers Creek *114, 174, 253, 273*
Coos, Dario *111*
Copertino, Gen. *114*
Coppo *53, 146*
Corbans *101, 114, 149, 191, 253, 273*
Corbett Canyon *267*
Corbiac *227*
Corbillières *296*
Corbin *202*
Cordeliers *271*
Cordier *250*
Coriole *282, 289*
Cortese *52*
Cornacchia *203*
Cornarea *257*
de Corneilla *256*
Il Corno *105*
Cornu *70, 176, 229*
Correggia *46, 71, 216, 219*
Corsin *77, 240, 266*
Corte Gardoni *53, 60*
Corzano e Paterno *105*
Cos d'Estournel *65, 81, 115, 265*
Cos Labory *266*
Cosecheros Alaveses *255*
Costanti *73, 259*
Coste *64, 145*
la Coste *118*
Costers del Siurana *242*
Costes *227*
Cotat *268, 273*
Côte-Montpezat *119*
Côtes d'Olt, Gen. *82*
El Coto *122, 255*
Coufran *158*
Couhins-Lurton *230, 273*
Couillaud *166, 211*
Coujan *264*
Couly-Dutheil *105, 122*
Courbet *99, 306*
de Courcel *237*
Courlat *187*
Couroulu *299*
Cours *119*
Coursodon, Pierre *265*
Court-les-Mûts *59, 199*
Courtioux *104*
la Coutale *82*
Coutet *54, 67, 122*
Couvent d'Alzipratu *305*
Covey Run *311*
COVISA *281*
Coyeux *213, 214*
Crabitan-Bellevue *267*
Craig Avon *206*
Craiglee *289*
Crampilh *225*
Crémade *225*
Creston Manor *267*
Crêt des Bruyères *249*
Creusefond *49*
Crochet *268, 273*
Croft *123, 239*
Croix Belle *121*
la Croix-Chenevelle *178*
Croix de Rambeau *187*
Croix-St-André *178*
Cros *144*
du Cros *187*
La Crotta di Vegneron *300*
Crusius, Hans *124, 275, 296*
Crussy *305*
Cuilleron *112, 265, 289*
Cullens *81, 101, 124, 191, 273*
Cusson *289*
Cuvaison *125, 199, 216*
CVNE *125, 255*

D

Dagueneau *125, 240, 273*
la Dalem *143*
Dalwhinnie *244*
Damiens *225*
Damoy *94, 147*
D'Arenberg *282*
Darting, Kurt *50, 125, 298*
Daulny *268*
la Dauphine *143*
Dauvissat, René *77, 93, 94, 101, 125*
Daviau *45, 79, 166*
De Bortoli *126, 256, 289, 314*
De Loach *262, 277*
De Wetshof *126, 256*
Decugnano dei Barbi *224*
Defaix *77, 93, 94, 101*
Deffends *118*
Dehesa de los Canoningos *251*

Dehlinger *126, 235, 262*
Dei *260, 308*
Deiss *41*
Delaleu, P. *309*
Delaloge *164*
Delamere *290*
Delarche *42*
Delarze *93, 301*
Delas Frères *112, 114, 117, 124, 126, 148, 161, 266, 289*
Delatite *126, 253, 273*
Delaunay *296*
Delea *199*
Delegats *101, 127, 191, 199, 273*
Delesvaux *118*
Delétang *203*
Delgado Zuleta *169*
Delheim *283*
La Delizia, Gen. *142*
Dell'Ugo *105*
Delmas *61*
Delorme *123, 262*
Deltetto *46, 219, 257*
Demont *70*
Denbies *31, 127*
Denis *196*
Denis Père et Fils *229*
Denogent *240*
Derain *149*
Descombes *56, 75, 170, 206*
Descotes *118*
Désiré *46*
Desmeure *161, 289*
Destavel *214*
Desvignes *206*
Deutz (Champagne) *97, 127*
Deutz (San Luis Obispo) *267*
Deux Roches *188, 266*
Devevey *70*
Devoy *185*
Dezat, Alain & Pierre *268*
Dezat, André *273*
Dezormeaux *112*
Di Majo Norante *138*
Diamond Creek *127, 216*
Diamond Valley *235*
Diconne *49*
Didonne *95*
Diefenhart *194*
Diel, Schloßgut *253, 275*
Dievole *104*
Dirler *41, 213*
Dittajuti, Leopardi *259*
Doisy-Daëne *54, 64, 67, 128*
Doisy-Dubroca *54*
Doisy-Védrines *54, 67, 128*
Dolianova, Gen. *84*
Dom. l'Arlot *221*
Dom. de Baillaury *111*
Dom. de la Baume *55, 221*
Domaine Carneros *87, 129*
Dom. Chandon (USA) *129, 216*
Dom. de Chevalier *65, 67, 81, 103, 229, 230*
Dom. Drouhin (Oregon) *129, 224, 235*
Dom. la Grave *153*
Dom. de Joy *119*
Dom. du Mont d'Or *47, 135, 279, 299*
Dom. du Noble *187*
Dom. du Paradis *263*
Dom. Paul Bruno *129*
Dom. St-Lannes *119*
Domecq *169, 255*
la Dominique *264*
Dominus *129*
Donatien-Bahaud *211*
Dönnhoff, Hermann *130, 220, 221, 275*
Doonkuna *84*
Dopff au Moulin *122*
Dopff & Irion *41, 42, 122*
Dorgali, Gen. *84*
Dorigo *111, 294*
Dorigati *291, 297*
Dötsch, Franz *174*
la Dournie *264*
Dourthe *64*
Dow *130, 239*
Drautz-Abel *160*
Dri *111*
Drius *165*
Droin *77, 93, 94, 101, 130*
Dromana Estate *130, 206*
Drouhin, Joseph *42, 56, 57, 63, 69, 75, 93, 94, 95, 106, 109, 130, 133, 147, 190, 197, 205, 206, 215, 235, 244, 258, 262, 263*
Drouin, J.-M. *77, 240, 266*
Drouin, T. *240*
Drouineau *271*
Druet, P.-J. *70, 131*
Dry Creek Vineyards *131*
Dry River *193, 199, 216, 273*
Duboeuf, Georges *56, 73, 75, 77, 105, 116, 131, 139, 170, 188, 206, 208, 249, 263, 266*
Dubois, Robert *221*
Dubois (Muscadet) *211*
Dubreuil-Fontaine *42, 115, 229*
Duc de Maenta *49, 98*
Duca di Salaparuta *115*
Duchemin *190*
Duckhorn *131, 190, 197, 216, 273*
Ducla *64*
Ducluzeau *185*
Ducru-Beaucaillou *65, 131, 265*
Dufouleur *70*
Dufour *97*
Dugat *94, 147*
Dujac *63, 75, 95, 108, 132, 147, 206, 235*
Dumazet *112*
Dunn Vineyards *81, 132, 163, 216*
Dupard *39*
Duplessis-Fabre *208*
Durand *71*
Durand, René *116*
Durand-Laplayne *244*
Durand-Roblot *139*
Duras, Gen. *119*
Durbach, Gen. *132*
Durban *213, 214*
Dürfeld de Giovanelli *177*
Durney *204*
Durup, Jean *93, 132*
Dutruch-Grand-Poujeaux *208*
Duvernay *262*
Duxoup Wine Works *131, 132*

E
Eberle *267*
Écard *274*
de l'Échalier *259*
Edmunds St John *289*
Edna Valley *267*
l'Église-Clinet *237*
Eguisheim, Gen. *41*
Eikendal *283*
Elk Cove *224*
Ellis, Neil *81, 133, 273, 283*
l'Enclos *237*
Engel *75, 109, 133, 235, 309*
Enologica Valtellinese *219, 301*
Entrefaux *124*
Eola Hills *224*
Épiré *271*
Erath *134, 224, 235*

Errázuriz *81, 136, 199*
Eser, A. *157, 247, 222, 312*
Eser, H. H. *167*
Esk Valley *159, 199*
Esmonin, Michel *147*
Esporão *39, 135, 249*
l'Estandon *120*
des Estanilles *135*
Étang des Colombes *114*
l'Étoile (Banyuls) *52*
de l'Étoile, Ch. *136*
l'Étoile, Gen. (Jura) *136*
l'Évangile *136, 237*
Evans & Tate *136, 191, 287*
Evans Family *136*
Éventail de Vignerons Producteurs *136*
Eyrie Vineyards *136, 224*

F
Fabas *200*
la Fadèze *160*
le Fage *202*
Fairview Estate *137, 199, 225, 236, 289*
Faiveley, Joseph *69, 75, 77, 94, 137, 147, 197, 203, 206, 219, 221, 235, 262*
Faizeau *202*
Falesco *135*
Falfs *118*
Faller, Théo *41*
Falua *251*
Fametella *105*
Faraud *148*
de Fargues *67, 271*
Fariña *294*
Le Farnete *87*
Fassati *308*
Fattoria di Manzano *289*
Faugères, Gen. *137*
Faure, Bernard *56*
Faure, Jacques *107*
Faurie *161*
Faustino Martinez *137, 255*
Fauterie *266*
Fay *219, 301*
Fayau *241*
Fayolle *118, 124, 161*
Fazi-Battaglia *303*
Feiler-Artinger *49, 78, 137*
Fèipu dei Massaretti *256*
Felluga, Livio *111*
Felsina Berardenga *104, 138, 285, 306*
Les Fenals *139*
Fenocchio, Riccardo *53*
Fenton *48, 310*
Féraud *120*
La Ferghettina *141*
Fermade *185*
Ferme Blanche *88*
Fermin Ayuso Roig *190*
Ferrant *119*
Ferrando, Luigi *85, 134, 219*
Ferrari *178, 297*
Ferrari-Carano *131, 138, 199*
Ferraton *161*
Ferraud *56*
Ferreira *130, 138, 239*
Ferret *240*
Ferrière *191*
Ferrucci *38, 258*
de Fesles *63*
Fessy *56, 73, 116, 139*
Festiano *206*
Fetzer Vineyards *138, 196, 230, 315*
Feuillatte, Nicolas *97*
Fèvre *77, 93, 94*
Fichet *49, 197*
de Fieuzal *65, 67, 139, 229, 230*
Figeac *65, 139, 264*
Le Filigare *104*
Fillaboa, Granxa *251*
Filliatreau *139, 271*
Filomusi Guelfi *204*
Firestone *269*
Fischer *133*
Fischer, Dr. *222*
Fisher Vineyards *281*
Fitz-Ritter *50*
la Fleur-Cailleau *84*
la Fleur-Pétrus *140, 199, 237*
Fleurie-en-Beaujolais, Gen. *75, 139*
Fleurot-Larose *270*
Flora Springs *101, 140, 216*
Florentin, Émile *140, 265*
Florio *193*
Flotis *119*
La Folie *262*
Fonbadet *227*
Fonréaud *185*
de Fonsalette *120*
Fonscolombe *117*
Fonseca *140, 239*
Fonseca Successores, José Maria da *39, 140, 249, 277, 292*
Font du Loup *102*
Font de Michelle *102, 140*
Fontaine-Gagnard *98*
Fontana Candida *142*
Fontanafredda *49, 140, 146*
Fontblanche *88*
Fontcreuse *88*
Fontenil *143*
de Fontenille *67*
Fonterutoli *104, 285*
Fontodi *104, 285, 289*
Fontsainte *114*
Foppiano *230*
Foradori *291, 297*
Forca Real *121, 214, 256*
Foreau *309*
Forest *240*
Foresti *256, 259*
des Forges *166*
Forlini e Cappellini *106*
Dal Forno *43, 248, 301*
Fort *164*
Fortant de France *199*
Fortia *102*
des Fortières *56*
Fouarrier *271*
Fouassier *268*
Foucault *271*
Fougeailles *178*
Fougeray *193*
Fouilloux *73*
Fouquet *309*
Four Chimneys Farm *217*
Fourcas-Dupré *185*
Fourcas- Loubaney *185*
la Fourmone *299*
Fox Run Vineyards *139, 141, 217*
Foxen *269*
Le Fracce *223*
Franciscan Vineyard *101, 141, 216*
Franco, Nino *243*
de Francs *119*
Frecciarossa *223*
Le Fredis *142*
Freixenet *90, 142*
Frescobaldi *73, 105, 142, 144, 237*
Freslier *309*
Fresnau *166*
Freycinet *235, 290*
Frissant *296*
Frog's Leap *143, 216*
Fromm *191*
Fugazza *111, 223*
Fuissé, Ch. *77, 101, 143, 240*

Fuligni *73, 259*
Fürst, Rudolf *78, 143*

G
Gabillière *123*
Gaggioli *110*
Gagnard, J.-N. *55, 77, 98, 143*
Gagnard-Delagrange *55, 77, 98, 144*
Gaierhof *291*
Gaillard *265*
Gaja *53, 81, 101, 144, 219*
Le Gallais *312*
Gallo, E. & J. *131,145*
Gallo, Silvano *165*
Gambier *70*
de Gamot *82*
Gancia *48*
Gandía Pla, Vincente *300*
Garaudet *204, 237*
Gantenbein *145*
Garbelle *118*
Gardet *97*
Garofoli *259, 303*
Garraud *178*
Garrett, Andrew *282*
Garvey *169*
Gasparini *106*
Gastaldi *53*
Gatti, Enrico *71, 141*
Gatti, Piero *207*
Gauby, Dom. *121, 146*
Gaudou *82*
Gaudrelle *309*
de Gaujal *121*
Gaunoux *237*
les Gauthiers *134*
Gavoty *120*
Gayrel *121, 144*
Gazin *146, 237*
Gelin *139*
Gendrier *104*
Genestière *185, 290*
Genot-Boulanger *197*
Genoux *306*
Genson *121*
Gentile *227, 305*
Geoffray *116*
La Gerla *73, 259*
Germain, T. *271*
Germain, J. *57, 69, 75, 106, 147, 229, 263, 270*
Germain, P. *56*
Germanier, Jacques *129, 138, 299*
Germanier, Jean-René *43*
Geyser Peak *46, 148*
Giacosa *46, 52, 53, 148, 216, 219, 257*
Giacobazzi *178*
Gialdi *199*
Gibbston Valley *91*
Giesen *84, 148, 253*
Gigou *166*
Gilbert *196*
Gilette *67, 148, 271*
Gilliard *138, 299*
Gimmonet *97*
Ginglinger *122*
Gini *280*
Girard-Vollot *274*
Girardin, J. *270*
Girardin, V. *270, 274*
Girault *123*
Giroud, Camille *234*
Giscours *149*
Gisselbrecht *43, 122*
Gitton *268*
La Giustiniana *146*
von Gleichenstein *171*
Glen Carlou *101, 149, 225*
Glen Ellen *149*
Gloria *149, 265*
Göbel, Martin *247*
Goélane *694*
Gojer-Glöggelhof *177, 269*
Golan Heights *31, 150*
Goldwater *48; 3010*
Gonnet *306*
Gonon *265*
Gonzalez Byass *29, 150, 169*
Gorgo *53, 60*
Gosset *97*
les Goubert *120, 148*
Goud de Beaupuis *106*
Gouges *219, 221*
Goulaine, Marquis de *211*
de Gourgazaud *48, 200*
Gourgueil *120, 159*
Goutorbe *97*
de Gouyat *59, 205*
Goy *123*
Goyard *77*
Gracciano *308*
Gracia Hermanos *205*
Gradnik *111*
Graham *151, 239*
Grai, Giorgio *43*
Graillot, Alain *124, 151, 265, 289*
Grand *119*
la Grande Cour *139*
Grand Enclos du Ch. de Cérons *92*
Grand Listrac, Gen. *185*
du Grand Montmirail *148*
Grand-Mouëys *64, 241*
Grand Moulas *120, 151*
Grand Moulin *114*
Grand-Ormeau *178*
Grand-Puy-Ducasse *151, 227*
Grand-Puy-Lacoste *65, 151, 227*
Grand Tinel *102, 152*
Grange de Quatre Sous *221*
Grangehurst *236, 283*
Grangeneuve *160*
de Grangeneuve *118*
Granges Frères *41*
Grans-Fassian *183, 233, 297*
Gras *266*
Grassa, Yves *119, 152*
Grasso, Elio *53*
Gratien, Alfred *97, 152*
Gratien & Meyer *123, 152, 271*
Grattamacco *62*
la Grave *67 , 143*
Gravner *101, 111, 152, 248*
Gray Monk *222*
Graziano *178*
Gréa *119*
Green Point Vineyards *153, 314*
Grégoire *266*
Gremillet *97*
Grenelle *271*
la Grenière *187*
Gressier-Grand-Poujeaux *208*
Greysac *196*
Gristina *217*
Grgich Hills Cellar *154, 315*
Gries, Gen. *177, 269*
Gripa *265*
Grippat *161, 265, 289*
Grivot, Jean *75, 109, 133, 154, 221, 235, 251, 309*
Groffier *63, 215*
Grognuz *93, 301*
Gros, A .& F. *75, 109, 309*
Gros, C. *42*
Gros, Jean *109, 251*
Gros, Michel *70*
Grosjean *300*
Groß *273, 283*
de la Grosse Pierre *105*
Grosset *107, 154, 253*
Grossot *77, 93*
Groth *81*

Grove Mill *191, 253*
Gruaud-Larose *65, 81, 155, 265*
Guelbenzu *81, 155, 216*
Gueritte *104*
Guerrieri-Rizzardi *43, 53, 301*
Guerry *119*
Guffens-Heynen *77, 101, 240*
Guglielmi *259*
Guibeau *244*
Guicciardini Strozzi *303*
Guigal *112, 117, 120, 148, 155, 161, 289*
Guillemot *274*
Guindon *154, 211*
Guinot *61, 123*
Guiraud *67, 156, 271*
Gunderloch *156, 215, 220, 253*
Gundlach-Bundschu *156, 281*
Guntrum, Louis *223*
Gutiérez de la Vega *300*
Guyard *139*
Guyon *42, 229*
Guyot *240*
Gyöngyös Estate *156, 273*

H

Haag, Fritz *72, 156, 253*
Haart, Reinhold *156, 233*
Haas, Franz *43*
Hain, Kurt *233*
Hallereau *154*
Hamilton Russell Vineyards *101, 157, 225, 235*
Handley Cellars *157, 196*
Hanging Rock *157, 273*
Hanteillan *158*
Hardy *101, 157, 225, 256, 281, 282*
Hargrave *217*
Hartenberg *253, 283*
Harvest Wine Group *157*
Harveys *158*
Haut-Bages-Libéral *158, 227*
Haut-Bailly *65, 158, 230*
Haut-Batailley *158, 227*
Haut-Benasse *202*
Haut-Bertinerie *241*
Haut-Brion *65, 67, 158, 230*
Haut-Chaigneau *178*
Haut-Grelot *241*
Haut-Guiraud *119*
Haut-Lariveau *143*
Haut-Marbuzet *158, 265*
Haut-Mazeris *84*
Haut-Milon *187*
Haut-Poitou, Gen. *159*
Haut-Pécharmant *227*
Haut Riot *64*
Haut-Sociondo *241*
Haut-Surget *178*
Haute Perche *45, 117, 259*
Haute Serre *82*
Hauts de St-Jean *120*
Hauts de Sanziers *166*
de Haux *242*
Heathcote *58*
Hébras *202*
von Heddesdorf *312*
Heemskerk *159, 290*
Heger, Dr. *159, 164, 171*
Heidsieck, Charles *97, 160*
Heitz Cellars *160, 216*
Helm's *84*
Henriot *97*
Henriques & Henriques *189*
Henry Estate *224*
Henry of Pelham *220*
Henschke *81, 160, 253, 289*
Herbauges *154, 211*
Herdade de Cartuxa *39*
Herderos de Argües *169*
l'Hermitage *51*
Heron Hill *139, 217*
Heron's Flight *48*
Herrick, James *161, 221*
Hertade de Mouchâo *39*
Hertz *41, 253*
Hess Collection *81, 161, 208, 216*
Heyl zu Herrnsheim *127, 220*
Heyman-Löwenstein *312*
Hidalgo *162, 169*
Hidden Cellars *196*
Hidden Spring *31*
Highfield Estate *273*
Hijos de Antonio Barcelo *251*
Hirtzberger, Franz *162, 253, 309*
Hofstätter *48, 177*
Högl *253*
Hogue Cellars *162, 311*
Hollick *113, 162*
Horiot *259*
Hortus *118, 232, 289*
Hospices de Beaujeu *73*
Hospices de Beaune *162*
Houghton *162, 287*
von Hövel *163, 221, 312*
Howard Park *253*
Huadong-Kellerei *163*
Huber *235*
Huber, Daniel *199, 293*
Hudelot *70*
Hue *107*
Huet, Gaston *163, 309*
Hugel & Fils *42, 163, 276*
Hulbert, Hans *133*
Hunter's *163, 191, 273*
Huntington *209*

I

Icardi *207*
Igler, Hans *164*
Ilaria *165*
Île St-Pierre *69*
Illuminati *204*
Imesch, Caves *43, 47, 129, 138, 299*
Inama *280*
Ingoldby *282*
Inniskillin *164, 220*
Innocente *308*
Iron Horse Vineyards *164, 262*
Irouléguy, Gen. *165*
Isole e Olena *81, 101, 104, 165, 285, 289, 306*
de l'Isolette *120*
d'Issan *165, 181*
Ivaldi *213*

J

Jaboulet Aîné, Paul *114, 120, 121, 124, 148, 161, 165, 213, 214, 265, 289, 299*
Jackson Estate *165, 191, 237*
Jackson Triggs *164*
Jacob *42, 70, 274*
des Jacques *75*
Jacqueson *77, 262*
Jacquesson *97*
Jade Mountain *289*
Jadot, Louis *42, 55, 57, 69, 75, 77, 95, 115, 147, 166, 193, 197, 229, 235, 244, 258, 262, 263, 309*
Jaffelin *56, 57, 69, 109, 166, 262, 263, 266, 270*
Jaffre *56*
Jambon *56*
Jamet, Joseph *117, 166, 289*
Jamet, P. *266*
Jane, Ray *51*
Janodet *206, 208*
Jany *160*
Jasmin *117, 166, 289*
Jasper Hill *58, 289*
de Jau *121, 213, 214, 256*

la Jaubertie *59, 167, 199, 219, 273*
Jaumier *245*
Javernand *105*
Javillier *69, 197*
Jayer, Henri *69, 75, 133, 167, 221, 235, 251, 309*
Jayer-Gilles *39, 70, 75, 133, 167, 221*
Jekel *167, 204*
Jepson *196*
Jermann *101, 170*
Jerzu, Gen. *84*
Jessiaume *49*
Jobard, François *39, 61, 69, 77, 197*
Joblot *75, 149*
Joguet, Charles *105, 167*
Johannishof *147, 167, 253, 261, 312*
Johner, K. H. *61, 170, 171, 235*
Joillot *70, 235*
Joliet *139*
Joliette (Côte de Beaune) *116*
Joliette (Côtes du Roussillon) *121*
Joly *119*
Jonchet *242*
Jonqueyres *241*
Jordan *39, 170, 283*
Jordan & Jon *312*
Jost, Toni *50, 170, 201, 253*
Jougla *264*
Juge (Rhône) *114, 266*
du Juge, Ch. *64, 238*
Juillot *75, 197*
Julien *116*
Juliénas, Gen. *170*
de Juliénas, Ch. *170*
Juliusspital *135, 164, 170, 247, 313*
Jung, Jacob *134*
les Justices *271*
Juvé y Camps *90, 170, 228*

K

Kallfelz, Albert *315*
Kanitz, Graf von *186*
Kanonkop *84, 171, 236, 283*
Karlsmühle *171, 197*
Karthäuserhof *133, 171, 207*
Katnook *113, 171, 273*
Kauer, Randolph *50*
Kees-Kieren *172*
Kendall-Jackson *172*
Kenwood Vineyards *172, 273, 281, 315*
Kerpen *311*
Kesseler, August *48*
von Kesselstatt *150, 171, 172, 221, 233, 253, 312*
Khan Krum *172*
Kientzler *41*
Kierlinger *312*
King Estate *172, 224*
King's Creek *206*
Kingston Estate *256*
Kiona *172, 311*
Kistler *101, 173, 281*
Kleber, Renato *111*
Klein Constantia *113, 173, 253, 273*
Knappstein *107, 173*
Knebel *312*
Knoll *173, 253, 309*
von Knyphausen *134*
Koch *223*
Koehler-Ruprecht *171, 174, 235, 276*
Kominos *245*
Kourtakis *250*
Kracher, Alois *71, 78, 174*
de Krevel *205*
Kreydenweiss *41, 253*
Krug *95, 97, 174*
Krüger-Rumpf *211*
Kuentz-Bas *41, 42, 122, 174*
Kühling-Gillot *223*
Kumeu River *48, 101, 174, 199*
Kunde Estate *175, 281*
Künstler *162, 172, 253*
KWV *175, 213, 225*

L

La Jota *163*
La Motte *142, 289*
Labarthe *144*
Labastide-de-Levis, Gen. *112, 121, 144*
Labégorce-Zédé *191*
Labouré-Roi *57, 69, 75, 77, 93, 116, 147, 175, 193, 221, 235, 244*
Labruyère *56*
Lacombe-Noaillac *196*
de Ladoucette *240*
Lafarge *57, 75, 235, 309*
Lafaurie-Peyraguey *67, 176, 271*
Laffitte-Teston *189, 225*
Lafite-Rothschild *65, 81, 176, 227*
Lafleur *65, 176, 199, 237*
Lafon, D. *75, 77, 101, 176, 197, 204, 205, 235*
Lafon-Rochet *176, 265*
Lafond *250*
Laforest *249*
Lafouge *70*
Lagar de Cervera *251*
Lageder *43, 101, 176, 177, 269, 291*
Lagrange *177, 265*
Laguiche *101, 205, 244*
la Lagune *65, 158, 177*
Laible, A. *132*
Laimburg *177*
Lake's Folly *163, 177*
Lalaurie *221*
Laleure-Piot *229*
Lamarche *133, 309*
Lamarque *158*
Lambardi, Maurizio *259*
Lamberhurst *31, 178*
Lambert *123*
des Lambertins *299*
Lamé-Delille-Boucard *70*
Lamothe *64*
Lamothe-Guignard *271*
Lamothe-de-Haux *242*
Lamoureaux Landing *139, 178, 217*
Lamy *98, 263*
Lamy-Pillot *263*
Lanciola II *105*
Landerrouat *119*
Landiras *153*
Landolt *38*
Lane Tanner *235, 269*
Lanessan *158, 178*
Langlois-Château *123*
Langoa-Barton *65, 178, 265*
Langoiran *242*
Lanson *95, 179*
Lapanderie *117*
Lapeyre *55, 170*
Lapeyrouie *119*
Lapiarre *103, 119*
Lapierre *206, 208*
Laporte *214, 256*
Large *56*
Larios *189*
Lark Hill *84*
Laroche (Chablis) *93*
Laroche (Savennières) *271*
Larose-Trintaudon *158, 179*

Larreyda *170*
Larroze *144*
Lasanta, Herencia *255*
Lascaux *232*
Lascombes *65, 179, 181*
Lassarat *77, 240*
de Lastours *114, 179*
Latour, Louis *42, 77, 115, 117, 180, 203, 244, 258*
Latour, Ch. *65, 81, 180, 227*
Latour-à-Pomerol *180, 237*
Laudun, Gen. *120*
Lauer, Peter *49*
Laulan *119*
Launay, Ch. *134*
Launay, R. *176*
de Launay, Y. *197*
Launois *97*
Laurel Glen *81, 180, 281*
Laurens *61, 123*
Laurent-Perrier *95, 97, 117, 180*
Laurétan *134*
des Laurets *202, 244*
Laurou *119*
L'Avenir *283*
Laville-Haut-Brion *67, 180, 230*
Lazy Creek *196*
Leasingham *107, 181*
Lebreton, V. *45*
Leccia *227, 305*
Leclerc, Philippe *147*
L'Ecole No 41 *181, 311*
Leconfield *81, 113, 181, 199*
Leeuwin Estate *81, 101, 181, 191*
Leflaive, Dom. *55, 77, 101, 181, 244*
Leflaive Frères, Olivier *55, 69, 77, 182, 203, 204, 244, 262, 263, 266*
Léger-Plumet *77, 240*
Lehmann, Peter *182*
Lehoul *143*
Leitz, J. *182, 261*
Lejeune *237*
Lenz Vineyards *182, 217*
León, Jean *81, 182, 228*
Leone de Castris *114*
Leonetti Cellars *182, 199, 311*
Léoville-Barton *65, 183, 266*
Léoville-Las-Cases *65, 81, 183, 266*
Léoville-Poyferré *65, 180, 266*
Lequin-Roussot *270*
Leroy, Maison *49, 57, 70, 75, 77, 95, 109, 183, 204, 235*
Leroy, Dom. *109, 183, 205, 235, 251, 258*
Lescure, Chantal *116*
Lestignac *59*
Letrari *194*
Levasseur *205*
Librandi *106*
Lievland *283, 289*
Lignier, Georges *108, 206*
Lignier, Hubert *206*
Lilian-Ladouys *265*
Lilliano *104*
Limbardie *160*
Lindemans *113, 163, 184, 225, 289*
Lingenfelder *142, 155, 184, 253*
Lini, Oreste *178*
Lionnet, Jean *114, 184, 266*
Liot *54*
Lisini *73, 259*
Listel *185*
Locorotondo, Gen. *185*
Loewen, Carl *182*
Lônes *118*
Long-Depaquit *93*
Longue-Toque *148*
Loosen, Dr. *59, 134, 150, 186, 253, 298, 311*
López de Heredia *186, 255*
Lorieux *266*
Loron *56, 266*
Los Llanos *186, 299*
Loubens *267*
Loudenne *186, 196*
Louison *289*
Louisvale *186, 283*
Loumède *241*
Loupiac-Gaudiet *187*
Lousteau-Vieil *267*
la Louvière *67, 187, 230*
Lucas *139*
Lucius-Grégoire *123*
Lugny, Gen. *77, 123*
Lumpp, F. *149*
Lunard *69*
Luneau, Pierre *187, 211*
Luneau-Papin *211*
Lungarotti *187, 294*
Lupi *256, 259*
Luquet *77, 240, 266*
Lurton *221*
Lustau, Emilio *169, 187*
Lutz *117*
Lützkendorf *263*
Lycée Agricole de Davayé *266*
Lynch-Bages *64, 65, 81, 187, 227*
Lyonnat *187*

M
Mabileau *266*
Mabille *309*
Maby *185*
Macay *119*
Maccario *256, 259*
Le Macchiole *62*
Il Macchione *308*
Macler *99, 306*
Maculan *72, 81, 188, 199*
Madeira Wine Co. *189*
Mader *253*
Magaña *216*
Magdelaine *65, 189, 199, 264*
Magence *153*
Magord *107*
Magrin *249*
Maillard *176*
des Mailles *267*
Maire, Henri *46, 99*
Maîtes Vignerons de St-Tropez *120*
Malabaila *257*
Malartic-Lagravière *189, 230*
Malbête *250*
de Malle *271*
Mallinger *95*
Malumbres *216*
Malvirà *46, 219, 257*
Manciat-Poncet *188*
Mancinelli *303*
de Mandelot *70*
Mandois *97*
Männle, H. *132*
Manuel, René *69*
Manzaneque, Miguel *89*
Maquin St-Georges *265*
Marana *164*
Marbuzet *265*
Marcadet *296*
Marcarini *53, 219*
Marchand *95, 206*
Marchesi di Gresy *219*
Marcillac-Vallon, Gen. *191*
Marcoux *102*
Mardon *245*
Maréchal *197, 274*
Marenco *71, 207*
Marey *115*
Margaux *654, 65, 67, 81, 181*
Marino, Alvaro *216*
Marino, Beppe *207*

Marne et Champagne *191*
Marqués de Cáceres *192, 255*
Marqués de Griñon *81, 192, 255, 261*
Marqués de Monistrol *90, 192, 228*
Marqués de Murrieta *192, 255*
Marqués de Riscal *192, 255, 261*
Marqués de Vargas *255*
Marquesi di Gresy *52*
Martin *250*
Martin Brothers *219, 267*
Martinborough Vineyard *193, 235, 253*
Martinez Bujanda *193, 255*
Martini *38, 213*
Martini, Karl *177*
Martini, Louis M. *194*
Martini & Rossi *48*
Martino, Armando *37*
Martinolles *61, 123*
Mas Amiel *195*
Mas Blanc *52, 111*
Mas Bruguière *232*
Mas Crémat *121*
Mas de la Dame *55*
Mas de Daumas Gassac *81, 160, 194*
Mas Dignon *144*
Mas de Gourgonnier *55*
Mas Jullien *118, 194*
Mas Martinet *241*
Mas des Pigeonniers *214*
Mas Rancoure *256*
Mas de Rey *69*
Mas Rous *121, 214*
Mas de la Rouvière *51*
Masbacher, Georg *141*
Mascarello, Bartolo *53, 128, 142, 194, 219*
Mascarello, Giuseppe *53, 128, 194, 219*
Masciarelli *204*
Masi *43, 53, 194, 248, 280, 301*
Masía Bach *228*
Maso Cantanghel *297*
La Massa *104*
Masseto *199*
Masson-Blondelet *240*
Massoni *206*
Massy *301*
Mastroberardino *138, 175, 195, 290*
Mastrojanni *73*
Matanzas Creek *101, 195, 199, 273, 281*
Mathier *129, 299*
Matrot *77, 197*
Matua Valley *84, 159, 174, 195, 273*
Maucaillou *195, 208*
Maufoux *270*
Maurel Fonsalade *264*
Maury, Gen. *121, 195*
Maximin Grünhaus *195, 197, 207*
Mayacamas *208*
Maye & Fils *47, 138*
Mayer *312*
Le Mayne *118*
Mayne-Binet *92*
Mayne-Lalande *185*
Mayne-Vieil *143*
Mazarin *187*
Mazzi *43, 301*
Mazziotio *135*
Mazzolino *223*
McDowell Valley *196*
McWilliams *122, 163, 195, 256*
Mecella *259, 303*
Meer-Näkel *37*
Meerlust *196, 199, 283*
Meffre, Christian *148*
Meffre, Roger *120, 247*
Mégia, Luis *295*
Megyer *294*
Melin *242*
Melini *104*
Mellot, A. *196, 245, 268*
Melton, Charles *54, 154*
Mendoza, Enrique *300*
Ménota *54*
Mentone *120*
Méo-Camuzet *75, 109, 115, 196, 235, 309*
de Mercey *70*
Mercier *123*
Meridian *267*
Merlin *77, 101, 188, 266*
Merotto *243*
Merrill, Geoff *197, 282*
Meßmer, Herbert *79*
Mestre *270*
Métaireau, Louis *197, 211*
la Métairie *227*
Meursault, Ch. de *69*
Meyer, Jos & Fils *41, 197*
Meyney *200, 265*
Meyzonnier *200*
Miauxdoux *59*
Michaud, Alain *73*
Michaud (Crémant de Loire) *123*
Michel, Bernard *203*
Michel, Louis & Fils *77, 93, 94, 101, 200*
Michel, R. *114, 289*
Michelot *77, 219, 221*
Michelot-Buisson *197*
Michi *203*
Midgeon *268*
Mignaberry *165*
Milá i Mallofré, Albert *228*
Milbrook *217*
Mildara *113, 200*
de Mille *120*
Millérioux *268*
Millton *149, 200*
Milz *297*
Minuty *120*
Mionetto *243*
Miramar *209*
Miranda *256*
Mire l'Étang *107*
Mission *200*
la Mission-Haut-Brion *201, 230*
Mission Hill *164, 200, 222*
Mitchell *107, 201, 258, 289*
Mitchelton *150, 193, 201, 253*
Moccagatta *52*
Moët & Chandon *95, 201*
Moillard *57, 70, 221, 309*
des Moines *202*
Moio, Michele *137*
Molin *139*
Mollex *277*
Molon, Ornella *231*
Mommessin *109*
La Monacesca *303*
Monaci *114*
Monbazillac, Gen. *202*
Monbrison *191*
Moncaro *303*
Monchiero Carbone *257*
Mondavi, Robert *81, 92, 101, 202, 216, 235*
Mongeard-Mugneret *75, 133, 309*
Monjardin, Castillo de *216*
Monmousseau *296*
Monin *305, 306*
Monsanto *104*
Monsupello *223*
du Mont *267*

Mont Marçal *90*
Mont Redon *102, 120*
Mont Tauch, Gen. *114, 139, 202, 214*
Montaiguillon *202*
Montana *149, 151, 159, 191, 203, 253, 273*
Montauriol *119*
Montbourgeau, Dom. de *136*
Monte Bernardi *104*
Monte Rossa *141*
Montecillo *203, 255*
Montemorli *105*
Montenidoli *303*
Monterey Vineyard *204*
Monterminod *306*
Montes *204*
Montessia *111*
Montevertine *204, 285*
Montgénas *139*
Montgilet *117*
Monthélie-Douhairet *204*
Monticello Cellars *204, 216*
de Montille, Hubert *75, 205, 237, 309*
de Montmirail *299*
Montner *121*
Montrose *65, 205, 209, 265*
Montroussier *117*
Montus *189, 205, 209*
Moondah Brook *287*
Moorilla *290*
Moorooduc Estate *206*
La Morandina *207*
la Morduréc *185*
Morey, Albert *98, 263*
Morey, Bernard *270*
Morey, Jean-Marc *77*
Morey, Pierre *55, 69, 77, 101, 197*
Morgan *204*
Morgenhof *199, 283*
Morin *70*
Moroder *259*
Morot *57, 75*
Morot-Gaudy *70*
Morris *206, 213, 262*
Mortet, Denis *75, 94, 147, 235*
Morton Estate *101, 159, 206, 235*
Mosbacher, Georg *206*
Moser, Lenz *174, 207*
Moss Wood *81, 191, 208*
Mossi *111*
Moueix, J. P. *208*
du Moulin *64*
du Moulin-à-Vent, Ch. (Beaujolais) *75, 208*
Moulin-à-Vent, Ch. (Moulis) *208*
Moulin-de-Launay *134*
Moulin-Haut-Laroque *143*
Moulin-Pey-Labrie *84*
Moulinas *214*
Moulines *160*
Mount Langi Ghiran *151, 208, 289*
Mount Mary *208, 235, 314*
Mount Veeder Vineyards *208*
Mountadam *101, 209, 235*
Mouréou *189*
Mousset *120*
Mouton-Cadet *209*
Mouton-Rothschild *65, 81, 209, 227*
Moyer *205*
Muga *209, 255*
Mugneret *94*
Mugnier *63, 95, 215*
Mulderbosch *101, 210, 273, 283*
Müller, Egon *210, 253, 312*
Müller, Gebr. *164*
Müller, Heinrich *63*
Müller-Catoir *148, 210, 213, 253*
Mumm, G. H. *210*
Mumm Napa *87, 211, 216*
Murana *207, 213*
Muré *122*
Murfatlar *211*
Muri-Gries *177*
Murphy-Goode *39, 273*
Musset-Roullier *45*
Mussy, André *57, 237*

N
Nadoz *119*
Nairac *54, 67, 215*
Nalle Winery *13, 215, 315*
Nalys *102*
Nardique-la-Gravière *134*
Natter *268*
Nautilus *191, 216*
Navajas *255*
Navarro *196*
Neau *271*
Neethlingshof *253, 283*
Negri, Marco *202*
Negri, Nino *219, 301*
Négrit *202*
Negro *46, 257*
Neiva, José *136*
Nekeas *216*
Neris-Pecorari, Lis *165*
la Nerthe *102*
Nervi *146*
Neudorf *101, 216, 217, 235, 253, 273*
Neumayer *296*
Neus *164*
Newton Vineyards *81, 101, 199, 216, 218, 220*
Neyroud *306*
Ngatarawa *159, 220*
Nicholson River *149*
Nicodemi *204*
Nicolas *48, 200*
Niedermayr *177*
Niellon *77*
Niepoort *220, 239*
Nigl *174, 253*
Nikolaihof *174, 220, 309*
Nobilo *174, 220, 273*
Noblaie *105*
Noëllat *251, 258*
Normans *282*
Norton *196, 221*
Notley Gorge *290*
Nouveau *190*
des Nouvelles *139*
Novello Villa Magna *72*
Nozzole *285*
Nudant *176*
Nuestra Señora de Manjavacas, Gen. *190*
Nuova Agricoltara *207*
Nutbourne Manor *31*
Nuy, Gen. *213*

O
Oakridge *314*
Obrist *301*
Ochoa *213, 216, 222*
Octavie *296*
Ogereau *45, 79, 118*
Ogliastra, Gen. *84*
Oisly-et-Thésée, Gen. *123, 222, 273, 296*
Oliena, Gen. *84*
d'Oliveira *189*
Ollieux *114*
Omar Khayyam *223*
Opitz *49, 71*
Opus One *81, 216, 219, 223*
l'Oratoire St-Martin *120*
Orlando *113, 224, 253, 256*
l'Ormarins *142*

les Ormes-de-Pez *65, 265*
les Ormes-Sorbet *196*
Ornellaia *62, 81, 224, 285*
Orsat *129, 135, 138*
Orsolani *134*
Osborne *169, 224*
Ostertag *41, 122, 253*
von Othegraven *171*
Overgaauw *283*

P

Pabiot *240*
Pacenti *259*
Pacina *105*
I Paglieri *52*
Paitin *52*
Pajzos Disznókö *294*
Palácio de Brejoeira *307*
Palacio de la Vega, Gen. *216*
Palacios, Alvaro *225, 242*
La Palazza *258*
Il Palazzino *104*
Palazzone *224*
de la Paleine *271*
les Pallières *148*
Palliser *193, 226, 235, 253, 273*
la Palme *119*
Palmer (Champagne) *97*
Palmer (New York) *217*
Palmer, Ch. *65, 191, 226*
Palomas *226*
Pampelonne *120*
Paneretta *104*
Panisseau *59*
Panizzi *303*
Pape-Clément *65, 226, 230*
Paquet *206*
Paradiso *38, 258*
Paraza *200*
du Parc *114*
Parducci *196*
de Parenchère *119*
Parent *69, 204, 237*
Parigot-Richard *123*
Paringa *289*
Parker Estate *113, 226*
La Parrina *227*
The Partridge *31*
Parusso *57*
Parxet *39*
Pascal *57, 120, 148, 299*
Pask, C. J. *159*
Pasolini dall'Onda *105*
Passavant *123, 259*
Passing Clouds *58*
Passot *105*
Patache d'Aux *196*
Paternoster *37*
Patissier *263*
Pato, Luis *51, 227*
Paul *139*
Paulinshof *172*
Pavelot *229, 274*
Pavese *154*
Pavie *65, 227, 264*
Pavie-Decesse *264*
Pazo de Barrantes *251*
Pazo de Señorans *251*
Pech-Redon *107*
Peconic Bay *217, 228*
Pecorari, Pierpaolo *165*
Pedrosa *228, 251*
Pegasus Bay *84, 253*
Pégau *102*
Peillot *305*
Pélaquié *120*
Pellé *196, 268*
Pellegrino *193, 207*
Pelletier *75, 170*
de Pena *214*
Peñaflor *228*
Penfolds *81, 113, 228, 256, 289*
Peninsula *48, 310*
Penley Estate *81, 113, 228*
Pepperwood Springs *196*
Péraldi, Comte *38, 305*
Pérez Barquero *205*
Perinaldo *259*
Perll, August *63*
Perll, Walter *63*
Pernot *244*
Pernot-Fourrier *94*
Perrachon *103*
de Perreau *120*
Perret *112, 306*
Perrier, Jean *306*
Perrier, Joseph *97, 117, 229*
Perrier, Dom. *56*
Perrier-Jouët *229*
Perron *99, 306*
Perrone *207*
Perrot-Minot *94, 108, 206*
Pesquera *225, 251*
Pesquié *121*
Petaluma *81, 101, 107, 113, 199, 230, 253*
Peterson *163*
Petit Val *63*
Petit-Village *230, 237*
Petite Croix *63*
Petriolo Palacio *255*
Pétrus *65, 199, 230, 237*
la Peyrade *213, 214*
de Pez *231, 265*
Pfeffingen *298*
Phelps, Joseph *81, 216, 231, 289*
Piada *54*
Piat d'Or *231*
Pibarnon *51*
Pibran *227*
Piccinini *200*
Piccolo Bacca dei Quaroni *223*
Pichler, Franz X. *213, 232, 253, 309*
Pichon-Longueville *65, 81, 227, 232*
Pichon-Longueville-Lalande *65, 227, 232*
Picq *93*
Piedemonte Olite, Gen. *216*
Pieropan *232, 280*
Pierre-Bise *45, 118, 245, 271*
Pierreux *73*
Pierro *101, 191, 232*
Pietrafitta *303*
Pietraserena *105, 303*
Pieve Santa Restituta *73, 306*
Pighin *142*
Pike *107, 253, 273*
le Pin *199, 233, 237*
Pinchon *112, 265*
Pindar *217*
Pinet, Gen. *121*
Pinget *127, 301*
Pinson *93*
Pio Cesare *52, 53, 219*
Piper-Heidsieck *236*
Pipers Brook Vineyards *101, 235, 236, 253, 290*
Piquemal *121, 214*
Pique-Sègue *120*
Pithon *118*
de Pitray *119*
Pittaro *142*
Pivot *56*
Plaisir de Merle *81*
Plageoles *144*
Plagnac *196*
Plaimont, Gen. *119, 121, 189, 225, 236*
Plantagenet *101, 236, 289*
Plasse *117*
Pleiade *195*
von Plettenberg, Reichsgraf *50*

Plozner *142*
de la Plume *56*
Pochon *124*
Podere dell'Olivos *219*
Poggerino *104*
Poggio Antico *73, 259*
Poggio Salvi *105*
Poggio Scalette *285*
Il Poggiolo *73, 87, 105, 259*
Il Poggione *73, 259*
Poitevin *263*
Pojer & Sandri *297*
Pol Roger *97, 237*
Poliziano *237, 260, 285, 306, 308*
Polz *273, 283*
Pomérols, Gen. *121*
de Pommard *237*
Pommery *95, 97*
Ponsot *75, 94, 108, 206, 235*
Ponte de Lima, Gen. *307*
Pontet-Canet *65, 227, 237*
Ponzi *224, 237*
Poppiano *105*
Porello *257*
Porret *217*
Porta *240*
Potensac *65, 196, 240*
Pothier-Rieusset *237*
Potinet-Ampeau *197, 204, 309*
Poujeaux *208, 241*
Poupille *119*
Pousse d'Or *75, 237, 270, 309*
Poveda, Salvador *300*
Prà *280*
la Prade *119*
Pradel *117*
Pradelle *124*
Pradio *142*
Prager, Franz *241, 253, 309*
Premiovini *187*
Preston Vineyards *131, 242, 289, 315*
Preston Wine Cellars *311*
de la Preuille *154, 211*
Prieur *197, 215*
Prieur-Brunet *270*
Prieuré-Lichine *242*
Prima & Nuova, Gen. *177*
Primo Estate *242*
Princic *111*
Príncipie de Viana *216*
Prinz, Fred *157*
du Priorat *59*
Prissé, Gen. *77, 188, 266*
Provenza *187*
Providence *48*
Prudhon *263*
Prüm, J. J. *59, 150, 243, 253, 311*
Prüm, S. A. *243*
Prunier *49*
Prunotto *46, 53, 216, 219, 243, 257*
Puffeney *46*
Puiatti *111, 244, 294*
Puig y Rocca *101, 228*
Puisseguin-St-Émilion, Gen. *244*
de Puligny-Montrachet, Ch. *244*
Pupillin, Gen. *46, 119*
Puyguéraud *119*
Puy-Bardens *242*
Puy-Servain *159*

Q
Quail's Gate *222*
Quattre *82*
Quénard *306*
La Querce *105*
Querceto *104, 285*
Querbach *222*
Querciabella *104, 285*
Quilceda Creek Vintners *245, 311*
Quiles, Primitivo *300*
Quinta de Abrigida *136*
Quinta da Bacalhôa *245*
Quinta do Carmo *39, 64*
Quinta do Casal Branco *251*
Quinta do Côtto *130, 245*
Quinta de Couselo *251*
Quinta do Crasto *130, 246*
Quinta da Franqueira *307*
Quinta da Gaivosa *130*
Quinta da Maias *125*
Quinta da Murta *78*
Quinta do Noval *239, 246*
Quinta de Pancas *136*
Quinta da Pellada *125*
Quinta dos Pesos *85*
Quinta da Romeira *78*
Quinta de la Rosa *130, 239*
Quinta de Sães *125*
Quinta do Vale de Raposa *125*
Quintarelli *43, 246, 248, 301*
Quivira *246, 315*
Qumra *131*
Qupé *246, 269, 289*

R
Rabasse-Charavin *120, 247*
Rabaud-Promis *67, 271*
Rabino *257*
Rafanelli, A. *131, 215*
Raffault, Jean-Maurice *105*
Raffault, Olga *105*
Le Ragose *43, 248, 301*
Ragot *149*
des Raguenières *70*
Raïmat *89, 90, 115, 246*
Rainoldi *219,301*
Ramage-la-Batisse *158*
la Rame *67, 267*
Ramonet *55, 77, 98, 101, 205, 244, 247, 263*
Ramos Pinto *239, 247*
Rampolla *104, 247, 285*
Rampon *249*
Rapet *48, 115, 229*
Rapitalà *38*
Rasmussen *87, 235, 247*
Raspail *107, 148*
Rasteau, Gen. *247*
Ratti, Renato *53, 128, 216, 219*
Rattray, Mark *84, 235*
Ratzenberger, Jochen *50*
Rauzan-Ségla *65, 81, 191, 248*
Raveneau *77, 93, 94, 101, 248*
Ravenswood *248, 281, 315*
Raventós i Blanc *90*
Ravier *116*
Rayas *102, 248*
la Raye *59*
Raymond *47, 299*
Raymond-Lafon *67*
Rayne-Vigneau *271*
le Raz *205*
Rebholz *61, 213*
Rechsteiner *231*
Reclu *271*
Rectorie, Dom. de la *111, 249*
Redbank *244*
Redde *240*
Redondo, Gen. *39*
Regaleali *81, 101, 249*
Régnard *93, 94*
Reguengos de Monsaraz, Gen. *39, 249*
Reinert, J. P. *171*
Remelluri *249, 255*
Remoriquet *221*
Rémy, R. & J. *106*

Remy, Dom. *94*
de la Renière *271*
Renou, J. *45, 118, 245*
Ress *158, 249*
Reverdy *268*
Revillon *263*
Revington *149*
Rex Hill *224*
Rey *121*
Reynon *64, 242*
de Ribonnet *112*
de Ricaud *67, 187*
Ricci Curbastro *141*
Richaud *120*
Richeaume *81, 120, 251*
Richou *45, 117, 251*
Richter, Max Ferd. *72, 210, 251, 253, 276, 311*
Rico, Agapito 170
Ridge *81, 315*
Ridge Vineyards *230, 254*
Riecine *104, 254, 285*
Rieussec *67, 254, 271*
Rimauresq *120*
Rincione *38*
La Rioja Alta *255*
Riojanas *255*
Riomaggiore, Gen *106*
Rion, Daniel *39, 69, 70, 75, 95, 116, 221, 25, 309*
de Ripaille *306*
Rippon Valley *91*
Riunite *178*
Riva *38*
Rivera *88, 256*
Rivesaltes, Gen. *121, 256*
la Rivière *143*
de Roally *188*
Robaliño *251*
Robertson Winery *256*
Robin *119*
Robin, Daniel *103*
Robin, Guy *77, 93*
Robineau *118*
Robinson's *245*
Robiscau *214*
Le Roc *119*
Roc de Calon *202*
Roc-de-Comtes *119*
Rocailles *306*
Rocca, Albino *53*
Rocca di Castagnoli *104*
Rocca di Fabbri *153*
Rocca di Montegrossi *104*
Rocca-Rabajà, Bruno *52*
Rocche dei Manzoni *53, 219*
Roch Megares, Julia *170*
la Roche *242*
Roche Blanche *296*
de Rochemorin *230*
Rochioli *235, 262*
Rockford *54, 257, 289*
Rodet, Antonin *75, 77, 197, 235, 244, 257, 262*
Rodríguez Vidal, Angél *261*
Rodriguez y Berger *190*
Roduit *47*
Roederer, Louis *95, 257*
Roederer Estate *196, 257*
Roger, Jean-Max *196, 268, 273*
Rolet *46, 119, 305*
Rollan-de-By *196*
Rolland, Dom. (Brouilly) *73*
de Rolland, Dom. (Fitou) *139*
Rollin *229*
Rolly Gassmann *41*
Romagnoli *111*
Romanée-Conti, Dom. de la *75, 133, 205, 235, 251, 258, 287, 309*
Rombeau *121*
Roncade *231*
Ronco di Cialla *111*
Ronco del Gelso *165*
Ronco del Gnemiz *111*
Ronco dei Tassi *111*
Rongopai *258*
Ropiteau-Mignon *197*
de la Roque *232*
de Roque Peyre *205*
Roquebrun, Gen. *264*
Roquefort *64*
de Roques (Bordeaux) *64*
des Roques (Vacqueyras) *299*
Roqueval *39*
la Rosa *92, 175, 199*
la Rose du Pin *134*
Rosemount Estate *101, 113, 163, 259*
Rossignol, P. *69, 116, 139, 147*
Rossignol-Trapet *94, 206*
Rostaing *117, 289*
Rothbury Estate *122, 163, 260, 289*
Rothbury (Marlborough) *273*
Rottensteiner, Hans *269*
Rottensteiner, Heinrich *269*
Roty *75, 94, 147*
Roubaud *116*
Roudene *139*
Rouge Homme *113, 260*
Roulot *49, 77, 101, 197, 204*
Roumier *63, 75, 94, 95, 215, 235*
Rouom, Gen. *112*
Roura *39*
Rousseau *75, 94, 108, 147, 260*
Rousset *119*
Roux *263, 270*
Rouze *245*
Roveglia *181*
Rovellats *90*
Rowella *290*
Roy *203*
du Rozay *112*
Ruby Bay *216*
Ruck, Johann *164*
Ruet *73*
Ruffino *104, 144, 261*
Ruggeri *243*
Ruinart *97, 261*
Russe *199, 262*
Russiz Superiore *111, 294*
Russolo *142*
Rust-en-Vrede *262, 283, 289*
Rustenberg *262, 283*
de Ruth *120*
Ryman, Hugh *32, 119, 221, 236, 262*

S
Sabazin *121*
Sable *120*
Sabon *102*
Sacred Hill *159*
Sada, Gen. *216*
Saget *240*
Saier *197*
Saillant *263*
St-Amand *263, 271*
de St-Amour *263*
St-Antoine *120*
St-Auriol *114*
St-Baillon *120*
St-Chinian, Gen. *264*
St-Cyr-en-Bourg, Gen. *271*
St-Désirat, Gen. *111, 112, 117, 264, 265, 289*
St-Estève *118*
St-Estève d'Urchaux *120*
de St-Exupéry *107*
St Francis *281*
St-Gayan *148*
St-Gengoux-de-Scissé, Gen. *123, 188*
St-Georges *265*
St-Gilles *145*

St Hallett *54, 265, 289*
St Helena *84, 235, 265*
St Huberts *265, 314*
St-Jean-le-Vieux *118*
St. Jodern *159*
St Leonards *262*
St-Martin *121*
St-Maur *120*
St-Pierre (St-Julien) *266*
St-Roch *185*
Ste-Anne, Dom. *120, 266*
Ste-Anne (Bandol) *51*
Ste-Berthe *117*
Ste-Eulalie *200*
Ste Marie *134*
Saintsbury *87, 235, 267*
Sakar *199*
Saladin, Urs *38*
Salen *117*
de Sales *237, 267*
Le Salette *248, 301*
Salishan Vineyards *311*
Salitis *79*
Salm-Dalberg, Prinz zu *150, 242, 261, 310*
Salomon *174*
Salon *97*
Salta, Michele *62*
Salvard *104*
Salvat *121*
Salviano *224*
Salwey *171, 221*
Sammacca del Murgo, Barone *136*
Sammontana *105*
Samos, Gen. *213, 267*
Samuletto *164*
San Felice *104*
San Filippo *259*
San Francesco *106*
San Giusto a Rentennano *104, 285, 306*
San Leonardo *297*
San Michele Appiano, Gen. *43, 177*
San Paolo in Rosso *104*
San Pedro *268*
San Pietro *146*
San Quirico *303*
San Vito in Fior di Selva 105
Sánchez Romale *169*
Sandeman *239, 268*
Sandrone *53, 219*
Sanford *235, 268, 269*
St. Antony *220*
Sanstrave *112*
Santa Lucia *88*
Santa Maddalena, Gen. *269*
Santa Maria della Versa, Gen. *223*
Santa Barbara, Gen. *282, 303*
Santa Rita *269*
Santa Seraffa *146*
Santadi, Gen. *86, 303*
Santiago Ruiz *251*
Santos Aguado, Julian *190*
São Mamede de Ventosa *136*
Sapin *56*
Saracco *207, 213*
de Saran, Ch. *117*
Saransot-Dupré *185*
Sarda-Malet *121, 214, 256*
Sarrau *56*
Sarrazin *75, 149*
Sasbach, Gen. *270*
Sasbachwalden, Gen. *270*
Sassicaia *81*
Sattlerhof *283*
Sauger *104*
Sauveroy *118*
Sauvion *154, 211*
Sauzet *55, 77, 101, 244*
Savioz *47*
Savoye *206*
Saxenburg *274, 283, 289*
Scala Dei *242*
Scarpa *53, 71, 154*
Scavino, Paolo *53, 219*
Schaefer, Karl *50, 298, 310*
Schaefer, Willi *253*
Schäfer, Alfred *78*
Schäffer, Egon *135*
Schandl *49*
Scharffenberger *196*
Schenk *300*
Schilling *312*
Schiopetto *111, 274, 294*
von Schleinitz *174*
Schleret *41*
Schloß Johannisberg *274*
Schloß Lieser *275*
Schloß Proschwitz *263*
Schloß Reinhartshausen *134, 158, 275, 276*
Schloß Saarstein *275, 277*
Schloß Sallegg *177, 213*
Schloß Schönborn *134, 158, 275*
Schloß Vollrads *275*
Schloß Westerhaus *164*
Schlumberger, Dom. (Alsace) *41, 42, 253, 276*
Schlumberger, Michel *131*
Schmitt, Rupert *247*
Schmitt's Kinder *247*
Schmitt-Wagner *186*
Schramsberg *216, 276*
Schwanburg *43, 291*
La Scolca *146*
Scott, Allan *191, 273*
Seagram *29*
Seaview *275, 281, 283*
Sebaste *53*
Sebastiani *281*
Segant *178*
Seghesio *39*
Segonzac *241*
Ségriès *185*
Seguin *240*
Ségura *107*
Seifert, Klaus *262*
Seifried Estate *216, 253, 273, 276*
Selaks *174, 253, 273, 276*
Selbach-Oster *150, 253, 276, 311, 315*
Sella & Mosca *84, 276, 303*
Selvapiana *105, 237, 277, 306*
Senard *42, 115*
Señorio del Condestable *170*
Señorío de Sarría *216*
le Sens *242*
Seppelt *151, 213, 225, 277, 289*
Serafino, Enrico *257*
Serol *117*
Sertoli Salis, Conti *219*
Serveau *95*
Servin *93*
du Seuil *92, 117, 153*
Seville Estate *289, 314*
Shafer *199, 278*
Shaw & Smith *273, 278*
Sherwood Estate *84*
Siaurac *178*
Sichel *184*
Sierra Cantabria *256*
Sieur d'Arques, Gen. *61, 123, 159, 184, 278*
Siffert *208*
Signano *105*
Silver Oak *39, 81, 279*
Silverado *216, 279*
Simi *39, 279*
Simon, Bert *277*
Simone *225*
Simonnet-Febvre *93, 94, 123, 164*

Simonsig Estate *236, 253, 279, 283*
Siran *65, 191, 279*
Sirugue *133*
Sitzius *221*
Skalli-Fortant de France *221, 279, 305*
Sliven *279*
Smith & Hook *204*
Smith-Haut-Lafitte *230, 280*
Smith Woodhouse *239, 280*
Snoqualmie *311*
Soave, Gen. *280*
Sociando-Mallet *65, 158, 280*
Sodondo *241*
Sogrape *39, 51, 125, 130, 280, 307*
Sokol-Blosser *224, 280*
Soleil *244*
Solis, Félix *299*
Sonnino *105*
Sonoma-Cutrer *262*
Sorbe *250*
Sorg *41*
Sorrel *161*
Sorrentino *175*
de Souch *170*
Soucherie *118*
Soulez *118, 271*
de Sours *64*
Soutard *264*
Southbrook Farm *220*
Spagnolli *194*
Spalletti *258*
Spay *263*
Specogna *111, 294*
Speri *43, 248, 301*
Spezia *178*
La Spinetta *53, 207, 213*
Spring Valley *290*
Springfield *256*
Stadlman *293*
Stafford Ridge *273, 282*
Stag's Leap Wine Cellars *81, 216, 282*
Stambolovo *199*
Stanton & Killeen *213, 262*
Staple St James *31, 282*
Station Hills *311*
Steele Wines *282*
Steenberg *113*
Steinmaier *77, 203*
Stellenbosch Farmers' Winery *225, 283*
Stellenzicht *283, 289*
Sterling Vineyards *191, 210, 283*
Stigler *164*
Stone Ridge *245*
Stoney *290*
Stonier's *206, 285*
Stonyridge *48, 81, 286, 310*
La Stoppa *111*
Strong, Rodney *262*
Struzziero *138, 290*
Stucky, Werner *293*
Charles Stuart University *122*
Suau *242*
Suavia *280*
Suduiraut *67, 271, 286*
Suhindol *199. 286*
Suntory *29*
Suremain *75, 197, 204, 262*
Suronde *245*
Sutter Home *92, 287*
Swan, Joseph, Vineyards *287*
Swanson *199, 289*
Symingtons *239*

T
Taille aux Loups *205*
Tain l'Hermitage, Gen. *111, 112*
Taittinger *95, 97, 287*
Talbot *266, 287*
Talenti *73, 259*
Talley *267*
Taltarni *244, 289, 290*
Taluau *266*
Tanesse *242*
de Tarczal *194, 297*
Tardy, Jean *206*
Tardy & Ange *124*
Tarrawarra *235, 290, 314*
Tassarole *146*
Taupenot *70, 266*
Tauriac, Gen. *119*
Taurino *267*
Tayac *119*
Taylor Fladgate & Yeatman *239, 290*
Te Mata *81, 101, 159, 291*
Te Motu *48, 310*
Tecou, Gen. *144*
Tedeschi *43, 248, 301*
Teiller *196*
Tement, E. & M. *213, 273, 283, 291*
Tempier, Dom. *51, 291*
La Tenaglia *154*
Tenterden *31*
Tenuta di Castiglione *136*
Terlano, Gen. *291*
Terra Noble *292*
Terrabianca *104*
Terrats, Gen. *256*
Le Terrazze *259*
Terre Rosse *110, 256*
Terres Blanches *55, 61*
Terrefort *64*
Terriccio *285*
du Tertre *191, 292*
Tertre Rôtebœuf *191, 264, 292*
Teruzzi & Puthod *144, 303*
Tessier *104, 271*
Testut *94*
Testuz *38, 127, 301*
Teulier, Philippe *191*
Texier *56*
T'gallant *206*
Thackrey & Co *289*
Thames Valley *31, 292*
Thanisch, H. *292*
Thelema Mountain Vineyards *81, 101, 253, 273, 283, 292*
Thénard *75, 149, 205, 244*
Theulet *202*
Thévenet *77, 101, 188*
Thévenin-Monthélie *204, 266*
Thévenot-le-Brun *70*
Thiers *266*
Thieuley *64, 67*
Thivin *75, 116*
Thistle Hill *209*
Thomas (Burgund) *70, 244, 263*
Thomas, Paul (Washington) *293, 311*
Three Choirs *31, 293*
Thulon *105*
Thurnhof *269*
Tiefenbrunner *43, 150*
Tiregand *227*
Tisdall *150*
Tissier *56, 188, 266*
Tissot *46, 79, 119, 305*
Tollot-Beaut *42, 57, 75, 106, 115, 235, 274, 294*
Tollot-Voarick *116*
Torelló, Augustí *90*
Torraccia *305*
Torre a Decima *105*
Torre de Oña *295*
Torre Oriana *299*
Torre Rosazza *111*

Torres *81, 101, 112, 228, 295*
Torres, Marimar Estate (Kalifornien) *262, 295*
Torres, Miguel (Chile) *295*
Torres Filoso *190*
Torrevento *88*
La Tosa *111*
Touche *211*
Touche Noire *475 118, 166*
la Tour *185*
la Tour d'Aigues, Gen. *120*
la Tour-Blanche *271*
a Tour du Bief *208*
la Tour Boisée *200*
la Tour-de-By *196*
la Tour-Carnet *158*
Tour d'Elyssas *118*
Tour des Gendres *118*
Tour Grand Mayne *119*
la Tour-Haut-Brion *230*
la Tour Haut-Caussan *196*
la Tour-du-Haut-Moulin *158*
la Tour-Martillac *67, 295*
Tour de Mirambeau *64, 134*
Tour-du-Pas-St-Georges *265*
la Tour-St-Bonnet *196*
La Tour Vieille *52, 111*
Tourmentine *59*
des Tours (Brouilly) *75*
Toutigeac *134*
Tracy *240*
Tralivio-Sartarelli *303*
Trapet *147, 193*
Travaglini *146, 219*
Travignoli *105*
Le Trébuchet *64*
Trefethen Vineyards *216, 297*
Tremblay *94*
de Trémont *103*
Tre Monti *38, 258*
Trerose *308*
Treuil-de-Nailhac *202*
Trévallon *55, 81, 297*
Triacca *219, 301*
Trichard *208, 249*
Triebaumer, Ernst *49*
Triebaumer, Paul *49*
Triennes *289*
Trignon *120, 148*
Triguedina *82*
Trimbach, F. E. *41, 42, 213, 276, 297*
Trinquevedel *290*
Troillas, Gen. *256*
Troplong-Mondot *199, 264*
Trotanoy *65, 199, 237, 298*
Tualatin *224*
de la Tuilerie *116*
Turcaud *134*
Turckheim, Gen. *41, 42,*
Turley *230, 315*
Tursan, Gen. *298*
Tyrell's *101, 163, 298*

U

Uberti *141*
Uiterwyk *283*
Umani Ronchi *204, 259, 303*
Undermühle *93*
Unger *71*
Union des Caves du Ventoux *121*
UVAL *164, 305*

V

Vacheron *268*
Vachet *203*
Vacqueyras, Gen. *120, 299*
Vadent *123*
Vadiaperti *138*
Vagnoni *303*
Vajra, Aldo *53, 142, 219*
Val Brun *2671*
Val Joanis *120*
Val d'Orbieu, les Vignerons du *221, 299*
Val di Suga *259*
Valckenberg *184*
Valdamor *251*
Valdespino *169, 300*
Valdicava *259*
Valdipiatta *260, 308*
de Valdition *69*
Valdivieso *92, 199, 235, 299*
Valentini *204*
Valette *188, 240, 241*
Le Valette *224*
Vallarom *194, 297*
Valle Pradinho *296*
Vallée *266*
Vallet Frères *69, 75, 300*
Vallformosa *228*
Vallona *110*
Vallone *267*
La Vallongue *117*
Valsangiacomo, Cherubino *300*
Valtellina *104*
Van Loveren *256*
Vannières *51*
Varichon & Clerc *277*
Varoilles *147*
Vaselli, Conte *224*
Vasse Felix *191, 289, 301*
Vatan *268, 271*
Vavasour *81, 101, 273, 301*
VCAA *281*
La Vecchia Cantina *256*
Vecchie Terre di Montefili *104*
Veenwouden *225*
Vega Saúco *294*
Vega Sicilia *251, 302*
Velenosi *260*
Vendran *120*
Venegazzù *302*
Venica *111*
Ventana *204*
de Ventenac *79*
Ventura, Jané *228*
Vercesi dei Castellazzo *223*
Verdet *70*
Verdi, Bruno *223*
Verdier *79*
Vergelegen *199, 283*
Verger *56, 116*
Verget *77, 188*
Vernay *112, 117*
Vermentino, Gen. *303*
Verrazzano *104*
Verset, Noël *114, 303*
Vesselle, Georges *71, 117*
Vesselle, Jean *71*
Veuve Clicquot *97, 304*
Vial *117*
Vialade *159*
Viale *161*
Viansa *219*
Viarengo *154*
La Viarte *111, 294*
Viberti *53*
Vicchiomaggio *104*
Vidal *81, 159*
Vidal-Fleury *214*
Vie di Romans *165, 294*
la Vieille Cure *143*
la Vielle Ferme *121, 304*
Vietti *46, 52, 53, 128, 216, 219, 257*
Vieux-Château-Chambeau *187*
Vieux Château Champs de Mars *119*
Vieux-Ch.-Certan *65, 237, 304*
Vieux-Ch.-Gaubert *153*
Vieux-Ch.-St-André *207*
Vieux Micocoulier *118*
Vieux-Montaiguillon *265*
Vieux Moulin *290*

Vieux-Robin *196*
Vieux Télégraphe *102, 304*
de Vigier *121*
Vignadora *138*
I Vignaioli di Santo Stefano *207*
Vignamaggio *105*
Le Vigne di San Pietro *53, 60*
Vignelaure *117*
Vignerons Ardéchois *111, 112, 117, 121, 289*
Vignerons Catalans *89, 121, 256*
Vignerons Garrigues *121*
Vignerons de Septimanie *214*
Vignerons de Tavel *290*
Vigneti Le Monde *142*
Vilariño-Cambados *251*
Villa Cafaggio *105*
Villa Maria *159, 273, 304*
Villa Matilde *137*
Villa Pigna *260*
Villa Russiz *111, 294*
Villa Sachsen *60, 305*
Villa Simone *142*
Villa Sparina *146*
Villa Spinosa *301*
Villa di Trefiano *87*
Villa di Vetrice *105*
Villadière *187*
di Villagrande, Barone *136*
de Villaine *39, 69, 70, 75, 77*
Villamagna *260*
Villanova *150, 165*
Villard *305*
Villars *143*
Villeneuve *271*
Villiera Estate *225, 253, 305*
Vilmart *97*
Viña Casablanca *87, 273, 307*
Viña Ijalba *255*
Viña Norte *83*
Viñas y Bodegas del Bierzo *60*
Vincent *188*
Vincent, Jean-Jacques *206, 266*
Vingrau *121*
Vinhos, J. P. *277, 292, 307*
Vinicola de Castilla *190*
Vinícola Navarra *216*
Vinifera Wine Cellars *217*
Vinival *299*
Viños Sanz *261*
de Vinzelles, Ch. *241*
Viré, Gen. *77, 123, 188*
de Vires *107*
Virginie *221*
La Vis, Gen. *297*
Visconti *187*
Voarick *42, 197*
Vocoret *93, 94*
Voerzio, R. *53, 128, 219, 308*
Voge *266*
de Vogüé *63, 95, 215*
Vollmer *308*
Volpaia *105, 285*
La Voulte-Gasparets *114, 309*
Voyat, Ezio *300*
Vrai-Canon-Bouché *84*
Vrai-Canon-Boyer *84*
Vriesenhof *283*

W

Wachau, Freie Weingärtner *142, 309*
Wagner (New York) *139, 217*
Wagner, H. *49, 222, 310*
Wairau River *191, 273*
Warre *239, 310*
Warwick Estate *236, 283, 310*
Water Wheel *58*
Wegeler-Deinhard *58, 128, 141, 147, 222, 276, 311, 312*
Wehrheim, Dr. *61*
Weil *172, 253, 311*
Weinbach *41*
Weingart, Adolf *63*
Weinkellerei Burgenland *71*
Weins-Prüm *311*
Welgemeend *225*
Weller-Lehnert *233*
Weltevrede Estate *213*
Wendouree *107, 311*
Wenzel *49*
Werlé *141*
Werner, Domdechant *162, 312*
Westfield *287*
Whitcroft *269*
Whitehaven *191*
Wiemar Vineyard *217*
Wieninger *312*
Wild Horse *267*
Wildekrans *225, 236*
Williams & Humbert *169*
Williams Selyem *235, 312*
Willm *41, 122*
Wilton Estate *256*
Wirra Wirra *282, 312*
Wirsching *164, 251*
Wither Hill *191*
Wolf, J. L. *310, 313*
Wolfberger *122*
Wolff-Metternich *132*
Woodstock *282*
Woodward Canyon *311, 313*
Wootton *31*
Würzburg, Staatlicher Hofkeller *313*
Wyndham Estate *313*
Wynns *84, 113, 313*

Y

Yalumba *213, 256, 314*
Yamhill Valley *224*
Yarra Ridge *199, 273, 314*
Yarra Yering *81, 235, 289, 314*
Yellowglen *58, 314*
Yeringberg *314*
d'Yquem *67, 271, 314*

Z

Zaca Mesa *269, 289*
Zaccagnini *204, 303*
Zandotti *142*
Zandvliet *256*
Zardetto *243*
Zenato *187*
Zeni, Fratelli *53, 291, 301*
Zerbina *38, 258*
Zilliken *222, 253, 315*
Zimmerling *263*
Zind-Humbrecht *41, 42, 213, 253, 276, 315*
Zonta *72*
Zufferay *129, 295*
Zündel, Christian *199, 293, 315*

REDAKTION UND HERSTELLUNG (englische Originalausgabe)
Redaktion: Pauline Savage; **Berater in Weinfragen:** Phillip Williamson; **Redaktionsassistentin:** Emma Richards; **Gestaltung**: Christopher Howson; **Register:** Naomi Good; **DTP:** Jonathan Harley; **Produktion:** Kâren Smith; **Redaktionsleitung:** Claire Harcup; **Herstellungsleitung:** Nigel O'Gorman. Weitere Mitarbeiterin: Jane Hughes.

ÄLTERE JAHRGÄNGE

FRANKREICH									
Alsace	**85**	**83**	**81**	**76**	**71**	**69**	**64**	**61**	**59**
	8◆	9⬗	7◆	10◆	9◆	8◆	8◆	9⬖	10⬖
Champagner (Jahrgangs-	**86**	**85**	**83**	**82**	**81**	**79**	**76**	**75**	**71**
champagner)	7◆	9◆	8⬖	10◆	8⬖	7⬖	9⬖	9◆	9⬖
Bordeaux	**86**	**85**	**83**	**82**	**81**	**79**	**78**	**75**	**70**
Margaux	7◆	8◆	9⬗	8◆	7◆	7◆	7◆	6◆	8◆
St.-Jul., Pauillac, St-Est.	9⬗	8◆	8⬗	10⬗	7◆	6◆	7◆	8⬗	8◆
Graves/Pessac-L. (R)	6◆	8◆	9⬗	9◆	7◆	7◆	8◆	6◆	8◆
St-Émilion, Pomerol	7◆	9◆	7◆	10◆	7◆	7◆	7◆	8⬗	8◆
Bordeaux (Fortsetzung)	**66**	**62**	**61**	**59**	**55**	**52**	**49**	**47**	**45**
Margaux (Forts.)	7⬖	8⬖	10◆	8⬖	6⬖	6⬖	9⬖	8⬖	9⬖
St.-Jul. etc. (Forts.)	8◆	9⬖	10◆	9⬖	7⬖	7⬖	10⬖	9⬖	10◆
Graves etc. (R) (Forts.)	8⬖	8⬖	10◆	9⬖	8⬖	7⬖	10⬖	9⬖	10⬖
St-Émilion etc. (Forts.)	6⬖	8⬖	10⬖	7⬖	7⬖	8⬖	9⬖	10⬖	10⬖
Sauternes	**86**	**83**	**82**	**81**	**80**	**76**	**75**	**71**	**67**
	9⬗	9⬗	6◆	5⬖	7◆	8◆	8◆	8◆	8⬖
Sauternes (Forts.)	**62**	**59**	**55**	**53**	**50**	**49**	**47**	**45**	**37**
	8⬖	9⬖	8⬖	8⬖	8⬖	10⬖	10⬖	9⬖	10⬖
Burgund									
Chablis	**87**	**86**	**85**	**83**	**81**	**78**	**75**	**71**	**69**
	6⬖	9◆	9◆	7⬖	8⬖	9◆	8⬖	9⬖	9⬖
Côte de Beaune (W)	**86**	**85**	**83**	**81**	**78**	**75**	**71**	**69**	**64**
	9◆	9◆	8⬖	9◆	8◆	7⬖	9◆	8⬖	9⬖
Côte de Nuits (R)	**86**	**85**	**83**	**80**	**78**	**76**	**71**	**69**	**64**
	6⬖	9◆	7⬖	6⬖	8◆	7⬖	9◆	8⬖	9⬖